经管类

机器学习及其在金融领域中的应用

MACHINE LEARNING AND ITS APPLICATION IN FINANCE

苟小菊　主编

中国科学技术大学出版社

内容简介

机器学习是一门多领域学科,在金融领域应用广泛。本书从机器学习基础概念入手,由浅入深,由概念理论延伸至实际应用,介绍了机器学习中关于监督学习和无监督学习的相关理论及其在金融领域中的应用。其中,理论部分阐述了常见的监督学习算法和无监督学习算法,以更为直观和形象的方法来介绍相关复杂理论,尤其适合经管类专业学生阅读。应用部分阐述了机器学习算法在金融各领域中的应用,其中的案例以现实金融问题为基础,利用机器学习算法来解决金融问题(部分案例给出具体的算法和 Python 代码实现)。在每章最后给出了复习思考题,有利于学生更好地掌握本书内容。本书是经管类学生进入大数据金融和金融科技领域较好的入门教材。

图书在版编目(CIP)数据

机器学习及其在金融领域中的应用/苟小菊主编.—合肥:中国科学技术大学出版社,2021.12
中国科学技术大学一流规划教材
ISBN 978-7-312-04879-1

Ⅰ.机… Ⅱ.苟… Ⅲ.机器学习—应用—金融—高等学校—教材 Ⅳ.F830.49

中国版本图书馆 CIP 数据核字(2020)第 269535 号

机器学习及其在金融领域中的应用
JIQI XUEXI JI QI ZAI JINRONG LINGYU ZHONG DE YINGYONG

出版	中国科学技术大学出版社 安徽省合肥市金寨路 96 号,230026 http://www.press.ustc.edu.cn https://zgkxjsdxcbs.tmall.com
印刷	合肥市宏基印刷有限公司
发行	中国科学技术大学出版社
经销	全国新华书店
开本	787 mm×1092 mm 1/16
印张	31
插页	3
字数	759 千
版次	2021 年 12 月第 1 版
印次	2021 年 12 月第 1 次印刷
定价	90.00 元

前　　言

机器学习是一门多领域交叉学科，涉及线性代数、概率论、统计学、信息论、运筹学等，是当前的热门学科。机器学习在金融领域的应用很广泛。当前，金融业正在快步踏入信息化时代。成熟的机器学习算法和语言使得现代金融从业者能更轻松地掌握前沿技术并利用计算机强大的计算力突破业务难点、实现新型策略、提升金融服务效率和服务质量。

本书介绍了机器学习中关于监督学习和无监督学习的相关理论及其在金融领域中的应用。其中，理论部分阐述了常见的监督学习算法和无监督学习算法，以更为直观和形象的方法来介绍相关复杂理论，尤其适合经管类专业学生阅读。应用部分阐述了机器学习算法在金融相关领域中的应用，其中的案例以现实金融问题为基础，利用机器学习算法来解决金融问题（案例给出具体的算法和Python代码实现）。在每章最后给出了思考题，有利于学生更好地掌握本书内容。我们相信本书是经管类学生进入大数据金融和金融科技领域较好的入门教材。

本书编写的分工如下：苟小菊统筹和指导全书的编写工作，并对书稿进行审核和修改；张璟编写第1、2、9、15、18章；李艳编写第3、8章，参与编写第16、20章；张文杰编写第4、7、13、19章，参与编写第16章；马嘉诚编写第5、11、12、14、17章；雷凯迪编写第6、10章，参与编写第20章，并参与统筹全书的编写工作。

鉴于编者水平有限，疏漏之处在所难免，恳请广大读者批评指正，以便进一步修订完善。为便于教学，本书配有与教材相适应的教学课件，有需要的老师可发邮件至 yangzhn@ustc.edu.cn 索取。

编　者

2020年12月

目 录

前言 i

第1章 机器学习简介 1
  1.1 机器学习概述 1
    1.1.1 机器学习的含义 1
    1.1.2 机器学习的方法 2
    1.1.3 机器学习的发展历程 2
    1.1.4 机器学习的意义 3
  1.2 机器学习的基本术语 3
  1.3 机器学习的分类 6
    1.3.1 监督学习 6
    1.3.2 无监督学习 6
    1.3.3 半监督学习、主动学习 6

第2章 机器学习与金融 8
  2.1 机器学习在金融领域应用的基础 8
  2.2 机器学习在金融领域中的应用 9
  2.3 机器学习在金融领域中应用的优势 10
  2.4 机器学习在金融领域应用的发展趋势 11

第3章 监督学习基础 14
  3.1 监督学习概述 14
    3.1.1 基本术语 14
    3.1.2 学习过程 15
  3.2 模型评估和模型选择 15
    3.2.1 损失函数 15
    3.2.2 风险函数 16
    3.2.3 测试误差和泛化能力 17
    3.2.4 训练误差和过拟合 17
  3.3 正则化与交叉验证 18
    3.3.1 正则化 18

3.3.2　交叉验证 …………………………………………………… 20
3.4　监督学习的应用 ……………………………………………………… 21
　　3.4.1　回归问题 …………………………………………………… 21
　　3.4.2　分类问题 …………………………………………………… 23
　　3.4.3　监督学习算法简介 …………………………………………… 26

第4章　k 近邻法 …………………………………………………………… 29
4.1　k 近邻算法 ……………………………………………………………… 29
4.2　距离度量 ………………………………………………………………… 30
4.3　k 值的选择 ……………………………………………………………… 31
4.4　分类决策规则 …………………………………………………………… 31
4.5　算例 ……………………………………………………………………… 32

第5章　朴素贝叶斯法 ……………………………………………………… 36
5.1　贝叶斯决策理论 ………………………………………………………… 36
　　5.1.1　贝叶斯定理 …………………………………………………… 36
　　5.1.2　贝叶斯分类基本原理 …………………………………………… 37
　　5.1.3　朴素贝叶斯分类基本方法 ……………………………………… 37
5.2　朴素贝叶斯法的参数估计 ……………………………………………… 39
　　5.2.1　多项式模型 …………………………………………………… 39
　　5.2.2　高斯模型 ……………………………………………………… 39
　　5.2.3　伯努利模型 …………………………………………………… 40
　　5.2.4　贝叶斯估计 …………………………………………………… 40
5.3　朴素贝叶斯分类器 ……………………………………………………… 41
　　5.3.1　朴素贝叶斯算法 ……………………………………………… 41
　　5.3.2　朴素贝叶斯法在文本分类中的应用 …………………………… 43
　　5.3.3　对朴素贝叶斯法的评价 ………………………………………… 46

第6章　决策树 ……………………………………………………………… 49
6.1　决策树的学习 …………………………………………………………… 49
　　6.1.1　决策树介绍 …………………………………………………… 49
　　6.1.2　决策树学习的基本算法 ………………………………………… 50
6.2　特征选择 ………………………………………………………………… 52
　　6.2.1　决策树特征选择问题 …………………………………………… 52
　　6.2.2　常用特征选择指标 …………………………………………… 53
6.3　决策树剪枝 ……………………………………………………………… 59
　　6.3.1　预剪枝 ………………………………………………………… 59
　　6.3.2　后剪枝 ………………………………………………………… 61
6.4　连续值与缺失值处理 …………………………………………………… 62
　　6.4.1　连续值处理 …………………………………………………… 62

  6.4.2 缺失值处理 ··· 63
 6.5 基本树 ··· 65
  6.5.1 ID3 算法 ··· 65
  6.5.2 C4.5 算法 ·· 67
  6.5.3 CART 算法 ·· 68
  6.5.4 CART 决策树的学习 ··· 68
  6.5.5 CART 剪枝 ·· 70
  6.5.6 CART 算法中的其他处理方法 ··· 72

第 7 章 逻辑回归 ·· 76
 7.1 概率估计 ·· 76
 7.2 模型训练和参数估计 ·· 77
 7.3 二项和多项逻辑回归 ·· 78
 7.4 基于最优化方法的最佳回归系数确定 ·· 79
  7.4.1 梯度上升法 ·· 79
  7.4.2 随机梯度上升 ·· 81
 7.5 算例 ·· 82

第 8 章 支持向量机 ·· 87
 8.1 线性可分支持向量机与硬间隔最大化 ·· 88
  8.1.1 线性可分支持向量机 ··· 88
  8.1.2 函数间隔和几何间隔 ··· 89
  8.1.3 支持向量和间隔 ·· 90
  8.1.4 硬间隔最大化 ·· 91
  8.1.5 线性可分支持向量机的学习算法 ··· 91
 8.2 线性支持向量机和软间隔最大化 ··· 94
  8.2.1 线性支持向量机 ·· 94
  8.2.2 支持向量 ··· 94
  8.2.3 软间隔最大化 ·· 95
  8.2.4 合页损失函数 ·· 95
  8.2.5 线性支持向量机的学习算法 ··· 96
 8.3 非线性支持向量机和核函数 ·· 99
  8.3.1 非线性支持向量机 ··· 99
  8.3.2 核函数和核技巧 ·· 100

第 9 章 隐马尔可夫模型 ··· 104
 9.1 基本概念 ··· 104
  9.1.1 引例 ··· 104
  9.1.2 定义 ··· 105
  9.1.3 基本问题 ··· 107

9.2 概率计算方法 ··· 107
  9.2.1 直接计算法 ··· 108
  9.2.2 前向算法与后向算法 ··· 109
  9.2.3 后向算法 ·· 112
9.3 预测算法 ··· 114
  9.3.1 近似算法 ·· 114
  9.3.2 维特比算法 ··· 116
9.4 学习算法 ··· 119
  9.4.1 监督学习算法 ·· 119
  9.4.2 无监督学习算法 ··· 120

第10章 集成学习 ·· 125

10.1 集成学习介绍 ·· 125
10.2 集成学习方法 ·· 126
  10.2.1 Boosting ··· 126
  10.2.2 Bagging ·· 127
  10.2.3 Stacking ··· 128
  10.2.4 结合策略 ·· 128
  10.2.5 集成学习提升整体性能的原因 ··· 129
  10.2.6 集成学习中的偏差与方差 ··· 130
10.3 AdaBoost ·· 132
  10.3.1 AdaBoost 算法 ··· 132
  10.3.2 前向分步算法与 AdaBoost ··· 134
  10.3.3 AdaBoost 正则化 ·· 135
  10.3.4 AdaBoost 的优缺点 ··· 135
  10.3.5 前向分布算法 ·· 136
10.4 提升树 ··· 137
  10.4.1 提升树模型 ··· 137
  10.4.2 提升树算法 ··· 137
  10.4.3 提升回归树的一个算例 ·· 138
10.5 梯度提升树 ··· 140
  10.5.1 回归树 ··· 140
  10.5.2 梯度迭代 ·· 140
  10.5.3 缩减 ·· 142
  10.5.4 梯度提升树算法 ··· 142
  10.5.5 与其他提升算法的区别 ·· 143
10.6 随机森林 ·· 143
  10.6.1 随机抽样训练样本 ·· 143
  10.6.2 用于节点划分的随机特征子集 ··· 144

10.6.3 随机森林算法 · 144
10.6.4 特征重要性 · 144
10.6.5 随机森林中的袋外数据 · 145
10.6.6 随机森林的优缺点 · 145
10.7 极度梯度提升 · 145
10.7.1 极度梯度提升的数学原理 · 146
10.7.2 极度梯度提升的工程实现 · 152
10.7.3 极度梯度提升的优缺点 · 153

第 11 章 无监督学习基础 · 158
11.1 无监督学习理论基础 · 158
11.2 基本问题 · 159
11.2.1 聚类 · 159
11.2.2 降维 · 160
11.2.3 概率模型估计 · 160
11.3 无监督学习方法介绍 · 160
11.3.1 聚类 · 161
11.3.2 降维 · 163
11.3.3 马尔可夫链蒙特卡罗法 · 165
11.3.4 关联规则 · 166
11.3.5 其他 · 168

第 12 章 聚类 · 170
12.1 基本概念 · 170
12.1.1 相似度或距离 · 170
12.1.2 数据标准化 · 172
12.1.3 类或簇 · 173
12.2 层次聚类 · 174
12.3 原型聚类 · 176
12.3.1 k 均值聚类 · 176
12.3.2 高斯混合聚类 · 177
12.3.3 两种原型聚类算法的比较 · 180

第 13 章 主成分分析 · 184
13.1 总体主成分分析 · 184
13.1.1 基本思想 · 185
13.1.2 主成分定义以及性质 · 185
13.1.3 选取的主成分的个数 · 186
13.2 样本主成分分析 · 187
13.2.1 样本主成分定义及性质 · 187

13.2.2 样本主成分的解释 …… 188
13.3 大样本推断 …… 188
13.4 数据矩阵的奇异值分解 …… 189
13.5 算例 …… 190
 13.5.1 数据说明 …… 190
 13.5.2 变量之间的相关性判定 …… 192
 13.5.3 确定主成分的个数 …… 193
 13.5.4 主成分解释 …… 194
 13.5.5 主成分的表达式 …… 195
 13.5.6 综合分析 …… 195

第14章 马尔可夫链蒙特卡罗法 …… 199
14.1 蒙特卡罗法 …… 199
 14.1.1 基本概念及应用 …… 199
 14.1.2 概率分布抽样 …… 201
14.2 马尔可夫链 …… 202
 14.2.1 基本定义 …… 202
 14.2.2 离散状态马尔可夫链 …… 203
 14.2.3 连续状态马尔可夫链 …… 204
 14.2.4 马尔可夫链的性质 …… 204
14.3 马尔可夫链蒙特卡罗法 …… 207
 14.3.1 基本想法 …… 207
 14.3.2 构造转移矩阵 …… 208
14.4 Metropolis-Hastings算法 …… 208
 14.4.1 基本原理 …… 209
 14.4.2 满条件分布 …… 210
 14.4.3 单分量Metropolis-Hastings算法 …… 210
14.5 吉布斯抽样 …… 211
 14.5.1 基本原理 …… 211
 14.5.2 吉布斯抽样算法 …… 212

第15章 特征工程 …… 217
15.1 特征概述 …… 217
 15.1.1 特征的含义 …… 217
 15.1.2 特征的内容 …… 217
15.2 特征工程概述 …… 218
 15.2.1 特征工程的含义 …… 218
 15.2.2 特征工程的目的 …… 218
 15.2.3 特征工程的内容 …… 218

15.2.4	特征工程的作用	219
15.2.5	特征工程的流程方法	219

15.3 数据预处理 ... 219
- 15.3.1 正态性判别 ... 219
- 15.3.2 归一化 ... 222
- 15.3.3 离散化 ... 223
- 15.3.4 类别编码 ... 223
- 15.3.5 其他步骤 ... 229

15.4 特征选择 ... 230
- 15.4.1 方差法 ... 230
- 15.4.2 最大信息系数 ... 231
- 15.4.3 距离相关系数 ... 233
- 15.4.4 基于模型的特征排序 ... 234
- 15.4.5 正则化线性模型 ... 235
- 15.4.6 随机森林 ... 238
- 15.4.7 顶层特征选择模型 ... 240
- 15.4.8 特征选择方法总结 ... 242

15.5 降维 ... 243
- 15.5.1 主成分分析 ... 243
- 15.5.2 线性判别分析 ... 243
- 15.5.3 主成分分析和线性判别分析的异同 ... 244

15.6 特征工程操作步骤总结 ... 244

第16章 sklearn 介绍和应用 ... 248

16.1 sklearn 简介 ... 248
- 16.1.1 基础简介 ... 248
- 16.1.2 数据获取及展示 ... 249

16.2 sklearn 评估器 API ... 252
- 16.2.1 评估器 API 基础知识 ... 253
- 16.2.2 案例应用 ... 253

16.3 模型选择与评估 ... 258
- 16.3.1 交叉验证 ... 258
- 16.3.2 网格搜索 ... 261
- 16.3.3 模型评估 ... 264

16.4 支持向量机 ... 269
- 16.4.1 支持向量机 ... 270
- 16.4.2 支持向量机案例:人脸识别 ... 278

16.5 专题:朴素贝叶斯分类 ... 283
- 16.5.1 贝叶斯分类 ... 283

| 16.5.2 高斯朴素贝叶斯 ·· 284
| 16.5.3 多项式朴素贝叶斯 ·· 286
| 16.6 专题:简单线性回归 ··· 289
| 16.6.1 简单线性回归 ·· 289
| 16.6.2 基函数回归 ··· 291
| 16.6.3 正则化 ·· 294
| 16.6.4 案例:预测自行车流量 ·· 298
| 16.7 专题:决策树与随机森林 ··· 302
| 16.7.1 决策树 ··· 302
| 16.7.2 随机森林 ·· 305
| 16.7.3 随机森林回归 ·· 308
| 16.7.4 案例:用随机森林识别手写数字 ··························· 309
| 16.8 专题:k 均值聚类 ··· 312
| 16.8.1 k 均值聚类介绍 ·· 312
| 16.8.2 期望最大化算法 ··· 314
| 16.8.3 案例:手写数字聚类 ·· 316
| 16.9 专题:主成分分析 ·· 319
| 16.9.1 主成分分析简介 ··· 319
| 16.9.2 案例:噪音过滤 ·· 324

第17章 机器学习在银行领域中的应用 ······································ 330
   17.1 应用的现状 ··· 330
   17.2 应用的优势 ··· 331
   17.3 发展趋势 ·· 333
   17.4 案例:债务违约预警/信用评分 ·· 333
       17.4.1 案例介绍 ··· 333
       17.4.2 数据预处理 ··· 336
       17.4.3 构建指标体系 ·· 344
       17.4.4 常见的机器学习建模及模型评估 ···························· 359
       17.4.5 构建信用评分模型 ·· 377

第18章 机器学习在保险领域中的应用 ······································ 384
   18.1 应用的现状 ··· 384
   18.2 应用的优势 ··· 385
   18.3 发展趋势 ·· 386
   18.4 案例:车险用户续保预测 ··· 387
       18.4.1 问题背景 ··· 387
       18.4.2 异常值和缺失值处理 ··· 388
       18.4.3 可视化分析 ··· 390

18.4.4	离散化和编码处理	394
18.4.5	选择模型	395
18.4.6	模型评分	403
18.4.7	特征选择	406
18.4.8	模型预测	408

第19章 机器学习在互联网金融中的应用 …… 411

- 19.1 互联网金融的含义 …… 411
- 19.2 互联网金融的发展模式 …… 412
- 19.3 风控模型 …… 414
- 19.4 反欺诈模型 …… 415
- 19.5 防范系统性风险 …… 417
- 19.6 案例:借款人信用风险评估 …… 418
  - 19.6.1 数据准备 …… 418
  - 19.6.2 性能评估与模型选择 …… 422
  - 19.6.3 模型调参 …… 434

第20章 机器学习在量化投资中的应用 …… 440

- 20.1 机器学习与量化投资 …… 440
- 20.2 机器学习在量化择时中的应用 …… 441
  - 20.2.1 量化择时介绍 …… 441
  - 20.2.2 量化择时分类 …… 441
  - 20.2.3 支持向量机分类择时 …… 442
  - 20.2.4 案例:基于SVM的沪深300指数的涨跌预测模型 …… 443
- 20.3 机器学习在量化选股中的应用 …… 456
  - 20.3.1 量化选股介绍 …… 456
  - 30.3.2 机器学习应用于量化选股 …… 459
  - 20.3.3 案例:基于随机森林的多因子选股模型 …… 460

彩图 …… 483

第 1 章　机器学习简介

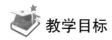 教学目标

1. 熟悉机器学习的概念和分类；
2. 理解机器学习的特点和优势；
3. 掌握机器学习领域内的部分通用术语。

当你走在路上，看到路边的花草心生欢喜，掏出手机想查查它们的芳名，打开软件、上传照片后，很快软件就给出了识别结果：这是白丁香；当你在音乐软件上听歌，突然被一首歌惊艳了，于是你给这首歌标记了一颗红心表示喜欢，第二天软件给你推荐了一批风格相近的歌曲，仿佛软件懂你的心意。如今，机器学习已经从高精尖的学术工程研究泛化开来，普及到我们生活的方方面面。这些功能的智能实现，都依赖于机器学习：通过计算机应用聚类、分类、回归算法，总结已有数据内涵的统计规律，并对新数据应用统计规律作预测或判断。

本章 1.1 节介绍机器学习的基本概念，1.2 节介绍机器学习的基本术语，1.3 节介绍机器学习的分类。

1.1　机器学习概述

1.1.1　机器学习的含义

机器学习是涉及线性代数、概率论、统计学、信息论、运筹学等多领域的交叉学科，是应用计算机的强大算力寻找数据内含的统计规律并应用统计规律获取结果的实践过程。

从流程看，机器学习可以分为"数据—模型—数据"三段：向模型输入已知数据求取参数，对训练好的模型调参以提高准确率和降低复杂度，向优化后的模型输入未知数据作分类或预测。简而言之，就是训练模型、优化模型、应用模型。

从对象看，机器学习是围绕数据进行的实践：首先对数据进行预处理和筛选，然后针对数据结构选择合适的模型，再对新数据作处理得到结果。这也客观要求数据具备规律性，只有具备规律的数据才能应用统计方法，才能得到有意义的结果。

从目的看，机器学习是为了从数据中提取我们想要的结果，具体分为两步：第一步即中间目的，是通过对已有数据进行分析搭建概率统计模型；第二步即最终目的，是根据学习到

的概率统计模型对新数据进行分析。在这个过程中要优化学习方法,提高学习效率,在学习准确率和时间复杂度中达到均衡。

从形式看,机器学习是更符合自然模式的思考方式。机器学习本质上是通过相关性对事物关系进行判别,而人类本质上是通过逻辑性对事物关系进行判别。人类具有思维,会对思维进行整理,会用因果关系穿针引线,将线索归纳为逻辑线条;现阶段机器没有思维,往往是计算变量间的相关性,并以公式综合展现数据间的关系。我们很难证明风吹和树动的逻辑关系,毕竟逻辑是主观的,但很容易证明风吹和树动之间存在强相关关系,因为相关性是客观的。

1.1.2 机器学习的方法

机器学习可以分为监督学习、无监督学习、半监督学习和主动学习等大类,其中最基础最广泛的是监督学习和无监督学习。监督学习是使用有明确标注结果的数据构建统计模型的学习方式;无监督学习是使用无明确标注结果的数据构建统计模型的学习方式;半监督学习、主动学习乃至强化学习都是基于监督学习和无监督学习衍生发展而来的。在每个大类下,机器学习都有身经百战、非常优秀的算法。例如,在监督学习下,有 k 近邻、决策树等算法,可用于回归或分类;在无监督学习下,有 k 均值聚类、PCA 等算法,可用于聚类或降维。具体会在后面详细介绍。

1.1.3 机器学习的发展历程

机器学习在过去的半个世纪里经历了五个发展阶段。第一阶段是 20 世纪 40 年代,机器学习开始萌芽,心理学家 McCulloch 和数理逻辑学家 Pitts 引入生物学中的神经元概念,提出了 M-P 神经元模型,它是神经网络的基础。第二阶段是 20 世纪 50 年代中叶至 60 年代中叶,机器学习达到高潮,美国神经学家 Rosenblatt 在 1957 年提出了最简单的前向人工神经网络——感知器,开启了监督学习的先河。在感知器被提出的同时,包括感知器学习法、梯度下降法和最小二乘法等求解算法也随之诞生。第三阶段是 20 世纪 60 年代中叶至 70 年代中叶,机器学习进展停滞,难以突破感知器只能处理简单线性可分问题的局限。第四阶段是 20 世纪 70 年代中叶至 80 年代末,机器学习再次达到高潮,Rumelhart 与 McClelland 于 1986 年提出了应用于多层神经网络的 BP 算法,同时 SOM、ART、RBF、RNN、CNN 等多种神经网络在该时期得到迅猛发展,人工神经网络种类的丰富弥补了感知器单一结构的缺陷。第五阶段是 20 世纪 90 年代后,机器学习多元发展,苏联统计学家 Vapnik 于 1995 年提出了支持向量机(Support Vector Machine,SVM)理论,Schapire 于 1990 年提出了 Boosting 算法,Freund 和 Schapire 于 1995 年提出了 AdaBoost 算法,Breiman 于 1996 年提出了 Bagging 算法,Breiman 于 2001 年提出了随机森林算法,Hinton 等人于 2006 年提出了深度学习。纵观机器学习的发展,其经历了几次起伏,但总体保持向上的态势,现在更是位于实现人工智能的先锋位置。随着理论的深入和算法的加强,机器学习在生产实践中也发挥着越来越大的作用。机器学习的重要程度日益增长,机器学习的发展未来可期。

1.1.4 机器学习的意义

从实践角度看,机器学习有更广泛的应用场景。随着数据存储技术和高速运算技术的升级,伴以数据处理技术的下沉推广,越来越多的行业能够对规模越来越庞大的数据进行处理。以往一家零售公司只有以万为量级的数据,现在的电商巨头已经有亿级数据库了。现在的机器学习算法非常成熟,结合C++甚至是Pyhton,高维数据处理的门槛已经大大降低,越来越多的主体能利用先进的工具和机器学习方法对实际业务进行改善。

从认知角度看,当我们不再从利弊角度出发,而是从寻找真理的角度去分析,机器学习是有利于增强人类对世界的认知的。人类以其直接经验或间接经验,主观地对事物变化的脉络提出思维观点,机器学习从相关性出发,客观地提取数据变化的规律实例化为模型。机器学习可以得到相对客观的世界运行规律,进而对我们的逻辑进行补充和完善,最终促进我们寻找真理。

对非科班研究机器学习的同学们而言,提升其计算机水平是大势所趋。在当前的信息化时代,各行各业都面临着计算效率现代化,利用计算效率提升带动要素生产率提升的趋势非常猛烈。面对新技术的推广,一味放弃、逃避是没有意义的,拥抱新技术以提升个人劳动生产率才是正道。虽然前沿技术突破难度较大,但我们学会应用技术即可。

1.2 机器学习的基本术语

机器学习作为一门以统计为主的学科,必然是追求严谨的。机器学习中充斥着大量专业术语,用以对重要概念精确划分,对关键知识节点进行概要性描述。这里先简要介绍一部分高频出现的机器学习术语,便于后续知识点的展开。

输入空间、输出空间:在监督学习中,输入与输出的所有可能称作输入空间、输出空间,每个输入、输出都是输入空间、输出空间的一个取值。输入变量写作 X,输入变量的取值写作 x;输出变量写作 Y,输出变量的取值写作 y。

特征向量、特征空间:特征向量对应于输入变量 x,写作 $x=(x^{(1)},x^{(2)},\cdots,x^{(n)})^{\mathrm{T}}$。$x^{(i)}$ 指输入变量 x 的第 i 个特征,而 x_i 表示第 i 个输入变量。特征空间包括所有的特征向量。

训练集、测试集:监督学习根据训练集 T 的数据进行学习从而得到模型。再将模型应用到测试集中得到预测结果。当数据充足时,还可设置验证集,通过训练集确定可能的模型,验证集选择最优模型,测试集评估最优模型的效果。简单理解就是:将通过训练集数据得到的模型放到测试集中检验准确性。

分类和回归:监督学习中,通过训练集学习到的函数模型预测时,如果要得到精确的数据,则称为回归,如果要得到预测数据在新数据上还是下,则称为分类。比如预测房价就可以用回归模型,预测潜在客户就需要用到分类模型。

簇:无监督学习中,通过判断样本点之间的距离,将训练集进行聚类分组,这些组就被称为簇。同一簇的数据属于同一类数据的可能性较大。

范数：度量距离、衡量向量大小的一种方式。p 阶范数 $\|x\|_p = (|x_1|^p + |x_2|^p + \cdots + |x_n|^p)^{\frac{1}{p}}$。$L_1$ 范数等于 $\|x\|_1 = |x_1| + \cdots + |x_n|$，由于曼哈顿交错的街道是近乎垂直的，从一个点到另一个点必须沿街道走直线，因此 L_1 范数又称曼哈顿距离（Manhattan Distance）。L_2 范数等于 $\|x\|_2 = (|x_1|^2 + |x_2|^2 + \cdots + |x_n|^2)^{\frac{1}{2}}$，也就是我们平常描述的欧几里得距离（Euclidean Distance）。特别地，L_∞ 范数等于 $\|x\|_\infty = (|x_1|^\infty + |x_2|^\infty + \cdots + |x_n|^\infty)^{\frac{1}{\infty}} = \max(|x_1|, \cdots, |x_n|)$，也叫作切比雪夫距离（Chebyshev Distance）。

过拟合：当函数过于精确，输入每个测试数据得到的输出都等于真实值时，学习到的模型就不具备一般性，不能表示总体趋势，对新数据的预测表现会很差。

损失函数：对于输入值 X，通过模型输出的函数值 $f(X)$ 和未知的真实值 Y 之间的偏差需要用损失函数度量，一般表示为 $L(Y, f(X)) = (Y - f(X))^2$，也称代价函数。损失函数越小，模型拟合效果越好。但损失函数为 0 并不代表模型最优。模型还需要考量过拟合和结构复杂程度的问题。

正则化方法：为了兼顾模型复杂程度，设定函数 $J(f)$ 表示模型的结构复杂情况，然后将优化函数设置为 $\min \frac{1}{N} \sum_{i=1}^{N} L(y_i, f(x_i)) + \lambda J(f)$。$\lambda J(f)$ 是惩罚项，λ 代表惩罚力度，当损失函数极小时，参数 λ 可以约束结构不那么复杂。这也称作正则化方法。

交叉验证：在数据量足够大的情况下，可以将数据分为训练集、验证集、测试集。当数据量不足时，就需要反复应用数据，将给定数据分为若干份，每次取一部分当作测试集，剩余部分当作训练集，当所有份都当过测试集后，将得到的若干模型进行处理以此得到最终模型。这就是交叉验证的思想。具体包括简单交叉验证、K 折交叉验证和留一交叉验证。

Bootstrap：当数据量不足时，将样本视为总体，对一个样本进行 N 次有放回抽样。

生成模型、判别模型：生成模型是先学习整体联合分布 $P(X, Y_1, \cdots, Y_N)$，然后通过贝叶斯公式分别求出各个条件概率分布 $P(Y_i | X), i = 1, \cdots, N$，取优作为预测模型。由于计算了整体分布，并描述了给定 X 下生成 Y 的关系，因此被称为生成模型。判别模型则不需要计算整体分布，直接计算条件概率分布并取最优，因而被称作判别模型。生成模型由于要计算联合分布，因此当样本增加时，结果能更快地收敛于真实值；而判别模型只需要直接计算条件概率分布 $P(Y | X)$，计算更快且能更专注于某一特征进行分析。

内积：设有实数域 K 上的线性空间 H，若对线性空间 H 中任意两向量 x, y，有对应数 $(x, y) \in K$，且满足：

(1) 共轭对称性：$(x, y) = (y, x)$。

(2) 第一变元线性性：$(\alpha x + \beta y, z) = \alpha(x, z) + \beta(y, z)$。

(3) 正定性：$(x, x) \geq 0$，且 $(x, x) = 0$ 当且仅当 $x = 0$，则 (x, y) 为向量 x, y 的内积。

核函数、核技巧：核函数是用以将低维空间向量映射到高维空间的函数。核技巧是利用核函数的高维映射性质，将低维空间中难以计算的向量内积，转为高维空间中再计算向量内积的简便方法，也就是不用真的计算出向量映射到高维空间中的具体值后再计算高维空间中的向量内积，只需要利用核函数计算就能较简单地得到结果。由于内积也是度量距离的一种形式，因此低维空间中向量间的距离和高维空间中向量间的距离是相等的。

决策边界：在二分类或多分类问题中，用以对数据进行分类的分离器，将位于分离器一边的数据归为一类,将位于分离器另一边的数据归为另一类。

泛化:泛化也即推而广之、广泛化。指学习到的模型在新的环境中做出准确预测的能力。泛化能力好的模型,在输入新数据后的输出值,与真实值相差不远,实际应用能力更强。

均方误差:$\frac{1}{N}\sum_{i=1}^{N}L(y_i,f(x_i))$,即平方损失函数除以样本数量,代表每个样本的平均偏差。

经验误差、泛化误差:都是学习模型在给定输入值 x 的情况下,输出值与真实值之间的差值。经验误差是模型在训练集上的误差。泛化误差是模型在预测集上的误差。

噪声、偏差、方差:噪声是能够观测的数据 y 与不可观测的真实值 $\hat{y}$ 之间的差值,代表学习问题本身的难度。偏差是能够观测的数据 y 与学习模型理论输出值 $\bar{f}(x)$ 之间的差值,代表模型本身的拟合能力。方差是不可观测的真实值 $\hat{y}$ 与学习模型实际输出值 $f(x)$ 之间的差值,代表数据扰动带来的影响。在机器学习中存在偏差-方差窘境:训练初期的训练量不足,模型拟合能力较差,存在欠拟合,偏差较大;随着训练加强,模型的拟合能力提升,偏差较小,但也学习到了噪声;充分学习之后,模型拟合能力特别强,噪声会显著影响学习机器的变化,存在过拟合。

Sigmoid 函数:$y=\frac{1}{1+e^{-f(x)}}$,能够将多项式函数映射到概率区间,映射值为 0~1。

稀疏特征:取值主要是 0、甚至是空的向量。对应地,取值极少有 0 的向量称为稠密特征。

梯度下降:给定起始位置,然后向梯度最大的逆方向逐步移动,直到得到的值不再降低时取得极小值。梯度下降只能取到区间内最小值,不一定能取到全局最小值,具体结果与初始位置有关。但特殊的是,在凸函数中,梯度下降法得到的极小值一定是全局最小值。

软间隔:对误差的容忍度,通过容忍较小区间内的错误,达到提高总体分类准确率的优化效果。最典型的是在支持向量机模型中的应用。

对偶问题:一般而言,极大极小值总是大于等于极小极大值。但在 KKT 条件下,极大极小值可以与极小极大值等价。对于一些问题,可以将原始问题转化为等价的对偶问题,通过解决较容易处理的对偶问题从而等价解决较难处理的原始问题。

P 问题、NP 问题、NPC 问题:P 问题是指能在多项式时间内求出解的算法的问题。NP 问题是指能在多项式时间内猜出或蒙出解的算法的问题。NPC 问题是指时间复杂度最高的、能解决所有 NP 问题的 NP 问题。NPC 问题也是 NP 问题,同时所有 NP 问题都能转化为 NPC 问题。

1.3 机器学习的分类

1.3.1 监督学习

监督学习是指根据已经标注的数据来学习模型并做出预测的机器学习方式。数据往往由人工标注,所以被称为监督学习。

监督学习包括学习和预测两步。给定标注数据集 $T = \{(x_1, y_1), (x_2, y_2), \cdots, (x_N, y_N)\}$,其中 x_i 是数据,y_i 是观测也就是标注值。在学习过程中,向条件概率分布模型 $P(Y|X)$ 和决策函数模型 $Y = f(X)$ 中输入标注数据集中的每一个 x_i,得到 x_i 对应的输出 $P(Y|x_i)$ 和 $f(x_i)$,而模型的输出值和观测标注值 y_i 的差值代表了模型与实际的偏差,通过降低该差值得到的条件概率分布 $\hat{P}(Y|X)$ 或是决策函数 $Y = \hat{f}(X)$ 即是学习到的模型。在学习完模型后进入预测过程,利用得到的模型 $\hat{P}(Y|X)$ 或 $Y = \hat{f}(X)$,计算新的输入数据 x_{N+1} 对应的预测 y_{N+1}。

监督学习方法包括感知机、k 近邻法、朴素贝叶斯方法、决策树、逻辑回归与最大熵模型、支持向量机、提升方法、EM 算法、隐马尔可夫模型和条件随机场等。其中感知机、k 近邻法、决策树、逻辑回归与最大熵模型、支持向量机、提升方法和条件随机场属于判别式模型,根据训练数据得到分类函数,对应条件概率 $P(Y|X)$,选择 $P(Y|X)$ 最大的分类函数作为模型对新样本分类。朴素贝叶斯方法和隐马尔可夫模型属于生成式模型,对于不同类别学习不同模型,然后对于新样本计算整体概率 $P(X, Y_1, Y_2, Y_3)$,再根据贝叶斯公式分别求出 $P(Y_i|X)$, $i = 1, 2, 3$,选择 $P(Y_i|X)$ 最大的分类函数作为模型对新样本分类。EM 算法属于一般方法,可以算作一种思想。

1.3.2 无监督学习

无监督学习是指根据未标注的数据来学习模型并做出预测的机器学习方式。有时数据量过大无法进行人工标注,就需要应用无监督学习。

无监督学习同样包括学习和预测两步。但由于数据是没有经过标注的,因此给定的数据集 $U = \{x_1, x_2, \cdots, x_N\}$,与监督学习比,没有观测标注值 y_i 了。在学习过程中,根据数据集计算出联合概率分布模型 $P(X, Y)$ 和决策函数模型 $Y = f(X)$,此时无法得到观测标注值 y_i 与模型对应 x_i 的输出值的差值,就应用极大似然估计法等方法求出最优模型 $P(X, Y)$ 和 $Y = \hat{f}(X)$。得到最优模型后进入预测过程,利用得到的最优模型 $P(X, Y)$ 和 $Y = \hat{f}(X)$,计算新的输入数据 x_{N+1} 对应的预测 y_{N+1}。

1.3.3 半监督学习、主动学习

半监督学习是指根据已标注和未标注的数据来学习模型并做出预测的机器学习方式。

通常来说,标注数据人工成本太大,因此半监督学习主要是依靠少部分人工标注数据和大部分未标注数据进行监督学习,以较低的成本达到最好的预测分类效果。

主动学习是指计算机给出动态的数据让人工标注,然后再根据标注后的数据进行模型学习的机器学习方式。相较于监督学习而言,主动学习的标注数据是动态的,监督学习的标注数据是给定的。主动学习在数据量流量极大的场景下有很大的作用,能够动态地完善模型以满足需求。

本 章 小 结

1. 机器学习是一门多领域交叉学科,涉及线性代数、概率论、统计学、信息论、运筹学等,是当前的热门学科。其内容是用预处理过的数据训练模型,并使用交叉验证等调参方式优化模型,最后应用最有效的模型对新数据作预测或分类。

2. 机器学习作为一门严谨的学科,有很多专业术语和符号。在学习过程中需要注重对算法本质的理解,能读懂每个专业术语、每个符号所代表的定义即可,不必过于拘泥。

3. 机器学习中最基础的大类方法是监督学习、无监督学习,在此基础上为提高效率发展出了半监督学习,为增强模型效能发展出了强化学习。但各门类下的具体算法是相通的,如决策树、支持向量机、神经网络等。

关键词:监督学习　无监督学习　分类　回归

思 考 题

1. 机器学习算法适合求解哪些类型的问题?时间序列模型又适合求解哪些类型的问题?
2. 机器学习在哪些领域中有应用?
3. 以机器学习、人工智能为工具,展开核心业务的企业有哪些?

参 考 文 献

[1] 李航.统计学习方法[M].2版.北京:清华大学出版社,2019.
[2] 周志华.机器学习[M].北京:清华大学出版社,2016.

第 2 章　机器学习与金融

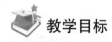

教学目标

1. 了解机器学习在金融领域应用的成熟条件；
2. 熟悉机器学习的特点和优势；
3. 体会机器学习在金融领域应用的现状和发展趋势。

金融业是与信息打交道的资本密集型行业，作为资金融通的行业，其业务开展需要全方位、多角度地与社会各方打交道，因此乐于与前沿技术相交融。机器学习的应用较为成熟，在自然语言处理、计算机视觉、数据挖掘等方面有较多应用实践。在金融行业里，机器学习的多个细分方向都有相应的场景。当前，机器学习已在多类金融业务中有应用，未来还会进一步扩大与金融领域的融合。

本章 2.1 节介绍机器学习在金融领域应用的基础，2.2 节介绍机器学习在金融领域的应用，2.3 节介绍机器学习在金融领域应用的优势，2.4 节介绍机器学习在金融领域应用的发展趋势。

2.1　机器学习在金融领域应用的基础

机器学习适用于具有一定数据量且数据服从一定分布的情况。大数据使我们能获得海量信息，使得数据情况更接近于真实分布。只有对有规律的数据进行处理，才能得到有意义的结果。结合这两点，机器学习在金融领域的应用有了较为完备的基础。

大数据是近年流行的概念，各行各业都在积极应用大数据提升效能，金融行业也不例外。大数据的定义较多，但都大同小异。麦肯锡全球研究所给出的定义是：一种规模大到在获取、存储、管理、分析方面大大超出了传统数据库软件工具能力范围的数据集合，具有数据规模巨大、数据流转快速、数据类型多样和价值密度低四大特征。简单定义就是数量特别大、有一定价值的数据。

大数据涉及方方面面的信息，正是金融业所需要的。比如：通过支付宝账单能便捷地查询消费情况，通过手机 NFC 能清晰地记录乘坐地铁的线路和频率，通过短信能得知手机用户近期去了哪些地方。看似这些数据都只是毫无关联的琐碎片段，但实际上这些可记录的信息，可以有效缓解金融机构与客户之间信息不对称的问题。根据客户的数据表现，推测客户的实际行为是否与资料相符,继而金融机构可以对数据创造者进行精准营销、贷款授信和风险评估。从事前寻找合适的目标人群推广,到事中确定产品的定价,再到事后对客户的监测,大数据的发展增强了零售金融风险的可控性。除了针对零售客户的大数据运用的场景,针对机构客户的大数据运用的场景还有量化投资、云计算服务等,合适的分析方法能有效地从大数据中寻找有价值的规律,为投资决策或金融云计算提供可靠的参考意见和数据支撑。

2.2 机器学习在金融领域中的应用

机器学习在金融领域的应用有很多,最常见的应用包括贷后风控、精准营销等,也可用于因子选股、涨跌预测等。相关案例和训练项目有很多,本节简要介绍机器学习在贷后风控和精准营销两个方面的应用。

案例2.1:贷后风控方面的应用

机器学习在贷后风控方面的应用,案例是恒丰银行的对公客户贷后违约预测模型。担保圈中存在着互联互保行为,虽然在一定程度上保障了还款能力,但显著增加了系统性风险。恒丰银行金融科技团队用复杂网络技术挖掘担保违约风险影响因子,并采用分布式机器学习算法预测对公客户贷后违约概率。步骤如下:

(1) 数据预处理。对于数据中的缺失值,将离散值的缺失值全部视为一类特征,将连续值的缺失值取中位数或用 k 近邻方法取邻近点值。对于类别问题,一方面采取过采样方法解决类别不平衡问题,一方面按值域均分或样本均分对连续变量离散化分类。然后训练 xgboost 分类器提高特征精度。对无序变量进行独热编码,解决分类器不能处理类别特征的问题。最后去异常值,且归一化处理。

(2) 特征提取。从处理好的数据中提取五类特征。第一类是基本信息特征,包括信用评级、注册资本、运营现金流等体现客户还款能力的企业基本情况信息。第二类是行为特征,包括历史逾期天数、历史逾期金额等体现企业违约情况的信息。第三类是图结构特征,即企业在产业链或产业圈中的影响力信息。第四类是图行为特征,包括子图违约天数、子图违约额度等体现企业与其担保或被担保企业的关系信息。第五类是社区行为特征,代表企业所属类的整体违约天数等违约情况。

(3) 特征选择和特征降维。在之前的数据处理中团队计算出了数百类特征,一方面存在维数灾难,一方面也导致过拟合问题。于是双管齐下,采用主成分分析 PCA、线性判别分析 LDA 等方式进行降维处理,采用皮尔森相关系数、正则化方法、基于模型的特征排序方法作特征选择。

(4) 构建模型。首先以季度为时间窗提取特征和标签。然后基于树的集成学习方法用多线程并行运算,还用近 3 年数据进行验证、调参和优化,得到精度高且稳定性强的模型。

(5) 结果评估。近 3 年数据的验证结果表明,度量模型分类效果好坏的指标 AUC 的值为0.85,接近1,代表模型分类效果好,预测能力强。

这个分类模型上线的贷后违约监测使贷后违约率较往期平均下降30%,取得了良好的效果,有效遏制了贷后风险,减少了损失,提升了效率。

案例2.2:精准营销方面的应用

机器学习在精准营销方面的应用,案例数据源于UCI机器学习库中的银行营销数据集。背景是西班牙银行员工向已购买银行产品的客户致电,询问产品到期后客户是否继续购买该银行的产品,银行则根据客户反馈对业务进行一定的调整。数据集中包含客户年龄、职业等基本资料,电话营销时长、接线员等营销资料,以及社会就业率、消费者信心指数等宏观背景资料,这些都是输入信息,将是否续购银行产品则作为输出信息。应用机器学习对数据进行学习的步骤如下:

(1) 数据预处理。删除不必要的变量,如每条记录的编号等。再计算每个变量对应的缺失值。由于有的变量缺失值较多,有的变量缺失值较少,因此用随机森林算法对缺失值进行插补。

(2) 数据可视化。分别绘制输出变量与几个输入变量的函数关系图,通过描述性分析找出对输出变量有显著性影响的输入变量。

(3) 处理数据不平衡。由于89%的都属于负样本且不平衡性较严重,会影响分类结果,忽视我们更关心的少数类预测情况,因此对多数类欠采样,对少数类过采样,解决数据不平衡问题。然后应用分层抽样,选取70%作为训练集,30%作为测试集。

(4) 构建模型。分别采用支持向量机和随机森林方法构建分类模型,统一采用混淆矩阵对分类模型的效果进行评价。根据结果选择随机森林模型。

根据随机森林模型的结果分析,社会环境对客户是否续购银行产品的影响是最大的。

机器学习在金融领域内的应用有效地提升了金融领域的服务效率,降低了成本,提高了服务质量。通过机器学习的诸多方法,能够在较短时间内轻松完成对上万条数据的分析,并得到有数据支撑的理论结果,而这些结果也证明了机器学习在金融领域的作用是非常有效的。

2.3 机器学习在金融领域中应用的优势

机器学习能对高量级数据进行处理。如果把数据库比成一座矿山,那数据就是矿山中的矿石。在工业化时代,互联互通还没有那么便捷,数据的获取量与传输量有限,数据库还只是一座矿石含量较少的小山包,此时也有专业的数据处理软件,开源如R,商业如SAS,但只需要业界人员利用一般办公软件即可挖掘信息、提炼价值。而进入信息化时代,万物互联在理论与现实中都能得以实现,数据库的体量也呈指数级增长,这时基于传统办公软件对数据进行处理的方式就类似于人扛铁锹,生产力低下,不能有效回应需求,在这种情形下,要对"矿山"进行有效开发,就需要驾驭如同勘探设备一样的专业数据处理工具,运用较成熟的机器学习方法进行深度挖掘。

机器学习能快速处理数据。数据的价值不仅体现在过去即反映历史行程,还体现在未来即反映当下对未来的决策。对数据的历史价值进行分析只要对数据矿山进行纵向挖掘即可,对数据的未来价值进行分析就需要对钻头挖掘出的数据进行即时、及时的处理分析,以尽可能最大化数据价值。人类发展至今,从来没有哪个时代可以创造如此数量可观的可记录数据,随着网络基础设施的不断发展,交互方式更加便捷,信息产出源源不断,数据处理方兴未艾。一旦不能采取有效的方法对新获取的数据进行处理,那么积累的数据就等同于积累噪音。相对于一般软件,机器学习算法发展至今已是时间复杂度得到最优化的算法,应用机器学习能够最大程度地对信息进行即时、及时处理。Excel在处理以万为量级的数据时明显不足,而应用机器学习可以相对轻松地处理百万量级的数据。

金融领域需要对数据进行分析,因此对机器学习算法有时代的需要,这主要体现在两个方面。一方面是为了缓解信息不平等。信息不平等是金融领域长期存在的问题,在人性的驱使下,道德风险和逆向选择一直作为主要风险点难以被革除。既然人的真实情况难以获得,金融主体自然有动力对获取的真实信息进行处理,从而分析客户的真实风险状况。另一方面是为了把握市场脉动。金融市场瞬息万变,各个子市场相互联动,任何风吹草动都会反映在市场价格的涨跌上,这就要求金融市场主体必须把握住长短期的趋势变动,保证客户或自有财富增长增值。金融公司获取有效信息的传统方式基于业务层面,即客户经理与客户的信息交互,这更多地属于感性认知;而在新形势下,金融公司有动力双管齐下,从数据层面出发,基于可获得的数据嗅探经济宏观风向讯息、监测用户微观行为变化。借着信息化东风,数据层面佐证业务层面,理性认知辅助感性认知,从技术性分析、基本面分析到数据分析全方位多角度辅助最终决策,不仅能在市场价值上实现对冲以分散风险、减少系统性风险影响,还能在组织架构上实现业务调整、规划调整等效果。

2.4 机器学习在金融领域应用的发展趋势

机器学习的应用在当前已经取得了非常卓越的进展,从精准营销降低费用提高成功率,到实时监控及时识别风险介入处理,人力密集型的企业开始享受科技带来的高效,然而机器学习在金融领域应用的效果才初露锋芒。随着机器学习科学的进步和数据分析软件的完善,机器学习还会有更大的应用空间。

从市场角度去分析,随着消费者更加偏好以个人信息换取便利,市场主体便可以更加轻松地在合法框架内拿到客户更深层次的信息。在一个能以较低成本获取较高维度信息的市场环境中,大型和超大型金融机构因为体量巨大、结构复杂会造成尾大不掉,业务转型将如大船转舵,落在时代后面;而小而精的科技金融公司、金融集团的金融科技子公司则没有那么重的负担,一些主营数据的科技金融公司将会异军突起。在信息化时代,虚拟的信息也有真实的价值。科技金融公司掌握的信息类似于银行掌握的资金,银行作资金中介,科技金融公司的定位则应该是数据中介。其业务模式可能是:宏观上收集囊括居民消费、投资、储蓄方方面面的泛金融数据,包括股市交易行情、居民消费水平、利率变动信息,微观上与消费链上的公司合作,获取客户在消费链上留下来的序列信息,最后都汇总到自有数据库中,再向掌握资金的金融机构和合格个人投资者提供金融数据接口和金融数据分析工具,为其投资决策提供便捷。

具体到金融从业者或预备金融从业者,核心竞争力不仅仅是体现情商水平的业务应酬能力,还有要体现实践水平的数据处理能力。近几年,曾经主要工作内容是撰写报告、翻阅财报的金融从业人员,开始根据安排或自发地学习 Python,甚至连校招的招聘简章中也在"熟练应用 Excel"的条件后面加上了"熟悉 Python、R 等数据处理语言"。窥一管而知全豹,以人情交往为特色的商科人员,现在也开始主动或被动的学习掌握应用机器学习对大数据的处理能力了。20年前的金融从业者要学习如何使用电脑和 Office 软件,20年后的金融从业者要学习如何设置环境、接入接口,以及如何实现调包函数及简单代码。

我们必须明确一点,这不是只有金融领域才发生的变化,而是各行各业都在迎接新技术的洗礼。由于科技进步带来了整个社会生产力的提高,而社会生产力整体水平的提高又助推了科技进步,如果各行各业想享受科技进步带来的生产力提升以创造更大产出,就必须相应的掌握最先进的技术能力。

科学和技术是两码事,专业的人干专业的事。以处理器的升级、算法的优化为代表的科学项目对天赋和勤奋有着极高的要求,这类难题交由科学家去完成;而将科学家的研究成果应用到生产实践的技术工程是所有从业者的课题。拥有抵触心理、采取鸵鸟战术是不明智的,时代的趋势项很强,远远强于扰动项。我们应该积极学习新技术,顺应时代的潮流,踏浪前行。

本 章 小 结

1. 金融业正在快步踏入信息化时代。成熟的机器学习算法和低门槛的 Python 语言使得现代金融从业者能更轻松地掌握前沿技术并利用计算机强大的计算力突破业务难点、实现新型策略。从需求方分析,金融业数据量大幅增长,希望能够通过机器学习提升业务分析能力和实践操作能力,实现以往力不能及的想法;从供给方分析,金融业从客观上提高了从业者的计算机水平要求,但同时新技术有利于从业人员提高个人劳动生产率,使个人的力量更强大。

2. 机器学习有关计算机视觉、自然语言处理、数据挖掘、机器学习模型的四个主流方向在金融业务中都有落地,例如用 CV 对房屋估值,用 NLP 作舆情分析,用数据挖掘分析保单购买率。随着新技术的普及,越来越多的业务将会获得机器学习带来的效率红利。无论是学生还是从业人员,都可以在自己的业务场景找到合适的机器学习方法,助推工作效率提升。

关键词: 数据积淀　Python　机器学习算法　风控　精准营销

思 考 题

1. 金融市场内哪些领域的数据适用于机器学习?银行间的交易数据适用于机器学习吗?

2. 所有机器学习算法都适用于金融领域分析吗？
3. 为什么风控模型普遍应用逻辑回归算法呢？

参 考 文 献

[1] 李航.统计学习方法[M].2版.北京:清华大学出版社,2019.
[2] 周志华.机器学习[M].北京:清华大学出版社,2016.

第 3 章 监督学习基础

教学目标

1. 掌握监督学习的基本概念,理解监督学习和无监督学习的区别;
2. 掌握模型评估和选择的方法,解释模型的过拟合现象,并找到模型过拟合的解决方案;
3. 了解监督学习的基本应用。

监督学习是机器学习的重要组成部分。本章简要介绍监督学习中的一些基础概念,使读者对监督学习有初步的认知,为后期学习监督学习的方法奠定基础。

本章 3.1 节介绍监督学习的定义、基本术语和学习过程,围绕机器学习的模型、策略和算法三要素展开。3.2 节介绍在模型选择或评估中,有哪些本质上或者原则上的硬性标准,如泛化能力;有哪些度量指标可供参考和使用,如损失函数等;同时也引出了学习过程中的一个困扰——过拟合现象。3.3 节介绍两种有效解决过拟合现象的方法,即正则化和交叉验证法。3.4 节介绍监督学习的常见应用,重点是回归问题和分类问题。

3.1 监督学习概述

与无监督学习不同,监督学习从有标记的训练数据中来推断功能和学习模型。本小节介绍监督学习中的基本概念,并且阐述监督学习的学习过程。

3.1.1 基本术语

给定训练集中的每个样本都是由一个输入对象和相应的输出值组成,监督学习通过分析该数据集,依据一定的准则和算法习得一个最优模型,同时产生预测的功能,当新的输入产生时可映射为相应的输出。

在监督学习中,输入和输出可看作是定义在输入(特征)空间和输出空间上的随机变量,习惯用大写字母表示,输入变量记作 X,输出变量记作 Y。每个样本可看作是随机变量的取值,分别用小写字母 x 和 y 表示。训练数据集由 n 个样本即输入输出对组成,通常表示如下:

$$T = \{(x_1, y_1), (x_2, y_2), \cdots, (x_n, y_n)\}$$

其中，$(x_i, y_i) \in T$ 称为样本或样本点，$x_i \in \chi$ 是输入变量观测值，简称输入或实例，$y_i \in y$ 是输出变量观测值，简称输出。输入变量一般为 p 维向量，记作 $x_i = (x_i^{(1)}, x_i^{(2)}, \cdots, x_i^{(i)}, \cdots, x_i^{(p)})^T$，$x_i^{(i)}$ 表示第 i 个实例中的第 i 个属性或特征，反映了输入对象在某方面的性质或表现。输出变量一般为标量。

3.1.2 学习过程

监督学习通过寻求并定义输入和输出之间的联系，最终实现 X 预测 Y 的目的，因此可分为学习和预测两个过程。

监督学习的首要问题是考虑预测任务和选择模型类型。预测任务主要分为分类问题、回归问题和标注问题三种。如垃圾邮件识别为二分类问题，离散型输出变量 Y 有"垃圾邮件"和"非垃圾邮件"两个取值。模型主要分为概率模型和非概率模型两种，分别由条件概率分布 $P(Y|X)$ 和决策函数 $Y = f(X)$ 表示。

模型的假设空间是所有可能的条件概率分布或决策函数的集合，分别记作 $\mathcal{F} = \{P | P_\theta (Y|X), \theta \in \mathbf{R}^n\}$ 和 $= \{f | Y = f_\theta(X), \theta \in \mathbf{R}^n\}$。参数向量 θ 是确定模型的关键，θ 确定则最优模型也随之确定。因此紧接着需要考虑的问题是依据什么样的准则确定 θ，从而在模型的假设空间中选出最优模型。一个最先想到的并且绝不会出错的策略是使新样本数据输出 y_i 和模型输出 $f(x_i)$ 之间的差值越小越好，即使模型具有很好的预测能力。

监督学习基于训练数据集，依据学习准则，从假设空间中选择最优模型。换句话说，给定模型的表达式，确定参数向量 θ 的约束条件，最终考虑采用怎样的计算方法求解最优模型。此时，监督学习问题已转变为最优化问题，计算高效和尽量保持全局最优成为关键。不同模型不同策略有不同的算法推荐，需具体问题具体对待。以下介绍监督学习过程中的重要概念和具体细节处理。

3.2 模型评估和模型选择

当模型的假设空间确定后，将模型的预测能力作为模型选择的标准自然不会出错，但具体如何定义呢？是否可行呢？或者当我们已训练好一个模型后，如何去评判该模型的优劣？要解决这些问题，首先需要引入以下几个概念。

3.2.1 损失函数

在监督学习预测过程中，对于给定的实例 X 都有相应的标记 Y，而模型会根据输入 X 给出输出 $f(X)$，真实值 $L(Y, f(X))$ 与预测值 $f(X)$ 可能相等也可能不相等。损失函数 $L(Y, f(X))$ 定义了拟合结果和真实结果之间的差异，度量了模型一次预测错误的程度，为模型评估和优化提供了方向。

常用的损失函数如下：

(1) 0-1 损失函数：

$$L(Y, f(X)) = \begin{cases} 1, & Y \neq f(X) \\ 0, & Y = f(X) \end{cases} \tag{3.1}$$

0-1 损失函数直接对应分类判断错误的个数，但它是一个非凸函数，不太实用。感知机使用的是 0-1 损失函数。

(2) 平方损失函数：

$$L(Y, f(X)) = (Y - f(X))^2 \tag{3.2}$$

平方损失函数是实际结果和观测结果之间差距的平方和，常用在最小二乘法中，这种思想是使得各个训练点到最优拟合线的距离最小（平方和最小）。

(3) 绝对值损失函数：

$$L(Y, f(X)) = |Y - f(X)| \tag{3.3}$$

(4) 对数损失函数：

$$L(Y, f(X)) = -\log P(Y|X) \tag{3.4}$$

虽然损失函数可以让我们看到模型的优劣，并且为我们提供了优化的方向，但是我们必须知道没有任何一种损失函数适用于所有的模型。损失函数的选取依赖于参数的数量、异常值、机器学习算法、梯度下降的效率、导数求取的难易和预测的置信度等若干方面。

3.2.2 风险函数

损失函数是对一次拟合结果错误程度的衡量，具有偶然性，所以我们提出了另一个概念——风险函数，也称为期望损失。风险函数是用来度量平均意义下模型预测能力的好坏。

在监督学习中，假设输入随机变量 X 和输出随机变量 Y 遵循联合概率分布 $P(X,Y)$，并且训练样本和测试样本依联合概率分布 $P(X,Y)$ 独立同分布产生，则风险函数即损失函数的期望表示为

$$R_{\exp}(f) = E_P[L(Y, f(X))] = \int_{\mathcal{X} \times \mathcal{Y}} L(y, f(x)) P(x, y) \mathrm{d}x \mathrm{d}y \tag{3.5}$$

期望损失越小，模型的预测能力越强，模型就越好。因此，监督学习通过损失函数进行学习，目的是寻找期望风险最小的模型。但由于联合分布 $P(X,Y)$ 是未知的，$R_{\exp}(f)$ 不能直接进行计算，因此将风险函数最小化作为模型选择的依据不可行。

模型 $f(X)$ 关于训练样本的平均损失称为经验风险或经验损失，表示如下：

$$R_{\mathrm{emp}}(f) = \frac{1}{n} \sum_{i=1}^{n} L(y_i, f(x_i)) \tag{3.6}$$

根据大数定理，当样本容量 n 趋于无穷时，经验风险 $R_{\mathrm{emp}}(f)$ 逐渐趋近于期望风险 $R_{\exp}(f)$。因此，自然而然想到可以用经验风险来估计期望风险。

在现实情况中，当样本容量足够大时，经验风险最小化可作为评判准则，经验风险最小的模型就是最优模型，这一理论也被称为经验风险最小理论。给定模型的假设空间、损失函数和训练集，经验风险表达式随之确定。求解以下的最优化问题就是求解最优模型。

$$\min_{f \in \mathcal{F}} \frac{1}{n} \sum_{i=1}^{n} L(y_i, f(x_i)) \tag{3.7}$$

但在一般情况下训练样本数量均有限甚至很少,经验风险最小化的学习效果不是很理想,很可能产生"过拟合"现象(后文有介绍),为此提出了结构风险最小理论。结构风险是在经验风险的基础上加上正则化项:

$$R_{\text{srm}}(f) = \frac{1}{n}\sum_{i=1}^{n} L(y_i, f(x_i)) + \lambda J(f) \tag{3.8}$$

其中,$J(f)$ 表示模型的复杂度,模型越复杂,$J(f)$ 越大;反之模型越简单,$J(f)$ 就越小。$J(f)$ 的本质就是对复杂模型的惩罚,因此 $\lambda J(f)$ 也称作惩罚项。$\lambda \geqslant 0$ 是正则化系数,用来权衡经验风险和模型复杂度。

结构风险最小理论认为,结构风险最小化的模型是最优模型。经验表明,结构风险小的模型一般具有较好的预测能力。因此监督学习问题转变为求解以下最优化问题:

$$\min_{f\in\mathcal{F}} \frac{1}{n}\sum_{i=1}^{n} L(y_i, f(x_i)) + \lambda J(f) \tag{3.9}$$

3.2.3 测试误差和泛化能力

泛化能力是指机器学习方法训练得到的模型对未知数据的预测能力,通俗来讲就是模型举一反三或学以致用的能力,这是机器学习最终想要达到的目的,也是一个好的模型应该具备的基本性质。

泛化误差是指习得模型对未知数据预测的误差,若学到的模型为 $f(X)$,则泛化误差定义如下:

$$R_{\exp}(f) = E_P[L(Y, f(X))] = \int_{\mathcal{X}\times\mathcal{Y}} L(y, f(x)) P(x,y) \mathrm{d}x \mathrm{d}y \tag{3.10}$$

因此,泛化误差实际上就是学到的模型的期望风险。由前文可知,泛化误差无从得知,现实中一般都采用测试误差代替泛化误差,评价该学习方法的泛化能力。

测试误差是习得模型 $f(X)$ 在给定损失函数 $L(Y, f(X))$ 的条件下,关于测试数据集的平均损失:

$$e_{\text{test}}(f) = \frac{1}{n'}\sum_{i=1}^{n'} L(y_i, f(x_i)) \tag{3.11}$$

我们希望得到具有很好的泛化能力,对未知数据能够准确预测的学习器,即测试误差越小越好。因此,模型应该尽量从训练样本中学习所有潜在数据的普遍规律,而忽略某些样本的特性。学习能力过弱或过强都不是一件好事情,模型复杂度适中即可。

3.2.4 训练误差和过拟合

训练误差是习得模型 $f(X)$ 关于训练数据集的平均损失:

$$R_{\text{emp}}(f) = \frac{1}{n}\sum_{i=1}^{n} L(y_i, f(x_i)) \tag{3.12}$$

由此可知,训练误差实际上就是所学到的模型的经验风险,因此训练误差又称为经验误差。

训练误差不是一个选择或评判模型的标准,其大小本质上不太重要。若一味地追求对训练数据的预测能力,过于依赖训练数据集的特征,则会对原本的噪音点也进行学习,出现模型复杂度提高而对测试数据的预测能力下降的现象,称为过拟合。与之相对应的称为欠拟合,欠拟合是指还没有完全学习到数据的特征,有待继续学习。

图3.1描述了训练误差和测试误差与模型复杂度之间的关系。随着模型复杂度的增大,训练误差逐渐减小并趋近于0;而泛化误差即测试误差先减小后增大。测试误差增大时便发生了过拟合现象。

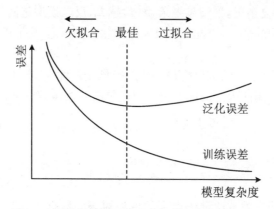

图 3.1　训练误差和测试误差与模型复杂度的关系

过拟合和欠拟合出现时,模型均不能很好地拟合数据的情况。过拟合一般是由于模型把数据学习得太彻底,以至于噪声数据特征也学习到了,导致数据不纯、数据量过少、模型复杂度过高等。因此相对应的解决方案有重新清洗数据、增加训练数据或进行交叉验证、采用正则化方法。欠拟合是模型没有很好地捕捉到数据特征,通常可以考虑添加特征、换用复杂模型、减少正则化参数等解决方式。

因此,若模型的假设空间存在"真"模型,则"真"模型是模型复杂度适中且测试误差达到最小化的模型。通过学习方法选择的最优模型应与"真"模型等价或者相似,两者的参数个数尽可能一致,参数向量尽可能相等。下面介绍两种选择最优模型的方法:正则化和交叉验证。

3.3　正则化与交叉验证

正则化和交叉验证是模型选择过程中最常用的两种方法,也是避免过拟合现象非常有效的手段,我们将依次进行介绍。

3.3.1　正则化

根据奥卡姆剃刀原理:在所有可选择的模型中,能够很好地解释现有数据并且十分简单的模型才是应该选择的最优模型。通过降低模型复杂度来防止过拟合,得到最优模型的方法称为正则化。正则化的一般形式如下:

$$\min_w \frac{1}{n} \sum_{i=1}^{n} L(y_i, f(x_i; w)) + \lambda J(w) \tag{3.13}$$

其中，w 是模型的参数向量，$w \in \mathbf{R}^n$。第一项为经验风险，第二项为正则化项，是参数向量 w 的规则化函数，一定程度上代表了模型的复杂程度，模型越复杂，正则化值越大。正则化本质上是结构风险最小化策略的实现。

正则化方法的主要目的是限制机器学习的能力，包括限制网络模型的神经元数量、限定模型参数个数、在目标函数基础上添加额外的惩罚项等。其中，添加惩罚项可看作对目标函数中的参数做一些限制，根据惩罚项的不同可分为 L_0 范数惩罚、L_1 范数惩罚参和 L_2 范数惩罚。

考虑一个线性回归方程，若数据产生相同的偏移量，对于系数较大的模型来说，结果偏移量也较大，而系数小的模型结果受到的影响小，偏移量也较小。因此通常认为参数值小的模型比较简单，且能适应不同的数据集，在一定程度上能降低过拟合的风险。在拟合过程中我们一般倾向于选择使得权值尽可能小的情形，最终构建一个所有参数都比较小的模型。

L_0 范数惩罚直接将模型参数不等于 0 的总个数限定在某个数值 N 以内，从而达到限制模型学习能力的目的，是最严苛的参数限制策略。但 L_0 范数惩罚在实际应用中过于简单随意，效果不好，我们很少使用。进一步放松限制，要求参数绝对值的总和小于某个数值 C，这种对参数数值总和的限制称为 L_1 范数惩罚，又称参数稀疏性惩罚。然而 L_1 范数不可微，因此我们将参数的绝对值求和改为参数平方和，得到 L_2 范数惩罚，也称作权重衰减惩罚。

综上，参数向量的 L_1 范数是向量所有元素的绝对值之和：

$$\|w\|_1 = \sum_{i=1}^{p} |w_i| \tag{3.14}$$

L_1 正则化的目标函数形式为损失函数加上参数向量的 L_1 范数：

$$\min_w \frac{1}{n} \sum_{i=1}^{n} L(y_i, f(x_i; w)) + \lambda \|w\|_1 \tag{3.15}$$

参数向量的 L_2 范数是向量所有元素平方和的开方：

$$\|X\|_2 = \sqrt{\sum_{i=1}^{p} w_i^2} \tag{3.16}$$

L_2 正则化的目标函数形式即为损失函数加上参数向量的 L_2 范数：

$$\min_w \frac{1}{n} \sum_{i=1}^{n} L(y_i, f(x_i; w)) + \lambda \|w\|_2^2 \tag{3.17}$$

L_1 正则化有助于生成一个稀疏权值矩阵，进而可用于特征选择。如图 3.2 所示，外围椭圆曲线是损失函数等高线，每条等高线上损失函数值大小相同，外围椭圆曲线围绕的中心点即为损失函数值等于 0 的点，且越往中心点靠近等高线对应的损失函数值越小。与坐标轴相交的直线是正则项等高线。正则化后的目标函数是损失函数与正则项之和，而我们需要做的是寻找损失函数等高线与正则项等高线的交点 θ^*，使得交点上的目标函数为最小值。

L_1 正则化更利于特征选择：L_1 正则化下，目标函数的交点 θ^* 在坐标轴上的落点（对应于求解的系数)非常稀疏,即大部分接近 0、一小部分接近 1,显然这有利于我们进行特征选择。L_2 正则化下,目标函数的交点 θ^* 在坐标轴上的落点较为均等,特征选择效果没有 L_1 正则化好。

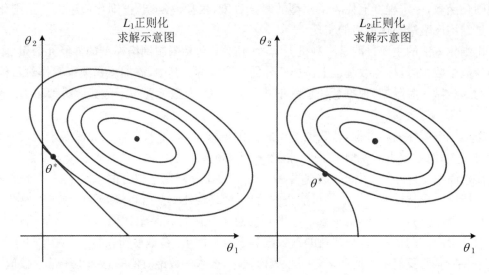

图 3.2　L_1 正则化和 L_2 正则化求解示意图

L_2 正则化更稳定:当损失函数变动时,左图外围椭圆曲线在与坐标轴相交的直线上的落点容易跳动,从靠近 θ_2 坐标轴的一端"跳"到靠近 θ_1 坐标轴的一端。而右图相对稳定,基本在原位置左右徘徊。同时,L_2 正则项处处可导,有优良的计算性质;而 L_1 正则项有拐点,在求解时需要用到一些技巧以规避不可导的不足。

3.3.2　交叉验证

如果给定的样本数据充足,则可直接将数据集 D 划分为两个互斥的集合。一个作为训练集 S 用于模型的训练;一个作为测试集 V 用于计算模型的测试误差,作为对模型泛化能力的评估。以下为数学形式的简单描述:

$$D = S \cup V, \quad S \cap T = \varnothing$$

比较常见的做法是将 $\frac{2}{3} \sim \frac{4}{5}$ 的样本用于训练,剩余样本用于测试。值得注意的是,划分得到的训练集和测试集尽可能保持独立同分布,避免因数据分布不一致而引入额外偏差,对最终的结果产生影响。以二分类为例,原始数据包含 500 个正例和 500 个反例,60% 的数据用于训练,40% 的数据用于测试,则训练集应包含 300 个正例和 300 个反例,测试集应包含 200 个正例和 200 个反例。

但通常情况下样本数据是有限甚至稀少的,此时可采用交叉验证法。交叉验证是在机器学习构建模型和验证模型参数时最常用的方法。交叉验证的基本思路是将样本数据进行切分,组合为不同的训练集和测试集,进行重复的训练、选择和测试模型。在此基础上可得到多组不同的训练集和测试集,某次训练集中的某样本在下次可能成为测试集中的样本,即所谓"交叉"。

具体而言,交叉验证法首先将数据集 D 划分成 K 个大小相似的互斥子集,即
$$D = D_1 \bigcup D_2 \bigcup \cdots \bigcup D_k, \quad D_i \bigcap D_j = \varnothing \quad (i \neq j)$$
采用分层抽样的方法保证每个数据集中的数据分布尽可能一致。接着我们每次用 $k-1$ 个子集作为训练集 s,剩余的那个子集作为测试集 v,这样便可得到 k 组训练集 s 和测试集 v。进行 k 次训练和 k 次测试后,最终返回这 k 个结果的均值。交叉验证通过对 k 个不同分组训练的模型结果进行平均来减少方差,从而使得模型的预测性对数据的划分不那么敏感。交叉验证可有效避免学习阶段中的过拟合、欠拟合等问题,在假设空间内选择表现最好的模型。交叉验证可分为简单交叉验证、K 折交叉验证和留一交叉验证三类。

(1) 简单交叉验证。所谓简单,是相对其他交叉验证方法而言的。进行若干次随机划分样本数据(例如 60%作为训练集,40%作为测试集),并且重复地用训练集训练样本,用测试集进行模型测试误差的评估,最终选择出测试误差最小的模型。简单交叉验证处理简单,只需随机把原始数据分为两组即可,但没有达到交叉的思想。由于是随机地将原始数据分组,所以最后验证集分类准确率的高低与原始数据的分组有很大的关系,得到的结果并不具有说服性。

(2) K 折交叉验证。K 折交叉验证是应用最多的一种方法。将数据集随机划分为 K 个大小相同的互斥子集,每次选择 $K-1$ 个子集作为训练集,剩余 1 个作为测试集。将 K 种可能的组合依次进行模型的训练和测试。最终将 K 种结果的平均值作为当前 K 折交叉验证下模型的性能指标。交叉验证法评估结果的稳定性和保真性在很大程度上取决于 K 的取值。K 一般大于等于 2,实际操作时一般从 3 开始取值,只有在原始数据集合数据量小的时候才会尝试取 2。K 折交叉验证应用最多,可以有效地避免过拟合与欠拟合的发生,最后得到的结果也比较具有说服力。

(3) 留一交叉验证。当 $K=n$,n 为样本容量时,K 折交叉验证即为留一交叉验证。即每个样本单独作为测试集,其余的 $n-1$ 个样本作为训练集,将 n 种可能的组合依次进行模型的训练和测试,最终将 n 种结果的平均值作为当前的模型得分。当样本数据极其缺乏时可以使用留一交叉验证,每一回合中几乎所有的样本皆用于训练模型,因此最接近原始样本的分布,这样评估所得的结果比较可靠。同时实验过程中没有随机因素会影响实验数据,确保了实验过程是可以被复制的。但当数据量较大时,留一交叉验证的计算成本是难以承受的。

3.4 监督学习的应用

监督学习主要应用在回归问题、分类问题和标注问题三个方面。本书重点介绍回归和分类问题。

3.4.1 回归问题

回归是在建模过程中用于分析变量之间的关系,以及变量如何影响结果的一种技术,输入变量 X 和输出变量 Y 均为连续变量。回归模型则可理解为函数拟合,表示从自变量到因

变量映射关系的函数。如预测某上市公司明天的股票价格、预测观看 YouTube 视频的观众年龄等都可以归结为回归问题。

回归是监督学习中最基础、最常见的学习方法,回归形式也各种各样。按照输入变量的个数,回归模型可分为一元回归模型和多元回归模型。按照输入输出变量之间的关系,则可分为线性回归模型和非线性回归模型。

首先给定一个训练集 $T = \{(x_1,y_1),(x_2,y_2),\cdots,(x_n,y_n)\}$,其中 $(x_i,y_i) \in T, i = 1, 2,\cdots,n$ 是输入输出对。接着学习系统依据数据集训练得到一个模型 $Y = f(X)$。之后对于每一个新的输入 x_{n+1},预测系统都会根据模 $Y = f(X)$ 型给出相应的输出 y_{n+1}。回归模型最常用的损失函数是平方损失函数,此时可采用最小二乘法求解,求解参数的过程一般使用梯度下降法。

在本章 3.2 小节中,我们提到给定不同的损失函数 $L(Y, f(X))$,模型 $Y = f(X)$ 在测试集上的平均损失即为测试误差,可代替泛化误差用来评判和估计模型的好坏,以选择出最优的模型。这里我们介绍几种回归模型的评估指标,主要分为平均绝对误差(MAE)系列、均方误差(MSE)系列、决定系数(R^2)系列。

MAE 是指预测值与真实值之间平均相差多大,公式如下:

$$MAE = \frac{1}{n}\sum_{i=1}^{n} |f(x_i) - y_i| \quad (3.18)$$

MAE 系列是 MAE 及其衍生得到的指标,包括 MAE、MPE、MAPE 等。

由 MAE 衍生可得到 MAPE(平均绝对百分比误差),相当于加权版的 MAE:

$$MAPE = \frac{1}{n}\sum_{i=1}^{n} \left|\frac{f(x_i) - y_i}{y_i}\right| \quad (3.19)$$

MAPE 可以看做是 MAE 和 MPE 综合而成的指标:

$$MPE = \frac{1}{n}\sum_{i=1}^{n} \frac{f(x_i) - y_i}{y_i} \quad (3.20)$$

MSE 系列是 MSE 及其衍生得到的指标,包括 MSE、RMSE 等。MSE 是指样本估计值与样本真值之差平方的期望值,是衡量平均误差的一种较方便的方法。MSE 可以评价数据的变化程度,MSE 的值越小,说明预测模型在描述实验数据方面具有更好的精确度。公式如下:

$$MSE = \frac{1}{n}\sum_{i=1}^{n} (f(x_i) - y_i)^2 \quad (3.21)$$

由于 MSE 与我们的目标变量的量纲不一致,为保证量纲一致性,对 MSE 进行开方可得到 RMSE(均方根误差):

$$RMSE = \sqrt{\frac{1}{n}\sum_{i=1}^{n} (f(x_i) - y_i)^2} \quad (3.22)$$

MAE、MSE 系列指标解决了样本数量 n 对评估结果的影响,但当量纲不同时却难以评价模型效果的好坏。比如,一个房价回归模型预测得到的误差 RMSE 为 5 万元,而学生成绩回归模型预测得到的误差 RMSE 为 10 分,仅凭这两个值很难评判哪个模型更胜一筹。因此,我们引入了回归模型的 R^2 系列评估指标。

SSE(误差平方和)是指样本真实值和预测值之差的平方和:

$$SSE = \sum_{i=1}^{n} (f(x_i) - y_i)^2 \tag{3.23}$$

对于同样的数据集来说，SSE 越小，误差越小，模型效果越好。但 SSE 数值大小本身没有意义，随着样本增加，SSE 必然增加。也就是说，在不同数据集的情况下，SSE 是没有可比较性的。

R^2 反映了预测值对实际值的解释程度，分母可理解为原始数据的离散程度，分子为预测数据和原始数据的误差，两者相除可以消除原始数据离散程度的影响：

$$R^2 = 1 - \frac{\sum_{i=1}^{n}(f(x_i)-y_i)^2}{\sum_{i=1}^{n}(\bar{y}-y_i)^2} \tag{3.24}$$

R^2 越接近1，表明预测值对真实值的解释能力越强，模型对数据拟合得更好。当数据集样本增大时，R^2 也越大，因此不同数据集的模型结果比较同样存在一定的误差。对 R^2 经过调整之后得到校正决定系数（$R^2\_adjusted$）：

$$R^2\_adjusted = 1 - \frac{(1-R^2)(n-1)}{n-p-1} \tag{3.25}$$

其中，n 为样本数量，p 为特征数量。$R^2\_adjusted$ 消除了样本数量和特征数量的影响，可用于不同数据集模型之间的比较。

3.4.2 分类问题

监督学习中另一个重要的任务是分类问题，即基于过去的样本数据自动训练算法以识别某些类型的对象，并且相应地对它们进行分类。从分类问题中习得的模型称为分类器，可能的输出称为类别。在分类问题中，输出变量 Y 只能取有限个离散值，输入变量 X 可以是离散的也可以是连续的。

分类问题按照可能输出类别的数量可分为二类分类问题和多类分类问题。如预测明天的房价涨跌属于二类分类问题，公司员工绩效等级评定属于多类分类问题。本书主要介绍二类分类问题。

分类问题同样也分为学习和预测两个过程。基于 $T = \{(x_1,y_1),(x_2,y_2),\cdots,(x_n,y_n)\}$ 训练集，学习系统学习一个分类器 $Y=f(X)$ 或 $P(Y|X)$，而分类系统根据模型 $Y=f(X)$ 或 $P(Y|X)$ 识别每一个新的输入变量 x_{n+1}，并将其纳入所属的类别，输出相应的标签 y_{n+1}。

分类问题多采用0-1损失函数，在这种情况下，代表分类器泛化能力的测试误差就变成了测试数据集上的误差率：

$$e_{\text{test}}(f) = \frac{1}{n'}\sum_{i=1}^{n'} I(y_i \neq f(x_i)) \tag{3.26}$$

其中，$f(X)$ 是系统学到的模型。I 是指示函数，当 $y_i \neq f(x_i)$ 时等于1，否则等于0。

相应地，分类器在测试数据集上的准确率为

$$r_{\text{test}}(f) = \frac{1}{n'}\sum_{i=1}^{n'} I(y_i = f(x_i)) = 1 - e_{\text{test}}(f) \tag{3.27}$$

准确率,是指在给定的测试数据集上,分类器正确分类的样本数占总样本数据的百分比,它是最常见的评价分类器的性能指标。

对于二类分类问题,模型最终需要判断样本的结果是 0 还是 1,或者说是 positive 还是 negative。根据原始数据的标签值,我们能直接知道真实情况下,哪些数据结果是 positive 的,哪些结果是 negative 的。同时,通过习得的二类分类器预测样本结果,我们也可以知道模型认为这些数据哪些是 positive 的,哪些是 negative 的。因此,我们可得到四个基础指标,或称为一级指标(最底层的)。根据其真实类别和分类器预测类别可将样例划分为:

(1) 真正例(True Positive,TP):真实类别为正例,预测类别为正例。

(2) 假正例(False Positive,FP):真实类别为负例,预测类别为正例,这是统计学上的第一类错误。

(3) 假负例(False Negative,FN):真实类别为正例,预测类别为负例,这是统计学上的第二类错误。

(4) 真负例(True Negative,TN):真实类别为负例,预测类别为负例。

然后可以构建混淆矩阵(Confusion Matrix)如表 3.1 所示。

表 3.1 混淆矩阵

混淆矩阵		预测值	
		正例	负例
真实值	正例	TP	FN
	负例	FP	TN

对混淆矩阵显然有,$TP + FN + FP + TN =$ 样本总数。我们肯定希望分类模型预测越准越好,即希望 TP 与 TN 的数值越大越好,而 FP 与 FN 的数值越小越好。然而混淆矩阵中统计的是样本个数,有时面对大量的数据,仅凭查看数量很难衡量模型的优劣。因此在混淆矩阵的统计结果基础上又延伸了三个二级指标,即准确率(Accuracy)、精确率(Precision)和召回率(Recall)。

准确率(A)是最常用的分类性能指标是指:对于给定的测试集,分类模型正确分类的样本数与总样本数之比:

$$A = \frac{TP + TN}{TP + FP + FN + TN} \tag{3.28}$$

精确率(P)容易和准确率混为一谈。其实,精确率只是针对预测正确的正样本而不是所有预测正确的样本。精确率是指模型预测类别为正例的样本中,真实类别也为正例的比例。换句话说,即分类模型预测的正样本中有多少是真正的正样本:

$$P = \frac{TP}{TP + FP} \tag{3.29}$$

召回率(R)是指真实类别为正例的样本中,分类模型预测类别也为正例的比例。换句话说,即样本中的真正类有多少被分类模型预测正确:

$$R = \frac{TP}{TP + FN} \tag{3.30}$$

在理想情况下,我们希望模型的精确率和召回率越高越好,但在实际应用中,精确率和召回率往往相互矛盾,精确率高时,召回率往往偏低;而召回率高时,精确率却偏低。因此我们提出了另一个度量指标 $F1$ 得分:

$$\frac{2}{F1} = \frac{1}{P} + \frac{1}{R} \tag{3.31}$$

$$F1 = \frac{2TP}{2TP + FP + FN} \tag{3.32}$$

$F1$ 得分(F1-Score)被称为三级指标。$F1$ 得分是精确率和召回率的调和均值,综合考量了精确率和召回率的性能度量。精确率和召回率都提高时,$F1$ 得分也会随着增大。$F1$ 的取值范围为$(0,1)$,1 代表模型的输出结果最好,0 代表模型的输出结果最差。

此外,ROC 曲线及 ROC 曲线下的面积 AUC(Area under ROC Curve)常常被作为分类性能度量指标,用来评价一个二值分类器的优劣。ROC 曲线考虑的是分类器一般情况下泛化性能的好坏,主要取决于阈值选择和模型排序能力的强弱。在介绍 ROC 曲线和 AUC 之前,我们先提出两个与之相关的概念,真正率(TPR)和假正率(FPR)。TPR 是衡量真实类别为正例的样本中被正确预测为正例的样本比例:

$$TPR = \frac{TP}{TP + FN} \tag{3.33}$$

FPR 表示真实类别为负例的样本中被错误预测为正例的样本比例:

$$FPR = \frac{FP}{TN + FP} \tag{3.34}$$

ROC 曲线一般适用于分类器输出一个"概率值",即这个样本属于正例的概率有多大。首先分类器根据模型预测结果对样本进行排序,对于给定的阈值,大于这个阈值属于正例,反之则为负例,依此计算该阈值下的 TPR 和 FPR。设定不同的阈值,就会得到相应的 TPR 和 FPR,以 FPR 为横坐标,TPR 为纵坐标,将不同阈值下的点连线即得到 ROC 曲线(图3.3)。通常来说,阈值减小,TPR 和 FPR 都会变大,只是增大的速度不同。

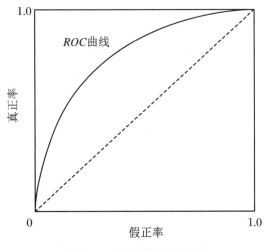

图 3.3 ROC 曲线示意图

ROC 曲线越接近右上角越好,说明该模型在假正率很低的情况下获得了很高的真正率,而如果 ROC 曲线接近对角线,则说明此模型的预测结果与随机预测相差不大。ROC 曲线可用于不同模型的比较,若一个模型的 ROC 曲线被另一个模型的曲线完全包住,则可断言后者的性能优于前者。

然而多数情况下,模型的 ROC 曲线都是相互交叉的,很难直接判断两个模型孰优孰劣。这时可以使用 AUC 指标。因为 ROC 曲线一般都会在 $y = x$ 直线的上方,所以 AUC 的取值一般在 0.5~1 范围。AUC 是一个概率值,表示若随机挑选一个正样本和一个负样本,当前模型根据预测结果将正样本排到负样本前面的概率。因此 AUC 的值越大,说明该模型正确排序的概率越大,模型的分类性能也就越好。

PR 曲线与 ROC 曲线类似,只不过将横坐标换成召回率,纵坐标换成精确率。将样本根据模型预测结果排序,计算不同阈值下的精确率和召回率,并绘制成曲线。若一个模型的 PR 曲线被另一个模型的曲线完全包住,则后者的分类性能优于前者。

我们需要意识到,在诸多的模型性能评价指标中,大多数指标只能片面地反映模型的部分性能。如果不能正确理解和使用,则不仅不能发现模型本身的问题,还会得出错误的结论。举一个最常见的例子,数据分布不均衡问题。大多数情况下不同类别的分类代价并不相等,即将样本分类为正例或反例的代价是不能相提并论的。例如,在垃圾邮件过滤中,我们希望重要的邮件永远不要被误判为垃圾邮件;还有在癌症检测中,宁愿误判也不漏判。在这种情况下,仅仅使用分类准确率或错误率来度量是不充分的。当某个类别的重要性高于其他类别时,可使用精确率和召回率等多个具有针对性的效果更好的新指标。

可见,我们需要根据最终目标来选择度量指标。在癌症检测中,我们希望选择召回率较高的模型(有病为正例)。而在垃圾邮件过滤中,我们希望选择精确率较高的模型。同理,如果数据集类别分布大致均衡,我们采用 ROC 曲线。当数据集类别分布非常不均衡时,采用 PR 曲线。

3.4.3 监督学习算法简介

不同于无监督学习,监督学习有明确的目标,很清楚自己想要什么结果,是最广泛应用的机器学习方式。监督学习算法主要包括分类和回归,两者最主要的区别在于输出变量的类型。机器学习中提供了非常多的分类和回归算法,这里对主流的学习算法简单作介绍(表3.2),后续章节将会作详细讲解。

表 3.2 主流监督学习算法简介

算法	类型	简介
朴素贝叶斯 (Naive Bayes)	分类	贝叶斯分类法是基于贝叶斯定理的统计学分类方法。它通过预测一个给定的元组属于一个特定类的概率,来进行分类。朴素贝叶斯分类法假定一个属性值在给定类的概率独立于其他属性的值——类条件独立性
决策树	分类	决策树是一种简单但被广泛使用的分类器,它通过训练数据构建决策树,对未知的数据进行分类

续表

算法	类型	简　介
支持向量机 （SVM）	分类	支持向量机把分类问题转化为寻找分类平面的问题，并通过最大化分类边界点距离分类平面的距离来实现分类
逻辑回归	分类	逻辑回归是用于处理因变量为分类变量的回归问题，常见的是二分类或二项分布问题，也可以处理多分类问题，它实际上是属于一种分类法
线性回归	回归	线性回归是处理回归任务最常用的算法之一。该算法的形式十分简单，它期望使用一个超平面拟合数据集（只有两个变量的时候就是一条直线）
回归树	回归	回归树（决策树的一种）通过将数据集重复分割为不同的分支而实现分层学习，分割的标准是最大化每一次分离的信息增益。这种分支结构使回归树很自然地学习到非线性关系
k 近邻 （k-Nearest Neighbor, KNN）	分类+回归	通过搜索 k 个最相似的实例（邻居）的整个训练集并总结这 k 个实例的输出变量，对新数据点进行预测
Adaboost	分类+回归	目的是从训练数据中学习一系列的弱分类器或基本分类器，然后将这些弱分类器组合成一个强分类器

本 章 小 结

1. 监督学习和无监督学习的区别在于有无输出或标记，监督学习的样本可表示为 $T=\{(x_1,y_1),(x_2,y_2),\cdots,(x_n,y_n)\}$，无监督学习的样本可表示为 $T=\{x_1,x_2,\cdots,x_n\}$。监督学习探究输入特征与输出值之间的相互关系。

2. 监督学习建模过程主要有以下几个步骤：根据学习任务确定模型类型、基于训练集训练模型、依据测试集评估模型、对新数据进行预测等。

3. 损失函数和风险函数为模型评估和选择提供了方向。损失函数是单个实例真实标签与模型计算值的差异函数，而风险函数度量了平均意义下实例真实标签与模型计算值的差异，是损失函数的期望。基于风险函数提出了三个理论：期望风险最小理论、经验风险最小理论和结构风险最小理论。

4. 期望风险最小理论要求具有良好的泛化能力是其绝对评估标准，但并不能直接计算和用于模型评估。若将经验风险最小理论即训练误差最小作为模型评估标准，则模型容易发生过拟合情况，不可取。结构风险在经验风险的基础上加了正则化，同时衡量了经验风险大小和模型复杂度，结构风险最小理论是比较好的模型评估标准。

5. 为提高模型精度，避免过拟合情况，我们提出了两种模型选择方法：正则化和交叉验证。正则化是结构风险最小理论的实现。交叉验证对数据集进行不同方式的分割，利用不同的训练集和测试集训练测试模型，从而得到稳定的最优模型。

6. 无监督学习方法主要有分类和回归两大类，两者的区别在于输出变量的类型。分类的输出变量是离散值，典型的案例有垃圾邮件和非垃圾邮件的分类；回归的输出变量是连续值,典型的案例有芝麻信用评分。常用的监督学习算法有朴素贝叶斯分类、决策树分类、支持向量机分类、k 近邻、Adaboost、逻辑回归分类、回归树等。

关键词:监督学习　损失函数　过拟合　正则化　交叉验证

思 考 题

1. 说明什么是过拟合和欠拟合,并简述学习过程中什么情况下会发生过拟合以及其有效的解决方案。

2. 在模型选择和模型评估中有哪些评判标准或衡量指标?这些指标有哪些优劣,我们应如何进行择取?

3. 举两个生活中分类和回归的例子,并阐述机器学习的过程。

参 考 文 献

[1] 李航.统计学习方法[M].2版.清华大学出版社,2019.
[2] 周志华.机器学习[M].2版.清华大学出版社,2016.
[3] Hastie T,Tibshirani R,Friedman J.The elements of statistical learning:data mining,inference,and prediction[M].New York:Springer,2001.
[4] Bishopc M.Pattern recognition and machine learning[M].New York:Springer,2006.

第 4 章 k 近 邻 法

教学目标

1. 掌握 k 近邻的基本算法流程;
2. 熟悉 k 值选取思路和分类决策的基本原理;
3. 深入理解基于 k 近邻鸢尾花分类算例,并能推广应用到其他场景。

k 近邻是一种常用于分类并且有着成熟理论支撑的,较为简单的经典机器学习算法之一。k 近邻的基本思想是:当给定训练实例点和输入实例时,我们首先需要确定输入实例点附近距离其最近的 k 个训练实例点,然后通过这 k 个训练实例点中类别的多数来决定输入实例点的类别。可以看出,k 近邻算法并不具有显式的学习过程,一般的机器学习算法会通过训练数据得到一个模型,然后再用这个模型来对新输入实例进行预测,但 k 近邻算法并不会生成一个模型来预测而是基于训练数据来预测。k 近邻模型其实是一个根据训练数据对特征空间的划分,并且这个划分依赖于模型中的三个要素:距离选择、k 值的选择和分类决策的规则。当这三个要素确定之后,模型的划分是唯一确定的。

本章 4.1 节介绍 k 近邻的算法内容,4.2 节、4.3 节和 4.4 节分别介绍三个重要算法元素:距离选择、k 值的选择和分类决策的规则。最后在 4.5 节中介绍一个算例,以便能更深入了解该算法。

4.1 k 近邻算法

k 近邻算法的工作机制很直接。当给定测试样本时,算法会首先根据某种设定好的距离度量来找到该测试样本周围最近的 k 个训练样本,然后再根据这 k 个训练样本通过"投票法"来决定测试样本的类别。

构建此模型只需要保存训练集即可。要对一个新的数据点做出预测,算法会在训练集中寻找与这个新数据点距离最近的数据点,然后将找到的数据点的标签赋值给这个新数据点。k 近邻算法中 k 的含义是,考虑训练集中与新数据点最近的任意 k 个邻居而不是只考虑最近的那一个。然后,可以用这些邻居中数量最多的类别做出预测。

算法 4.1 k 近邻算法
输入:(1) 训练数据集

$$T = \{(x_1,y_1),(x_2,y_2),\cdots,(x_n,y_n)\} \tag{4.1}$$

其中,$x_i \in \mathcal{X} \subseteq \mathbf{R}^p$ 为实例的特征向量,$y_i \in \mathcal{Y} = \{c_1,c_2,\cdots,c_K\}$ 为实例的类别,$i = 1,2,\cdots,N$。

(2) 待预测的实例特征向量为 x。

输出:实例 x 的类别 y。

算法过程:

(1) 首先,根据设定的距离度量在训练数据集 T 中找出距离 x 最近的 k 个数据点,包含这 k 个数据点的 x 的邻域记作 $N_k(x)$。

(2) 然后,在这个邻域 $N_k(x)$ 中根据设定的分类决策规则(例如多数表决)来决定 x 的类别 y

$$y = \arg\max_{c_j} \sum_{x_i \in N_k(x)} I(y_i = c_j) \quad (i = 1,2,\cdots,n; j = 1,2,\cdots,K) \tag{4.2}$$

其中,I 为指示函数,即当 $y_i = c_j$ 时为 1,否则为 0。

如果我们设定 $k = 1$,那么这时 k 近邻算法称为最近邻算法。对于任意一个待预测的实例 x,其类别取决于距离该实例点最近的训练实例的类别。

4.2 距离度量

从前面的算法中可以看出,如何找到离待预测实例 x 最近的 k 个训练数据点是模型的关键之一,所以问题进而转变为应该用什么指标来表示距离。我们最常用、也最熟悉的距离度量指标是欧式距离,但其实只要符合一些距离定义的条件,很多统计量都可以称为距离。针对不同的问题,如果选取的距离度量指标不同,得到的结果可能会有差别。在本节,主要关注一般的 L_p 距离,其他更加详细的距离度量公式将在后面 12 章中展开讨论。

如果特征空间是 p 维实数向量空间 $\mathbf{R}^p$,$x_i,x_j \in X$,$x_i = (x_i^{(1)},x_i^{(2)},\cdots,x_i^{(p)})^\mathrm{T}$,$x_j = (x_j^{(1)},x_j^{(2)},\cdots,x_j^{(p)})^\mathrm{T}$,则 x_i,x_j 之间的 L_p 距离定义为

$$L_p(x_i,x_j) = \Big(\sum_{l=1}^n |x_i^{(l)} - x_j^{(l)}|^p\Big)^{\frac{1}{p}} \tag{4.3}$$

如果 $p = 1$,此时称为曼哈顿距离或城市区块距离,即

$$L_1(x_i,x_j) = \sum_{l=1}^n |x_i^{(l)} - x_j^{(l)}| \tag{4.4}$$

该距离是在欧几里得空间的固定直角坐标系上两点所形成的线段对轴产生的投影的距离之和。更形象的理解是,曼哈顿距离衡量一个人从曼哈顿的一个十字路口走到另一个十字路口所走过的距离。

如果 $p = 2$,此时称为欧式距离,即

$$L_2(x_i,x_j) = \Big(\sum_{l=1}^n |x_i^{(l)} - x_j^{(l)}|^2\Big)^{\frac{1}{2}} \tag{4.5}$$

欧式距离是最常见的两点之间或多点之间的距离衡量指标。

如果 $p = \infty$，此时两点之间的距离为各个坐标距离中的最大值，即

$$L_\infty(x_i, x_j) = \max_l |x_i^{(l)} - x_j^{(l)}| \tag{4.6}$$

任意一个衡量距离的函数只要满足距离的公理化定义，就可以称为距离。人们在应对各种问题的过程中，定义了各式各样的距离衡量公式，如 Jaccard 相关系数、巴氏距离等。这里不对其他距离衡量公式做过多说明，建议当面对具体问题时再查看是否有其他更好的距离度量。

4.3　k 值的选择

k 值的选择是该算法基本要素之一，并且 k 值的大小直接对应了 k 近邻算法结果的准确程度。

该算法中 k 值的选择决定了模型的复杂程度，所以在选择时我们需要考虑模型的泛化能力。如果模型中 k 值设定偏大，这时意味着模型比较简单，使用了较大范围内的实例来进行预测。这样可以使得模型的泛化能力增强，即对测试集上的实例有较小的估计误差。但是 k 值偏大意味着那些距离较远的训练实例也会起作用，这会使得那些不太相似的实例也会对结果产生影响，学习的近似误差会比较大。如果我们考虑 $k = N$ 的极端情况，那么对所有测试集上的数据都简单粗暴地归类为训练集中类别最多的那一类，这显然舍弃了训练集中大量的有用信息，不符合实际情况。

相反，如果模型中 k 值设定偏小，这时意味着模型比较复杂，模型只是通过距离预测实例最近的少数几个实例点来做出预测。虽然这样可以有效减少那些距离较远的训练实例点对预测结果的影响，但是会使得模型的泛化能力降低。如果考虑 $k = 1$ 的极端情况，这时能够直接决定预测结果的点就是最近训练实例点，这会使得模型很容易受到噪音的干扰。

从以上可以看出，k 值的选择是该算法很重要的部分之一。在实际应用中，可以使用交叉验证的方法来选取出最优的 k 值。

4.4　分类决策规则

最后我们还需要通过损失函数来推导出算法的分类决策规则。由于 k 近邻算法是一种分类算法，可以设定其损失函数为 0-1 损失函数。其分类的函数为一个从 $\mathbf{R}^p$ 空间到 $\{c_1, c_2, \cdots, c_K\}$ 的映射 f。

那么，模型分类错误的概率为

$$P(Y \neq f(X)) = 1 - P(Y = f(X)) \tag{4.7}$$

我们的目的在于寻找一个类别 C_j，能够使得上面误分类的概率最小，即

$$C_j = \arg\min_{c_j} P(Y \neq f(x)) = \arg\min_{c_j} 1 - P(Y = f(x))$$
$$= \arg\max_{c_j} P(Y = f(x)) = \arg\max_{c_j} \frac{1}{K} \sum_{x_i \in N_k(x)} I(y_i = c_j) \quad (4.8)$$

所以，预测实例的类别由其邻域内训练实例最多的类别所决定，这样的分类决策规则称为多数表决规则。

4.5 算 例

为了更加清楚地理解该算法的具体流程，我们这里使用 k 近邻算法对鸢尾花数据集进行分类。我们通过鸢尾花花瓣的长度和宽度来判断鸢尾花的具体类型，使用的数据集如表4.1 所示。

表 4.1 鸢尾花数据集

序号	花瓣长度(cm)	花瓣宽度(cm)	类型	序号	花瓣长度(cm)	花瓣宽度(cm)	类型	序号	花瓣长度(cm)	花瓣宽度(cm)	类型
1	1.4	0.2	0	51	4.7	1.4	1	101	6	2.5	2
2	1.4	0.2	0	52	4.5	1.5	1	102	5.1	1.9	2
3	1.3	0.2	0	53	4.9	1.5	1	103	5.9	2.1	2
4	1.5	0.2	0	54	4	1.3	1	104	5.6	1.8	2
5	1.4	0.2	0	55	4.6	1.5	1	105	5.8	2.2	2
6	1.7	0.4	0	56	4.5	1.3	1	106	6.6	2.1	2
7	1.4	0.3	0	57	4.7	1.6	1	107	4.5	1.7	2
8	1.5	0.2	0	58	3.3	1	1	108	6.3	1.8	2
9	1.4	0.2	0	59	4.6	1.3	1	109	5.8	1.8	2
10	1.5	0.1	0	60	3.9	1.4	1	110	6.1	2.5	2
11	1.5	0.2	0	61	3.5	1	1	111	5.1	2	2
12	1.6	0.2	0	62	4.2	1.5	1	112	5.3	1.9	2
13	1.4	0.1	0	63	4	1	1	113	5.5	2.1	2
14	1.1	0.1	0	64	4.7	1.4	1	114	5	2	2
15	1.2	0.2	0	65	3.6	1.3	1	115	5.1	2.4	2
16	1.5	0.4	0	66	4.4	1.4	1	116	5.3	2.3	2
17	1.3	0.4	0	67	4.5	1.5	1	117	5.5	1.8	2
18	1.4	0.3	0	68	4.1	1	1	118	6.7	2.2	2
19	1.7	0.3	0	69	4.5	1.5	1	119	6.9	2.3	2

续表

序号	花瓣长度(cm)	花瓣宽度(cm)	类型	序号	花瓣长度(cm)	花瓣宽度(cm)	类型	序号	花瓣长度(cm)	花瓣宽度(cm)	类型
20	1.5	0.3	0	70	3.9	1.1	1	120	5	1.5	2
21	1.7	0.2	0	71	4.8	1.8	1	121	5.7	2.3	2
22	1.5	0.4	0	72	4	1.3	1	122	4.9	2	2
23	1	0.2	0	73	4.9	1.5	1	123	6.7	2	2
24	1.7	0.5	0	74	4.7	1.2	1	124	4.9	1.8	2
25	1.9	0.2	0	75	4.3	1.3	1	125	5.7	2.1	2
26	1.6	0.2	0	76	4.4	1.4	1	126	6	1.8	2
27	1.6	0.4	0	77	4.8	1.4	1	127	4.8	1.8	2
28	1.5	0.2	0	78	5	1.7	1	128	4.9	1.8	2
29	1.4	0.2	0	79	4.5	1.5	1	129	5.6	2.1	2
30	1.6	0.2	0	80	3.5	1	1	130	5.8	1.6	2
31	1.6	0.2	0	81	3.8	1.1	1	131	6.1	1.9	2
32	1.5	0.4	0	82	3.7	1	1	132	6.4	2	2
33	1.5	0.1	0	83	3.9	1.2	1	133	5.6	2.2	2
34	1.4	0.2	0	84	5.1	1.6	1	134	5.1	1.5	2
35	1.5	0.2	0	85	4.5	1.5	1	135	5.6	1.4	2
36	1.2	0.2	0	86	4.5	1.6	1	136	6.1	2.3	2
37	1.3	0.2	0	87	4.7	1.5	1	137	5.6	2.4	2
38	1.4	0.1	0	88	4.4	1.3	1	138	5.5	1.8	2
39	1.3	0.2	0	89	4.1	1.3	1	139	4.8	1.8	2
40	1.5	0.2	0	90	4	1.3	1	140	5.4	2.1	2
41	1.3	0.3	0	91	4.4	1.2	1	141	5.6	2.4	2
42	1.3	0.3	0	92	4.6	1.4	1	142	5.1	2.3	2
43	1.3	0.2	0	93	4	1.2	1	143	5.1	1.9	2
44	1.6	0.6	0	94	3.3	1	1	144	5.9	2.3	2
45	1.9	0.4	0	95	4.2	1.3	1	145	5.7	2.5	2
46	1.4	0.3	0	96	4.2	1.2	1	146	5.2	2.3	2
47	1.6	0.2	0	97	4.2	1.3	1	147	5	1.9	2
48	1.4	0.2	0	98	4.3	1.3	1	148	5.2	2	2
49	1.5	0.2	0	99	3	1.1	1	149	5.4	2.3	2
50	1.4	0.2	0	100	4.1	1.3	1	150	5.1	1.8	2

其中第一列为样本序号,这里我们使用了150个样本;第二列和第三列分别为花瓣的长度和宽度;第四列为鸢尾花的类型,其中0、1和2分别表示setosa、versicolor和virginica类

型。表 4.1 的数据集，如图 4.1 所示。

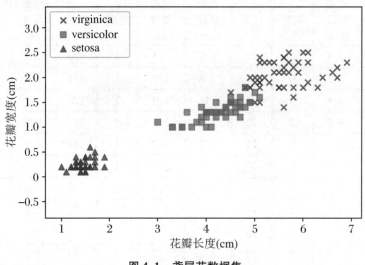

图 4.1　鸢尾花数据集

如果现在得到一个新的鸢尾花实例，其花瓣长度为 4.9 cm，宽度为 1.6 cm，我们需要预测其具体类型（图 4.2）。这里，设定距离度量为欧式距离，k 值设定为 3，分类决策由多数投票来决定。

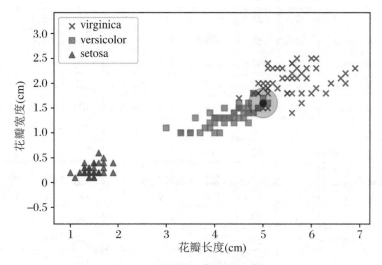

图 4.2　预测样本点领域示意图

首先，计算预测样本点到所有训练样本的欧式距离，并选出距离最小的 3 个训练样本点。在本例中，距离最近的 3 个样本点序号分别为 77、83 和 119。

然后，通过多数投票决策来得到预测样本点的类型。距离最近的 3 个训练样本点中，序号为 77 和 83 的样本点类型为 versicolor，序号为 119 的训练样本点类型为 virginica。所以可以得到预测样本点的类型为 versicolor。

同理，如果两个新的预测样本点的花瓣长度和宽度分别为 2 cm 和 0.5 cm、5.5 cm 和 1.5 cm，通过相同的计算过程可以得到两者的类型分别为 setosa 和 virginica。其样本领域示意图如图 4.3 所示。

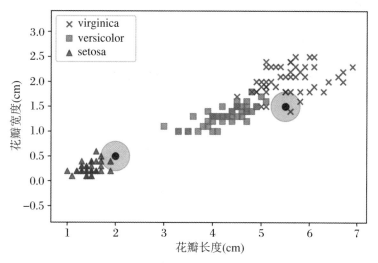

图 4.3 新预测样本点领域示意图

本 章 小 结

1. 根据某种设定好的距离度量来找到该测试样本周围最近的 k 个训练样本,然后再根据这 k 个训练样本通过"投票法"来决定测试样本的类别。

2. 在 k 近邻算法中距离度量方式很重要。距离度量指标不同,得到的结果可能会有差别。

3. k 值的选择决定了模型的复杂程度和泛化能力。

关键词: k 近邻　距离选择　决策规则　k 值选取

思 考 题

1. 对于样本容量大的数据集使用 k 近邻算法会带来哪些问题?
2. k 近邻算法容易受到维数灾难的影响吗?
3. 相对于其他分类算法, k 近邻算法有哪些优缺点?

参 考 文 献

[1] 李航.统计学习方法[M].2版.北京:清华大学出版社,2019.
[2] 周志华.机器学习[M].北京:清华大学出版社,2016.
[3] Hastie T, Tibshirani R, Friedman J. The elements of statistical learning: data mining, inference, and prediction[M]. New York: Spinger, 2001.
[4] Weinberger K Q, Blitzer J, Saul L K. Distance metric learning for large margin nearest neighbor classification[J]. Journal of machine learning research, 2009, 10(1): 207-244.
[5] Bishop C M. Pattern Recognition and Machine Learning[M]. New York: Springer, 2007.

第 5 章 朴素贝叶斯法

教学目标

1. 掌握贝叶斯决策理论和朴素贝叶斯法的基本概念;
2. 熟悉朴素贝叶斯法的三种模型,重点掌握多项式模型及其算法;
3. 深入理解朴素贝叶斯法的应用。

朴素贝叶斯法是基于贝叶斯定理和特征条件独立性假设的分类方法,通常可以分为多项式模型、高斯模型和伯努利模型。对于给定的训练集数据,首先根据数据是连续型还是离散型分别估计先验概率和类条件概率,再基于特征条件独立性假设学习联合概率分布。最后对于训练集外样本 x,利用贝叶斯定理算出最大后验概率对应的输出 y,完成分类。朴素贝叶斯法是一种简单高效的分类方法。

本章 5.1 节介绍贝叶斯决策理论,5.2 节介绍朴素贝叶斯法的参数估计,5.3 节介绍朴素贝叶斯分类器的算法、实例、应用和评价。

5.1 贝叶斯决策理论

首先我们介绍贝叶斯定理和贝叶斯分类的基本原理,然后进一步引出朴素贝叶斯分类的基本方法。

5.1.1 贝叶斯定理

贝叶斯定理是贝叶斯决策论的基础,主要用于计算后验概率。在分类问题中,后验概率对应的是在给定样本特征向量 x 的情况下,其属于类 c_k 的概率。用公式描述如下:

$$P(c_k \mid x) = \frac{P(x, c_k)}{P(x)} = \frac{P(x \mid c_k) P(c_k)}{\sum_k P(x \mid c_k) P(c_k)} \tag{5.1}$$

其中,$P(c_k)$ 是类的先验概率;$P(x \mid c_k)$ 是已知类 c_k 的情况下,样本 x 的条件概率,其在数值上等于似然函数的值;$\sum_k P(x \mid c_k) P(c_k)$ 为全概率公式。对于给定的样本 x,全概率的值与类标记无关,所以估计后验概率的问题就可以转化为根据训练样本,估计先验概率 $P(c_k)$ 和条件概率 $P(x \mid c_k)$ 的乘积。

5.1.2 贝叶斯分类基本原理

贝叶斯分类是在所有相关概率已知的理想状态下,利用这些概率和损失函数来选择最优的类别标记,其分类依据为寻找最优分类器,使损失函数的值最小化(或后验概率最大化)。下面以多分类任务阐释其基本原理。

假设输入空间 $x \subseteq \mathbf{R}^p$ 是 p 维向量空间,输出空间为 $Y=\{c_1,c_2\cdots,c_K\}$。样本的特征向量 $x \in X$,样本的类标记 $y \in Y$。λ_{ij} 是将真实类标记为 c_j 的样本 x 错分为类 c_i 的损失,由此产生的期望损失为

$$R(c_i \mid x) = \sum_{j=1}^{K} \lambda_{ij} P(c_j \mid x) \tag{5.2}$$

我们需要寻找一个判定准则 $h:x \mapsto y$ 以最小化总体风险

$$R(h) = E_x[R(h(x) \mid x)] \tag{5.3}$$

而如果能最小化条件风险 $R(h(x)|x)$,则总体风险 $R(h)$ 也将被最小化,即每个样本只需选择能使条件风险 $R(c|x)$ 最小的类标记,即

$$h^*(x) = \arg_{c \in Y} \min R(c \mid x) \tag{5.4}$$

这里 $h^*(x)$ 就是贝叶斯最优分类器。

当损失函数定义为 0-1 损失时,即

$$\lambda_{ij} = \begin{cases} 0 & (i = j) \\ 1 & (i \neq j) \end{cases} \tag{5.5}$$

此时条件风险为

$$R(c \mid x) = 1 - P(c \mid x) \tag{5.6}$$

贝叶斯最优分类器为

$$h^*(x) = \arg_{c \in Y} \max P(c \mid x) \tag{5.7}$$

所以对每个样本 x,贝叶斯最优分类器就是一个最优的映射 $h:x \mapsto y$,该映射满足期望风险最小化准则,等价于满足后验概率最大化准则。

很多机器学习技术无须准确估计后验概率就能进行分类,但从概率框架角度来理解,贝叶斯分类需要获得后验概率 $P(c|x)$,即从有限的训练样本集中进行参数估计。一般来讲,有两种方法:一是"判别式模型"(Discriminative Models):对于给定样本 x,直接建模 $P(c|x)$ 来预测 c,比较常见的有决策树模型、BP 神经网络、支持向量机等;二是"生成式模型"(Generative Models):先对联合概率分布 $P(x,c)$ 建模,再计算 $P(c|x)$,本章要介绍的朴素贝叶斯法就属于生成式模型。

5.1.3 朴素贝叶斯分类基本方法

朴素贝叶斯分类是贝叶斯分类中十分简单的一种方法,其对条件概率分布作了独立性假设,"朴素"也因此得名。这一假设使得朴素贝叶斯法变得简单,但同时也降低了它的准确度。

通过上文定义的输入空间 $X \subseteq \mathbf{R}^p$,输出空间 $Y=\{c_1,c_2\cdots,c_k\}$;样本的特征向量 $x \in$

$\mathcal{X}$,样本的类标记 $y \in Y$;定义 X 为 $\mathcal{X}$ 上的随机向量(p 维),Y 为 $\mathcal{Y}$ 上的随机变量;$P(X,Y)$ 是 X 和 Y 的联合概率密度;给定训练数据集 $T = \{(x_1, y_1), (x_2, y_2), \cdots, (x_N, y_N)\}$,其由 $P(X,Y)$ 独立同分布产生。

为了学习联合分布 $P(X,Y)$,朴素贝叶斯法需要先学习先验概率分布和条件概率分布。先验概率分布为

$$P(Y = c_k) \quad (k = 1, 2, \cdots, K) \tag{5.8}$$

条件概率分布为

$$P(X = x \mid Y = c_k) = P(X^{(1)} = x^{(1)}, \cdots, X^{(p)} = x^{(p)} \mid Y = c_k) \quad (k = 1, 2, \cdots, K) \tag{5.9}$$

但是直接根据样本出现的频率来估计条件概率 $P(X = x \mid Y = c_k)$ 会遇到很大的困难,假设样本 x 的第 j 个特征 $x^{(j)}$ 有 $S_j (j = 1, 2, \cdots, p)$ 个可能取值,而类标记 Y 可能有 K 个取值,则条件概率的参数估计个数为 $K\prod_{j=1}^{p} S_j$,这是一个指数数量级的参数,运算量过大。且这样估计得到的参数个数远远大于训练样本数 N,同时很多取值在训练集中根本没有出现。"未出现"和"未被观察到"是两个完全不同的概念,所以这样直接用频率来估计条件概率是行不通的。

为了避开以上问题,朴素贝叶斯法使用了"特征条件独立性假设":对于样本 x,其每个特征 $x^{(j)} (j = 1, 2, \cdots, p)$ 独立地对分类结果产生影响,即

$$\begin{aligned} P(X = x \mid Y = c_k) &= P(X^{(1)} = x^{(1)}, \cdots, X^{(p)} = x^{(p)} \mid Y = c_k) \\ &= \prod_{j=1}^{p} P(X^{(j)} = x^{(j)} \mid Y = c_k) \end{aligned} \tag{5.10}$$

朴素贝叶斯分类法的基本原理,就是对于给定的样本 x,通过学习到的模型计算其后验概率 $P(Y = c_k \mid X = x)$,将最大后验概率对应的类作为样本 x 的类输出,根据上一节所述,此时的后验概率最大化就等价于期望风险最小化,满足贝叶斯分类准则。

后验概率的计算通过贝叶斯定理进行,朴素贝叶斯分类基本公式为

$$\begin{aligned} P(Y = c_k \mid X = x) &= \frac{P(X = x \mid Y = c_k)P(Y = c_k)}{\sum_k P(X = x \mid Y = c_k)P(Y = c_k)} \\ &= \frac{P(Y = c_k)\prod_j P(X^{(j)} = x^{(j)} \mid Y = c_k)}{\sum_k P(Y = c_k)\prod_j P(X^{(j)} = x^{(j)} \mid Y = c_k)} \end{aligned} \tag{5.11}$$

于是,朴素贝叶斯分类器为

$$\begin{aligned} h(x) &= \arg_{c_k} \max \frac{P(Y = c_k)\prod_j P(X^{(j)} = x^{(j)} \mid Y = c_k)}{\sum_k P(Y = c_k)\prod_j P(X^{(j)} = x^{(j)} \mid Y = c_k)} \\ &= \arg_{c_k} \max P(Y = c_k)\prod_j P(X^{(j)} = x^{(j)} \mid Y = c_k) \end{aligned} \tag{5.12}$$

5.2 朴素贝叶斯法的参数估计

朴素贝叶斯法的学习就是估计先验概率 $P(Y=c_k)$ 和条件概率 $P(X^{(j)}=x^{(j)} \mid Y=c_k)$。常见的朴素贝叶斯法有以下三种模型：多项式模型、高斯模型和伯努利模型，三种模型的参数估计方法不尽相同。

5.2.1 多项式模型

多项式朴素贝叶斯法假设特征是由一个多项式分布生成的，多项分布可以描述各种类型样本出现次数的概率，因此多项式模型适合于描述出现次数或者出现次数比例的特征。

一般使用极大似然估计来进行参数估计，先验概率的极大似然估计为

$$P(Y=c_k) = \frac{\sum_{i=1}^{N} I(y_i = c_k)}{N} \quad (k=1,2,\cdots,K) \tag{5.13}$$

其中，I 为指示函数。

对于离散特征，假设第 j 个特征 $x^{(j)}$ 可能取值为 $\{a_{j1}, a_{j2}, \cdots, a_{jS_j}\}$，则条件概率的取值为

$$P(X^{(j)} = a_{jl} \mid Y = c_k)$$
$$= \frac{\sum_{i=1}^{N} I(x_i^{(j)} = a_{jl}, y_i = c_k)}{\sum_{i=1}^{N} I(y_i = c_k)} \quad (j=1,2,\cdots,p; l=1,2,\cdots,S_j; k=1,2,\cdots,K)$$

(5.14)

5.2.2 高斯模型

当特征是连续变量的时候，如果不做平滑处理，运用多项式模型会产生很多 $P(X^{(j)}=a_{jl} \mid Y=c_k)=0$，即使进行平滑处理，或者将连续变量转换成离散变量，得到的条件概率也难以描述真实情况。例如，对于收入这一连续变量，一种处理方法是将其转换成离散型，然后继续使用多项式模型。如收入在 5000 元以下，将特征值设为 1；收入在 5000 元和 10000 元之间，将特征值设为 2；收入在 10000 元之上，将特征值设为 3。也可以将收入转换为 3 个特征，分别为 f_1, f_2, f_3，如果收入在 5000 元以下，这三个特征的值分别是 1,0,0；若收入在 5000 元和 10000 元之间，三个特征的值分别是 0,1,0；若收入在 10000 元之上，这三个特征的值分别是 0,0,1。不过这些方式都不够细腻，而高斯模型可以解决这个问题。

高斯模型假设属于某一类别的样本的每一维特征都服从高斯分布，所以对于连续特征，可考虑概率密度函数的值 p（p 不同于概率 P，可以大于 1），假定 $(X^{(j)} \mid Y = c_k) \sim N(\mu_{k,j},$

$\sigma_{k,j}^2$),其中 $\mu_{k,j}$ 和 $\sigma_{k,j}^2$ 分别是属于第 k 类的样本在第 j 个特征上的均值和方差,这两个参数需要通过对样本值的极大似然估计获得,则有

$$p(X^{(j)} = x^{(j)} \mid Y = c_k) = \frac{1}{\sqrt{2\pi}\sigma_{k,j}} \exp\left(-\frac{(x^{(j)} - \mu_{k,j})^2}{2\sigma_{k,j}^2}\right) \tag{5.15}$$

高斯模型的分类结果依赖于一开始的模型假设,即高斯分布是否符合真实分布,因此高斯朴素贝叶斯法有时得不到非常好的结果。但是在许多场景中,尤其是特征较多的时候,这种假设并不妨碍高斯朴素贝叶斯法成为一种有用的方法。

5.2.3 伯努利模型

与多项式模型一样,伯努利模型适用于离散特征的情况,所不同的是,伯努利模型中的每个特征的取值只能是 1 和 0。以文本分类为例,某个单词在文档中出现过,其特征值就为 1,否则就为 0。

伯努利模型中的条件概率为

$$P(X^{(j)} \mid Y = c_k) = \begin{cases} P(X^{(j)} = 1 \mid Y = c_k), & \text{特征值为 1} \\ 1 - P(X^{(j)} = 1 \mid Y = c_k), & \text{特征值为 0} \end{cases} \tag{5.16}$$

由式(5.16)可知,在伯努利模型中,"没有某个特征"也是一个特征(特征值取 0),对于一个样本来说,其特征用的是全局的特征。

5.2.4 贝叶斯估计

在多项式模型中,用极大似然估计条件概率时,很有可能存在某一特征值和某个类在训练集中不同时出现,即 $P(X^{(j)} = a_{jl} \mid Y = c_k) = 0$。此时根据式(5.12),该连乘式肯定等于 0,无论该样本其他特征如何像类 c_k,因为 $X^{(j)} = a_{jl}$ 未在训练集中出现,分类的结果都不会是 $y = c_k$。

出现这一结果,可能只是因为训练集的样本数不够,恰好未包含 $X^{(j)} = a_{jl}$ 的一类样本,但这却造成了其他特征携带的信息被"抹去",使分类产生了偏差。一般采用贝叶斯估计解决这一问题,也就是将极大似然估计的结果进行平滑处理。条件概率的贝叶斯估计为

$$P_\lambda(X^{(j)} = a_{jl} \mid Y = c_k) = \frac{\sum_{i=1}^{N} I(x_i^{(j)} = a_{jl}, y_i = c_k) + \lambda}{\sum_{i=1}^{N} I(y_i = c_k) + S_j\lambda} \tag{5.17}$$

其中 $\lambda \geq 0$,当 $\lambda = 0$ 时就是上文所述的极大似然估计;当 $\lambda = 1$ 时称为拉普拉斯平滑(Laplacian Smoothing)。此时对于任意 $l = 1, 2, \cdots, S_j; k = 1, 2, \cdots, K$,均满足

$$P_\lambda(X^{(j)} = a_{jl} \mid Y = c_k) > 0 \tag{5.18}$$

$$\sum_{l=1}^{S_j} P(X^{(j)} = a_{jl} \mid Y = c_k) = 1 \tag{5.19}$$

这说明,式(5.17)是一种概率分布。此时,先验概率的贝叶斯估计为

$$P(Y = c_k) = \frac{\sum_{i=1}^{N} I(y_i = c_k) + \lambda}{N + K\lambda} \tag{5.20}$$

$\lambda=1$ 时的拉普拉斯平滑是较为常用的一种修正方法,它是在朴素贝叶斯学习的过程中引入了关于数据的先验,实质上假设了特征值与类别均匀分布。拉普拉斯平滑避免了因训练样本不足而产生的概率估计为零的问题,提高了模型的精确度,同时当训练集变得足够大时,因平滑而产生的误差将会变得忽略不计,所以它是一种较为有效的修正方法。

5.3 朴素贝叶斯分类器

前两节已经介绍了朴素贝叶斯法的原理和公式,接下来我们将给出朴素贝叶斯法(多项式模型)的学习与分类算法,并在例题中直接给出高斯模型和伯努利模型的应用方法。随后,本节将给出朴素贝叶斯法在文本分类中的应用,并同时评价朴素贝叶斯法。

5.3.1 朴素贝叶斯算法

算法 5.1 朴素贝叶斯算法(多项式模型)

输入:训练数据 $T = \{(x_1, y_1), (x_2, y_2), \cdots, (x_N, y_N)\}$, $x_i = (x_i^{(1)}, x_i^{(2)}, \cdots, x_i^{(p)})^T$,其中 $x_i^{(j)}$ 是第 i 个样本的第 j 个特征,$x_i^{(j)} \in \{a_{j1}, a_{j2}, \cdots, a_{jS_j}\}$,其中 a_{jl} 是第 $j(j=1,2,\cdots,S_j)$ 个特征可能取的第 l 个特征值,$y_i \in \{c_1, c_2, \cdots, c_K\}$;实例 x。

输出:实例 x 的分类。

算法过程:

(1) 参数估计。

$$P(Y = c_k) = \frac{\sum_{i=1}^{N} I(y_i = c_k)}{N} \quad (k = 1, 2, \cdots, K)$$

$$P(X^{(j)} = a_{jl} \mid Y = c_k) = \frac{\sum_{i=1}^{N} I(x_i^{(j)} = a_{jl}, y_i = c_k)}{\sum_{i=1}^{N} I(y_i = c_k)} \quad (j = 1, 2, \cdots, p; l = 1, 2, \cdots, S_j; k = 1, 2, \cdots, K)$$

(2) 对于输入实例 $x = (x^{(1)}, x^{(2)}, \cdots, x^{(p)})^T$,利用贝叶斯公式,计算各类的先验概率与条件概率的乘积,即

$$P(Y = c_k) \prod_{j=1}^{p} P(X^{(j)} = x^{(j)} \mid Y = c_k) \quad (k = 1, 2, \cdots, K)$$

(3) 确定实例 x 的类。

$$y = \arg\max_{c_k} P(Y = c_k) \prod_{j=1}^{p} P(X^{(j)} = x^{(j)} \mid Y = c_k)$$

下面给出一个具体的例子来运用朴素贝叶斯算法。

例 5.1 某银行某年申请贷款企业的信息数据如表 5.1 所示。数据样本由属性资产报酬率、企业规模、核心企业信用度、上下游企业合作密切度、营业活动收益质量、有形资产债务率这 6 维特征进行描述，还款风险作为目标变量。把表 5.1 中的数据作为训练集，运用朴素贝叶斯分类器，预测某个申请贷款企业 X 的还款风险。其中 X 各特征取值如下：$X=$（资产报酬率 $=16$，企业规模 $=$ "大"，核心企业信用度 $=$ "高"，上下游企业合作密切度 $=$ "中"，营业活动收益质量 $=$ " $\leqslant 90$ "，有形资产债务率 $=$ " $\leqslant 40$ "）。

表 5.1 训练数据

序号	资产报酬率	企业规模	核心企业信用度	上下游企业合作密切度	营业活动收益质量	有形资产债务率	还款风险
1	17	中	高	高	>90	≤40	低
2	13	中	高	高	>90	≤40	低
3	10	大	高	低	≤90	>40	高
4	5	大	低	低	>90	≤40	高
5	7	大	高	中	≤90	≤40	低
6	16	小	高	中	>90	>40	低
7	12	小	低	中	>90	≤40	低
8	7	大	低	中	≤90	≤40	高
9	6	小	高	低	>90	>40	高
10	18	大	高	高	>90	≤40	低
11	16	中	低	高	>90	>40	低
12	17	小	低	低	≤90	>40	高
13	9	大	低	中	≤90	>40	高
14	13	小	高	低	>90	>40	低

解 在表 5.1 中，每个样本由 6 维特征进行描述，其中资产报酬率为连续变量，参数估计需要用高斯模型，其余 5 个特征为离散变量，参数估计需要用多项式模型，此例中未出现条件概率估计为 0 的情况，暂不考虑对极大似然估计的结果进行平滑处理。计算过程如下：

（1）参数估计。首先计算每个类的先验概率：

$P($还款风险 $=$ "高"$) = \frac{6}{14} = 0.429$；

$P($还款风险 $=$ "低"$) = \frac{8}{14} = 0.571$。

接着计算各特征的条件概率：

易得，还款风险为"高"的样本的资产负债率的均值和标准差分别为 9 和 4.336；还款风险为"低"的样本的资产负债率的均值和标准差分别为 14 和 3.546。

$P(资产报酬率=16|还款风险="高")=\dfrac{1}{\sqrt{2\pi}\cdot 4.336}\exp\left(-\dfrac{(16-9)^2}{2\cdot 4.336^2}\right)=0.025;$

$P(企业规模="大"|还款风险="高")=\dfrac{4}{6}=0.667;$

$P(核心企业信用度="高"|还款风险="高")=\dfrac{2}{6}=0.333;$

$P(上下游合作密切度="中"|还款风险="高")=\dfrac{2}{6}=0.333;$

$P(营业活动收益质量\leqslant 90|还款风险="高")=\dfrac{4}{6}=0.667;$

$P(有形资产债务率\leqslant 40|还款风险="高")=\dfrac{2}{6}=0.333;$

$P(资产报酬率=16|还款风险="低")=\dfrac{1}{\sqrt{2\pi}\cdot 3.546}\exp\left(-\dfrac{(16-14)^2}{2\cdot 3.546^2}\right)=0.096;$

$P(企业规模="大"|还款风险="低")=\dfrac{2}{8}=0.250;$

$P(核心企业信用度="高"|还款风险="低")=\dfrac{6}{8}=0.750;$

$P(上下游合作密切度="中"|还款风险="低")=\dfrac{3}{8}=0.375;$

$P(营业活动收益质量\leqslant 90|还款风险="低")=\dfrac{1}{8}=0.125;$

$P(有形资产债务率\leqslant 40|还款风险="低")=\dfrac{5}{8}=0.625。$

(2) 计算各类的先验概率与条件概率的乘积:

$P(还款风险="高")\cdot P(X|还款风险="高")=0.429\times 0.025\times 0.667\times 0.333\times 0.333\times 0.667\times 0.333=0.00018;$

$P(还款风险="低")\cdot P(X|还款风险="低")=0.571\times 0.096\times 0.250\times 0.750\times 0.375\times 0.125\times 0.625=0.00030。$

(3) 确定实例 X 的类。因为 $P(还款风险="低")\cdot P(X|还款风险="低")$ 更大,所以由朴素贝叶斯算法,将此人的还款风险等级预测为"低"。

5.3.2 朴素贝叶斯法在文本分类中的应用

朴素贝叶斯分类器中的多项式模型和伯努利模型常用于文本分类,但是两者的计算粒度不一样,多项式模型以单词为粒度,伯努利模型以文件为粒度,因此两者的先验概率和类条件概率的计算方法都不同。计算后验概率时,对于一个文档,在多项式模型中,只有在文档中出现过的单词,才会参与后验概率计算;在伯努利模型中,没有在文档中出现,但是在全局单词表中出现的单词,也会参与计算,不过是作为"反方"参与的。

设某文档 $d=(t_1,t_2,\cdots,t_n)$,t_n 是该文档中出现过的单词,允许重复。这里简单地给出两种文本分类方法的参数估计。

在多项式模型中,先验概率:

$$P(c) = \frac{\text{类 } c \text{ 下单词总数}}{\text{整个训练样本的单词总数}} \tag{5.21}$$

类条件概率:

$$P(t_n \mid c) = \frac{\text{类 } c \text{ 下单词 } t_n \text{ 在各个文档中出现过的次数之和} + 1}{\text{类 } c \text{ 下单词总数} + |V|} \tag{5.22}$$

V 是训练样本的单词表(单词出现多次,只算一个),$|V|$ 表示训练样本包含多少种单词。$P(t_n|c)$ 可以看作是单词 t_n 在证明文档 d 属于类 c 上提供了多大的证据,而 $P(c)$ 则可以认为是类 c 在整个训练样本中占多大比例。

在伯努利模型中,先验概率:

$$P(c) = \frac{\text{类 } c \text{ 下文档总数}}{\text{整个训练样本的文档总数}} \tag{5.23}$$

类条件概率:

$$P(t_n \mid c) = \frac{\text{类 } c \text{ 下包含单词 } t_n \text{ 的文档数} + 1}{\text{类 } c \text{ 下文档总数} + 2} \tag{5.24}$$

下面给出一个具体的例子来介绍朴素贝叶斯法在文本分类中的应用。

例 5.2 金融领域的资讯文本往往有助于分析相关个股和公司发展,然而日益增加的信息杂而乱,充斥着大量非金融文本,因此文本分类在金融领域有着十分重要的作用。这里给定一组分好类的文本训练数据,如表 5.2 所示,判断一个新样本 d 是否属于金融类文本。其中文档 d 如下:

$$d = (Finance, Finance, Finance, Technology, Medicine)$$

表 5.2 训练数据

文档序号	文档内容	类别(是否金融类)
1	Finance Stocks Finance	Yes
2	Finance Finance Bonds	Yes
3	Finance Loans	Yes
4	Technology Medicine Finance	No

解 利用表 5.2 的数据,根据前文所给公式,分别按照多项式模型和伯努利模型对文档 d 进行分类。

(1) 多项式模型。先验概率:

$P(Yes) = \dfrac{8}{11}$;

$P(No) = \dfrac{3}{11}$。

类条件概率:

$P(Finance \mid Yes) = \dfrac{5+1}{8+6} = \dfrac{3}{7}$;

$P(Technology \mid Yes) = P(Medicine \mid Yes) = \dfrac{0+1}{8+6} = \dfrac{1}{14}$；

$P(Finance \mid No) = \dfrac{1+1}{3+6} = \dfrac{2}{9}$；

$P(Technology \mid No) = P(Medicine \mid No) = \dfrac{1+1}{3+6} = \dfrac{2}{9}$。

后验概率：

$P(Yes \mid d) = \dfrac{8}{11} \times \left(\dfrac{3}{7}\right)^3 \times \dfrac{1}{14} \times \dfrac{1}{14} = 0.000292$；

$P(No \mid d) = \dfrac{3}{11} \times \left(\dfrac{2}{9}\right)^3 \times \dfrac{2}{9} \times \dfrac{2}{9} = 0.000148$。

比较可知，$P(Yes \mid d)$更大，所以文档 d 属于金融类别。

(2) 伯努利模型。先验概率：

$P(Yes) = \dfrac{3}{4}$；

$P(No) = \dfrac{1}{4}$。

类条件概率：

$P(Finance \mid Yes) = \dfrac{3+1}{3+2} = \dfrac{4}{5}$；

$P(Technology \mid Yes) = P(Medicine \mid Yes) = \dfrac{0+1}{3+2} = \dfrac{1}{5}$；

$P(Stocks \mid Yes) = P(Bonds \mid Yes) = P(Loans \mid Yes) = \dfrac{1+1}{3+2} = \dfrac{2}{5}$；

$P(Finance \mid No) = \dfrac{1+1}{1+2} = \dfrac{2}{3}$；

$P(Technology \mid No) = P(Medicine \mid No) = \dfrac{1+1}{1+2} = \dfrac{2}{3}$；

$P(Stocks \mid No) = P(Bonds \mid No) = P(Loans \mid No) = \dfrac{0+1}{1+2} = \dfrac{1}{3}$。

后验概率：

$$\begin{aligned}
P(Yes \mid d) &= P(Yes) \times P(Finance \mid Yes) \times P(Technology \mid Yes) \times P(Medicine \mid Yes) \\
&\quad \times (1 - P(Stocks \mid Yes)) \times (1 - P(Bonds \mid Yes)) \times (1 - P(Loans \mid Yes)) \\
&= \dfrac{3}{4} \times \dfrac{4}{5} \times \dfrac{1}{5} \times \dfrac{1}{5} \times \left(1 - \dfrac{2}{5}\right) \times \left(1 - \dfrac{2}{5}\right) \times \left(1 - \dfrac{2}{5}\right) \\
&= 0.005184;
\end{aligned}$$

$$\begin{aligned}
P(No \mid d) &= P(No) \times P(Finance \mid No) \times P(Technology \mid No) \times P(Medicine \mid No) \\
&\quad \times (1 - P(Stocks \mid No)) \times (1 - P(Bonds \mid No)) \times (1 - P(Loans \mid No)) \\
&= \dfrac{1}{4} \times \dfrac{2}{3} \times \dfrac{2}{3} \times \dfrac{2}{3} \times \left(1 - \dfrac{1}{3}\right) \times \left(1 - \dfrac{1}{3}\right) \times \left(1 - \dfrac{1}{3}\right) \\
&= 0.02195。
\end{aligned}$$

比较可知，$P(No \mid d)$更大，所以文档 d 不属于金融类别。

5.3.3 对朴素贝叶斯法的评价

朴素贝叶斯分类法的最大特点就是引入了特征条件独立性假设,避免了贝叶斯分类求解时产生的组合数量过多、样本稀疏等问题。这一假设完全不考虑特征之间的相关关系,使得朴素贝叶斯分类法变得简单,但是该假设在现实中很难实现,当样本的特征较多且特征间相关性较大时,朴素贝叶斯分类法分类效果不佳。

然而事实证明,很多情况下朴素贝叶斯分类法都有较好的性能,它还是"数据挖掘十大经典算法"之一。对于这种"反常"现象,一种解释认为各类别的条件概率只要排序正确就可以正确分类,而不需要精确地算出其概率值;另一种解释认为特征值间的相关关系能相互抵消或者特征值对各个类的影响相同,所以条件独立性产生的负面影响将大大降低。

在现实应用中,将特征条件独立性假设放宽,产生了"半朴素贝叶斯分类器"(Semi-naive Bayes Classifiers),当充分考虑任意特征间的相关关系时,就产生了"贝叶斯网"(Bayesian Network)。

一般来讲,朴素贝叶斯分类法的主要优点有:
(1) 数学基础坚实,分类效率稳定。
(2) 模型所需估计的参数少,训练速度快,直接使用概率预测,对于小规模数据表现较好。
(3) 对缺失数据不太敏感,算法简单易理解。

这些优点使得朴素贝叶斯分类器适合作为分类的初始解,若分类效果满足要求,则获得了一个快速且易解释的分类器;若分类效果不好,可以尝试更复杂的分类模型,随后还可再与朴素贝叶斯分类器进行对比,观察复杂模型的分类效果究竟如何。

朴素贝叶斯分类法的主要缺点有:
(1) 特征条件独立性假设在现实中很难成立,对于特征较多且特征间相关性较大的数据分类效果较差。
(2) 需要估计先验概率,有时会由于假设的先验模型的原因而导致预测效果不佳。
(3) 分类决策有一定错误率,且模型对于输入数据的表达形式比较敏感。

朴素贝叶斯分类器适合以下应用场景:
(1) 假设分布函数与数据匹配(实际中比较少见)。
(2) 各个类型的区分度很高,模型复杂度不重要。
(3) 维度非常高的数据,模型复杂度不重要。

对于使用场景(2)和(3),彼此之间有一定关联。因为随着数据维度的增加,任意两点都不太可能逐渐靠近,也就是说,在新维度会增加样本数据信息量的假设条件下,高维数据的簇中心点比低维数据的簇中心点更加分散。所以当数据的维度不断增加,像朴素贝叶斯分类器这样简单的分类器效果逐渐向复杂分类器靠近,也就是说,只要有足够的数据,简单的模型也将变得非常强大。

朴素贝叶斯分类器主要有以下具体应用:
(1) 实时预测:朴素贝叶斯法速度很快,可以实时地进行预测。
(2) 多类预测:朴素贝叶斯法以多类别预测功能闻名,可以用来预测多类目标变量的概率。

（3）文本分类：相比较其他算法，朴素贝叶斯法的应用主要集中在文本分类（变量类型多，且更独立），具有较高的成功率，因此被广泛应用于垃圾邮件过滤和情感分析。

（4）推荐系统：朴素贝叶斯分类器和协同过滤结合使用可以帮助用户筛选想看到的和不想看到的信息。

在实际操作中，朴素贝叶斯分类法的使用方式需根据具体问题具体调整。如果要加快预测速度，可以先将朴素贝叶斯分类法涉及的所有概率估计值进行计算并储存，当需要预测时，便可以快速调用；如果数据是不断增加的，则可以使用"增量学习"（Increasing learning），即只对新增样本的概率估值进行修正；如果数据变动频繁，则可以使用"懒惰学习"（Lazy learning），即等到预测时才对当前数据进行概率估值。

本 章 小 结

1. 贝叶斯定理是贝叶斯决策论的基础，主要用于计算后验概率。用公式描述如下：

$$P(c_k \mid x) = \frac{P(x, c_k)}{P(x)} = \frac{P(x \mid c_k)P(c_k)}{\sum_k P(x \mid c_k)P(c_k)}$$

当损失函数定义为 0-1 损失时，贝叶斯最优分类器为

$$h^*(x) = \arg_{c \in Y} \max P(c \mid x)$$

此时后验概率最大化等价于期望风险最小化。

2. 朴素贝叶斯法的基本假设是条件独立性，即

$$P(X = x \mid Y = c_k) = P(X^{(1)} = x^{(1)}, \cdots, X^{(p)} = x^{(p)} \mid Y = c_k)$$
$$= \prod_{j=1}^{p} P(X^{(j)} = x^{(j)} \mid Y = c_k)$$

朴素贝叶斯分类器为

$$h(x) = \arg_{c_k} \max \frac{P(Y = c_k) \prod_j P(X^{(j)} = x^{(j)} \mid Y = c_k)}{\sum_k P(Y = c_k) \prod_j P(X^{(j)} = x^{(j)} \mid Y = c_k)}$$
$$= \arg_{c_k} \max P(Y = c_k) \prod_j P(X^{(j)} = x^{(j)} \mid Y = c_k)$$

3. 朴素贝叶斯法的学习就是估计先验概率 $P(Y = c_k)$ 和条件概率 $P(X^{(j)} = x^{(j)} \mid Y = c_k)$。常见的朴素贝叶斯法有多项式模型、高斯模型和伯努利模型，三种模型的参数估计方法不尽相同。

在多项式模型中，用极大似然估计条件概率时，很有可能存在某一特征值和某个类在训练集中不同时出现，即 $P(X^{(j)} = a_{jl} \mid Y = c_k) = 0$，一般采用贝叶斯估计解决这一问题。条件概率的贝叶斯估计为

$$P_\lambda(X^{(j)} = a_{jl} \mid Y = c_k) = \frac{\sum_{i=1}^{N} I(x_i^{(j)} = a_{jl}, y_i = c_k) + \lambda}{\sum_{i=1}^{N} I(y_i = c_k) + S_j \lambda}$$

4. 朴素贝叶斯分类器中的多项式模型和伯努利模型常用于文本分类，但是两者的计算

粒度不一样,多项式模型以单词为粒度,伯努利模型以文件为粒度。

朴素贝叶斯分类法的最大特点就是引入了特征条件独立性假设,这是一个强假设,减少了模型包含的条件概率的数量,使得朴素贝叶斯法简单高效,且易于实现,但是性能不一定很高。

关键词: 贝叶斯定理　特征条件独立性假设　多项式模型　高斯模型　伯努利模型

思 考 题

1. 使用拉普拉斯平滑重新计算例5.1。

2. 试编程实现拉普拉斯平滑后的朴素贝叶斯分类器,并以表5.1的数据为训练集,对例题中的企业 X 进行分类。

3. 实践中使用式(5.12)确定分类类别时,如果数据的维数非常高,那么概率连乘的结果通常会非常接近于0,从而导致下溢,试述防止下溢的可能方案。

参 考 文 献

[1]　黑斯蒂.统计学习基础:数据挖掘、推理与预测[M].范明,柴玉梅,昝红英,等译.北京:电子工业出版社,2004.

[2]　李航.统计学习方法[M].2版.北京:清华大学出版社,2019.

[3]　周志华.机器学习[M].北京:清华大学出版社,2016.

[4]　万托布拉斯.Python数据科学手册[M].陶俊杰,陈小莉,译.北京:人民邮电出版社,2018.

[5]　黄静,赵庆祯.基于朴素贝叶斯的供应链金融信用风险预测分析[J].物流科技,2009,32(8):134-137.

第6章 决 策 树

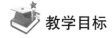教学目标

1. 了解决策树的基本概念；
2. 熟悉决策树的特征选择方法；
3. 掌握各种基本树的基本原理和构造方法；
4. 深入理解决策树的剪枝算法。

决策树是一种树形结构,该树形结构描述了一系列的规则,这些规则是模型对实例进行分类或回归的过程中所要遵循的。决策树被广泛用于分类与回归任务中。

本章6.1节介绍决策树的学习,6.2节介绍决策树的特征选择标准,6.3节介绍决策树的剪枝算法,6.4节介绍连续值与缺失值处理,6.5节介绍经典的基本树。

6.1 决策树的学习

决策树的学习是指如何在样本数据中学习出一个树形结构,该树形结构定义了模型对数据的分类或回归的规则。

6.1.1 决策树介绍

在对决策树进行介绍之前,我们先看一个引例。该引例是一个简单的选股策略,即根据股票的基本面、技术面以及市场情绪指标来进行选股。我们假定基本面可分为好和差两种情况,技术面可分为好、中、差三种情况,而市场情绪可分为高和低两种情况,那我们可以根据图6.1所示的策略进行选股。

在图6.1中,我们先判断一只股票的基本面情况,如果股票的基本面"差",则拒绝这只股票,如果股票的基本面"好",则继续判断股票的技术面。如果股票的技术面"好",则接受这只股票,如果股票的技术面"差",则拒绝这只股票,如果股票的技术面"中",则继续判断股

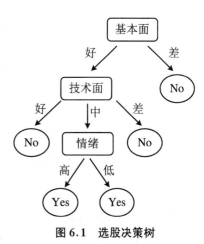

图6.1 选股决策树

票的情绪面。如果股票的情绪面表现为"高",则接受这只股票,如果股票的情绪面表现为"低",则拒绝这只股票。以上通过基本面、技术面及情绪面构成的一个连贯的判断规则便成了一个决策树。

决策树的组成部分包括结点和有向边。结点可分为两种类型:内部结点和叶结点。内部结点代表某个特征或者属性,叶结点则代表一个类别。用决策树进行分类的过程是:首先从根结点开始,判断实例满足根结点的条件(不同的条件对应不同的子结点),然后将该实例归入相应的子结点。对于该子结点,同理,把实例根据所满足的条件归入子结点的子结点。如此类推,直到该实例被归类到一个叶结点,最后该示例的类别会被判断为叶结点代表的类别。决策树的树型结构如图6.2所示。

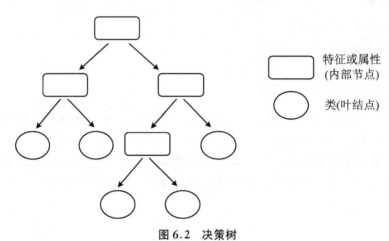

图 6.2 决策树

根据所解决问题的不同,决策树可分为分类树和回归树。分类树是解决分类问题的,输出结果一般是取值有限的类别标签,判断一个实例属于哪个类别。而回归决策树是解决回归问题的,输出的是数值型结果,其取值是无限可能的。回归树的结构与分类树的结构其实是一样的,其每个内部结点都是代表某个属性,通过判断该属性满足什么条件而把实例划分到对应的子结点。回归树与分类树的主要区别在于,回归树的叶结点对应的是一个数值,而不是一个类别,当实例被归入到一个叶结点时,叶结点的值就是该实例的拟合值或者预测值。

决策树的学习实际上是从样本集中学习出的一组分类规则,这样的分类规则有可能有多个(甚至无穷个),也有可能没有。当然,这个分类规则首先要满足样本集数据,其次需要具有一定的泛化能力,即对新的数据集也具有分类能力。因此,构建(学习)一个决策树,实际上是要找到一个既能较好地拟合样本集数据,又能较好地预测新数据的分类规则。6.1.2小节将介绍构建决策树的基本方法。

6.1.2 决策树学习的基本算法

下面我们介绍学习一个决策树的基本算法。

算法 6.1 决策树学习算法

输入:训练数据集 $D = \{(x_1, y_1), (x_2, y_2), \cdots, (x_n, y_n)\}$,属性集 $A = \{a_1, a_2, \cdots, a_d\}$,

d 是特征的数目。

输出:决策树 T。

算法过程：

(1) 生成结点 node。

(2) 如果 $D = \varnothing$，将 node 标记为叶结点，其类别标记为父结点样本最多的类，返回决策树 T。

(3) 如果 D 中样本全属于同一类别 C，将 node 标记为 C 类叶结点，返回决策树 T。

(4) 如果 $A = \varnothing$ 或者 D 中样本在 A 上的取值相同，将 node 标记为叶结点，其类别标记 D 中样本数最多的类，返回决策树 T。

(5) 对每一个特征 $a_1, a_2, \cdots, a_d$，计算其相关特征选择标准的数值，并选取最优的标准（如最大信息增益），记此时最优标准值为 G，并设此时对应的特征属性为 a_*，记 a_* 的取值为 $a_*^1, a_*^2, \cdots, a_*^n$。

① 如果 G 大于给定阈值，则对所有的 $a_*^1, a_*^2, \cdots, a_*^n$，均为 node 生成一个分支。令 D_v 表示 D 中在 a_* 上取值为 a_*^v 的样本子集，以 $T(D_v, A\setminus\{a_*\}, \varepsilon)$ 为分支结点。

② 如果 G 小于给定阈值，将 node 标记为叶结点，并将其类别设为 D 中含样本数量最多的类别，并返回决策树。

从以上伪代码可见，决策树的生成是一个递归的过程。该决策树的生成过程（FreeGenerate）即是一个函数，其输入参数包含数据集 D、属性集 A 及阈值 ε。首先，生成一个结点 node，在该结点的基础上进行后续操作。在生成子结点之前，有四种情况可能会导致函数直接把结点 node 标记为叶结点并返回决策树。这四种情况分别是：

(1) D 中样本全属于同一类别。

(2) 属性集 A 为空集或 D 中样本对于属性 A 的取值完全一样。

(3) 特征选择标准不满足阈值 ε。

(4) 当前结点包含的样本集合为空，不能划分。

对于情况(1)，直接将结点设置为叶结点；对于情况(2)和情况(3)，将结点标记为叶结点，并将其类别标记为 D 中样本数最多的类；对于情况(4)，将结点标记为叶结点，并将其类别标记为父结点中样本最多的类。

在判断当前结点不属于以上 4 种情况时，我们可以继续往下划分子结点。值得注意的是，在决定使用哪个特征划分子结点时，需要一个评价标准，当评价标准的数值大于阈值 ε 时，才会进行子结点划分，这就是特征选择的方法，下一节我们将详细介绍常用的几种特征选择方法。不同的决策树生成算法的一个重要区别就是它们的特征选择标准不同。例如，CD3 算法采用信息增益来进行特征选择，C4.5 算法采用信息增益比作为特征选择标准，CART 分类树采用基尼指数作为特征选择标准。

6.2 特征选择

6.2.1 决策树特征选择问题

决策树构建的核心问题是特征选择,也就是划分子结点时,应使用哪一个特征。特征选择的目的是选出对数据具有分类能力的特征。随着划分过程的不断进行,我们希望决策数的分支结点所包含的样本尽可能属于同一类别,使得结点的"纯度"越来越高。在评价特征孰优孰劣时,有不同的评价标准,常用的评价标准有信息增益、信息增益比、基尼指数等。

可以通过一个例子来说明特征选择的问题。

例 6.1 表 6.1 是由 15 个样本组成的贷款申请训练数据,数据包括贷款申请人的四个特征(属性)。第一个特征是年龄,有三个可能值:青年、中年、老年;第二个特征是有工作,有两个可能值:是、否;第三个特征是有房子,有两个可能值:是、否;第四个特征是信贷情况,有三个可能值:非常好、好、一般。表的最后一列是类别,是否同意贷款,取两个值:是、否。

表 6.1 贷款数据集

	年龄	有工作	有房子	信贷情况	类别
1	青年	否	否	一般	否
2	青年	否	否	好	否
3	青年	是	否	好	是
4	青年	是	是	一般	是
5	青年	否	否	一般	否
6	中年	否	否	一般	否
7	中年	否	否	好	否
8	中年	是	是	好	是
9	中年	否	是	非常好	是
10	中年	否	是	非常好	是
11	老年	否	是	非常好	是
12	老年	否	是	好	是
13	老年	是	否	好	是
14	老年	是	否	非常好	是
15	老年	否	否	一般	否

运用以上数据学习一个决策树,以对贷款的申请结果进行分类,当有新客户申请贷款时,根据申请人的特征利用决策树决定是否批准贷款申请。

图 6.3 表示从表 6.1 数据中学习到的两个可能的决策树,分别由两个不同特征的根结点构成。图 6.3(a)所示的根结点的特征是年龄,有三个取值,对应于不同的取值有不同的子结点。图 6.3(b)所示的根结点的特征是有工作,有两个取值,对应于不同的取值有不同的子结点。两个决策树都可以从此延续下去。问题是:究竟选择哪个特征更好些? 这就要求确定选择特征的准则。直观上,如果一个特征具有更好的分类能力,或者说,按照这一特征总能将训练数据集分割成子集,使得各个子集在当前条件下有最好的分类,那么就更应该选择这个特征。

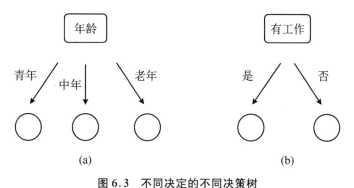

图 6.3 不同决定的不同决策树

6.2.2 常用特征选择指标

1. 信息增益

首先给出信息熵的概念。信息熵描述了信息的不确定程度,是对一个随机变量不确定程度的度量解决了对信息的量化度量问题。设 X 是一个取有限个值的离散型随机变量,其概率分布为

$$P(X = x_i) = p_i \quad (i = 1, 2, \cdots, n) \tag{6.1}$$

则随机变量 X 的熵定义为

$$H(X) = -\sum_{i=1}^{n} p_i \log p_i \tag{6.2}$$

在式(6.2)中,规定 $0\log 0 = 0$。式(6.2)中对数的底数通常取 2 或 e。由熵的定义可知,熵的大小与随机变量的概率分布有关,而与 X 的取值无关。设 X 的概率分布为 p,则熵可以记为 $H(p)$,即

$$H(p) = -\sum_{i=1}^{n} p_i \log p_i \tag{6.3}$$

根据定义,概率分布的离散程度越大,熵就越大,随机变量的不确定性也就越大。容易证明:

$$0 \leqslant H(p) \leqslant \log n \tag{6.4}$$

当随机变量 X 服从伯努利分布 $B(1,p)$ 时,其熵为

$$H(p) = -p\log_2 p - (1-p)\log_2(1-p) \tag{6.5}$$

可以画出熵$H(p)$随p变化的曲线,如图6.4所示。

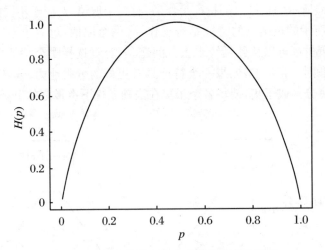

图6.4 分布为伯努利分布时熵与概率的关系

可以看到,当$p=0.5$时,熵值最大,此时随机变量X的不确定性最大。当$p=0$或$p=1$时,熵值为0,此时随机变量X没有不确定性。

下面介绍条件熵。设随机变量(X,Y)的概率分布为

$$P(X=x_i, Y=y_j) = p_{ij} \quad (i=1,2,\cdots,n; j=1,2,\cdots,m) \tag{6.6}$$

条件熵$H(Y|X)$表示在给定随机变量X的条件下,随机变量Y的不确定性程度。随机变量Y的条件熵$H(Y|X)$定义为在给定X的条件下Y的条件概率分布的熵关于X的数学期望

$$H(Y|X) = \sum_{i=1}^{n} p_i H(Y|X=x_i) p_i = P(X=x_i) \quad (i=1,2,\cdots,n) \tag{6.7}$$

如果熵和条件熵是通过样本数据进行估计得到的,那么这时分别把它们称为经验熵和经验条件熵。同理,如果出现零概率,规定$0\log 0 = 0$。

信息增益是指在知道某些信息之后,信息的不确定性所降低的程度。具体来说,表示在知道某个特征的信息后,使得整个样本集合的不确定性减少的程度。对于某个特征A,特征A对训练数据集D的信息增益$g(D,A)$,定义为

$$G(D,A) = H(D) - H(D|A) \tag{6.8}$$

其中,$H(D)$代表的是数据集D的经验熵,$H(D|A)$是数据集在给定特征A的条件下的经验条件熵。它们的差值$G(D,A)$就是信息增益,即当给定特征A的信息时,数据集D的不确定性的减少程度。对于数据集D,其信息增益依赖于特征,不同的特征一般具有不同的信息增益,信息增益越大,该特征就具有越强的分类能力。

因此,基于信息增益的选择方法是:计算决策树某一结点样本数据集中每一个特征的信息增益,选择具有最大信息增益的特征对结点进行划分。

设训练数据集为D,$|D|$为样本容量(样本个数)。设C_k为类别k,$k=1,2,\cdots,K$,K为类别个数,$|C_k|$代表类别C_k中的样本的数量,因此有$\sum_{k=1}^{K}|C_k|=|D|$。设特征A有取值$\{a_1,$

$a_2, \cdots, a_n\}$，$D_1, D_2, \cdots, D_n$ 为根据特征 A 划分的子集，$|D_i|$ 代表第 i 个子集中样本的个数，有 $\sum_{i=1}^{n} |D_i| = |D|$。设 D_{ik} 为子集 D_i 中类别属于 C_k 的样本的集合，即 $D_{ik} = D_i \cap C$，其中 $|D_{ik}|$ 表示 D_{ik} 中的样本的个数。下面给出计算信息增益的算法。

算法 6.2 信息增益算法

输入：训练数据集 D 和特征 A。

输出：特征 A 对训练数据集 D 的信息增益 $G(D,A)$。

算法过程：

(1) 计算训练数据集 D 的经验上 $H(D)$

$$H(D) = -\sum_{k=1}^{K} \frac{|D_{ik}|}{|D|} \log_2 \frac{|C_k|}{|D|} \tag{6.9}$$

(2) 计算特征 A 对训练数据集 D 的经验条件熵 $H(D|A)$

$$H(D|A) = \sum_{i=1}^{n} \frac{|D_i|}{|D|} H(D_i) = -\sum_{i=1}^{n} \frac{|D_i|}{|D|} \sum_{k=1}^{K} \frac{|D_{ik}|}{|D_i|} \log_2 \frac{D_{ik}}{D_i} \tag{6.10}$$

(3) 计算特征 A 的信息增益

$$G(D,A) = H(D) - H(D|A) \tag{6.11}$$

例 6.2 利用表 6.1 的贷款数据集，计算特征信息增益来选择信息增益最大的特征。

解 第一步，计算数据集的经验上 $H(D)$：

$$H(D) = -\frac{9}{15}\log_2 \frac{9}{15} - \frac{6}{15}\log_2 \frac{6}{15} = 0.971$$

第二步，计算每个特征冠以训练数据集 D 的信息增益：

设 A_1, A_2, A_3, A_4 分别表示特征年龄、有工作、有房子和信贷情况，有

$$\begin{aligned}
G(D, A_1) &= H(D) - \left[\frac{5}{15}H(D_1) + \frac{5}{15}H(D_2) + \frac{5}{15}H(D_3)\right] \\
&= 0.971 - \left[\frac{5}{15}\left(-\frac{2}{5}\log_2 \frac{2}{5} - \frac{3}{5}\log_2 \frac{3}{5}\right)\right. \\
&\quad \left. + \frac{5}{15}\left(-\frac{3}{5}\log_2 \frac{3}{5} - \frac{2}{5}\log_2 \frac{2}{5}\right) + \frac{5}{15}\left(-\frac{4}{5}\log_2 \frac{4}{5} - \frac{1}{5}\log_2 \frac{1}{5}\right)\right] \\
&= 0.971 - 0.888 = 0.083
\end{aligned}$$

其中，D_1, D_2, D_3 分别是训练数据集 D 中年龄特征 A_1 中取值为青年、中年和老年的样本的集合。

同理，可以计算特征 A_2 的信息增益为

$$\begin{aligned}
G(D, A_2) &= H(D) - \left[\frac{5}{15}H(D_1) + \frac{10}{15}H(D_2)\right] \\
&= 0.971 - \left[\frac{5}{15} \times 0 + \frac{10}{15}\left(-\frac{4}{10}\log_2 \frac{4}{10} - \frac{6}{10}\log_2 \frac{6}{10}\right)\right] = 0.324
\end{aligned}$$

特征 A_3 的信息增益为

$$\begin{aligned}
G(D, A_3) &= 0.971 - \left[\frac{6}{15} \times 0 + \frac{9}{15}\left(-\frac{3}{9}\log_2 \frac{3}{9} - \frac{6}{9}\log_2 \frac{6}{9}\right)\right] \\
&= 0.971 - 0.551 = 0.420
\end{aligned}$$

特征 A_4 的信息增益为

$$G(D,A_4) = 0.971 - 0.608 = 0.363$$

因此,特征 A_1,A_2,A_3,A_4 对应的信息增益分别为 $0.083,0.324,0.420$ 和 0.363,特征 A_3 的信息增益最大,所以选择特征 A_3 作为最优特征。

2. 信息增益比

前面已叙述了用信息增益标准来进行特征选择,由于信息增益是一个"绝对"数值,不同特征的信息增益可能并不具有可比性,实际上,信息增益准则会对可取值数量较多的特征有所偏好,为减少这种偏好带来的影响,我们可以使用信息增益比来进行特征选择。

特征 A 对训练数据集 D 的信息增益比 $GR(D,A)$ 定义:

$$GR(D,A) = \frac{G(D,A)}{IV(A)} \tag{6.12}$$

$$IV(A) = -\sum_{i=1}^{n} \frac{|D_i|}{D} \log_2 \frac{|D_i|}{D} \tag{6.13}$$

其中,D_i 为训练数据集中特征 A 取值为 a_i 时对应的样本集合,A 取值集合为 $\{a_1, a_2, \cdots, a_n\}$。

然而,信息增益比也存在问题,其对可取值数量较少的属性有所偏好,因此实践中并不直接按照信息增益比最大的准则来进行特征选取,而是先选出信息增益比高于平均水平的特征,再从这些特征中选出具有最高信息增益比的一个特征作为最佳划分特征。著名的 C4.5 算法就是采用信息增益比来作为特征选择准则的,但是其不直接选择具有最大信息增益比的特征作为最优特征,而是采用启发式的方法,即先从候选特征中选取信息增益率高于平均水平的特征,然后再从这些特征中选出具有最高信息增益率的特征作为最优特征。

例 6.3 利用表 6.1 的贷款数据集,计算特征信息增益比来选择信息增益比最大的特征。

解 第一步,计算数据集的经验熵 $H(D)$:

$$H(D) = -\frac{9}{15}\log_2 \frac{9}{15} - \frac{6}{15}\log_2 \frac{6}{15} = 0.971$$

第二步,计算每个特征对应训练数据集 D 的信息增益:

设 A_1,A_2,A_3,A_4 分别表示特征年龄、有工作、有房子和信贷情况,有

$$\begin{aligned}G(D,A_1) &= H(D) - \left[\frac{5}{15}H(D_1) + \frac{5}{15}H(D_2) + \frac{5}{15}H(D_3)\right] \\&= 0.971 - \left[\frac{5}{15}\left(-\frac{2}{5}\log_2\frac{2}{5} - \frac{3}{5}\log_2\frac{3}{5}\right)\right. \\&\quad \left. + \frac{5}{15}\left(-\frac{3}{5}\log_2\frac{3}{5} - \frac{2}{5}\log_2\frac{2}{5}\right) + \frac{5}{15}\left(-\frac{4}{5}\log_2\frac{4}{5} - \frac{1}{5}\log_2\frac{1}{5}\right)\right] \\&= 0.971 - 0.888 = 0.083\end{aligned}$$

其中,D_1,D_2,D_3 分别是训练数据集 D 中年龄特征 A_1 中取值为青年、中年和老年的样本的集合。

同理,可以计算特征 A_2 的信息增益为

$$G(D, A_2) = H(D) - \left[\frac{5}{15}H(D_1) + \frac{10}{15}H(D_2)\right]$$
$$= 0.971 - \left[\frac{5}{15} \times 0 + \frac{10}{15}\left(-\frac{4}{10}\log_2\frac{4}{10} - \frac{6}{10}\log_2\frac{6}{10}\right)\right] = 0.324$$

特征 A_3 的信息增益为

$$G(D, A_3) = 0.971 - \left[\frac{6}{15} \times 0 + \frac{9}{15}\left(-\frac{3}{9}\log_2\frac{3}{9} - \frac{6}{9}\log_2\frac{6}{9}\right)\right]$$
$$= 0.971 - 0.551 = 0.420$$

特征 A_4 的信息增益为

$$G(D, A_4) = 0.971 - 0.608 = 0.363$$

第三步,计算每个特征对应训练数据集 D 的信息增益比:

$$IV(A_1) = -\left(\frac{5}{15}\log_2\frac{5}{15} + \frac{5}{15}\log_2\frac{5}{15} + \frac{5}{15}\log_2\frac{5}{15}\right) = 0.631$$

$$GR_{(D, A_1)} = \frac{0.083}{0.971} = 0.085$$

$$IV(A_2) = -\left(\frac{10}{15}\log_2\frac{10}{15} + \frac{5}{15}\log_2\frac{5}{15}\right) = 1.350$$

$$GR_{(D, A_2)} = \frac{0.324}{0.971} = 0.334$$

$$IV(A_3) = -\left(\frac{6}{15}\log_2\frac{6}{15} + \frac{9}{15}\log_2\frac{9}{15}\right) = 1.117$$

$$GR_{(D, A_3)} = \frac{0.420}{0.971} = 0.433$$

$$IV(A_4) = -\left(\frac{5}{15}\log_2\frac{5}{15} + \frac{6}{15}\log_2\frac{6}{15} + \frac{4}{15}\log_2\frac{4}{15}\right) = 0.653$$

$$GR_{(D, A_4)} = \frac{0.363}{0.971} = 0.374$$

因此,特征 A_1, A_2, A_3, A_4 对应的信息增益比分别为 $0.631, 1.350, 1.117$ 和 0.653,特征 A_3 的信息增益最大,所以选择特征 A_3 作为最优特征。

3. 基尼指数

在分类问题中,假设有 K 个类,样本点属于第 k 类的概率为 p_k,则概率分布的基尼指数(Gini index)定义为

$$Gini(p) = \sum_{k=1}^{K} p_k(1 - p_k) = 1 - \sum_{k=1}^{K} p_k^2 \tag{6.14}$$

对于二分类问题,如果样本点属于第 1 个类的概率是 p,则概率分布的基尼指数为

$$Gini(p) = 2p(1 - p) \tag{6.15}$$

对于给定的样本集合 D,其基尼指数为

$$Gini(D) = 1 - \sum_{k=1}^{K} \left(\frac{C_k}{D}\right)^2 \tag{6.16}$$

其中,C_k 是 D 中属于第 k 类的样本自己,K 是类的个数。

设 $D_1 = \{(x,y) \in D | A(x) = a\}$，$D_2 = D - D_1$，则在给定特征 A 的条件，集合 D 的基尼指数定义为

$$Gini(D,A) = \frac{|D_1|}{|D|} Gini(D_1) + \frac{|D_2|}{|D|} Gini(D_2) \tag{6.17}$$

与信息熵类似，基尼指数表示的是某个随机变量或某个集合的不确定性，基尼指数越大，随机变量或样本集合的不确定性越大。进行特征选择时，我们选择使得划分后基尼指数最小的特征作为最优划分特征。CART 决策树就是采用基尼指数作为特征选择准则的。

例 6.4 利用表 6.1 的贷款数据集，计算特征的基尼指数来选择基尼指数最小的特征。

解 设 A_1, A_2, A_3, A_4 分别表示特征：年龄、有工作、有房子和信贷情况，记 $D_{i,a}$ 为训练数据集 D 中特征 A_i 取值为 a 的样本集合。

对于特征 A_1，有

$$Gini(D_{1,1}) = \frac{2}{5} \times \frac{3}{5} + \frac{3}{5} \times \frac{2}{5} = 0.480$$

$$Gini(D_{1,2}) = \frac{3}{5} \times \frac{2}{5} + \frac{2}{5} \times \frac{3}{5} = 0.480$$

$$Gini(D_{1,3}) = \frac{4}{5} \times \frac{1}{5} + \frac{1}{5} \times \frac{4}{5} = 0.320$$

$$Gini(D,A_1) = \frac{5}{15} \times 0.480 + \frac{5}{15} \times 0.480 + \frac{5}{15} \times 0.320 = 0.427$$

对于特征 A_2，有

$$Gini(D_{2,1}) = \frac{5}{5} \times 0 + 0 \times \frac{5}{5} = 0$$

$$Gini(D_{2,2}) = \frac{4}{10} \times \frac{6}{10} + \frac{6}{10} \times \frac{4}{10} = 0.480$$

$$Gini(D,A_2) = \frac{5}{15}\left(\frac{5}{5} \times 0 + 0 \times \frac{5}{5}\right) + \frac{10}{15}\left(\frac{4}{10} \times \frac{6}{10} + \frac{6}{10} \times \frac{4}{10}\right) = 0.320$$

对于特征 A_3，有

$$Gini(D_{3,1}) = \frac{5}{5} \times 0 + 0 \times \frac{5}{5} = 0$$

$$Gini(D_{3,2}) = \frac{4}{10} \times \frac{6}{10} + \frac{6}{10} \times \frac{4}{10} = 0.480$$

$$Gini(D,A_3) = \frac{5}{15}\left(\frac{5}{5} \times 0 + 0 \times \frac{5}{5}\right) + \frac{10}{15}\left(\frac{4}{10} \times \frac{6}{10} + \frac{6}{10} \times \frac{4}{10}\right) = 0.320$$

对于特征 A_4，有

$$Gini(D_{4,1}) = \frac{1}{5} \times \frac{4}{5} + \frac{4}{5} \times \frac{1}{5} = 0.320$$

$$Gini(D_{4,2}) = \frac{4}{6} \times \frac{2}{6} + \frac{2}{6} \times \frac{4}{6} = 0.444$$

$$Gini(D_{4,3}) = \frac{4}{4} \times 0 + 0 \times \frac{4}{4} = 0$$

$$Gini(D, A_4) = \frac{5}{15}\left(\frac{1}{5} \times \frac{4}{5} + \frac{4}{5} \times \frac{1}{5}\right) + \frac{6}{15}\left(\frac{4}{6} \times \frac{2}{6} + \frac{2}{6} \times \frac{4}{6}\right) + \frac{4}{15}\left(\frac{4}{4} \times 0 + 0 \times \frac{4}{4}\right)$$
$$= 0.284$$

因此,特征 A_1, A_2, A_3, A_4 对应的基尼指数分别为 0.427,0.320,0.320 和 0.284,特征 A_4 的基尼指数最小,所以选择特征 A_4 作为最优特征。

6.3 决策树剪枝

机器学习算法都会有过拟合的风险,决策树也不例外。在决策树的学习过程中,为了尽可能达到对训练样本正确分类的目的,将不断重复结点划分的过程,这样有时会导致决策时的结点划分过多,即分支过多,说明对训练样本集学习得"太好"了,以致模型学习到了一些训练样本集具有的"个性"的特点,而这些特点是新样本所不具有的,这就是模型过拟合了。因此,为了提高决策树的泛化能力,需要对决策树进行剪枝处理。剪枝是对一个复杂的决策树进行简化,去掉一些子叶或子树,使得决策树的结构更简单,提高模型的泛性能。决策树剪枝可分为预剪枝(Pre-pruning)和后剪枝(Post-pruning)。

6.3.1 预剪枝

预剪枝是在决策树的生成过程中即考虑对树的结构进行简化。具体来说,是在对结点进行划分之前,先用验证集的数据点对结点在划分前和划分后的泛化能力(泛化能力可用基尼指数、信息增益等来衡量)进行比较,如果在结点不划分的情况下,模型具有更高的泛化能力,则不对结点进行划分(进行预剪枝处理),否则对结点进行划分(不进行预剪枝处理)。这就实现了决策树的剪枝处理。

下面我们来看一个决策树预剪枝的例子,如表 6.2 所示。

表 6.2 西瓜数据集

编号	色泽	根蒂	敲声	纹理	脐部	触感	好瓜
1	青绿	蜷缩	浊响	清晰	凹陷	硬滑	是
2	乌黑	蜷缩	沉闷	清晰	凹陷	硬滑	是
3	乌黑	蜷缩	浊响	清晰	凹陷	硬滑	是
6	青绿	稍蜷	浊响	清晰	稍凹	软粘	是
7	乌黑	稍蜷	浊响	稍糊	稍凹	软粘	是
10	青绿	硬挺	清脆	清晰	平坦	软粘	否
14	浅白	稍蜷	沉闷	稍糊	凹陷	硬滑	否
15	乌黑	稍蜷	浊响	清晰	稍凹	软粘	否
16	浅白	蜷缩	浊响	模糊	平坦	硬滑	否

续表

编号	色泽	根蒂	敲声	纹理	脐部	触感	好瓜
17	青绿	蜷缩	沉闷	稍糊	稍凹	硬滑	否
4	青绿	蜷缩	沉闷	清晰	凹陷	硬滑	是
5	浅白	蜷缩	浊响	清晰	凹陷	硬滑	是
8	乌黑	稍蜷	浊响	清晰	稍凹	硬滑	是
9	乌黑	稍蜷	沉闷	稍糊	稍凹	硬滑	否
11	浅白	硬挺	清脆	模糊	平坦	硬滑	否
12	浅白	蜷缩	浊响	模糊	平坦	软粘	否
13	青绿	稍蜷	浊响	稍糊	硬	硬滑	否

首先,通过信息增益准则,知道使用脐部作为根结点的特征。考虑是否对根结点进行划分:如果不对根结点进行划分,那么直接将根结点作为叶结点,并将其标记为样本例数最多的类别。由于训练样本中好瓜和坏瓜数量相等,我们随机去除一个。假如对根结点标记为好瓜,那么此时模型对验证集的精度为42.9%。如果对根结点进行划分,那么可以根据脐部的属性凹陷、稍凹和平坦对其划分3个子结点,分别标记为好瓜、好瓜、坏瓜(按子结点所包含最大样例类别)。此时模型对验证集的预测精度为71.4%,划分后的决策树比划分前的决策树的泛化能力更强,因此我们对根结点进行划分,即不进行预剪枝。划分后的决策树如图6.5所示,将其按顺序标记如下:

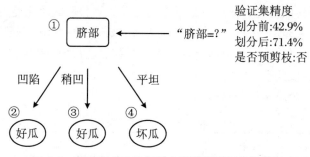

图6.5 基于表6.2对根结点进行划分后的决策树

同理,对图6.5中结点②重复以上操作,得到划分前的验证集精度为71.4%,划分后验证集精度为57.1%,因此该结点不进行划分,即进行预剪枝处理。对结点③重复以上操作,得到划分前验证集精度为71.4%,划分后验证集精度为71.4%,因此不进行划分,即进行预剪枝处理。对于结点④,因为其包含的所有样品均属于同一类,因此直接标记为叶结点。最后,预剪枝处理生成的决策树如图6.6所示,其验证集精度为71.4%。

对比图6.6和图6.7可以看出,预剪枝处理大大简化了决策树的结构,这既降低了过拟合的风险,又提高了模型的训练和测试效率(训练时间和测试时间大大缩减)。但预剪枝处理也存在一些问题,如可能会导致欠拟合的风险。预剪枝禁止某些结点进行划分,虽然有些结点的当前划分不能提升决策树的泛化性能,甚至导致泛化性能暂时下降,但在其基础上进行后续划分却有可能显著提高模型的泛化能力。

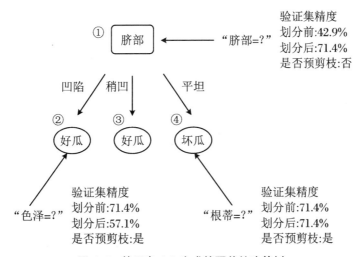

图 6.6 基于表 6.2 生成的预剪枝决策树

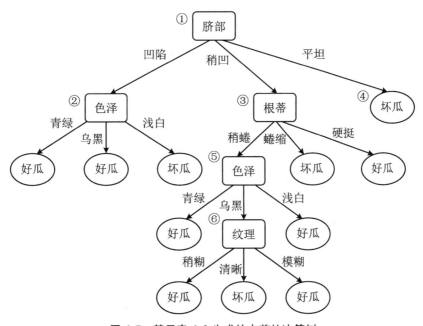

图 6.7 基于表 6.2 生成的未剪枝决策树

6.3.2 后剪枝

后剪枝是指先利用训练数据集生成一个完整的决策树,对于每个非叶结点,用叶结点将其替换,再评估替换前与替换后的泛化性能。如果替换为叶结点后泛化性能有所提高,则进行剪枝,否则不剪枝。下面我们仍以表 6.2 的数据集为例,演示后剪枝处理。首先考虑结点⑥,如果将其进行后剪枝,替换为叶结点,并将其标记为含有样本数量最多的好瓜类别,此时模型对验证集的精度为 57.1%,而不剪枝情况下对验证集的精度为 42.9%。因此,对结点

⑥进行后剪枝。同理,从下往上对所有的非叶结点执行以上操作。这里,存在一种特殊情况,对于结点⑤,剪枝前后其泛化能力不变(预测精度一样),对验证集的精度都是57.1%。理论上,剪枝或不剪枝均可,在这里我们不进行剪枝。但根据奥卡姆剃刀准则,应选择更简单的决策树。最后得到的决策树结构如图6.8所示。

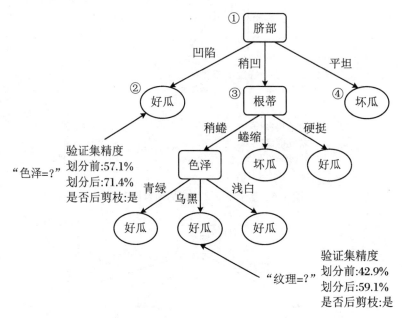

图6.8 基于表6.2生成的后剪枝决策树

图6.8是进行了后剪枝处理的决策树,其验证集精度为71.4%。可以看到,经过后剪枝的决策树比经过预剪枝的决策树具有更多的分支,一般来说,后剪枝决策树欠拟合的风险比较小,泛化性能通常也优于预剪枝决策树。当然,后剪枝需要先生成一个完整的决策树,并要从下往上地对树的所有非叶结点逐一考察,导致后剪枝决策树比预剪枝决策树需要更大的训练和测试时间。

6.4 连续值与缺失值处理

本节介绍决策树对于样本特征的连续值与缺失值问题的处理。

6.4.1 连续值处理

前面我们讨论的特征属性都是取有限数目的离散数值,例如学历这个属性可分为小学、中学、本科、硕士、博士,这是可以一一枚举的。但在现实学习任务中,我们常常会遇到连续型取值的特征属性,连续性属性的取值是无限的,例如人的体重,有可能是60 kg,也有可能是70 kg,还有75 kg等。如果我们把连续性属性当成离散属性一样看待,当作是单独的值,那么有可能会生成图6.9所示的决策树。毫无疑问,这样的决策树是没有意义的,因为这样不仅会导致决策树产生大量的子结点,而且当遇到新的数据时,很有可能找不到对应的类别。

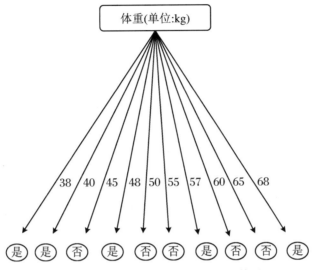

图6.9 不进行特征离散化处理的决策树

因此,对于连续型取值的特征属性,我们就不能按前面的方法进行处理,我们需要对连续型特征属性进行离散化处理。例如,我们需要得到的是体重小于60 kg,体重大于60 kg这样的判断规则。离散化处理常采用的方法是二分法(二分法是C4.5算法采用的处理连续型数据的方法),下面讨论如何使用二分法对连续特征属性进行离散化处理。

设样本集 D 有连续属性 a,a 在 D 中出现了 n 个不同的值。将属性 a 进行升序排序,得到的序列记为$\{a^1, a^2, \cdots, a^n\}$。规定划分规则:有划分点 t,对 $a \leqslant t$ 的样本集合即为 D_t^-,对 $a > t$ 的样本集合记为 D_t^+。实际是,对任意 $t \in [a^i, a^{i+1})$,用以上划分规则得到的划分结果是一样的。因此,我们可以考虑一个划分点集合 T_a,

$$T_a = \left\{ \frac{a^i + a^{i+1}}{2} \mid 1 \leqslant i \leqslant n-1 \right\} \tag{6.18}$$

即把$[a^i, a^{i+1})$的中位点作为划分点。T_a 中的元素是有限的,可以遍历所有的划分点,以寻找最优划分点。类似地,可以计算不同划分点对应的信息增益:

$$\begin{aligned} G(D, a) &= \max_{t \in T_a} G(D, a, t) \\ &= \max_{t \in T_a} \text{Entropy}(D) - \sum_{\lambda \in \{-, +\}} \frac{|D_t^\lambda|}{|D|} \text{Entropy}(D_t^\lambda) \end{aligned} \tag{6.19}$$

6.4.2 缺失值处理

在现实任务中,并不是所有数据都是完整的,由于采集困难、隐私保护等原因,许多数据可能会存在缺失值。具体来说,就是数据的某些特征值会有缺失。对于存在缺失属性值的样本的数据集,我们可以从三个不同的方向来考虑对缺失值的处理。

第一个方向是,考虑简单地丢弃含有缺失属性值的样本或直接丢弃该属性。在训练数据集规模比较大,含有缺失属性的样本占比比较小的情况下,这种"舍弃"的方法是可取的,也是最为简单直接的方法。但在样本量小或者该特征属性非常重要的时候,这样的处理并不合适,因为这会造成数据的极大浪费。另外,直接剔除含有缺失特征的样本只能解决训练数据集的问题,并不能解决对新的含有缺失特征的样本进行预测的问题。

第二个方向是,考虑在把数据输入决策树进行训练或预测之前对缺失数据进行填补。在实践中,有许多对缺失值进行填补的方法,常用的填补方法可以分类为单一填补法和多重填补法。其中,单一填补法有均值填补、演绎填补、回归填补、最近距离填补、热卡填补、冷卡填补等,多重填补法有基于多元正态性假设的参数回归方法或采用趋势得分的非参数方法、基于多元正态性假设的马尔科夫链蒙特卡罗方法、EM法等。这里对这些填补方法不再进行展开介绍,读者如果对这些方法感兴趣,可以查阅相关资料。

第三个方向是,不剔除含有缺失特征的样本,而且在把数据输入决策树之前也不对缺失数据进行填补,而是给决策树定义一种处理缺失特征的规则,使得决策树可以对存在缺失特征的样本数据进行训练和预测。在实践中,让决策树有能力处理含有缺失特征样本的规则有很多,不同的缺失值处理规则适用于不同的数据类型和决策树类型,决策树使用不同的缺失值处理规则训练出来的模型的性能也不一样。在这里,我们介绍C4.5算法所采用的处理方法,其关键是对缺失样本和信息增益进行权重调整。

在对含有属性值缺失的样本进行训练时,我们需要解决两个问题:

(1) 在属性值缺失情况下如何进行特征选择?
(2) 选定划分特征后,怎样对在该属性有缺失值的样本进行划分?

设有数据集 D 和属性 a,记 $\tilde{D}$ 表示 D 中在属性 a 上没有缺失值的样本集合。设属性 a 有 V 个取值 $\{a^1, a^2, \cdots, a^V\}$,记 $\tilde{D}^v$ 为 $\tilde{D}$ 中在属性 a 上取值为 a^v 的样本子集,$\tilde{D}_c$ 为 $\tilde{D}$ 中属于第 c 类 ($k = 1, 2, \cdots, |C|$) 的样本子集 (C 是类别集合)。因此,有 $\tilde{D} = U_{c=1}^{|C|} \tilde{D}_c = U_{v=1}^{V} \tilde{D}^v$。

对每个样本 x 赋予一个权重 w_x(初始值为1),并定义:

$$\rho = \frac{\sum_{x \in \tilde{D}} w_x}{\sum_{x \in D} w_x} \tag{6.20}$$

$$\bar{p}_c = \frac{\sum_{x \in \tilde{D}_c} w_x}{\sum_{x \in \tilde{D}} w_x} \quad (1 \leqslant c \leqslant |C|) \tag{6.21}$$

$$\tilde{r}_v = \frac{\sum_{x \in \tilde{D}^v} w_x}{\sum_{x \in \tilde{D}} w_x} \quad (1 \leqslant v \leqslant V) \tag{6.22}$$

根据定义可知,对于属性 a,ρ 表示无缺失值的样本比例;$\bar{p}_c$ 表示无缺失值样本中第 c 类所占比例;$\tilde{r}_v$ 表示无缺失值的样本中在属性 a 上取值为 a^v 的样本比例。

于是,可以把前面所述的信息增益作一个推广:

$$G(D, a) = \rho \times G(\tilde{D}, a)$$

$$= \rho \times \left[\text{Entropy}(\widetilde{D}) - \sum_{v=1}^{V} \tilde{r}_v \text{Entropy}(\widetilde{D}^v) \right] \tag{6.23}$$

其中,

$$\text{Entropy}(\widetilde{D}) = - \sum_{c=1}^{|C|} \tilde{p}_c \log_2 \tilde{p}_c \tag{6.24}$$

以上解决了在属性值缺失的情况下如何进行特征选择的问题。对于怎样对属性存在缺失值的样本进行划分的问题,C4.5 算法的处理方法是把不存在缺失值的样本划分到对应子结点,并维持其原来的权重 w_x,但把存在缺失值的样本划分到每一个子结点,并把权值调整为 $\tilde{r}_v \cdot w_x$。对此直观的理解就是,特征属性含缺失值的样本按不同的概率被分配到不同的子结点。这实际上就是对决策树在训练和预测的过程中如何处理属性缺失值的一套规则,在实际应用中也可以根据具体情况对处理属性缺失值的规则进行微调,或者重新定义一套处理缺失值的规则。一个好的处理缺失值的规则可能会让决策树的训练效率和模型性能得到很大的提升。在后面的集成算法章节,我们将会介绍其他类型的决策树所采用的处理属性缺失值的规则。

6.5 基 本 树

在 6.1 节中,我们介绍了构建决策树的基本流程以及决策树的特征选择标准。不同决策树的构建流程基本一致,它们的主要区别在于特征选择的标准、对于连续值和缺失值的处理等。构建基本树的常用算法有 ID3、C4.5、CART,下面我们依次介绍这三个算法。

6.5.1 ID3 算法

Ross Quinlan 在 1986 年提出了 ID3 算法。ID3 算法采用信息增益作为特征选择标准,其核心思想是:从根结点开始,根据信息增益最大准则选择特征属性作为划分结点,再根据该特征属性的不同取值分裂出各个子结点,然后递归地在各个子结点根据信息增益最大准则再次划分结点,直到各个叶结点只含有一个类别的样本时,停止划分,得到最终的决策树。事实上,根据这样的规则可以得到多个能正确分类训练集的决策树,但是应该选择什么样的决策树作为最终的模型呢? ID3 算法是遵循奥卡姆剃刀思想的,其内涵是如果能达到同样的性能,那么模型越简单越好(决策树的子结点越少越好)。所以,在决策树能达到相同性能的条件下,小型的决策树优于大型的决策树。

算法 6.3 ID3 决策树学习算法

输入:训练数据集 $D = \{(x_1, y_1), (x_2, y_2), \cdots, (x_n, y_n)\}$,属性集 $A = \{a_1, a_2, \cdots, a_d\}$,$d$ 是特征的数目,阈值 ε。

输出:决策树 T。

算法过程:

以上过程记为函数 $T(D, A, \varepsilon)$。

(1) 生成结点 node。

(2) 如果 $D=\varnothing$，将 node 标记为叶结点，其类别标记为父结点样本最多的类，返回决策树 T。

(3) 如果 D 中样本全属于同一类别 C，将 node 标记为 C 类叶结点，返回决策树 T。

(4) 如果 $A=\varnothing$ 或者 D 中样本在 A 上的取值相同，将 node 标记为叶结点，其类别标记 D 中样本数最多的类，返回决策树 T。

(5) 对每一个特征 $a_1,a_2,\cdots,a_d$，计算它们对应的信息增益，选择具有最大信息增益的特征 a_*，记对应的信息增益值为 G，记 a_* 的取值为 $a_*^1,a_*^2,\cdots,a_*^n$。

① 如果 $G>\varepsilon$，则对所有的 $a_*^1,a_*^2,\cdots,a_*^n$，均为 node 生成一个分支。令 D_v 表示 D 中在 a_* 上取值为 a_*^v 的样本子集，以 $T(D_v,A\setminus\{a_*\},\varepsilon)$ 为分支结点。

② 如果 $G\leqslant\varepsilon$：将 node 标记为叶结点，并将其类别设为 D 中含样本数量最多的类别，并返回决策树 T。

例 6.5　基于表 6.2 的数据，利用 ID3 算法构建决策树。

解　根据例 6.2 的结果，我们得到了四个特征 A_1,A_2,A_3,A_4（年龄、有工作、有房子和信贷情况）的信息增益分别为 0.083,0.324,0.420,0.363，所以特征 A_3（有房子）的信息增益最大，首先选择该特征生成子结点。该特征把训练样本集 D 分为子集 D_1 和子集 D_2，D_1 包含 6 个 A_3 取值为"是"的样本，D_2 包含 9 个 A_3 取值为"否"的样本。D_1 只包含一类样本，因此该子结点标记为叶结点，并将类别标记为"是"。

对于样本子集 D_2，计算剩余特征 A_1,A_2,A_4 的信息增益，有

$$G(D_2,A_1)=H(D_2)-H(D_2\mid A_1)=0.251$$
$$G(D_2,A_2)=H(D_2)-H(D_2\mid A_2)=0.918$$
$$G(D_2,A_4)=H(D_2)-H(D_2\mid A_4)=0.474$$

因此，特征 A_2 的信息增益是最大的，选择特征 A_2 来划分子结点。根据特征 A_2 的取值把 D_2 划分为子集 D_{21} 和 D_{22}。D_{21} 包含 3 个特征 A_2 取值为"是"的样本，样本都属于同一类，因此这里划分出一个叶结点，类别标记为"是"；D_{22} 包含 6 个特征 A_2 取值为"否"的样本，样本也都属同一类，因此这里划分出另一个叶结点，类别标记为"否"。

这样就完成了基于表 6.2 数据的决策树学习过程，我们最后得到的决策树如图 6.10 所示。

ID3 算法是决策树算法中最经典的分类算法之一，其逻辑清楚，方法简便，学习能力较强，但也存在一些问题。第一，因为信息增益是一个"绝对"的值，不同特征的信息增益可能不具有可比性，因此信息增益准则会表现出对属性取值较多的特征有所偏好，这在逻辑上是不合理的（后面的 C4.5 算法的信息增益比可解决这一问题）；第二，信息增益准则只能处理离散型特征，而不能处理连续型特征，很多回归问题都不能用信息增益准则来构建决策树进行处理；第三，实际数据中某些特征可能存在缺失值，而信息增益准则没有考虑对特征缺失值的处理；第

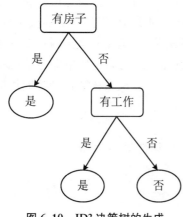

图 6.10　ID3 决策树的生成

四,算法没有采用剪枝策略,简单地采用信息增益标准来学习决策树这样的做法很容易导致过拟合问题;第五,ID3算法对噪声的敏感性较高,这里的噪声包括特征值的错误和类别标签的错误,这也是导致决策树过拟合的一个原因。

6.5.2 C4.5算法

C4.5算法是基于ID3进行改进的一个决策树算法,其继承了ID3算法易于理解、简便、准确率高的优点,并解决了ID3算法的部分问题,主要有:

(1) 采用了基于信息增益比的特征选择方法,解决了ID3算法在进行决策树学习时偏好属性取值较多的特征的问题。

(2) 引入了后剪枝策略(悲观剪枝),有效降低了过拟合风险。

(3) 增加了处理连续型特征属性的机制(ID3算法只适用于离散型特征属性),也就是第6.4.1节中所介绍的二分法,该改进使得学习的决策树可以处理带有连续型特征属性样本的分类问题。

(4) 增加了处理特征属性缺失值的机制(ID3算法不能应用于特征属性有缺失的样本数据),也就是第6.4.2节中所介绍的特征属性缺失值的处理方法,该改进使得学习出来的决策树可以处理含有缺失属性的样本。

在以上的诸多改进方向中,C4.5算法的一个重大贡献是采用了基于信息增益比的特征选择方法,以此解决了ID3算法在进行决策树学习时偏好属性取值较多的特征的问题。当然,C4.5算法不是完美的,也存在一些局限性。首先,尽管C4.5算法增加了处理连续型数据的机制,但其仍然只能用于分类问题,而不能用于回归问题;其次,C4.5算法用的是多叉树模型,学习效率较低;最后,C4.5算法在决策树的学习过程中,存在大量耗时的对数运算(计算信息熵)和排序运算,这也使得模型的学习效率较低。

算法6.4 C4.5决策树学习算法

输入:训练数据集 $D = \{(x_1, y_1), (x_2, y_2), \cdots, (x_n, y_n)\}$,属性集 $A = \{a_1, a_2, \cdots, a_d\}$,$d$ 是特征的数目,阈值 ε。

输出:决策树 T。

算法过程:

以上过程记为函数 $T(D, A, \varepsilon)$。

(1) 生成结点 node。

(2) 如果 $D = \varnothing$,将 node 标记为叶结点,其类别标记为父结点样本最多的类,返回决策树 T。

(3) 如果 D 中样本全属于同一类别 C,将 node 标记为 C 类叶结点,返回决策树 T。

(4) 如果 $A = \varnothing$ 或者 D 中样本在 A 上的取值相同,将 node 标记为叶结点,其类别标记 D 中样本数最多的类,返回决策树 T。

(5) 对每一个特征 $a_1, a_2, \cdots, a_d$,计算他们对应的信息增益比,选择具有最大信息增益比的特征 a_*,记对应的信息增益比为 GR,记 a_* 的取值为 $a_*^1, a_*^2, \cdots, a_*^n$:

① 如果 $GR > \varepsilon$,则对所有的 $a_*^1, a_*^2, \cdots, a_*^n$,均为 node 生成一个分支。令 D_v 表示 D 中在 a_* 上取值为 a_*^v 的样本子集,以 $T(D_v, A \setminus \{a_*\}, \varepsilon)$ 为分支结点。

② 如果 $GR \leq \varepsilon$：将 node 标记为叶结点，并将其类别设为 D 中含样本数量最多的类别，并返回决策树 T。

6.5.3 CART 算法

分类与回归树模型（Classification and Regression Tree，CART）由 Breiman 等人于 1984 年提出，是被广泛应用的决策树学习方法。尽管 ID3 算法和 C4.5 算法在决策树的学习中可以尽可能地挖掘训练样本中的信息，但是学习出的决策树结构较为复杂，结点较多且规模都比较大，因此学习的效率较低。CART 从限制划分结点的个数的角度来进行改进，采用"二分法"，也就是在决策树每次划分子结点时都只划分为两个结点。对于分类树，其内部结点特征只取"是"或"否"，对于回归树，则只使用一个划分点，把特征取值截成两个区间，这样可以大幅提高决策树学习的效率。CART 可分为分类树和回归树，即可用于分类问题又可用于回归问题。目前，CART 树是被最广泛应用的基本树之一，许多集成算法的个体学习器都属于 CART 树或者 CART 的衍生树。

6.5.4 CART 决策树的学习

CART 决策树的学习过程是递归地构建二叉决策树的过程。对于分类树，CART 是采用基尼指数最小化准则作为特征选择办法；而对于回归树，CART 采用平方误差最小化的准则作为特征选择办法。CART 决策树的输入既可以是连续型的数据也可以是离散型的数据，CART 没有停止准则，决策树会一直生长下去。

1. CART 分类树的学习

首先，我们看 CART 分类树的学习算法。

算法 6.5　CART 分类树学习算法

输入：训练数据集 $D = \{(x_1, y_1), (x_2, y_2), \cdots, (x_n, y_n)\}$，属性集 $A = \{a_1, a_2, \cdots, a_d\}$，$d$ 是特征属性的个数，$a_i = \{a_i^1, a_i^2, \cdots, a_i^v, \cdots, a_i^V\}$，$V$ 是属性 a_i 的不同取值的数目。

输出：CART 决策树 T。

算法过程：

以上过程记为函数 $T(D, A)$。

（1）生成结点 node。

（2）如果满足停止条件，将分支结点标记为叶结点，其类别根据对应停止条件的规则进行标记；返回决策树 T。

（3）对每个特征属性 a_i 的值，根据对 $a_i = a_i^v$ 的测试为"是"或"否"将 D 分割成 D_1 和 D_2 两部分，计算在 $a_i = a_i^v$ 条件下的基尼指数。

（4）在步骤（3）的结果中，记划分后基尼指数最小的特征为 a_*，其对应的最佳切分点为 a_*^λ；以 $T(D_1, A \backslash a_*)$ 和 $T(D_2, A \backslash a_*)$ 作为分支结点（递归）。

以上算法递归地判断每一结点是否划分子结点。CART 分类树生成算法的关键在于，对于每个特征 a_i，对其所有取值 a_i^v 进行遍历，然后根据 $a_i = a_i^v$ 与 $a_i \neq a_i^v$ 两个条件把数据

集分成两个子集 D_1 和 D_2,并计算 $a_i = a_i^v$ 条件下的基尼指数,最后找到具有最小基尼指数的划分属性和划分点 a_* 和 a_*^λ,进而根据 $a_* = a_*^\lambda$ 和 $a_i \neq a_i^\lambda$ 对结点进行划分。步骤(2)中的停止条件和处理规则有:

(1) D 中样本全属于同一类别,则直接将结点设置为叶结点。

(2) 属性集 A 为空集或 D 中样本对于属性 A 的取值完全一样,则将结点标记为叶结点,并将其类别标记为 D 中样本数最多的类。

(3) 特征选择标准不满足阈值 ε,则将结点标记为叶结点,并将其类别标记为 D 中样本数最多的类。

(4) 当前结点包含的样本集合为空,不能划分,则将结点标记为叶结点,并将其类别标记为父结点中样本最多的类。

(5) 结点中样本个数小于阈值,则将结点标记为叶结点,并将类别标记叶结点中样本数最多的类别。

(6) 样本集的基尼指数小于预先设置的阈值(样本基本属于一类),则将结点标记为叶结点,并将类别标记为叶结点中样本数最多的类别。

2. CART 回归树的学习

算法 6.6 CART 回归树学习算法

输入:训练数据集 $D = \{(x_1, y_1), (x_2, y_2), \cdots, (x_n, y_n)\}$,属性集 $A = \{a_1, a_2, \cdots, a_d\}$,$d$ 是特征属性的个数。

输出:CART 回归树 T。

算法过程:

以上过程记为函数 $T(D, A)$。

(1) 生成结点 node。

(2) 如果满足停止条件,将当前结点作为叶结点,其输出根据对应停止条件的规则进行标记;如果不满足停止条件,则进行(3)。

(3) 寻找最优的切分变量 j 与切分点 s,求解

$$\min_{j,s,c_1,c_2} \left[\sum_{x_i \in R_1(j,s)} (y_i - c_1)^2 + \sum_{x_i \in R_2(j,s)} (y_i - c_2)^2 \right] \tag{6.25}$$

记所得解为 $(j^*, s^*), c_1^*, c_2^*$;

(4) 用 (j^*, s^*) 划分区域并决定相应的输出值

$$R_1(j^*, s^*) = \{x \mid x^{(j^*)} \leqslant s\}, R_2(j^*, s^*) = \{x \mid x^{(j^*)} > s\} \tag{6.26}$$

$$c_m^* = \frac{1}{N_m} \sum_{x_i \in R_m(j^*, s^*)} y_i \quad (m = 1, 2) \tag{6.27}$$

并根据 R_1 和 R_2 将数据集划分为 D_1 和 D_2,然后以 $T(D_1, A, R_1)$ 和 $T(D_2, A, R_2)$ 作为两个子结点。

(5) 生成的 CART 回归树表达式为

$$f(x) = \sum_{m=1}^{M} \hat{c}_m I \quad (x \in R_m)$$

其中，$R_1, R_2, \cdots, R_M$ 为输入控件划分的 M 个区域。

以上生成 CART 回归树的算法也是一个递归的过程。X、Y 分别为输入变量和输出变量，且 Y 是连续变量，有数据集 $D = \{(x_1, y_1), (x_2, y_2), \cdots, (x_n, y_n)\}$。一个回归树的构建，等价于对特征空间进行划分，并在划分后的每个单元上标记输出值。假设特征空间被划分为 M 个单元 $R_1, R_2, \cdots, R_M$，对于每个单元 R_m 都有一个固定的输出值 c_m，因此回归树模型可表示为

$$f(x) = \sum_{m=1}^{M} c_m I(x \in R_m) \tag{6.28}$$

在给定特征空间划分的前提下，我们可以采用平方损失来优化模型，即用 $\sum_{x_i \in R_m}(y_i - f(x))^2$ 来表示回归树在 R_m 上的预测误差。易知 $f(x_i)$ 的最优值是 R_m 上所有输入实例 x_i 对应的输出 y_i 的均值，记为 $\hat{c}_m$，$\hat{c}_m = ave(y_i \mid x_i \in R_m)$。但如何对特征空间进行划分呢？我们的策略是求解最优化问题：

$$\min_{j,s,c_1,c_2} \left[\sum_{x_i \in R_1(j,s)} (y_i - c_1)^2 + \sum_{x_i \in R_2(j,s)} (y_i - c_2)^2 \right] \tag{6.29}$$

其中，j, s 分别代表特征 i 和划分点 s。以上的优化目标是使得划分后在两个单元上的预测误差之和最小。当 j, s 确定时，c_1, c_2 最优取值

$$\hat{c}_m = \frac{1}{N_m} \sum_{x_i \in R_m(j,s)} y_i \quad (m = 1, 2) \tag{6.30}$$

只需要遍历 j 和 s，找到能使损失函数达到最小的 j^*, s^* 即可。于是，得到两个划分区间，$R_1(j^*, s^*), R_2 = (j^*, s^*)$。对每个结点，递归地重复以上操作，直到满足停止条件，便生成一个 CART 回归树，我们称之为最小二乘回归树。

6.5.5　CART 剪枝

区别于 C4.5 算法采用的悲观后剪枝，CART 采用一种基于代价复杂度的剪枝方法进行后剪枝，这种剪枝算法由两部分组成：

（1）对生成算法产生的完整决策树进行剪枝，生成一个子树序列。这里的子树序列的每一个子树都是通过将前面的某个子树用一个叶结点替换得到的，第一个子树就是原始完整的没有剪枝的树，最后一个子树是原始的没有剪枝的决策树的根结点。

（2）对子树序列进行评估，选出最优子树。这里可以使用一个单独的测试数据集来评估所有树，选择性能最好的决策树。

1. 生成子树序列

对于一个决策树，我们可定义其损失函数为

$$C_\alpha(T) = C(T) + \alpha |T| \tag{6.31}$$

其中，T 是决策树，$C(T)$ 是决策树 T 对训练样本集的预测误差，$|T|$ 是叶结点的个数，$\alpha \geqslant 0$ 是正则化参数，$C_\alpha(T)$ 整体的损失函数；α 影响模型的复杂度，权衡模型的方差与偏差。

Breiman 等人证明：将 α 从零开始递增，$0 = \alpha_0 < \alpha_1 < \cdots < \alpha_k < +\infty$，产生一系列区间 $[\alpha_i, \alpha_{i+1}), i = 0, 1, \cdots, n$；剪枝得到的子树序列对应区间 $[\alpha_i, \alpha_{i+1})$ 的最优子树序列 $\{T_0,$

$T_1,\cdots,T_n\}$,序列中的子树是嵌套的。具体流程如下:

对决策树 T 的任意非叶结点的内部结点,将其作为单结点树的损失函数为
$$C_\alpha(t) = C(t) + \alpha \tag{6.32}$$
如果以 t 作为根结点的子树 T_t 的损失函数为
$$C_\alpha(T_t) = C(T_t) + \alpha|T_t| \tag{6.33}$$
当 $\alpha=0$ 及 α 充分小时,有 $C_\alpha(t) > C_\alpha(T_t)$,当 α 增大到某一点 α^*,有 $C_{\alpha^*}(t) = C_{\alpha^*}(T_t)$,此时应剪枝(因为 t 有更少分支)。如果 α 继续增大,有 $C_\alpha(t) < C_\alpha(T_t)$。令 $C_\alpha(t) < C_\alpha(T_t)$,可得到 $\alpha = \dfrac{C(t)-C(T_t)}{|T_t|-1}$,记 $g(t) = \dfrac{C(t)-C(T_t)}{|T_t|-1}$,$g(t)$ 可表示减值后这总体损失函数减少的程度,$g(t)$ 减少得越小越好。我们可以对 T_0 减去 $g(t)$ 最小的 T_t,将得到的子树即为 T_1。重复以上操作,可生成一个区间序列 $[\alpha_i,\alpha_{i+1})$,$i=0,1,\cdots,n$,所得子树序列 $T_0,T_1,\cdots,T_n$ 是对应上述区间序列上最优的子树。

以下是 CART 剪枝算法。

算法 6.7　CART 剪枝算法

输入:CART 算法生成的决策树 T。

输出:最优决策树 T_α。

算法过程:

以上过程记为函数 $TP(T)$。

(1) 设 $k=0,T=T_0$。

(2) 从下往上遍历所有的非叶结点 t,计算
$$g(t) = \frac{C(t)-C(T_t)}{|T_t|-1} \tag{6.34}$$
寻找最小的 $g(t)$,记此时 $t=t^*$,$\alpha=g(t^*)$(其中,T_t 表示以 t 为根结点的子树,$C(T_t)$ 是对训练数据的预测误差,$|T_t|$ 是 T_t 的叶结点的个数)。对 t^* 结点进行剪枝,并把 t^* 标记为含样本类别数量最多的类(回归问题则取样本均值)。

(3) 设 $k=k+1,\alpha_k=\alpha,T_\alpha=T$,如果 T 不是单结点树,则继续进行步骤(2)。

(4) 使用交叉验证(或其他评估方法),对子树序列 $T_0,T_1,\cdots,T_n$ 中选取最优子树 T_α。

2. 利用模型评估方法选择最优子树

在子树序列中,$T_0,T_1,\cdots,T_n$ 分别对应参数 $\alpha_1,\alpha_2,\cdots,\alpha_n$,故当最优子树 T_k 确定时,对应的正则化参数 α_k 也确定了,即得到最优决策树 T_α。对于 $T_0,T_1,\cdots,T_n$,可采用本书前面章节介绍的模型评估方法来选择模型。

6.5.6 CART算法中的其他处理方法

1. 缺失值处理

在6.4.2节,第三种缺失值处理方法中,把缺失值处理分为两个子问题。一是如何在特征值缺失的情况下进行划分特征的选择;二是在选定某划分特征后,模型该如何处理缺失该特征值的样本。

对于第一个子问题,原始版本的CART算法严格要求样本数据不存在特征缺失值,因此只能处理不存在特征缺失值的样本数据,但是后续改进了的CART算法采用了一种惩罚机制来处理含有特征缺失值的样本数据,以反映出缺失值的影响。具体来说,类似于C4.5算法的缺失值处理机制,是将特征缺失值比例与特征选择标准的数值联系起来,特征缺失值比例越高,则特征的得分越低。例如,某个特征在结点中有10%是缺失的,CART算法会先计算特征不存在特征缺失值的样本的基尼增益,然后把该特征的基尼增益乘以90%以反映特征缺失值的影响,得到该特征的最终的基尼增益,最后再与其他特征的基尼增益进行比较。

对于第二个子问题,CART算法是采用代理特征分裂(Surrogate splits)的方法。代理特征方法是使用不含缺失值的特征来代替当前的特征,所以CART算法会遍历除当前含缺失值特征以外所有不含缺失值的特征以计算基尼增益(其他的与也含有缺失值的特征不作为代理特征的,因此忽略),并选择最接近当前特征基尼增益的特征作为代理特征。当然,是否"接近"当前特征的基尼增益的标准也是需要事先设定的,如果没有其他特征与当前含缺失值的特征的差异性能符合标准,那么将当前样本划分到样本个数最大的子结点。但如果其他所有的特征也都含有缺失值,那就没有办法找到代理特征,因此也把当前样本划分到样本个数最大的子结点。

2. 类别不平衡的处理

CART算法的重要优势在于对于分类问题,建模人员可以不考虑类别是否平衡,因为CART存在一种先验机制来专门处理类别不平衡的问题。CART算法采用的先验机制,相当于对样本进行加权,对类别进行均衡。对于二分类问题,一个结点node被分成类别1当且仅当

$$\frac{N_1(\text{node})}{N_2(\text{node})} > \frac{N_1(\text{root})}{N_2(\text{root})} \tag{6.35}$$

其中,$N_1(\text{node})$,$N_2(\text{node})$,$N_1(\text{root})$,$N_2(\text{root})$分别代表结点node中类别1的数量、结点node中类别2的数量、根结点中类别1的数量、根结点中类别2的数量。例如,根结点属于1类和2类的分别有30和70个,在子结点中有50个样本,其中属于1类和2类的分别是20和30个,于是有20/30>30/70,所以该结点属于1类。通过这种方法,就可以不用考虑数据真实的类别分布,也就不用在数据预处理的部分对训练数据集进行过采样或者欠采样了。CART算法的这种处理模式也被称为"先验相等",能确保根结点中每个类别的概率都是相同的。那CART算法的这种先验设置与我们常用的样本加权有什么不同呢?主要的不同

之处在于 CART 算法的先验设置不改变决策树每个结点中各类别样本的数量或比例,其影响的是每个结点的类别赋值和决策树生成过程中的特征选择。

本 章 小 结

本章介绍了决策树的基本理论,包括决策树的构建、决策树的剪枝、连续值与缺失值处理以及 CART 算法。

1. 决策树实质上是一个 if-then 规则的集合,根据所解决问题的不同,决策树可分为分类树和回归树。分类树是解决分类问题的,输出结果一般是取值有限的类别标签,用来判断一个实例属于哪一类别。而回归决策树是解决回归问题的,输出的是数值型结果,其取值是无限可能的。决策树构建的核心问题是特征选择,也就是对某一结点划分子结点时,应使用哪一个特征。特征选择的目的是选出对于数据具有分类能力的特征。随着划分过程的不断进行,我们希望决策数的分支结点所包含的样本尽可能属于同一类别,使得结点的"纯度"越来越高。在评价特征孰优孰劣时,有不同的评价标准,常用的评价标准有信息增益、信息增益比、基尼指数等。

信息增益 $G(D,A)$ 的定义为

$$G(D,A) = H(D) - H(D \mid A)$$

信息增益比的定义为

$$GR(D,A) = \frac{G(D,A)}{H(D)}$$

基尼指数的定义为

$$Gini(p) = \sum_{k=1}^{K} p_k(1-p_k) = 1 - \sum_{k=1}^{K} p_k^2$$

2. 为了提高决策树的泛化能力,需要对决策树进行剪枝处理。剪枝即对一个复杂的决策树进行简化,去掉一些子叶或子树,使得决策树的结构更简单,提高模型的泛性能。决策树剪枝可分为预剪枝和后剪枝。预剪枝是在决策树的生成过程中即考虑对树的结构进行简化。后剪枝是指先生成一个完整的决策树,对于每个非叶结点,用叶结点将其替换,再评估替换前与替换后的泛化性能。如果替换为叶结点后泛化性能有所提高,则进行剪枝,否则不剪枝。

3. 在现实学习任务中,我们常常会遇到连续型取值和具有缺失值的特征属性。对于连续型取值的特征属性,我们就不能按前面的方法进行处理,而是需要对连续型特征属性进行离散化处理。离散化处理常采用的方法是二分法。对于含有存在缺失属性值的样本的数据集,可以简单地丢弃含有缺失属性值的样本或直接丢弃该属性,但在样本量小或者该特征属性非常重要的时候,这样的处理会造成数据的极大浪费,并不合适。在这种情况下,我们就需要采用一些特殊的方法来训练决策树,而不是简单地丢弃某些样本。不同的决策树生成算法有不同的缺失值处理方法。我们主要介绍了 C4.5 算法所采用的处理方法,其关键是对缺失样本和信息增益进行权重调整。

4. 分类与回归树模型由 Breiman 等人于 1984 年提出,是被广泛应用的决策树学习方法。CART 可分为分类树和回归树,即可用于分类问题又可用于回归问题。与一般决策树的主要区别在于,CART假设决策树是二叉树,当对结点进行划分时,只划分为两个子结点。对于分类树,其内部结点特征只取"是"或"否";对于回归树,则只使用一个划分点,把特征取值截成两个区间。

5. ID3、C4.5和CART三者之间的差异:

(1) 特征选择的差异:ID3算法使用信息增益的特征选择标准,这会导致其偏向于取值较多的特征;C4.5算法使用信息增益比的特征选择标准,这解决了 ID3 算法偏向于取值较多的特征的问题,但也导致了偏向于取值较少的特征的问题;CART算法使用基尼指数作为特征选择标准,并假设决策树是二叉树模型,这解决了 C4.5 算法偏向于选择取值较少的特征,也解决了由于log运算和决策树的多个分支导致的运算量巨大的问题。

(2) 使用场景的差异:ID3算法和C4.5算法都只能用于分类问题,而CART算法既可用于分类问题也可用于回归问题;ID3算法和C4.5算法生成的基本树是多叉树,树的学习速度较为缓慢,CART算法生成的基本树是二叉树,树的学习速度很快。

(3) 样本数据的差异:ID3算法只适用于离散数据,且不能处理缺失数据;C4.5算法和CART算法既可以处理连续型数据,也有特征缺失值的处理机制;C4.5算法在决策树的学习过程中需要对数据集进行多次的扫描、计算和排序,因此处理的成本较高,耗时较多;CART算法是一种大样本的统计方法,其用在小样本数据时会导致较大的泛化误差。因此,C4.5算法适用于小样本,而CART算法适用于大样本。

(4) 样本特征的差异:ID3算法和C4.5算法层级之间仅使用一个特征,而且特征一般被使用后,后续层级不会再使用;而CART算法可重复多次使用同一个特征。

(5) 剪枝策略的差异:ID3算法没有设置剪枝策略,C4.5算法是采用悲观后剪枝的方法,CART算法是使用代价复杂度方法来剪枝的。

关键词:特征选择　剪枝　基本树　CART

思 考 题

1. 根据表6.2所给的训练数据集,分别利用信息增益比和基尼指数准则生成一个分类树。

2. 根据表6.2所给的训练数据集,生成一个CART分类树。

3. 根据表6.3所示的训练数据,试用平方误差损失准则生成一个CART回归树。

表6.3　训练数据

x_i	1	2	3	4	5	6	7	8	9	10
y_i	3.43	3.96	4.37	4.94	5.22	5.78	6.13	6.75	7.21	7.79

4. 证明CART剪枝算法中,当α确定时,存在唯一的最小子树T_α使损失函数$C_\alpha(T)$最小。

5. 证明CART剪枝算法中求出的子树序列$\{T_0, T_1, \cdots, T_n\}$分别是区间$[\alpha_i, \alpha_{i+1})(i=0,1,\cdots,n; 0=\alpha_0<\alpha_1<\cdots<\alpha_k<+\infty)$的最优子树$T_\alpha$。

6. 试用Python编程分别实现基于信息增益、信息增益比以及基尼指数进行划分选择的决策树,并为表6.3中的数据生成对应的决策树,分别实现预剪枝和后剪枝。

参 考 文 献

[1] 李航.统计学习方法[M].2版.北京:清华大学出版社,2019.
[2] 周志华.机器学习[M].2版.北京:清华大学出版社,2016.
[3] 黑斯蒂.统计学基础:数据挖掘、推理与预测[M].范明,柴玉梅,昝红英,等译.北京:电子工业出版社,2004.
[4] Bishop M. Pattern recognition and machine learning[M]. New York:Springer,2006.
[5] Quinlan J R. Induction of decision trees[J]. Machine Learning,1986,1(1):81-106.
[6] Quinlan J R. C4.5:Programs for Machine Learning Machine learnning,1994,16(3):235-240.
[7] Breiman L,Friedman J,Stone C. Classification and Regression Tree[J]. Encyclopecliq of Ecdogy,2015,57(1):582-588.

第 7 章 逻辑回归

教学目标

1. 掌握逻辑回归模型中概率估计的概念;
2. 熟悉逻辑回归模型参数估计方法和最优回归系数确定方法;
3. 深入理解基于逻辑回归模型的鸢尾花分类算例,并能推广应用到其他场景。

一个回归算法可以用于分类,同样一些分类算法也可以用于回归。逻辑回归(Logistic Regression)通常用于估计一个实例属于某个特定类别的概率。如果估计的概率大于 50%,那么模型预测这个实例属于正类,将其标记为 1,反之模型预测该实例为负类,将其标记为 0。这样就形成了一个二元分类器,并且该算法也适用于多分类问题。

本章 7.1 节和 7.2 节分别介绍逻辑回归的概率估计和模型训练与参数估计。7.3 节介绍二项式逻辑回归和多项式逻辑回归两种模型。由于在训练模型的过程中,需要找到最优参数,所以在 7.4 节引入梯度上升算法。7.5 节通过算例来介绍模型过程。

7.1 概 率 估 计

与线性回归模型类似,逻辑回归模型也需要计算特征的加权和,但是该模型并不会像线性回归模型那样直接就输出计算结果,而是将结果再输入一个激活函数进行二次加工处理后再输出,这时得到的结果是一个概率。在逻辑回归模型中,该激活函数就是逻辑函数。对于一个二分类问题,正例的概率记为

$$\hat{p} = \sigma(\theta^T \cdot x) \tag{7.1}$$

其中 $\sigma(\ )$ 代表逻辑函数,它是一个 S 形生长曲线(sigmoid)函数,值域在 0~1 范围内。

下面给出逻辑分布的定义:设 X 为连续随机变量,如果 X 为逻辑分布,则其分布函数和概率密度有如下形式

$$F(x) = P(X \leqslant x) = \frac{1}{1 + e^{-(x-\mu)/\gamma}} \tag{7.2}$$

$$f(x) = F'(x) = \frac{e^{-(x-\mu)/\gamma}}{\gamma(1 + e^{-(x-\mu)/\gamma})^2} \tag{7.3}$$

其中,μ 为位置参数,$\gamma > 0$ 为形状参数。

逻辑分布的函数可以简写为

$$\sigma(t) = \frac{1}{1+e^{-t}} \tag{7.4}$$

其中 $t = (x-\mu)/\gamma$，如图 7.1 所示。

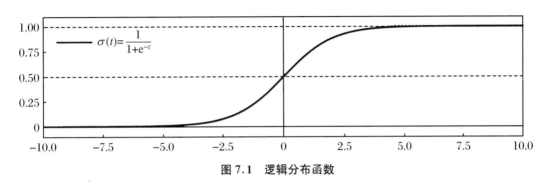

图 7.1 逻辑分布函数

通过逻辑回归模型估计出实例属于正类的概率 $\hat{p}$，就可以很容易通过下面的式子

$$\hat{y} = \begin{cases} 0 & (\hat{p} < 0.5) \\ 1 & (\hat{p} \geqslant 0.5) \end{cases} \tag{7.5}$$

来得到预测结果。

通过前面函数的图像可以看出，当 $t<0.5$ 时，$\sigma(t)<0.5$；$t\geqslant 0.5$ 时，$\sigma(t)\geqslant 0.5$。所以当 $\theta^T \cdot X$ 为正数的时候，逻辑回归模型会预测实例为正类，输出值为 1，反之如果是负数的话，则模型会预测实例为负类，输出值为 0。

7.2 模型训练和参数估计

当知道模型是如何进行预测后，我们需要利用训练实例来对模型进行训练，即参数估计过程。训练模型的目的在于找到合适的参数向量 θ，使得训练实例中的正例($y=1$)的概率尽可能大，同时负例($y=0$)的概率尽可能小。

我们需要设定一个损失函数，在逻辑回归模型中，单个样本的损失函数设定为以下形式

$$c(\theta) = \begin{cases} -\log(\hat{p}) & (y=1) \\ -\log(1-\hat{p}) & (y=0) \end{cases} \tag{7.6}$$

从该式子中可以看出，当 t 接近 0 时，$-\log(t)$ 会变得很大，所以如果模型估计一个正例的概率接近 0 时，那么损失函数会很大，同时如果模型估计一个负例的概率接近 1 时，那么损失也会很大。同理，当 t 接近 1 时，$-\log(t)$ 接近于 0，所以如果模型估计一个正例的概率接近 1 时，那么损失函数会接近于 0，同时如果模型估计一个负例的概率接近 0 时，那么损失也会接近于 0。从上面的分析可以看出，我们设置这个损失函数是合理的。

上面只是一个样本的损失函数，整个训练集的损失函数是所有样本损失函数的平均值，

为了便于计算处理，通常会取对数。逻辑回归的对数损失函数如下所示：

$$J(\theta) = -\frac{1}{m}\sum_{i=1}^{m}\left[y^{(i)}\log(\hat{p}^{(i)}) + (1 - y^{(i)})\log(1 - \hat{p}^{(i)})\right] \quad (7.7)$$

这个损失函数不像线性回归的均方误差损失函数那样有对应的正规方程，但因为这个损失函数是凸函数，我们通过梯度下降、拟牛顿法和迭代尺度等算法找到全局最优解。

以上正是通过极大似然估计方法来估计模型参数的过程。假设通过梯度下降等算法得到的参数的估计值为 $\hat{\theta}$，则训练得到的逻辑回归模型为

$$P(Y = 1 \mid x) = \frac{\exp(\hat{\theta} \cdot x)}{1 + \exp(\hat{\theta} \cdot x)} \quad (7.8)$$

$$P(Y = 0 \mid x) = \frac{1}{1 + \exp(\hat{\theta} \cdot x)} \quad (7.9)$$

7.3　二项和多项逻辑回归

将逻辑回归模型应用于二分类问题可以得到二项逻辑回归模型。在前面的叙述中都是针对二项逻辑回归展开的。总结来说，二项逻辑回归是指如下的条件概率分布

$$P(Y = 1 \mid x) = \frac{\exp(\theta \cdot x)}{1 + \exp(\theta \cdot x)} \quad (7.10)$$

$$P(Y = 0 \mid x) = \frac{1}{1 + \exp(\theta \cdot x)} \quad (7.11)$$

其中，$x \in \mathbf{R}^{p+1}$ 是输入，$Y \in \{0,1\}$ 是输出，$\theta \in \mathbf{R}^{p+1}$ 是参数。

如果将二分类问题推广为多分类问题，这时的逻辑回归模型称为多项逻辑回归。假设离散型随机变量 Y 的取值范围为 $\{1,2,\cdots,K\}$，则多项逻辑回归模型可以由下式给出

$$P(Y = k \mid x) = \frac{\exp(\theta_k \cdot x)}{1 + \sum_{k=1}^{K-1}\exp(\theta_k \cdot x)} \quad (k = 1,2,\cdots,K-1) \quad (7.12)$$

$$P(Y = K \mid x) = \frac{1}{1 + \sum_{k=1}^{K-1}\exp(\theta_k \cdot x)} \quad (7.13)$$

其中，$x \in \mathbf{R}^{p+1}$，$\theta \in \mathbf{R}^{p+1}$。

对于多项逻辑回归模型，其参数也可以通过极大似然估计方法来得到。

7.4 基于最优化方法的最佳回归系数确定

本部分我们首先介绍梯度上升的最优化方法,学习如何使用该方法求得数据集的最佳参数。接下来,将展示如何绘制梯度上升法产生的决策边界图,该图能将梯度上升法的分类效果可视化地呈现出来。最后我们将学习随机梯度上升算法,以及如何对其进行修改以获得更好的结果。

7.4.1 梯度上升法

这里介绍的第一个最优化算法叫作梯度上升法。该算法的基本思想是想要找到某函数的最大值,最好的方法是沿着该函数的梯度方向探寻。函数 $f(x,y)$ 的梯度由下式表示

$$\nabla f(x,y) = \begin{pmatrix} \frac{\partial f(x,y)}{\partial x} \\ \frac{\partial f(x,y)}{\partial y} \end{pmatrix} \tag{7.14}$$

我们需要记住这些符号的含义,这个梯度意味着要沿 x 的方向移动 $\frac{\partial f(x,y)}{\partial x}$,沿 y 的方向移动 $\frac{\partial f(x,y)}{\partial y}$,同时函数 $f(x,y)$ 必须要在待计算的点上有定义并且可微。梯度算子总是指向函数值增长最快的方向。这里所说的是移动方向,而未提到移动量的大小。通常称该量值为步长,记作 α。

用向量来表示的话,梯度上升算法的迭代公式如下

$$w := w + w \nabla_w f(w) \tag{7.15}$$

该公式将一直被迭代执行,直至达到某个停止条件为止,比如迭代次数达到某个指定值或算法达到某个可以允许的误差范围。常见的是梯度下降算法,它与这里的梯度上升算法是一样的,只是公式中的加法需要变成减法。梯度上升算法用来求函数的最大值,而梯度下降算法用来求函数的最小值。

现在来看一个使用逻辑回归对数据进行分类的例子。图 7.2 是我们需要分类的原始数据集的散点图。

从图 7.2 可以看出,数据集有两个类别。这里有 100 个样本数据点,在此数据集上,将通过使用梯度上升法找到最佳回归系数,也就是拟合出逻辑回归模型的最佳参数。我们可以写出梯度上升法的伪代码如下:

```
每个回归系数初始化为 1
重复 R 次
        计算整个数据集的梯度;
        使用 alpha×gradient 更新回归系数的向量
        返回回归系数
```

经过上面的伪代码,可以得到一组回归系数,其决定了不同类别数据之间的分隔线。现在我们将决策边界画在原始样本点上,以直观看出分类效果。如图 7.3 所示。

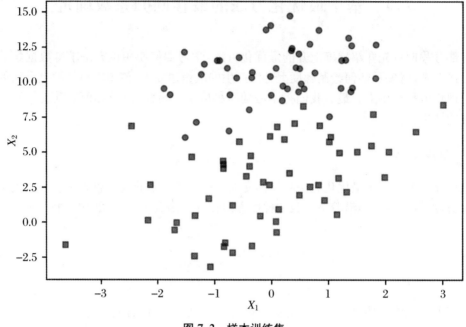

图 7.2　样本训练集

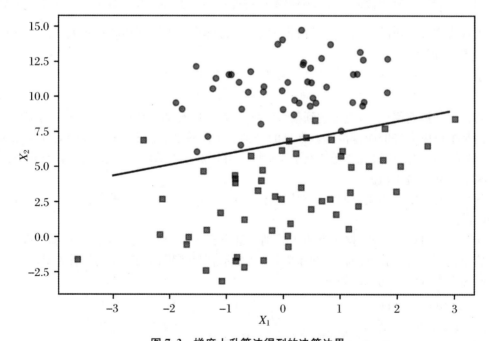

图 7.3　梯度上升算法得到的决策边界

从图 7.2 可以看出,只有 2 个数据点的分类错误了,其他的数据点都得到了正确的分类。这个分类结果相当不错,但实际上,以上算法过程有一个问题没有提及,那就是尽管例子简单且数据集很小,这个算法却需要大量的计算。一旦数据集增加,算法的计算量会随之快速加大,所以下面我们对该算法稍作修改。

7.4.2 随机梯度上升

由于梯度上升算法在每次更新回归系数时都需要遍历整个数据集,该算法在处理100个左右的数据集时还能较快得出结果。但如果有数十亿样本和成千上万的特征,那么该方法的计算复杂度就太高了。一种改进方法是一次仅用一个样本点来更新回归系数,该方法被称为随机梯度上升算法。由于可以在新样本到来时对分类器进行增量式更新,因而随机梯度上升算法是一个在线学习算法,与"在线学习"相对应,一次处理所有的数据被称作是"批处理"。我们可以写出随机梯度上升算法的伪代码如下:

所有回归系数初始化为1
对数据集中每个样本:
　　计算该样本的梯度
　　使用 alpha×gradient 更新回归系数值
返回回归系数值

根据随机梯度上升算法的伪代码编程并在同样的原始样本点上使用基于随机梯度上升的逻辑回归,然后同样画出模型得到的决策边界,如图7.4所示。

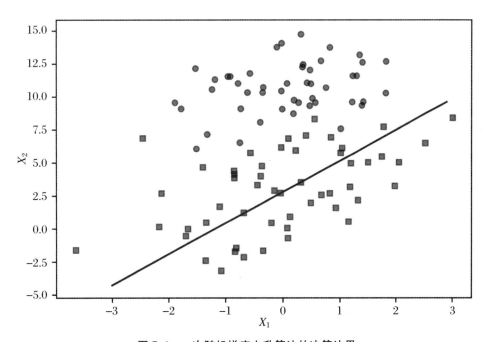

图 7.4　一次随机梯度上升算法的决策边界

从迭代一次的随机梯度上升算法的决策边界分类结果可以看出,样本点中有较多的数据点并没有被正确分类。如果和前面梯度上升算法的分类结果比较的话,我们可能会觉得还是前者更好。但需要注意的是,这里展示的只是一次迭代的效果,而前面的决策边界是通过迭代 500 次之后得到的。

如果将随机梯度上升算法中的迭代次数提升到 150 次,并画出模型得到的决策边界,如图 7.5 所示。

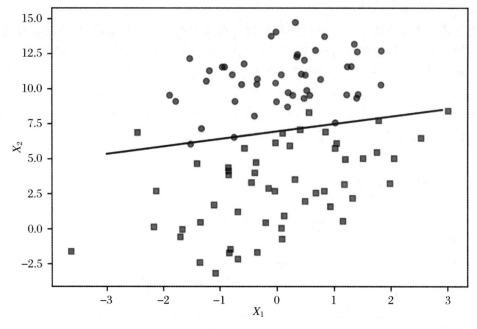

图 7.5　多次迭代后的决策边界

从图 7.4 可以看出,当提高迭代次数之后,模型的分类效果很快就和梯度上升算法迭代 500 次的分类效果相近了,说明随机梯度上升算法中的参数很快就收敛了。与梯度上升算法相比,随机梯度上升算法在面对较大的数据集时不用遍历整个数据集,进而能更快地得出分类结果。这对数据爆炸的现状具有非常重要的意义。

7.5　算　例

下面使用鸢尾花花瓣的宽度来构建逻辑回归模型,进而判断是否为鸢尾花的 Virginica 类型,具体的数据集如表 7.1 所示。

表 7.1　鸢尾花数据集

序号	花瓣宽度（cm）	Virginica	序号	花瓣宽度（cm）	Virginica	序号	花瓣宽度（cm）	Virginica
1	0.2	0	51	1.4	0	101	2.5	1
2	0.2	0	52	1.5	0	102	1.9	1

续表

序号	花瓣宽度（cm）	Virginica	序号	花瓣宽度（cm）	Virginica	序号	花瓣宽度（cm）	Virginica
3	0.2	0	53	1.5	0	103	2.1	1
4	0.2	0	54	1.3	0	104	1.8	1
5	0.2	0	55	1.5	0	105	2.2	1
6	0.4	0	56	1.3	0	106	2.1	1
7	0.3	0	57	1.6	0	107	1.7	1
8	0.2	0	58	1	0	108	1.8	1
9	0.2	0	59	1.3	0	109	1.8	1
10	0.1	0	60	1.4	0	110	2.5	1
11	0.2	0	61	1	0	111	2	1
12	0.2	0	62	1.5	0	112	1.9	1
13	0.1	0	63	1	0	113	2.1	1
14	0.1	0	64	1.4	0	114	2	1
15	0.2	0	65	1.3	0	115	2.4	1
16	0.4	0	66	1.4	0	116	2.3	1
17	0.4	0	67	1.5	0	117	1.8	1
18	0.3	0	68	1	0	118	2.2	1
19	0.3	0	69	1.5	0	119	2.3	1
20	0.3	0	70	1.1	0	120	1.5	1
21	0.2	0	71	1.8	0	121	2.3	1
22	0.4	0	72	1.3	0	122	2	1
23	0.2	0	73	1.5	0	123	2	1
24	0.5	0	74	1.2	0	124	1.8	1
25	0.2	0	75	1.3	0	125	2.1	1
26	0.2	0	76	1.4	0	126	1.8	1
27	0.4	0	77	1.4	0	127	1.8	1
28	0.2	0	78	1.7	0	128	1.8	1
29	0.2	0	79	1.5	0	129	2.1	1
30	0.2	0	80	1	0	130	1.6	1
31	0.2	0	81	1.1	0	131	1.9	1
32	0.4	0	82	1	0	132	2	1
33	0.1	0	83	1.2	0	133	2.2	1

序号	花瓣宽度(cm)	Virginica	序号	花瓣宽度(cm)	Virginica	序号	花瓣宽度(cm)	Virginica
34	0.2	0	84	1.6	0	134	1.5	1
35	0.2	0	85	1.5	0	135	1.4	1
36	0.2	0	86	1.6	0	136	2.3	1
37	0.2	0	87	1.5	0	137	2.4	1
38	0.1	0	88	1.3	0	138	1.8	1
39	0.2	0	89	1.3	0	139	1.8	1
40	0.2	0	90	1.3	0	140	2.1	1
41	0.3	0	91	1.2	0	141	2.4	1
42	0.3	0	92	1.4	0	142	2.3	1
43	0.2	0	93	1.2	0	143	1.9	1
44	0.6	0	94	1	0	144	2.5	1
45	0.4	0	95	1.3	0	145	2.5	1
46	0.3	0	96	1.2	0	146	2.3	1
47	0.2	0	97	1.3	0	147	1.9	1
48	0.2	0	98	1.3	0	148	2	1
49	0.2	0	99	1.1	0	149	2.3	1
50	0.2	0	100	1.3	0	150	1.8	1

注:第一列为鸢尾花的序号,这里使用了150个数据。第二列为鸢尾花的花瓣宽度(单位:cm)。第三列的0和1分别代表该鸢尾花是Virginica类型和不是Virginica类型。

第一步:我们需要根据前面对损失函数的定义,计算每个样本的损失函数,进而得到逻辑回归模型的损失函数。

单个样本的损失函数为

$$\begin{aligned} c(\theta)^{(i)} &= y^{(i)} \log(\hat{p}^{(i)}) + (1 - y^{(i)}) \log(1 - \hat{p}^{(i)}) \\ &= y^{(i)} \log(\sigma(\theta^{\mathrm{T}} \cdot x)^{(i)}) + (1 - y^{(i)}) \log(1 - \sigma(\theta^{\mathrm{T}} \cdot x)^{(i)}) \\ &= y^{(i)} \log\left(\frac{1}{1 + \exp(\theta^{\mathrm{T}} \cdot x)^{(i)}}\right) + (1 - y^{(i)}) \log\left(1 - \frac{1}{1 + \exp(\theta^{\mathrm{T}} \cdot x)^{(i)}}\right) \end{aligned}$$

(7.16)

代入实例的具体数据可以得到

$$c(\theta)^{(1)} = -\log\left(1 - \frac{1}{1 + \exp(0.2\theta)}\right)$$

$$c(\theta)^{(2)} = -\log\left(1 - \frac{1}{1 + \exp(0.2\theta)}\right)$$

$$\vdots$$

$$c(\theta)^{(6)} = -\log\left(1 - \frac{1}{1+\exp(0.4\theta)}\right)$$

$$c(\theta)^{(7)} = -\log\left(1 - \frac{1}{1+\exp(0.3\theta)}\right)$$

$$\vdots$$

$$c(\theta)^{(149)} = -\log\left(\frac{1}{1+\exp(2.3\theta)}\right)$$

$$c(\theta)^{(150)} = -\log\left(\frac{1}{1+\exp(1.8\theta)}\right) \tag{7.17}$$

进而得到模型的损失函数为

$$J(\theta) = -\frac{1}{m}\sum_{i=1}^{m}c(\theta)^{(i)} = -\frac{1}{150}\sum_{i=1}^{150}c(\theta)^{(i)} \tag{7.18}$$

第二步：由于这个损失函数是凸函数，我们可以通过梯度下降、拟牛顿法和迭代尺度等算法找到全局最优解。这里通过行梯度下降算法可以算得参数 $\theta = 2.6179$，截距项为 -4.222。

第三步：使用训练得到的参数来对新的实例进行预测，例如，我们现在发现了新的两个鸢尾花样本，其花瓣宽度分别为 1.7 cm 和 1.3 cm。那么对于 $x = 1.7$ 的实例有

$$P(Y=1 \mid x=1.7) = \frac{\exp(2.6179 \times 1.7)}{1+\exp(2.6179 \times 1.7)} = 0.56$$

$$P(Y=0 \mid x=1.7) = \frac{1}{1+\exp(2.6179 \times 1.7)} = 0.44$$

所以，通过上面的计算可知该鸢尾花的预测结果为 Virginica 类型。同理，对于 $x = 1.3$ 有

$$P(Y=1 \mid x=1.3) = \frac{\exp(2.6179 \times 1.7)}{1+\exp(2.6179 \times 1.7)} = 0.31$$

$$P(Y=0 \mid x=1.3) = \frac{1}{1+\exp(2.6179 \times 1.7)} = 0.69$$

所以，通过上面的计算可以预测鸢尾花不是 Virginica 类型。

这样就使用逻辑回归完成了一个二分类问题。如果需要解决一个多分类问题，其基本思想和上面相似，只不过在计算损失函数和结果预测时得考虑多种类别。最后需特别注意的是，虽然该模型的名字是"回归"，但实际却是一种分类学习方法。

本 章 小 结

1. 逻辑回归的目的是寻找一个非线性函数 Sigmoid 的最佳拟合参数，求解过程可以由最优化算法来完成。

2. 将逻辑回归模型应用于二分类问题可以得到二项逻辑回归模型。逻辑回归模型源自逻辑分布，其分布函数是 S 形函数。逻辑回归模型是由输入的线性函数表示的输出的对数几率模型。

3. 梯度上升算法的基本思想是想要找到某函数的最大值，最好的方法是沿着该函数的梯度方向探寻。随机梯度上升算法是一次仅用一个样本点来更新回归系数，能处理数十亿样本和成千上万的特征。

关键词：逻辑回归　　梯度上升法　　多项逻辑回归

思　考　题

1. 训练逻辑回归模型时,梯度下降是否会陷入局部最低点?
2. 你可以通过几种算法来计算参数向量,使得损失函数最小?
3. 逻辑回归模型可以在哪些情景中使用?

参 考 文 献

[1] Hastie T,Tibshirani R,Friedman J. The elements of statistical learning:data mining,inference, and prediction[M]. New York:Springer,2001.

[2] Mitchell T M. Machine learning[M]. New York:McGraw-Hill,1997.

[3] Collins M,Schapire R E,Singer Y. Logistic regression,adaBoost and bregman distances[J]. Machine Learning,2002,48(1/2/3):253-285.

[4] 李航.统计学习方法[M].2版.北京:清华大学出版社,2019.

[5] 周志华.机器学习[M].2版.北京:清华大学出版社,2016.

第8章 支持向量机

教学目标

1. 掌握支持向量机的三种类型及基本概念；
2. 理解三种支持向量机之间的联系与区别，熟悉支持向量机的算法原理和步骤；
3. 了解核函数及其在非线性支持向量机中的作用。

支持向量机是一种二类分类模型，是定义在特征空间上的间隔最大化的分类器，包括三种模型，从简单到复杂依次为线性可分支持向量机、线性支持向量机和非线性支持向量机。

在支持向量机的学习方法中，输入空间和特征空间一般不是同一个空间。输入空间通常是欧几里得空间或离散集合，特征空间为欧几里得空间或希尔伯特空间。线性可分支持向量机和线性支持向量机假设这两个空间内的元素一一对应，并将输入向量映射为对应的特征向量，而非线性支持向量机将输入空间的向量进行一个非线性映射，对应特征空间的特征向量。支持向量机的学习都是在特征空间内进行的。

支持向量机的学习策略是间隔最大化。当训练数据线性可分时，通过硬间隔最大化学习得到的分类器为线性可分支持向量机；当训练数据线性近似可分时，通过软间隔最大化学习得到的分类器为线性支持向量机；当训练数据非线性可分时，通过核技巧和软间隔最大化学习得到的分类器为非线性支持向量机。

非线性分类问题直接求解非常困难，因此首先要通过核技巧将其转换为线性分类问题，再通过学习线性支持向量机得到非线性分类问题的模型。核函数表示输入空间映射到特征空间得到的特征向量之间的内积。因而核技巧的基本思想首先是将输入向量进行非线性变换，转到高维空间实现线性可分，然后在线性模型学习过程中用核函数代替特征向量的内积，等价于隐式地在高维的特征空间学习线性支持向量机。

不论是线性可分支持向量机、线性支持向量机还是非线性支持向量机，最终的学习问题都转化为求解间隔最大化的凸二次规划问题，因此支持向量机的学习算法就是求解凸二次规划的最优化算法。

本章8.1节介绍线性可分支持向量机和硬间隔最大化，以及间隔和支持向量等概念；8.2节介绍线性支持向量机和软间隔最大化；8.3节介绍非线性支持向量机以及核函数在非线性支持向量机中的作用。

8.1 线性可分支持向量机与硬间隔最大化

我们首先总述线性可分支持向量机的模型,引出函数间隔及几何间隔、间隔和支持向量等概念,为间隔最大化提供理论依据,最后讲解线性可分支持向量机的学习算法。

8.1.1 线性可分支持向量机

考虑一个二类分类问题。$T=\{(x_1,y_1),(x_2,y_2),\cdots,(x_n,y_n)\}$为给定特征空间上的训练数据集。其中,$(x_i,y_i) \in T$称为样本点。$x_i \in \mathcal{X} = \mathbf{R}^p$是第$i$个特征向量,同时也是$p$维特征空间内的一点。$y_i \in = \{+1,-1\}$是$x_i$的类标签。当$y_i = +1$时,$x_i$称为正类;当$y_i = -1$时,$x_i$称为负类。假定训练数据集是线性可分的,这是非常重要的前提条件。

线性可分支持向量机的学习目标是在特征空间内寻找一个分离超平面,将特征空间划分为两个子空间,一个子空间内的样本均为正类,另一个子空间内的样本均为负类。分离超平面可由线性方程$w \cdot x + b = 0$来表示。其中,$w = (w_1, w_2, \cdots, w_p)$为法向量,决定了超平面的方向。$b$为位移项,决定了超平面的位置,即与原点之间的距离。$w \cdot x$表示法向量w与特征向量x的内积。显然,分离超平面由w和b唯一决定。

由图 8.1 可知,当数据集线性可分时,可将样本数据完全分类正确的分离超平面存在无穷多个。那么在这无穷多个解中,依据硬间隔最大化的评判标准定能选出最优的分离超平面,作为线性可分支持向量机学习方法的模型。

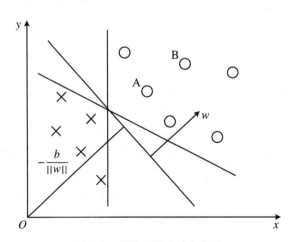

图 8.1 线性可分支持向量机

给定线性可分的训练数据集,通过求解硬间隔最大化的最优化问题可得到最优分离超平面

$$w^* \cdot x + b^* = 0 \tag{8.1}$$

以及相对应的分类决策函数

$$f(x) = \text{sign}(w^* \cdot x + b^*) \tag{8.2}$$

我们称为线性可分支持向量机。其中,sign 是符号函数,即

$$\text{sign}(x) = \begin{cases} +1 & (x \geqslant 0) \\ -1 & (x < 0) \end{cases} \tag{8.3}$$

8.1.2 函数间隔和几何间隔

对于特定的训练数据集,所有线性可分的分离超平面对应的分类决策函数组成了该二类分类模型的假设空间,即函数集合$\{f|f(x) = \text{sign}(w \cdot x + b)\}$。从假设空间中选择出线性可分支持向量机的评判标准是间隔最大化,那间隔的具体含义是什么?间隔最大化的表达式是什么?为此我们先介绍几何间隔和函数间隔这两个概念。

由几何知识容易得知,特征空间内的任意一点 x_i 到超平面 $w \cdot x + b = 0$ 的距离为

$$\frac{1}{\|w\|}(w \cdot x_i + b) \tag{8.4}$$

其中 $\|w\|$ 是参数向量 w 的 L_2 范数。

对于被正确分类的样本点,$y_i(w \cdot x_i + b) > 0$;而被错误分类的样本点而言,$-y_i(w \cdot x_i + b) > 0$。由于训练集中所有的样本点均被超平面完全分开并且分类正确,因此上式又可等价写作

$$\gamma_i = \frac{y_i}{\|w\|}(w \cdot x_i + b) \tag{8.5}$$

此式便是分离超平面(w, b)关于样本点(x_i, y_i)几何间隔的定义。

分离超平面(w, b)关于训练数据集 T 的几何间隔定义为超平面(w, b)关于所有样本点(x_i, y_i)的几何间隔的最小值,即

$$\gamma = \min_{i=1,2,\cdots,n} \gamma_i \tag{8.6}$$

在参数向量 w 和位移项 b 完全确定的情况下,我们可忽略 $\|w\|$,仅仅使用 $y_i(w \cdot x_i + b)$ 来表示数据集中各样本点到超平面的相对距离,即

$$\hat{\gamma}_i = y_i(w \cdot x_i + b) \tag{8.7}$$

此式便是分离超平面(w, b)关于样本点(x_i, y_i)函数间隔的定义。

分离超平面(w, b)关于训练数据集 T 的函数间隔定义为超平面(w, b)关于所有样本点(x_i, y_i)的函数间隔的最小值,即

$$\hat{\gamma} = \min_{i=1,2,\cdots,n} \hat{\gamma}_i \tag{8.8}$$

同一分离超平面的线性方程表达式 $w \cdot x + b = 0$ 并不唯一,只要同比例地改变 w 和 b,如将 w 和 b 扩大为 $2w$ 和 $2b$,超平面并没有发生改变。由定义可知,几何间隔也没有发生改变,而函数间隔扩大为原来的两倍。由此可得,几何间隔和函数间隔存在以下关系

$$\gamma_i = \frac{\hat{\gamma}_i}{\|w\|} \tag{8.9}$$

$$\gamma = \frac{\hat{\gamma}}{\|w\|} \tag{8.10}$$

当 $\|w\| = 1$ 时,几何间隔和函数间隔相等。

8.1.3 支持向量和间隔

在图 8.2 中,可简单理解为特征空间是二维的,中间的直线可看作是分离超平面,将空间内的样本点完全正确分类。法向量指向的一侧是正类,另一侧代表负类。显然,这样的分离超平面可列举出无穷多个。考虑正类中的 A、B 两个样本点,点 B 距离超平面较远,若预测该点为正类,则比较确信预测是正确的;点 A 距超平面很近,相对 B 点预测为正类的确信度就低一些。这说明一个点距离超平面的远近可表示分类预测的确信程度,而样本点距超平面的相对距离可由函数间隔 $y_i(w \cdot x_i + b)$ 来表示。由此只需要关注距超平面相对位置最近的样本点,即函数间隔最小的点有没有被正确分类,若有足够的确信度是正确的,那么其余样本点一定也会被正确分类。

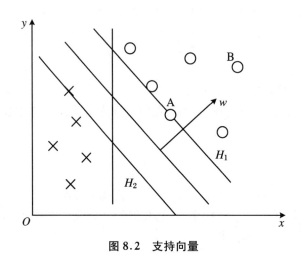

图 8.2 支持向量

假设函数间隔最小的样本点 (x_i, y_i) 到分离超平面 $w \cdot x + b = 0$ 的距离为 $y_i(w \cdot x_i + b) = 1$。事实上,距离可以等于除 1 以外的任何大于 0 的值,换句话说,可以通过调整 w 和 b 的取值使得函数间隔最小的样本点到超平面的相对距离为 1,同时分离超平面、样本点的几何间隔和样本点距超平面的相对远近均不会发生改变。

训练数据集的样本点中距分离超平面最近的样本点 x_i 称为支持向量,满足如下的约束条件:

$$y_i(w \cdot x_i + b) = 1 \tag{8.11}$$

若为 $y_i = +1$ 的正类点,支持向量 x_i 处于超平面

$$H_1: w \cdot x + b = 1$$

若为 $y_i = -1$ 的正类点,支持向量 x_i 处于超平面

$$H_2: w \cdot x + b = -1$$

如图 8.2 所示,在 H_1 和 H_2 上的样本点就是支持向量。支持向量既是函数间隔最小的实例点,也是几何间隔最小的实例点。

H_1 和 H_2 被称为间隔边界,没有样本点落在超平面 H_1 和 H_2 之间。分离超平面位于 H_1 和 H_2 的中央并且与它们平行。H_1 和 H_2 之间的距离被称为间隔,等于支持向量到分离

超平面的几何间隔之和 $\frac{2}{\|w\|}$。

支持向量在选择最优分离超平面时起着决定性作用。改变支持向量的位置则会改变最优模型的解,而改变或去掉间隔边界之外的实例对最优模型不会有任何影响。这也是"支持向量机"这一学习方法名字的由来。

8.1.4 硬间隔最大化

我们已经知道,最优的二类分类模型应该具有良好的泛化能力,即对未知数据具有准确的分类预测能力。对于线性可分支持向量机这一学习方法而言,最优分离超平面需具体满足以下两个条件,一是将训练集中的所有实例正确分类;二是以足够大的确信度将其分类,这意味着对于最难分的实例点即支持向量,也能以最大确信度进行分类,也就是说间隔 $\frac{2}{\|w\|}$ 越大越好。

因此,线性可分分离超平面可以有无穷多个,但间隔最大化的分离超平面却是唯一的。这里的间隔最大化又称为硬间隔最大化,与数据集近似线性可分的情况有所区别。据此,寻找最优分离超平面的问题可以转化为求解间隔最大化的约束最优化问题

$$\max_{w,b} \frac{2}{\|w\|} \tag{8.12}$$

且有如下约束条件:

$$y_i(w \cdot x_i + b) \geqslant 1 \quad (i = 1,2,\cdots,n) \tag{8.13}$$

显然,最大化 $\frac{2}{\|w\|}$ 和最小化 $\frac{1}{2}\|w\|^2$ 是等价的,对最优化问题的求解没有任何影响。于是可得到线性可分支持向量机学习的等价最优化问题

$$\min_{w,b} \frac{1}{2} \|w\|^2 \tag{8.14}$$

并有约束条件

$$y_i(w \cdot x_i + b) \geqslant 1 \quad (i = 1,2,\cdots,n) \tag{8.15}$$

通过求解上述最优化问题得到参数最优解 w^* 和 b^*,确定最优分离超平面 $w^* \cdot x + b^* = 0$,便可得到最终的分类决策函数 $f(x) = \text{sign}(w^* \cdot x + b^*)$。这里的目标函数优化实质上是一个凸二次规划问题,当参数向量 w 维数较低时可直接采用现成的优化计算包求解,但若维数过高就会比较复杂且低效。这里我们介绍一种求解方法——对偶算法,在非线性分类情况中自然引入核函数,求解简便。

8.1.5 线性可分支持向量机的学习算法

原始的带约束最优化问题利用拉格朗日乘子法可变成等价的无约束最优化问题。具体来讲,对式每条不等式约束条件引进拉格朗日乘子 $\alpha_i \geqslant 0, i=1,2,\cdots,n$,则拉格朗日函数可写作

$$L(w,b,\alpha) = \frac{1}{2} \|w\|^2 + \sum_{i=1}^{n} \alpha_i (1 - y_i(w \cdot x_i + b)) \tag{8.16}$$

这里,$\alpha = (\alpha_1, \alpha_2, \cdots, \alpha_n)^T$ 是拉格朗日乘子向量。等价无约束最优化问题表示为

$$\min_{w,b} \max_{\alpha} L(w,b,\alpha)$$

并有约束条件

$$\alpha_i \geqslant 0 \quad (i=1,2,\cdots,n)$$

应用拉格朗日对偶性,原始问题转化为求极大极小的对偶问题

$$\max_{\alpha} \min_{w,b} L(w,b,\alpha) \tag{8.17}$$

约束条件为

$$\alpha_i \geqslant 0 \quad (i=1,2,\cdots,n) \tag{8.18}$$

也就是先求使得 $L(w,b,\alpha)$ 取得极小值的 w 和 b,再求解使得 $\min\limits_{w,b} L(w,b,\alpha)$ 取得极大值的 α。

(1) 求解 $\min\limits_{w,b} L(w,b,\alpha)$ 的 w 和 b 拉格朗日函数 $L(w,b,\alpha)$ 分别对 w 和 b 求偏导并且令其为 0,可得

$$\nabla_w L(w,b,\alpha) = w - \sum_{i=1}^{n} \alpha_i y_i x_i = 0$$

$$\nabla_b L(w,b,\alpha) = -\sum_{i=1}^{n} \alpha_i y_i = 0$$

即

$$w = \sum_{i=1}^{n} \alpha_i y_i x_i \tag{8.19}$$

$$\sum_{i=1}^{n} \alpha_i y_i = 0 \tag{8.20}$$

将式(8.19)和式(8.20)代入拉格朗日函数,可得

$$L(w,b,\alpha) = \frac{1}{2}\sum_{i=1}^{n}\sum_{j=1}^{n}\alpha_i\alpha_j y_i y_j (x_i \cdot x_j) - \sum_{i=1}^{n}\alpha_i y_i \left(\left(\sum_{j=1}^{n}\alpha_j y_j x_j\right) \cdot x_i + b\right) + \sum_{i=1}^{n}\alpha_i$$

$$= -\frac{1}{2}\sum_{i=1}^{n}\sum_{j=1}^{n}\alpha_i\alpha_j y_i y_j (x_i \cdot x_j) + \sum_{i=1}^{n}\alpha_i$$

即

$$\min_{w,b} L(w,b,\alpha) = -\frac{1}{2}\sum_{i=1}^{n}\sum_{j=1}^{n}\alpha_i\alpha_j y_i y_j (x_i \cdot x_j) + \sum_{i=1}^{n}\alpha_i \tag{8.21}$$

(2) 求解 $\max\limits_{\alpha}\min\limits_{w,b} L(w,b,\alpha)$ 的 α。将损失函数 $L(w,b,\alpha)$ 中的 w 和 b 消去后,考虑外加参数 α 的约束式,再将目标函数求极大转化为求极小,得到原始问题的对偶问题

$$\min_{\alpha} \frac{1}{2}\sum_{i=1}^{n}\sum_{j=1}^{n}\alpha_i\alpha_j y_i y_j (x_i \cdot x_j) - \sum_{i=1}^{n}\alpha_i \tag{8.22}$$

并有约束条件

$$\sum_{i=1}^{n} \alpha_i y_i = 0, \alpha_i \geqslant 0 \quad (i=1,2,\cdots,n) \tag{8.23}$$

这时对偶最优化问题中只存在拉格朗日乘子向量 α 一个参数,求解可得到最优解 α^*。而凸二次最优化问题的最优解 w^*、b^* 和 α^* 满足 KKT 条件,如下:

$$\nabla_w L(w^*, b^*, \alpha^*) = w^* - \sum_{i=1}^{n} \alpha_i^* y_i x_i = 0 \tag{8.24}$$

$$\nabla_b L(w^*, b^*, \alpha^*) = -\sum_{i=1}^{n} \alpha_i^* y_i = 0 \tag{8.25}$$

$$\alpha_i^*(y_i(w^* \cdot x_i + b^*) - 1) = 0 \quad (i = 1, 2, \cdots, n) \tag{8.26}$$

$$y_i(w^* \cdot x_i + b^*) - 1 \geqslant 0 \quad (i = 1, 2, \cdots, n)$$

$$\alpha_i^* \geqslant 0 \quad (i = 1, 2, \cdots, n)$$

可得

$$w^* = \sum_{i=1}^{n} \alpha_i^* y_i x_i$$

至少存在一个 $\alpha_j^* > 0$(否则 $w^* = 0$,而 $w^* = 0$ 不是原始问题的最优解)使得

$$y_j(w^* \cdot x_j + b^*) - 1 = 0$$

将式(8.24)代入上式得

$$b^* = y_j - \sum_{i=1}^{n} \alpha_i^* y_i (x_i \cdot x_j) \tag{8.27}$$

以上为线性可分支持向量机对偶学习算法求解的全过程,即通过对偶问题式求得最优解 α^*,再利用式(8.24)和(8.27)求得原始问题的最优解 w^* 和 b^*,最终得到最优分离超平面和相应的分类决策函数表达式。

(3) 完整算法小结。

输入:线性可分训练数据集
$T = \{(x_1, y_1), (x_2, y_2), \cdots, (x_n, y_n)\}, x_i \in = \mathbf{R}^p, y_i \in = \{+1, -1\}$。

输出:分离超平面和分类决策函数。

计算对偶问题得到最优解 $\alpha^* = (\alpha_1^*, \alpha_2^*, \cdots, \alpha_n^*)^T$:

$$\min_{\alpha} \frac{1}{2} \sum_{i=1}^{n} \sum_{j=1}^{n} \alpha_i \alpha_j y_i y_j (x_i \cdot x_j) - \sum_{i=1}^{n} \alpha_i$$

约束条件为

$$\sum_{i=1}^{n} \alpha_i y_i = 0, \quad \alpha_i \geqslant 0 \quad (i = 1, 2, \cdots, n)$$

计算 w^*,并且选择 α^* 的一个分量 $\alpha_i^* > 0$ 计算 b^*:

$$w^* = \sum_{i=1}^{n} \alpha_i^* y_i x_i$$

$$b^* = y_j - \sum_{i=1}^{n} \alpha_i^* y_i (x_i \cdot x_j)$$

计算分离超平面和分类决策函数:

$$w^* \cdot x + b^* = \sum_{i=1}^{n} \alpha_i^* y_i (x \cdot x_i) + b^* = 0$$

$$f(x) = \text{sign}(w^* \cdot x + b^*) = \text{sign}\left(\sum_{i=1}^{n} \alpha_i^* y_i (x \cdot x_i) + b^*\right)$$

最后再来看一下支持向量在对偶问题中的表示,以加深对对偶问题的理解。根据 KKT

条件,对于 $\alpha_j^* > 0$,我们有 $y_j(w^* \cdot x_j + b^*) - 1 = 0$,即 $y_j(w^* \cdot x_j + b^*) = 1$。由前文得知,$x_j$ 一定在间隔边界上。因此训练集中对应于 $\alpha_j^* > 0$ 的样本点 (x_j, y_j) 的实例 x_j 就是支持向量。

8.2 线性支持向量机和软间隔最大化

本小节首先由线性近似可分数据集引出线性支持向量机的模型,再介绍线性支持向量机中的支持向量,为软间隔最大化提供理论依据。接下来,将学习一个新的损失函数——合页损失函数。最后讲解线性支持向量机的学习算法。

8.2.1 线性支持向量机

给定一个特征空间上的训练数据集 $T = \{(x_1, y_1), (x_2, y_2), \cdots, (x_n, y_n)\}$,其中,$(x_i, y_i) \in T$ 称为样本点。$x_i \in \mathcal{X} = \mathbf{R}^p$ 是第 i 个特征向量,同时也是 p 维特征空间内的一点。$y_i \in \mathcal{Y} = \{+1, -1\}$ 是 x_i 的类标签。当 $y_i = +1$ 时,x_i 称为正类;当 $y_i = -1$ 时,x_i 称为负类。但此时的训练数据集是线性不可分的,因为存在某些实例点不满足上述方法的约束条件(比如误分点),若将这些特殊点除去则数据集线性可分,因此称该训练数据集线性近似可分。

这意味着线性可分支持向量机的学习方法已经不适用,但并不是完全不适用。可以在线性可分支持向量机最优化问题的基础上,修改不等式约束条件使其适用于训练集中的所有样本点,同时为目标函数增加正则化项以惩罚那些不满足线性完全可分的实例点。以上便是训练数据集线性不可分时的主要求解思路,我们称之为软间隔最大化。

线性支持向量机的学习目标是依据软间隔最大化的评判标准,在特征空间内选择出一个最优分离超平面,将绝大多数的实例点完全正确分类。具体来说,是将特征空间划分为两个子空间,一个子空间内的样本几乎全为正类,另一个子空间内的样本大多数为负类。

给定线性近似可分的训练数据集,通过求软间隔最大化的最优化问题可得到最优的分离超平面为

$$w^* \cdot x + b^* = 0 \tag{8.28}$$

以及相对应的分类决策函数

$$f(x) = \text{sign}(w^* \cdot x + b^*) \tag{8.29}$$

我们称为线性支持向量机。

8.2.2 支持向量

线性可分支持向量机中的最优化问题如下:

$$\min_{w,b} \frac{1}{2} \|w\|^2$$

约束条件为

$$y_i(w \cdot x_i + b) \geqslant 1 \quad (i = 1,2,\cdots,n)$$

训练集线性不可分说明某些实例点不满足函数间隔大于等于1的约束条件。为此,我们对每一个样本点(x_i, y_i)引入一个松弛变量$\xi_i \geqslant 0$,使得各样本点的函数间隔加上ξ_i大于等于1。则约束条件表示为

$$y_i(w \cdot x_i + b) \geqslant 1 - \xi_i \tag{8.30}$$

式(8.30)同时也满足训练集中线性不可分的实例点。式(8.30)取等号时,样本点(x_i, y_i)的实例点x_i便称为支持向量,这时支持向量所处的位置比较复杂,需分情况讨论。

当$\xi_i = 0$时,$y_i(w \cdot x_i + b) \geqslant 1$,支持向量$x_i$恰好落在间隔边界上,这便是线性可分支持向量机,所有样本点线性完全可分。

当$0 < \xi_i < 1$时,支持向量x_i落在间隔边界和分离超平面之间,所有样本点都被正确分类。

当$\xi_i = 1$时,$y_i(w \cdot x_i + b) \geqslant 0$,则支持向量$x_i$落在最优分离超平面上。

当$\xi_i > 1$时,支持向量x_i落在最优分离超平面误分的一侧,说明某些样本点被分类错误。

很显然,线性可分支持向量机是线性支持向量机的一种特殊情况。现实情况中的数据很少能够做到线性完全可分,因此线性支持向量机具有更为广泛的应用。

8.2.3 软间隔最大化

在线性可分支持向量机优化目标函数$\frac{1}{2}\|w\|^2$最小,即间隔最大化的基础上,不满足线性完全可分约束条件$y_i(w \cdot x_i + b) \geqslant 1$的实例点越少越好。因此,对每个实例点$x_i$的松弛变量$\xi_i$,都支付一个代价$\xi_i$。线性支持向量机的优化目标函数表达式为

$$\frac{1}{2}\|w\|^2 + C\sum_{i=1}^{n}\xi_i \tag{8.31}$$

其中,$C > 0$为惩罚系数,用于调和间隔最大和线性不可分的实例点个数之间的关系。松弛变量ξ_i体现了各样本点被惩罚的程度,线性完全可分即$\xi_i = 0$的实例点无需被惩罚。

有了目标函数和约束条件,线性支持向量机的学习问题就可以转化为求解软间隔最大化的约束最优化问题

$$\min_{w,b,\xi} \frac{1}{2}\|w\|^2 + C\sum_{i=1}^{n}\xi_i \tag{8.32}$$

约束条件为

$$y_i(w \cdot x_i + b) \geqslant 1 - \xi_i, \xi_i \geqslant 0 \quad (i = 1,2,\cdots,n) \tag{8.33}$$

这里的目标函数优化实质上仍然是一个凸二次规划问题,继续使用对偶算法进行求解,得到参数最优解w^*和b^*,确定最优分离超平面$w^* \cdot x + b^* = 0$和分类决策函数$f(x) = \text{sign}(w^* \cdot x + b^*)$。

8.2.4 合页损失函数

对于线性支持向量机学习来说,模型是最优分离超平面$w^* \cdot x + b^* = 0$及决策函数

$f(x) = \text{sign}(w^* \cdot x + b^*)$,学习策略是软间隔最大化,学习算法是凸二次规划问题。线性支持向量机学习的优化函数还可以有另一种解释,即结构风险最小化:

$$\sum_{i=1}^{n}[1 - y_i(w \cdot x_i + b)]_+ + \lambda \| w \|^2$$

目标函数的第一项是经验损失,函数

$$L(y(w \cdot x + b)) = [1 - y_i(w \cdot x_i + b)]_+$$
$$= \begin{cases} 1 - y_i(w \cdot x_i + b) & (1 - y_i(w \cdot x_i + b) > 0) \\ 0 & (1 - y_i(w \cdot x_i + b) \leqslant 0) \end{cases}$$

被称为合页损失函数。当样本被正确分类且函数间隔 $y_i(w \cdot x_i + b)$ 大于 1 时,损失为 0。误分类点和函数间隔小于 1 的被正确分类的样本点损失是 $1 - y_i(w \cdot x_i + b)$。

目标函数的第二项是系数为 λ 的 w 的 L_2 范数,是正则化项。

求证:线性支持向量机学习的最优化问题

$$\min_{w,b,\xi} \frac{1}{2} \| w \|^2 + C \sum_{i=1}^{n} \xi_i \tag{8.34}$$

约束条件为

$$y_i(w \cdot x_i + b) \geqslant 1 - \xi_i, \xi_i \geqslant 0 \quad (i = 1,2,\cdots,n) \tag{8.35}$$

等价于最优化问题

$$\min_{w,b} \sum_{i=1}^{n}[1 - y_i(w \cdot x_i + b)]_+ + \lambda \| w \|^2$$

证明:令 $[1 - y_i(w \cdot x_i + b)]_+ = \xi_i$。

$\xi_i \geqslant 0$,式(8.35)成立。

当 $1 - y_i(w \cdot x_i + b) > 0$ 时,有 $y_i(w \cdot x_i + b) = 1 - \xi_i$;当 $1 - y_i(w \cdot x_i + b) \leqslant 0$ 时,$\xi_i = 0$,有 $y_i(w \cdot x_i + b) \geqslant 1 - \xi_i$。式(8.33)成立。因此 w, b, ξ_i 满足约束条件(8.32)~(8.33)。最优化问题可写作

$$\min_{w,b} \sum_{i=1}^{n} \xi_i + \lambda \| w \|^2$$

若取 $\lambda = \frac{1}{2C}$,则

$$\min_{w,b} \frac{1}{C}\left(C \sum_{i=1}^{n} \xi_i + \frac{1}{2} \| w \|^2\right)$$

与要证明的最优化问题等价。证毕。

合页损失函数可理解为是 0-1 损失函数的上界。0-1 函数是二类分类模型真正的损失函数,但由于 0-1 损失函数不是连续可导的,尤其构成的目标函数直接优化比较困难,因此线性支持向量机学习目标函数可认为是 0-1 损失函数放松限制,由其上界合页损失函数构成的,因此合页损失函数也被称为代理损失函数。

8.2.5 线性支持向量机的学习算法

对每条不等式约束条件引进拉格朗日乘子 $\alpha_i \geqslant 0, \mu_i \geqslant 0, i = 1,2,\cdots,n$,则原始最优化

问题的拉格朗日函数是

$$L(w,b,\xi,\alpha,\mu) = \frac{1}{2}\|w\|^2 + C\sum_{i=1}^{n}\xi_i - \sum_{i=1}^{n}\alpha_i(y_i(w\cdot x_i + b) - 1 + \xi_i) - \sum_{i=1}^{n}\mu_i\xi_i \tag{8.36}$$

等价的无约束最优化问题表示为

$$\min_{w,b,\xi}\max_{\alpha}L(w,b,\xi,\alpha,\mu)$$

约束条件为

$$\alpha_i \geqslant 0, \quad \mu_i \geqslant 0 \quad (i=1,2,\cdots,n)$$

应用拉格朗日对偶性,原始问题转化为求极大极小的对偶问题

$$\max_{\alpha}\min_{w,b,\xi}L(w,b,\xi,\alpha,\mu) \tag{8.37}$$

约束条件为

$$\alpha_i \geqslant 0 \quad \mu_i \geqslant 0 \quad (i=1,2,\cdots,n) \tag{8.38}$$

(1) 求解 $\min_{w,b,\xi}L(w,b,\xi,\alpha,\mu)$ 的 w、b 和 ξ。

拉格朗日函数 $L(w,b,\xi,\alpha,\mu)$ 分别对 w、b 和 ξ 求偏导并且令其为 0,可得

$$\nabla_w L(w,b,\xi,\alpha,\mu) = w - \sum_{i=1}^{n}\alpha_i y_i x_i = 0$$

$$\nabla_b L(w,b,\xi,\alpha,\mu) = -\sum_{i=1}^{n}\alpha_i y_i = 0$$

$$\nabla_\xi L(w,b,\xi,\alpha,\mu) = C - \alpha_i - \mu_i = 0$$

即

$$w = \sum_{i=1}^{n}\alpha_i y_i x_i \tag{8.39}$$

$$\sum_{i=1}^{n}\alpha_i y_i = 0 \tag{8.40}$$

$$C - \alpha_i - \mu_i = 0 \tag{8.41}$$

将式(8.39)~式(8.41)代入拉格朗日函数,可得

$$\min_{w,b,\xi}L(w,b,\xi,\alpha,\mu) = -\frac{1}{2}\sum_{i=1}^{n}\sum_{j=1}^{n}\alpha_i\alpha_j y_i y_j(x_i\cdot x_j) + \sum_{i=1}^{n}\alpha_i$$

(2) 求解 $\max_{\alpha}\min_{w,b,\xi}L(w,b,\xi,\alpha,\mu)$ 的 α。

原始问题的对偶问题是

$$\max_{\alpha} -\frac{1}{2}\sum_{i=1}^{n}\sum_{j=1}^{n}\alpha_i\alpha_j y_i y_j(x_i\cdot x_j) + \sum_{i=1}^{n}\alpha_i \tag{8.42}$$

约束条件为

$$\sum_{i=1}^{n}\alpha_i y_i = 0, \quad C - \alpha_i - \mu_i = 0 \quad (\alpha_i \geqslant 0, \mu_i \geqslant 0, \quad i=1,2,\cdots,n) \tag{8.43}$$

综合式(8.42)、(8.43)得到一个不等式

$$0 \leqslant \alpha_i \leqslant C \quad (i=1,2,\cdots,n)$$

对偶最优化问题中只存在拉格朗日乘子向量 α 一个参数,求解得最优解 α^*。而凸二次最优化问题的最优解 w^*、b^*、ξ^*、μ^* 和 α^* 满足 KKT 条件,如下:

$$\nabla_w L(w^*, b^*, \xi^*, \alpha^*, \mu^*) = w^* - \sum_{i=1}^{n} \alpha_i^* y_i x_i = 0 \tag{8.44}$$

$$\nabla_b L(w^*, b^*, \xi^*, \alpha^*, \mu^*) = -\sum_{i=1}^{n} \alpha_i^* y_i = 0$$

$$\nabla_\xi L(w^*, b^*, \xi^*, \alpha^*, \mu^*) = C - \alpha^* - \mu^* = 0$$

$$\alpha_i^* ((y_i(w^* \cdot x_i + b^*) - 1) + \xi_i^*) = 0 \tag{8.45}$$

$$\mu_i^* \xi_i^* = 0 \tag{8.46}$$

$$y_i(w^* \cdot x_i + b^*) - 1 + \xi_i^* \geqslant 0$$

$$\xi_i^* \geqslant 0$$

$$\alpha_i^* \geqslant 0$$

$$\mu_i^* \geqslant 0 \quad (i = 1, 2, \cdots, n)$$

可得

$$w^* = \sum_{i=1}^{n} \alpha_i^* y_i x_i \tag{8.47}$$

由式(8.45)和(8.46)可知,若存在 $0 < \alpha_j^* < C$,则 $\xi_i^* = 0$,得

$$y_i(w^* \cdot x_i + b^*) - 1 = 0$$

将式(8.44)代入得

$$b^* = y_i - \sum_{i=1}^{n} \alpha_i^* y_i (x_i \cdot x_j) \tag{8.48}$$

综合上述过程,有以下算法。

(3) 完整算法小结。

输入:线性不可分训练数据集

$$T = \{(x_1, y_1), (x_2, y_2), \cdots, (x_n, y_n)\}, x_i \in = \mathbf{R}^p, y_i \in = \{+1, -1\}$$

输出:分离超平面和分类决策函数。

计算对偶问题得到最优解 $(\alpha_1^*, \alpha_2^*, \cdots, \alpha_n^*)^\mathrm{T}$:

$$\min_{\alpha} \frac{1}{2} \sum_{i=1}^{n} \sum_{j=1}^{n} \alpha_i \alpha_j y_i y_j (x_i \cdot x_j) - \sum_{i=1}^{n} \alpha_i$$

约束条件为

$$\sum_{i=1}^{n} \alpha_i y_i = 0, 0 \leqslant \alpha_i \leqslant C \quad (i = 1, 2, \cdots, n)$$

计算 w^*,并且选择 α^* 的一个分量 $0 < \alpha_j^* < C$ 计算 b^*:

$$w^* = \sum_{i=1}^{n} \alpha_i^* y_i x_i$$

$$b^* = y_i - \sum_{i=1}^{n} \alpha_i^* y_i (x_i \cdot x_j)$$

计算分离超平面和分类决策函数:

$$w^* \cdot x + b^* = \sum_{i=1}^{n} \alpha_i^* y_i (x \cdot x_i) + b^* = 0$$

$$f(x) = \text{sign}(w^* \cdot x + b^*) = \text{sign}(\sum_{i=1}^{n} \alpha_i^* y_i (x \cdot x_i) + b^*)$$

8.3 非线性支持向量机和核函数

并非所有的数据集都是线性可分的,此时非线性支持向量机通常是一个有效的解决方法。本小节提出了非线性支持向量机转化为线性支持向量机的技巧和方法,并由此引出了一个非常重要的函数——核函数。

8.3.1 非线性支持向量机

非线性分类问题是指通过非线性模型进行数据分类的问题。我们先通过一个实例了解什么是非线性分类问题。

图 8.3 是一个二类分类问题,"○"表示正实例点,"×"表示负实例点,我们不能用直线(线性模型)将其分类,但可以利用椭圆曲线(非线性模型)将正负实例点正确分开。

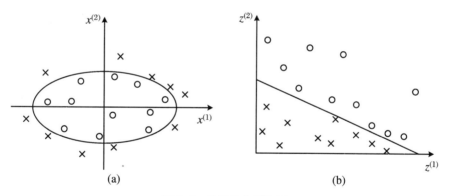

图 8.3 非线性分类问题

非线性问题往往难以直接求解,如以上的椭圆模型无法快速求解,因此可进行一个非线性变换将图 8.3(a)中的椭圆模型变成图 8.3(b)中的直线模型,这样非线性分类问题则转换为线性分类问题,然后通过求解线性分类问题的方法来间接求解。

具体做法如下:设输入空间即原空间为 $\mathcal{X} \in \mathbf{R}^2, x = (x^{(1)}, x^{(2)})^\text{T} \in \mathcal{X}$,特征空间即变换后的新空间为 $\mathcal{Z} \in \mathbf{R}^2, z = (z^{(1)}, z^{(2)})^\text{T} \in \mathcal{Z}$,定义输入空间到特征空间的非线性变换为

$$z = \varphi(x) = ((x^{(1)})^2, (x^{(2)})^2)^\text{T}$$

经过变换后,输入空间映射为特征空间,输入空间的点映射为特征空间的点,输入空间的椭圆为

$$w_1 (x^{(1)})^2 + w_2 (x^{(2)})^2 + b = 0$$

相应地映射为特征空间的直线为
$$w_1 z^{(1)} + w_2 z^{(2)} + b = 0$$
这时,原空间内的非线性分类问题转化为了新空间内的线性分类问题,可直接在特征空间应用线性分类学习方法从训练集中学习分类模型。

一般地,给定一个输入空间上的训练数据集 $T = \{(x_1,y_1),(x_2,y_2),\cdots,(x_n,y_n)\}$,其中,$x_i \in \mathcal{X} = \mathbf{R}^p$ 是第 i 个输入向量,同时也是 p 维输入空间内的一点。$\varphi(x_i)$ 组成了非线性变换后的特征空间 $\mathcal{H}$,通常是高维甚至是无限维的。$y_i \in \mathcal{Y} = \{+1,-1\}$ 是 x_i 的类标签。当 $y_i = +1$ 时,x_i 称为正类;当 $y_i = -1$ 时,x_i 称为负类。若存在 $\mathbf{R}^p$ 中的一个超曲面将正负实例正确分类,则称这个问题为非线性分类问题。

上述例子表明,非线性分类问题的求解过程分为两步,即进行非线性变换和运用之前所学的线性分类方法训练模型。线性分类方法所用的实质上的训练数据集为 $T = \{(\varphi(x_1), y_1),(\varphi(x_2),y_2),\cdots,(\varphi(x_n),y_n)\}$,除此之外,目标函数和约束条件形式没有发生任何变化,因此分类模型和分类决策函数也不变。这样就将线性支持向量机扩展到非线性支持向量机。

给定非线性分类的训练数据集,通过非线性变换和求解软间隔最大化的最优化问题可得到的分类决策函数

$$f(x) = \text{sign}\left(\sum_{i=1}^{n} \alpha_i^* y_i (\varphi(x) \cdot \varphi(x_i)) + b^*\right) \tag{8.49}$$

我们称为非线性支持向量机。

下面简单阐述非线性支持向量机的学习算法:

输入:训练数据集
$T = \{(x_1,y_1),(x_2,y_2),\cdots,(x_n,y_n)\}$,其中,$x_i \in = \mathbf{R}^p$,$y_i \in = \{+1,-1\}$

输出:分类决策函数。

选择适当的映射 φ 和参数 C,计算对偶问题得到最优解 $\alpha^* = (\alpha_1^*, \alpha_2^*, \cdots, \alpha_n^*)^{\mathrm{T}}$:

$$\min_\alpha \frac{1}{2} \sum_{i=1}^{n} \sum_{j=1}^{n} \alpha_i \alpha_j y_i y_j (\varphi(x_i) \cdot \varphi(x_j)) - \sum_{i=1}^{n} \alpha_i$$

约束条件为

$$\sum_{i=1}^{n} \alpha_i y_i = 0 \quad 0 \leqslant \alpha_i \leqslant C \quad (i = 1,2,\cdots,n)$$

选择 α^* 的一个分量 $0 < \alpha_j^* < C$ 计算 b^*:

$$b^* = y_i - \sum_{i=1}^{n} \alpha_i^* y_i (\varphi(x_i) \cdot \varphi(x_j))$$

构造分类决策函数:

$$f(x) = \text{sign}\left(\sum_{i=1}^{n} \alpha_i^* y_i (\varphi(x) \cdot \varphi(x_i)) + b^*\right)$$

8.3.2 核函数和核技巧

在非线性支持向量机学习方法中,特征空间 $\mathcal{H}$ 一般是高维或者无穷维的,映射的直接

定义 $\varphi(x)$ 和内积的运算 $\varphi(x)\cdot\varphi(x_i)$ 是相当困难的。我们希望找到一个等价的简便算法来代替它。由此先引入核函数的概念。

假设输入空间是 $\mathcal{X}$，特征空间是 $\mathcal{H}$，若存在 $\mathcal{X}$ 到 $\mathcal{H}$ 的一个映射
$$\varphi(x):\mathcal{X}\to\mathcal{H} \tag{8.50}$$
使得对所有 $x,z\in\mathcal{X}$，函数 $K(x,z)$ 满足
$$K(x,z)=\varphi(x)\cdot\varphi(z) \tag{8.51}$$
则称 $K(x,z)$ 为核函数，$\varphi(x)$ 为映射函数，$\varphi(x)\cdot\varphi(z)$ 为 $\varphi(x)$ 和 $\varphi(z)$ 的内积。这里的核函数是正定核函数，本书中若无强调说明，提到的核函数均为正定核函数。

有了核函数，学习和预测过程都是隐式地在特征空间进行的，无需显示定义映射函数、特征空间和计算内积，$K(x,z)$ 可直接在输入空间上实现非线性分类问题的求解。这样的技巧称为核技巧。事实上，对于给定的核函数 $K(x,z)$，映射函数和特征空间的取法并不唯一，但对此我们无需关心。

若已知映射函数 $\varphi(x)$ 的具体形式，可通过 $\varphi(x)\cdot\varphi(z)$ 求得核函数 $K(x,z)$。那么，不通过构造映射 φ，如何直接判断一个函数 $K(x,z)$ 是否为核函数？换句话说，函数 $K(x,z)$ 满足什么条件才能成为核函数？下面不加证明地给出核函数的充要条件。

设 $\mathcal{X}$ 为输入空间，$K(x,z)$ 是定义在 $\mathcal{X}\times\mathcal{X}$ 上的对称函数，则 $K(x,z)$ 是核函数当且仅当对于任意 $x_i\in\mathcal{X},i=1,2,\cdots,m$，核矩阵
$$K=\begin{bmatrix} K(x_1,x_1) & \cdots & K(x_1,x_m) \\ \vdots & \vdots & \vdots \\ K(x_m,x_1) & \cdots & K(x_m,x_m) \end{bmatrix} \tag{8.52}$$
总是半正定的。

这说明，只要一个对称函数所对应的核矩阵是半正定的，就总能找到一个与之对应的映射函数，它就能作为核函数使用。这一定理在构造核函数时很有用，但在判定一个具体函数是否为核函数 $K(x,z)$ 时比较困难。而核函数的确定和选择对非线性支持向量机的性能好坏起着至关重要的作用，因此往往采用已有的核函数。下面介绍几种常用的核函数：

(1) 线性核函数
$$K(x,z)=x^\mathrm{T}z+c \tag{8.53}$$
c 为可选常数。

(2) 高斯核函数
$$K(x,z)=\exp\left(-\frac{\|x-z\|^2}{2\sigma^2}\right) \tag{8.54}$$
$\sigma>0$，称为高斯核的带宽。

(3) 项式核函数
$$K(x,z)=(\alpha x^\mathrm{T}z+c)^d \tag{8.55}$$
α 为调节参数，d 为多项式次数。

(4) 拉普拉斯核函数
$$K(x,z)=\exp\left(-\frac{\|x-z\|}{\sigma}\right) \tag{8.56}$$

本 章 小 结

1. 支持向量机是定义在特征空间上的间隔最大化的二类分类器,包括线性可分支持向量机、线性支持向量机和非线性支持向量机三种模型。支持向量机的实例一般是由输入空间的输入向量映射到特征空间中的特征向量,标签一般是$\{+1,-1\}$。支持向量机的学习目标是在特征空间找到一个分离超平面或超曲面将特征空间划分为两个子空间。支持向量机的学习策略是间隔最大化。

2. 在线性可分支持向量机学习中,分离超平面将特征空间分为两个子空间,一个子空间内均为负类,另一个子空间内均为正类。分离超平面可由 $w \cdot x + b = 0$ 唯一确定。w 为法向量,决定了超平面的方向。b 为位移项,决定了超平面的位置。样本点的几何间隔是特征空间内的任意一点 x_i 到超平面 $w \cdot x + b = 0$ 的距离,用 $\frac{y_i}{\|w\|}(w \cdot x_i + b)$ 表示。样本点的函数间隔 $y_i(w \cdot x_i + b)$ 可用来体现各样本点距离超平面的相对远近。

3. 在线性可分支持向量机学习中,训练集的样本点中距分离超平面最近的样本点称为支持向量,满足 $y_i(w \cdot x_i + b) = 1$,则超平面 $w \cdot x + b = 1$ 和 $w \cdot x + b = -1$ 上的向量均为支持向量。超平面 $w \cdot x + b = 1$ 和 $w \cdot x + b = -1$ 之间的距离被称为间隔。超平面 $w \cdot x + b = 1$ 和 $w \cdot x + b = -1$ 被称为间隔边界。

4. 在线性可分数据集中,所有的数据都是线性可分的,间隔最大化又被称为硬间隔最大化。硬间隔最大化的分离超平面是最优分离超平面,即我们所要找的线性可分支持向量机。线性可分支持向量机学习的最优化问题为

$$\min_{w,b} \frac{1}{2} \|w\|^2$$

约束条件是

$$y_i(w \cdot x_i + b) \geqslant 1, \quad (i = 1, 2, \cdots, n)$$

可应用拉格朗日乘子法、拉格朗日对偶性问题和 KTT 条件等基础知识进行求解。

5. 在线性近似可分数据集中,某些个别样本点是不可分的,比如误分点,间隔最大化因此被称为软间隔最大化,需要一定的误分容忍度。我们在线性可分支持向量机最优化问题的基础上,修改不等式约束条件使其适用于训练集中的所有样本点,同时为目标函数增加正则化项以惩罚那些不满足线性完全可分的实例点,这样就变成了线性支持向量机学习问题。线性支持向量机学习的最优化问题为

$$\min_{w,b,\xi} \frac{1}{2} \|w\|^2 + C \sum_{i=1}^{n} \xi_i$$

约束条件是

$$y_i(w \cdot x_i + b) \geqslant 1 - \xi_i, \quad \xi_i \geqslant 0 \quad (i = 1, 2, \cdots, n)$$

这仍然是凸二次规划最优化求解问题,与线性可分支持向量机求解类似。

6. 在线性支持向量机学习中,支持向量满足 $y_i(w \cdot x_i + b) = 1 - \xi_i$,可能落在分离超平面上、间隔边界上或者分离超平面和间隔边界之间,应视情况而定。软间隔最大化的最优化函数等价于结构风险最小化函数。结构风险函数中所使用的损失函数是 0-1 损失函数的

上界合页损失函数,使用的正则化项是 L_2 范数。

7. 非线性可分数据集中,在输入空间中的原始数据是线性不可分的,但经过特征变换转换到新的特征空间后往往是线性可分的。因此可通过非线性变换,将非线性分类问题转换为线性分类问题,这样便将非线性支持向量机学习问题转变为线性支持向量机学习问题。最优化求解与线性可分支持向量机类似。

8. 在非线性支持向量机学习方法中,特征空间 $\mathcal{H}$ 一般是高维或者无穷维的,映射的直接定义 $\varphi(x)$ 和内积的运算 $\varphi(x) \cdot \varphi(x_i)$ 是相当困难的。因此引入核函数概念以简便运算。

关键词:支持向量机　函数间隔　几何间隔　间隔最大化　核函数

思　考　题

1. 试证明特征空间内任意一点 x 到分离超平面的距离为式(8.4)。
2. 已知正实例点 $x_1=(1,2)^\mathrm{T}, x_2=(2,3)^\mathrm{T}, x_3=(4,4)^\mathrm{T}$,负实例点 $x_4=(2,1)^\mathrm{T}, x_5=(3,1)^\mathrm{T}$,试求最大间隔分离超平面和对应的分类决策函数,并在图上画出支持向量和间隔。

参 考 文 献

[1] 李航.统计学习方法[M].2版.北京:清华大学出版社,2019.
[2] 周志华.机器学习[M].清华大学出版社,2016.
[3] Hastie T,Tibshirani R,Friedman J. The elements of statistical learning:data mining,inference, and prediction[M]. New York:Springer. 2001.
[4] Bishop C M. Pattern recognition and machine learning[M]. New York:Springer,2006.

第 9 章 隐马尔可夫模型

> **教学目标**
>
> 1. 熟悉隐马尔可夫模型的基本概念；
> 2. 了解概率计算问题、预测问题、学习问题；
> 3. 掌握运用隐马尔可夫模型求解三类问题的算法思路。

隐马尔可夫模型基于马尔科夫链，是结构最简单的动态贝叶斯网络模型，主要用于计算隐含参数的序列和概率。通俗地讲，隐马尔可夫模型是根据可观测的数据序列，基于极大似然法、EM 算法和动态规划算法求取不可观测的数据序列。比较热门的隐马尔可夫模型实践是自然语言处理中对分词的处理。

本章 9.1 节介绍隐马尔可夫模型的基本概念，9.2 节介绍观测值概率的计算方法，9.3 节介绍隐参数的计算方法，9.4 节介绍给定观测结果的情况下估计隐参数的计算方法。

9.1 基 本 概 念

9.1.1 引例

景区从去年开始收集游客在景区内的游玩路径以及游客在游玩路径中在各景点上的行为，现已收集完毕，准备对收集到的数据进行大数据分析，求出游客的一般游玩路径以及在各景点上的行为选择，以便调配资源、提高资源使用效率。

拿到数据首先可以得到的是初始状态概率向量，用 π 表示。将景区大门视作原点并忽略游客在景点间转移的时间，那么初始状态概率向量 π 指代的是游客在时刻 0 从原点出发，并转移到 A、B、C 三个景点的概率。

$$\pi = \begin{bmatrix} 0.2 \\ 0.4 \\ 0.4 \end{bmatrix}$$

由该初始状态概率向量可知，时刻 0 游客有 0.2 的概率从原点前往景点 A，有 0.4 的概率从原点前往景点 B，有 0.4 的概率从原点前往景点 C。

时刻 0 的出发点只有一种可能性，那就是从原点出发并转移到 N 个景点之一；而时刻 1

的出发点有 N 种可能性,从时刻 1 到达的 N 个景点之一在时刻 2 转移到达 N 个景点之一。由此可引入状态转移概率矩阵,用 A 表示。状态转移概率矩阵 A 的行标签对应时刻 t 出发的景点 A、B、C,列标签对应时刻 $t+1$ 转移到的景点 A、B、C,元素值对应从行标签代表的景点转移到列标签代表的景点的概率,$t=1,2,\cdots,T$。值得注意的是,景区内只有 A、B、C 三个点,游客每个时刻的转移去向只能从 A、B、C 三个景点中选择。游客的游玩路径实质上就是可放回的重复抽样时间序列,游玩路径记录每次抽样的结果,抽样的概率却不尽相同。

$$A = \begin{bmatrix} 0.5 & 0.2 & 0.3 \\ 0.1 & 0.5 & 0.4 \\ 0.7 & 0.1 & 0.2 \end{bmatrix}$$

由该状态转移概率矩阵可知,矩阵第一行代表时刻 t 游客从景点 A 转移至景点 A 的概率为 0.5,转移至景点 B 的概率为 0.2,转移至景点 C 的概率为 0.3;矩阵第二行代表时刻 t 游客从景点 B 转移至景点 A 的概率为 0.1,转移至景点 B 的概率为 0.5,转移至景点 C 的概率为 0.4;矩阵第三行代表时刻 t 游客从景点 C 转移至景点 A 的概率为 0.7,转移至景点 B 的概率为 0.1,转移至景点 C 的概率为 0.2。

通过初始状态概率向量 π 和状态转移概率矩阵 A,景区可以得到游客从原点转移到各个景点和游客在时刻 t 从所在景点转移、在时刻 $t+1$ 转移至各个景点的概率信息,由此可知游客的路径信息。但如果景区想知道游客在游玩路径的各个景点上都进行了什么行为的话,就需要引入观测概率矩阵,用 B 表示。观测概率矩阵的行标签对应游客身处的景点 A、B、C,列标签对应游客在景点处的行为,此处记为拍照和饮水。

$$B = \begin{bmatrix} 0.5 & 0.5 \\ 0.4 & 0.6 \\ 0.7 & 0.3 \end{bmatrix}$$

由该观测概率矩阵可知,在景点 A,游客有 0.5 的概率进行拍照活动,有 0.5 的概率进行喝水活动;在景点 B,游客有 0.4 的概率进行拍照活动,有 0.6 的概率进行喝水活动;在景点 C,有 0.3 的概率进行拍照活动,有 0.7 的概率进行喝水活动。

简而言之,初始状态概率向量 π 与状态转移概率矩阵 A 表示的是由一点单向转移至另外一点的概率,观测概率矩阵 B 表示的是在点上进行不同行为的概率,示意图如图 9.1 所示。初始状态概率向量 π、状态转移概率矩阵 A、观测概率矩阵 B 共同构成了隐马尔可夫模型 λ,记为 $\lambda=(\pi,A,B)$。

9.1.2 定义

上一小节的引例给出了较为通俗的解释,下面将给出隐马尔可夫模型更为准确的定义。

隐马尔可夫模型 $\lambda=(\pi,A,B)$ 是由不可观测的马尔科夫链生成不可观测的状态序列 I,再由该状态序列产生可观测的观测序列 O。

状态序列:$I=(i_1,i_2,\cdots,i_T)$,是长度为 T、记录时刻 t 状态的时间序列。对应状态集 $Q=\{X_1,X_2,\cdots,X_N\}$,即每一时刻状态值 i_t 只能从 $X_1,X_2,\cdots,X_N$ 中选择一个。下文"路径""状态路径""行动路径"等词语即状态序列 I 的形象化表述,"节点""节点状态"等词语即

状态序列 I 的元素 i_t 的形象化表述。

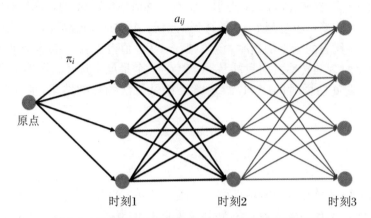

图 9.1　初始状态概率向量和状态转移概率矩阵示意图

观测序列 $O=(o_1,o_2,\cdots,o_T)$，是长度为 T、记录时刻 t 观测值的时间序列。对应的观测集 $V=\{Y_1,Y_2,\cdots,Y_N\}$，即每一时刻观测值 o_t 只能从 $Y_1,Y_2,\cdots,Y_N$ 中选择一个。每个观测序列元素 o_t 与状态序列元素 i_t 一一对应（图 9.2）。

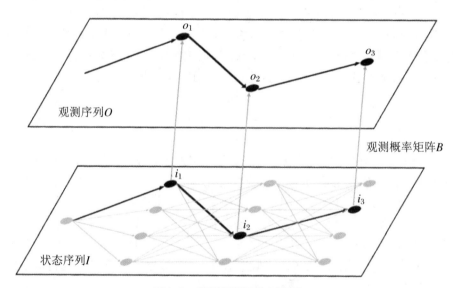

图 9.2　观测概率矩阵示意图

初始状态概率向量：$\pi=(\pi_i)$，代入数据后 $\pi_i=P(i=X_n)$。向量元素 π_i 是指从原点出发转移至状态 i 的概率。

状态转移概率矩阵 $A=(a_{ij})_{N*N}$，代入数据后 $a_{ij}=P(j=X_{n2}\mid i=X_{n1})$。矩阵元素 a_{ij} 是指在由时刻 t 状态为 i 的条件下于时刻 $t+1$ 转移至状态 j 的概率，i 的取值为 X_{n1}，j 的取值为 X_{n2}。

观测概率矩阵 $B=[b_j(o)]_{N*M}$，代入数据后 $b_j(k)=P(o=Y_m\mid j=X_n)$。矩阵元素 $b_j(k)$ 是指在状态为 j 的条件下观测到 o 的概率，j 的取值为 X_n，o 的取值为 Y_m。

初始状态概率向量 π、状态转移概率矩阵 A、观测概率矩阵 B 是关于整体的分布,而状态序列 I 和观测序列 O 是服从整体分布的单次实验的结果。初始状态概率向量 π 和状态转移概率矩阵 A 决定状态序列 I;进一步地,状态序列 I 和观测概率矩阵 B 决定观测序列 O。

例如,在一个可放回的重复抽样的实验中,不透明的袋子中有 N 个白球,M 个黑球,每次抽出白球后有 $N_白$ 概率抽白球,有 $N_黑$ 概率抽黑球,每次抽出黑球后有 $M_白$ 概率抽白球,有 $M_黑$ 概率抽黑球。小球的颜色和个数这种总体性参数是不变的,不管进行多少次实验都是相同的;而每次实验抽出的小球序列是变化的、不尽相同的。

回到引例,1 号游客的行动路径由 π,A,B 决定,该游客实际采取的行动路径是 I_1,表现出的观测序列是 O_1;2 号游客的行动路径由 π,A,B 决定,该游客采取的行动路径是 I_2,表现出的观测序列是 O_2。π,A,B 是相同的,但 I_1、I_2 是不同的,在状态序列为 I_1、I_2 的基础上服从观测概率分布 B 而产生的观测序列 O_1、O_2 也是不同的。

9.1.3 基本问题

隐马尔可夫模型主要用以解决三类问题,即概率计算问题、预测问题和学习问题。

概率计算问题是指在已知隐马尔可夫模型 $\lambda=(\pi,A,B)$ 和观测序列 O 的基础上,计算观测序列 O 的概率 $P(O|\lambda)$;有暴力的直接计算法和动态的前向后向算法。

预测问题是指在已知隐马尔可夫模型 $\lambda=(\pi,A,B)$ 和观测序列 O 的基础上,计算最有可能对应观测序列 O 的状态序列 I;有每一时刻最优的近似算法和动态最优的维特比算法。

学习问题是指在未知隐马尔可夫模型,仅知观测序列 O 的情况下,估计 λ 的各个参数 π,A,B,有应用最大似然估计的监督学习算法、应用 EM 算法和 Baum-Welch 算法的无监督学习算法。

9.2 概率计算方法

本小节主要介绍的是在已知隐马尔可夫模型 $\lambda=(\pi,A,B)$ 和观测序列 O 的基础上,计算观测序列 O 的概率 $P(O|\lambda)$ 的方法。对应到引例中,就是景区在了解游客的初始状态概率向量 π、状态转移概率矩阵 A、观测概率矩阵 B 以及观测序列 O 后,求解观测序列出现的概率的问题。在本章的算例中,都将代入下面的数值进行计算。

$$\pi = \begin{bmatrix} 0.2 \\ 0.4 \\ 0.4 \end{bmatrix}$$

$$A = \begin{bmatrix} 0.5 & 0.2 & 0.3 \\ 0.3 & 0.5 & 0.2 \\ 0.2 & 0.3 & 0.5 \end{bmatrix}$$

$$B = \begin{bmatrix} 0.5 & 0.5 \\ 0.4 & 0.6 \\ 0.7 & 0.3 \end{bmatrix}$$

$$O = [拍照, 喝水, 拍照]$$

9.2.1 直接计算法

最容易想到的方法就是直接计算法,即根据隐马尔可夫模型 λ 的初始状态概率向量 π 和状态转移概率矩阵 A 计算状态序列 I 的概率,再乘以观测概率 B 得到观测序列 O 的概率。给定隐马尔可夫模型 $\lambda = (\pi, A, B)$ 和观测序列 $O = (o_1, o_2, \cdots, o_T)$,如何跳过观测不到的状态序列 $I = (i_1, i_2, \cdots, i_T)$,计算观测序列 $O = (o_1, o_2, \cdots, o_T)$ 出现的概率呢?算法如下:

第一步,确定隐变量序列状态序列 I 的概率,即求在已知 λ 的情况下产生 I 的条件概率

$$P(I \mid \lambda) = \pi_{i_1} \times a_{i_1 i_2} \times a_{i_2 i_3} \times \cdots \times a_{i_{T-1} i_T} \tag{9.1}$$

即一步步地,从原点出发转移到 i_1,再从 i_1 转移到 i_2,从 i_2 再转移到 i_3,……,最后从 i_{T-1} 转移到 i_T 的概率。这里的 $i_1, i_2, \cdots, i_T$ 是变量,没有实际赋值,因为接下来求解概率时无论 I 的具体赋值知道与否都可以约去,不影响最终结果。

第二步,假定已知状态序列 I,求在已知 λ、I 的情况下产生 O 的条件概率

$$P(O \mid I, \lambda) = b_{i_1}(o_1) \times b_{i_2}(o_2) \times \cdots \times b_{i_T}(o_T) \tag{9.2}$$

即在观测到状态序列 $I = (i_1, i_2, \cdots, i_T)$ 时产生观测序列 $O = (o_1, o_2, \cdots, o_T)$ 的概率。状态 i_1 对应观测 o_1,状态 i_2 对应观测 o_2,……,状态 i_T 对应观测 o_T。

第三步,根据条件分布 $P(I|\lambda)$ 和 $P(O|I,\lambda)$ 求联合分布 $P(O, I|\lambda)$

$$P(O, I \mid \lambda) = P(O \mid I, \lambda) \times P(I \mid \lambda) \tag{9.3}$$

代入表达式,有

$$P(O, I \mid \lambda) = \pi_{i_1} \times b_{i_1}(o_1) \times a_{i_1 i_2} \times b_{i_2}(o_2) \times a_{i_2 i_3} \times b_{i_2}(o_2) \times \cdots \times a_{i_{T-1} i_T} \times b_{i_T}(o_T) \tag{9.4}$$

上式中只有 i_t 是变量。由于 I 是不可观测的,因此如果需要计算已知 λ 的情况下 O 的概率 $P(O|\lambda)$,只需要对联合概率 $P(O, I|\lambda)$ 求和即可得到。联合概率分布 $P(O, I|\lambda)$ 的意义是在已知 λ 的情况下同时出现 O, I 的概率。

第四步,对联合分布 $P(O, I|\lambda)$ 求和

$$P(O \mid \lambda) = \sum_I P(O, I \mid \lambda) \tag{9.5}$$

$$P(O \mid \lambda) = \sum_I P(O \mid I, \lambda) \times P(I \mid \lambda) \tag{9.6}$$

通俗地讲,就是对 $\pi_{i_1} \times b_{i_1}(o_1) \times a_{i_1 i_2} \times b_{i_2}(o_2) \times a_{i_2 i_3} \times b_{i_2}(o_2) \times \cdots \times a_{i_{T-1} i_T} \times b_{i_T}(o_T)$ 这个长公式求和。对每一条可能的状态路径 I,代入给定的 λ 和该状态路径 I 的数值,求该状态路径下产生给定观测序列 O 的概率值,再对所有可能的状态路径 I 加总,得到在给定 λ 的条件下,产生观测序列 O 的概率 $P(O|\lambda)$。观测路径如图 9.3 所示。

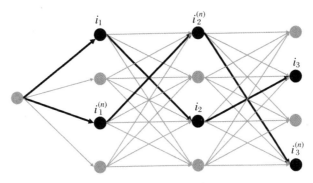

图 9.3 观测路径示意图

当时间长度为 T、状态集大小为 N 时，可能产生的不同路径有 N^N 个，因此将每条可能的状态路径记作

$$I_i = (i_1, i_2, \cdots, i_T) \quad (i = 1, 2, \cdots, N^N)$$

进而在给定隐马尔可夫模型 λ 条件下，求得观测序列 O 的概率

$$P(O \mid \lambda) = \sum_{i=1}^{N^N} P(O \mid I = I_i, \lambda) \times P(I = I_i \mid \lambda) \tag{9.7}$$

$$P(O \mid \lambda) = \sum_{i=1}^{N^N} \pi_{i_1} \times b_{i_1}(o_1) \times a_{i_1 i_2} \times b_{i_2}(o_2) \times a_{i_2 i_3} \times b_{i_2}(o_2) \times \cdots \times a_{i_{T-1} i_T} \times b_{i_T}(o_T) \tag{9.8}$$

易知其时间复杂度为 $O(TN^N)$。算例中的状态集只有个位数，可工程项目的状态集往往以万为量级，一个百万级的状态集就需要万亿级的计算量，这是难以忍受的。下面介绍更灵活的算法。

9.2.2 前向算法与后向算法

假设第一个月我们获得了 1 只小兔崽，第二个月小兔崽长大可以生 1 只崽，第三个月小兔崽长大可以生 1 只崽，同时第 1 只兔子也可以生一只崽。那么第一个月我们有 1 只兔子，第二个月我们有 2 只兔子，第三个月我们有 3 只兔子，第四个月我们有 5 只兔子……加入首项 1，兔子数量的时间序列是 $(1,1,2,3,5,8,\cdots)$，从第三项开始，每一项都是前两项的和，也就是 Fibonacci 数列。

计算机求解 Fibonacci 数列第 N 项 $f(N)$ 的思路是拆解

$$f(N) = f(N-1) + f(N-2)$$
$$f(N) = [f(N-2) + f(N-3)] + f(N-2)$$
$$f(N) = \{[f(N-3) + f(N-4)] + f(N-3)\} + [f(N-3) + f(N-4)]$$
$$\cdots$$

最后拆解到前两项求和。

显然重复计算太多且效率极低，时间复杂度高达 $O(n!)$。Fibonacci 数列计算机拆项示意图如图 9.4 所示。

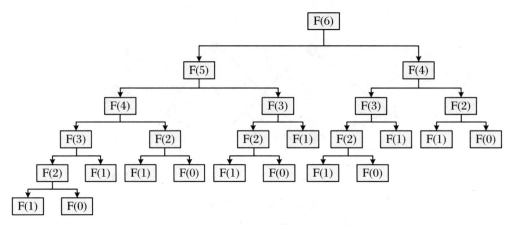

图 9.4　Fibonacci 数列计算机拆项示意图

人类是拥有智慧的。人类在书写 Fibonacci 数列时,通常的做法是先写下首两项 1 和 1,然后将第一项和第二项相加,算出第三项 2,然后再将第二项和第三项相加,算出第四项 3……逐渐写下去。很明显,计算机的思维是拆解,人类的思维是将已计算出的低级数据存储下来,每步通过简单的加项求得后一项,即动态规划算法:

$$f(t+2) = f(t+1) + f(t)$$
$$\cdots$$
$$f(4) = f(3) + f(2)$$
$$f(3) = f(2) + f(1)$$

显然这样计算简洁了很多,而且时间复杂度降低到 $O(T)$。Fibonacci 数列动态规划算法示意图如图 9.5 所示。

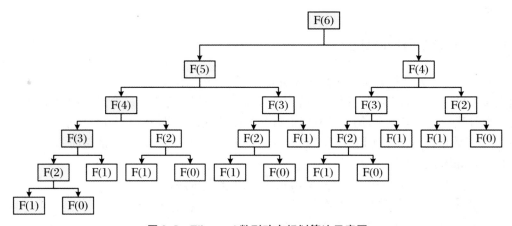

图 9.5　Fibonacci 数列动态规划算法示意图

同样,在计算观测序列概率时也可以通过动态规划算法降低时间复杂度以达到优化,应用动态规划的算法就是前向与后向算法。两种算法的思路是一样的,只是计算的方向不同,前向算法是从原点出发,后向算法是从终点状态集倒推。前向算法如下:

第一步,计算时刻 1 初值的概率

$$X_1(i) = \pi_i \times b_i(o_1) \tag{9.9}$$

$X_1(i)$代表时刻1处于状态i观测为o_1的概率,等于从原点转移至状态i的概率π_i和状态i产生观测o_1的概率的乘积。

第二步,逐步递推求每个时刻的概率

$$X_t(j) = \Big[\sum_{i=1}^{N} X_{t-1}(i) \times a_{ij}\Big] \times b_j(o_t) \tag{9.10}$$

$X_t(j)$代表从原点出发至时刻t处于状态j观测为o_t的概率,是已经考虑时刻t之前所有可能路径的概率,等于时刻$t-1$处于状态i观测为o_{t-1}的概率与状态i转移至状态j的概率乘积之和与时刻t处于状态j观测为o_t的概率的乘积。

第三步,计算到时刻T终止计算的概率

$$P(O \mid \lambda) = \sum_{i=1}^{N} X_T(i) \tag{9.11}$$

$X_t(i)$即时刻t在状态i得到观测o_t的概率,取尽状态集内所有元素,即可得到在给定模型参数λ和观测序列O的情况下,产生观测序列O的概率。图9.6为前向算法示意图。

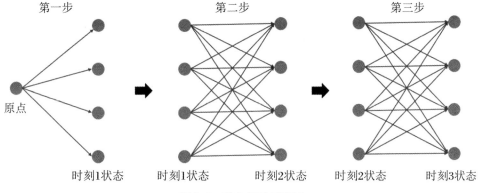

图 9.6 前向算法示意图

例9.1 下面通过算例来演示算法思想,模型参数$\lambda = (\pi, A, B)$和观测序列O沿用本节最开始给出的数据。

第一步,计算时刻1在状态i产生观测值$o_1 = $(拍照)的概率$X_1(i)$

$$X_1(A) = \pi_A \times b_A(拍照) = 0.2 \times 0.5 = 0.1$$

代表时刻1在状态A观测到$o_1 = $(拍照)的概率;

$$X_1(B) = \pi_B \times b_B(拍照) = 0.4 \times 0.4 = 0.16$$

代表时刻1在状态B观测到$o_1 = $(拍照)的概率;

$$X_1(C) = \pi_C \times b_C(拍照) = 0.4 \times 0.7 = 0.28$$

代表时刻1在状态C观测到$o_1 = $(拍照)的概率。

第二步,递推计算时刻2在状态i产生观测值$o_2 = $(喝水)的概率$X_2(i)$

$$X_2(A) = [X_1(A) \times a_{AA} + X_1(B) \times a_{BA} + X_1(C) \times a_{CA}] \times b_A(喝水)$$
$$= (0.1 \times 0.5 + 0.16 \times 0.3 + 0.28 \times 0.2) \times 0.5 = 0.077$$

代表时刻2在状态A观测到$o_2 = $(喝水)的概率;

$$X_2(B) = [X_1(A) \times a_{AB} + X_1(B) \times a_{BB} + X_1(C) \times a_{CB}] \times b_B(喝水)$$

$$= (0.1 \times 0.2 + 0.16 \times 0.5 + 0.28 \times 0.3) \times 0.6 = 0.1104$$

代表时刻 2 在状态 B 观测到 $o_2 =$（喝水）的概率；

$$X_2(C) = [X_1(A) \times a_{AC} + X_1(B) \times a_{BC} + X_1(C) \times a_{CC}] \times b_C(\text{喝水})$$
$$= (0.1 \times 0.3 + 0.16 \times 0.2 + 0.28 \times 0.5) \times 0.3 = 0.0606$$

代表时刻 2 在状态 C 观测到 $o_2 =$（喝水）的概率。

递推计算时刻 3 在状态 i 产生观测值 $o_3 =$（拍照）的概率 $X_3(i)$

$$X_3(A) = [X_2(A) \times a_{AA} + X_2(B) \times a_{BA} + X_2(C) \times a_{CA}] \times b_A(\text{拍照})$$
$$= (0.077 \times 0.5 + 0.1104 \times 0.3 + 0.0606 \times 0.2) \times 0.5 = 0.04187$$

代表时刻 3 在状态 A 观测到 $o_3 =$（拍照）的概率；

$$X_3(B) = [X_2(A) \times a_{AB} + X_2(B) \times a_{BB} + X_2(C) \times a_{CB}] \times b_B(\text{拍照})$$
$$= (0.077 \times 0.2 + 0.1104 \times 0.5 + 0.0606 \times 0.3) \times 0.4 = 0.035512$$

代表时刻 3 在状态 B 观测到 $o_3 =$（拍照）的概率；

$$X_3(C) = [X_2(A) \times a_{AC} + X_2(B) \times a_{BC} + X_2(C) \times a_{CC}] \times b_C(\text{拍照})$$
$$= (0.077 \times 0.3 + 0.1104 \times 0.2 + 0.0606 \times 0.5) \times 0.7 = 0.052836$$

代表时刻 3 在状态 C 观测到 $o_3 =$（拍照）的概率。

第三步，加总 $X_3(i)$ 得到出现观测序列 O 的概率

$$P(O|\lambda) = X_3(A) + X_3(B) + X_3(C)$$
$$= 0.04187 + 0.035512 + 0.052836 = 0.130218$$

即通过前向算法得到，在给定模型 $\lambda = (\pi, A, B)$ 观测序列 $O =$（拍照，喝水，拍照）的前提下，产生观测序列 O 的概率为 0.130218。

通过演算可以很直观地理解前向算法如何实现，再配合前向概率 $X_t(i)$ 的定义"时刻 t 在状态 i 下产生观测值的概率"，前向算法降低时间复杂度的主要方式就不言而喻了：即通过 $X_t(i)$ 将从原点出发到时刻 t 在状态 i 下产生观测值的所有可能进行折叠加总，不用具体分析达到上述状态有多少可能的路径，因为都是从原点出发最后在时刻 t 状态 i 下产生观测，所以只需像卷地毯一样通过 $X_t(i)$ 将前期所有可能汇总存储起来。前向算法就是从前向后折叠并计算的，这个思路就如同写 Fibonacci 数列是一致的。

9.2.3 后向算法

后向算法也是应用了动态规划算法以实现优化效果，只是不同于前向算法计算 $X_t(i)$ 直至最终时刻并加总，后向算法计算 $Y_t(i)$ 并逐步返回最初时刻再加总。两者的优化方法是一致的，只是计算的方向有所不同。后向算法如下：

第一步，由于最终时刻状态路径到达终点，不需要再进行转移了，因此最终时刻的后向概率为 1

$$Y_T(i) = 1 \tag{9.12}$$

第二步，倒推时刻 t 在状态 i 的概率

$$Y_t(i) = \sum_{j=1}^{N} a_{ij} \times b_j(o_{t+1}) \times Y_{t+1}(j) \tag{9.13}$$

即从状态 i 转移到状态 j 的概率乘以在状态 j 观测到 o_{t+1} 的概率再乘以时刻 $t+1$ 在状态 j

的后向概率,并对所有可能进行加总。

第三步,倒推时刻 1 在状态 i 的概率后,乘以所有从原点转移至状态 i 并观察到 o_1 的概率,再对所有可能进行加总,倒推回初始状态即可结束计算。图 9.7 为后向算法示意图。

$$P(O \mid \lambda) = \sum_{j=1}^{N} \pi_i \times b_i(o_1) \times Y_1(i) \tag{9.14}$$

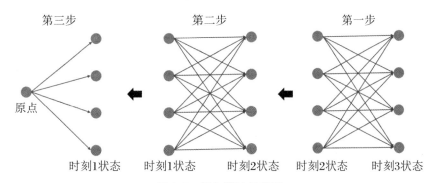

图 9.7 后向算法示意图

例 9.2 下面通过算例来演示计算,模型参数 $\lambda = (\pi, A, B)$ 和观测序列 O 沿用本节最开始给出的数据。

第一步,由于时刻 3 状态路径到达终点,不需要再进行转移了,因此后向概率为 1

$$Y_3(A) = 1$$
$$Y_3(B) = 1$$
$$Y_3(C) = 1$$

第二步,倒推时刻 2 在状态 i 的后向概率 $Y_2(i)$

$Y_2(A) = [a_{AA} \times b_A(o_3) \times Y_3(A) + a_{AB} \times b_B(o_3) \times Y_3(B) + a_{AC} \times b_C(o_3) \times Y_3(C)]$
$Y_2(B) = [a_{BA} \times b_A(o_3) \times Y_3(A) + a_{BB} \times b_B(o_3) \times Y_3(B) + a_{BC} \times b_C(o_3) \times Y_3(C)]$
$Y_2(C) = [a_{CA} \times b_A(o_3) \times Y_3(A) + a_{CB} \times b_B(o_3) \times Y_3(B) + a_{CC} \times b_C(o_3) \times Y_3(C)]$

倒推时刻 1 在状态 i 的后向概率 $Y_1(i)$

$Y_1(A) = [a_{AA} \times b_A(o_2) \times Y_2(A) + a_{AB} \times b_B(o_2) \times Y_2(B) + a_{AC} \times b_C(o_2) \times Y_2(C)]$
$Y_1(B) = [a_{BA} \times b_A(o_2) \times Y_2(A) + a_{BB} \times b_B(o_2) \times Y_2(B) + a_{BC} \times b_C(o_2) \times Y_2(C)]$
$Y_1(C) = [a_{CA} \times b_A(o_2) \times Y_2(A) + a_{CB} \times b_B(o_2) \times Y_2(B) + a_{CC} \times b_C(o_2) \times Y_2(C)]$

第三步,得到所求概率

$P(O \mid \lambda) = \pi_A \times b_A(o_1) \times Y_1(A) + \pi_B \times b_B(o_1) \times Y_1(B) + \pi_C \times b_C(o_1) \times Y_1(C)$

与前向算法的卷地毯方式类似,后向算法是通过 $Y_t(j)$ 将时刻 t 在状态 j(未发生观测)到终点的所有可能折叠加总,也就是将时刻 t 在状态 j 的未来的所有可能进行折叠加总,因此每一步只需要计算时刻 t 和时刻 $t-1$ 的状态和观测就可以了。后向算法也就是从后向前折叠并计算的。

显然,前向与后向算法的时间复杂度为 $O(TN^2)$,远低于直接计算算法的 $O(TN^N)$。

9.3 预测算法

本小节主要介绍，在给定隐马尔可夫模型 $\lambda = (\pi, A, B)$ 和观测序列 O 的前提下，如何计算状态序列 I，使得该状态序列 I 最有可能与观测序列 O 对应。应用到引例中，就是景区通过分析历史数据得到模型参数 λ 后，推测观测到行为 O 的游客最有可能选择哪条路径前进。即景区在了解游客的初始状态概率向量 π、状态转移概率矩阵 A、观测概率矩阵 B 以及观测序列 O 后，求解最有可能与观测序列 O 对应的状态序列 I。在本章的算例中，仍然没用之前的数值进行计算。

不同于上一节计算观测序列 O 的概率，出现观测序列 O 可能有很多条状态路径 I_i，那么出现观测序列 O 的概率需要将所有可能的状态路径 I_i 的概率加总。这一节要计算最有可能对应观测序列 O 的状态序列 I，游客在每一时刻 t 有 N 个可选状态，但真正实现的只能有一个状态，这就意味着不用对所有能实现观测序列 O 的状态路径 I_i 加总，只要选取 $P(O|I_i,\lambda)$ 最大的状态路径 I_i 即可。下面将该条 $P(O|I_i,\lambda)$ 最大的状态路径 I_i 称作最优路径，以便与其他可能状态路径相区别。

9.3.1 近似算法

近似算法的思路是，最优路径之所以是最优，就在于每一时刻 t 上最优路径的节点状态 i 都是当前时刻 t 最有可能出现的状态。因此预测最优路径需要计算每一时刻 t 所有状态 i 的概率，再选择概率最大的状态 i 作为最优路径在时刻 t 的节点。

将时刻 t 在状态 i 发生观测 o_t 的概率用前向/后向概率表示：

$$P(o_t | I_i, \lambda) = X_t(i) \times Y_t(i) \tag{9.15}$$

时刻 t 在状态 i 发生观测 o_t 的概率即等于从原点出发在时刻 t 到达状态 i 并发生观测的概率乘以时刻 t 从状态 i 出发的所有可能结果的概率。这里 I_i 表示某一可能的状态路径在时刻 t 的状态节点为 i。近似算法如下：

第一步，计算在观测值为 o_t 的前提下，时刻 t 发生状态 i 下的概率

$$P(o_t | I_i, \lambda) = X_t(i) \times Y_t(i) \tag{9.16}$$

第二步，计算在观测值为 o_t 的前提下，时刻 t 所有可能的状态所发生的概率

$$P(o_t | \lambda) = \sum_{i=1}^{N} X_t(i) \times Y_t(i) \tag{9.17}$$

第三步，计算在观测值为 o_t 的前提下，时刻 t 发生状态 i 在所有可能的状态中所占的比率

$$P(I_i | \lambda) = \frac{P(o_t | I_i, \lambda)}{P(o_t | \lambda)} = \frac{X_t(i) \times Y_t(i)}{\sum_{i=1}^{N} X_t(i) * Y_t(i)} \tag{9.18}$$

第四步，选取时刻 t 最有可能发生的状态 i，记作 ξ_t，则

$$\xi_t = \arg\max_{i} P(I_i | \lambda) \tag{9.19}$$

例 9.3 仅分析时刻 1 的概率：

前向概率
$$X_1(A) = 0.2 \times 0.5 = 0.1$$

代表从原点出发到达状态 A 并观测到 $o_1 =$（拍照）的概率。

后向概率
$$Y_1(A) = a_{AA} \times b_A(o_2) \times Y_2(A) + a_{AB} \times b_B(o_2) \times Y_2(B) + a_{AC} \times b_C(o_2) \times Y_2(C)$$
$$= 0.5 \times 0.5 \times (0.5 \times 0.5 + 0.2 \times 0.4 + 0.3 \times 0.7) + 0.2 \times 0.6$$
$$\times (0.3 \times 0.5 + 0.5 \times 0.4 + 0.2 \times 0.7) + 0.3 \times 0.3$$
$$\times (0.2 \times 0.5 + 0.3 \times 0.4 + 0.5 \times 0.7) = 0.2451$$

代表从状态 A 出发并在时刻 2 观测到 $o_2 =$（喝水）、在时刻 3 观测到 $o_3 =$（拍照）的前提下，经过所有可能路径的概率。加项第一项代表时刻 2 达到状态 A，加项第二项代表时刻 2 达到状态 B，加项第三项代表时刻 2 达到状态 C，所有加项括号内的加式代表从时刻 2 所在状态出发、时刻 3 到达的所有可能状态的概率。

则时刻 1 在状态 A 的概率
$$P(o_1 \mid I_A, \lambda) = X_1(A) \times Y_1(A) = 0.1 \times 0.2451 = 0.02451$$

前向概率
$$X_1(B) = 0.4 \times 0.4 = 0.16$$

代表从原点出发到达状态 B 并观测到 $o_1 =$（拍照）的概率。

后向概率
$$Y_1(B) = a_{BA} \times b_A(o_2) \times Y_2(A) + a_{BB} \times b_B(o_2) \times Y_2(B) + a_{BC} \times b_C(o_2) \times Y_2(C)$$
$$= 0.3 \times 0.5 \times (0.5 \times 0.5 + 0.2 \times 0.4 + 0.3 \times 0.7)$$
$$+ 0.5 \times 0.6 \times (0.3 \times 0.5 + 0.5 \times 0.4 + 0.2 \times 0.7) + 0.2$$
$$\times 0.3 \times (0.2 \times 0.5 + 0.3 \times 0.4 + 0.5 \times 0.7) = 0.2622$$

代表从状态 B 出发并在时刻 2 观测到 $o_2 =$（喝水）、在时刻 3 观测到 $o_3 =$（拍照）的前提下，经过所有可能路径的概率。加项第一项代表时刻 2 达到状态 A，加项第二项代表时刻 2 达到状态 B，加项第三项代表时刻 2 达到状态 C，所有加项括号内的加式代表从时刻 2 所在状态出发、时刻 3 到达的所有可能状态的概率。

则时刻 1 在状态 B 的概率
$$P(o_1 \mid I_B, \lambda) = X_1(B) \times Y_1(B) = 0.16 \times 0.2622 = 0.041952$$

前向概率
$$X_1(C) = 0.4 \times 0.7 = 0.28$$

代表从原点出发到达状态 B 并观测到 $o_1 =$（拍照）的概率。

后向概率
$$Y_1(C) = a_{CA} \times b_A(o_2) \times Y_2(A) + a_{CB} \times b_B(o_2) \times Y_2(B) + a_{CC} \times b_C(o_2) \times Y_2(C)$$
$$= 0.2 \times 0.5 \times (0.5 \times 0.5 + 0.2 \times 0.4 + 0.3 \times 0.7) + 0.3 \times 0.4$$
$$\times (0.3 \times 0.5 + 0.5 \times 0.4 + 0.2 \times 0.7) + 0.5 \times 0.7$$
$$\times (0.2 \times 0.5 + 0.3 \times 0.4 + 0.5 \times 0.7) = 0.3123$$

代表从状态 C 出发并在时刻 2 观测到 $o_2 =$（喝水）、在时刻 3 观测到 $o_3 =$（拍照）的前提下，经过所有可能路径的概率。加项第一项代表时刻 2 达到状态 A，加项第二项代表时刻 2 达到状态 B，加项第三项代表时刻 2 达到状态 C，所有加项括号内的加式代表从时刻 2 所在状态出发、时刻 3 到达的所有可能状态的概率。

则时刻 1 在状态 C 的概率

$$P(o_1 \mid I_C, \lambda) = X_1(C) \times Y_1(C) = 0.28 \times 0.3123 = 0.087444$$

比较时刻 1 状态 i 在所有可能状态中所占的比率

$$\xi_1 = \arg\max_i [P(o_1 \mid I_A, \lambda) = 0.02451, P(o_1 \mid I_B, \lambda)$$
$$= 0.041952, P(o_1 \mid I_C, \lambda) = 0.087444] = C$$

即可得到时刻 1 最优路径节点状态为 C。以此类推即可求得最优路径 I。

9.3.2 维特比算法

维特比算法的思路是：如果一条路径是最优路径，那么从原点出发、在任意时刻 t 到达状态 i_t 的局部路径都是相同起始点的所有路径中的最优路径。即保证最优路径从起点开始的任何路径的总概率，都高于其他同类可比较路径的总概率。

相较于近似算法针对每个时刻的节点状态取最大值，维特比算法是动态把对从原点出发的局部路径取最大值。因而近似算法得到的最优路径能够在每个时刻 t 上达到最优，但不一定能够在全局上达到最优。维特比算法如下：

第一步，初始化，计算从原点出发、时刻 1 到达状态 i 的概率：

$$X_1(i) = \pi_i \times b_i(o_1) \tag{9.20}$$

$$\xi_1(i) = 0 \tag{9.21}$$

$X_1(i)$ 表示从原点出发，时刻 1 到达状态 i 的概率；$\xi_1(i)$ 表示时刻 1 最优路径处于状态 i 时，上一时刻最优路径最可能经过的状态。由于时刻 1 最优路径处于状态 i 时，上一时刻路径只能是原点，因此将 $\xi_1(i)$ 记为 0。

第二步，递推，选择时刻 $t+1$ 处于状态 j 时，时刻 t 最优路径最有可能位于的状态 i

$$X_{t+1}(j) = \max_i [X_t(i) \times a_{ij}] \times b_j(o_{t+1}) \tag{9.22}$$

$$\xi_{t+1}(j) = \arg\max_i [X_t(i) \times a_{ij}] \tag{9.23}$$

$X_{t+1}(j)$ 表示从原点出发，经过最优路径在时刻 t 到达状态 i 后，在时刻 $t+1$ 到达状态 j 的概率，即从原点出发并在时刻 $t+1$ 到达状态 j 的最优路径的局部概率；$\xi_{t+1}(j)$ 表示时刻 $t+1$ 最优路径处于状态 j 时，上一时刻最优路径最可能所处的状态 i，且该状态 i 对应的最优路径局部概率乘以转移概率后是可比较的全部路径中概率最大的。

第三步，当计算到时刻 T 时终止计算

$$P(O \mid I_j, \lambda) = \max X_T(j) \tag{9.24}$$

$$\xi_T(j) = \arg\max_i [X_{T-1}(i) \times a_{ij}] \tag{9.25}$$

$P(O \mid I_j, \lambda)$ 表示从原点出发，在时刻 T 到达状态 j 的概率。最优路径为 I，最优路径在 T 时刻的状态节点为 I_j，$P(O \mid I_j, \lambda)$ 即最优路径的整体概率；$\xi_T(j)$ 表示时刻 T 处于状态 j 时，时刻 $T-1$ 最有可能处于的状态 i，且该状态 i 对应的最优路径局部概率乘以转移概率后是可比较的全部路径中概率最大的。

第四步，逐步回溯，提取最优路径的概率
$$I_t = \xi_{t+1}(j) \tag{9.26}$$
I_t 代表状态序列 I 的第 t 个元素，也就是最优路径在时刻 t 对应的状态；$\xi_{t+1}(j)$ 代表时刻 $t+1$ 处于状态 j 时，时刻 t 最有可能所处的状态。代入 $t = (1,2,3,\cdots)$，即可逐步回溯提取出最优路径，即状态序列 $I = (I_1, I_2, I_3, \cdots)$。

例 9.4

时刻 1：
$$X_1(A) = \pi_A \times b_A(o_1 = 拍照) = 0.2 \times 0.5 = 0.1$$
代表时刻 1 处于状态 A 时局部路径的概率；
$$X_1(B) = \pi_B \times b_B(o_1 = 拍照) = 0.4 \times 0.4 = 0.16$$
代表时刻 1 处于状态 B 时局部路径的概率；
$$X_1(C) = \pi_C \times b_C(o_1 = 拍照) = 0.4 \times 0.7 = 0.28$$
代表时刻 1 处于状态 C 时局部路径的概率。
$$\xi_1(A) = 0$$
$$\xi_1(B) = 0$$
$$\xi_1(C) = 0$$

时刻 2：
$$X_2(A) = \max(X_1(A) \times a_{AA}, X_1(B) \times a_{BA}, X_1(C) \times a_{CA}) \times b_A(o_2 = 喝水)$$
$$= \max(0.1 \times 0.5, 0.16 \times 0.3, 0.28 \times 0.2) \times 0.5 = 0.028$$

表示从原点出发在时刻 2 到达状态 A 的局部最优路径的概率。即时刻 1 从状态 C 转移、时刻 2 到达状态 A 的路径概率，比时刻 1 从状态 A 转移、时刻 2 到达状态 A 的路径和时刻 1 从状态 B 转移，时刻 2 到达状态 A 的路径的概率要大。换而言之，局部路径 (C,A) 优于局部路径 (A,A) 和 (B,A)；

$$X_2(B) = \max(X_1(A) \times a_{AB}, X_1(B) \times a_{BB}, X_1(C) \times a_{CB}) \times b_B(o_2 = 喝水)$$
$$= \max(0.1 \times 0.2, 0.16 \times 0.5, 0.28 \times 0.3) \times 0.6 = 0.0504$$

表示从原点出发在时刻 2 到达状态 B 的局部最优路径的概率；

$$X_2(C) = \max(X_1(A) \times a_{AC}, X_1(B) \times a_{BC}, X_1(C) \times a_{CC}) \times b_C(o_2 = 喝水)$$
$$= \max(0.1 \times 0.3, 0.16 \times 0.2, 0.28 \times 0.5) \times 0.3 = 0.042$$

表示从原点出发在时刻 2 到达状态 C 的局部最优的路径概率。

$\xi_2(A) = C$ 表示时刻 2 在状态 A 时，时刻 1 最有可能处在状态 C；
$\xi_2(B) = C$ 表示时刻 2 在状态 B 时，时刻 1 最有可能处在状态 C；
$\xi_2(C) = C$ 表示时刻 2 在状态 C 时，时刻 1 最有可能处在状态 C。

时刻 3：
$$X_3(A) = \max(X_2(A) \times a_{AA}, X_2(B) \times a_{BA}, X_2(C) \times a_{CA}) \times b_A(o_3 = 拍照)$$
$$= \max(0.028 \times 0.5, 0.0504 \times 0.3, 0.042 \times 0.2) \times 0.5 = 0.00756$$

表示从原点出发，在时刻 3 到达状态 A 的最优路径的概率，其中时刻 2 及时刻 2 之前的路径是最优路径。即三步局部路径 (C,B,A) 要优于局部路径 (C,A,A) 和 (C,C,A)，同时三步最优局部路径 (C,B,A) 的前两步局部路径 (C,B) 要优于局部路径 (A,B) 和 (B,B)；

$$X_3(B) = \max(X_2(A) \times a_{AB}, X_2(B) \times a_{BB}, X_2(C) \times a_{CB}) \times b_B(o_3 = 拍照)$$
$$= \max(0.028 \times 0.2, 0.0504 \times 0.5, 0.042 \times 0.3) \times 0.6 = 0.01008$$

表示从原点出发,在时刻 3 到达状态 B 的最优路径的概率,其中时刻 2 及时刻 2 之前的路径是最优路径

$$X_3(C) = \max(X_2(A) \times a_{AC}, X_2(B) \times a_{BC}, X_2(C) \times a_{CC}) \times b_C(o_3 = 拍照)$$
$$= \max(0.028 \times 0.3, 0.0504 \times 0.2, 0.042 \times 0.5) \times 0.3 = 0.0147$$

表示从原点出发,在时刻 3 到达状态 C 的最优路径的概率,其中时刻 2 及时刻 2 之前的路径是最优路径。

$$\xi_3(A) = B$$
$$\xi_3(B) = B$$
$$\xi_3(C) = C$$

比较时刻 3 各个状态的概率

$$P(O \mid I, \lambda) = \max X_3(i) = \max(X_3(A), X_3(B), X_3(C))$$
$$= \max(0.00756, 0.01008, 0.0147) = 0.0147$$

即整体最优路径的概率为 0.0147,逐步回溯提取最优状态序列

$$I_3 = C$$
$$I_2 = \xi_3(C) = C$$
$$I_1 = \xi_2(C) = C$$

即得到最优状态序列 $I = (C, C, C)$。从原点出发的最优状态序列的任意子序列,都是同类可比较序列中最优的。如最优路径 (C, C, C) 优于 (C, B, C) 和 (C, A, C),最优路径的前两步 (C, C) 是时刻 2 到达状态 C 的所有路径 (C, C)、(A, C) 和 (B, C) 中最优的,最优路径的第一步 C 也是最优的,其他初始状态概率都不高于 C。需要注意的是,(C, B, C) 的前两步 (C, B) 也是时刻 2 到达状态 B 的所有路径 (C, B)、(A, B) 和 (B, B) 中最优的,同理 (C, A, C) 的前两步 (C, A) 也是时刻 2 到达状态 A 的所有路径 (C, A)、(A, A) 和 (B, A) 中最优的。图 9.8 为最优状态序列示意图。

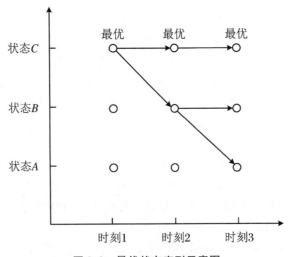

图 9.8　最优状态序列示意图

9.4 学习算法

前两节介绍了在给定隐马尔可夫模型 $\lambda=(\pi,A,B)$ 和观测序列 O 的前提下,计算观测序列概率 $P(O|\lambda)$ 和预测最有可能对应给定观测序列 O 的状态序列 I 的方法。在实际的工程应用中,观测序列 O 是比较好收集的,但隐马尔可夫模型 $\lambda=(\pi,A,B)$ 往往是不可知、不可得的。如果我们还想进行概率计算或预测状态序列,只能通过唯一已知的观测序列 O 去估计参数 (π,A,B) 来学习模型 λ,再结合估计参数模型 λ 及观测序列 O 进行计算和预测问题。

对应到示例中,等同于以下前提:由于个人隐私原因,景区不能通过在游客身上安装定位软件来获取游客的行动路径 I,但景区可以通过游客在景区扫二维码付款的账单来获取游客的观测序列 O,景区需要分析游客的一般行动路径以调配景区资源、提高资源效率。那么对于景区而言,观测序列 O 是唯一已知的,模型 λ 是未知的、待估的,状态序列 I 是待求的。景区需要根据游客账单推断游客的一般行为和行动路径,再根据某一游客的账单推断出该游客最有可能的行动路径。即通过观测序列 O 估计模型 λ 参数,再通过观测序列 O 和估计模型 λ 计算状态序列 I。

9.4.1 监督学习算法

首先讨论简单情况。如果已知观测序列 O,意外地还知道与 O 对应的状态序列 I,那么可以用极大似然法估计隐马尔可夫模型参数 (π,A,B)。

若已知:

状态集 $Q=(q_1,q_2,\cdots,q_N)$,观测集 $V=(v_1,v_2,\cdots,v_M)$

样本 1:$S_1=((o_1,i_1),(o_2,i_2),\cdots,(o_T,i_T))$

样本 2:$S_2=((o_1,i_1),(o_2,i_2),\cdots,(o_T,i_T))$

⋮

样本 s:$S_s=((o_1,i_1),(o_2,i_2),\cdots,(o_T,i_T))$

为简化表述,虽然不同的样本序列中都引用了 (o_t,i_t) 元素,但具体意义不同。$(o_t=v_n,i_t=q_n)$,不同样本的 (o_t,i_t) 是不同的变量,指代的 (v_n,q_n) 也是不尽相同的值。样本 1 到样本 s 长度相同。

根据所有样本的 i_1,可以获得初始状态数据。令 Q_i 表示初始状态数据中处于状态 i 的频数,状态有 N 种,得到初始状态概率 π_i 的估计

$$\hat{\pi}_i = \frac{\text{初始状态数据中处于状态 } i \text{ 的频数}}{\text{初始状态数据总个数}} = \frac{Q_i}{s} \tag{9.27}$$

则初始状态概率向量 π 的估计

$$\hat{\pi}=(\hat{\pi}_1,\hat{\pi}_2,\cdots,\hat{\pi}_N)$$

根据所有样本的 $(i_1,i_2,\cdots,i_T)$,可以获得状态转移数据。令 A_{ij} 表示从状态 i 转移至状

态 j 的频数，状态有 N 种，得到状态转移概率 a_{ij} 的估计

$$\hat{a}_{ij} = \frac{\text{从状态 } i \text{ 转移至状态 } j \text{ 的频数}}{\text{从状态 } i \text{ 转移至各个状态 } j \text{ 的频数之和}} = \frac{A_{ij}}{\sum_{j=1}^{N} A_{ij}} \quad (9.28)$$

则状态转移概率矩阵 A 的估计

$$\hat{A} = (\hat{a}_{ij})_{N \times N}$$

根据所有样本的 $((o_1, i_1), (o_2, i_2), \cdots, (o_T, i_T))$，可以获得观测概率数据。令 B_{jk} 表示在状态 j 观测到 o_k 的频数，频数有 M 种，得到观测概率 $b_j(o_k)$ 的估计

$$\hat{b}_j(o_k) = \frac{\text{在状态 } j \text{ 观测到 } o_k \text{ 的频数}}{\text{在状态 } j \text{ 观测到所有 } o_k \text{ 的频数之和}} = \frac{B_{jk}}{\sum_{k=1}^{N} B_{jk}} \quad (9.29)$$

则状态转移概率矩阵 B 的估计

$$\hat{B} = [\hat{b}_j(o_k)]_{N*M}$$

9.4.2 无监督学习算法

已知状态序列 I 毕竟是求之不得的理想情况，通常情况下只知道观测序列 O，不知道对应状态序列 I。在状态序列 I 未知的情况下，初始状态数据 Q_i、状态转移数据 A_{ij}、观测概率数据 B_{jk} 都不可得，自然不能用极大似然方法对初始状态概率向量 π、状态转移概率矩阵 A、状态转移概率矩阵 B 进行估计。

状态序列 I 虽然不可观测，但能通过观测概率矩阵 B 生成观测序列 O，实际上是影响显变量 O 的隐变量，那么我们面对的其实是一个典型的含有隐变量的概率模型。在极大似然法失效的情况下，可以应用 EM 算法对待估参数进行估计。在学习问题中，我们通常称之为 Baum-Welch 算法而非 EM 算法，因为 Baum-Welch 算法的提出在 EM 算法之前，但两者本质上是一样的。

算法 9.1　EM 算法

EM 算法的核心思想是给定若干初始参数，通过每次优化一个参数，迭代至总概率值最大。由于篇幅原因这里不对 EM 算法作具体介绍，仅在下文应用 EM 算法以供理解。

（1）确定似然函数。

$$L(\lambda) = \log P(O \mid \lambda) \quad (9.30)$$

由于 $P(O \mid \lambda) = \sum_{I} P(O, I \mid \lambda)$，因此

$$L(\lambda) = \log \sum_{I} P(O, I \mid \lambda) = \log \sum_{I} P(O \mid I, \lambda) P(I \mid \lambda) \quad (9.31)$$

任意初始参数 $\lambda^* = (\pi^*, A^*, B^*)$，则真实未知值 λ 和给定起始值 λ^* 的似然函数之差为

$$L(\lambda) - L(\lambda^*) = \log \sum_{I} P(O \mid I, \lambda) P(I \mid \lambda) - \log P(O \mid \lambda^*)$$

$$= \log \frac{\sum_{I} P(I \mid O, \lambda^*) \times P(O \mid I, \lambda) P(I \mid \lambda)}{P(I \mid O, \lambda^*) \times P(O \mid \lambda^*)}$$

$$\geqslant \sum_I P(I \mid O, \lambda^*) \log \frac{P(O \mid I, \lambda) P(I \mid \lambda)}{P(I \mid O, \lambda^*) P(O \mid \lambda^*)} \tag{9.32}$$

这里用到了一个有关凸函数的结论,即 Jensen 不等式

$$\lambda f(x_1) + (1 - \lambda) f(x_2) \geqslant f(\lambda x_1 + (1 - \lambda) x_2) \tag{9.33}$$

$$\sum \lambda_i f(x_i) \geqslant f\left(\sum \lambda_i x_i\right) \tag{9.34}$$

将 $P(O \mid I, \lambda) \times P(I \mid \lambda)$ 简化为 A,$P(I \mid O, \lambda^*) \times P(O \mid \lambda^*)$ 简化为 B,则

$$\sum_I P(I \mid O, \lambda^*) \log \frac{A}{B} \geqslant \log \left(\sum_I P(I \mid O, \lambda^*) \frac{A}{B} \right) \tag{9.35}$$

(2) EM 算法的 E 步:求 Q 函数

由上式知

$$L(\lambda) - L(\lambda^*) \geqslant \sum_I P(I \mid O, \lambda^*) \log \frac{P(O \mid I, \lambda) P(I \mid \lambda)}{P(I \mid O, \lambda^*) P(O \mid \lambda^*)} \tag{9.36}$$

移项可得

$$L(\lambda) \geqslant L(\lambda^*) + \sum_I P(I \mid O, \lambda^*) \log \frac{P(O \mid I, \lambda) P(I \mid \lambda)}{P(I \mid O, \lambda^*) P(O \mid \lambda^*)} \tag{9.37}$$

不等式左边为模型 λ 的似然值 $L(\lambda)$,是未知的。EM 算法即不断提高右式的值以逼近左式。由于 λ^* 给定了初始值,因此右式第一项 $L(\lambda^*)$ 是已知的,我们只需要对右式第二项 $\sum_I P(I \mid O, \lambda^*) \log \frac{P(O \mid I, \lambda) P(I \mid \lambda)}{P(I \mid O, \lambda^*) P(O \mid \lambda^*)}$ 进行化简:$P(O \mid \lambda^*)$ 是已知的,$P(I \mid O, \lambda^*)$ 是可以用维特比算法预测并计算出来的,因此只需要最大化 $\sum_I P(I \mid O, \lambda^*) \log P(O \mid I, \lambda) \cdot P(I \mid \lambda)$ 即可。由于 $P(I \mid O, \lambda^*) = \frac{P(O, I \mid \lambda^*)}{P(O \mid \lambda^*)}$,略去 $\frac{1}{P(O \mid \lambda^*)}$,可将 $\sum_I P(I \mid O, \lambda^*) \log P(O \mid I, \lambda) P(I \mid \lambda)$ 表示为 Q 函数

$$Q(\lambda, \lambda^*) = \sum_I P(O, I \mid \lambda^*) \log P(O, I \mid \lambda) \tag{9.38}$$

而 $P(O, I \mid \lambda) = \pi_{i_1} \times b_{i_1}(o_1) \times a_{i_1 i_2} \times b_{i_2}(o_2) \times a_{i_2 i_3} \times b_{i_2}(o_2) \times \cdots \times a_{i_{T-1} i_T} \times b_{i_T}(o_T)$,可进一步将 Q 函数表示成

$$\begin{aligned} Q(\lambda, \lambda^*) &= \sum_I P(O, I \mid \lambda^*) [\pi_{i_1} b_{i_1}(o_1) a_{i_1 i_2} b_{i_2}(o_2) a_{i_2 i_3} b_{i_2}(o_2) \cdots a_{i_{T-1} i_T} b_{i_T}(o_T)] \\ &= \sum_I \log \pi_{i_1} P(O, I \mid \lambda^*) + \sum_I \left(\sum_{t=1}^{T-1} \log a_{i_t i_{t+1}} \right) P(O, I \mid \lambda^*) \\ &\quad + \sum_I \left(\sum_{t=1}^{T-1} \log b_{i_t}(o_t) \right) P(O, I \mid \lambda^*) \end{aligned} \tag{9.39}$$

(3) EM 算法的 M 步:对 Q 函数极大化,求出模型参数 π, A, B。

对于 Q 函数的第一项

$$\sum_I \log \pi_{i_1} P(O, I \mid \lambda^*) = \sum_{i=1}^N \log \pi_i P(O, i_1 = i \mid \lambda^*) \tag{9.40}$$

拉格朗日乘子法通常用于求解带约束的优化问题。由于 $\sum_{i=1}^N \pi_i = 1$,因此可以利用这个约束

条件对 Q 函数第一项进行拉格朗日求解。拉格朗日函数

$$\sum_{i=1}^{N} \log \pi_i P(O, i_1 = i \mid \lambda^*) + \gamma \left(\sum_{i=1}^{N} \pi_i - 1 \right) \tag{9.41}$$

对其求偏导,并令结果为 0

$$\frac{\partial}{\partial \pi_i} \left[\sum_{i=1}^{N} \log \pi_i P(O, i_1 = i \mid \lambda^*) + \gamma \left(\sum_{i=1}^{N} \pi_i - 1 \right) \right] = 0 \tag{9.42}$$

$$\sum_{i=1}^{N} \left[\frac{1}{\pi_i} P(O, i_1 = i \mid \lambda^*) + \gamma \right] = 0 \tag{9.43}$$

$$\sum_{i=1}^{N} \left[P(O, i_1 = i \mid \lambda^*) + \gamma \pi_i \right] = 0 \tag{9.44}$$

求和,得

$$P(O \mid \lambda^*) + \gamma = 0 \tag{9.45}$$

$$\gamma = -P(O \mid \lambda^*) \tag{9.46}$$

又

$$P(O, i_1 = i \mid \lambda^*) + \gamma \pi_i = 0 \tag{9.47}$$

$$P(O, i_1 = i \mid \lambda^*) - P(O \mid \lambda^*) \pi_i = 0 \tag{9.48}$$

$$\pi_i = \frac{P(O, i_1 = i \mid \lambda^*)}{P(O \mid \lambda^*)} \tag{9.49}$$

对于 Q 函数的第二项

$$\sum_{I} \left(\sum_{t=1}^{T-1} \log a_{i_t i_{t+1}} \right) P(O, I \mid \lambda^*) = \sum_{t=1}^{T-1} \sum_{i=1}^{N} \sum_{j=1}^{N} \log a_{ij} P(O, i_t = i, i_{t+1} = j \mid \lambda^*) \tag{9.50}$$

由于 $\sum_{j=1}^{N} a_{ij} = 1$,同样利用拉格朗日乘子法对 Q 函数第二项求解。最后可求出

$$a_{ij} = \frac{\sum_{t=1}^{T-1} P(O, i_t = i, i_{t+1} = j \mid \lambda^*)}{\sum_{t=1}^{T-1} P(O, i_t = i \mid \lambda^*)} \tag{9.51}$$

对于 Q 函数的第三项

$$\sum_{I} \left(\sum_{t=1}^{T-1} \log b_{i_t}(o_t) \right) P(O, I \mid \lambda^*) = \sum_{t=1}^{T} \sum_{j=1}^{N} \log b_j(o_t) P(O, i_t = j \mid \lambda^*) \tag{9.52}$$

由于 $\sum_{k=1}^{M} b_j(k) = 1$,同样利用拉格朗日乘子法对 Q 函数第二项求解。只有在 $o_t = v_k$ 时 $b_j(o_t)$ 对 $b_j(k)$ 的偏导才不为 0。最后可求出

$$b_j(k) = \frac{\sum_{t=1}^{T} P(O, i_t = j \mid \lambda^*) I(o_t = v_k)}{\sum_{t=1}^{T} P(O, i_t = j \mid \lambda^*)} \tag{9.53}$$

算法 9.2 Baum-Welch 算法

(1) 给定初始参数 $\pi_i^{(0)}, a_{ij}^{(0)}, b_j^{(0)}(k)$，得到初始模型 $\lambda^{(0)} = (\pi^{(0)}, A^{(0)}, B^{(0)})$。

(2) 求出迭代参数

$$\pi_i^{(t+1)} = \frac{P(O, i_1 = i \mid \lambda^*)}{P(O \mid \lambda^*)} \tag{9.54}$$

$$a_{ij}^{(t+1)} = \frac{\sum_{t=1}^{T-1} P(O, i_t = i, i_{t+1} = j \mid \lambda^*)}{\sum_{t=1}^{T-1} P(O, i_t = i \mid \lambda^*)} \tag{9.55}$$

$$b_j^{(t+1)}(k) = \frac{\sum_{t=1}^{T} P(O, i_t = j \mid \lambda^*) I(o_t = v_k)}{\sum_{t=1}^{T} P(O, i_t = j \mid \lambda^*)} \tag{9.56}$$

每次利用上一步计算得到的模型参数 $\lambda^{(t)} = (\pi^{(t)}, A^{(t)}, B^{(t)})$ 求出下一步的迭代参数 $\pi_i^{(t+1)}, a_{ij}^{(t+1)}, b_j^{(t+1)}(k)$。有了迭代参数 $\pi_i^{(t+1)}, a_{ij}^{(t+1)}, b_j(k)^{(t+1)}$ 就可以计算出新的模型参数 $\lambda^{(t+1)} = (\pi^{(t+1)}, A^{(t+1)}, B^{(t+1)})$。

(3) 当迭代参数取得极大值时，终止迭代，确定参数为 $\pi_i^{(T)}, a_{ij}^{(T)}, b_j(k)^{(T)}$，得到的模型参数为 $\lambda^{(T)} = (\pi^{(T)}, A^{(T)}, B^{(T)})$。

本 章 小 结

1. 与隐马尔可夫模型相关的概念：状态集 Q、观测集 V、状态序列 I、观测序列 O、隐马尔可夫模型 λ、初始状态概率向量 π、状态转移概率矩阵 A、观测概率矩阵 B。

状态集 Q 可以理解为不可直接观测的数据的集合，观测集 V 是可以直接观测到的数据的集合。状态序列 I 是已经发生的，按时序排列的状态数据，每个状态值都来源于状态集 Q；观测序列 O 是按时序排列的观测数据，每个观测值都来源于观测集 V。

隐马尔可夫模型 λ 由初始状态概率向量 π、状态转移概率矩阵 A、观测概率矩阵 B 三个参数构成。初始状态概率向量 π 是初始节点表现出不同状态值的概率矩阵，状态转移概率矩阵 A 是包含所有从本节点状态 i 转移到下一节点状态 j 可能性的概率矩阵，观测概率矩阵 B 是包含所有某状态值表现出某观测值可能性的概率矩阵。

2. 隐马尔可夫模型主要应用于三类问题：概率计算问题、预测问题、学习问题。

(1) 概率计算问题是在已知观测序列 O 和隐马尔可夫模型 $\lambda = (\pi, A, B)$ 的情况下，计算观测序列 O 的概率 $P(O|\lambda)$，具体有直接计算法和前向后向计算法。直接计算法是通过计算状态序列 I 的概率推广计算观测序列 O 的概率，前向后向算法只是计算方向不同，依次计算每一步的概率并累乘。

(2) 预测问题是在已知观测序列 O 和隐马尔可夫模型参数 (π, A, B) 的情况下，计算状态序列 I，具体有近似算法和维特比算法。近似算法是选取每步可选步中最优的一条，维特比算法是任意步数的路径都是可选路径中最优的一条。

(3) 学习问题是在已知观测序列 O 和状态序列 I 的情况下，用监督学习的极大似然法估计隐马尔可夫模型参数 (π, A, B)。对于已知观测序列 O 未知状态序列 I 的情况，用无监督学习的 EM 算法和 Baum-Welch 算法估计隐马尔可夫模型参数(π, A, B)。

关键词：初始状态概率向量　状态转移概率矩阵　观测概率矩阵　维特比算法　Baum-Welch 算法

思 考 题

1. 推导 EM 算法和 Baum-Welch 算法，尝试按算法步骤绘制有向图，体会两者的特点。

2. 已知初始状态概率向量、状态转移概率矩阵、观测概率矩阵分别为 $\pi = \begin{bmatrix} 0.3 \\ 0.1 \\ 0.6 \end{bmatrix}$, $A = \begin{bmatrix} 0.1 & 0.7 & 0.2 \\ 0.6 & 0.1 & 0.3 \\ 0.3 & 0.2 & 0.5 \end{bmatrix}$, $B = \begin{bmatrix} 0.3 & 0.7 \\ 0.4 & 0.6 \\ 0.5 & 0.5 \end{bmatrix}$，计算观测序列 $O = [喝水, 喝水, 拍照]$ 的概率。

3. 已知初始状态概率向量、状态转移概率矩阵、观测概率矩阵分别为 $\pi = \begin{bmatrix} 0.3 \\ 0.1 \\ 0.6 \end{bmatrix}$, $A = \begin{bmatrix} 0.1 & 0.7 & 0.2 \\ 0.6 & 0.1 & 0.3 \\ 0.3 & 0.2 & 0.5 \end{bmatrix}$, $B = \begin{bmatrix} 0.3 & 0.7 \\ 0.4 & 0.6 \\ 0.5 & 0.5 \end{bmatrix}$，已知观测序列 $O = [拍照, 拍照, 喝水]$，试求状态序列 I。

参 考 文 献

[1] 李航. 统计学习方法[M]. 2 版. 北京：清华大学出版社, 2019.
[2] 周志华. 机器学习[M]. 北京：清华大学出版社, 2016.

第 10 章 集 成 学 习

教学目标

1. 了解集成学习的基本概念；
2. 熟悉常用的集成学习框架；
3. 掌握各种经典的集成学习方法。

前面介绍了多个学习器，但在单独使用的时候，有可能不能达到较好的性能。俗话说"三个臭皮匠，赛过诸葛亮"，如果同时训练多个学习器并把它们结合起来，集成地使用，就可能会有更好的性能。集成学习就是这么做的，它同时训练出多个学习器，再用一定的策略把各个个体学习器结合起来，形成一个集成学习器，这往往能把许多单独使用时性能较差的弱学习器集成为一个强大的学习器。集成学习算法本身不是一种单独的机器学习算法，它是通过构建并结合多个机器学习器来完成学习任务的。

10.1 节介绍集成学习的基本概念，10.2 节介绍集成学习方法，10.3 节介绍 AdaBoost 算法，10.4 节介绍提升树，10.5 节介绍梯度提升树，10.6 节介绍随机森林，10.7 节介绍极度梯度提升。

10.1 集成学习介绍

图 10.1 显示了集成学习的一般结构，即先生成多个"个体学习器"，然后利用某种策略将它们结合起来。这些"个体学习器"既可以使用相同的算法生成，又可以使用不同的算法生成。通常把使用相同算法生成的学习器称为"基学习器"，而把使用不同算法生成的学习器称为"组件学习器"或"个体学习器"。参与集成的个体学习器即使性能很多，但分类准确率较低，若通过集成往往能形成一个分类准确率较高的集成模型，性能得到大幅提升，可以与其他类型的强模型相媲美。这里，我们把参与集成的分类器称为弱学习器（Week learner），把集成后的模型称为强学习器（Strong learner）。

集成学习是机器学习的一个最重要的研究分支，它体现了一种朴素的哲学思想：将一些简单的机器学习模型组合起来使用，可以得到一个强大的模型。近些年来，集成算法在 Kaggle 大赛中获奖无数，其能获得比传统机器学习算法更高的准确率，避免深度学习算法的过拟合以及训练效率低下的问题，并具有更强的泛化性能，因此一直受到学术界和业界的热捧。集成的思想其实在我们的日常生活中也随处可见,例如集体投票机制。这种思想应用于机器学习领域,无论是理论层面还是实践层面都被证实是可行的,通过集成,可以让机器学习算法获取更高的准确率和更强的泛化性能。因此,集成学习是集百家(个体学习器)之所长,能让机器学习算法拥有较高的准确率和稳健性的,其不足之处在于模型的训练过程可能比较复杂,效率不是很高(与个体学习器相比)。

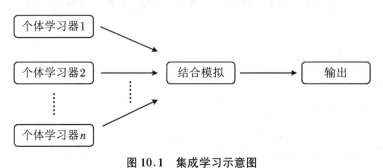

图 10.1　集成学习示意图

10.2　集成学习方法

集成学习方法可分为三大类。第一类是个体学习器间存在强依赖关系,必须串行化生成的序列化方法,其代表是 Boosting。第二类是个体学习器间不存在强依赖关系,可同时生成的并行化方法,其代表是 Bagging。第三类是通过引入次级学习器来学习个体学习器的输出结果与最终样本真实值之间的关系,最后根据这样的关系来进行集成,其代表是 Stacking。

10.2.1　Boosting

Boosting 是一族集成算法,它可将弱学习器提升为强学习器。Boosting 的工作机制为先使用训练数据集训练出一个个体学习器,然后根据学习器的性能对训练样本的权重进行调整,使得前面学习器预测错误的样本在后续训练中得到更大的关注,再基于调整权重后的样本训练下一个个体学习器,如此反复进行,直到个体学习器数量达到预先设定的数目时,停止训练,最后将这些个体学习器进行加权结合。因此,Boosting 的训练过程是阶梯状的,模型的训练过程是有顺序的、串行的。Boosting 族算法的代表是 AdaBoost。

Boosting 算法要求学习器能对具有特定权重的数据进行学习,如果学习器不能对带权样本进行学习,可采取重采样的方法来重构一个新数据集,再利用新数据集训练学习器。一般而言,基于带权样本的学习和基于重采样样本的学习等得到的学习器效果并没有显著的差别。

10.2.2 Bagging

Bagging(Boostrap Aggregating)是并行式集成学习方法的代表,前面我们介绍的 Boosting 集成是串行生成学习器的序列化方法,而 Bagging 则是可同时生成多个学习器的并行化方法。Bagging 基于自助采样法(Boostrap Sampling),即对数据集进行多次重采样,生成多个重采样的样本。具体而言,Bagging 采用可放回的随机抽样(每次抽取一个),进行 m 次随机抽取生成一个样本容量为 m 的采样集,初始训练集中的样本有些是在采样集中没有出现过的,有些样本是在采样集中重复出现的。易知,每个采样集应包括原数据集中约 63.2% 的样本。

Bagging 的集成学习是,并先采用自助采样法生成 T 个包含 m 个样本的数据集,然后利用这 T 个样本集训练出 T 个个体学习器,再把这 T 个个体学习器按照一定的方法结合起来。Bagging 通常对分类任务使用简单投票法,而对回归任务使用简单平均法。对于分类任务,如果出现有两个类别的票数相等,那么可以随机选择一个类别作为输出,也可以进一步考虑类别的置信度,选择置信度较大的类别作为输出。

算法 10.1 Bagging 分类算法

输入:训练数据集 $D = \{(x_1, y_1), (x_2, y_2), \cdots, (x_n, y_n)\}, x_i \in X \subseteq R^n, y_i \subseteq Y, Y$ 为类别集合;个体学习算法 $\varphi = (\varphi_1, \varphi_2, \cdots, \varphi_T)$;训练轮数 T。

输出:集成学习器 $H(x)$。

算法过程:

以上过程记为函数 $BaggingGenerate(D, \varphi, T)$。

(1) for $t = 1, 2, \cdots, T$:

$$h_t = \varphi_t(D, D_{bs})$$

其中,D_{bs} 是自助采样产生的样本集。

(2) 计算

$$H(x) = \arg\max_{y \in T} \sum_{t=1}^{T} I(h_t(x) = y) \tag{10.1}$$

其中,$I(.)$ 是示性函数,$H(x)$ 函数表示投票数最多的类别。

以上是 Bagging 分类算法。对于回归算法,则只需要把 $H(x)$ 替换为 $H(x) = \frac{1}{T}\sum_{t=1}^{T} h_t(x)$。事实上,训练一个 Bagging 集成学习器与训练一个基学习器(同质学习器)的复杂度同阶(设个体学习器的计算复杂度为 $O(m)$,T 为个体学习器个数,自助采样与投票/平均的复杂度为 $O(s)$,那么 Bagging 的计算复杂度约为 $T(O(m) + O(s))$,因为 $O(s)$ 是比较小的,T 也是不太大的常数,所以 Bagging 集成的计算复杂度与训练一个个体分类器的复杂度是同阶的),因此 Bagging 算法具有很高的训练效率。另外,与标准的 AdaBoost 只能用于二分类任务相比,Bagging 可不经修改直接用于多分类和回归任务。从偏差-方差分解的角度看,Bagging 算法主要关注降方差,因此其在不剪枝决策树、神经网络等易受样本扰动的学习器上集成效果更好。

Bagging 所采用的自助采样法其中一个优点是可以进行包外估计。由于每个样本集都是通过自助采样形成的,因此对于每个样本集,都有约 36.8%的原始样本没有出现过,那么在对其对应的个体学习器进行评估时,可使用这 36.8%的样本外数据作为验证集,我们称之为包外估计(Out-of-bag estimate)。记 D_t 为 h_t 实际使用的训练样本集,令 $H^{oob}(x)$ 表示对样本 x 的包外预测,有

$$H^{oob}(x) = \arg\max_{y \in Y} \sum_{t=1}^{T} I(h_t(x) = y)) \quad I(x \notin D_t) \tag{10.2}$$

此时,Bagging 泛化误差的包外估计为

$$e^{oob} = \frac{1}{|D|} \sum_{(x,y) \in D} I(H^{oob}(x) \neq y) \tag{10.3}$$

10.2.3 Stacking

Stacking 本质上是通过算法学习各个个体学习器的输出与样本真实值之间的关系,即训练一个可以把各个个体学习器的输出结合起来的学习器,并把这个用于结合的学习器用在后续的预测当中。这里,我们把个体学习器称为初级学习器,而把用于结合的学习器称为次级学习器或元学习器。

Stacking 的原理是,把各个初级学习器的输出结果作为输入特征,把原始样本标记作为次级学习器的输出,以此训练次级学习器。

算法 10.2 Stacking 算法

输入:训练数据集 $D = \{(x_1, y_1),(x_2, y_2),\cdots,(x_n, y_n)\}$;初级学习算法 $\varphi_1, \varphi_2, \cdots, \varphi_T$;次级学习算法 φ;训练轮数 T。

输出:Stacking 集成学习器 $G(x)$。

算法过程:

过程 Stacking Generate(D, φ_i, φ)。

以上过程记为函数 Stacking Generate$(D, \varphi_t, \varphi, T)$。

(1) 生成 t 个初级学习器:

    for $t = 1, 2, \cdots, T$:

        $h_t = \varphi_t(D)$

(2) 初始化 $D' = \varnothing$。

(3) 生成次级学习器的输入特征:

    for $i = 1, 2, \cdots, n$:

        for $= 1, 2, \ldots, T$:

            $z_{it} = h_t(x_i)$

    $D' = D' \bigcup ((z_{i1}, z_{i2}, \cdots, z_{iT}), y_i)$

(4) 训练次级学习器 $h' = \varphi(D')$。

(5) $G(x) = h'(h_1(x), h_2(x), \cdots, h_T(x))$。

10.2.4 结合策略

结合策略是指在集成算法中,如何把多个分类器的输出结果结合起来的方法,常见的结

合策略有平均法、投票法。

1. 平均法

对于数值型输出,常用的结合策略是平均法,平均法又分为简单平均法和加权平均法。简单平均法仅仅把各学习器的输出数值进行算术平均

$$H(x) = \frac{1}{T}\sum_{i=1}^{T} h_i(x) \tag{10.4}$$

加权平均法把个学习器的输出数值进行加权平均

$$H(x) = \sum_{i=1}^{T} w_i h_i(x) \tag{10.5}$$

其中,w_i 是权重,通常限制 $w_i \geqslant 0$,$\sum_{i=1}^{T} w_i = 1$。加权平均法是集成学习的一种基本的结合策略,不同的学习方法可视为通过不同的方式来确定加权平均法中的基学习器权重。这些权重通常可以通过学习得到。一般在基学习器性能差异较大时选取加权平均法,否则选取简单平均法。

2. 投票法

对分类任务来说,常采用投票法。投票法分为绝对多数投票法、相对多数投票法以及加权投票法。将 h_i 在样本 x 上的预测输出表示为一个 N 维向量 $(h_i^1(x), h_i^2(x), \cdots, h_i^N(x))$;$h_i^j(x)$ 是学习器 h_i 在类别标记 C_i 上的输出。

采取绝对多数投票法的集成学习器输出值为

$$H(x) = \begin{cases} C_i, \sum_{j=1}^{T} h_i^j(x) > 0.5 \sum_{k=1}^{N}\sum_{i=1}^{T} h_i^k(x) \\ \text{refuse}, \text{otherwise} \end{cases} \tag{10.6}$$

绝对多数投票法的原理是,当某标记票数占一半以上,则预测为该标记,否则就拒绝预测。

采用相对多数投票法的集成学习器的输出为

$$H(x) = C_{\operatorname{argmax}_{j} \sum_{i=1}^{T} w_i h_i^j(x)} \tag{10.7}$$

通常把 w_i 限制为 $w_i \geqslant 0$,$\sum_{i=1}^{T} w_i = 1$。需要注意的是,式(10.4)~式(10.7)都没有限制输出值的类型。学习器的输出值可以是类标记,也可以是类概率。如果 $h_i^j(x) \in \{0,1\}$,则以上是硬投票;如果 $h_i^j(x) \in [0,1]$,则相当于对后验概率 $P(C_i \mid x)$ 的一个解,属于软投票。对于后者,最后得出的集成学习器输出值可作为类概率使用。

10.2.5 集成学习提升整体性能的原因

为什么使用集成学习比单个学习器的效果要好呢?主要有以下三个原因:第一,统计的原因。学习器学习的过程实际上是从假设空间中找到最合适的假设,但是在实际学习任务中假设空间往往很大,这时可能会有多个假设可以达到同样的性能,只使用单个学习器有可能误选假设而导致泛化性能不佳,结合多个学习器则可以降低这一风险;第二,计算的原因。

从算法优化层面来看,单个学习器很容易陷入泛化性能不佳的局部最优解,但是结合多个学习器则可以降低这种风险;第三,表示的原因。在某些学习任务中,假设空间有可能不存在真实假设的情况下使用单一学习器肯定是无效的,但结合多个学习器则可以扩大假设空间,使得模型学习到的假设更接近于真实假设。例如,某个学习任务的真实假设是一条对角线,而单个决策树的学习结果只能是平行于坐标轴,不可能学习到真实的假设,而使用多个决策树则可以去拟合这条对角线。

10.2.6 集成学习中的偏差与方差

以上介绍了集成学习的基本概念和集成学习的三大框架,下面我们从偏差与方差的角度来理解集成学习。首先我们来看一张经典的解释偏差与方差的图,见图10.2。

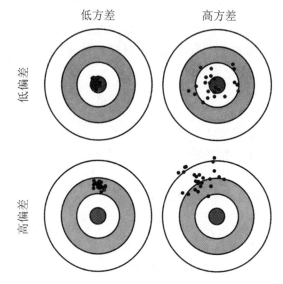

图 10.2　模型的偏差与方差

图10.2形象地表达了模型的偏差与方差的内涵。偏差(Bias)代表的是模型预测值与真实值之差,若要使得模型的偏差降低,则需要复杂度更高的模型,增加模型的参数,但这样做有可能会导致模型过拟合。过拟合对应了图10.2中右上角的打靶图,上面的点虽然都在靶心附近,但是比较分散,具有高方差。所以,低偏差高方差可以形象地解释为,枪打中的点都在靶心附近,瞄得很准,但是不一定很稳;方差(Variance)代表的是模型预测值作为随机变量的离散程度,若要使得模型的方差降低,那么就要降低模型的复杂度,减少参数量,但这样做有可能会导致模型欠拟合,欠拟合对应于图10.2左下角的打靶图,上面的点比较集中,但是都较大偏离靶心。所以高偏差低方差可以形象地解释为,枪打中的点都比较集中,但不一定在靶心附近,手很稳,但是瞄得不准。

一般情况下,集成学习中的个体学习器是弱学习器,弱学习器具有高偏差和低方差的属性。但是,并不是所有集成学习的个体学习器都是弱学习器,例如 Bagging 和 Stacking 中的个体学习器则多为强学习器(低偏差高方差)。

我们接下来以公式推导的形式研究集成学习模型的偏差和方差。为了简化模型,假设集成学习中的个体学习器具有相同权重 r、方差 σ^2，个体学习器间的相关系数 ρ 相等。因为 Boosting 和 Bagging 的基模型是个体学习器的线性组合，于是

模型的总体期望为

$$E(F) = E\Big(\sum_i^m r_i f_i\Big) = \sum_i^m r_i E(f_i) = r \sum_i^m E(f_i) \tag{10.8}$$

模型的总体方差为

$$\begin{aligned}
\operatorname{Var}(F) &= \operatorname{Var}\Big(\sum_i^m r_i f_i\Big) \\
&= \operatorname{Cov}\Big(\sum_i^m r_i f_i, \sum_i^m r_i f_i\Big) \\
&= \sum_i^m r_i^2 \operatorname{Var}(f_i) + \sum_i^m \sum_{j\neq i}^m 2\rho r_i r_j \sqrt{\operatorname{Var}(f_i)} \sqrt{\operatorname{Var}(f_j)} \\
&= m^2 r^2 \sigma^2 \rho + m r^2 \sigma^2 (1-\rho)
\end{aligned} \tag{10.9}$$

1. Boosting 偏差与方差

对于 Boosting 而言，其个体学习器是强相关的，相关系数接近 1，因此针对 Boosting 公式可以简化为

$$E(F) = r \sum_i^m E(f_i) \tag{10.10}$$

$$\operatorname{Var}(F) = m^2 r^2 \sigma^2 \rho + m r^2 \sigma^2 (1-\rho) = m^2 r^2 \sigma^2 \tag{10.11}$$

通过观察模型整体方差的表达式可以发现，模型整体的方差是个体学习器方差的 $m^2 r^2$ 倍，这意味着强学习器的 Boosting 集成一般会使整体模型的方差很大，有可能会导致集成学习的过拟合。因此，Boosting 集成学习中一般采用弱学习器，以确保整体模型的方差不太大。另外，Boosting 集成学习中采用前向分步加法模型，模型整体的期望是由个体学习器的期望累加得到的，因此随着个体学习器的增加，整体模型的期望值是增加的，于是整体模型的准确率也提高了。所以，从偏差-方差分解的角度来看，boosting 算法的主要作用是降低偏差，而对方差的改善并不显著。

2. Bagging 的偏差与方差

设 Bagging 的每个个体学习器的权重 r 都为 $\dfrac{1}{m}$，m 是个体学习器的个数，其每个个体学习器的期望也近似相等（因为每个子训练集都是在原始训练集中进行 Boostrap 抽样的），设为 μ。那么可以得到 Bagging 整体模型的期望和方差为

$$E(F) = E\Big(\sum_i^m r_i f_i\Big) = \frac{1}{m} m \mu \tag{10.12}$$

$$\operatorname{Var}(F) = m^2 r^2 \sigma^2 \rho + m r^2 \sigma^2 (1-\rho) = m^2 \frac{1}{m^2}\sigma^2 \rho + m \frac{1}{m^2}\sigma^2 (1-\rho) = \sigma^2 \rho + \frac{\sigma^2 (1-\rho)}{m} \tag{10.13}$$

通过观察上式可以发现,整体模型的期望等于单个个体学习器的期望,这就说明整体模型的偏差与单个模型的偏差是近似的,所以通过 Bagging 集成并不能降低整体模型的偏差。此外,还可以看到整体模型的方差小于等于个体学习器的方差,当且仅当相关系数 ρ 为 1 时取等号。整体模型的方差随着个体学习器数量的增加而减少,这意味着个体学习器越多,就越能降低整体模型的方差,从而降低过拟合的风险,模型的准确率也会提高。当然,模型的准确率不会提高到 100%,当个体学习器的数量增加到一定程度,方差公式中的第二项的改变对整体方差的作用就很小了,整体模型的方差会收敛于 $\sigma^2 \rho$,此时整体模型的准确率也不会再提高了。

10.3 AdaBoost

AdaBoost(Adaptive Boosting)算法是 Boosting 中最具代表性的算法。一般来说,对于分类问题,Boosting 方法需要解决两个问题:第一是在每一轮训练中如何改变训练样本的样本权重或概率分布,第二是如何将多个弱分类器组合成强分类器。关于第一个问题,AdaBoost 的做法是,提高在上一轮被错误分类的样本的权重或概率分布,降低在上一轮被正确分类的样本的权重或概率分布。这样的话,那些在上一轮被错误分类的样本在下一轮训练时就会受到更高的关注。这就相当于不同的分类器关注不同的样本,各个分类器各司其职。关于第二个问题,AdaBoost 采用加权多数表决的办法。具体来说,就是加大分类错误率较低的分类器的权重,以提高其在投票表决中的重要程度,而减小分类错误率较高的分类器的权重,以降低其在投票表决中的重要程度。AdaBoost 训练过程的停止条件是模型达到某个预定的足够小的错误率或达到预先指定的最大迭代次数。

10.3.1 AdaBoost 算法

AdaBoost 算法可以分为三步:

(1) 初始化训练样本的权重或概率分布。每个样本具有相同的权重或概率分布。

(2) 训练弱分类器。如果样本在弱分类器中分类正确,则在下一轮的训练当中,降低样本的权值;反之,提高样本的权值,然后用更新完权重后的新的训练集去训练下一个分类器。

(3) 将训练好的所有弱分类器线性组合为强分类器。此过程会提高分类误差率低的分类器的权重,降低分类误差率高的分类器的权重。

设有二分类训练数据集 $D = \{(x_1, y_1), (x_2, y_2), \cdots, (x_n, y_n)\}, x_i \in X \subseteq \mathbf{R}^n, y_i \in Y = \{-1, +1\}$。$X$ 是特征空间,Y 是标记集合。下面利用 AdaBoost 算法训练一个集成学习器。

算法 10.3　AdaBoost 算法

输入:$D = \{(x_1, y_1), (x_2, y_2), \cdots, (x_n, y_n)\}, x_i \in X \subseteq \mathbf{R}^n, y_i \subseteq Y = \{-1, +1\}$。

输出:集成分类器 $G(x)$。

算法过程：

以上过程记为函数 AdaBoost(D)。

(1) 初始化训练集 D 的样本权重

$$W_1 = (w_{11}, w_{12}, \cdots, w_{1n}), \quad w_{ii} = \frac{1}{n} \quad (i = 1, 2, \cdots, n)$$

(2) 对 $m = 1, 2, \cdots, M$：

① 把 D 的权重调整为 W_m，将其用于个体学习器

$$G_m(x): x \to \{-1, +1\}$$

② 计算 $G_m(x)$ 在训练数据集上的分类错误率

$$e_m = P(G_m(x_i) \neq y_i) = \sum_{i=1}^{n} w_{mi} I(G_m(x_i) \neq y_i) \tag{10.14}$$

③ 计算 $G_m(x)$ 的系数

$$\alpha_m = \frac{1}{2} \ln \frac{1 - e_m}{e_m} \tag{10.15}$$

④ 对训练数据集的权重进行更新：

$$W_{m+1} = (w_{m+1,1}, w_{m+1,2}, \cdots, w_{m+1,n})$$

$$w_{m+1,i} = \frac{w_{m,i}}{Z_m} \exp(-\alpha_m y_i G_m(x_i)) \quad (i = 1, 2, \cdots, n) \tag{10.16}$$

其中，$Z_m = \sum_{i=1}^{n} w_{mi} \exp(-\alpha_m y_i G_m(x_i))$ 是规范化因子，使得 W_{m+1} 成为一个概率分布。

(3) 对个体分类器进行线性组合

$$f(x) = \sum_{i=1}^{M} \alpha_m G_m(x) \tag{10.17}$$

(4) 输出分类器

$$G(x) = \text{sign}(f(x)) = \text{sign}\left(\sum_{i=1}^{M} \alpha_m G_m(x)\right) \tag{10.18}$$

以上即是 AdaBoost 算法。从中可以看出 AdaBoost 算法的一些特点。由分类错误率 $e_m = P(G_m(x_i) \neq y_i) = \sum_{G_m(x_i) \neq y_i} w_{mi}$ 可知，$G_m(x)$ 在加权的数据集上的分类错误率是被 $G_m(x)$ 误分类样本的权值之和，这可看出数据权值分布 W_m 与个体分类器 $G_m(x)$ 的分类错误率的关系。另外，根据式 $\alpha_m = \frac{1}{2} \ln \frac{1-e_m}{e_m}$，当 $e_m \leqslant 0.5$，有 $\alpha_m \geqslant 0$，且 α_m 随 e_m 减小而增大，故分类错误率越小，个体分类器在最终分类器中的作用越大。式(10.3)可写成

$$w_{m+1,i} = \begin{cases} \frac{w_{m,i}}{Z_m} \exp(-\alpha_m), & G_m(x_i) = y_i \\ \frac{w_{m,i}}{Z_m} \exp(\alpha_m), & G_m(x_i) \neq y_i \end{cases} \tag{10.19}$$

可以看到，被个体分类器 $G_m(x)$ 误分类样本的权值得以扩大，被正确分类样本的权值则被缩小，被误分类样本在后面的学习中会详细描述。系数 α_m 衡量每个个体分类器的重要性，但所有 α_m 之和并不为 1。$f(x)$ 的符号决定实例 x 的类别，而 $f(x)$ 的绝对值表示分类的确信度。

10.3.2 前向分步算法与 AdaBoost

事实上,AdaBoost 算法是前向分步算法的一个特例。具体而言,当前向分步算法的模型采用基本分类器,同时损失函数为指数函数时,其等价于 AdaBoost 最终的分类器

$$f(x) = \sum_{m=1}^{M} \alpha_m G_m(x) \tag{10.20}$$

$G_m(x)$ 是第 m 个基本分类器,α_m 是基本分类器的权重系数,$m = 1, 2, \cdots, M$。下面给出推导过程。

设前向分步算法的损失函数为指数损失函数

$$L(y, f(x)) = \exp[-yf(x)] \tag{10.21}$$

在进行 $m-1$ 轮前向分步算法迭代以后,我们可以得到 $f_{m-1}(x)$:

$$f_{m-1}(x) = f_{m-2}(x) + \alpha_{m-1} G_{m-1}(x) = \alpha_1 G_1(x) + \alpha_2 G_2(x) + \cdots + \alpha_{m-1} G_{m-1}(x) \tag{10.22}$$

在第 m 轮迭代中可以得到 $\alpha_m, G_m(x)$ 和 $f_m(x)$,

$$f_m(x) = f_{m-1}(x) + \alpha_m G_m(x) \tag{10.23}$$

这里的目标是找出 α_m 和 $G_m(x)$,使得 $f_m(x)$ 在训练数据集 D 上的指数损失最小,即

$$(\alpha_m, G_m(x)) = \arg\min_{\alpha, G} \sum_{i=1}^{N} \exp[-y_i(f_{m-1}(x_i) + \alpha G(x_i))]$$

$$= \arg\min_{\alpha, G} \sum_{i=1}^{N} \bar{w}_{mi} \exp(-y_i \alpha G(x_i)) \tag{10.24}$$

其中,$\bar{w}_{mi} = \exp[-y_i f_{m-1}(x_i)]$。由于 $\bar{w}_{mi}$ 的表达式里不包含 α 和 G,所以 $\bar{w}_{mi}$ 与 α 和 G 无关,也就是 $\bar{w}_{mi}$ 与最小化过程是无关的,可看成是常数(但实际上 $\bar{w}_{mi}$ 依赖于 $f_{m-1}(x)$,因此在每一轮迭代中是变化的)。

下面我们求解式(10.24)中的 α 和 G。

第一步,先求 G 的最优解 G_m^*。对任意的 $\alpha > 0$,根据 0-1 损失函数与指数损失函数的一致性,使得式(10.24)最小的 $G(x)$ 可由

$$G_m^*(x) = \arg\min_{G} \sum_{i=1}^{N} \bar{w}_{mi} I(y_i \neq G(x_i)) \tag{10.25}$$

得到。其中,$\bar{w}_{mi} = \exp[-y_i f_{m-1}(x_i)]$。可以看到,分类器 $G_m^*(x)$ 就是 AdaBoost 算法中的基本分类器 $G_m(x)$,因为它是使得第 m 轮加权训练数据分类误差率最小的基本分类器。

第二步,求 α 的最优解 α^*。给定 $G(x) = G_m^*(x)$,有

$$\sum_{i=1}^{N} \bar{w}_{mi} \exp(-y_i \alpha G(x_i)) = \sum_{i=1}^{N} \bar{w}_{mi} \exp(-y_i \alpha G_m^*(x_i))$$

$$= \sum_{y_i = G_m^*(x_i)} \bar{w}_{mi} e^{-\alpha} + \sum_{y_i \neq G_m^*(x_i)} \bar{w}_{mi} e^{\alpha}$$

$$= (e^{\alpha} - e^{-\alpha}) \sum_{i=1}^{N} \bar{w}_{mi} I(y_i \neq G(x)) + e^{-\alpha} \sum_{i=1}^{N} \bar{w}_{mi} \tag{10.26}$$

对上式 α 求导并令导数为 0,便可以得到使上式最小的 α^*

$$\alpha_m^* = \frac{1}{2}\log\frac{1-e_m}{e_m} \tag{10.27}$$

其中,e_m 是分类错误率

$$e_m = \frac{\sum_{i=1}^N \bar{w}_{mi} I(y_i \neq G_m(x_i))}{\sum_{i=1}^N \bar{w}_{mi}} = \sum_{i=1}^N w_{mi} I(y_i \neq G_m(x_i)) \tag{10.28}$$

这里的 α_m^* 与 AdaBoost 算法中的 α_m 是一致的。

但是,前向分步算法中的权重更新与 AdaBoost 算法中的权重更新是否一致呢?答案是一致的。我们来看每一轮迭代中样本权重的更新。基于

$$f_m(x) = f_{m-1}(x) + \alpha_m G_m(x) \tag{10.29}$$

和

$$\bar{w}_{mi} = \exp[-y_i f_{m-1}(x_i)] \tag{10.30}$$

可得

$$\bar{w}_{m+1,i} = \bar{w}_{m,i} \exp[-y_i \alpha_m G_m(x)] \tag{10.31}$$

可以看到,前向分步算法中的权重更新与 AdaBoost 的权值更新的差异只在规范化因子,因此两者是等价的。

10.3.3 AdaBoost 正则化

AdaBoost 算法学习的模型也有过拟合的风险,为了降低过拟合的风险,可以对 AdaBoost 算法加入正则化项,以提升整体模型的泛化能力。具体而言,在 AdaBoost 第 m 步迭代中,有

$$f_m(x) = f_{m-1}(x) + \alpha_m G_m(x) \tag{10.32}$$

在此基础上加入正则化项,有

$$f_m(x) = f_{m-1}(x) + \nu\alpha_m G_m(x) \tag{10.33}$$

其中,ν 就是正则化项,通常也称为步长,取值范围是 $0<\nu<1$。加入正则化项 ν 的作用是,使得每一次新加入的学习器的权重减小,降低每一个学习器在投票表决中的重要性。对于同样的训练集的学习效果,较小的 ν 意味着需要更多的弱学习器和更多的迭代次数。

10.3.4 AdaBoost 的优缺点

1. AdaBoost 的优点

首先,AdaBoost 提供了一个框架,在这个框架下可以使用各种方法构建基分类器,把效果不佳的弱分类器线性组合为高性能的强分类器,达到"三个臭皮匠,赛过诸葛亮"的效果。其次,AdaBoost 算法不依赖于弱分类器的先验知识,最后得到的整体模型的分类精度依赖于所有的基分类器,可以最大利用各个分类器的性能;再次,AdaBoost 算法在不进行特征选择的情况下,也能学习泛化能力较好的模型,模型也不容易出现过拟合的现象;最后,AdaBoost 整体模型的错误率上界会随着训练迭代次数的增加而逐渐下降,这是 AdaBoost 很好的一个特性。

2. AdaBoost 的缺点

AdaBoost 的主要缺点在于，其训练过程对异常样本比较敏感，异常样本会获得较高的权重。在训练过程中，AdaBoost 会使得分类错误率较高的样本的权重呈指数级增长，即学习器的训练会偏向于这类分类策略率较高的样本，因此 AdaBoost 易受噪声干扰。此外，AdaBoost 一般采用弱学习器作为基学习器，而弱学习器的训练时间往往比较长，因此使得 AdaBoost 整体模型的训练耗时较长。

10.3.5 前向分布算法

前面的 AdaBoost 算法实际上是加法模型的一种特殊情况，即加法模型采用指数损失函数、学习算法为前向分布算法的二分类学习方法。下面介绍前向分步算法。

考虑加法模型

$$f(x) = \sum_{m=1}^{M} \beta_m b(x; \gamma_m) \tag{10.34}$$

其中，$b(x; \gamma_m)$ 是基函数，β_m 是基函数的系数，γ_m 是基函数的参数。于是，在给定训练数据集和损失函数 $L(y, f(x))$ 条件下，学习模型 $f(x)$ 的问题就转化为优化函数

$$\min_{\beta_m, \gamma_m} \sum_{i=1}^{N} L\left(y_i, \sum_{m=1}^{M} \beta_m b(x_i; \gamma_m)\right) \tag{10.35}$$

这是一个复杂的优化问题，对其进行求解比较困难，但可采用前向分布算法来近似求解这一优化问题。具体而言，每步只需优化损失函数

$$\min_{\beta, \gamma} \sum_{i=1}^{N} L(y_i, \beta b(x_i; \lambda)) \tag{10.36}$$

其中，$b(x_i; \lambda)$，β，λ 分别是每一轮算法学习中的基函数、基函数的系数、基函数的参数。这样，就大大简化了优化求解过程。

算法 10.4　前向分布算法

输入：训练数据集 $D = \{(x_1, y_1), (x_2, y_2), \cdots, (x_n, y_n)\}$；损失函数 $L(y, f(x))$；基函数集$\{b(x; \gamma)\}$。

输出：加法模型 $f(x)$。

算法过程：

(1) 初始化 $f_0(x) = 0$。

(2) 对 $m = 1, 2, \cdots, M$：

① 极小化损失函数

$$(\beta_m, \gamma_m) = \arg\min_{\beta, \gamma} \sum_{i=1}^{N} L(y_i, f_{m-1}(x_i) + \beta b(x_i; \gamma)) \tag{10.37}$$

解得参数 β_m, γ_m

② 更新

$$f_m(x) = f_{m-1}(x) + \beta_m b(x; \gamma_m) \tag{10.38}$$

(3) 得到加法模型

$$f(x) = f_M(x) = \sum_{m=1}^{M} \beta_m b(x;\gamma_m) \tag{10.39}$$

于是,前向分步算法就把原优化问题简化为逐次求解各个 β_m,γ_m 的优化问题,大幅降低了求解难度。

10.4 提 升 树

10.4.1 提升树模型

提升树模型(Boosting Tree)是以决策树作为基函数的提升方法,当决策树是二叉分类树时,则为分类提升树;当决策树是二叉回归树时,则为回归提升树。提升树模型可以表示为决策树的加法模型

$$f_M(x) = \sum_{m=1}^{M} T(x;\theta_m) \tag{10.40}$$

其中,$T(x;\theta_m)$,θ_m,M 分别表示决策树、决策树的参数、树的个数。对于二分类问题,提升树算法只是前面所述的 AdaBoost 算法的特殊情况,只需把其中的基学习器换成二分类决策树即可。下面主要讨论基学习器为二叉树时的回归提升树。

10.4.2 提升树算法

与 AdaBoost 算法一样,提升树算法也是采用前向分步算法。

首先,初始化提升树 $f_0(x)=0$,第 m 轮迭代的模型是

$$f_0(x) = f_{m-1}(x) + T(x;\theta_m) \tag{10.41}$$

其中,$f_{m-1}(x)$ 第 $m-1$ 轮迭代以后的模型,通过最小化经验损失来确定下一个决策树的参数 θ_m

$$\hat{\theta}_m = \arg m \min_{\theta_m} \sum_{i=1}^{N} L(y_i, f_{m-1}(x_i) + T(x_i;\theta_m)) \tag{10.42}$$

基于决策树的线性组合可以很好地拟合训练数据,能学习到训练数据的输入与输出之间复杂的非线性关系,所以提升树是一个拟合能力很强的强学习器。

设有训练数据集 $D=\{(x_1,y_1),(x_2,y_2),\cdots,(x_n,y_n)\}$,$x_i \in X \subseteq \mathbf{R}^n$,$y_i \subseteq \mathbf{R}$,$Y$ 为输出空间。回归树可表示为

$$T(x;\theta) = \sum_{i=1}^{T} c_i I(x \in R_i) \tag{10.43}$$

其中,R_i 是空间 X 划分后的第 i 个区域,c_i 是对应的输出,$\theta=\{(R_1,c_1),(R_2,c_2),\cdots,(R_J,c_J)\}$,$J$ 是回归树的叶结点个数,可衡量回归树的复杂度。

回归提升树使用以下前向分步提升算法

$$f_0(x) = 0$$
$$f_m(x) = f_{m-1}(x) + T(x;\theta_m) \quad (m = 1,2,\cdots,M) \tag{10.44}$$
$$f_M(x) = \sum_{m=1}^{M} T(x;\theta_m) \tag{10.45}$$

在算法迭代的第 m 步,我们获得了迭代第 $m-1$ 步的模型 $f_{m-1}(x)$,这时需要最小化

$$\sum_{i=1}^{N} L(y_i, f_{m-1}(x_i) + T(x_i;\theta_m)) \tag{10.46}$$

得到第 m 棵决策树的参数 $\hat{\theta}_m$

$$\hat{\theta}_m = \arg\min_{\theta_m} \sum_{i=1}^{N} L(y_i, f_{m-1}(x_i) + T(x_i;\theta_m)) \tag{10.47}$$

当式(10.47)的损失函数为平方损失函数时,即

$$L(y, f(x)) = (y - f(x))^2 \tag{10.48}$$

则其经验损失为

$$L(y, f_{m-1}(x) + T(x;\theta_m)) = [y - f_{m-1}(x) - T(x;\theta_m)]^2 = [r - T(x;\theta_m)]^2 \tag{10.49}$$

其中,$r = y - f_{m-1}(x)$,表示当前第 $m-1$ 步迭代后的模型 $f_{m-1}(x)$ 拟合训练数据的残差。所以以上过程实际上就是拟合上一轮迭代生成的模型的残差。以下是回归提升树的算法。

算法 10.5 回归提升树算法

输入:训练数据集 $D = \{(x_1, y_1), (x_2, y_2), \cdots, (x_n, y_n)\}, x_i \in X \subseteq \mathbf{R}^n, y_i \subseteq \mathbf{R}$。

输出:Boosting Tree $f_M(x)$。

算法过程:

以上过程记为函数 Boosting TreeGenerate(D)。

(1) $f_0(x) = 0$。

(2) for $m = 1, 2, \cdots, M$:

  a. 计算残差 $r_{mi} = y_i - f_{m-1}(x_i), i = 1, 2, \cdots, n$; $\tag{10.50}$

  b. 对残差 r_{mi} 拟合一个回归树 $T(x;\theta_m)$;

  c. 更新 $f_m(x) = f_{m-1}(x) + T(x;\theta_m)$。 $\tag{10.51}$

(3) 得到回归提升树

$$f_m(x) = \sum_{m=1}^{M} T(x;\theta_m) \tag{10.52}$$

10.4.3 提升回归树的一个算例

例 10.1 已知如表 10.1 所示训练数据,x 取值范围为 $[0.5, 10.5]$,y 取值范围为区间 $[5.0, 10.0]$,以该数据学习回归提升模型。考虑只有两个叶结点的决策树桩作为基函数。停止条件:平方损失函数小于 0.2。

表 10.1 训练数据集

x_i	1	2	3	4	5	6	7	8	9	10
y_i	5.56	5.70	5.91	6.40	6.80	7.05	8.90	8.70	9.00	9.05

解 (1) 求 $f(x)$。

优化目标函数

$$\min_{j,s,c_1,c_2}\left[\sum_{x_i\in R_1(j,s)}(y_i-c_1)^2+\sum_{x_i\in R_2(j,s)}(y_i-c_2)^2\right]$$

其中,$R_1(j,s)=\{x\mid x\leqslant s\}$,$R_2(j,s)=\{x\mid x>s\}$。

对给定的 j、s,c_1 和 c_2 的最优取值为

$$c_1^*=\frac{1}{n_1}\sum_{x_i\in R_1}(y_i-c_1)^2,\quad c_2^*=\frac{1}{n_2}\sum_{x_i\in R_2}(y_i-c_2)^2$$

其中,n_1、n_2 分别是 R_1、R_2 的样本数量。

遍历 $s=1.5,2.5,3.5,4.5,5.5,6.5,7.5,8.5,9.5$,可求出 R_1,R_2,c_1,c_2 及

$$m(s)=\sum_{x_i\in R_1}(y_i-c_1)^2+\sum_{x_i\in R_2}(y_i-c_2)^2$$

计算结果如表 10.2 所示:

表 10.2 计算结果

s	1.5	2.5	3.5	4.5	5.5	6.5	7.5	8.5	9.5
$m(s)$	15.72	12.07	8.36	5.78	3.91	1.93	8.01	11.73	15.74

由上表可知,当 $s=6.5$ 时,$m(s)$ 达到最小值,此时 $R_1=\{1,2,\ldots,6\}$,$R_2=\{7,8,9,10\}$,$c_1=6.24$,$c_2=8.91$。

因此,

$$T_1=\begin{cases}6.24 & (x\leqslant 6.5)\\ 8.91 & (x>6.5)\end{cases}$$

令

$$f_1(x)=T_1(x)$$

损失函数为

$$L(y,f_1(x))=\sum_{i=1}^{10}(y_i-f_1(x_i))^2=1.93$$

(2) 求 $T_2(x)$。

对 $f_1(x)$ 的残差拟合出回归树即可,易得

$$T_2=\begin{cases}0.52 & (x\leqslant 3.5)\\ 0.22 & (x>3.5)\end{cases}$$

于是有

$$f_2(x)=f_1(x)+T_1(x)=\begin{cases}5.72 & (x\leqslant 3.5)\\ 6.46 & (3.5<x\leqslant 6.5)\\ 9.13 & (x>6.5)\end{cases}$$

(3) 同理,按照同样的方法,重复拟合每一轮模型的残差,可求得 $T_3(x)$,$T_4(x)$,

$\cdots, T_6(x)$

$$T_3(x) = \begin{cases} 0.15 & (x \leqslant 6.5) \\ 0.22 & (x > 6.5) \end{cases} \quad L(y, f_3(x)) = 0.47$$

$$T_4(x) = \begin{cases} 0.16 & (x \leqslant 4.5) \\ 0.11 & (x > 4.5) \end{cases} \quad L(y, f_4(x)) = 0.30$$

$$T_5(x) = \begin{cases} 0.07 & (x \leqslant 6.5) \\ 0.11 & (x > 6.5) \end{cases} \quad L(y, f_5(x)) = 0.23$$

$$T_6(x) = \begin{cases} -0.15 & (x \leqslant 7.5) \\ 0.04 & (x > 7.5) \end{cases}$$

$$f_6(x) = f_5(x) + T_6(x) = \begin{cases} 5.63 & (x \leqslant 2.5) \\ 5.82 & (2.5 < x \leqslant 3.5) \\ 6.56 & (3.5 < x \leqslant 4.5) \\ 6.83 & (4.5 < x \leqslant 6.5) \\ 8.95 & (x > 6.5) \end{cases} \quad L(y, f_6(x) = 0.7) < 0.2$$

损失函数已满足误差要求,$f(x) = f_6(x)$为回归提升树。

10.5 梯度提升树

前面我们讨论了提升树的构建,其中,分类提升树实际上是以二叉分类树为基函数,使用指数损失函数的提升算法,而回归提升树则是以二叉回归树、使用平方损失函数的提升算法。当损失函数是平方损失或指数损失函数时,每一步优化是简单的。但如果损失函数为一般的函数,则优化往往是困难的。针对这一问题,Freidman提出了梯度提升(Gradient Boosting)算法。其核心是利用损失函数关于当前模型的负梯度作为提升回归树中的残差的近似值,进而拟合一个回归树。梯度提升树(Gradient Boosting Decision Tree)主要被用于回归问题,是公认的泛化能力较强的算法。

梯度提升树由三个概念构成,分别是回归决策树(Regression Decision Tree)、梯度提升和缩减(缩减),我们下面来逐个介绍。

10.5.1 回归树

梯度提升树并不是由很多分类树构成的,其主要用于回归问题(经调整后也可以用于分类问题),因此梯度提升树的基决策树是回归决策树,再具体一点就是CART回归树。梯度提升树的核心在于累加所有的回归树作为最终的集成结果。

10.5.2 梯度迭代

与传统的回归提升树一样,梯度提升树也是根据前一步得到的模型的残差来更新目标

值的,这样每一棵树的值加起来就是梯度提升树的预测值。模型的预测值可以表示为

$$f_M(x) = \sum_{m=1}^{M} T(x;\theta_m) \tag{10.53}$$

其中,M 是基决策树的个数,θ_m 是第 m 个基决策树的参数。模型的训练目标是使得预测值 $f_M(x)$ 尽可能地逼近真实值 y。模型的求解算法也是采用前向分步算法,每次只训练一个基决策树,在每一轮的迭代中,只需要集中解决一个基决策树的训练问题。举一个例子:某个样本的真实值为20,假设第一棵树对其的预测值为12,可以得到残差为8,这时再基于残差8来训练第二棵树,假设第二棵树对残差预测为5,可以得到残差的残差为3,后面重复进行该学习过程即可。那么在该过程中梯度如何体现呢?梯度提升树在每一轮的迭代中用损失函数的负梯度来作为模型的残差近似。梯度迭代是梯度提升树的核心,也是其区别于传统回归提升树的核心。

需要注意的是,基于残差的梯度提升树对样本异常值较为敏感,以下是采用均方误差作为损失函数的一个例子。

表10.3有4个样本的真实值、模型预测值以及均方损失。可以看到,第4个样本是一个异常值,该样本的损失较大,导致后续的模型对其关注过多,所以对于梯度提升树而言均方损失(平方损失)并不是一个好的损失函数,我们一般使用绝对损失或者Huber损失函数来替代均方损失(平方损失)函数。

表 10.3 异常样本实例

y_i	0.5	1.2	2	5*
$f_M(x_i)$	0.6	1.4	1.5	1.7
$L = (y - f_M)^2/2$	0.005	0.02	0.125	5.445

绝对损失函数定义为

$$L(y, f(x)) = |y - f(x)| \tag{10.54}$$

Huber损失函数定义为

$$L(y, f(x)) = \begin{cases} \frac{1}{2}(y - f(x))^2, & |y - f(x)| \leqslant \delta \\ \delta(|y - f(x)| - \delta), & |y - f(x)| > \delta \end{cases} \tag{10.55}$$

基于表10.3的样本数据,可以计算出其绝对损失和Huber损失,如表10.4所示。

表 10.4 各损失函数值

y_i	0.5	1.2	2	5*
$f_M(x_i)$	0.6	1.4	1.5	1.7
平方损失	0.005	0.02	0.125	5.445
绝对损失	0.1	0.2	0.5	3.3
Huber损失($\delta = 0.5$)	0.005	0.02	0.125	1.525

可以看到,绝对损失函数和Huber损失函数,对异常样本具有较低的敏感性,因此更适

于梯度提升树算法。

梯度提升树是如何调整样本的权重的呢？事实上，梯度提升树的每一次迭代的残差计算其实相当于增加了预测值偏离真实值更大的样本的权重，而降低了预测值偏离真实值更小的样本的权值，这样的话在下一步迭代中的决策树就能专注于预测效果不佳的样本。

10.5.3 缩减

缩减的思想是，每走一小步逐渐逼近的方式要比每次迈一大步很快逼近的方式更容易避免过拟合，即它并不是完全信任每一棵残差树的。这实质上是前面所提到的正则化。具体而言，在梯度提升树第 m 步迭代中，有

$$f_m(x) = f_{m-1}(x) + T(x;\theta_m) \tag{10.56}$$

在此基础上加入正则项，有

$$f_m(x) = f_{m-1}(x) + \nu T(x;\theta_m) \quad (0 < \nu \leqslant 1) \tag{10.57}$$

其中，ν 就是缩减项（即前面所介绍的步长）。

缩减不直接用学习到的整棵树来修复全部的残差，而是只修复一部分，把大步切成小步。本质上缩减为每棵树设置了一个权重，累加时要乘以这个权重，当权重降低时，基决策树的数量也会增加。

10.5.4 梯度提升树算法

下面给出梯度提升树的算法。

算法 10.6　梯度提升算法

输入：训练数据集 $D = \{(x_1,y_1),(x_2,y_2),\cdots,(x_n,y_n)\}, x_i \in X \subseteq \mathbf{R}^n, y_i \subseteq \mathbf{R}$，$Y$ 为输出空间；损失函数 L。

输出：RegressionTree $G(x)$。

算法过程：

以上过程记为函数梯度提升树 Generate(D,L)。

(1) 初始化 $f_0(x) = \arg\min_c \sum_{i=1}^{N} L(y_i,c)$。

(2) 对 $m = 1,2,\cdots,M$：

① 记

$$x = (x_1,x_2,\cdots,x_n)^T, \quad y = (y_1,y_2,\cdots,y_n)^T$$

计算梯度

$$r_m = \left.\frac{\partial L(y,f(x))}{\partial f(x)}\right|_{f(x) = f_{m-1}(x)} \tag{10.58}$$

② 对 r_m 的值，拟合一个回归树，得到第 m 棵树的叶结点区域 $R_{mj}, j = 1,2,\cdots,J$。

③ 对 $j = 1,2,\cdots,J$，计算

$$c_{mj} = \arg\min_c \sum_{x_i \in R_{mj}} L(y_i, f_{m-1}(x_i) + c) \tag{10.59}$$

④ 更新 $f_m(x) = f_{m-1}(x) + \sum_{j=1}^{J} c_{mj} I(x \in R_{mj})$。

(3) 得到回归树

$$f(x) = f_M(x) = \sum_{m=1}^{M}\sum_{j=1}^{J} c_{mj} I(x \in R_{mj}) \qquad (10.60)$$

10.5.5 与其他提升算法的区别

梯度提升树与Adaboodst、提升树一样，都是Boosting家族成员，使用弱分类器，都使用前向分布算法。

梯度提升树与AdaBoost的区别：① AdaBoost是通过提升错分样本的权重并提升精度高的基学习器的权重以弥补模型的不足而获得强性能的集成模型，而梯度提升树则是通过计算梯度来近似残差以弥补模型的不足而获得强性能的集成模型；② 两者的损失函数不同，AdaBoost一般采用的是指数损失函数，而梯度提升树一般采用的是绝对损失或者Huber损失函数（减少异常样本对模型训练的影响）；③ 应用方向不同，AdaBoost主要应用于回归问题，其基学习器常常是分类模型，而梯度提升树主要应用于分类问题，其基学习器常常是回归模型。

梯度提升树与提升树的区别：① 梯度提升树算法初始化 $f_0(x)$ 是以所有 Y_i 的均值代替，而提升树则是直接把 $f_0(x)$ 初始化为0；② 梯度提升树把损失函数的负梯度 $r_m = \left.\frac{\partial L(y, f(x))}{\partial f(x)}\right|_{f(x)=f_{m-1}(x)}$ 近似为模型残差，进而拟合回归树，而提升树则是直接使用残差来拟合回归树，这是它们的核心区别；③ 梯度提升树算法的每一轮学习是先优化得到各个划分 R_{mj}，进而根据线性搜索优化叶结点的值，使损失函数最小化；④ 损失函数不同，梯度提升树一般采用绝对损失或Huber损失函数（减少异常样本对模型训练的影响），而提升树一般采用的是平方损失函数。

10.6 随机森林

随机森林（Random Forest）是Bagging基于决策树（常用CART决策树）而生成的集成学习器。但随机森林并不是很多个决策树简单地进行Bagging集成，其基学习器决策树在学习过程的特征选择中加入了随机属性并在构建决策树时对训练数据点进行随机抽样。随机森林的最终预测是通过平均每棵树的预测得到的。随机森林既可用于分类问题，又可用于回归问题，是集成学习算法中效果最好的算法之一。

10.6.1 随机抽样训练样本

随机森林的基决策树在树的学习过程中，会从原始训练样本集中随机抽取样本来作为子训练样本（这也是Bagging集成的共同做法）。这种样本是有放回的抽样被称为自助抽样法（Boostrap），这意味着原始训练样本中的部分样本可能被重复使用，也有部分样本可能没有被使用。进行Boostrap抽样的目的主要是为了获取具有差异性的基决策树，这会使得两两基决策树的相关性降低,同时随着决策树数量的增加,整体模型的方差减小。

10.6.2 用于节点划分的随机特征子集

随机森林的另一个核心是,在进行特征选择这一步骤时,其不会遍历所有的特征来选择最优划分特征,而是只考虑所有特征的一个子集,这个子集是随机选择的。对于选择的特征子集中的特征数量的选取(记为 k),Breiman 推荐选取 $k = \log_2 d$ (d 是样本特征属性的数量),另外特征总数量的算术平方根也是一个常用的特征选择数量。例如,假设训练样本含有 16 个特征,如果选择特征总数量的算术平方根这一标准,我们可以考虑随机选择 4 个特征来划分叶结点。随机选取 k 个特征,相对于使用全部特征而言,树的方差会减小,从而有效降低过拟合的风险,但会提高偏差。k 值可通过交叉验证得到。

10.6.3 随机森林算法

下面我们给出随机森林的算法。

算法 10.7 随机森林算法

输入:训练数据集 $D = \{(x_1, y_1), (x_2, y_2), \cdots, (x_n, y_n)\}, x_i \in X \subseteq \mathbf{R}^n, y_i \subseteq Y, Y$ 为输出空间;随机特征数 k;训练轮数 T。

输出:随机森林学习器 $G(x)$。

算法过程:

以上过程记为函数 $\text{RFGenerate}(D, \varphi, T)$。

(1) 对数据集 D 进行自助采样,生成 T 个样本集。

(2) 对 T 个样本数据集,生成 T 个决策树(可采用前面的决策树生成算法,例如,可采用 CART 回归树算法生成基学习器;特征选择算法需修改为随机选取 k 个特征再进行特征选择)。

(3) 返回随机森林学习器 $G(x)$。

需要注意的是,随机森林的基决策树每次选择的特征是放回的,当决策树结点划分连续出现同一个特征,则停止学习。随机森林的基决策树没有剪枝过程,每棵树都是最大程度地生长,但是实际应用中可以限制树的最大深度、结点分裂的阈值、叶结点包含样本的最小样本数量等。

10.6.4 特征重要性

对于某个特征,把该特征作为最优划分特征的所有结点的基尼增益进行求和,这一基尼增益的总和就是该特征的特征重要性。我们可以用特征重要性这个指标来找出随机森林认为的最重要的预测变量。在实际的分类或回归任务中,常常需要做特征工程,选择有效的重要的特征则是特征工程中重要的一步,我们可以利用随机森林的特征重要性来对所有特征进行排序,据此依次选取需要的特征或者删除不重要的特征。

10.6.5 随机森林中的袋外数据

Bagging 中的自助抽样法 Boostrap 每次约有三分之一的样本会出现在原始训练样本中,所以这部分样本对于相应的决策树是样本外数据,我们把这三分之一的数据称为袋外数据。袋外数据可以代替验证集对模型进行评估。此外,袋外数据还有其他的用途,例如可以用于随机森林基决策树的辅助剪枝,或者用于随机森林基决策树中各结点的后验概率以辅助对零训练样本结点的处理。

10.6.6 随机森林的优缺点

随机森林的优点有:

(1) 随机森林算法不容易造成过拟合。Bagging 集成机制降低了整体模型的方差,同时也不会提高整体模型的偏差。

(2) 由于是 Bagging 集成,并不是串行化的学习过程,每个基决策树是并行训练的,所以整体模型的训练速度快。

(3) 随机森林对含缺失值的数据具有较好的学习和预测性能,即使训练数据中有很大一部分的特征缺失值,其仍可以维持准确度。

(4) 随机森林可以处理高维度(特征比较多)的样本数据,在不对数据进行降维和特征选择的情况下,仍能较好地拟合模型,维持准确度。

(5) 对于不平衡的训练数据集,随机森林能较好地平衡误差。

(6) 随机森林能判断特征重要性,也能判断出不同特征之间的相互影响。

(7) 随机森林训练速度快,实现过程较为简单。

随机森林的缺点有:

(1) 随机森林在某些噪声较大的分类、回归问题上会出现过拟合。

(2) 对于样本特征属性取值不平衡的问题(不同特征的取值数量差异大),随机森林的训练效果受影响比较大。具体而言,取值较多的属性会对随机森林产生更大的影响,这使得其特征重要性评估值不可信。

10.7 极度梯度提升

极度梯度提升(Extreme Gradient Boosting)既可以用于分类问题也可以用于回归问题,其预测性能强大且训练速度快,在 Kaggle 等各种数据竞赛中多次获得冠军宝座。

极度梯度提升是大规模并行 Boosting Tree 的算法和工具,与梯度提升树相比,其算法原理和工程实现都得到了质的提升。极度梯度提升不仅代表一种提升树算法,也代表根据该算法而开发的工具包。由于其独特的算法设置和工程实现,极度梯度提升是目前计算效率和模型性能最好的 Boosting Tree 工具包,训练速度要比常见的工具包快 10 倍以上。极度梯度提升和梯度提升树都属于 Boosting 方法，它们的差异主要在目标函数和工程实现方面，后面我们将从数学原理和工程实现的角度来对极度梯度提升进行介绍。

10.7.1 极度梯度提升的数学原理

下面介绍极度梯度提升的数学原理。

1. 目标函数

Boosting 集成是多个个体学习器的线性组合，极度梯度提升也是 Boosting 中的一员。假设极度梯度提升模型由 M 个既支持决策树又支持线性模型的基学习器组成，那么其可以表示为一个加法运算式

$$\hat{y}_i = \sum_{m=1}^{M} f_m(x_i) \tag{10.61}$$

其中，f_k 为第 m 个基学习器，$\hat{y}_i$ 为第 i 个样本的预测值。

模型的损失函数可用模型预测值 $\hat{y}_i$ 和样本的真实值 y_i 进行表示：

$$L = \sum_{i=1}^{n} l(y_i, \hat{y}_i) \tag{10.62}$$

其中 l 为损失函数，n 为训练样本的数量。

我们知道，模型的好坏即模型的预测精度是由模型的偏差和方差共同决定的，损失函数代表了模型对训练样本的偏差，如果我们还需要控制模型的方差，也就是控制模型的复杂度，那么可以给模型添加正则项。所以，我们的模型目标函数应由两部分组成，第一部分数代表模型偏差的损失函数，第二部分是控制模型复杂度的正则项（代表模型的方差），于是得到最终的目标函数如下：

$$Obj = \sum_{i=1}^{n} l(y_i, \hat{y}_i) + \sum_{m=1}^{M} \Omega(f_m) \tag{10.63}$$

其中，l 代表损失函数，Ω 代表模型的正则项。极度梯度提升的基学习器即支持决策树模型也支持线性模型。

从前面对 Boosting 的介绍可知，Boosting 采用的是前向分步加法模型，下面以第 m 轮迭代的模型为例，模型对第 i 个样本 x_i 的预测值为

$$\hat{y}_i^m = \hat{y}_i^{m-1} + f_m(x_i) \tag{10.64}$$

其中，$\hat{y}_i^{m-1}$ 是第 $m-1$ 步迭代得到的模型给出的对 x_i 的预测值，这相当于是已知的常数，$f_m(x_i)$ 是目前进行的第 m 步迭代需要加入的新模型对 x_i 的预测值，此时，目标函数就可以表示为

$$Obj^{(m)} = \sum_{i=1}^{n} l(y_i, \hat{y}_i^m) + \sum_{i=1}^{m} \Omega(f_i) = \sum_{i=1}^{n} l(y_i, \hat{y}_i^{m-1} + f_m(x_i)) + \sum_{i=1}^{m} \Omega(f_i) \tag{10.65}$$

我们最终就是要最小化该目标函数，相当于要找到最优的 $f_m(x_i)$ 使得目标函数最小。

在求解过程中，需要对损失函数进行二阶泰勒展开。先举个例子，把函数 $f(x+\Delta x)$ 在

点 x 处进行二阶泰勒展开,可以得到展开式

$$f(x+\Delta x) \approx f(x) + f'(x)\Delta x + \frac{1}{2}f''(x)\Delta x^2 \qquad (10.66)$$

其中,$f'(x)$ 表示 $f(x)$ 在点 x 的一阶导数,$f''(x)$ 表示 $f(x)$ 在点 x 的二阶导数,Δx 表示 x 的一个微小变化量。对于以上目标函数中的损失函数 $l(y_i, \hat{y}_i^{m-1} + f_m(x_i))$,可以把 $\hat{y}_i^{m-1}$ 看成是 x,把 $f_m(x_i)$ 看成是微小变化量 Δx,进行二阶泰勒展开,得到展开式

$$Obj^{(m)} \approx \sum_{i=1}^{n}\left[l(y_i, \hat{y}_i^{m-1}) + g_i f_m(x_i) + \frac{1}{2}h_i f_m^2(x_i)\right] + \sum_{i=1}^{m}\Omega(f_i) \qquad (10.67)$$

其中,g_i 表示损失函数对 $\hat{y}_i^{m-1}$ 的一阶导函数,h_i 表示损失函数对 $\hat{y}_i^{m-1}$ 的二阶导函数。需要注意的是,这里的求导是对 $\hat{y}_i^{m-1}$(第 $m-1$ 步迭代得到的模型对第 i 个样本的预测值)求导的。

假如我们使用平方损失函数,则损失函数表示为

$$\sum_{i=1}^{n}\left[y_i - (\hat{y}_i^{m-1} + f_m(x_i))\right]^2 \qquad (10.68)$$

那么,可以得到其关于 $\hat{y}_i^{m-1}$ 的一阶导函数

$$g_i = 2(\hat{y}_i^{m-1} - y_i) \qquad (10.69)$$

以及关于 $\hat{y}_i^{m-1}$ 的二阶导函数

$$h_i = 2$$

因为在进行第 m 步迭代时,$\hat{y}_i^{m-1}$ 是一个已知的预测值,y_i 是样本的真实值,也是已知的,所以损失函数 $l(y_i, \hat{y}_i^{m-1})$ 也是一个已知的值,可以看成是常数,因此 $l(y_i, \hat{y}_i^{m-1})$ 对整体目标函数的优化并不会产生影响,于是可以把目标函数写成

$$Obj^{(m)} \approx \sum_{i=1}^{n}\left[g_i f_m(x_i) + \frac{1}{2}h_i f_m^2(x_i)\right] + \sum_{i=1}^{m}\Omega(f_i) \qquad (10.70)$$

所以,我们只需要在每一轮的迭代过程中求出损失函数的一阶导数和二阶导数的值(这里的一阶导数和二阶导数也是可以直接求出来的,因为在第 $m-1$ 步产生的 $\hat{y}_i^{m-1}$ 是已知的),这两个值对于目标函数来说也是可以看成常数项的。然后就可以最小化目标函数了,也就是要求出使得目标函数最小的 $f_m(x)$。每一步迭代都是如此地循环往复,因此就可以得到每一步的 $f(x)$,最后再根据加法模型把所有的基学习器加总就可以得到一个整体的 Boosting 模型。

2. 基于决策树的目标函数

极度梯度提升模型的基模型不仅支持决策树,还支持线性模型。因为基于决策树模型的极度梯度提升的学习能力更强,实际任务中也更常用,所以这里主要介绍基于决策树模型的极度梯度提升。

我们首先给出一些符号的定义。可以将极度梯度提升的基决策树定义为

$$f_m(x) = w_{q(x)} \qquad (10.71)$$

其中,x 是某一样本,$q(x)$ 代表了该样本存在于那个叶子结点之上,w_q 是代表叶子结点的取值,因此 $w_{q(x)}$ 就表示样本 x 所在叶子结点的位置以及样本 x 的权重(即决策树的预测

值)。我们可以把决策树的复杂度定义为叶子结点的数量,记为 T,决策树的叶子结点越多则模型越复杂,叶子结点越少则模型越简单。此外,要控制模型的复杂度,我们还需要对叶子结点的权重 w(决策树的预测值)进行一定的限制,这里可以采用 L_2 正则化项,我们可以把基于决策数的极度梯度提升的目标函数定义为

$$\Omega(x) = \gamma T + \frac{1}{2}\lambda \sum_{j=1}^{T} w_j^2 \tag{10.72}$$

式中,γ 是基决策树叶子结点数量 T 的系数,决策树模型的复杂度取决于两个因素,第一个因素是决策树的叶子结点的数量 T,第二个因素是决策树的叶子结点权重的 L_2 正则化项。λ 是 L_2 正则化项的系数,它们都是常数,两者的大小则影响式中前后两项的重要性。

设 $I_j = \{i \mid q(x_i) = j\}$ 表示第 j 个叶结点的样本集合,因此,可以把目标函数写成

$$\begin{aligned} Obj^{(m)} &\approx \sum_{i=1}^{n}\left[g_i f_m(x_i) + \frac{1}{2}h_i f_m^2(x_i)\right] + \sum_{i=1}^{m}\Omega(f_i) \\ &= \sum_{i=1}^{n}\left[g_i f_m(x_i) + \frac{1}{2}h_i f_m^2(x_i)\right] + \gamma T + \frac{1}{2}\lambda \sum_{j=1}^{T} w_j^2 \\ &= \sum_{j=1}^{T}\left[\left(\sum_{i \in I_j} g_i\right) w_j + \frac{1}{2}\left(\sum_{i \in I_j} h_i + \lambda\right) w_j^2\right] + \gamma T \end{aligned} \tag{10.73}$$

在这里对上面的式子做一个解释。由于每个样本最终都会落在叶结点上面,所以可以通过先遍历每个叶结点,然后再遍历每个叶结点上的样本来计算损失函数,这跟直接遍历训练样本集中所有样本的结果是一样的。我们可以把原来样本的集合都改写成叶结点的集合,因为一个叶结点会包含多个样本,所以就有了 $\sum_{i \in I_j} g_i$ 和 $\sum_{i \in I_j} h_i$ 这两项,w_j 是第 j 个叶结点的取值。为了简化目标函数的表达式,定义

$$G_j = \sum_{i \in I_j} g_i \tag{10.74}$$

$$H_j = \sum_{i \in I_j} h_i \tag{10.75}$$

则目标函数可以表示为

$$Obj^{(m)} \approx \sum_{j=1}^{T}\left[G_j w_j + \frac{1}{2}(H_j + \lambda) w_j^2\right] + \gamma T \tag{10.76}$$

这里需要注意的是,G_j 和 H_j 都是在第 $m-1$ 步迭代得到的结果,因此可以把这两项视为常数,现在需要优化的参数为叶结点的权值 w_j 和叶结点数量 T。这里,先把目标函数对 w_j 求偏导数,并令其为 0,可以得到第 j 个叶结点对应的权值为

$$w_j^* = -\frac{G_j}{H_j + \lambda} \tag{10.77}$$

最后,目标函数就化简为

$$Obj \approx -\frac{1}{2}\sum_{j=1}^{T}\frac{G_j^2}{H_j + \lambda} + \gamma T \tag{10.78}$$

上式就是基学习器为决策树的极度梯度提升的目标函数。

图 10.3 给出了极度梯度提升目标函数的计算例子。首先计算每个结点所有样本

的一阶导数 g_i 和二阶导数 h_i,然后再对每个结点内的样本或一阶导数和二阶导数得到 G_j 和 H_j,最后对决策树的所有结点的叶结点进行遍历即可得到极度梯度提升的目标函数。

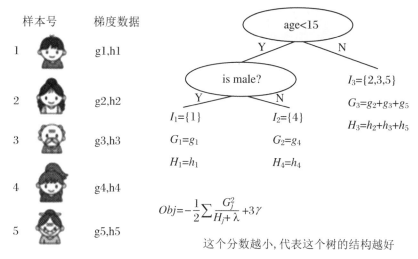

图 10.3 目标函数的计算

3. 最优结点划分算法

在决策树的学习过程中,最核心的问题是在每一轮的结点划分中如何找到最优特征和最优切分点,例如 ID3 算法采用的是信息增益的标准,C4.5 算法采用的是信息增益比的标准,CART 树采用的是基尼增益的标准。极度梯度提升的基决策树的构建过程也有自己独特的结点划分方法,包括贪心算法和近似算法。

(1)贪心算法。贪心算法是枚举所有可能方案并进行计算的算法。具体而言,它包括以下的几个步骤:

① 从基决策树的根节点开始,自上而下,对每个待划分的结点枚举所有的可用特征;

② 对于每个特征,将属于该结点的所有训练样本根据该特征的取值进行升序排序,然后通过线性扫描的方法来决定该特征的最佳切分点,并记录该特征的划分增益;

③ 选择划分增益最大的特征作为当前结点的分裂特征,同时把该特征的最佳切分点作为切分位置,然后在结点划分出左右两个新的结点,并为每个新结点关联对应的样本集;

④ 继续回到第①步,递归执行直到满足预设条件为止。

上面贪心算法的步骤中需要计算结点划分后的增益,那么怎样计算这个"增益"呢?用以下方法:

假设我们在基决策树的某一结点完成了特征划分,那么在划分前目标函数为

$$Obj_1 = -\frac{1}{2}\left[\frac{(G_L + G_R)^2}{H_L + H_R + \lambda}\right] + \gamma \tag{10.79}$$

而划分后的目标函数为

$$Obj_2 = -\frac{1}{2}\left[\frac{G_L^2}{H_L+\lambda}+\frac{G_R^2}{H_R+\lambda}\right]+2\gamma \qquad (10.80)$$

因此，基于目标函数的划分增益为

$$G = \frac{1}{2}\left[\frac{G_L^2}{H_L+\lambda}+\frac{G_R^2}{H_R+\lambda}-\frac{(G_L+G_R)^2}{H_L+H_R+\lambda}\right]-\gamma \qquad (10.81)$$

显然，该划分增益类似于信息增益、信息增益比、基尼增益等，也是作为判断特征选择的一个标准，同时也可以作为特征重要性输出的重要依据。

对于贪心算法而言，结点的每次划分，都要枚举所有特征可能的划分方案，那么有没有更高效的方式来完成这一枚举过程呢？答案是有的。假如要枚举所有的 $x<a$ 的条件，那么对于这个特定的切分点 a，我们需要计算 a 左边和右边的样本的导数值之和。可以发现，对于所有的划分点 a，只需要做一遍从左到右的线性扫描就可以枚举出所有划分的 G_L 和 G_R。最后再利用上述的划分增益公式来计算每个划分点的增益即可。如图 10.4 所示。

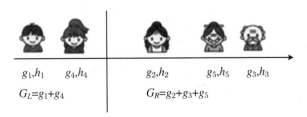

图 10.4 线性扫描枚举划分方案

（2）近似算法。贪心算法确实可以找到全局最优的划分方案，但是需要枚举所有特征的划分方案，因此过程有可能比较耗时。另外，在训练数据量太大的情况下，所有数据并不能全部读进内存进行计算。近似算法则解决了贪心算法这两个问题，其在特征划分的过程中只考虑特征的分位数以减少计算的复杂度，得到的是近似最优解。

近似算法的步骤：首先，对于每一个特征，根据该特征的特征取值分布来计算特定的分位数，并利用这些分位数把特征取值划分为一个个的桶（即取值区间），然后把连续型特征映射到这些桶中，计算这些桶所包含的样本的导数之和，最后遍历所有的分位数计算划分增益找到最佳划分位置。

近似算法中选取最优划分点时有两种策略，分别是全局策略和局部策略。全局策略是指，在学习每棵基决策树之前就扫描全部特征的全部取值，并提出候选的划分点，然后在后续的所有结点划分的过程中继续采用这些预先提出的划分点；局部策略是指，基决策树的每个结点划分之前将重新提出所有特征的候选划分点。直观来看，局部策略因为在每次的结点划分前都要重新提出特征的候选划分点，因此需要更多的计算步骤；而全局策略由于没有重新提出特征候选划分点，在决策树学习之前需要预先提出更多的候选划分点。

图 10.5 是极度梯度提升不同划分策略的 AUC 曲线，横坐标为模型的迭代次数，纵坐标为测试集的 AUC 值，eps 为近似算法的精度（桶的数量的倒数）。从图 10.5 可以看出，全局策略在候选划分点多（eps 小）的情况下的模型性能与局部策略与在候选划分点少（eps 大）的情况下的模型性能比较接近。另外，还可以看到，在算法精度 eps 取值合理的情况下，近

似算法是可以达到与贪心算法相同的模型性能的。

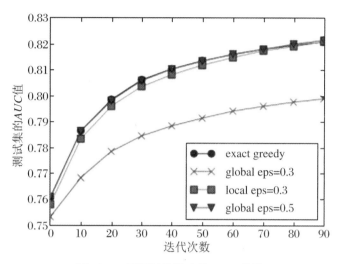

图 10.5　不同划分策略的 AUC 曲线

4．加权分位数法

事实上，极度梯度提升并不一定要直接把样本的分位数作为特征的候选划分点，而可以采用一种加权策略。具体而言，可以每个样木对应的二阶导数值 h_i 作为样木的权重进行划分，图 10.6 展示了计算加权分位数的一个例子。

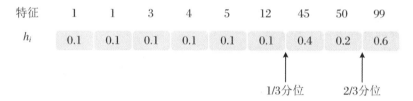

图 10.6　加权分位数示意图

为什么要用二阶导数值 h_i 作为权重来对样本进行加权呢？我们可以通过对目标函数进行变换整理来观察。极度梯度提升模型的目标函数为

$$\begin{aligned}
Obj^{(m)} &\approx \sum_{i=1}^{n}\left[g_i f_m(x_i) + \frac{1}{2} h_i f_m^2(x_i)\right] + \sum_{i=1}^{m}\Omega(f_i) \\
&= \sum_{i=1}^{n}\left[g_i f_m(x_i) + \frac{1}{2} h_i f_m^2(x_i) + \frac{1}{2}\frac{g_i^2}{h_i}\right] + \Omega(f_m) + C \\
&= \sum_{i=1}^{n} \frac{1}{2} h_i \left[f_m(x_i) - \left(-\frac{g_i}{h_i}\right)\right]^2 + \Omega(f_m) + C
\end{aligned} \quad (10.82)$$

其中，C 为一个常数。可以看出，h_i 其实是平方损失函数中样本的权重，所以 h_i 对损失函数是有加权作用的。

5. 稀疏感知算法

在有关决策树的章节中,我们介绍了一些基本树关于缺失值的处理,例如 C4.5 算法和 CART 算法都有自己的缺失值处理机制,同样地,极度梯度提升也有自己的一套缺失值处理机制。

极度梯度提升的缺失值处理有以下几个步骤:

(1) 计算所有样本的一阶导数 g_i 和二阶导数 h_i。

(2) 对每一个特征,把该特征不存在缺失值的样本按照特征取值升序排序。

(3) 把该特征存在缺失值的样本全部排在序列的左边,遍历扫描该特征每一个切分点的划分增益(既可以采用贪心算法也可以采用近似算法),需要注意的是,这里只考虑该特征值不存在缺失值的样本点,但是左边的含缺失值的样本的一阶导数和二阶导数也要计算进去。

(4) 把该特征存在缺失值的样本全部排在序列的右边,遍历扫描该特征每一个切分点的划分增益(既可以采用贪心算法也可以采用近似算法),需要注意的是,这里只考虑该特征值不存在缺失值的样本点,但是右边的含缺失值的样本的一阶导数和二阶导数也要计算进去。

(5) 从以上计算的数据中,选择划分增益最大的特征和该特征对应的最佳划分点,对决策树的结点进行划分。

在存在缺失数据的情况下,采用稀疏感知算法降低算法的计算量,因为该算法在构建树的过程中只考虑遍历特征值未缺失的样本,而对于特征值缺失的样本只需要简单地分配到左结点或者右结点,所以算法需要遍历的样本量下降了。

10.7.2 极度梯度提升的工程实现

下面介绍极度梯度提升的工程实现。

1. 块结构设计

我们知道,决策树的学习中最耗时的一个步骤是在每一轮遍历特征寻找最佳特征划分点的过程中都需要对特征的值进行排序处理,排序的过程是非常耗时的。极度梯度提升采用了块结构设计,以解决排序耗时的问题。具体而言,极度梯度提升在训练之前需要对每一个特征按照特征值进行预先排序,然后将其保存到块结构当中,并在每个块结构中都采用了稀疏矩阵存储格式(Compressed Sparse Columns Format,CSC)进行存储(稀疏矩阵的存储形式占用内存小且高效),在后续模型的训练过程中可以重复使用块结构,这样就大大减少了运算量。极度梯度提升的块结构设计是使得其训练效率大幅超越其他模型的重要原因之一。

图 10.7 显示了极度梯度提升的块结构设计。在极度梯度提升的块结构中,每一个块结构都包含一个或者多个已经排序好的特征。需要注意的是,缺失值的特征不进行排序。块结构还有一个独特的设计,就是每一个特征都会存储指向样本梯度统计值的索引,以此方便计算样本一阶导数和二阶导数的值。综上所述,这相当于一个块结构存储一个特征的信息,

这些信息在模型训练的时候被重复地使用。

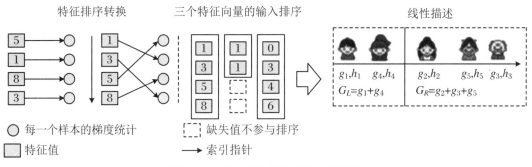

图 10.7 极度梯度提升的块结构示例

在模型的训练过程或算法的每一步迭代过程中，这些块结构存储的特征相互之间是独立的，以方便计算机进行并行计算。这意味着，进行特征选择这一过程，各个特征的划分增益都是可以并行计算的，这就是极度梯度提升可能实现分布式或者多线程计算以实现高效训练的原因。

2. 缓存访问优化算法

极度梯度提升的块结构设计减少了特征选择过程中选择划分结点过程的计算量，但是特征值通过索引来访问对应样本的梯度统计的设计会导致访问操作的内存空间不连续，结果会造成缓存命中率低，进而影响到模型训练的效率。

为解决缓存命中率低这一问题，极度梯度提升提出了缓存优化算法。该算法的核心是为每个线程或进程分配一个连续的缓存区，并将需要用到的样本梯度信息放置于该缓存区中，这样一来就实现了非连续空间到连续空间的转换，解决了缓存命中率低这一问题，提高了模型训练的效率。

3. "核外"块计算

在实际的数据科学任务中，我们可能会遇到数据规模非常大的情形，如果数据规模大到无法读入内存，这就需要其他的机制来读取数据。一种思路是，先将无法加载到内存中的数据暂存到硬盘中，直到算法需要用到时才进行加载运算，但由于计算机内存速度与硬盘的速度不同，这样会导致计算机的性能瓶颈和计算性能的浪费。为了解决大规模数据的问题，极度梯度提升独立出一个线程来专门用于从硬盘中加载数据，以实现算法处理数据和读入数据的同步进行。

除了独立专门的线程来加载数据，极度梯度提升还采用了两种方法来降低计算机硬盘读写的开销。第一是块压缩，即对前面所说的块结构数据进行按列压缩，在加载数据的时候进行解压缩；第二是块拆分，即把块结构存储到不同的磁盘中，这样可以从多个磁盘进行加载数据以增加数据吞吐量。

10.7.3 极度梯度提升的优缺点

下面介绍极度梯度提升自身的优缺点。

1. 极度梯度提升的优点

极度梯度提升算法的优点如下：

(1) 算法精度更高。在前文介绍过的梯度提升树的损失函数只用到了一阶泰勒展开，而极度梯度提升的损失函数用到了二阶泰勒展开，因此极度梯度提升算法拥有更高的残差逼近精度。

(2) 更高的灵活性。极度梯度提升算法引入二阶导数使得损失函数的定义更加灵活，因为二阶泰勒展开可以近似大量损失函数。极度梯度提升不仅支持决策树，还支持线性模型作为其基模型（模型的模型的极度梯度提升相当于含 L_1 和 L_2 正则化项的逻辑回归或者线性回归）。

(3) 使用了正则化降低过拟合风险。极度梯度提升在其目标函数加入了正则化项以控制模型的复杂度，正则化项中既包含叶结点的数量又包含基决策树叶结点的权重的 L_2 范数，这降低了模型的方差，有效地降低了过拟合风险，增强模型的泛化能力。

(4) 使用了缩减策略。给模型的迭代学习设置了一个学习率或者步长，控制每一步迭代生成的决策树的权重，削弱每棵决策树的单独影响，使得后面的决策树有更大的学习空间，能提升模型的学习效果。

(5) 采用了列抽样。极度梯度提升借鉴了随机森林中的列抽样策略，不仅能增大基决策树的差异化以降低过拟合风险，还能减少算法的运算量。

(6) 缺失值处理。极度梯度提升采用稀疏感知算法，可以有效处理缺失样本并提高了结点划分的速度。

(7) 并行化操作。极度梯度提升特殊的块结构设计可以使得算法支持高效并行计算。

2. 极度梯度提升的缺点

极度梯度提升也有一些缺点，如下：

(1) 虽然极度梯度提升的预排序机制和算法可以使得决策树构建过程中的计算量大幅降低，但在结点划分的过程中仍然需要遍历所有的样本。

(2) 极度梯度提升的预排序机制空间复杂度很高，因为在这过程中不仅需要存储所有样本的特征值，还需要存储所有样本特征值对应的样本梯度统计值。

本 章 小 结

本章主要介绍了集成学习的基本方法和常用的集成学习算法，前者主要包括 Boosting，Bagging 和 Stacking，后者主要包括 AdaBoost，Boosting Tree，梯度提升树，Random Forest，以及极度梯度提升。

1. 集成学习同时训练出多个学习器，再用一定的策略把各个个体学习器结合起来，形成一个集成学习器，这往往能把许多单独使用时性能较差的弱学习器集成为一个强大的学习器。集成学习算法本身不是一种单独的机器学习算法，它是通过构建并结合多个机器学习器来完成学习任务的。集成学习框架可分为三大类。第一类是个体学习器间存在强依赖关系，必须串行化生成的序列化方法，其代表是 Boosting。第二类是个体学习器间不存在强依赖关系,可同时生成的并行化方法,其代表是 Bagging。第三类是通过引入次级学习器来学习个体学习器的输出结果与最终样本真实值之间的关系,最后根据这样的关系来进行集成,其代表是 Stacking。

2. Boosting 是一族集成算法,它可将弱学习器提升为强学习器。Boosting 的工作机制为:首先,使用训练数据集训练出一个个体学习器,然后根据学习器的性能对训练样本的权重进行调整,使得前面学习器预测错误的样本在后续训练中受到更大的关注,再基于调整权重后的样本训练下一个个体学习器。如此反复进行,直到个体学习器数量达到预先设定的数目时,停止训练,最后将这些个体学习器进行加权结合。因此,Boosting 的训练过程是阶梯状的,模型的训练过程是有顺序的、串行的。Boosting 族算法的代表是 AdaBoost。

3. Bagging 是并行式集成学习方法的代表,前面介绍的 Boosting 集成是串行生成学习器的序列化方法,而 Bagging 则是可同时生成多个学习器的并行化方法。Bagging 基于自助采样法,即对数据集进行多次重采样,生成多个重采样的样本。

4. Stacking 本质上是通过算法学习各个个体学习器的输出与样本真实值之间的关系,即训练一个可以把各个个体学习器的输出结合起来的学习器,并把这个用于结合的学习器用在后续的预测当中。这里,我们把个体学习器称为初级学习器,而把用于结合的学习器称为次级学习器或元学习器。Stacking 的原理是,把各个初级学习器的输出结果作为输入特征,把原始样本的标记作为次级学习器的输出,以此训练次级学习器。

5. 结合策略是指,在集成算法中,如何把多个分类器的输出结果结合起来的方法,常见的结合策略有平均法、投票法。对于数值型输出,常用的结合策略是平均法,平均法又分为简单平均法和加权平均法。对分类任务来说,常采用投票法。投票法分为绝对多数投票法、相对多数投票法以及加权投票法。

6. AdaBoost(Adaptive Boosting)算法是 Boosting 中最具代表性的算法。AdaBoost 提高在上一轮被错误分类的样本的权重或概率分布,降低在上一轮被正确分类的样本的权重或概率分布。如此,那些在上一轮被错误分类的样本在下一轮训练时就会受到更高的关注。这就相当于不同的分类器关注不同的样本,各个分类器各司其职。AdaBoost 采用加权多数表决的办法。具体来说,就是加大分类错误率较低的分类器的权重,以提高其在投票表决中的重要程度,而减少分类错误率较高的分类器的权重,以降低其在投票表决中的重要程度。

7. AdaBoost 算法实际上是加法模型的一种特殊情况,即加法模型采用指数损失函数、学习算法为前向分布算法的二分类学习方法。

8. 提升树模型是以决策树作为基函数的提升方法,当决策树是二叉分类树时,则为分类提升树;当决策树是二叉回归树时,则为回归提升树。提升树模型可以表示为决策树的加法模型

$$f_M(x) = \sum_{m=1}^{M} T(x;\theta_m)$$

其中,$T(x;\theta_m)$、θ_m、M 分别表示决策树、决策树的参数、树的个数。对于二分类问题,提升树算法只是前面所述的 AdaBoost 算法的特殊情况,只需把其中的基学习器换成二分类决策树即可。

9. 对于回归提升树,当损失函数是平方损失或指数损失函数时,每一步优化是简单的。但如果损失函数为一般的函数,则优化往往是困难的。针对这一问题,Freidman 提出了 Gradient Boosting 算法。其核心是利用损失函数关于当前模型的负梯度作为提升回归树中的残差的近似值,进而拟合一个回归树。梯度提升树主要被用于回归问题,是公认的泛化能力较强的算法。

10. 随机森林是 Bagging 基于决策树(常用 CART 决策树)而生成的集成学习器。随机森林并不是很多个决策树简单地进行 Bagging 集成,其基学习器决策树在学习过程的特征选择中加入了随机属性并在构建决策树时对训练数据点进行随机抽样。随机森林的最终预测是通过平均每棵树的预测得到的。随机森林既可用于分类问题,又可用于回归问题,是集成学习算法中效果最好的算法之一。

11. 极度梯度提升是大规模并行 Boosting Tree 的算法和工具,与梯度提升树相比,其算法原理和工程实现都得到了质的提升。极度梯度提升不仅代表一种提升树算法,也代表根据该算法而开发的工具包。由于其独特的算法设置和工程实现,极度梯度提升是目前计算效率和模型性能最好的 Boosting Tree 工具包,训练速度要比常见的工具包快 10 倍以上。极度梯度提升和梯度提升树都属于 Boosting 方法,它们的差异主要在目标函数和工程实现方面。

关键词:集成学习　个体学习器　Boosting　Bagging　Stacking

思 考 题

1. 如表 10.5 所示的数据中,特征 1、特征 2 以及特征 3 的取值都是离散值,每个样本都有相应的类别标记$\{-1,1\}$。以决策树桩为基学习器,分别使用 AdaBoost 算法和 Bagging 算法对该训练数据集学习一个强分类器。

表 10.5　训练数据集

	1	2	3	4	5	6	7	8	9	10
特征 1	0	0	1	1	1	0	1	1	1	0
特征 2	1	3	2	1	2	1	1	1	3	2
特征 3	3	1	2	3	3	2	2	1	1	1
类别	-1	-1	-1	-1	-1	-1	1	1	-1	-1

2. 试用 Python 编程或直接调用 Scikit-learn 机器学习库相关函数实现回归提升树、梯度提升树以及随机森林算法,训练数据集可调用 Scikit-learn 相关 API 进行下载,具体操作可阅读官方文档。

3. 解析为什么 Bagging 算法难以提升朴素贝叶斯的性能。

4. 试用 Python 编程实现极度梯度提升算法,并从网上下载数据集对其进行测试;分析测试结果与直接使用 Python 库极度梯度提升测试结果的差异。

5. 极度梯度提升是如何实现分类算法的?其分类算法与回归算法的差异是什么?

6. 梯度提升树能用于分类问题吗?如何修改梯度提升树算法使其适用于分类问题?

参 考 文 献

[1]　李航.统计学习方法[M].2 版.北京:清华大学出版社,2019.

[2] 周志华. 机器学习[M]. 清华大学出版社, 2016.
[3] Hastie T, Tibshirani R, Friedman J. The elements of statistical learning: data mining, inference, and prediction[M]. NewYork: Springer, 2001.
[4] Freund Y, Schapire R E. A short introduction to boosting[M]. Journal of Japanese Society for Artificial Intelligence, 1999, 14(5): 771-780.
[5] Schapire R. The strength of week learn abiliy[M]. Machine Learning, 1990, 5(2): 197-227.
[6] Freund Y, Schapire R E. A decision-theoretic generalization of On-line learning and an application to boosting: European Conference on Computational learning Theory[C]. Berlin: Springer, 1997.

第 11 章 无监督学习基础

教学目标

1. 掌握无监督学习的理论基础;
2. 熟悉三类无监督学习的基本问题;
3. 深入理解无监督学习的具体方法及其应用场景。

无监督学习(Unsupervised Learning)是从不带标签的数据中学习数据的统计规律或者内在结构的机器学习方法,它可以用于数据分析或者监督学习的预处理。无监督学习在机器学习中属于比较简单的基础算法类型,相较于监督学习其更偏向于数据分析和特征提取,但是无监督学习如果想达到较理想的效果,离不开原始数据的分析工作。

无监督学习在金融领域中的应用非常广泛,比如金融机构可以利用聚类分析,进行用户细分,有针对性地拓宽客户资源,同时也可以快速排查出异常行为的用户;在证券投资中,可以利用降维的思想,对资产收益率进行因子分析,构建投资策略。

本章是对无监督学习的概述,其中 11.1 节和 11.2 节从无监督学习的几个基本问题展开,11.3 节简单介绍一些无监督学习的方法。

11.1 无监督学习理论基础

在第 3 章介绍了监督学习,我们知道,所有的学习过程都是基于预先已知响应值(标签)的训练样本 $T = \{(x_1, y_1), (x_2, y_2), \cdots, (x_n, y_n)\}$ 而进行的,我们把这种学习称为监督学习或"有导师的学习",可以形象地理解为"学生"为每个训练样本 x_i 算出一个预测结果 $\hat{y}_i$,而"导师"提供正确的结果 y_i 并对"学生"的计算结果进行"评估",一般这种"评估"是通过某种损失函数来刻画,例如用平方损失 $L(y, \hat{y}) = (y - \hat{y})^2$ 来刻画。

而无监督学习或"无导师的学习"使用无标签的数据 $U = (x_1, x_2, \cdots, x_n)$ 进行学习,无监督学习的模型可以表示成函数 $z = g_\theta(x)$,条件概率分布 $P_\theta(z|x)$ 或 $P_\theta(x|z)$,其中 $x \in X$ 表示输入样本;$z \in Z$ 表示对样本的分析结果输出,z 可以是类别、转换、概率等;θ 表示模型参数。不同于监督学习,无监督学习显得比较"困难",因为它的数据没有标签,既没有"导师"指导,也没有明确的目标,需要机器自己在数据集 U 中寻找规律,输出结果 z 无法显示地从数据中观察得到。因而无监督学习需要大量的数据,从大量的数据中才能学习出隐藏的规律。

无监督学习的基本想法是对给定的矩阵数据进行某种"压缩",从而发现隐含的结构,最本质的结构是由损失最小的"压缩"得到的。如果考虑数据的纵向结构,即考虑不同的样本,将相似的样本进行聚类,这就是聚类问题;如果考虑数据的横向结构,即考虑不同的特征,将高维空间的向量转换为低维空间的向量,这就是降维问题;如果同时考虑纵向和横向结构,且数据是由隐式结构的概率模型生成得到的,这就是概率模型估计问题。

在监督学习中,对于拟合或回归问题的成功与否有一个明确的度量,比如可以直接通过联合概率密度 $P(X, Y)$ 的期望损失来度量,度量结果可以反映模型的适应性以及比较不同情况下模型的有效性。但是在无监督学习情况下就没有一个直接有效的度量,难于从其输出结果中直接判断分类、转换或概率模型的有效性,且有效性是一个主观的评判,这就导致了无监督学习的可选方法大量增加。

11.2 基 本 问 题

无监督学习包括聚类、降维(因子分析、主成分分析等)、概率模型估计、关联规则、话题分析、图分析等,本节讨论聚类、降维和概率模型估计三种无监督学习的基本问题。

与监督学习一样,无监督学习也是由模型、策略、算法三要素构成。在聚类问题中,模型的输出是类别,策略是使样本与所属类的中心距离最小化,算法一般为迭代算法;在降维问题中,模型的输出是低维向量,策略是使样本从高维到低维的信息损失最小化,算法一般为迭代算法;在概率模型估计问题中,模型可以是混合概率模型或者概率图模型,策略是使模型生成数据的概率最大化,算法一般也是迭代算法。

11.2.1 聚类

聚类(Clustering)是无监督学习研究中应用最广泛的一种算法,它根据样本特征的相似度或距离将其归并到不同的类或簇,样本的类别不是事先给定的,需要从数据中学习得到,但是类别的个数一般会事先给定。直观上,就是同类相似,不同类之间样本的特性相差较大,即所谓的"物以类聚"。若一个样本只能属于一个类,则称为硬聚类(Hard Clustering);若一个样本可以属于多个类,则称为软聚类(Soft Clustering)。

假设输入空间是欧几里得空间 $X \subseteq \mathbf{R}^d$, $X = \{x_1, x_2, \cdots, x_n\}$,输出空间是类别集合 $Z = \{1, 2, \cdots, k\}$。当聚类模型是函数 $z = g_\theta(x)$ 时,这是一个硬聚类模型,有 $z_i = g_\theta(x_i)$ ($i = 1, 2, \cdots, n$);当聚类模型是条件概率分布 $P_\theta(z | x)$ 时,这是一个软聚类,每个样本依概率 $P_\theta(z_i | x_i)$, $i = 1, 2, \cdots, n$ 属于一个类。

聚类根据相似度或距离概念,将原始数据集划分成许多较小的类,具体方法包括层次聚类、原型聚类(k 均值聚类、学习向量量化和高斯混合聚类)等。在金融领域,聚类可以应用于识别波动率、利率等的高低状态,准确的状态识别对不同资产及不同风险溢价的配置具有重要意义。

11.2.2 降维

降维(Dimensionality reduction)是将训练数据中的样本从高维空间转换到低维空间。低维空间不是事先给定的,需要从数据中学习得到,但是维数一般会事先给定。降维过程中,要保证样本的信息损失最小。

假设输入空间是欧几里得空间 $X \subseteq \mathbf{R}^d$,输出空间也是欧几里得空间 $X \subseteq \mathbf{R}^{d'}$,且 $d' \ll d$,即降维之后维数会下降较多。降维的模型可以表示为 $z = g_\theta(x)$,其中 x 为高维向量,z 为低维向量,降维时,每个样本从高维向量转换为低维向量,即 $z_i = g_\theta(x_i), i = 1, 2, \cdots, n$。

降维可以理解为在众多变量中提取具有代表性的特征,具体方法包括主成分分析、因子分析、独立成分分析等。降维在金融领域的应用十分广泛,以主成分分析为例,其旨在识别数据的主要驱动因素,例如在多资产组合中,主成分分析可以识别出如动量、波动性、流动性等主要驱动因素,并利用这些主要成分来描述资产组合的收益率;又如在描述收益率曲线变动时,可以通过主成分分析确定如收益的平行移动、曲线的陡度变化和曲线的凸度等代表性因子。

11.2.3 概率模型估计

概率模型估计(Probability model estimation)假设训练数据由一个概率模型生成,其学习过程就是学习概率模型的结构和参数,学习的目标就是找到最有可能生成给定数据的结构和模型。概率模型包括混合模型、概率图模型等。

概率模型可以表示为条件概率分布 $P_\theta(x|z)$,其中 x 表示观测数据,可以是离散变量或连续变量;z 表示隐式结构,是离散变量,例如模型为混合模型时,z 就表示成分的个数;θ 表示参数。特别地,当隐式结构 z 不存在时,即 $P_\theta(x|z) = P_\theta(x)$ 时,模型估计就变成了传统统计学中的概率密度估计。

软聚类可以看作是一种概率模型估计问题,如第12章中的高斯混合聚类就利用了概率模型估计的思想。根据贝叶斯公式

$$P(z|x) = \frac{P(z)P(x|z)}{P(x)} \propto P(z)P(x|z) \tag{11.1}$$

假设先验概率 $P(z)$ 服从均匀分布,那么只需要估计条件概率分布 $P_\theta(x|z)$。这样就可以通过对条件概率分布 $P_\theta(x|z)$ 的估计进行软聚类,这里 z 表示类别,θ 表示参数。

估计概率模型还可能涉及对概率分布的随机抽样,第14章介绍的马尔可夫链蒙特卡罗法是以马尔可夫链为概率模型的蒙特卡罗法,它通过抽样获得概率分布的随机样本,并通过得到的随机样本对概率分布的特征进行分析。

在金融领域,概率模型估计方法可以用在如收益率分布估计、违约概率模型估计、投资风险模型估计等需要学习概率模型的场景。

11.3 无监督学习方法介绍

本节简单介绍几种无监督学习的方法,包括聚类、降维、马尔可夫链蒙特卡罗法、关联规

则等,具体的算法和案例将在后续章节详细展开。

11.3.1 聚类

聚类主要用于数据分析,帮助发现数据的统计规律,也可在监督学习中起到预处理的作用。根据样本数据特征和预期达到的效果,聚类可选择的方式非常多。第 12 章中将详细介绍层次聚类、原型聚类中的 k 均值聚类和高斯混合聚类。其余常见的聚类方式有综合层次聚类算法(BIRCH)、聚集聚类算法(Agglomerative Clustering)、近邻传播算法(Affinity Propagation)、谱聚类算法(Spectral Clustering)、小批量 k 均值法(Mini Batch k-Means)、基于密度的聚类算法(DBSCAN)等。对于聚类方法的选择,可以参考聚类效果的评价指标。如果数据点存在可比照的聚类标签,比如对个股收益率进行聚类,可以将个股行业分类作为比照对象,用于评价聚类结果与行业分类是否一致;如果数据点不存在标签,聚类效果一般用一些特定的指标进行度量。

下面简单介绍几种常见的聚类方法(将在第 12 章展开详细介绍)以及聚类在金融领域中的应用。

1. 层次聚类

层次聚类(Hierarchical Clustering)是在不同层次上对数据集进行聚类,最终得到一个树形的聚类结构。其又分为聚合(Agglomerative)或自下而上(Bottom-up)聚类、分裂(Divisive)或自上而下(Top-down)聚类两种方法。层次聚类树状图如图 11.1 所示,随着纵轴聚类簇距离的不断增加,样本由开始的 10 类逐渐归并为 1 类。

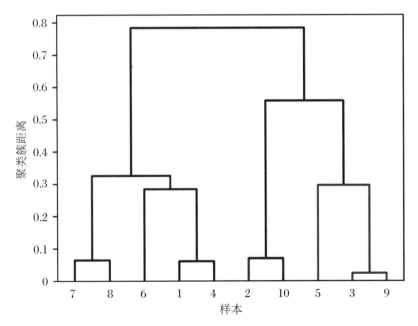

图 11.1 层次聚类树状图

2. k 均值聚类

k 均值聚类(k-Means Clustering)是一种迭代求解的聚类分析算法,其目的是将数据分为 k 类,首先选取 k 个样本作为初始的聚类中心,然后计算每个样本与各个聚类中心之间的距离,把每个对象分配给距离它最近的聚类中心所属的类,并重新计算各个类的聚类中心,随后不断重复这个过程直至满足停止条件。如图 11.2 为 k 均值聚类的最终结果,其中正方形点、五角星点、圆形点、三角形点表示不同的四类,"+"为每一类的聚类中心。

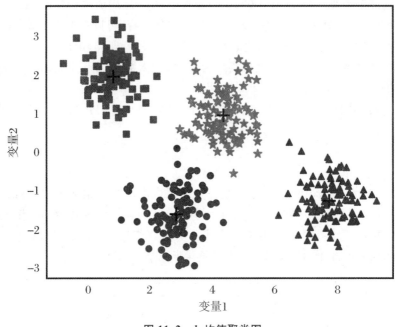

图 11.2　k 均值聚类图

3. 高斯混合聚类

高斯混合聚类(Mixture-of-Gaussian Clustering)采用概率模型来表达聚类原型,并使用 EM 算法进行迭代计算。高斯混合聚类假设每个簇的数据都是符合高斯分布(正态分布)的,当前数据呈现的分布就是各个簇的高斯分布叠加在一起的结果。高斯混合聚类的每步迭代需要计算每个样本属于每个高斯混合成分的后验概率,将样本分配给最大后验概率所对应的类,然后更新模型参数,不断迭代,直至满足停止条件。如图 11.3 为高斯混合聚类结果。

4. 在金融领域的应用

在金融领域,聚类分析一般用于挖掘样本数据的特征,作为构建策略的预处理。例如,用聚类方法将个股分成不同的类别,展示不同聚类群体的差异,也可以观察聚类群体在时间序列上的变化,进而归纳个股特征随时间而产生的变化;再如金融领域很多场景会用到情景分析,即根据重要变量预先设置好情景,在不同情境下采取不同策略,而对于选准变量和模型,也可以使用聚类方法达到类似的效果;又如聚类可以用于选股前的预处理,通过重要特征将个股进行聚类,在每个类别中分别进行选股,这样的效果会优于在全样本内选股;在进行全球资产配置时,因为标的资产种类繁多,可以对各资产的相关性矩阵进行分层聚类,以分散投资组合的风险;此外,聚类分析的可视化也是重要的应用方式之一,我们可以通过热力图或最小生成树的方式来直观地描述资产间的相关性,帮助实现投资组合风险的分散化。

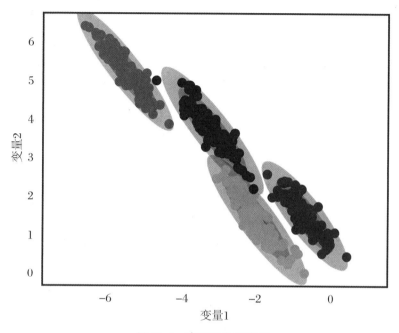

图 11.3　高斯混合聚类图

11.3.2　降维

降维主要用于数据分析或者监督学习的预处理,帮助发现高维数据中的统计规律,降维分为线性降维和非线性降维,其具体方法包括主成分分析和因子分析等。我们将在第 13 章中具体介绍主成分分析。

1. 主成分分析

主成分分析(Principal Component Analysis)设法将原来许多变量重新组合成一组新的不相关的综合变量,同时根据实际需求从中选出较少的几个综合变量,并且尽可能多地反映原来变量的信息。最经典的做法就是用方差来表示信息,方差越大表示包含的信息量越多。主成分分析的出发点就是考虑原来变量的线性组合的方差。如图 11.4 所示,在图 11.4(a)中,散点表示原始数据,长短两个箭头分别表示第一和第二主成分,箭头方向表示数据主轴的方向,箭头长度表示输入数据中各个轴的重要程度,它衡量了数据投影到主轴上的方差的大小;图 11.4(b)表示第一主成分和第二主成分。从图 11.4(a)到图 11.4(b)是一个仿射变换(Affine Transformation),包含平移(Translation)、旋转(Rotation)和均匀缩放(Uniform Scaling)三个步骤。

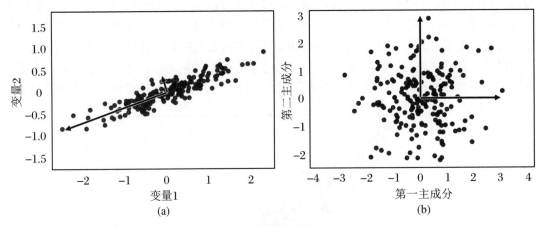

图 11.4 主成分分析中的数据主轴变换

2. 因子分析

因子分析（Factor Analysis）是指研究从变量群中提取公共因子的统计技术，其希望于一组具有相关性的数据中，将原来的高维变量空间降维到低维变量空间，而这个低维变量空间是由新的因子构成的。应用最多的因子模型是正交因子模型，其公式为

$$X = \mu + AF + \varepsilon \tag{11.2}$$

其中 $X=(X_1,X_2,\cdots,X_p)'$ 表示样本数据的 p 个变量，$\mu=(\mu_1,\mu_2,\cdots,\mu_p)'$ 为均值向量，$A_{(p\times m)}$ 为因子载荷矩阵，$F_{(m\times p)}=(F_1,F_2,\cdots,F_m)'$ 为公共因子，$\varepsilon=(\varepsilon_1,\varepsilon_2,\cdots,\varepsilon_p)'$ 为特殊因子，且满足公共因子、特殊因子各自内部、相互之间均不相关。

相比于主成分分析，因子分析一个主要特点就是它的可解释性更强，而这一可解释性源自于因子旋转。将计算得到的因子载荷进行因子旋转后，各变量在一些非常少的公共因子上有很大的载荷（尽可能接近于 1），而在其余公共因子上的载荷很小（尽可能接近于 0），这将有助于公共因子的解释。如图 11.5 所示，图 11.5(a) 为未旋转的因子载荷，因子 1 的意义可以由变量 X_3,X_4,X_7 解释，因为这些变量在因子 1 上载荷的绝对值接近于 1，且在因子 2 上的载荷接近于 0，但此时没有变量满足在因子 2 上载荷接近于 1 且在因子 1 上载荷接近于 0，所以因子 2 不能得到很好的解释；在图 11.5(b) 中，因子载荷经过了因子旋转，即坐标轴旋转了一定角度后，因子 1 可以由变量 X_2,X_8,X_9 来解释，因子 2 可以由 X_1,X_4,X_{10} 来解释。

3. 在金融领域的应用

在金融领域，主成分分析可用于数据的预处理。例如，在进行多因子分析的准备阶段，因子池中可能存在上百个子类因子，我们可以通过主成分分析将众多因子进行特征抽取，最后得到 10 个以内代表性特征（主成分），并用这些特征来描述股票收益率，再结合监督学习进行多因子选股策略。

因子分析在选股方面的应用也比较普遍。比如股票的一些常见指标如基本面、财务指标、技术指标等，本身在一定程度上能够解释股票的收益率，我们可以利用因子分析提取它们的公共因子,就可以达到降维的作用,这一方法的前提假设是某些指标的公共信息对股票收益率有更好的解释效果。因子分析偏向于线性关系的挖掘,所以提取的某些公共因子可能对于股票收益率的解释比较低效,此时可以考虑在因子模型中加入公共因子对股票收益率的解释模型,通过限制有效因子的提取过程来达到增强因子解释力度的作用。

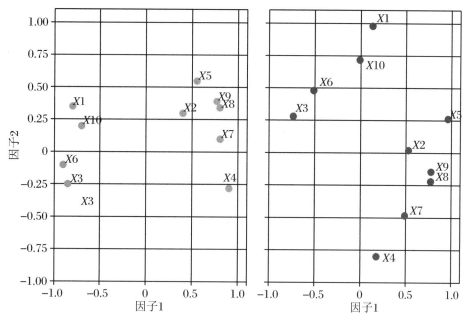

图 11.5　因子旋转

在金融实践中,Barra 模型将降维的思想运用得比较成熟,它是明晟公司(MSCI)旗下的多因子模型产品,被金融机构广泛使用,主要应用于多因子选股分析和结构化风险因子分析。某一资产可能存在上百个指标来描述其风险特征,Barra 模型通过提取若干代表性风险因子来描述所有指标的共同驱动因素,从而方便进行绩效归因或组合风险控制。传统的 Barra 模型将资产分为权益类、固定收益类和货币类,而这些大类资产又由许多微观指标来描述,例如 PE、PB、流通市值等指标可以用来描述权益类资产,利率期限结构、债券评级、债券违约风险等可以用来描述固定收益类资产,汇率变动、各国相对利率变动、各国相对通货膨胀率变动等可以用来描述货币类资产。传统 Barra 模型首先在众多微观指标到大类资产层面进行降维,随后将大类资产根据不同国家进行因子整合,分为全球因子和区域因子两部分,其主要分析逻辑和所应用的降维方法如图 11.6 所示。随着金融市场的发展,Barra 模型也在不断地完善中,在中国,Barra 最新一代的股票市场多因子模型为 CNE5,它包含了一个国家因子、多个行业因子和多个风格因子。

11.3.3　马尔可夫链蒙特卡罗法

蒙特卡罗法(Monte Carlo Method)也称为统计模拟方法(Statistical Simulation Method),是通过从概率模型的随机抽样进行近似数值计算的方法。马尔可夫链蒙特卡罗法(Markov Chain Monte Carlo,MCMC)则是以马尔可夫链(Markov Chain)为概率模型的蒙特卡罗法。

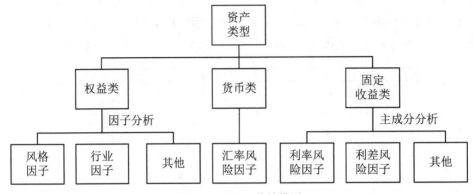

图 11.6　Barra 传统模型

马尔可夫链蒙特卡罗法被应用于概率分布的估计、定积分的近似计算、最优化问题的近似求解等问题,特别是被应用于统计学习中概率模型的学习与推理,是重要的统计学习计算方法。

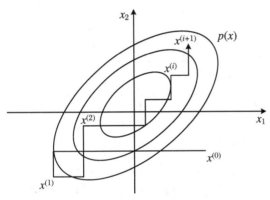

图 11.7　吉布斯抽样过程示意图

我们将在第 14 章具体介绍马尔可夫链蒙特卡罗法的相关推导、算法和例子,这里只给出马尔可夫链蒙特卡罗法的常用算法——吉布斯抽样的过程示意图。如图 11.7 所示,这是一个二元分布的吉布斯抽样,每次更新都伴随着水平和竖直两个方向的移动,连续的两个方向的移动产生一个新的样本点。同时吉布斯抽样不会被拒绝,抽样会在样本点之间持续移动。

11.3.4　关联规则

关联规则反映一个事物与其他事物之间的关联性,常用于商品捆绑推荐或销售,该方法是通过对客户购买记录进行关联规则挖掘,以求发现客户购买习惯的内在规则。"购物篮分析"就是一个典型的关联规则处理方法,根据数据分析结果,若发现客户购买产品 A 的同时会连带着购买产品 B,那么商家就可以采取调整 A、B 产品的货架位置或者将 A、B 产品组合销售的策略,比如经典的"啤酒与尿布"案例。在金融领域,关联规则可应用于银行客户交叉销售、金融产品捆绑推荐等方面。关联规则分析中有几个重要指标,即支持度(Support)、置信度(Confidence)和提升度(Lift)。Apriori 算法是关联规则分析的一个重要算法。下面简单介绍这三个指标和 Apriori 算法,并给出一个简单的例子。

1. 支持度

支持度是指某个商品组合(如 $A \cap B$)在总销售笔数 N 中出现的频率

$$Support(A \cap B) = \frac{Freq(A \cap B)}{N} \tag{11.3}$$

2. 置信度

置信度是指购买了某个商品(如 A)后,会有多大概率购买另一商品(如 B)

$$Confidence(A \rightarrow B) = \frac{Freq(A \cap B)}{Freq(A)} \tag{11.4}$$

3. 提升度

提升度是指购买某一商品(如 A)对购买另一商品(如 B)的概率提升作用。若提升度大于 1,说明规则有效,反之则无效

$$Lift(A \rightarrow B) = \frac{Confidence(A \rightarrow B)}{Support(B)} = \frac{Support(A \cap B)}{Support(A) \cdot Support(B)} \tag{11.5}$$

4. Apriori 算法

Apriori 算法是寻找频繁项集(Frequent Itemset)的过程,频繁项集就是支持度不小于最小支持度(Min Support)的项集。

算法 11.1　Apriori 算法

输入:n 个样本的集合 X,最小支持度 s。

输出:频繁项集与支持度。

算法过程:

(1) 令 $K=1$,计算 K 项集的支持度。

(2) 删去小于最小支持度 s 的项集。

(3) 若项集为空,则 $K-1$ 项集即为最终结果,否则 $K=K+1$,计算 K 项集的支持度,返回步骤(2)。同时应注意,频繁项集的所有子集必须是频繁的,需要删除存在非频繁子集的项集。

例 11.1　假设某银行有 $X_1, X_2, X_3, X_4, X_5, X_6$ 六类产品或业务,表 11.1 为某五名客户一段时间内的交易记录,利用 Apriori 算法,银行计划用这些数据制定产品捆绑销售计划,构建的销售组合中产品或业务的数量用 K 表示,最小支持度设为 0.5。

表 11.1　某银行客户交易记录

客户编号	购买的产品或业务
1	X_1、X_2、X_3
2	X_2、X_3、X_4、X_5
3	X_1、X_3、X_5、X_6
4	X_1、X_2、X_3、X_5
5	X_1、X_2、X_3、X_4

解　根据算法 11.1,由表 11.1,进行如下步骤的计算:

(1) 首先令 $K=1$，得到项集及支持度：

$$\{X_1\}:\frac{4}{5};\{X_2\}:\frac{4}{5};\{X_3\}:\frac{5}{5};\{X_4\}:\frac{2}{5};\{X_5\}:\frac{3}{5};\{X_6\}:\frac{1}{5}$$

删去支持度小于 0.5 的项集，所以频繁项集为 $\{X_1\}:\frac{4}{5};\{X_2\}:\frac{4}{5};\{X_3\}:\frac{5}{5};\{X_5\}:\frac{3}{5}$。

(2) 令 $K=2$，得到项集及支持度

$$\{X_1,X_2\}:\frac{3}{5};\{X_1,X_3\}:\frac{1}{5};\{X_1,X_5\}:\frac{2}{5};\{X_2,X_3\}:\frac{4}{5};\{X_2,X_5\}:\frac{2}{5};\{X_3,X_5\}:\frac{3}{5}$$

删去支持度小于 0.5 的项集，所以频繁项集为 $\{X_1,X_2\}:\frac{3}{5};\{X_2,X_3\}:\frac{4}{5};\{X_3,X_5\}:\frac{3}{5}$。

(3) 令 $K=3$，得到项集及支持度

$$\{X_1,X_2,X_3\}:\frac{3}{5};\{X_2,X_3,X_5\}:\frac{2}{5};\{X_1,X_2,X_5\}:\frac{1}{5}$$

删去支持度小于 0.5 的项集，所以候选频繁项集为 $\{X_1,X_2,X_3\}$，但是观察其子集，存在非频繁项集 $\{X_1,X_3\}$，所以需要删除这个项集。

所以该银行若要进行产品或业务的捆绑销售，则可以考虑将 X_1，X_2 或 X_2，X_3 或 X_3，X_5 进行组合营销。

11.3.5 其他

无监督学习方法非常多，常见的还有话题分析和图分析等，由于它们在金融领域的应用不如前面介绍的几种方法广泛，所以这里只进行简单的介绍。

话题分析（Topic Analytics）是文本分析的一种技术，它旨在发现文本集合中每个文本的话题，且话题由单词的集合表示。话题分析可以形式化为概率模型估计问题或降维问题，它主要包括潜在语义分析（Latent Semantic Analysis）、概率潜在语义分析（Probabilistic latent semantic Analysis）、潜在狄利克雷分配（Latent Dirichlet Allocation）等。图分析（Graph Analytics）是挖掘隐藏在图中的统计规律或潜在结构，比如著名的 PageRank 算法就是图分析的一种，它主要用于发现有向图中重要的节点。

本 章 小 结

1. 无监督学习是指从无标签数据中学习模型的机器学习问题，其本质是学习数据中的统计规律或潜在结构，主要包括聚类、降维和概率模型估计。

无监督学习可以用于对已有数据的分析，也可以用于对未来数据的预测。学习得到的模型可以表示成函数 $z=g_\theta(x)$，条件概率分布 $P_\theta(z|x)$ 或 $P_\theta(x|z)$。

无监督学习的基本想法是对给定数据进行某种"压缩"，从而找到数据的潜在结构，假定损失最小的压缩得到的结果就是最本质的结构。对应聚类，可以考虑发掘数据的纵向结构；对应降维，可以考虑发掘数据的横向结构；对应概率模型估计，同时可以考虑发掘数据的纵向和横向结构。

2. 聚类是将样本集合中相似的样本分配到相同的类，不相似的样本分配到不同的类。聚类主要包括层次聚类、k 均值聚类、高斯混合聚类等。

3. 降维是将样本集合中的样本从高维空间转换到低维空间,通过降维可以更好地表示样本数据的结构,即更好地表示样本之间的关系。降维方法有主成分分析、因子分析等。

4. 马尔可夫链蒙特卡罗法是以马尔可夫链为概率模型的蒙特卡罗法,常被应用于统计学习中概率模型的学习与推理。吉布斯抽样是常见的马尔可夫链蒙特卡罗法。

5. 关联规则反映一个事物与其他事物之间的关联性,Apriori 算法是关联规则分析的一个重要算法。其他常见的无监督学习方法还有话题分析和图分析等。

关键词:无监督学习　聚类　降维　概率模型估计

思 考 题

1. 概括无监督学习与监督学习之间的区别,思考无监督学习对于监督学习的意义。
2. 比较本章介绍的几种无监督学习方法,思考其分别适合怎样的场景,思考无监督学习方法之间能否相互结合,需要注意哪些方面。
3. 查阅资料,了解更多无监督学习方法在金融领域的应用。

参 考 文 献

[1] 黑斯蒂.统计学习基础:数据挖掘、推理与预测[M].范明,柴玉梅,昝红英,等译.北京:电子工业出版社,2004.
[2] 李航.统计学习方法[M].2版.北京:清华大学出版社,2019.
[3] 周志华.机器学习[M].北京:清华大学出版社,2016.
[4] 石托布拉斯.Python 数据科学手册[M].陶俊杰,陈小莉,译.北京:人民邮电出版社,2018.
[5] 覃川桃,陈洁敏.机器学习白皮书系列之二:无监督学习的方法介绍及金融领域应用实例[R].上海:长江证券金融工程组,2017.

第 12 章 聚 类

教学目标

1. 掌握聚类的基本概念；
2. 熟悉层次聚类和原型聚类的概念和算法；
3. 深入理解聚类算法的应用。

聚类是无监督学习研究中应用最广泛的一种算法，它根据样本特征的相似度或距离将其归并到不同的类或簇，但是样本本身没有标记，即事先并不知其类或簇。直观上，就是将特性类似的样本归为一类，而不同类之间样本的特性相差较大，即所谓的"物以类聚"。

聚类既可以用于分析数据的内在结构，也可以作为其他分类算法的预处理过程。例如，金融机构需要对新客户进行类型判别，就可以先使用聚类算法对已有数据进行聚类，并根据业务经验，将聚类得到的每个簇定义一个"客户类型"，这样一来，原始数据就被贴上了标签，然后便可使用监督学习的分类算法，对新客户进行类型判别。

聚类算法很多，本章介绍常用的三种聚类算法：层次聚类、k 均值聚类和高斯混合聚类。其中 12.1 节介绍聚类的基本概念，包括相似度或距离、数据标准化、类或簇；12.2 节介绍层次聚类；12.3 节介绍两种常见的原型聚类（k 均值聚类和高斯混合聚类），并将它们进行比较。

12.1 基本概念

首先给出聚类有关的一些基本概念，包括相似度或距离、数据标准化、类或簇。

12.1.1 相似度或距离

相似度（Similarity）或者距离（Distance）是聚类的基础，直接影响聚类的结果，在实际问题中，需根据实际问题来选择何种相似度。下面给出几种常见的相似度或距离。

假设有 n 个样本，每个样本有 p 个特征，样本集合为

$$X = [x_{ij}]_{p\times n} = \begin{bmatrix} x_{11} & x_{12} & \cdots & x_{1n} \\ x_{21} & x_{22} & \cdots & x_{2n} \\ \vdots & \vdots & \cdots & \vdots \\ x_{p1} & x_{p2} & \cdots & x_{pn} \end{bmatrix} = (x_1, x_2, \cdots, x_n) \qquad (12.1)$$

其中,第 $j(j = 1,2,\cdots,n)$ 列表示第 j 个样本;第 $i(i = 1,2,\cdots,p)$ 行表示第 i 个特征;x_{ij} 表示第 j 个样本的第 i 个特征值;$x_i = (x_{1i}, x_{2i}, \cdots, x_{pi})^T, x_j = (x_{1j}, x_{2j}, \cdots, x_{pj})^T$;$X$ 的协方差矩阵为 Σ;d_{ij} 表示样本 x_i 与样本 x_j 之间的距离,需要满足一些基本性质:

非负性:
$$d_{ij} \geqslant 0 \qquad (12.2)$$

同一性
$$d_{ij} = 0 \text{ 当且仅当 } x_i = x_j \qquad (12.3)$$

对称性
$$d_{ij} = d_{ji} \qquad (12.4)$$

直递性
$$d_{ij} \leqslant d_{ik} + d_{kj} \qquad (12.5)$$

1. 闵可夫斯基距离

在第 4 章中已经给出过闵可夫斯基距离(Minkowski Distance)的定义,这里再次简单介绍一下。闵可夫斯基距离越大(越小),样本相似度越小(越大),其定义为

$$d_{ij} = \left(\sum_{k=1}^{p} |x_{ki} - x_{kj}|^q\right)^{\frac{1}{q}} \qquad (12.6)$$

其中 $q \geqslant 0$。当 $q = 2$ 时,闵可夫斯基距离即欧式距离(Euclidean Distance)

$$d_{ij} = \left(\sum_{k=1}^{p} |x_{ki} - x_{kj}|^2\right)^{\frac{1}{2}} \qquad (12.7)$$

当 $q = 1$ 时,闵可夫斯基距离即曼哈顿距离(Manhattan Distance)

$$d_{ij} = \sum_{k=1}^{p} |x_{ki} - x_{kj}| \qquad (12.8)$$

当 $q = \infty$ 时,闵可夫斯基距离即切比雪夫距离(Chebyshev Distance)

$$d_{ij} = \max_k |x_{ki} - x_{kj}| \qquad (12.9)$$

2. 马哈拉诺比斯距离

马哈拉诺比斯距离(Mahalanobis Distance),简称马氏距离,其考虑的是特征之间的相关性,但是与尺度无关,即独立于测量尺度。马氏距离越大(越小),样本相似度越小(越大),其定义为

$$d_{ij} = \left[(x_i - x_j)^T \Sigma^{-1}(x_i - x_j)\right]^{\frac{1}{2}} \qquad (12.10)$$

其中,若 Σ 为单位矩阵时,即各个分量方差为 1 且相互独立,马氏距离就是欧几里得距离。

3. 相关系数

相关系数(Correlation Coefficient)也可以用来表示相似度,相关系数的绝对值越接近

于 1(0)，表示样本相似度越高(低)。相关系数 r_{ij} 定义为

$$r_{ij} = \frac{\sum_{k=1}^{p}(x_{ki} - \bar{x}_i)(x_{kj} - \bar{x}_j)}{\left[\sum_{k=1}^{p}(x_{ki} - \bar{x}_i)^2 \sum_{k=1}^{p}(x_{ki} - \bar{x}_i)^2\right]^{\frac{1}{2}}} \quad (12.11)$$

其中，$\bar{x}_i = \frac{1}{p}\sum_{k=1}^{p} x_{ki}$，$\bar{x}_j = \frac{1}{p}\sum_{k=1}^{p} x_{kj}$。

4. 夹角余弦

夹角余弦(Cosine)也可以用来表示相似度，夹角余弦越接近于 1(0)，表示样本相似度越高(低)。夹角余弦 s_{ij} 定义为

$$s_{ij} = \cos\theta = \frac{\langle x_i \cdot x_j \rangle}{\|x_i\| \|x_j\|} = \frac{\sum_{k=1}^{p} x_{ki} x_{kj}}{\left[\sum_{k=1}^{p} x_{ki}^2 \sum_{k=1}^{p} x_{kj}^2\right]^{\frac{1}{2}}} \quad (12.12)$$

值得注意的是，不同度量标准得到的结果之间可能不一致，所以在进行聚类时，需要根据实际问题选择合适的相似度度量标准。

12.1.2 数据标准化

实际问题中，个体特征的单位往往不尽相同，这会增加距离作为相似度的误差，因此有必要消除量纲。不同模型对于数据标准化有不同的要求，一般有三条基本原则：一是相同特征数据间相对距离不变；二是不同特征间相对距离不变；三是极大值不变。假设 x_{ij} 为第 i 个样本的第 j 个特征，x_{ij}^* 为其标准化，$\overline{x_j}$ 为第 j 个特征的均值，常见的有如下几种数据标准化方式。

(1) 中心化变换

$$x_{ij}^* = x_{ij} - \overline{x_j} \quad (i=1,2,\cdots,n; j=1,2,\cdots,p) \quad (12.13)$$

$$\overline{x_j} = \frac{1}{n}\sum_{k=1}^{n} x_{kj} \quad (12.14)$$

(2) 标准化变换

$$x_{ij}^* = \frac{x_{ij} - \overline{x_j}}{s_j} \quad (i=1,2,\cdots,n; j=1,2,\cdots,p) \quad (12.15)$$

其中，s_j 表示样本的标准差

$$s_j = \sqrt{\frac{1}{n-1}\sum_{k=1}^{n}(x_{kj} - \overline{x_j})^2} \quad (12.16)$$

当用标准化变换数据后，得到如下性质：$E(x_{ij}^*) = 0$；$D(x_{ij}^*) = 1$；保序性；当 $s_j = 0$ 时，标准化变换方法无效。

(3) 极差标准化变换

$$x_{ij}^* = \frac{x_{ij} - \overline{x_j}}{\max(x_{kj}) - \min(x_{kj})} \quad (i=1,2,\cdots,n; j=1,2,\cdots,p) \quad (12.17)$$

12.1.3 类或簇

聚类得到的类或簇(Cluster)实质是样本的子集。假设样本集 $X = (x_1, x_2, \cdots, x_n)$ 包含 n 个样本,每个样本 $x_i = (x_{1i}, x_{2i}, \cdots, x_{pi})^{\mathrm{T}}$ 有 p 个特征,d_{ij} 表示样本 x_i 和样本 x_j 之间的距离,则对于给定正数 T,若集合 G 中任意两个样本 x_i, x_j,满足

$$d_{ij} \leqslant T \tag{12.18}$$

则称 G 为一个类或簇。

聚类算法将样本集划分成 k 个互不相交的簇 $G_1, G_2, \cdots, G_k$,其中 $G_i \bigcap G_j = \varnothing$,$\bigcup_{i=1}^{k} G_i = X$,这种聚类被称为硬聚类。相应的,若不同簇之间交集非空,则被称为软聚类。本章的聚类算法只考虑硬聚类。

由于聚类属于无监督算法,样本没有带标签,所以用聚类算法将数据集划分为若干个不相交的簇之后,簇所对应的类别名需要由使用者来命名。

刻画类的特征一般有以下几种:

(1) 类的均值(类的中心)$\bar{x}_G$

$$\bar{x}_G = \frac{1}{n_G} \sum_{i=1}^{n_G} x_i \tag{12.19}$$

其中,n_G 表示 G 中样本的个数。

(2) 类的直径(Diameter)D_G

$$D_G = \max_{x_i, x_j \in G} d_{ij} \tag{12.20}$$

(3) 样本协方差矩阵(Covariance matrix)S_G

$$S_G = \frac{1}{p-1} \sum_{i=1}^{n_G} (x_i - \bar{x}_G)(x_i - \bar{x}_G)^{\mathrm{T}} \tag{12.21}$$

其中,p 为样本的维数(样本特征的个数)。

接下去介绍类与类之间的距离。假设类 G_p 与类 G_q 分别包含 n_p 和 n_q 个样本,$\bar{x}_p$ 和 $\bar{x}_q$ 分别表示两个类的中心,G_r 为类 G_p 与类 G_q 的合并,G_k 为任一类,下面是几种常见的距离 D_{pq}:

(1) 最短距离或单连接

$$D_{pq} = \min\{d_{ij} \mid x_i \in G_p, x_j \in G_q\} \tag{12.22}$$

$$D_{kr} = \min\{D_{kp}, D_{kq}\} \tag{12.23}$$

(2) 最长距离或全连接

$$D_{pq} = \max\{d_{ij} \mid x_i \in G_p, x_j \in G_q\} \tag{12.24}$$

$$D_{kr} = \max\{D_{kp}, D_{kq}\} \tag{12.25}$$

(3) 中心距离

$$D_{pq} = d_{\bar{x}_p \bar{x}_q} \tag{12.26}$$

(4) 平均距离

$$D_{pq} = \frac{1}{n_p n_q} \sum_{x_i \in G_p} \sum_{x_j \in G_q} d_{ij} \tag{12.27}$$

12.2 层次聚类

层次聚类是在不同层次上对数据集进行聚类,最终得到一个树形的聚类结构。其又分为聚合或自下而上聚类、分裂或自上而下聚类两种方法。

聚合聚类先将每个样本自成一类,此时每类只有一个样本,然后将最满足规则条件(例如距离最近)的两类合并,形成一个新的类,随后不断重复此操作,每次减少一个类,直至满足停止条件(例如所有样本都出现在同一类当中,即只剩一类);而分裂聚类与聚合聚类计算方向相反,开始只有一个类,包含所有样本,然后将已有类中距离最远的两个样本分到两个新的类,随后不断重复此操作,直至满足停止条件。这里只介绍聚合聚类。

根据上一节聚类的基本概念,可知相似度或距离至少有四种,合并规则至少有四种,停止条件可以是类的个数达到阈值、类的直径超过阈值等。

如果样本距离使用欧几里得距离,合并规则为类间平均距离,停止条件为类的个数为1,则聚合聚类的算法如下:

算法 12.1　聚合聚类算法

输入:n 个样本组成的样本集合 X。

输出:对样本的聚合聚类(一个树形层次聚类图)。

算法过程:

(1) 将每个样本各自归为一类,共 n 类。

(2) 计算类两两之间的平均距离。

(3) 将类间平均距离最小的两类合并成一个新类。

(4) 检查类的个数,若类数为1,停止计算,否则返回第(2)步。

例 12.1　选取 30 家上市公司,证券代码用 1~30 代替,在这些上市公司的财务报表中选取"稀释每股收益"和"综合收益总额"两项财务指标(忽略单位),对这些上市公司进行层次聚类。由于这两项财务指标数值相差较大,表 12.1 直接给出标准化后的数据。

表 12.1　30 家上市公司标准化后的财务数据

证券代码	稀释每股收益	综合收益总额	证券代码	稀释每股收益	综合收益总额	证券代码	稀释每股收益	综合收益总额
1	0.4252	0.1430	11	0.2046	0.5037	21	0.4014	0.3427
2	−0.6685	−0.3716	12	0.0052	−0.2447	22	−0.5070	−0.3431
3	−0.0562	−0.3201	13	0.1041	−0.2895	23	0.1359	0.3369
4	0.3688	0.1673	14	−0.6785	−0.4714	24	0.2164	0.2362
5	−0.3462	−0.3194	15	0.1456	−0.1444	25	−0.3648	−0.3275
6	0.1154	0.1962	16	−0.1869	−0.3048	26	−0.2378	−0.3592
7	0.2261	−0.1422	17	−0.0451	0.3890	27	0.4047	0.2425

续表

证券代码	稀释每股收益	综合收益总额	证券代码	稀释每股收益	综合收益总额	证券代码	稀释每股收益	综合收益总额
8	0.2767	−0.1020	18	−0.2762	−0.2458	28	0.4004	0.3421
9	−0.0434	−0.2990	19	0.5990	0.3486	29	−0.1700	−0.1427
10	−0.7389	−0.3695	20	−0.3568	−0.2809	30	0.4639	0.3760

解 这里使用欧几里得距离(式(12.7))和平均距离法(式(12.27)),得到图12.1所示的层次聚类树状图。

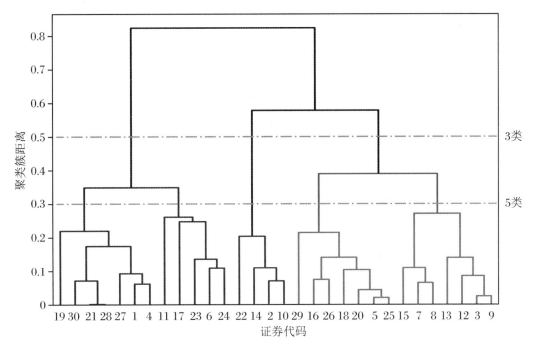

图 12.1 层次聚类树状图

由图12.1可知,横轴表示30家上市公司的证券代码,纵轴表示聚类簇距离。随着聚类簇距离的增大,样本由一开始的自成一类逐渐归并,当聚类簇距离取0.3时,样本被分成五类,结果如下:

$$C_1 = \{x_1, x_4, x_{19}, x_{21}, x_{27}, x_{28}, x_{30}\}$$
$$C_2 = \{x_6, x_{11}, x_{17}, x_{23}, x_{24}\}$$
$$C_3 = \{x_2, x_{10}, x_{14}, x_{22}\}$$
$$C_4 = \{x_5, x_{16}, x_{18}, x_{20}, x_{25}, x_{26}, x_{29}\}$$
$$C_5 = \{x_3, x_7, x_8, x_9, x_{12}, x_{13}, x_{15}\}$$

由图12.1可知,当聚类簇距离取0.5时,样本被分为三类;当聚类簇距离取0.9时,所有样本成为一类。

12.3 原型聚类

原型聚类假设聚类结构能通过一组原型刻画,通常先对原型初始化,然后进行迭代更新求解。比较常见的原型聚类有 k 均值聚类、高斯混合聚类、学习向量量化等,其中学习向量量化的数据样本带有标记,学习过程需要使用监督信息来辅助聚类,所以不是无监督学习方法。本节只介绍 k 均值聚类和高斯混合聚类。

12.3.1 k 均值聚类

k 均值聚类将样本集合划分为 k 个子集(k 个类),每个样本到其所在类的中心距离最小,且每个样本只属于一个类。

假设样本集 $X=(x_1,x_2,\cdots,x_n)$ 包含 n 个样本,每个样本 $x_i=(x_{1i},x_{2i},\cdots,x_{pi})^T$ 有 p 个特征,k 均值聚类将 n 个样本划分成 k 个类 $G_1,G_2,\cdots,G_k$,其中 $k<n$,同时满足 $G_i \cap G_j = \varnothing, \bigcup_{i=1}^{k} G_i = X$。定义 F 为对样本的一个划分函数,有

$$l = F(i) \tag{12.28}$$

其中,自变量 $i \in \{1,2,\cdots,n\}$ 表示第 i 个样本,因变量 $l \in \{1,2,\cdots,k\}$ 表示第 l 个类,所以函数 F 表示一个将样本 i 映射到类 l 的函数。k 均值聚类的策略就是通过损失函数最小化来寻找最优划分函数 F^*。

k 均值聚类使用欧几里得距离的平方作为样本间的距离 $d(x_i,x_j)$

$$d(x_i,x_j) = \sum_{k=1}^{p}(x_{ki} - x_{kj})^2 = \|x_i - x_k\|^2 \tag{12.29}$$

损失函数表示各个样本与其所属类的中心之间的距离的总和

$$W(F) = \sum_{l=1}^{k} \sum_{F(i)=l} \|x_i - \bar{x}_l\|^2 \tag{12.30}$$

其中,$\bar{x}_l = (\bar{x}_{1l},\bar{x}_{2l},\cdots,\bar{x}_{ml})^T$ 表示第 l 个类的中心。

所以,k 均值聚类就是求解最优函数 F^*

$$F^* = \arg_F \min W(F) = \arg_F \min \sum_{l=1}^{k} \sum_{F(i)=l} \|x_i - \bar{x}_l\|^2 \tag{12.31}$$

直接求式(12.31)的最小化比较困难,因为要找到它的最优解需考察样本集 X 的所有类划分,这是一个 NP 困难问题,因此 k 均值聚类采用了贪心策略,通过迭代优化(EM 算法)来近似求解。

迭代过程包括两步,首先随机选择 k 个样本点作为初始聚类中心 $(m_1,m_2,\cdots,m_k)$,再将每个样本划分到与其最近中心 m_l 的类 G_l 中(E 步),该划分 F 使得损失函数极小化

$$\min_F \sum_{l=1}^{k} \sum_{F(i)=l} \|x_i - m_l\|^2 \tag{12.32}$$

接着对所求得的划分 F,重新确定各个类的中心 $(m_1,m_2,\cdots,m_k)$(M 步),使得损失函

数极小化

$$\min_{m_1,\cdots,m_k} \sum_{l=1}^{k} \sum_{F(i)=l} \| x_i - m_l \|^2 \tag{12.33}$$

$$m_l = \frac{1}{n_l} \sum_{F(i)=l} x_i \quad (l=1,2,\cdots,k) \tag{12.34}$$

其中 $n_l = \sum_{i=1}^{n} I(F(i)=l)$，$I$ 为指示函数。

重复以上两个步骤，直至划分聚类结果不再改变。下面给出 k 均值聚类算法。

算法 12.2 k **均值聚类算法**

输入：n 个样本的集合 X。

输出：最优划分 F^*。

算法过程：

(1) 随机选择 k 个样本点作为初始聚类中心 $m^{(0)} = (m_1^{(0)}, m_2^{(0)}, \cdots, m_k^{(0)})$。

(2) 对于类中心 $m^{(t)} = (m_1^{(t)}, m_2^{(t)}, \cdots, m_k^{(t)})$，计算每个样本到各个类中心的距离，将样本划分到与其距离最近的类中心所在的类，此时的最优划分为 $F^{(t)}$。

(3) 对于聚类结果 $F^{(t)}$，计算各个类的样本均值，将它们作为新的类中心 $m^{(t+1)} = (m_1^{(t+1)}, m_2^{(t+1)}, \cdots, m_k^{(t+1)})$。

(4) 若满足停止条件或迭代收敛，则输出结果 $F^* = F^{(t)}$，否则令 $t = t+1$，返回步骤(2)。

例 12.2 利用表 12.1 的数据，对 30 家上市公司进行 k 均值聚类。

解 假定聚类簇数 $k=3$，算法开始时随机选取样本 x_{13}、x_{22}、x_{24} 样本作为初始聚类中心，即

$m_1^{(0)} = (0.1041, -0.2895)$，$m_2^{(0)} = (-0.5070, -0.3431)$，$m_3^{(0)} = (0.2164, 0.2362)$

此时对于样本 $x_1 = (0.4252, 0.1430)$，它与目前聚类中心 $m_1^{(0)}$、$m_2^{(0)}$、$m_3^{(0)}$ 的距离分别是 0.5387、1.0514、0.2287，所以样本 x_1 应该划入类 C_3 中。同理，计算其他所有样本到各个类中心的距离，并将样本划分到与其距离最近的类中心所在的类，得到聚类结果 $C^{(0)}$ 如下：

$C_1^{(0)} = \{x_3, x_7, x_8, x_9, x_{12}, x_{13}, x_{15}, x_{16}, x_{29}\}$

$C_2^{(0)} = \{x_2, x_5, x_{10}, x_{14}, x_{18}, x_{20}, x_{22}, x_{25}, x_{26}\}$

$C_3^{(0)} = \{x_1, x_4, x_6, x_{11}, x_{17}, x_{19}, x_{21}, x_{23}, x_{24}, x_{27}, x_{28}, x_{30}\}$

此时的聚类中心为

$m_1^{(1)} = (0.0335, -0.2211)$，$m_2^{(1)} = (-0.4638, -0.3432)$，$m_3^{(1)} = (0.3076, 0.3020)$

随后不断重复上述步骤，直至达到停止条件，最终得到如图 12.2 所示的 k 均值聚类图。图中圆形点、三角形点、正方形点分别为 C_1、C_2、C_3 三类，"+"表示各类的聚类中心点。

12.3.2 高斯混合聚类

高斯混合聚类也是一种常见的聚类算法，它采用概率模型来表达聚类原型，并使用了 EM 算法进行迭代计算。高斯混合聚类假设每个簇的数据都是符合高斯分布（正态分布）

的，当前数据呈现的分布就是各个簇的高斯分布叠加在一起的结果。理论上，高斯混合模型（GMM）可以拟合出任意类型的分布。从原型聚类的角度分析，高斯混合聚类采用高斯分布对原型进行刻画，再根据后验概率对样本进行划分。

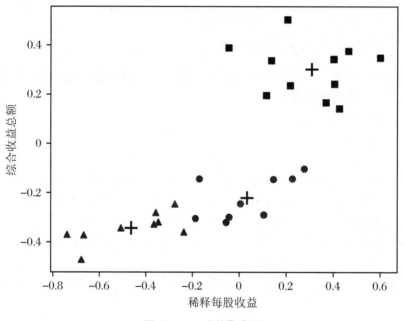

图 12.2 k 均值聚类图

对于 p 维样本空间中的随机向量 x，若 x 服从多元高斯分布，记为 $x \sim \mathcal{N}(\mu, \Sigma)$，则其概率密度为

$$p(x) = \frac{1}{(2\pi)^{\frac{p}{2}} |\Sigma|^{\frac{1}{2}}} \exp\left\{-\frac{1}{2}(x-\mu)^T \Sigma^{-1}(x-\mu)\right\} \tag{12.35}$$

其中，μ 是 p 维均值向量，Σ 是 $p \times p$ 的协方差矩阵，高斯分布完全由 μ 和 Σ 确定，这里将其概率密度记为 $p(x \mid \mu, \Sigma)$。

我们定义高斯混合分布为

$$p_\mathcal{M}(x) = \sum_{i=1}^{k} \alpha_i p(x \mid \mu_i, \Sigma_i) \tag{12.36}$$

该混合分布由 k 个高斯分布混合而成，μ_i 和 Σ_i 分别是第 i 个高斯混合成分的参数，其中 α_i 表示第 i 个高斯混合成份的混合系数，且满足 $\alpha_i > 0, \sum_{i=1}^{k} \alpha_i = 1$。当高斯混合分布给定时，根据高斯混合聚类，样本集被分为 k 个簇 $C = \{C_1, C_2, \cdots, C_k\}$。

若样本集 $D = \{x_1, x_2, \cdots, x_n\}$ 由高斯混合分布产生，对于其中的样本 $x_j (j = 1, 2, \cdots, n)$，首先选择高斯混合成分 $z_j \in \{1, 2, \cdots, k\}$，再根据该混合成分的概率密度函数进行数据采样，得到 x_j。其中，高斯混合分布第 i 个高斯混合成分的混合系数 $\alpha_i (i = 1, 2, \cdots, k)$ 可以看作 z_j 的先验概率，即 $\alpha_i = P(z_j = i)$。由贝叶斯定理，对于给定的样本 x_j，其由第 i 个高斯混合成份生成的后验概率为

$$p_{\mathcal{M}}(z_j = i \mid x_j) = \frac{P(z_j = i) p_{\mathcal{M}}(x_j \mid z_j = i)}{p_{\mathcal{M}}(x_j)}$$
$$= \frac{\alpha_i p(x_j \mid \mu_i, \Sigma_i)}{\sum_{i=1}^{k} \alpha_i p(x \mid \mu_i, \Sigma_i)} \tag{12.37}$$

这里,将后验概率简记为
$$\gamma_{ji} = p_{\mathcal{M}}(z_j = i \mid x_j) \quad (i = 1, 2, \cdots, k) \tag{12.38}$$
随后,根据后验概率 γ_{ji} 的大小,将样本 x_j 归为后验概率最大的那一类,所以样本 x_j 的类标记 λ_j 为
$$\lambda_j = \arg_{i \in \{1, 2, \cdots, k\}} \max \gamma_{ji} \tag{12.39}$$

高斯混合聚类的求解需要使用 EM 算法迭代求解,下面简单的介绍这一求解过程。

E 步:对于当前参数,根据式(12.37),首先计算每个样本 x_j 属于第 i 个高斯混合成份的后验概率 γ_{ji}。

M 步:对于给定的样本集 D,由极大似然估计(过程略),计算出每步需要更新的参数 μ_i, Σ_i 和 α_i,更新高斯分布模型。

随后不断重复 E 步和 M 步,直至达到停止条件(如最大迭代轮数,或似然函数增长小于阈值),得到最终高斯混合模型,再由式(12.39),对样本集 D 进行聚类。

其中,第 i 个混合成分的均值可由样本的加权平均来计算,而权重为每次迭代 E 步产生的后验概率 γ_{ji}

$$\mu_i = \frac{\sum_{j=1}^{n} \gamma_{ji} x_j}{\sum_{j=1}^{n} \gamma_{ji}} \tag{12.40}$$

类似的,第 i 个混合成分的协方差矩阵为

$$\Sigma_i = \frac{\sum_{j=1}^{n} \gamma_{ji} (x_j - \mu_i)(x_j - \mu_i)^{\mathrm{T}}}{\sum_{j=1}^{n} \gamma_{ji}} \tag{12.41}$$

每个高斯混合成分的混合系数为

$$\alpha_i = \frac{1}{n} \sum_{j=1}^{n} \gamma_{ji} \tag{12.42}$$

下面给出高斯混合聚类算法。

算法 12.3 高斯混合聚类算法

输入:样本集 $D = \{x_1, x_2, \cdots, x_n\}$,高斯混合成分个数 k。

输出:簇划分 $C = \{C_1, C_2, \cdots, C_k\}$。

算法过程:

(1) 初始化高斯混合分布的模型参数 $\{(\alpha_i, \mu_i, \Sigma_i) \mid 1 \leqslant i \leqslant k\}$。

(2) 计算每个样本 $x_j (j = 1, 2, \cdots, n)$ 属于第 $i (i = 1, 2, \cdots, k)$ 个高斯混合成分的后验概率 γ_{ji}。

(3) 更新均值向量 $\mu'_i = \dfrac{\sum_{j=1}^{n} \gamma_{ji} x_j}{\sum_{j=1}^{n} \gamma_{ji}}$；

更新协方差矩阵 $\Sigma'_i = \dfrac{\sum_{j=1}^{n} \gamma_{ji}(x_j - \mu_i)(x_j - \mu_i)^{\mathrm{T}}}{\sum_{j=1}^{n} \gamma_{ji}}$；

更新高斯混合系数 $\alpha'_i = \dfrac{1}{n}\sum_{j=1}^{n} \gamma_{ji}$；

(4) 更新高斯混合分布的模型参数 $\{(\alpha'_i, \mu'_i, \Sigma'_i) \mid 1 \leqslant i \leqslant k\}$。
(5) 若满足停止条件，则进入下一步，否则返回步骤(2)。
(6) 根据式(12.39)确定每个样本 x_j 的簇标记 λ_j，将拥有相同簇标记的样本归为一类，输出最终划分 C。

例 12.3 利用表 12.1 的数据，对 30 家上市公司进行高斯混合聚类。

解 假定高斯混合成分数 $k = 3$，高斯混合分布的初始模型参数设为：$\alpha_1 = \alpha_2 = \alpha_3 = \dfrac{1}{3}$；$\mu_1 = x_{13}, \mu_2 = x_{22}, \mu_2 = x_{24}$；$\Sigma_1 = \Sigma_2 = \Sigma_3 = \begin{pmatrix} 0.1 & 0.0 \\ 0.0 & 0.1 \end{pmatrix}$。

首先计算各个样本由各混合成分生成的后验概率，以 x_1 为例，由式(12.37)计算出后验概率为

$$\gamma_{11} = 0.2324, \gamma_{12} = 0.0039, \gamma_{13} = 0.7636$$

所以样本 x_1 在第一步迭代后应该被归为簇 C_3。在得到所有样本的后验概率之后，根据式(12.40)~(12.42)，得到如下更新后的模型参数：

$$\alpha'_1 = 0.2975, \alpha'_2 = 0.2903, \alpha'_3 = 0.4122,$$
$$\mu'_1 = (0.0032, 0.0025), \mu'_2 = (-0.0007, -0.0006), \mu'_3 = (0.0345, 0.0280),$$
$$\Sigma'_1 = \begin{pmatrix} 0.0021 & 0.0017 \\ 0.0017 & 0.0014 \end{pmatrix}, \Sigma'_2 = \begin{pmatrix} 0.0002 & 0.0001 \\ 0.0001 & 0.0001 \end{pmatrix}, \Sigma'_3 = \begin{pmatrix} 0.0138 & 0.0112 \\ 0.0112 & 0.0091 \end{pmatrix}$$

随后不断重复上述过程，直至达到停止条件，最终得到如图 12.3 所示的高斯混合聚类。图中圆形点、三角形点、正方形点分别为 C_1、C_2、C_3 三类，"＋"表示各高斯混合成分的均值向量。

12.3.3　两种原型聚类算法的比较

当高斯混合成分方差相等，并且每个样本仅指派给一个混合成分时，k 均值聚类可以看成高斯混合聚类的一个特例。作为两种典型的原型聚类算法，它们有许多相同之处。

(1) 都需要事先指定 k 值，即分类的簇数。

k 值的判定方法有很多，比如手肘法(Elbow Method)、轮廓系数法(Silhouette Coefficient Method)等。没有所谓最好的选择 k 值的方法，一般需要根据具体的问题进行人工选择。以 k 均值聚类为例，尝试选取不同的 k 值分别进行聚类，然后计算不同类别数情况下

的损失函数值,一般随着类别数的增加,损失函数值会下降,但当类别数增加到一定值之后,损失函数值的下降就变得很慢,这个临界值就是最优类别 k^*。由于损失函数值随着类别数增加而下降的曲线看上去像人的手肘,所以被称为"手肘法",其肘点就是最优类别 k^*。如图 12.4 所示,损失函数值在 $k=3$ 之后下降速度变得很慢,所以最优类别(肘点)$k^*=3$。

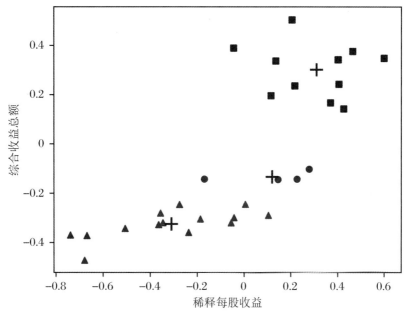

图 12.3 高斯混合聚类图

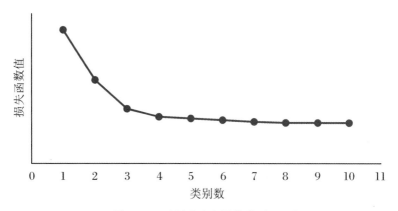

图 12.4 手肘法确定最优类别 k^*

(2) 都是迭代算法,且迭代的方法也类似(EM 算法)。

首先都需要对参数赋予初始值,然后交替进行两个步骤(E 步和 M 步)。步骤①对数据的估计(k 均值聚类是估计每个点距离每个簇中心的距离,并由最近距离原则将每个点进行归并;高斯混合聚类是估计隐含变量的期望,即每个变量属于每个高斯成分的后验概率);步骤②利用步骤①得到的估计结果对参数进行更新(k 均值聚类更新每个簇的中心点;高斯混合聚类更新每个高斯成分的均值向量、协方差矩阵和混合系数)。

(3) 都往往只能收敛于局部最优。

由于两种方法都是迭代算法，不能保证全局最优。因为在开始迭代之前，初始值的选取会产生不同的聚类结果。以 k 均值聚类为例，由于每步迭代中，样本被划分到距离其最近的中心的类中，类中心在聚类过程中只会发生较小的移动，因此初始中心的选取会直接影响最终的聚类结果。有时候我们会使用层次聚类法先对样本进行聚类，直到得到 k 个类为止，然后在每一类中选择一个距离类中心最近的样本点作为 k 均值聚类的初始中心。

同时，k 均值聚类和高斯混合聚类也存在一些差别，后者可以看成是前者在各个条件上的扩展加强版。

(1) 数据表示方式不同。

k 均值聚类是用单个点进行聚类建模，这种最简化的建模形式假设了各个簇的数据都是呈圆形(或高维球形)分布的；而高斯混合聚类使用了更加一般的数据表示，即高斯分布。现实中，后者的情况更常见。

(2) 需要计算的参数不同。

k 均值聚类计算的是每个簇的中心；高斯混合聚类计算的是高斯混合分布的参数。

(3) 数据先验概率的处理方式不同。

k 均值聚类假设每个簇的先验概率是一样的，但是如果每个簇的数据量相差较大，那么对于一个新的样本，它与数据量大的簇的相似度肯定较大，这样会对新样本的分类产生偏差；而高斯混合聚类对数据先验进行了建模。

(4) 相似度衡量方式不同。

k 均值聚类一般使用欧几里得距离来计算样本与各个簇的相似度，这种做法其实隐含假设了数据各个维度对于相似度的衡量作用是相同的；而高斯混合聚类使用后验概率来衡量相似度，它引入了协方差矩阵，可以对各维度的数据进行建模，体现了不同维度数据的重要性。

(5) 数据分配方式不同。

k 均值聚类将样本点分配到相似度最高的那个簇，这是一种硬聚类；而高斯混合聚类根据后验概率的大小来对样本进行分配，是一种软聚类或模糊聚类(Fuzzy clustering)。高斯混合聚类的方式也是它相较于 k 均值聚类的优点所在，它给出了一个样本属于某类的概率，不仅可用于聚类，还可以用于概率密度估计，同时可用于生成新的样本点。

本 章 小 结

1. 聚类是针对给定的样本，根据它们属性的相似度或距离，将其归并到若干个类或簇。直观上，相似的样本聚集在同一类，不相似的样本分散在不同类。

2. 距离或者相似度是聚类的基础，直接影响聚类的结果。常用的距离度量有欧几里得距离、曼哈顿距离、切比雪夫距离、马哈拉诺比斯距离。常用的相似度度量有相关系数、夹角余弦。距离越小表示样本越相似，相关系数越大表示样本越相似。

3. 为消除量纲，需要对数据进行标准化。常见的标准化方式有中心化变换、标准化变换、极差标准化变换。

4. 聚类得到的类或簇是样本的子集，刻画类的特征一般有中心、直径、协方差矩阵。聚类过程中用到类与类之间的距离也称为连接，类与类之间的距离包括最短距离、最长距离、中心距离、平均距离。

5. 层次聚类假设类别之间存在层次结构,在不同层次上对数据集进行聚类,最终得到一个树形的聚类结构。其中又分为聚合或自下而上聚类、分裂或自上而下聚类两种方法。

6. k 均值聚类,首先选择 k 个类的中心,将样本分到与中心最近的类中,得到一个聚类结果;然后计算每个类的样本均值,作为类的新的中心;重复以上步骤,直至满足停止条件。

7. 高斯混合聚类,假设每个簇的数据都是符合高斯分布的,首先初始化高斯混合分布的模型参数;然后计算每个样本 x_j 属于第 i 个高斯混合成分的后验概率;根据后验概率,更新高斯混合分布的模型参数;重复以上步骤,直至满足停止条件。

8. k 均值聚类可以看成高斯混合聚类的一个特例。作为两种典型的原型聚类算法,它们有许多相同之处,如都需要事先指定 k 值,都是迭代算法(EM算法),都往往只能收敛于局部最优。高斯混合聚类可以看成是 k 均值聚类在各个条件上的扩展加强版,它们之间也存在一些差别,如数据表示方式不同,需要计算的参数不同,数据先验概率的处理方式不同,相似度衡量方式不同,数据分配方式不同。

关键词:层次聚类　k 均值聚类　高斯混合聚类

思 考 题

1. 根据 p 的取值范围,讨论闵可夫斯基距离何时满足距离度量的四条基本性质(式(12.2)~式(12.5)),同时证明当 $q=\infty$ 时,闵可夫斯基距离就是切比雪夫距离(式(12.9))。

2. 根据表12.1的数据,利用其余几种距离和合并规则重新进行层次聚类,将它们与例12.1的分层聚类树状图进行比较,观察有何不同,思考它们分别适用的场景。

3. 根据聚合聚类算法12.1,试写出分裂聚类算法,并使用表12.1的数据画出分层聚类树状图。

4. 根据表12.1的数据,编程实现 k 均值聚类算法和高斯混合聚类算法,然后改变初始参数值,将不同结果进行比较,讨论何种初始参数有利于取得好结果。

5. 根据最后一节关于两种原型聚类算法的比较,对照实验结果,分析 k 均值聚类算法和高斯混合聚类算法各自的优缺点和适用场景。

参 考 文 献

[1] 黑斯蒂. 统计学习基础:数据挖掘、推理与预测[M]. 范明,柴玉梅,昝红英,等译. 北京:电子工业出版社,2004.
[2] 李航. 统计学习方法[M]. 2版. 北京:清华大学出版社,2019.
[3] 周志华. 机器学习[M]. 北京:清华大学出版社,2016.
[4] 万托布拉斯. Python数据科学手册[M]. 陶俊杰,陈小莉,译. 北京:人民邮电出版社,2018.
[5] 许启发,蒋翠霞. R软件及其在金融定量分析中的应用[M]. 北京:清华大学出版社,2015.
[6] 何晓群. 多元统计分析[M]. 4版. 北京:中国人民大学出版社,2015.

第 13 章　主成分分析

教学目标

1. 掌握总体主成分和样本主成分的概念；
2. 熟悉矩阵奇异值分解方法和主成分个数选取方法；
3. 深入理解宏观经济数据的主成分提取算例，并能推广应用到其他场景。

在处理金融数据或机器学习问题的时候，通常会涉及几千甚至数百万维的特征的训练实例。这会使训练过程变得很慢，同时还很难找到一个很好的解。通常称这种问题为维数灾难(Curse of Dimensionality)，在这里不对这个问题进行深入分析，只需要知道，维数灾难会使得数据过于稀疏，这样我们很难通过已有的数据来拟合模型，并且也会常常出现过拟合的情况。

由于上面所提到的问题，我们很自然地会想到降低数据的维度。而降维的方法有很多，这里讲一种很常见的方法——主成分分析(Principal Component Analysis)。首先它找到接近数据集分布的超平面，然后将所有的数据都投影到这个超平面上。主成分，在代数上是 p 个随机变量的一些特殊的线性组合，而从几何角度来看这些线性组合代表选取一个新的坐标系，它是将原坐标系旋转之后得到的。新坐标轴代表数据变异性最大的方向，并且提供了对协方差结构一个较为简练的刻画。通常对数据做主成分分析不是目的，而是常常与其他机器学习模型结合，在数据处理时使用。

本章在13.1节和13.2节分别介绍总体主成分分析和样本主成分分析。13.3节介绍主成分分析的大样本推断结果。由于主成分分析主要涉及相关系数矩阵的奇异值分解，所以13.4节对奇异值分解展开详细介绍。13.5节演示一个主成分分析的详细过程。

13.1　总体主成分分析

主成分分析通过对原始相关的变量做线性变换，得到互相线性无关的主成分。我们需要在降低维度的同时，能保留更多的原始信息，这里用数据方差的大小来表示信息的多寡。所以选取的第一主成分应该使得数据在其上的投影方差最大，第二主成分应该在满足与第一主成分正交的前提下使得数据在其上的投影方差第二大，可以依次类推得到所有的主成分。

13.1.1 基本思想

从代数上看,主成分分析需要对数据进行正交变换处理。从几何意义上理解,所做的正交变换会使得坐标轴进行旋转。如果在原坐标系中数据之间存在相关性,总能通过将坐标轴旋转一定的角度,使得数据在新坐标系中不存在相关性,这时新坐标轴就是由所有的主成分构成的。直观理解,我们的目的就是选取能够使得投影方差最大的轴作为第一主成分,投影方差次之的坐标轴为第二主成分,依此类推。

上面的分析都是从投影方差最大的角度来思考的,与"投影方差最大"等价的说法是"最小的重构距离"。最小的重构距离需要选取第一个主成分使得所有的数据到它的距离最短,第二主成分在满足与第一主成分正交的前提下使得所有的数据到的距离第二短,其他主成分依此类推。这两者本质上是一样的,是一个事物的两面,从两个角度来看待主成分能使我们理解得更深刻。

13.1.2 主成分定义以及性质

我们将会看到,主成分只依赖于 $X_1, X_2, \cdots, X_p$ 的协方差矩阵(或相关矩阵)。设随机变量 $X' = [X_1, X_2, \cdots, X_p]$ 有协方差矩阵 Σ,其特征值 $\lambda_1 \geqslant \lambda_2 \geqslant \cdots \geqslant \lambda_p \geqslant 0$。

考虑线性组合

$$\begin{aligned} Y_1 &= a_1'X = a_{11}X_1 + a_{12}X_2 + \cdots + a_{1p}X_p \\ Y_2 &= a_2'X = a_{21}X_1 + a_{22}X_2 + \cdots + a_{2p}X_p \\ &\cdots\cdots \\ Y_p &= a_p'X = a_{p1}X_1 + a_{p2}X_2 + \cdots + a_{pp}X_p \end{aligned} \tag{13.1}$$

我们可以得到

$$\begin{aligned} \mathrm{Var}(Y_i) &= a_i'\Sigma a_i \quad (i = 1, 2, \cdots, p) \\ \mathrm{Cov}(Y_i, Y_k) &= a_i'\Sigma a_k \quad (i, k = 1, 2, \cdots, p) \end{aligned} \tag{13.2}$$

主成分是那些不相关的线性组合 $Y_1, Y_2, \cdots, Y_p$,它们能使方差尽可能地大。第一主成分是有最大方差的线性组合,即它使 $\mathrm{Var}(Y_1) = a_1'\Sigma a_1$ 最大化。显然,$\mathrm{Var}(Y_1) = a_1'\Sigma a_1$ 会因为任何 a 乘以某个常数而增大。为消除这种不确定性,一个方便的办法是只关注有单位长度的系数向量。因此我们定义

第一主成分 = 线性组合 $a_1'X$,在 $a_1'a_1 = 1$ 时,它使 $\mathrm{Var}(a_1'X)$ 最大。

第二主成分 = 线性组合 $a_2'X$,在 $a_2'a_2 = 1$ 和 $\mathrm{Cov}(a_1'X, a_2'X) = 0$ 时,它使 $\mathrm{Var}(a_2'X)$ 最大。

以此类推我们有:

第 i 个主成分 = 线性组合 $a_i'X$,在 $a_i'a_i = 1$ 和 $\mathrm{Cov}(a_i'X, a_k'X) = 0$ ($k < i$)时,它使 $\mathrm{Var}(a_i'X)$ 最大。

总体主成分定义如下:

设 Σ 是随机变量 $X' = [X_1, X_2, \cdots, X_p]$ 的协方差矩阵,其有特征值-特征向量对为 $(\lambda_1, e_1), (\lambda_2, e_2), \cdots, (\lambda_p, e_p)$,其中 $\lambda_1 \geqslant \lambda_2 \geqslant \cdots \geqslant \lambda_p \geqslant 0$。则第 i 个主成分由线性组合

$$Y_i = e_i'X = e_{i1}X_1 + e_{i2}X_2 + \cdots + e_{ip}X_p \quad (i = 1,2,\cdots,p) \tag{13.3}$$

给出。这时有

$$\begin{aligned}\text{Var}(Y_i) &= e_i'\Sigma e_i = \lambda_i \quad (i = 1,2,\cdots,p) \\ \text{Cov}(Y_i, Y_k) &= e_i'\Sigma e_k = 0 \quad (i \neq k)\end{aligned} \tag{13.4}$$

如果特征值有重根,那么其对应的特征向量的选取不唯一,进而主成分的选取也就不唯一了。所以有总体主成分

$$Y_1 = e_1'X, Y_2 = e_2'X, \cdots, Y_p = e_p'X \tag{13.5}$$

因为 $\sigma_{11} + \sigma_{22} + \cdots + \sigma_{pp} = \text{tr}(\Sigma)$,并且协方差矩阵可以写成 $\Sigma = P\Lambda P'$,其中 Λ 是特征值构成的对角矩阵,而其中 $P = [e_1, e_2, \cdots, e_p]$,满足 $P'P = PP' = I$,所以我们有

$$\text{tr}(\Sigma) = \text{tr}(P\Lambda P') = \text{tr}(\Lambda PP') = \text{tr}(\Lambda) = \lambda_1 + \lambda_2 + \cdots + \lambda_p \tag{13.6}$$

于是

$$\sum_{i=1}^{p} \text{Var}(X_i) = \text{tr}(\Sigma) = \text{tr}(\Lambda) = \sum_{i=1}^{p} \text{Var}(Y_i) \tag{13.7}$$

通过以上简单证明得到

$$\sigma_{11} + \sigma_{22} + \cdots + \sigma_{pp} = \sum_{i=1}^{p} \text{Var}(X_i) = \lambda_1 + \lambda_2 + \cdots + \lambda_p = \sum_{i=1}^{p} \text{Var}(Y_i) \tag{13.8}$$

这结论意味着

$$\text{总体总方差} = \sigma_{11} + \sigma_{22} + \cdots + \sigma_{pp} = \lambda_1 + \lambda_2 + \cdots + \lambda_p$$

所以,可以得到第 k 个主成分解释的总体总方差的比例为

$$\frac{\lambda_k}{\lambda_1 + \lambda_2 + \cdots + \lambda_p} \quad (k = 1,2,\cdots,p) \tag{13.9}$$

这是我们在降维处理时重要的衡量指标。如果前面两、三个主成分能较大程度地保留总体方差的信息,即前面两、三个主成分的方差占总体总方差的较大比例,那么我们就能将原来的多个相关变量减少到几个不相关的主成分,同时损失的信息不多。

13.1.3 选取的主成分的个数

我们的目的在于降低数据的维度,所以需要回答一个问题,即应该保留多少个主成分?对此没有一个确切的答案。需要考虑的因素有很多,比如能够解释的样本总方差的比例、特征值的大小以及主成分的现实含义等。

在这里介绍两个决定主成分个数的经验方法:

(1) 如果一个特征值很接近 0,那么其对应的主成分会显得不那么重要,该维度上保留的信息是比较少的。所以在实践中,可以选择保留特征值大于 1 对应的主成分,而删除特征值小于 1 的主成分。需要注意的是,这并不是一个标准法则,而只是一种经验技巧,除此之外还需要考虑保留下来的主成分对原始方差的解释力度以及是否符合正在分析的现实问题。

(2) 崖底碎石图是一种能帮助确定主成分合适个数的有用视觉工具。其将特征值从大到小排列,纵轴是特征的大小,横轴是特征值的标号。我们的目标就是找出图中的明显拐弯处,这里对应的特征值的标号就是我们保留的主成分的个数。需要注意的是这种

方法给出的并不是一个标准,在实际应用中应该综合考虑多方面的因素来选取保留的主成分个数。

13.2 样本主成分分析

我们的目的是构造所测得的特征的不相关线性组合,而这些特征说明了大多数样本方差。有最大方差的不相关线性组合,可称为样本主成分。

13.2.1 样本主成分定义及性质

设数据 $x_1, x_2, \cdots, x_n$ 是从均值为 μ,协方差矩阵为 Σ 的某个 p 维总体中获得的 n 个独立的随机抽样。同时可以到这些样本数据的均值向量 $\bar{x}$,样本协方差矩阵 S,以及样本相关矩阵 R。

考虑任意线性组合

$$a_1'x = a_{11}x_{j1} + a_{12}x_{j2} + \cdots + a_{1p}x_{jp} \quad (j = 1, 2, \cdots, n) \tag{13.10}$$

其有样本均值 $a_1'\bar{x}$ 和样本方差 $a_1'Sa_1$。对于两个线性组合 $(a_1'x_j, a_2'x_j)$,它们的样本协方差为 $a_1'Sa_2$。

样本主成分定义为使得样本方差最大的那些线性组合。和总体主成分的定义一样,我们需要限制系数向量满足 $a_i'a_i = 1$,从而有:

第一样本主成分 = 使其样本方差最大化的线性组合 $a_1'x_j$,约束条件为 $a_1'a_1 = 1$。

第二样本主成分 = 使其样本方差最大化的线性组合 $a_2'x_j$,约束条件为 $a_2'a_2 = 1$ 和 $a_1'x_j$ 于 $a_2'x_j$ 之间协方差为 0。

以此类推我们有:

第 i 样本主成分 = 使其样本方差最大化的线性组合 $a_i'x_j$,约束条件为 $a_i'a_i = 1$ 和 $a_i'x_j$ 与 $a_k'x_j$ 之间协方差为 0,其中 $k < i$。

所以样本主成分可由下面定义给出:

如果样本协方差阵 $S = \{s_{ik}\}$ 的特征值-特征向量对为 $(\hat{\lambda}_1, \hat{e}_1), (\hat{\lambda}_2, \hat{e}_2), \cdots, (\hat{\lambda}_p, \hat{e}_p)$,则第 i 个样本主成分为

$$\hat{y}_i = \hat{e}_i'x = \hat{e}_{i1}x_1 + \hat{e}_{i2}x_2 + \cdots + \hat{e}_{ip}x_p \quad (i = 1, 2, \cdots, p) \tag{13.11}$$

其中 $\hat{\lambda}_1 \geqslant \hat{\lambda}_2 \geqslant \cdots \geqslant \hat{\lambda}_p \geqslant 0$,并且 x 表示 $X_1, X_2, \cdots, X_p$ 的一次实现。同时,与总体主成分类似,我们有

样本方差$(\hat{y}_k) = \hat{\lambda}_k \quad (k = 1, 2, \cdots, p)$

样本协方差$(\hat{y}_i, \hat{y}_k) = 0 \quad (i \neq k)$

样本总方差 $= \sum_{i=1}^{p} s_{ii} = \hat{\lambda}_1 + \hat{\lambda}_2 + \cdots + \hat{\lambda}_p$

13.2.2 样本主成分的解释

首先，设 X 的真实分布服从多元正态分布 $N_p(\mu,\Sigma)$。这时样本主成分 $\hat{y}_i = \hat{e}_i'(x-\bar{x})$ 是总体主成分 $Y_i = e_i'(X-\mu)$ 的一次实现，并且后者的分布为 $N_p(0,\Lambda)$，其中对角阵 Λ 的主对角线元素为 $\lambda_1,\lambda_2,\cdots,\lambda_p$，而 (λ_i,e_i) 是总体协方差 Σ 的特征值-特征向量对。

如果用样本均值向量 $\bar{x}$ 近似估计 μ，用样本协方差阵 S 近似估计 Σ，若 S 正定，则通过所有满足

$$(x-\bar{x})'S^{-1}(x-\bar{x}) = c^2 \tag{13.12}$$

的 $p\times 1$ 向量 x 所组成的等值轮廓线，可以估计出真实的正态密度的常数密度的等值轮廓线 $(x-\mu)'\Sigma^{-1}(x-\mu) = c^2$。注意，前面的所有推导并不要求总体分布服从正态性假设，前面总结的主成分性质也并不依赖正态性假设。主成分分析并不需要正态性假设，所以即使数据很可能不是正态分布的，我们还是能够从样本协方差阵 S 中抽取出特征值和特征向量，进而得到样本主成分。从几何意义上来看，样本数据集可以是 p 维空间中的 n 个点，经过主成分分析后，这些数据点会根据新的坐标系来表示，并且这个新的坐标系和 $(x-\bar{x})'S^{-1}(x-\bar{x}) = c^2$ 中等值轮廓线的坐标轴重合。其实，$(x-\bar{x})'S^{-1}(x-\bar{x}) = c^2$ 定义了一个超椭球，其中心在 $\bar{x}$，坐标轴由 S 的特征向量给出，并且超椭球的各个轴的长度与 $\sqrt{\hat{\lambda}_i}, i=1,2,\cdots,p$ 成正比，其中 $\hat{\lambda}_1 \geqslant \hat{\lambda}_2 \geqslant \cdots \geqslant \hat{\lambda}_p \geqslant 0$ 是 S 的特征值。

因为 $\hat{e}_i$ 的长度为 1，所以向量 $(x-\bar{x})$ 在单位向量 $\hat{e}_i$ 上的投影恰好等于第 i 个主成分的绝对值 $|\hat{y}_i| = |\hat{e}_i'(x-\bar{x})|$。可以看出，样本主成分 $\hat{y}_i = \hat{e}_i'(x-\bar{x})$，$i=1,2,\cdots,p$ 的方向在超椭球的轴上，样本主成分的绝对值是 $x-\bar{x}$ 在 $\hat{e}_i$ 上的投影长度。因此，对数据进行样本主成分分析，可以看作两个步骤：首先，将原坐标系的原点移动到 $\bar{x}$ 的位置；然后，对坐标轴进行旋转直到最大方差的方向穿过散布线。

13.3 大样本推断

可以从上面的分析中看出，主成分分析的关键在于协方差矩阵的特征值和特征向量。其中特征向量决定了方差变异最大的方向，特征值决定了该方向上能够说明的方差大小。如果前面少数几个特征值比后面的特征值大很多，那么总方差可以比较好地通过前面几个主成分来解释。

由于随机抽样总是存在变异，我们得到的特征值和特征向量会跟总体真实的特征值和特征向量存在差别。但是我们很难得到 $\hat{\lambda}_i$ 和 $\hat{e}_i$ 的抽样分布，这也超过了本书范畴。下面我们将简要总结有关大样本的结论。

Anderson 和 Girshick 已经对 S 的特征值 $\hat{\lambda}' = [\hat{\lambda}_1,\cdots,\hat{\lambda}_p]$ 和特征值向量 $\hat{e}_1,\cdots,\hat{e}_p$ 建立了如下的大样本分布理论：

(1) 令 Λ 是 Σ 的特征值 $\lambda_1, \cdots, \lambda_p$ 组成的对角矩阵,则 $\sqrt{n}(\hat{\lambda} - \lambda)$ 的近似分布为 $N_p(0, 2\Lambda^2)$。

(2) 令

$$E_i = \lambda_i \sum_{\substack{k=1 \\ k \neq i}}^{p} \frac{\lambda_k}{(\lambda_k - \lambda_i)^2} e_k e_k' \tag{13.13}$$

则 $\sqrt{n}(\hat{e}_i - e_i)$ 近似服从分布 $N_p(0, E_i)$。

(3) 各个 $\hat{\lambda}_i$ 和相对应的 $\hat{e}_i$ 独立。

结论(1)表明,当 n 很大时,各个 $\hat{\lambda}_i$ 独立分布。并且,其近似服从 $N(\lambda_i, 2\lambda_i^2/n)$ 分布。通过正态分布,我们进而得到 $P[|\hat{\lambda}_i - \lambda_i| \leqslant z(\alpha/2)\lambda_i\sqrt{2/n}] = 1 - \alpha$,所以 λ_i 的一个大样本 $100(1-\alpha)\%$ 的置信区间由

$$\frac{\hat{\lambda}_i}{(1 + z(\alpha/2)\sqrt{2/n})} \leqslant \lambda_i \leqslant \frac{\hat{\lambda}_i}{(1 - z(\alpha/2)\sqrt{2/n})} \tag{13.14}$$

给出,其中 $z(\alpha/2)$ 是标准正态分布的上 $100(\alpha/2)$ 百分数。

结论(2)表明,对于大样本,$\hat{e}_i$ 在相应的 e_i 附近为正态分布。各个 $\hat{e}_i$ 的元是相关的,并且这种相关性在很大程度上依赖于特征值 $\lambda_1, \lambda_2, \cdots, \lambda_p$ 的划分和样本大小 n。用 $(1/n)\hat{E}_i$ 的对角元的平方根,给出系数 $\hat{e}_{ik}$ 的近似标准误差,这里 $\hat{E}_i$ 是在 E_i 中用 $\hat{\lambda}_i$ 代替 λ_i,用 $\hat{e}_i$ 代替 e_i 后得到的。

13.4 数据矩阵的奇异值分解

传统的主成分分析往往是通过对数据的协方差矩阵或相关矩阵做特征值分解而得到的,现在我们常常通过数据矩阵的奇异值分解得到主成分,这里主要对后者进行说明。

矩阵的奇异值分解是指,用三个实矩阵的乘积形式来表示一个非零的 $n \times p$ 实矩阵 A,其中,$A \in \mathbf{R}^{m \times n}$。

$$A = U\Sigma V^{\mathrm{T}} \tag{13.15}$$

其中,U 是 n 阶正交矩阵,V 是 p 阶正交矩阵,Σ 是从大到小排列的非负对角线元素组成的 $n \times p$ 对角阵,并且满足

$$UU^{\mathrm{T}} = I \text{ 和 } VV^{\mathrm{T}} = I$$

$$\Sigma = \mathrm{diag}(\sigma_1, \sigma_2, \cdots, \sigma_m) \quad \sigma_1 \geqslant \sigma_2 \geqslant \cdots \geqslant \sigma_m \geqslant 0; m = \min(n, p) \tag{13.16}$$

$U\Sigma V^{\mathrm{T}}$ 称为矩阵 A 的奇异值分解,σ_i 称为矩阵 A 的奇异值,U 的列向量称为左奇异向量,V 的列向量称为右奇异向量。上述中 n 不一定等于 p,所以上述结论并不需要设定 A 为方阵,实际上可以将奇异值分解看作是方阵对角化的推广。

如果我们选择保留前 k 个主成分,那么我们就可以对 A 进行截断奇异值分解,这样就可以通过维度更低的三个矩阵的乘积来近似估计矩阵 A。如

$$A \approx U_k \Sigma_k V_k^{\mathrm{T}} \qquad (13.17)$$

其中，U_k 是 $n \times k$ 矩阵，V_k 是 $p \times k$ 矩阵，Σ_k 是 k 阶对角矩阵。U_k 和 V_k 分别是由完全奇异值分解的矩阵 U 和 V 的前 k 列得到的，Σ_k 是由完全奇异值分解的矩阵 Σ 的前面 k 个对角线元素得到的。

设 X 为样本数据矩阵，定义一个 $n \times p$ 矩阵 X' 为

$$X' = \frac{1}{\sqrt{n-1}} X^{\mathrm{T}} \qquad (13.18)$$

X' 的每一列的均值为零。进而可以得到

$$X'^{\mathrm{T}} X' = \left(\frac{1}{\sqrt{n-1}} X^{\mathrm{T}}\right)^{\mathrm{T}} \left(\frac{1}{\sqrt{n-1}} X^{\mathrm{T}}\right) = \frac{1}{n-1} X X^{\mathrm{T}} \qquad (13.19)$$

即 $X'^{\mathrm{T}} X'$ 等于 X 的协方差矩阵 S，也即 $S = X'^{\mathrm{T}} X'$。

因为主成分分析的核心在于计算协方差矩阵 S 的特征值和对应的特征向量，所以问题进而转化为计算 $X'^{\mathrm{T}} X'$ 的特征值和对应的特征向量。

我们对 X' 进行截断奇异值分解，得到 $X' = U \Sigma V^{\mathrm{T}}$，这时 $S = X'^{\mathrm{T}} X'$ 的单位特征向量就是其中 V 的列向量。所以需要求得的 X 的主成分就是 V 的列向量。进而得到 $k \times n$ 样本主成分矩阵为

$$Y = V^{\mathrm{T}} X \qquad (13.20)$$

13.5 算 例

主成分分析的本质是随机变量的一些特殊的线性组合，从几何角度来看这些线性组合代表选取一个新的坐标系，而这个新的坐标系是通过原坐标系旋转得到的。新坐标轴代表数据变异性最大的方向，并且提供了对协方差结构的一个较为简单但更加精练的刻画。即通过将原坐标投影到方差最大的方向上，来达到降维的目的。

13.5.1 数据说明

我们从 6 个方面来提取我国 31 个省份的经济数据。因为统计数据公布的滞后性，很多 2019 的数据要等到 2020 下半年才能获得，而我们又需要选取较多的指标，所以这里我们使用的都是 2018 年各省份的经济数据。6 个方面选取的经济指标分别为国内生产总值（GDP）、工业增加值增长率（Industry）、消费者物价指数（CPI）、进出口贸易额（Import_and_Export）、城镇单位就业人员工资总额（Employment，简称就业人员工资总额）和常住人口（Population）。具体信息如表 13.1 所示。

表 13.1 我国 31 个省份的经济数据

	GDP（亿元）	Industry（%）	CPI（上年=100）	Import_and_Export（万美元）	Employment（亿元）	Population（万人）
北京	30320.0000	4.6000	102.4885	41248790.0000	12080.9400	2154.2000
天津	18809.6400	2.4000	101.9507	12255730.0000000	2645.6030	1559.600000
河北	36010.3000	5.2000	102.4189	5390087.0000000	3772.3030	7556.300000
山西	16818.1100	4.1000	101.7931	2076237.0000000	2803.4090	3718.340000
内蒙古	16141.0000	7.1000	101.8227	1569027.0000000	2021.6170	2534.000000
辽宁	23510.5000	9.8000	102.4902	11460110.0000000	3399.9460	4359.300000
吉林	11253.8000	5.0000	102.1091	2067916.0000000	1928.6190	2704.060000
黑龙江	13612.7000	3.0000	101.9673	2643736.0000000	2421.3830	3773.100000
上海	32679.8700	2.0000	101.5883	51567970.0000000	9021.7960	2423.780000
江苏	93207.6000	5.1000	102.3104	66391370.0000000	12328.6000	8050.700000
浙江	58003.0000	7.3000	102.2737	43236010.0000000	8938.5190	5737.000000
安徽	34010.9000	9.3000	101.9831	6281032.0000000	4354.8900	6323.600000
福建	38687.7700	9.1000	101.5252	18740730.0000000	5129.0280	3941.000000
江西	22716.5000	8.9000	102.1081	4818758.0000000	2959.5420	4647.6000
山东	66648.8700	5.2000	102.4536	29239710.0000000	8260.5270	10047.200
河南	49935.9000	7.2000	102.2525	8281363.0000000	5972.8670	9605.000000
湖北	39366.5500	7.1000	101.9498	5278155.0000000	4765.1920	5917.000000
湖南	36329.6800	7.4000	101.9613	4647420.0000000	3792.2610	6898.800000
广东	97277.7700	6.3000	102.1607	108446500.0000000	17717.1600	11346.0000
广西	19627.8100	4.7000	102.3223	6230227.0000000	2684.1980	4926.0000
海南	4832.0500	6.000	102.4641	1273353.0000000	758.7396	934.3200
重庆	20363.1900	0.5000	102.0471	7901691.0000000	3064.3050	3101.7900
四川	40678.1300	8.3000	101.7361	8992114.0000000	5960.5350	8341.0000
贵州	14806.4500	9.0000	101.7531	760285.7000000	2391.5350	3600.0000
云南	17881.1200	11.8000	101.5754	2985797.0000000	3181.4240	4829.5000
西藏	1548.3900	12.5000	101.7142	72317.8000000	409.1673	343.8200
陕西	24438.3200	9.2000	102.1001	5330488.0000000	3535.6940	3864.4000
甘肃	8246.1000	4.6000	102.0441	601302.7000000	1730.6540	2637.2600
青海	2748.0000	8.6000	102.5395	72717.5000000	529.3973	603.2300
宁夏	3510.2100	8.3000	102.3309	377656.4000000	536.5017	688.1100
新疆	12809.3900	4.1000	102.0286	1999975.0000	2383.6440	2486.7600

虽然既可以从协方差矩阵中提取出主成分,也可以从相关矩阵(将变量标准化算得的协

方差矩阵)中提取出主成分,但两者得到的主成分并不相同。并且如果数据的量纲相差很大,直接从协方差矩阵提取出的主成分的系数中,量纲小的变量的系数将明显偏小。所以在做主成分分析时,需要将数据标准化或从相关矩阵中提取主成分,在使用 SPSS 时,这一步是自动完成的。

13.5.2 变量之间的相关性判定

变量之间具有相关性是能够在合适的损失下进行"降维"的前提,也是我们能进行主成分分析的前提。所以,在进行主成分分析之前,我们需要检查变量之间的相关性。

首先,从直观上看下各个变量之间的相关性程度。变量之间的矩阵散点图如图 13.1 所示。

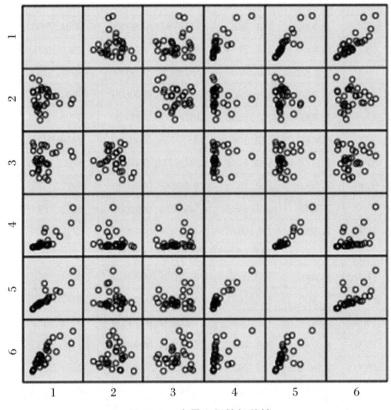

图 13.1 变量之间的相关性

从图 13.1 中可以看出,除了少数几个变量之间的相关性较弱,其他变量之间的相关性还是比较明显的。

为了进一步证实我们的观点,接下来利用 SPSS 对数据进行 KMO 检验和 Bartlett 球形检验,结果如表 13.2 所示。

表 13.2　KMO 与 Bartlett 检定

Kaiser-Meyer-Olkin 测量取样适当性	0.672
Bartlett 的球形检定大约卡方	156.917
df	15
显著性	0.000

从表 13.2 可以看出，KMO 检验统计量的值为 0.672，接近 0.7，说明数据是适合进行主成分分析的；并且 Bartlett 球形检验的 P 值几乎为 0，拒绝原假设，即可以认为相关矩阵不是单位矩阵，能进行主成分分析。

13.5.3　确定主成分的个数

我们可以自行指定主成分的个数，也可以直接保留大于 1 的特征值对应的主成分，需要具体问题具体分析。

首先，可以先看下数据推导的碎石图，如图 13.2 所示。

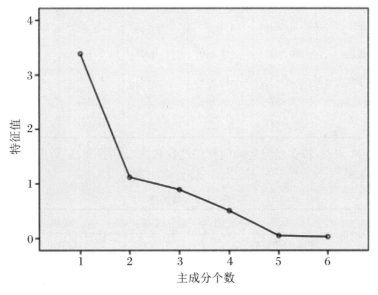

图 13.2　碎石图

从碎石图来看，两个或者三个主成分都是可以的。进一步，我们通过表 13.3 来看一下保留三个或两个主成为时分别能提取出多大比例的信息。

表 13.3　说明的变异数总计

元件	起始特征值			提取平方和载入		
	总计	变异的%	累加%	总计	变异的%	累加%
1	3.386	56.434	56.434	3.386	56.434	56.434
2	1.125	18.756	75.190	1.125	18.756	75.190

续表

元件	起始特征值			提取平方和载入		
	总计	变异的%	累加%	总计	变异的%	累加%
3	0.893	14.883	90.073	0.893	14.883	90.073
4	0.509	8.484	98.556			
5	0.053	0.875	99.432			
6	0.034	0.568	100.000			

通过表 13.3 可以看出，大于 1 的特征值只有两个，并且这两个特征值的累计方差为 75%。这个比例不是很理想，为了在降维的同时保留尽可能多的信息，这里选择保留三个主成分，这样既能将原来的 6 个变量缩减到 3 个主成分，又能保留 90% 的信息。

SPSS 主成分分析的运行结果的其他信息如表 13.4 所示。

表 13.4 相关性矩阵

	1	2	3	4	5	6
国内生产总值	1.000	-0.086	0.152	0.824	0.887	0.844
工业增长率	-0.086	1.000	-0.149	-0.207	-0.184	0.032
消费者物价指数	0.152	-0.149	1.000	0.130	0.133	0.118
进出口贸易额	0.824	-0.207	0.130	1.000	0.944	0.493
就业人员工资总额	0.887	-0.184	0.133	0.944	1.000	0.636
常住人口	0.844	0.032	0.118	0.493	0.636	1.000

从相关性矩阵来看，较多变量之间的相关性比较高，说明我们进行主成分分析是能合理降低数据维度的。

表 13.5 共同度

	起始	提取
国内生产总值	1.000	0.958
工业增长率	1.000	0.927
消费者物价指数	1.000	0.994
进出口贸易额	1.000	0.853
就业人员工资总额	1.000	0.929
常住人口	1.000	0.743

表 13.5 可知共同度都是大于 0.5 的，说明提取的三个主成分很大程度上保留了各个变量的信息。

13.5.4 主成分解释

表 13.6 为因子载荷矩阵，现在我们从因子载荷矩阵来对各个主成分的含义进行解释。

表 13.6 主成分矩阵

	主成分		
	1	2	3
国内生产总值	0.969	0.130	0.041
工业增长率	−0.190	0.809	0.486
消费者物价指数	0.216	−0.614	0.755
进出口贸易额	0.905	−0.060	−0.173
就业人员工资总额	0.957	0	−0.119
常住人口	0.793	0.270	0.203

从表13.6可以看出，第一主成分在国内生产总值、进出口贸易额、就业人员工资总额和常住人口这四个变量上有较强的相关性，并且它们之间都是正相关性。所以我们可以将第一主成分解释为一般经济水平或宏观经济水平。第二主成分在变量工业上有最大的相关性，在变量物价上也有相关性，但相关性较弱并且为负。所以我们可以将第二个主成分解释为制造业指标。第三个主成分在变量物价上有最大的相关性，在其他变量上的相关性较弱。所以，可以将第三主成分解释为生活物价指标。

13.5.5 主成分的表达式

为了得到主成分的系数，我们需要将上面得到的各个主成分的因子载荷除以各个主成分对应的特征值的平方根。结算如表13.7所示。

表 13.7 主成分系数

第一主成分		第二主成分		第三主成分	
0.969	0.53	0.13	0.12	0.041	0.04
−0.19	−0.10	0.809	0.76	0.486	0.51
0.216	0.12	−0.614	−0.58	0.755	0.80
0.905	0.49	−0.06	−0.06	−0.173	−0.18
0.957	0.52	0	0	−0.119	−0.13
0.793	0.43	0.27	0.25	0.203	0.21

通过上表可以得出三个主成分的表达式为

$$y_1 = 0.53x_1 - 0.1x_2 + 0.12x_3 + 0.49x_4 + 0.52x_5 + 0.43x_6$$
$$y_2 = 0.12x_1 + 0.76x_2 - 0.58x_3 - 0.06x_4 + 0.25x_6$$
$$y_3 = 0.04x_1 + 0.51x_2 + 0.8x_3 - 0.18x_4 - 0.13x_5 + 0.21x_6$$

13.5.6 综合分析

为了能对31个省份进行对比分析，我们首先需要计算各个省份在各个因子上的得分，然后利用主成分对应的特征值为权重计算加权平均值。主成分评分系数矩阵如表 13.8 所示。

表 13.8 主成分评分系数矩阵

	主成分		
	1	2	3
1	0.286	0.115	0.045
2	−0.056	0.719	0.544
3	0.064	−0.546	0.845
4	0.267	−0.053	−0.193
5	0.282	0	−0.133
6	0.234	0.240	0.227

通过表 13.8,我们可以得到主成分得分的表达式为

$$f_1 = 0.286x_1 - 0.056x_2 + 0.064x_3 + 0.267x_4 + 0.282x_5 + 0.234x_6$$
$$f_2 = 0.115x_1 + 0.719x_2 - 0.546x_3 - 0.053x_4 + 0.24x_6$$
$$f_3 = 0.045x_1 + 0.544x_2 + 0.845x_3 - 0.193x_4 - 0.133x_5 + 0.227x_6$$

通过上面的计算公式,并将数据从大到小进行排序,得到表 13.9。

表 13.9 主成分排名

	第一主成分得分排名	第二主成分得分排名	第三主成分得分排名	综合得分排名
北京	5	30	13	11
天津	19	28	30	31
河北	9	23	3	8
山西	21	16	28	23
内蒙古	26	12	24	20
辽宁	14	14	1	10
吉林	24	22	18	24
黑龙江	20	26	26	26
上海	7	20	31	17
江苏	2	17	15	2
浙江	4	15	12	4
安徽	12	6	11	7
福建	13	3	27	13
江西	17	10	8	15
山东	3	18	4	3
河南	6	13	5	5

续表

	第一主成分得分排名	第二主成分得分排名	第三主成分得分排名	综合得分排名
湖北	10	9	17	12
湖南	11	7	14	9
广东	1	11	21	1
广西	15	27	10	18
海南	28	29	7	29
重庆	16	31	29	30
四川	8	4	20	6
贵州	25	5	22	19
云南	22	1	19	14
西藏	31	2	16	21
陕西	18	8	9	16
甘肃	27	21	23	28
青海	29	24	2	22
宁夏	30	19	6	25
新疆	23	25	25	27

从表 13.9 可以发现,综合得分前三的省份分别是广东、江苏和山东,并且第一主成分得分前三的省份也是这三个省。这说明第一主成分基本决定了综合得分的排名,因为第一主成分对应的特征值较大,为 3.386,而其他两个主成分对应的特征值为 1.125 和 0.893。

这样就成功地将我国 31 个省份的 6 个经济变量降维到了 3 个主成分,并且保留了 90% 以上的信息。最后通过这 3 个主成分来对各个省份进行排序对比分析。

本 章 小 结

1. 主成分分析是找到接近数据集分布的超平面,然后将所有的数据都投影到这个超平面上。

2. 主成分分析通过对原始相关的变量做线性变换,得到互相线性无关的主成分。也希望在降低维度的同时,我们希望能保留更多的原始信息。

3. PCA 可以降低数据的复杂性,识别最重要的多个特征,但可能损失有用信息。

4. PCA 可以从数据中识别其主要特征,它是通过沿着数据最大方差方向旋转坐标轴来实现的。选择方差最大的方向作为第一条坐标轴,后续坐标轴则与前面的坐标轴正交。协方差矩阵上的特征值分析可以用一系列的正交坐标轴来获取。

关键词: 主成分分析　降低维度　奇异值分解

思 考 题

1. 减少数据集维度的主要动机是什么?主要缺点是什么?

2. PCA 可以用于降低一个高度非线性对数据集吗?

3. 假设你对一个 1000 维的数据集应用 PCA,同时设置方差解释率为 95%,你的最终数据集将会有多少维?

4. 什么是维度爆炸?

5. 一旦对某数据集降维,我们可能恢复它吗?如果可以,怎样做才能恢复?如果不可以,为什么?

参考文献

[1] 方开泰.实用多元统计分析[M].上海:华东师范大学出版社,1989.

[2] 约翰逊,理查德·约翰逊,迪安·威克思,等.实用多元统计分析[M].6版.北京:清华大学出版社,2008.

[3] Anderson T W. An Introduction to Multivariate Statistical Analysis[M]. 3rd ed. New York: John Wiley X Sons,2003.

[4] Jolliffe I. Principal component analysis[M]. 2nd ed. New York: John Wiley & Sons,2002.

[5] Hardoon DR, Szedmak S, Shawe-Taylor J. Canonical correlation analysis: an overview with application to learning methods[J]. Neural Computation,2004,16(12):2639-2664.

第 14 章　马尔可夫链蒙特卡罗法

教学目标

1. 掌握蒙特卡罗法、马尔可夫链的基本概念及相关性质；
2. 熟悉马尔可夫链蒙特卡罗法的原理以及 Metropolis-Hastings 算法和吉布斯抽样算法；
3. 理解吉布斯抽样的过程及应用。

马尔可夫链蒙特卡罗法是以马尔可夫链为概率模型的蒙特卡罗法。马尔可夫链蒙特卡罗法构建一个马尔可夫链，使其平稳分布就是要进行抽样的分布，具体实现过程需要利用细致平衡方程和引入接受分布来进行。构建完成后，基于该马尔可夫链进行随机游走，产生样本序列，燃烧期之后的样本就可以作为目标分布的抽样样本。常用的马尔可夫链蒙特卡罗法有 Metropolis-Hasting 算法、吉布斯抽样等。

本章 14.1 节介绍一般的蒙特卡罗法，14.2 节介绍马尔可夫链，14.3 节介绍马尔可夫链蒙特卡罗法的一般方法，14.4 节和 14.5 节分别介绍 Metropolis-Hasting 算法和吉布斯抽样算法。

14.1　蒙特卡罗法

本节介绍蒙特卡罗法的概念及其在数学期望估计和积分计算中的应用，同时介绍了蒙特卡罗法的抽样方法，本章介绍的马尔可夫链蒙特卡罗法是蒙特卡罗法的一种方法。

14.1.1　基本概念及应用

蒙特卡罗法要解决的问题是，假设概率分布的定义已知，通过抽样获得概率分布的随机样本，并通过得到的随机样本对概率分布的特征进行分析。例如，从样本得到经验分布，从而估计总体分布；或者从样本计算出样本均值，从而估计总体期望。所以蒙特卡罗法的核心就是随机抽样。

蒙特卡罗法通常可以用于数学期望的估计和积分的计算。以数学期望的估计为例，假设有随机变量 x，取值 $x \in \mathcal{X}$，其概率密度函数为 $p(x)$，$f(x)$ 为定义在 $\mathcal{X}$ 上的函数，目标是求函数 $f(x)$ 关于密度函数 $p(x)$ 的数学期望 $E_{p(x)}[f(x)]$。对于这个问题，蒙特卡洛法首先

按照概率分布 $p(x)$ 独立地抽取 n 个样本 $x_1, x_2, \cdots, x_n$（具体的抽样方法接下去将会进行介绍），之后计算函数 $f(x)$ 的样本均值 $\hat{f}_n$

$$\hat{f}_n = \frac{1}{n}\sum_{i=1}^{n} f(x_i) \tag{14.1}$$

作为数学期望 $E_{p(x)}[f(x)]$ 的近似值。

根据大数定律可知，当样本容量增大时，样本的均值以概率 1 收敛于数学期望：

$$\hat{f}_n \to E_{p(x)}[f(x)] \quad (n \to \infty) \tag{14.2}$$

这样就得到了数学期望的近似计算方法

$$E_{p(x)}[f(x)] \approx \frac{1}{n}\sum_{i=1}^{n} f(x_i) \tag{14.3}$$

蒙特卡罗法的另一常见应用就是对于定积分的近似计算，称为蒙特卡罗积分（Monte Carlo Integration）。假设有一个函数 $f(x)$，目标是计算该函数的积分 $\int_a^b f(x)\mathrm{d}x$。如果我们很难求解出 $f(x)$ 的原函数，那么这个积分就比较难计算，这里就需要用到蒙特卡罗法来近似求解。一个简单的想法就是在 $[a, b]$ 区间随机抽样一个点 x_1，然后用 $f(x_1)$ 代表在 $[a, b]$ 区间上所有的 $f(x)$ 的值，那么定积分就近似求解为

$$\int_a^b f(x)\mathrm{d}x \approx (b-a)f(x_1) \tag{14.4}$$

但是仅用一个值代表 $[a, b]$ 区间上所有 $f(x)$ 的值，这个假设太过粗糙，我们可以抽样 $[a, b]$ 区间上的 n 个值 $x_1, x_2, \cdots, x_n$，用它们的均值来代表 $[a, b]$ 区间上所有 $f(x)$ 的值，此时定积分的近似求解为

$$\int_a^b f(x)\mathrm{d}x \approx \frac{b-a}{n}\sum_{i=1}^{n} f(x_i) \tag{14.5}$$

虽然这个结果一定程度上可以得到近似解，但是它隐含了一个假定，即 x 在 $[a, b]$ 区间上是均匀分布的，这一假定并不符合大多数情况，其结果可能和真实的结果相差甚远。为了解决这一问题，假设 x 在 $[a, b]$ 区间上的概率密度函数为 $p(x)$，并将函数 $f(x)$ 分解成一个函数 $h(x)$ 和概率密度函数 $p(x)$ 的乘积。实际上，对于一个概率密度函数 $p(x)$，只要取 $h(x) = \dfrac{f(x)}{p(x)}$，就可以得到

$$\int_a^b f(x)\mathrm{d}x = \int_a^b \frac{f(x)}{p(x)}p(x)\mathrm{d}x = \int_a^b h(x)p(x)\mathrm{d}x = E_{p(x)}[h(x)] \approx \frac{1}{n}\sum_{i=1}^{n} h(x_i) \tag{14.6}$$

也就是说，任何一个函数的积分都可以表示为某一个函数的数学期望的形式，而由式(14.3)可知，函数的数学期望又可以通过函数的样本均值进行估计。于是可以利用样本均值来近似计算积分，这就是蒙特卡罗积分的基本思想。

可以看出，开始假设 x 在 $[a, b]$ 区间上是均匀分布的时候，假设了概率密度函数 $p(x) = \dfrac{1}{b-a}$，将其代入式(14.6)，可以得到

$$\int_a^b f(x)\mathrm{d}x \approx \frac{1}{n}\sum_{i=1}^n h(x_i) = \frac{1}{n}\sum_{i=1}^n \frac{f(x_i)}{p(x_i)} = \frac{1}{n}\sum_{i=1}^n \frac{f(x_i)}{\frac{1}{b-a}} = \frac{b-a}{n}\sum_{i=1}^n f(x_i)$$

(14.7)

所以"假设 x 在$[a,b]$区间上是均匀分布"只是一种特例,式(14.6)才是蒙特卡罗积分的一般形式。现在还有一个关键的问题需要解决,就是如何基于概率分布去抽样基于这个概率分布的 n 个 x 的样本集。

14.1.2 概率分布抽样

一般的蒙特卡罗法有直接抽样法、接受-拒绝抽样法、重要性抽样法等。对于均匀分布 $uniform(0,1)$ 是比较容易直接抽样的,而其他常见的概率分布,无论是离散的分布还是连续的分布,它们的样本都可以通过 $uniform(0,1)$ 的样本转换而得。在 Python 的 numpy、sci-kit-learn 等类库中,都有生成这些常用分布样本的函数可以使用。

接受-拒绝抽样法、重要性抽样法适合于概率密度函数复杂、不能直接抽样的情况。这里以接受-拒绝法(Accept-reject Sampling Method)为例进行介绍。假设有随机变量 x,取值 $x \in \mathcal{X}$,其概率密度函数为 $p(x)$。目标是得到该概率密度分布的随机样本,从而对这个概率分布进行分析。

接受-拒绝法假设 $p(x)$ 比较复杂,不能直接抽样,我们需要找一个可以直接抽样的分布 $q(x)$,称其为建议分布(Proposal Distribution)。并且有 $q(x)$ 的 c 倍一定大于 $p(x)$,其中 $c>0$,如图 14.1 所示。首先按照 $q(x)$ 进行抽样,假设得到样本 x^*,然后再从均匀分布 $uniform(0, cq(x^*))$ 中抽样得到一个值 u,如果 u 落在了图 14.1 的灰色区域,则拒绝这次抽样,否则就接受这个样本 x^*。随后重复以上过程,得到 n 个接受的样本 $x_1, x_2, \cdots, x_n$。

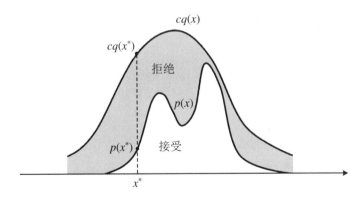

图 14.1 接受-拒绝抽样法

下面给出接受-拒绝法的具体算法。

算法 14.1 接受-拒绝法

输入:抽样的目标概率分布的概率密度函数 $p(x)$。

输出:概率分布的随机样本 $x_1, x_2, \cdots, x_n$。

参数:样本数 n。

算法过程：

(1) 选择概率密度函数为 $q(x)$ 的概率分布，作为建议分布，使其对任意 x 满足 $cq(x) \geqslant p(x)$，其中 $c > 0$。

(2) 按照建议分布 $q(x)$ 随机抽样得到样本 x^*，再按照均匀分布在 $(0, cq(x^*))$ 范围内抽样得到 u。

(3) 如果 $u \leqslant p(x^*)$，则将 x^* 作为抽样结果保存，否则返回步骤(2)。

(4) 直到得到 n 个样本 $x_1, x_2, \cdots, x_n$。

接受-拒绝法的优点是容易实现，我们可以利用它解决一些概率分布为不常见分布时的抽样问题，从而进一步使用蒙特卡罗法进行期望估计、积分计算等操作。但是接受-拒绝抽样也只能满足我们的部分需求，其仍然存在着一些不足之处：

(1) 抽样效率低，如果 $p(x)$ 的涵盖面积(体积)占 $cq(x)$ 的涵盖面积(体积)的比例很低，就会导致拒绝的比例很高，大大降低了抽样效率，特别是在高维空间进行抽样，就算 $p(x)$ 与 $cq(x)$ 很接近，但两者的涵盖体积也可能相差很大；

(2) 对于一些二维分布 $p(x, y)$，有时候我们只能得到条件分布 $p(x|y)$ 或 $p(y|x)$，却很难得到联合分布 $p(x, y)$，这时我们无法使用接受-拒绝法得到其样本集；

(3) 对于一些高维、复杂且不常见分布 $p(x_1, x_2, \cdots, x_p)$，我们要找到一个合适的建议分布 $q(x)$ 和比例 c 非常困难。

因此，如何方便地得到各种复杂概率分布对应的抽样样本集，是我们需要解决的一个十分重要的问题，本章介绍的马尔可夫链蒙特卡罗法就是旨在解决这一问题。在了解马尔可夫链蒙特卡罗法之前，需要先了解马尔可夫链的相关知识。

14.2 马尔可夫链

本章不加证明地给出马尔可夫链的定义以及马尔可夫链蒙特卡罗法中需要用到的马尔可夫链的一些性质，为下一节介绍马尔可夫链蒙特卡罗法做好了铺垫。

14.2.1 基本定义

定义 14.1 马尔可夫链

对于一个随机变量序列 $X = \{X_0, X_1, \cdots, X_t, \cdots\}$，其中 X_t 表示时刻 t 的随机变量，且 $t = 0, 1, 2, \cdots$。每个随机变量 X_t 的取值集合相同，称为状态空间，表示为 $\mathcal{S}$。随机变量可以是离散的，也可以是连续的。则随机变量序列 X 构成一个随机过程。

假设在时刻 0 的随机变量 X_0 遵循概率分布 $P(X_0) = \pi_0$，称为初始状态分布。在某个时刻 $t \geqslant 1$ 的随机变量 X_t 与前一个时刻的随机变量 X_{t-1} 之间有条件分布 $P(X_t | X_{t-1})$，如果 X_t 只依赖于 X_{t-1}，而不依赖于过去的随机变量 $\{X_0, X_1, \cdots, X_{t-2}\}$，这一性质称为马尔可夫性，即

$$P(X_t | X_0, X_1, \cdots, X_{t-1}) = P(X_t | X_{t-1}) \quad (t = 1, 2, \cdots) \tag{14.8}$$

具有马尔可夫性的随机序列 $X = \{X_0, X_1, \cdots, X_t, \cdots\}$ 称为马尔可夫链,或者马尔可夫过程。条件概率分布 $P(X_t | X_{t-1})$ 称为马尔可夫链的转移概率矩阵。转移概率分布非常重要,它决定了马尔可夫链的特性。

马尔可夫性的直观解释是"未来只依赖于现在(假设现在已知),而与过去无关"。这一假设在许多应用中是合理的。

若转移概率分布 $P(X_t | X_{t-1})$ 与 t 无关,即

$$P(X_{t+s} | X_{t-1+s}) = P(X_t | X_{t-1}) \quad (t = 1, 2, \cdots; s = 1, 2, \cdots) \tag{14.9}$$

则称该马尔可夫链为时间齐次的马尔可夫链(Time homogenous Markov chain)。本章中提到的马尔可夫链都是时间齐次的。

14.2.2 离散状态马尔可夫链

1. 转移概率矩阵和状态分布

离散状态的马尔可夫链 $X = \{X_0, X_1, \cdots, X_t, \cdots\}$,随机变量 $X_t (t = 0, 1, 2, \cdots)$ 定义在离散空间 $\mathcal{S}$,转移概率分布可以由矩阵表示。

若马尔可夫链在时刻 $(t-1)$ 处于状态 i,在时刻 t 移动到状态 j,将转移概率记作

$$p_{ij} = (X_t = j | X_{t-1} = i) \quad (i = 1, 2, \cdots; j = 1, 2, \cdots) \tag{14.10}$$

马尔可夫链的转移概率 p_{ij} 可以由矩阵表示,即

$$P = \begin{pmatrix} p_{11} & p_{12} & p_{13} & \cdots \\ p_{21} & p_{22} & p_{23} & \cdots \\ p_{31} & p_{32} & p_{33} & \cdots \\ \cdots & \cdots & \cdots & \cdots \end{pmatrix} \tag{14.11}$$

称为马尔可夫链的转移概率矩阵,转移概率矩阵 P 满足条件 $p_{ij} \geqslant 0, \sum_j p_{ij} = 1$,满足这两个条件的矩阵称为随机矩阵。注意这里矩阵行元素之和为 1。

考虑马尔可夫链 $\mathcal{X} = \{X_0, X_1, \cdots, X_t, \cdots\}$ 在时刻 $t(t = 0, 1, 2, \cdots)$ 的概率分布,称为时刻 t 的状态分布,记作

$$\pi(t) = \begin{pmatrix} \pi_1(t) \\ \pi_2(t) \\ \vdots \end{pmatrix} \tag{14.12}$$

其中,$\pi_i(t)$ 表示时刻 t 状态为 i 的概率 $P(X_t = i)$。特别地,马尔可夫链的初始状态分布即为 $t = 0$ 时的状态分布。通常初始分布 $\pi(0)$ 的向量只有一个分量是 1,其余分量都是 0,表示马尔可夫链从一个具体的状态开始。

马尔可夫链 X 在时刻 t 的状态分布,可以由在时刻 $(t-1)$ 的状态分布以及转移概率分布决定

$$\pi(t) = P\pi(t-1) \tag{14.13}$$

通过简单的递推,可以得到

$$\pi(t) = P^t \pi(0) \tag{14.14}$$

这里的 P^t 称为 t 步转移概率矩阵，P^t 也是随机矩阵。式(14.14)说明，马尔可夫链的状态分布由初始分布和转移概率分布决定。

2. 平稳分布

定义 14.2　平稳分布

设有马尔可夫链 $X = \{X_0, X_1, \cdots, X_t, \cdots\}$，其状态空间为 $\mathcal{S}$，转移概率矩阵为 $P = (p_{ij})$，如果存在状态空间 $\mathcal{S}$ 上的一个分布 $\pi = (\pi_1, \pi_2, \cdots)^{\mathrm{T}}$，使得

$$\pi = P\pi \tag{14.15}$$

则称 π 为马尔可夫链 $\mathcal{X} = \{X_0, X_1, \cdots, X_t, \cdots\}$ 的平稳分布。

马尔可夫链可能存在唯一平稳分布，无穷多个平稳分布，或不存在平稳分布。

14.2.3　连续状态马尔可夫链

连续状态马尔可夫链 $X = \{X_0, X_1, \cdots, X_t, \cdots\}$，随机变量 $X_t(t=0,1,2,\cdots)$ 定义在连续状态空间 $\mathcal{S}$，转移概率分布由概率转移核或转移核（Transition kernel）表示。

设 $\mathcal{S}$ 是连续状态空间，对任意的 $x \in \mathcal{S}, A \subset \mathcal{S}$，转移核 $P(x, A)$ 定义为

$$P(x, A) = \int_A p(x, y) \mathrm{d}y \tag{14.16}$$

其中，$p(x, \cdot)$ 是概率密度函数，满足 $p(x, \cdot) \geqslant 0, P(x, \mathcal{S}) = \int_{\mathcal{S}} p(x, y) \mathrm{d}y = 1$。转移核 $P(x, A)$ 表示从 $x \sim A$ 的转移概率

$$P(X_t = A \mid X_{t-1} = x) = P(x, A) \tag{14.17}$$

有时也将概率密度函数 $p(x, \cdot)$ 称为转移核。

若马尔可夫链的状态空间 S 上的概率分布 $\pi(x)$ 满足条件

$$\pi(y) = \int p(x, y) \pi(x) \mathrm{d}x, y \in S \tag{14.18}$$

则称分布 $\pi(x)$ 为马尔可夫链的平稳分布。等价地，

$$\pi(A) = \int P(x, A) \pi(x) \mathrm{d}x, A \subset S \tag{14.19}$$

或简写为

$$\pi = P\pi \tag{14.20}$$

14.2.4　马尔可夫链的性质

以下介绍离散状态马尔可夫链的性质，可以自然推广到连续状态的马尔可夫链。

1. 不可约

定义 14.3　不可约

设有马尔可夫链 $X = \{X_0, X_1, \cdots, X_t, \cdots\}$，状态空间为 $\mathcal{S}$，对于任意状态 $i, j \in \mathcal{S}$，如果存在一个时刻 $t(t>0)$ 满足

$$P(X_t = j \mid X_0 = i) > 0 \tag{14.21}$$

也就是说,时刻 0 从状态 i 出发,时刻 t 到达状态 j 的概率大于 0,则称此马尔可夫链 X 是不可约的,否则称马尔可夫链是可约的。

2. 非周期

定义 14.4 非周期
设有马尔可夫链 $X = \{X_0, X_1, \cdots, X_t, \cdots\}$,状态空间为 $\mathcal{S}$,对于任意状态 $i \in \mathcal{S}$,时刻 0 从状态 i 出发,t 时刻返回状态的所有时间长 $\{t: P(X_t = i | X_0 = i) > 0\}$ 的最大公约数是 1,则称此马尔可夫链 X 是非周期的,否则称马尔可夫链是周期的。

定理 14.1 不可约且非周期的有限状态马尔可夫链,有唯一平稳分布存在。

3. 正常返

定义 14.5 正常返
设有马尔可夫链 $X = \{X_0, X_1, \cdots, X_t, \cdots\}$,状态空间为 $\mathcal{S}$,对于任意状态 $i, j \in \mathcal{S}$,定义概率 p_{ij}^t 为时刻 0 从状态 i 出发,时刻 t 首次转移到状态 j 的概率,即 $p_{ij}^t = P(X_t = j, X_s \neq j, s = 1, 2, \cdots, t-1 | X_0 = i), t = 1, 2, \cdots$。若对所有状态 i, j 都满足 $\lim_{t \to \infty} p_{ij}^t > 0$,则称马尔可夫链 X 是正常返的(Positive Recurrent)。

定理 14.2 不可约、非周期且正常返的马尔可夫链,有唯一平稳分布存在。

4. 遍历定理

定理 14.3 遍历定理
设有马尔可夫链 $X = \{X_0, X_1, \cdots, X_t, \cdots\}$,状态空间为 $\mathcal{S}$,若马尔可夫链 X 是不可约、非周期且正常返的,则该马尔可夫链有唯一平稳分布 $\pi = (\pi_1, \pi_2, \cdots)^T$,并且转移概率的极限分布是马尔可夫链的平稳分布

$$\lim_{t \to \infty} P(X_t = j | X_0 = i) = \pi_j \quad (i = 1, 2, \cdots; j = 1, 2, \cdots) \tag{14.22}$$

若 $f(X)$ 是定义在状态空间上的函数,$E_\pi[|f(X)|] < \infty$,则

$$P\{\hat{f}_t \to E_\pi[f(X)]\} = 1 \tag{14.23}$$

这里 $\hat{f}_t = \frac{1}{t} \sum_{s=1}^t f(x_s)$,$E_\pi[f(X)] = \sum_i f(x_i) \pi_i$ 是 $f(X)$ 关于平稳分布 $\pi = (\pi_1, \pi_2, \cdots)^T$ 的数学期望,式(14.23) 表示

$$\hat{f}_t \to E_\pi[f(X)], t \to \infty \tag{14.24}$$

几乎处处成立或以概率 1 成立。

遍历定理的直观解释:当时间趋于无穷时,满足相应条件的马尔可夫链的状态分布趋近于平稳分布,随机变量的函数的样本均值以概率 1 收敛于该函数的数学期望。样本均值可以认为是时间均值,$\hat{f}_t$ 是根据状态(时间)的转移抽样取得的均值;而数学期望是空间均值,$E_\pi[f(X)]$ 是利用平稳分布 π 在某一状态(时刻)抽样求得的均值。所以遍历定理实际包含了遍历性的含义:当时间趋于无穷时,时间均值等于空间均值。遍历定理的三个条件,即不可约、非周期、正常返,保证了当时间趋于无穷时达到任意一个状态的概率不为 0。

理论上其实并不知道经过多少次迭代,马尔可夫链的状态分布才能趋近于平稳分布,在实际应用遍历定理时,可以根据经验,取一个足够大的整数 m,经过 m 次迭代之后认为状态分布就是平稳分布,这时计算从第 $m+1$ 次迭代到第 n 次迭代的均值,即

$$\hat{E}f = \frac{1}{n-m}\sum_{i=m+1}^{n} f(x_i) \tag{14.25}$$

称为遍历均值。

根据以上性质,当已知需要抽样的样本的分布 $p(x)$,且该样本分布等于某一马尔可夫链的平稳分布 π,同时该马尔可夫链满足遍历定理 14.3 的条件,那么此时只需要知道该马尔可夫链的状态转移矩阵 P,我们就可以利用 P 进行抽样,从而进行如式(14.25)之类的计算。

但是这里仍然存在问题,对于任意给定的平稳分布 $\pi = p(x)$,如何得到它所对应的马尔科夫链的状态转移矩阵 P 呢?同时如何使得该马尔可夫链满足遍历定理 14.3 的条件呢?马尔可夫链蒙特卡罗法通过迂回的方式解决了这两个问题,但在介绍马尔可夫链蒙特卡罗法之前,我们还需要了解马尔可夫链的一个重要的性质——可逆马尔可夫链。

5. 可逆马尔可夫链

定义 14.6　可逆马尔可夫链

设有马尔可夫链 $X = \{X_0, X_1, \cdots, X_t, \cdots\}$,状态空间为 $\mathcal{S}$,转移概率矩阵为 P,如果有状态分布 $\pi = (\pi_1, \pi_2, \cdots)^T$,对于任意状态 $i, j \in \mathcal{S}$,对任意一个时刻 t 满足

$$\pi_i P(X_t = j \mid X_{t-1} = i) = \pi_j P(X_{t-1} = i \mid X_t = j) \quad (i, j = 1, 2, \cdots) \tag{14.26}$$

或简写为

$$\pi_i p_{ij} = \pi_j p_{ji} \quad (i, j = 1, 2, \cdots) \tag{14.27}$$

其中,p_{ij} 表示从状态 i 转移到状态 j 的概率。则此马尔可夫链 X 称为可逆马尔可夫链,式(14.27)称为细致平衡方程。

定理 14.4　细致平衡方程

满足细致平衡方程的状态分布 π 就是该马尔可夫链的平稳分布。

定理 14.4 说明,可逆马尔可夫链一定有唯一平稳分布,这给出了一个马尔可夫链有平稳分布的充分条件。也就是说,可逆马尔可夫链满足遍历定理 14.3 的条件。所以我们只要找到可以使平稳分布 π 满足细致平衡方程的矩阵 P,此时 P 就是所对应的转移概率矩阵,同时,对应的马尔可夫链满足遍历定理 14.3 的条件。这样一来,前文所述的两个问题就迎刃而解了。

但是仅仅从细致平衡方程还是很难找到合适的矩阵 P,比如我们的目标平稳分布是 π,随机找一个马尔科夫链状态转移矩阵 Q,它是很难满足细致平衡方程的,即

$$\pi_i q_{ij} \neq \pi_j q_{ji} \quad (i, j = 1, 2, \cdots) \tag{14.28}$$

其中,q_{ij} 表示从状态 i 转移到状态 j 的概率。那么如何使这个等式满足呢?下一节将要介绍的马尔可夫链蒙特卡罗法就可以解决这个问题。

14.3 马尔可夫链蒙特卡罗法

本节介绍了马尔可夫链蒙特卡罗法的基本想法,并且叙述了构造满足要求的转移矩阵的基本方法。

14.3.1 基本想法

如果需要对某一概率分布进行抽样,可以使用第14.1节中所述的传统的蒙特卡罗法,如接受-拒绝法、重要性抽样法等。但是在随机变量是多元的、密度函数是非标准形式的、随机变量各分量不独立等情况下时,使用马尔可夫链蒙特卡罗法进行抽样将更加合适。

再次回顾前面两节中我们需要解决的抽样问题。假设有随机变量 x,取值 $x \in \mathcal{X}$,其概率密度函数为 $p(x)$,且该密度函数比较复杂,不容易直接抽样或者使用传统蒙特卡罗法抽样,$f(x)$ 为定义在 $\mathcal{X}$ 上的函数,目标是获得满足概率分布 $p(x)$ 的样本集合,同时可以进行其他计算,比如求得函数 $f(x)$ 关于密度函数 $p(x)$ 的数学期望 $E_{p(x)}[f(x)]$。

使用马尔可夫链蒙特卡罗法可以解决这个问题,我们首先总结前两节已获得的结论,其基本想法是:在随机变量 x 的状态空间 $\mathcal{S}$ 上定义一个满足遍历定理的马尔可夫链 $X = \{X_0, X_1, \cdots, X_t, \cdots\}$,使其平稳分布就是我们要抽样的目标分布 $p(x)$。然后在这个马尔可夫链上进行随机游走,每个时刻得到一个样本。根据遍历定理,当时间趋于无穷时,样本的分布趋近平稳分布,样本的函数均值趋近函数的数学期望。所以,当时间足够长时(比如大于某个正整数 m),在这之后的时间(小于等于某个正整数 n,满足 $n > m$)里随机游走得到的样本集合 $\{x_{m+1}, x_{m+2}, \cdots, x_n\}$ 就是目标概率分布的抽样结果,得到的函数均值(遍历均值)就是要计算的数学期望值

$$\hat{E}f = \frac{1}{n-m} \sum_{i=m+1}^{n} f(x_i) \tag{14.29}$$

到时刻 m 为止的时间段称为燃烧期,燃烧期得到的样本将被舍弃。

如何构建具体的马尔可夫链成为了马尔可夫链蒙特卡罗法的关键。连续变量时,需要定义转移核函数;离散变量时,需要定义转移矩阵。一个方法是定义特殊的转移核函数或转移矩阵,构建可逆马尔可夫链,满足细致平衡方程,这样就保证了该马尔可夫链满足遍历定理的条件。所以构建马尔可夫链的关键在于如何定义转移核函数或转移矩阵,具体的定义方法将在下文论述。常用的马尔可夫链蒙特卡罗法有 Metropolis-Hasting 算法、吉布斯抽样。

前文提到,当时间足够长时,由马尔可夫链抽样得到的样本的分布趋近于平稳分布,无论是接下去将要介绍的 Metropolis-Hastings 算法还是吉布斯抽样算法,都需要经历一个燃烧期,只有在燃烧期后,达到平衡状态时的样本才是目标分布的样本。判断马尔可夫链是否收敛的方法通常是经验性的。比如画图观察状态是否已经平稳,或者可以在马尔可夫链上进行随机游走,每隔一段时间取一次样本,得到多个样本之后,计算遍历均值,当均值稳定之

后,可认为马尔可夫链已经收敛。

马尔可夫链蒙特卡罗法中得到的样本序列,相邻的样本点是相关的,而不是独立的。若要取得独立的样本,可以每隔一段时间取一次样本,这样子得到的子样本集合可以作为独立样本集合。

相比于接受-拒绝法,马尔可夫链蒙特卡罗法更容易实现,因为只需要定义马尔可夫链,而不需要定义建议分布。同时马尔可夫链蒙特卡罗法更加高效,虽然燃烧期的样本也将被抛弃,但没有大量被拒绝的样本。

14.3.2 构造转移矩阵

下面我们来解决式(14.28)所述的问题,即目标平稳分布 π 和随机一个马尔可夫链的状态转移矩阵 Q 很难满足细致平衡方程,我们将如何寻找合适的转移矩阵 P 呢?这就需要对式(14.28)进行改造,使得细致平衡方程成立,方法是引入一个接受率 α_{ij},使得

$$\pi_i q_{ij} \alpha_{ij} = \pi_j q_{ji} \alpha_{ji} \quad (i,j = 1,2,\cdots) \tag{14.30}$$

其中,接受率的取值可以是

$$\begin{cases} \alpha_{ij} = \pi_j q_{ji} \\ \alpha_{ji} = \pi_i q_{ij} \end{cases} \tag{14.31}$$

这样一来,细致平衡方程等式成立,我们就得到了平稳分布 π 对应的马尔可夫链的状态转移矩阵 P,它满足

$$p_{ij} = q_{ij} \alpha_{ij} \tag{14.32}$$

也就是说,我们的目标矩阵 P 可以通过任意一个马尔可夫链的状态转移矩阵 Q 和 α_{ij} 得到。我们一般称 α_{ij} 为接受率,取值在 $[0,1]$ 范围。即目标转移矩阵 P 可以通过任意一个马尔可夫链的状态转移矩阵 Q 以一定的接受率获得。这个很像第 14.1 节中所述的接受-拒绝法,它是以一个常用分布通过一定的接受-拒绝概率得到一个不常见分布,而这里是以一个常见的马尔可夫链状态转移矩阵 Q 通过一定的接受-拒绝概率得到目标转移矩阵 P,两者的解决问题思路是类似的。

到此为止,我们已经知道了如何通过已知目标平稳分布 π(也就是我们要抽样的目标分布 $p(x)$)来构造相应的马尔可夫链,使其满足细致平衡方程,同时得到对应的转移矩阵 P,从而进行马尔可夫链蒙特卡罗法抽样。但是这时进行抽样,在实际中还是难以应用,因为接受率 α_{ij} 可能非常小,导致大部分抽样值都被拒绝转移,马尔可夫链难以收敛,效率很低。这个时候,就需要使用马尔可夫链蒙特卡罗法中的代表算法——Metropolis-Hastings 算法来解决这个问题。

14.4 Metropolis-Hastings 算法

本节介绍 Metropolis-Hastings 算法的基本原理和单分量 Metropolis-Hastings 算法。

14.4.1 基本原理

之前描述的马尔可夫链蒙特卡罗法都是基于离散状态的马尔可夫链,事实上相同的结论也可以扩展到连续的情况下。在随机变量 x 的状态空间 $\mathcal{S}$ 上定义一个连续状态马尔可夫链 $X = \{X_0, X_1, \cdots, X_t, \cdots\}$,其转移核为 $p(x,x')$,假设要抽样的概率分布为 $p(x)$,$p(x)$ 也是我们需要构造的马尔可夫链的平稳分布。那么,根据上一节的结论,可以相应地写出转移核的构成

$$p(x,x') = q(x,x')\alpha(x,x') \tag{14.33}$$

其中 $q(x,x')$ 和 $\alpha(x,x')$ 分别为建议分布(Proposal Distribution)和接受分布(Acceptance Distribution)。该马尔可夫链是可逆的,满足细致平衡方程

$$p(x)p(x,x') = p(x')p(x',x) \tag{14.34}$$

即

$$p(x)q(x,x')\alpha(x,x') = p(x')q(x',x)\alpha(x',x) \tag{14.35}$$

上一节提到,如果 $\alpha(x,x')$ 太小,会使得抽样效率过低。为了解决这个问题,我们可以将等式(14.35)左右两边的 $\alpha(x,x')$ 和 $\alpha(x',x)$ 同比例放大,此时仍然可以保证细致平衡方程成立。由于概率值最大为 1,可以使得等式两边的接受分布中最大的一个放大到 1,所以接受分布为

$$\alpha(x,x') = \min\left\{1, \frac{p(x')q(x',x)}{p(x)q(x,x')}\right\} \tag{14.36}$$

这时,转移核 $p(x,x')$ 可以写成

$$p(x,x') = \begin{cases} q(x,x'), & p(x')q(x',x) \geqslant p(x)q(x,x') \\ q(x',x)\dfrac{p(x')}{p(x)}, & p(x')q(x',x) < p(x)q(x,x') \end{cases} \tag{14.37}$$

转移核为 $p(x,x')$ 的马尔可夫链上的随机游走以下面的方式进行:如果在时刻 $(t-1)$ 处于状态 x,即 $x_{t-1} = x$,则先按建议分布 $q(x,x')$ 抽样产生一个候选状态 x',然后按照接受分布 $\alpha(x,x')$ 抽样决定是否接受状态 x'。以概率 $\alpha(x,x')$ 接受 x',决定时刻 t 转移到状态 x',而以概率 $1-\alpha(x,x')$ 拒绝 x',决定时刻 t 仍停留状态 x。具体地,从区间(0,1)上的均匀分布中抽取一个随机数 u,决定时刻 t 的状态

$$x_t = \begin{cases} x', & u \leqslant \alpha(x,x') \\ x, & u > \alpha(x,x') \end{cases} \tag{14.38}$$

对于建议分布 $q(x,x')$,有两种常用的形式:

第一种是假设建议分布是对称的,即对于任意 x 和 x' 有

$$q(x,x') = q(x',x) \tag{14.39}$$

这样的建议分布称为 Metropolis 选择,也是 Metropolis-Hastings 算法最初采用的建议分布。

第二种称为独立抽样。假设 $q(x,x')$ 与当前状态 x 无关,即 $q(x,x') = q(x')$。建议分布的计算按照 $q(x')$ 独立抽样进行。独立抽样实现简单,但可能收敛速度慢,通常选择接近目标分布 $p(x)$ 的分布作为建议分布 $q(x)$。

下面给出具体的算法。

算法 14.2 Metropolis-Hastings 算法

输入:抽样的目标分布的密度函数 $p(x)$,函数 $f(x)$。

输出:$p(x)$ 的随机样本 $x_{m+1}, x_{m+2}, \cdots, x_n$,函数样本均值 f_{mn}。

参数:收敛步数 m,迭代步数 n。

算法过程:

(1) 任意选择一个初始值 x_0。

(2) 对 $i = 1, 2, \cdots, n$ 循环执行:

① 设状态 $x_{i-1} = x$,按照建议分布 $q(x, x')$ 随机抽取一个候选状态 x'。

② 计算接受概率

$$\alpha(x, x') = \min\left\{1, \frac{p(x')q(x', x)}{p(x)q(x, x')}\right\}$$

③ 从区间 $(0,1)$ 中按均匀分布随机抽取一个数 u,若 $u \leqslant \alpha(x, x')$,则状态 $x_i = x'$;否则,状态 $x_i = x$。

(3) 得到样本集合 $\{x_{m+1}, x_{m+2}, \cdots, x_n\}$,计算

$$f_{mn} = \frac{1}{n-m} \sum_{i=m+1}^{n} f(x_i)$$

14.4.2 满条件分布

马尔可夫链蒙特卡罗法的目标分布通常是多元联合概率分布 $p(x) = p(x_1, x_2, \cdots, x_p)$,其中 $x = (x_1, x_2, \cdots, x_p)^T$ 为 p 维随机变量。如果条件概率分布 $p(x_I | x_{-I})$ 中所有 p 个变量全部出现,其中 $x_I = \{x_i, i \in I\}$,$x_{-I} = \{x_i, i \notin I\}$,$I \subset \{1, 2, \cdots, p\}$,那么称这种条件概率分布为满条件分布(Full conditional distribution)。

满条件分布有以下性质:

对任意的 $x, x' \in X$ 和任意的 $I \subset \{1, 2, \cdots, p\}$,有

$$p(x_I | x_{-I}) = \frac{p(x)}{\int p(x) \mathrm{d} x_I} \propto p(x) \tag{14.40}$$

而且,对任意的 $x, x' \in X$ 和任意的 $I \subset \{1, 2, \cdots, p\}$,有

$$\frac{p(x'_I | x'_{-I})}{p(x_I | x_{-I})} = \frac{p(x')}{p(x)} \tag{14.41}$$

Metropolis-Hastings 算法中,可以利用式(14.41)简化计算,提高计算效率。具体地,通过满条件分布概率的比 $\dfrac{p(x'_I | x'_{-I})}{p(x_I | x_{-I})}$ 计算联合概率的比 $\dfrac{p(x')}{p(x)}$,而前者更容易计算。

14.4.3 单分量 Metropolis-Hastings 算法

在 Metropolis-Hastings 算法中,通常需要对多元变量分布进行抽样,如果变量的维度较高,各特征维度的联合分布不容易得到,但是可以方便地求出各特征之间的条件概率分

布。那么,我们就可以对多元变量的每一分量的条件分布依次进行抽样,从而实现对整个多元变量的一次抽样,这就是单分量 Metropolis-Hastings(Single-component Metropolis-Hastings)算法。

假设马尔可夫链的状态由 p 维随机变量表示 $x = (x_1, x_2, \cdots, x_p)^{\mathrm{T}}$,用 $x^{(i)}$ 表示马尔可夫链在时刻 i 的状态,$x^{(i)} = (x_1^{(i)}, x_2^{(i)}, \cdots x_p^{(i)})^{\mathrm{T}}$, $i = 1, 2, \cdots, n$,其中 $x_j^{(i)}$ 表示随机变量 $x^{(i)}$ 的第 j 个分量,$j = 1, 2, \cdots p$。

为了生成容量为 n 的样本集合 $\{x^{(1)}, x^{(2)}, \cdots, x^{(n)}\}$,单分量 Metropolis-Hastings 算法由下面的 k 步迭代实现 Metropolis-Hastings 算法的一次迭代。

设在第 $(i-1)$ 次迭代结束时分量 x_j 的取值为 $x_j^{(i-1)}$,在第 i 次迭代的第 j 步,对分量 x_j 根据 Metropolis-Hastings 算法更新,得到其新的取值 $x_j^{(i)}$。首先,由建议分布 $q(x_j^{(i-1)}, x_j \mid x_{-j}^{(i)})$ 抽样产生分量 x_j 的候选值 $x_j^{\prime(i)}$,这里 $x_{-j}^{(i)}$ 表示在第 i 次迭代的第 $(j-1)$ 步后的 $x^{(i)}$ 除去 $x_j^{(i-1)}$ 的所有值,即

$$x_{-j}^{(i)} = (x_1^{(i)}, \cdots, x_{j-1}^{(i)}, x_{j+1}^{(i-1)}, \cdots, x_p^{(i-1)})^{\mathrm{T}}$$

其中分量 $1, 2, \cdots, j-1$ 已经更新。然后按照接受概率

$$\alpha(x_j^{(i-1)}, x_j^{\prime(i)} \mid x_{-j}^{(i)}) = \min\left\{1, \frac{p(x_j^{\prime(i)} \mid x_{-j}^{(i)}) q(x_j^{\prime(i)}, x_j^{(i-1)} \mid x_{-j}^{(i)})}{p(x_j^{(i-1)} \mid x_{-j}^{(i)}) q(x_j^{(i-1)}, x_j^{\prime(i)} \mid x_{-j}^{(i)})}\right\} \quad (14.42)$$

抽样决定是否接受候选值 $x_j^{\prime(i)}$。如果 $x_j^{\prime(i)}$ 被接受,则令 $x_j^{(i)} = x_j^{\prime(i)}$;否则令 $x_j^{(i)} = x_j^{(i-1)}$。其余分量在第 j 步不改变。马尔可夫链的转移概率为

$$p(x_j^{(i-1)}, x_j^{\prime(i)} \mid x_{-j}^{(i)}) = \alpha(x_j^{(i-1)}, x_j^{\prime(i)} \mid x_{-j}^{(i)}) q(x_j^{(i-1)}, x_j^{\prime(i)} \mid x_{-j}^{(i)}) \quad (14.43)$$

对于二元随机变量 x,每次变量的更新都是沿着水平或者垂直方向,但是由于建议分布可能不被接受,单分量 Metropolis-Hastings 算法可能在一些相邻的时刻不产生移动。

Metropolis-Hastings 算法完整解决了使用蒙特卡罗方法需要的任意概率分布样本集的问题,单分量 Metropolis-Hastings 算法也解决了高维变量抽样困难的问题,在实际中得到了广泛的应用。但是由于接受分布 $\alpha(x, x')$ 的存在,对高维变量的抽取仍然会有大量抽样被拒绝,算法效率很低。能否找到一个转移核或转移矩阵,使得 $\alpha(x, x') = 1$ 呢?下一节将要介绍的吉布斯抽样便解决了这个问题。

14.5 吉布斯抽样

本节介绍马尔可夫链蒙特卡罗法的常用算法——吉布斯抽样(Gibbs Sampling),可以认为它是 Metropolis-Hastings 算法的特殊情况,且更容易实现,因而被广泛使用。

14.5.1 基本原理

吉布斯抽样用于多元变量联合分布的抽样和估计。其基本做法是:从联合概率分布定义满条件概率分布,依次对满条件概率分布进行抽样,得到样本的序列。可以证明这样的抽样过程是在一个马尔可夫链上的随机游走,每一个样本对应着马尔可夫链的状态,平稳分布

就是目标的联合分布。整体为一个马尔可夫链蒙特卡罗法,燃烧期之后的样本就是联合分布的随机样本。

假设多元变量的联合分布为 $p(x) = p(x_1, x_2, \cdots, x_p)$。吉布斯抽样从一个初始样本 $x^{(0)} = (x_1^{(0)}, x_2^{(0)}, \cdots x_p^{(0)})^{\mathrm{T}}$ 出发,不断进行迭代,每一次迭代得到联合分布的一个样本 $x^{(i)} = (x_1^{(i)}, x_2^{(i)}, \cdots x_p^{(i)})^{\mathrm{T}}$。最终得到样本序列 $\{x^{(0)}, x^{(1)}, \cdots, x^{(n)}\}$。

在每次迭代中,依次对 p 个分量中的一个分量进行随机抽样。如果在第 i 次迭代中,对第 j 个分量进行随机抽样,那么抽样的分布是满条件概率分布 $p(x_j | x_{-j}^{(i)})$,这里 $x_{-j}^{(i)}$ 表示第 i 次迭代中,分量 j 以外的其他分量。对于二维变量,相当于马尔可夫链的转移是轮换地沿着横轴和纵轴进行;对于 n 维变量($n>2$),马尔可夫链的转移相当于固定 $n-1$ 个坐标轴,沿着剩下的一个坐标轴移动。通常的吉布斯抽样都是基于坐标轴轮换的,但这其实不是强制要求,我们可以随机选择某一个坐标轴,然后再进行状态转移,马尔可夫链也是收敛的。

吉布斯抽样是单分量 Metropolis-Hastings 算法的特殊情况。定义建议分布是当前分量 $x_j(j=1,2,\cdots,p)$ 的满条件概率分布

$$q(x, x') = p(x_j' | x_{-j}) \tag{14.44}$$

此时我们可以发现,接受概率 $\alpha = 1$,

$$\alpha(x, x') = \min\left\{1, \frac{p(x')q(x',x)}{p(x)q(x,x')}\right\} = \min\left\{1, \frac{p(x_{-j}')p(x_j' | x_{-j}')p(x_j | x_{-j}')}{p(x_{-j})p(x_j | x_{-j})p(x_j' | x_{-j})}\right\} = 1 \tag{14.45}$$

这是因为固定了除第 j 个分量之外的其他分量,马尔可夫链的转移只是沿着分量 j 的方向进行,所以使得 $p(x_{-j}) = p(x_{-j}')$,$p(\cdot | x_{-j}') = p(\cdot | x_{-j})$。

转移核就是满条件概率分布

$$p(x, x') = q(x, x')\alpha(x, x') = p(x_j' | x_{-j}) \tag{14.46}$$

这里,假设满条件概率分布 $p(x_j' | x_{-j})$ 不为 0,即马尔可夫链是不可约的。

也就是说依次按照单变量的满条件概率分布 $p(x_j' | x_{-j})$ 进行随机抽样,就能实现单分量 Metropolis-Hastings 算法。吉布斯抽样对每次抽样的结果都接受,没有拒绝,这一点和单分量 Metropolis-Hastings 算法不同,在前者算法中,抽样会在样本点之间持续移动;而在后者算法中,抽样在样本点间移动的期间,可能会在某些样本点上停留。

吉布斯抽样适合于满条件概率分布容易抽样的情况,而单分量 Metropolis-Hastings 算法适合于满条件概率分布不容易抽样的情况,这时使用容易抽样的条件分布作为建议分布。

14.5.2 吉布斯抽样算法

下面给出吉布斯抽样的具体算法。

算法 14.3 吉布斯抽样

输入:目标概率分布的密度函数 $p(x)$,函数 $f(x)$。

输出:$p(x)$ 的随机样本 $x_{m+1}, x_{m+2}, \cdots, x_n$,函数样本均值 f_{mn}。

参数:收敛步数 m,迭代步数 n。

算法过程：

(1) 初始化。给出初始样本 $x^{(0)} = (x_1^{(0)}, x_2^{(0)}, \cdots x_p^{(0)})^\mathrm{T}$。

(2) 对 i 循环执行：

设第 $(i-1)$ 次迭代结束时的样本为 $x^{(i-1)} = (x_1^{(i-1)}, x_2^{(i-1)}, \cdots x_p^{(i-1)})^\mathrm{T}$，则第 i 次迭代进行如下几步操作：

由满条件分布 $p(x_1 | x_2^{(i-1)}, \cdots, x_p^{(i-1)})$ 抽取 $x_1^{(i)}$；

$\vdots$

j 由满条件分布 $p(x_j | x_1^{(i)}, \cdots, x_{j-1}^{(i)}, x_{j+1}^{(i-1)}, \cdots, x_p^{(i-1)})$ 抽取 $x_j^{(i)}$；

$\vdots$

p 由满条件分布 $p(x_p | x_1^{(i)}, \cdots, x_{p-1}^{(i)})$ 抽取 $x_p^{(i)}$；

得到第 i 次迭代值 $x^{(i)} = (x_1^{(i)}, x_2^{(i)}, \cdots x_p^{(i)})^\mathrm{T}$。

(3) 得到样本集合 $\{x^{(m+1)}, x^{(m+2)}, \cdots, x^{(n)}\}$。

(4) 计算

$$f_{mn} = \frac{1}{n-m} \sum_{i=m+1}^{n} f(x^{(i)})$$

例 14.1 用吉布斯抽样从以下二元正态分布中抽取随机样本

$$x = (x_1, x_2)^\mathrm{T} \sim p(x_1, x_2)$$

$$p(x_1, x_2) = N(0, \Sigma), \Sigma = \begin{bmatrix} 1 & \rho \\ \rho & 1 \end{bmatrix}$$

解 条件概率分布为一元正态分布

$$p(x_1 | x_2) = N(\rho x_2, (1-\rho^2))$$

$$p(x_2 | x_1) = N(\rho x_1, (1-\rho^2))$$

假设初始样本为 $x^{(0)} = (x_1^{(0)}, x_2^{(0)})^\mathrm{T}$，通过吉布斯抽样，可以得到以下样本序列(表 14.1)。

表 14.1 混淆矩阵

迭代次数	对 x_1 抽样	对 x_2 抽样	产生样本
1	$x_1 \sim N(\rho x_2^{(0)}, (1-\rho^2))$，得到 $x_1^{(1)}$	$x_2 \sim N(\rho x_1^{(1)}, (1-\rho^2))$，得到 $x_2^{(1)}$	$x^{(1)} = (x_1^{(1)}, x_2^{(1)})^T$
$\vdots$	$\vdots$	$\vdots$	$\vdots$
i	$x_1 \sim N(\rho x_2^{(i-1)}, (1-\rho^2))$，得到 $x_1^{(i)}$	$x_2 \sim N(\rho x_1^{(i)}, (1-\rho^2))$，得到 $x_2^{(i)}$	$x^{(i)} = (x_1^{(i)}, x_2^{(i)})^T$
$\vdots$	$\vdots$	$\vdots$	$\vdots$

得到的样本集合 $\{x^{(m+1)}, x^{(m+2)}, \cdots, x^{(n)}\}$，$m < n$ 就是二元正态分布的随机抽样。图 14.2 表示二元吉布斯抽样的过程。

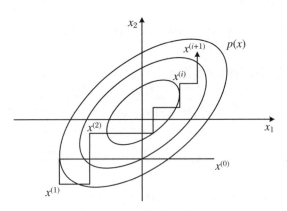

图 14.2　吉布斯抽样过程示意图

本 章 小 结

1. 蒙特卡罗法是通过基于概率模型的抽样进行数值近似计算的方法。数学期望估计是蒙特卡罗法的一种应用,由概率分布 $p(x)$ 抽取随机变量 x 的 n 个独立样本,根据大数定律,当样本容量增大时,函数的样本均值以概率 1 收敛于函数的数学期望

$$\hat{f}_n \to E_{p(x)}[f(x)] \quad (n \to \infty)$$

定积分的近似计算是蒙特卡罗法的另一种应用,我们假设 x 在 $[a,b]$ 区间上的概率密度函数为 $p(x)$,并将函数 $f(x)$ 分解成一个函数 $h(x)$ 和概率密度函数 $p(x)$ 的乘积,其中 $h(x)=\dfrac{f(x)}{p(x)}$,于是可以得到

$$\int_a^b f(x)\mathrm{d}x = \int_a^b \frac{f(x)}{p(x)} p(x)\mathrm{d}x = \int_a^b h(x) p(x)\mathrm{d}x = E_{p(x)}[h(x)] \approx \frac{1}{n}\sum_{i=1}^n h(x_i)$$

随机抽样是蒙特卡罗法的常见应用,其中接受-拒绝法假设 $p(x)$ 比较复杂,不能直接抽样,于是选择概率密度函数为 $q(x)$ 的概率分布,作为容易抽样的建议分布,使其对任意 x 满足 $cq(x) \geqslant p(x)$,其中 $c>0$;按照建议分布 $q(x)$ 随机抽样得到样本 x^*,再按照均匀分布在 $(0, cq(x^*))$ 范围内抽样得到 u;如果 $u \leqslant p(x^*)$,则将 x^* 作为抽样结果保存,否则重新抽样;循环执行以上过程,得到一系列样本。

2. 马尔可夫链是具有马尔可夫性的随机过程

$$P(X_t \mid X_0, X_1, \cdots, X_{t-1}) = P(X_t \mid X_{t-1}) \quad (t = 1, 2, \cdots)$$

其中离散状态马尔可夫链和连续状态马尔可夫链分别由概率转移矩阵 P 和概率转移核 $p(x,y)$ 定义。

满足 $\pi = P\pi$ 或 $\pi(y) = \int p(x,y) \pi(x) \mathrm{d}x$ 的状态分布称为马尔可夫链的平稳分布。

若马尔可夫链是不可约、非周期且正常返的,则该马尔可夫链满足遍历定理。其有唯一平稳分布,并且转移概率的极限分布是马尔可夫链的平稳分布

$$\lim_{t \to \infty} P(X_t = j \mid X_0 = i) = \pi_j \quad (i = 1, 2, \cdots; j = 1, 2, \cdots)$$

满足细致平衡方程 $\pi_i p_{ij} = \pi_j p_{ji}$ 的马尔可夫链称为可逆马尔可夫链,它是满足遍历定理

的充分条件。

3. 马尔可夫链蒙特卡罗法是以马尔可夫链为概率模型的蒙特卡罗法,它利用细致平衡方程和接受率构造可逆马尔可夫链,该马尔可夫链满足遍历定理,其平稳分布就是目标分布;由状态空间的某一点出发,用所构造的马尔可夫链进行随机游走,得到一系列样本序列;对于燃烧期之后的样本可以进行函数 $f(x)$ 的遍历估计

$$\hat{E}f = \frac{1}{n-m}\sum_{i=m+1}^{n}f(x_i)$$

4. Metropolis-Hastings 算法是最基本的马尔可夫链蒙特卡罗法。假设目标是对概率分布 $p(x)$ 进行抽样,定义建议分布 $q(x',x)$ 和接受分布 $\alpha(x',x)$,构造转移核为 $p(x,x') = q(x,x')\alpha(x,x')$ 的可逆马尔可夫链,且其平稳分布就是目标分布 $p(x)$;对于当前状态 x,按照建议分布 $q(x',x)$ 随机抽样,以概率 $\alpha(x',x)$ 接受抽样,状态转移为 x',以概率 $1-\alpha(x',x)$ 拒绝抽样,停留在状态 x;持续执行以上过程,得到一系列样本。

单分量 Metropolis-Hastings 算法对多元变量的每一分量的条件分布依次分别进行抽样,从而实现对整个多元变量的一次抽样,它解决了高维变量抽样困难的问题。

5. 吉布斯抽样用于多元联合分布的抽样,它是单分量 Metropolis-Hastings 算法的特例。对于 n 维变量($n>2$),吉布斯抽样的马尔可夫链的转移相当于固定 $n-1$ 个坐标轴,沿着剩下的一个坐标轴移动。此时 $\alpha(x,x')=1$,建议分布为满条件分布 $q(x,x') = p(x'_j \mid x_{-j})$,转移核为

$$p(x,x') = q(x,x')\alpha(x,x') = p(x'_j \mid x_{-j})$$

假设多元联合概率分布为 $p(x) = p(x_1, x_2, \cdots, x_p)$,吉布斯抽样从初始样本 $x^{(0)} = (x_1^{(0)}, x_2^{(0)}, \cdots x_p^{(0)})^T$ 出发,不断迭代,每次迭代得到一个样本 $x^{(i)} = (x_1^{(i)}, x_2^{(i)}, \cdots x_p^{(i)})^T$;在第 i 次迭代中,依次对第 j 个变量按照满条件概率分布随机抽样 $p(x_j \mid x_1^{(i)}, \cdots, x_{j-1}^{(i)}, x_{j+1}^{(i-1)}, \cdots, x_p^{(i-1)})$,得到 $x_j^{(i)}$;最终得到样本序列 $\{x^{(0)}, x^{(1)}, \cdots, x^{(n)}\}$。

关键词:蒙特卡罗法　马尔可夫链　马尔可夫链蒙特卡罗法　Metropolis-Hastings 算法　吉布斯抽样

思 考 题

1. 用蒙特卡罗积分法求 $\int_0^1 e^{-\frac{x^2}{2}} dx$。

2. 马尔可夫链 X 具有转移概率矩阵 $\begin{bmatrix} 1 & 0 & 0 \\ 1/3 & 1/3 & 1/3 \\ 0 & 0 & 1 \end{bmatrix}$,求其平稳分布。

3. 证明定理 14.4,即满足细致平衡方程的状态分布 π 就是该马尔可夫链的平稳分布。

4. 从一般的 Metropolis-Hastings 算法推导出单分量 Metropolis-Hastings 算法。

5. 试编程实现例 14.1,同时画出吉布斯抽样过程图,观察抽样过程。

参 考 文 献

[1]　李航.统计学习方法[M].2 版.北京:清华大学出版社,2019.

[2] 刘建平.机器学习中的数学[EB/OL].(2017-03-30)[2020-08-26].https://www.cnblogs.com/pinard/tag/机器学习中的数学/.

[3] Andrew G,John B C,Hal S S,et al. Bayesian Data Analysis[M].3rd ed. New York:Chapman and Hall/CRC,2013.

[4] 周志华.机器学习[M].北京:清华大学出版社,2016.

[5] 茆诗松,王静龙,濮晓龙.高等数理统计[M].北京:高等教育出版社,1998.

[6] 贝斯蒂.统计学习基础:数据挖掘、推理与预测[M].范明,柴玉梅,昝红英,等译.北京:电子工业出版社,2004.

第15章 特征工程

教学目标

1. 了解特征和特征工程的概念和范围;
2. 熟悉特征工程在各个阶段的应用方法;
3. 掌握特征工程的处理流程。

假设你是一名数据分析经理,客户向你提供了一份涉及天气、租金、路程、区域数量的共享单车数据集,想委托你分析如何优化共享单车布局。原始数据集存在很多格式和内容上的瑕疵,我们不可能直接对原始数据集建模。对数据集进行一定处理,使之适用于训练模型的过程,就称作特征工程。

本章15.1节介绍特征的基本概念,15.2节介绍特征工程的基本概念,15.3节介绍数据预处理的方法和实现,15.4节介绍特征选择的方法和实现,15.5节介绍主成分分析和线性判别分析及其异同点,15.6节是对特征工程操作步骤的总结。

15.1 特征概述

15.1.1 特征的含义

特征(Feature)可以简单理解为数据集的列。对于数据集 $X=[x_1,x_2,x_3,x_4,x_5]$,若五个向量都是输入变量,则数据集有 x_1,x_2,x_3,x_4,x_5 五个特征;对于数据集 $X=[x_1,x_2,x_3,x_4,y]$,若前四个向量是输入变量,最后一个向量是输出变量,则数据集有 x_1,x_2,x_3,x_4 四个特征和一个标签(Label) y。

一个向量是输入变量还是输出变量视研究目而决定。假设有一数据集 A,包含性别、出生年份、年龄、是否养有宠物、是否任职经理五列数据,如果要统计个人信息,那么全部五列都属于输入变量,该数据集有五个特征;如果要研究个人信息对是否出任经理的影响,那么前四列属于输入变量,最后一列属于输出变量,该数据集有四个特征、一个标签。

15.1.2 特征的内容

一个对象的全部特征可以分为三类:无关特征、冗余特征、相关特征。无关特征与研究问题无关,加入学习不会带来模型效果提升。冗余特征虽然与研究问题相关,但能够通过其他特征推断得出,属于衍生而来的特征,加入学习没有意义。相关特征与研究问题相关,加入学习能够有效提升模型效果。

仍然以上述数据集 A 为例,如果我们研究"性别、年龄对出任经理的影响程度"这一问题,那么是否养有宠物属于无关特征,与研究目标无关;出生年份属于冗余特征,因为出生年份可以通过年龄倒推得出;性别、年龄则属于相关特征,能够影响任职结果。

15.2 特征工程概述

15.2.1 特征工程的含义

特征工程是对原始数据进行处理,提取相关数据用于模型训练的过程。特征工程是一项连接着原始数据与模型的工程。特征工程从输入端获取原始数据,在内部对原始数据进行提取、加工、筛选等流程,从输出端提供用于训练模型的数据。

15.2.2 特征工程的目的

特征工程的目的就是尽可能地从原始数据中提取性质优良、易于计算的数据。关于特征工程有一句话在业界流传许久,大家有必要了解:"数据决定机器学习的上限,而算法和模型只是逼近这个上限而已"。优质的数据就像优美的曲线,处处连续且可导;粗糙的数据就像凌乱的散点,存在许多间断点。分别用优质数据和粗糙数据训练模型,显然前者的训练结果要胜过后者的训练结果。将粗糙数据提炼打磨为优质数据的过程就是特征工程。

15.2.3 特征工程的内容

特征工程主要包括数据预处理称特征选择。在数据预处理阶段,分别对数值型数据和类别型数据采用不同的处理方法,对处理后的特征进行特征选择。

数据预处理中对数值型数据的处理方法包括异常点检测、缺失值填充、归一化或离散化、定量数据二值化等,是对数值型数据查漏补缺并优化格式的过程。对类别型数据的处理方法包括独热编码、虚拟编码、效果编码等,用于将类别型数据转化为具备运算处理性质的数据。

特征选择包括过滤法、包装法等。面对简单的练手项目,我们能直接看出具有价值的特征,从而人工筛选一步到位;但面对复杂的大型项目,很难对特征价值进行识别,只能根据一定规则选择特征,还可以使用 PCA、LDA 等方法通过合并特征得到新特征、保留少数同类特征等方式降低数据维度。

15.2.4 特征工程的作用

特征工程是连接数据与模型的管道,是将数据转为适宜模型运算的重要环节。如果把数据视作原油能源,模型视作交通工具,那么特征工程就是原油加工链——根据最终选取的交通工具的需要,将原油提炼加工处理为相应的石油品种。经过特征工程处理的数据具备优良属性:从内容上看,数据完整无缺漏、格式规范;从性质上看,具备良好的运算性质、便于拟合;从结构上看,与输出变量相关程度高、易于解释。用优良特征训练的模型,即便参数不是最优,也能获得准确度很高的预测结果。就像吃一盘清洗干净、大小饱满的麻辣花甲,没有沙子、肉质鲜美,即使风味差了些整体口感也会相当不错。

15.2.5 特征工程的流程方法

当我们拿到原始数据时,有可能面对以下问题:

(1) 数据缺失。将缺失值代入运算会得到"近墨者黑"的效果,即缺失值与正常数据运算结果得到缺失值,代入函数运算时还会因为格式问题报错,因此必须对缺失值进行处理。对待缺失值,大体上可以选择删除和填充两种方式,具体可以通过 df.dropna( )函数、df.fillna( )函数以及 sklearn 的 Imputer 类实现,填充规则和删除规则可根据实际情况灵活选择。

(2) 数据重复。重复值不一定是无意义的,如果要统计出现频率,那自然需要保留重复值;如果要分析样本特征,那需要删除重复值。当需要处理重复值时,应用 df.drop_duplication( )函数删除缺失值,再用 df.reset_index( )重置顺序索引,便于在后续操作中对符合条件的数据定位。

(3) 定量数据信息冗余。出于研究目的,我们可能并不需要精确信息,只需要了解特征的值处于哪个范围,这时就会出现信息冗余。例如,当研究我国人均收入情况时,只需要判断年收入"是否超过 60000 元",这时可以将定量数据二值化处理,将高于 60000 元的数据转为 1,低于 60000 元的数据转为 0,便于统计和初步分类。

(4) 定性数据不能代入运算。对于类别数据,如城市而言,显然这类文本数据是不能进行矩阵运算的,可以采用独热编码或哑变量编码将文本数据转换为由 0 和 1 组成的数字编码或元素只有 0 和 1 的矩阵。

在这里只是简要介绍了对上述问题的特征工程解决方法,下面对这些方法进行具体介绍。

15.3 数据预处理

15.3.1 正态性判别

正态性判别用于检验数据是否服从正态分布。通常而言,服从正态分布的数据具备随机性。正态性判别主要有三类方法，即主观图像判别、非参检验判别、证否判别，具体分别对应 QQ 图、K-S 检验、偏度峰度求值。

(1) 主观判别，通过绘制 PP 图和 QQ 图，根据图像形状判别。

QQ 图的点 (x,y) 落在 y 轴上的点所对应的分位数与落在 x 上的点所对应的分位数相同。如最靠近原点的点 (x_1,y_1)，y_1 是 y 的第一百分位数，x_1 也是 x 的第一百分位数。PP 图的绘制标准与 QQ 图类似，但是对应标准由分位数换为累计概率。P 代表概率，Q 代表分位数。

图像判别的优点是判断标准简单，只需看图像是否近似服从一条直线；缺点是主观性强，"近似"标准模糊，解释性较差。由于 QQ 图携带了更多信息，直线斜率代表标准差，直线截距代表均值，因此 QQ 图的使用频率要高于 PP 图。两种绘图的实现方法如下：

```
1. import statsmodels.api as sm
2. import pylab
3. #绘制 PP 图
4. sm.ppplot(data, line = '45')
5. pylab.show()
6. #绘制 QQ 图
7. sm.qqplot(data, line = 's')
8. pylab.show()
```

(2) 非参数检验判别，包括 W 检验和 K-S 检验。

W 检验即 Shapiro-Wilk 检验，是基于次序统计量的正态检验方法，使用前需要对数据按大小排序，代入计算后得到相关系数，相关系数越接近 1，说明数据与正态分布的拟合程度越高。W 检验只适用于小样本（样本数量 n 满足 $8 \leqslant n \leqslant 50$）；而 D 检验基于 W 检验修正，使之适用于大样本（样本数量 n 满足 $50 \leqslant n \leqslant 1000$）。

K-S 检验即 Kolmogorov-Smirnov 检验，是基于累积分布的正态检验方法，使用前需要对两组数据进行排序并得到累计分布，然后得到两组数据累计分布相距最远的距离即最大垂直差。K-S 检验既可以用于比较两组数据的分布差异，也可以用于判断一组数据与目标分布的相似程度。K-S 检验只适用于连续数据，对于离散数据可以用拟合优度检验。

W 检验的实现方法如下：

```
1. import numpy as np
2. from scipy import stats
3. #设置随机数种子，随机数种子不变，生成的随机数序列也不变
4. np.random.seed(12345678)
5. #norm.rvs 表示按正态分布生成随机变量，其中正态分布的期望和标准差为 loc 和
   scale，生成随机变量样本大小为 size
6. x = stats.norm.rvs(loc = 5, scale = 3, size = 100)
7. #进行 Shapiro 检验，得到统计值和 p-value 两个参数
8. stats.shapiro(x)
```

[out]：

1. (0.9772805571556091，0.08144091814756393)

K-S 检验的实现方法如下：

1. import numpy as np
2. from scipy import stats
3. x = np.linspace(-15, 15, 9)
4. stats.kstest(x,'norm')
5. #进行 KS 检验，得到距离统计量 D 和 p-value 两个参数
6. stats.kstest(x,'norm')

[out]：

1. (0.44435602715924361，0.038850142705171065)

K-S 检验除用于正态性判别外，还可用于比较训练集和测试集的分布。当特征的训练集和测试集的分布存在明显分化时，会影响模型泛化能力。

(3) 通过必要条件证否，即通过计算偏度和峰度来证明数据不符合正态分布。

偏度衡量数据对称性。偏度正负表示方向，大小表示非对称程度。偏度为正表示右偏，偏度为负表示左偏，正态分布的偏度为 0。偏度公式为

$$skew = E\left[\left(\frac{x-\mu}{\sigma}\right)^3\right] = \frac{\frac{1}{n}\sum_{i=1}^{n}(x_i-\bar{x})^3}{\left[\frac{1}{n}\sum_{i=1}^{n}(x_i-\bar{x})^2\right]^{\frac{3}{2}}} \tag{15.1}$$

峰度衡量数据平坦程度。峰度越大，数据越平坦。肥尾的峰度大于 3，瘦尾的峰度小于 3，正态分布的峰度为 3。峰度公式为

$$kurt = E\left[\left(\frac{x-\mu}{\sigma}\right)^4\right] = \frac{\frac{1}{n}\sum_{i=1}^{n}(x_i-\bar{x})^4}{\left[\frac{1}{n}\sum_{i=1}^{n}(x_i-\bar{x})^2\right]^{2}} \tag{15.2}$$

可以用 pandas 包快速实现峰度与偏度计算。

1. import pandas as pd
2. x=[53, 61, 49, 66, 78, 47]
3. s = pd.Series(x)
4. print(s.skew())
5. print(s.kurt())

[out]：

1. 0.7826325504212567
2. -0.2631655441038463

可以看到，数据 s 的偏度为 0.78，属于右偏，峰度为 -0.26，远小于 3。因此，s 不服从正态分布。

15.3.2 归一化

对于数值型数据,有归一化和离散化两种数据预处理方式。归一化包括线性归一化、标准归一化等方法,本质是对数据作线性变换。离散化包括等频、等距等方法,本质是降低信息冗余。

1. 归一化原因

从寻找最优解角度看:归一化将数据尺度调整为标准尺度,使得梯度求解的损失函数等高线变为圆形,梯度下降求解得到的梯度方向与圆心的夹角更小,更指向圆心,能有效提升计算效率。

从模型精度角度看:量纲不同的数据,范围有显著差异,数值范围较大的特征对计算结果的影响更大,使得模型更重视数值大的特征,如果实际中数值小的特征更重要,那么模型精度就会受到错误影响。以计算欧几里得距离为例,有 X_1 取值范围 $0\sim1000$, X_2 取值范围 $0\sim5$,那么 X_1 对结果的影响就会显著大于 X_2;进行无量纲处理后,X_1 和 X_2 的取值范围都是 $0\sim1$,此时 X_1 和 X_2 对结果的影响是公平的。

2. 归一化方法

归一化方法在第 12 章第 1 节、第 2 小节数据标准化中有具体理论解释,此处介绍归一化在 sklearn 中的实现方法。

(1) 线性归一化。

$$x' = \frac{x - \text{Min}}{\text{Max} - \text{Min}} \tag{15.3}$$

线性归一化实质上是对数据范围的放缩,将数据从 $[\text{Min}, \text{Max}]$ 区间映射到 $[0,1]$ 区间上,同时保持数据间距的比例不变。可以理解为,在保持图片比例的情况下,将图片放缩至标准大小。线性归一化对数据没有要求。sklearn 中提供了 MinMaxScaler 类方法,对数据进行线性归一化处理。

1. from sklearn.preprocessing import MinMaxScaler
2. MinMaxScaler( ).fit_transform(data)

(2) 标准归一化。

$$x' = \frac{x - \overline{X}}{S} \tag{15.4}$$

标准归一化可以理解为将数据原始分布掰弯成标准分布。其优势在于存在异常值时,标准归一化变换对正常数据影响有限,而线性归一化则会将正常数据压缩到极小范围内。当数据服从正态分布且需要计算协方差(PCA 降维)或度量距离(聚类分析)时,使用标准归一化效果要优于线性归一化效果。sklearn 中提供了 StandardScaler 类方法,对数据进行标准归一化处理。标准归一化要计算出数据的样本均值和样本标准差。

1. from sklearn.preprocessing import StandardScaler
2. StandardScaler( ).fit_transform(data)

(3) 非线性归一化。通常根据不同分布选择不同的归一化方式:分布较均匀的数据可以用线性归一化,正态分布的数据可以用标准归一化,服从其他分布的数据可以视情况使用非线性归一化。例如,有些数据是服从幂指数分布的,左半部分数据在小范围内波动,右半部分数据波动加剧,使用非线性归一化能够保留数据实质并规避其他归一化方式带来的不利影响。

15.3.3 离散化

1. 离散化原因

从算法模型角度看:一方面是算法需要,决策树、贝叶斯等算法不能直接输入连续型特征,必须将特征离散化才能输入;另一方面,数据的自由度显著下降,模型的泛化能力得到提升,同时数据的本质信息被提炼,每一块的数据都有对应意义,模型的解释能力也得到加强。

从数据角度看:数据的缺陷将得到有效掩盖,即使数据发生小幅变动或者有极端异常值,输入模型的数据类别也不会改变,模型稳健性得到加强。同时,原有数据将变为由简单数字组成的稀疏矩阵,大大减少信息冗余,易于保存及运算。

2. 离散化方法

(1) 二值化。二值化是通过设定阈值将数据分为两个部分,大于阈值的数据标记为1,小于阈值的数据标记为0。sklearn中提供了Binarizer类方法,可以输入数据实例化。默认阈值是0。

```
1. from sklearn.preprocessing import Binarizer
2. Binarizer(threshold = x).fit_transform(data)
```

(2) 手动分箱、等频分箱、等距分箱。二值化可以将数据分为两部分并用0-1标记,但如果要将数据分为三部分及以上,就需要用pd.cut()和pd.qcut()函数。可以应用pd.cut()函数对数据等距分箱,使得每段区间距离相同,每段区间数据个数不尽相同;也可以应用pd.qcut()函数对数据等频分箱,使得每段区间包含数据个数相同,每段区间距离不尽相同。除此之外,两者都能调节参数,自定义区间开闭和端点值。

```
1. ♯等距,如区间为[-2,-1][-1,0][0,1][1,2],内部数据个数可能为3,11,6,4
2. pd.cut(data, 4)
3. ♯等频,如内部数据个数6,6,6,6,区间为[-2,-1.5][-1.5,-0.25][-0.25,0][0,2]
4. pd.qcut(data, 4)
```

可以根据信息量 IV 值对分箱效果进行评价。当 $IV<0.03$ 时,说明分箱基本无预测能力;当 $0.03<IV<0.09$ 时,说明分箱预测能力弱;当 $0.1<IV<0.29$ 时,说明分箱预测能力一般;当 $0.3<IV<0.49$ 时,说明分箱预测能力强;当 $IV<0.05$ 时,说明分箱预测能力很强。

15.3.4 类别编码

类别特征的值往往是字符串格式。例如,假设有一个城市特征,包含北京、上海、重庆、广州、深圳、杭州 6 个值。由于数字与文本的内涵范围不同(数字和文本都有符号的内涵,但数字还有表示数量的内涵),如果用数字 1~6 分别代替城市特征的 6 个值,会引起一定的认知问题:即数字作为符号,可以代表文本值,1 代表北京,3 代表重庆;但数字除了符号内涵外,还具有数量内涵,数量内涵有偏序关系,符号内涵没有偏序关系,即 3 在数量上大于 1,而文本是没有大小的。这里可能有人说,重庆的面积比北京大,但这是从原有文本的"城市名称"内涵引申到"城市面积"这一新内涵上去的,新内涵也是通过数字进行比较的,文本依然无法比较。以上问题说明,直接用数字代替类别特征并非最佳选择,下面我们将介绍其他选择——编码。

1. 独热编码

(1)独热编码的含义。独热编码是用 N 位状态寄存器表示 N 个状态的方法,每个状态都有独立的寄存器位,同时每个状态中都只有一位寄存器有效。直观地讲就是用 N 位比特代表数据的 N 种状态,比特只有 0 或 1 两种可能,数据只能有一位比特是 1,其他比特都是 0。原有的向量化特征经过独热编码,转变为稀疏矩阵,矩阵每个元素都可以看作是对列索引的判断。

以上述城市特征为例,用独热编码对特征进行转换得到稀疏矩阵

$$S = \begin{bmatrix} 1 & 0 & 0 & 0 & 0 & 0 \\ 0 & 1 & 0 & 0 & 0 & 0 \\ 0 & 0 & 1 & 0 & 0 & 0 \\ 0 & 0 & 0 & 1 & 0 & 0 \\ 0 & 0 & 0 & 0 & 1 & 0 \\ 0 & 0 & 0 & 0 & 0 & 1 \end{bmatrix}$$

其中矩阵第一行[1 0 0 0 0 0]代表北京,第二行[0 1 0 0 0 0]代表上海,以此类推第三行代表重庆,第四行代表广州,第五行代表深圳,第六行代表杭州。如果将矩阵的列索引看作[is 北京 is 上海 is 重庆 is 广州 is 深圳 is 杭州],将矩阵 S 的元素取值视作布尔值,那么每一行都是对索引的判断。

案例 15.1 对天气数据独热编码

1. #weather.csv 数据集
2. spring,no,breeze,yes
3. winter,no,no wind,yes
4. autumn,yes,breeze,yes
5. winter,no,no wind,yes
6. summer,no,breeze,yes
7. winter,yes,breeze,yes
8. winter,no,gale,yes
9. winter,no,no wind,yes
10. spring,yes,no wind,no
11. summer,yes,gale,no
12. summer,no,gale,no

13. autumn,yes,breeze,no
14.
15. #代码部分
16. import pandas as pd
17. from sklearn import tree
18. from sklearn.feature_extraction import DictVectorizer
19. # pandas 读取 csv 文件,header = None 表示不读取列索引
20. data = pd.read_csv('D:\Desktop\weather.csv', header = None)
21. # 由于读取 csv 时没有读取索引,在这里设定
22. data.columns = ['season', 'after 8', 'wind', 'lay bed']
23. # sparse = False 表示不生成稀疏矩阵,可以简单理解为删掉元素全为 0 的列向量
24. vec = DictVectorizer(sparse = False)
25. feature = data[['season', 'after 8', 'wind']]
26. # orinet 指定生成字典的 value 的类型
27. X_train = vec.fit_transform(feature.to_dict(orient = 'record'))
28. print('show feature\n', feature)
29. print('show vector\n', X_train)
30. print('show vector name\n', vec.get_feature_names())

[out]:

1. show feature
2.   season after 8 wind
3. 0   spring   no   breeze
4. 1   winter   no   no wind
5. 2   autumn   yes   breeze
6. 3   winter   no   no wind
7. 4   summer   no   breeze
8. 5   winter   yes   breeze
9. 6   winter   no   gale
10. 7   winter   no   no wind
11. 8   spring   yes   no wind
12. 9   summer   yes   gale
13. 10 summer   no   gale
14. 11 autumn   yes   breeze
15. show vector
16. [[1. 0. 0. 1. 0. 0. 1. 0. 0.]
17. [1. 0. 0. 0. 0. 1. 0. 0. 1.]
18. [0. 1. 1. 0. 0. 0. 1. 0. 0.]
19. [1. 0. 0. 0. 0. 1. 0. 0. 1.]
20. [1. 0. 0. 0. 1. 0. 1. 0. 0.]
21. [0. 1. 0. 0. 0. 1. 1. 0. 0.]
22. [1. 0. 0. 0. 0. 1. 0. 1. 0.]

23. [1. 0. 0. 0. 0. 1. 0. 0. 1.]
24. [0. 1. 0. 1. 0. 0. 0. 0. 1.]
25. [0. 1. 0. 0. 1. 0. 0. 1. 0.]
26. [1. 0. 0. 0. 1. 0. 0. 1. 0.]
27. [0. 1. 1. 0. 0. 0. 1. 0. 0.]]
28. show vector name
29. ['after 8 = no', 'after 8 = yes', 'season = autumn', 'season = spring', 'season = summer', 'season = winter', 'wind = breeze', 'wind = gale', 'wind = no wind']

(2) 独热编码的实现。对于字符串形式的类别特征，用 sklearn 中的 DictVectorizer 函数进行编码。需要注意的是，字符串形式的特征与数字形式的特征同时传入，但只有字符串形式的特征被编码，数字形式的特征没有被编码。

1. import sklearn.feature_extraction
2. measurements = [{'city': 'Beijing', 'temperature': 33.},
3.   {'city': 'London', 'temperature': 12.},
4.   {'city': 'San Fransisco', 'temperature': 18.}]
5. vec = sklearn.feature_extraction.DictVectorizer(sparse = False)
6. array = vec.fit_transform(measurements)
7. print(array)

[out]:

8. [[1. 0. 0. 33.]
9. [0. 1. 0. 12.]
10. [0. 0. 1. 18.]]
11. ♯可以看到 city 特征被独热编码，但 temperature 特征直接输出了数值，没有被独热编码

对数字形式的类别特征，用 sklearn 中的 OneHotEncoder 函数进行编码。

1. from sklearn.preprocessing import OneHotEncoder
2. encoder = OneHotEncoder(sparse = False, categories = 'auto')
3. encoder.fit([[0, 0, 3],
4.   [1, 1, 0],
5.   [0, 2, 1],
6.   [1, 0, 2]])
7. ♯将学习过的 encoder 对[0,1,3]编码
8. ans = encoder.transform([[0, 1, 3]])
9. print(ans)

[out]:

1. [[1. 0. 0. 1. 0. 0. 0. 0. 1.]]

也可以使用 pd.get_dummies( )函数。对字符串形式的特征和数字形式的特征都起作用。

1. import pandas as pd
2. data = pd.read_csv('D:\Desktop\weather.csv', header = None).iloc[:,:3]
3. data.columns = ['season', 'after 8', 'wind']
4. #独热编码
5. onehot = pd.get_dummies(data)
6. print("独热编码\n",onehot)

[out]：

	season_autumn	season_spring	season_summer	season_winter	after 8_no	after 8_yes	wind_breeze	wind_gale	wind_no wind
0	0	1	0	0	1	1	0	1	0
1	0	0	0	1	1	0	0	0	1
2	1	0	0	0	0	1	1	0	0
3	0	0	0	1	1	0	0	0	1
4	0	0	1	0	1	0	1	0	0
5	0	0	0	1	0	1	1	0	0
6	0	0	0	1	1	0	0	1	0
7	0	0	0	1	1	0	0	0	1
8	0	1	0	0	0	1	0	0	1
9	0	0	1	0	0	1	0	1	0
10	0	0	1	0	1	0	0	1	0
11	1	0	0	0	0	1	1	0	0

（3）独热编码的评价。独热编码使得类别数据也能通过转换输入分类器，但也存在维度隐患。由于独热编码是将向量转为矩阵的数据处理方法，且矩阵的列数等于所有向量值之和，因此当向量增加、判别内容增多时，矩阵维度也会成倍增长，容易造成维数灾难。举例而言，如果原数据有 4 个向量，每个向量的值分别有 4、6、2、4 种可能，那么经过独热编码转换的矩阵有 4+6+2+4=16 列。原来用 $4 \times N$ 表示的数据，现在要用 $16 \times N$ 表示，大大增加了开销。如果出现了维数灾难，可以用 PCA 进行降维。

2．虚拟编码

（1）虚拟编码的含义。虚拟编码是对独热编码的改进。虚拟编码与独热编码大体相似，但是独热编码用了 K 个比特表示，虚拟编码只需要用 $K-1$ 个比特就能表示。具体而言，对于一个四分类的类别变量，独热编码会用四位比特表示，每个状态都包含一位 1，其余比特全为 0；但是虚拟编码只需要用 3 个比特就能表示，令比特全为 0 也代表一种状态。

$$\begin{bmatrix} 0 & 1 & 0 & 0 \\ 0 & 0 & 1 & 0 \\ 1 & 0 & 0 & 0 \\ 0 & 0 & 0 & 1 \end{bmatrix} \begin{bmatrix} 0 & 1 & 0 \\ 0 & 0 & 1 \\ 1 & 0 & 0 \\ 0 & 0 & 0 \end{bmatrix}$$

独热编码　　虚拟编码

（2）虚拟编码的实现。虚拟编码也是通过 pd.get_dummies( ) 函数得到。观察代码

pd.get_dummies(data).iloc[:,1:],实际上虚拟编码是通过舍弃独热代码某一列得到的。虚拟编码的优点是降低了矩阵维度,利于运算;缺点是只降低了少量维度,效果不明显。

1. #虚拟编码
2. dum = onehot.drop(["season_winter","after 8_no","wind_no wind"],axis=1)
3. dum

[out]:

	season_autumn	season_spring	season_summer	after 8_yes	wind_breeze	wind_gale
0	0	1	0	0	1	0
1	0	0	0	0	0	0
2	1	0	0	1	1	0
3	0	0	0	0	0	0
4	0	0	1	0	1	0
5	0	0	0	1	1	0
6	0	0	0	0	0	1
7	0	0	0	0	0	0
8	0	1	0	1	0	0
9	0	0	1	1	0	1
10	0	0	1	0	0	1
11	1	0	0	1	1	0

3. 效果编码

(1) 效果编码的含义。效果编码是虚拟编码的改进。虚拟编码将基准特征用全 0 比特表示,为了避免混淆,效果编码将表示基准特征的全 0 比特改为全 -1 比特。修改过后的效果编码更容易辨别,在识别上有所进步。

(2) 效果编码的实现。

1. import numpy as np
2. part = dum.astype(np.int8)
3. part1 = part.iloc[:,:3]
4. part1.loc[np.all(part1==0,axis=1)] = -1
5. part2 = part.iloc[:,3]
6. part2.loc[part2==0] = -1
7. part3 = part.iloc[:,4:6]
8. part3.loc[np.all(part3==0,axis=1)] = -1
9. #效果编码
10. effect = pd.concat([part1,part2,part3],axis=1)
11. effect

[out]:

	season_autumn	season_spring	season_summer	after 8_yes	wind_breeze	wind_gale
0	0	1	0	-1	1	0
1	-1	-1	-1	-1	-1	-1
2	1	0	0	1	1	0
3	-1	-1	-1	-1	-1	-1
4	0	0	1	-1	1	0
5	-1	-1	-1	1	1	0
6	-1	-1	-1	-1	0	1
7	-1	-1	-1	-1	-1	-1
8	0	1	0	1	-1	-1
9	0	0	1	1	0	1
10	0	0	1	-1	0	1
11	1	0	0	1	1	0

4．特征哈希

（1）特征哈希的意义。普通类别特征的属性值较少，独热编码使效果提升显著。但对于高基数类别特征而言，其有数十个属性值，应用独热编码会大幅提升矩阵维度，从而带来维度灾难。这时有效做法是将高维特征空间通过变换映射到低维特征空间，借助哈希函数实现维度变换的方法就是特征哈希。例如，一个100维的特征空间通过变换，用10维就可以表示，这是显著、巨大的进步。

（2）特征哈希的实现。Sklearn提供了FeatureHasher类方法，通过n_features设定新生成的维度。

1. from sklearn.feature_extraction import FeatureHasher
2. #指定新维度为2
3. fea_hs = FeatureHasher(n_features=2, input_type='string')
4. hasherd = fea_hs.fit_transform(data)

这里的思想其实就是扩大比特值域，从只有0和1两个选择到-2，-1,0,1,2多个选择。这样一个比特位能表示5种类别特征的值，两个比特位能表示$5^2=25$种类别特征的值。仅仅使用2维矩阵就能代替原有25维矩阵的效果，大大降低了复杂度，节约了开销。

15.3.5 其他步骤

（1）描述统计特征：通过计算均值、中位数、众数、四分位数、极大极小值等统计值，对数据进行简单描述性分析，了解数据特性、分析离群点和异常值。

（2）转换时间特征：对时间数据进行格式转换或分类，如从int格式转为datetime64格式式，以便对时间变量进行加减求得有意义的时间（如完成任务花费的时间），或计算某日属于工作日还是节假日等。

(3) 缺失值处理：可以用 sklearn 的 Imputer 类。这个类方法将缺失值填充、填充后数据处理等多个步骤结合在一起，提供了管道作用。

(4) 多项式转换：有时线性特征代入模型的结果与期望相差甚远，可以尝试使用多项式方法将特征转为非线性。

15.4 特征选择

1. 特征选择的目的

特征选择的目的有以下几个方面：

(1) 降低维度：数据维度过高会带来维数灾难，删去冗余维度有利于降低时间复杂度和空间复杂度。

(2) 提升性能：存在相关程度高的不同特征会导致共线性，存在与输出变量无关的特征会产生噪声，不仅无谓消耗运算性能，还会影响模型训练结果；同时较少的特征也有利于提高模型的泛化能力。

(3) 便于理解：较少的特征理解起来更简单，分析起来更清晰，有助于分析人员更好地搭建逻辑。

2. 特征选择的含义

在特征性质明显、数量较少的情况下，可以根据经验逻辑人为筛选，去掉无关特征和冗余特征，从元素个数为 N 的特征集中直接挑选出元素个数为 M 的特征子集（$M<N$）。人工经验筛选的优点是方便快捷，缺陷是对特征集质量要求高。

当特征性质不明显、特征数量较多、缺乏相应经验不便判断的情况下，就需要根据标准进行客观选择。按参与相关性计算的变量类型，可以将特征选择方法分为三类：

第一类是计算单个特征 x_i 的自身方差，也就是方差法。

第二类是计算单个特征 x_i 与输出变量 y 之间的相关性，选出相关程度高于设定阈值的特征 x_i，包括最大信息系数法、距离相关系数法、基于模型的特征排序法。

第三类是将部分或全部特征和输出变量 y 代入模型，根据模型结果筛选出表现最好的单个特征 x_i，包括回归模型、随机森林模型、顶层选择模型。

下面分别对上述提到的特征选择方法作介绍。

15.4.1 方差法

对数据集标准归一化后，计算各个特征的方差，舍弃方差趋近于 0 的特征 x_i。从两个角度分析：从信息角度分析，方差可理解为信息，方差越大数据携带的信息越多，方差越小数据携带的信息越少，当方差趋近于 0 时说明特征数值波动非常小而且没有极端异常值，样本值之间基本不存在差异，对求输出变量 y 没有贡献；从模型敏感性分析，方差小的特征在最终模型中的系数会非常大,对模型泛化能力有严重影响。经过标准归一化的数据能避免量纲和异常值的影响。

方差法操作简单,无论是计算方差还是判断规则,都能快速得到结果且筛选效果较好,是类似于投资学中回收期法的简便方法。

15.4.2 最大信息系数

1. 互信息

输入特征 x_i 和输出变量 y 可以得到 MIC 值。MIC 可理解为特征 x_i 对输出变量 y 的最大信息贡献,即特征 x_i 对输出变量 y 的最大解释程度。最后根据自定义阈值判别 MIC,筛选特征。

(1) 互信息的含义。

$$I(X;Y) = \sum_Y \sum_X p(X,Y) \log \frac{p(X,Y)}{p(X)p(Y)} \tag{15.5}$$

互信息用于度量定性自变量对定性因变量的相关程度,即给定变量 x 降低变量 y 的不确定程度。以骰子模型为例,变量 x 表示投掷一次骰子正面向上的点数,变量 y 表示变量 x 的奇偶性。当 $x=2$ 时,就排除了变量 y 为奇数的可能性;当变量 y 为偶数时,就排除了 $x \in \{1,3,5\}$ 的可能性。

不确定性用熵

$$H(a) = -\sum_a p(a) \log p(a) \tag{15.6}$$

表示。

$$I(X;Y) = H(X) - H(X|Y) = H(Y) - H(Y|X) = H(X) + H(Y) - H(X,Y) \tag{15.7}$$

将 $H(X,Y)$ 视作并集,$H(X|Y)$、$H(Y|X)$ 视作差集,则可通过集的概念换算得到第三个等式,参考韦恩图如图 15.1 所示。

代入熵的定义式,可以得到互信息的公式。推导如下,$H(X)$、$H(Y)$ 等式推导由全概率公式 $p(X) = \sum_Y p(X,Y)$ 得到,求和符号可互换位置。

$$H(X) = -\sum_X p(X) \log p(X) = -\sum_Y \sum_X p(X,Y) \log p(X) \tag{15.8}$$

$$H(Y) = -\sum_Y p(Y) \log p(Y) = -\sum_Y \sum_X p(X,Y) \log p(Y) \tag{15.9}$$

$$H(X,Y) = -\sum_Y \sum_X p(X,Y) \log p(X,Y) \tag{15.10}$$

$$\begin{aligned} I(X;Y) &= H(X) + H(Y) - H(X,Y) \\ &= -\sum_Y \sum_X p(X,Y) \log p(X) - \sum_Y \sum_X p(X,Y) \log p(Y) \\ &\quad + \sum_Y \sum_X p(X,Y) \log p(X,Y) \\ &= \sum_Y \sum_X p(X,Y) \log \frac{p(X,Y)}{p(X)p(Y)} \end{aligned} \tag{15.11}$$

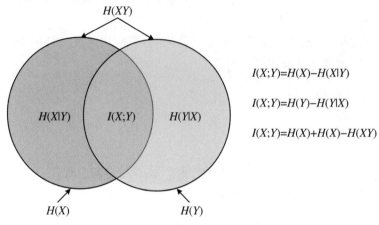

图 15.1　韦恩图等价关系示意图

(2) 互信息的不足。互信息不便用于特征选择:一方面,互信息无法归一化,影响模型精度和求解速度;另一方面,互信息更适用于类别特征,对连续型数值特征效果非常差。

2. 最大信息系数

(1) 最大信息系数的含义。

$$MIC[x;y] = \max_{|X||Y|<B} \frac{I(X;Y)}{\log \min(|X|,|Y|)} \tag{15.12}$$

最大信息系数(Maximal information coefficient,MIC)是对互信息的改进,通过网格化散点图,实现对连续型数值特征的计算,并归一化处理将取值区间控制在[0,1]范围,有效利用了互信息结果。

这里的网格化应用了积分的思想,将两个变量的分布划分为无限个 $dx \times dy$ 的小方块,即 x 轴上长度为 dx,y 轴上长度为 dy,通过计算含有值的小方块数,得到总的频率。当 dx 和 dy 足够小时,小方块数足够多,得到的频率可以近似认定为概率,此时分母可以视作 x 轴方向上的小方块数。B 是经验量,等于数据量的 0.55 或 0.6 次方。

最后选择不同尺度下最大的互信息值作为 MIC 值。

(2) 最大信息系数的实现:

```
1. import numpy as np
2. from minepy import MINE
3. x = np.linspace(0, 1, 1000)
4. y = np.sin(10 * np.pi * x) + x
5. mine = MINE(alpha=0.6, c=15)
6. mine.compute_score(x, y)
7. print("MIC", mine.mic())
```

15.4.3 距离相关系数

1. 皮尔森相关系数

输入特征 x_i 和输出变量 y 可以得到相关系数值。根据自定义阈值判别相关系数值,筛选特征。可以通过 scipy 库的 Pearson 方法快速实现,除返回相关系数值外,还能返回 p-value 值。

```
1. from scipy.stats import pearsonr
2. pearsonr(x,y)
```

皮尔森相关系数是最简单、最普遍的线性相关性度量方法,但要使结果有效,必须满足两个条件:一是特征 x_i 和输出变量 y 存在线性关系;二是特征 x_i 和输出变量 y 单调变化。

2. 距离相关系数

(1) 距离相关系数的含义。距离相关系数(Distance Correlation)是对皮尔森相关系数的补充。如 x 和 x^2,皮尔森相关系数度量结果为 0,两者不存在线性关系,但显然存在非线性关系。由于皮尔森相关系数公式简单、计算速度快,当输入变量存在线性相关或近似线性相关时,还是应该用皮尔森相关系数。在得到皮尔森相关系数后,再有针对性地用距离相关系数作补充。

距离相关系数的公式是

$$dcorr(u,v) = \frac{dcov(u,v)}{\sqrt{dcov(u,u)dcov(v,v)}} \tag{15.13}$$

$$dcov(u,v) = S_1 + S_2 - 2S_3 \tag{15.14}$$

$$S_1 = \frac{1}{n^2} \sum_{i=1}^{n} \sum_{j=1}^{n} \|u_i - u_j\|_{d_u} \|v_i - v_j\|_{d_v} \tag{15.15}$$

$$S_2 = \frac{1}{n^2} \sum_{i=1}^{n} \sum_{j=1}^{n} \|u_i - u_j\|_{d_u} \frac{1}{n^2} \sum_{i=1}^{n} \sum_{j=1}^{n} \|v_i - v_j\|_{d_v} \tag{15.16}$$

$$S_3 = \frac{1}{n^3} \sum_{i=1}^{n} \sum_{j=1}^{n} \sum_{l=1}^{n} \|u_i - u_l\|_{d_u} \|v_j - v_l\|_{d_v} \tag{15.17}$$

$\|u_i - u_j\|_{d_u}$ 表示变量 u 内部元素/向量两两之间的距离,可以理解为组内距离;$\|u_i - u_l\|_{d_u} \|v_j - v_l\|_{d_v}$ 表示变量 u,v 内部元素/向量之间的距离,可以理解为内部元素的组间距离;S_1、S_2、S_3 实际上将变量 u,v 内部所有元素两两配对遍历了一遍。因此变量 u,v 独立与 $dcov(u,v)=0$ 是必要充分条件,且 $dcorr(u,v)$ 越大,u,v 相关性越强。

(2) 距离相关系数的实现:

```
1. from scipy.spatial.distance import pdist, squareform
2. import numpy as np
3. 
4. def distcorr(X, Y):
```

```
5.    # 将输入数据 X 用一维表示
6.        X = np.atleast_1d(X)
7.        Y = np.atleast_1d(Y)
8.    # np.prod(a)得到 a 的全部元素乘积
9.    if np.prod(X.shape) == len(X):
10.   # [:,None]按行切分,可以理解为增维
11.       X = X[:,None]
12.   if np.prod(Y.shape) == len(Y):
13.       Y = Y[:,None]
14.       X = np.atleast_2d(X)
15.       Y = np.atleast_2d(Y)
16.       n = X.shape[0]
17.   if Y.shape[0] != X.shape[0]:
18.   raise ValueError('Number of samples must match')
19.   # pdist 计算列向量 X 两两元素间的距离,squareform 将 pdist(X)化为矩阵形式
20.       a = squareform(pdist(X))
21.       b = squareform(pdist(Y))
22.       A = a - a.mean(axis=0)[None,:] - a.mean(axis=1)[:,None] + a.mean()
23.       B = b - b.mean(axis=0)[None,:] - b.mean(axis=1)[:,None] + b.mean()
24.       dcov2_xy = (A * B).sum()/float(n * n)
25.       dcov2_xx = (A * A).sum()/float(n * n)
26.       dcov2_yy = (B * B).sum()/float(n * n)
27.       dcor = np.sqrt(dcov2_xy)/np.sqrt(np.sqrt(dcov2_xx) * np.sqrt(dcov2_yy))
28.   return dcor
29.       a = [1,2,3,4,5]
30.       b = np.array([1,2,9,4,4])
31.       distcorr(a, b)
```

可以得到 a 和 b 的距离相关系数为 0.76,存在很强的相关性。只有当距离相关系数为 0 时,才能说明变量彼此之间独立,不存在相关性。

15.4.4 基于模型的特征排序

基于模型的特征排序的主要思路是对每个特征 x_i 和输出变量 y 使用模型,并用 sklearn 的 cross_val_score( )函数对模型进行打分。模型得分高,说明特征 x_i 在模型中的表现好;模型得分低,说明特征 x_i 在模型中的表现差。最后对模型得分排序,选择得分较高的若干特征,作为筛选后的特征。

需要注意,本小节与下一节应用的模型是相同的,但区别在于处理输入模型的方式不同:本小节是多次分别对单个特征 x_i 和输出变量 y 使用模型,而下一节是一次对全部特征 X 和输出变量 y 使用模型。

案例 15.2:对波士顿房价的特征排序

```
1. from sklearn.model_selection import cross_val_score, ShuffleSplit
```

2. from sklearn.datasets import load_boston
3. from sklearn.ensemble import RandomForestRegressor
4. #使用sklearn自带的波士顿房价数据集
5. boston = load_boston()
6. X = StandardScaler().fit_transform(boston["data"])
7. Y = boston["target"]
8. #构建随机森林模型
9. rf = RandomForestRegressor(n_estimators=20, max_depth=4)
10. scores = []
11. names = boston["feature_names"]
12. #遍历所有特征,分别将特征 X_i 和 Y 代入随机森林模型,并对模型交叉验证
13. for i in range(X.shape[1]):
14. #scoring是评分参数,对于分类模型默认是准确率accuracy,对于回归模型默认是r_square
15. #cv是交叉验证次数。ShuffleSplit()函数用于随机排列交叉验证,len(X)将数据分为多少份,3指定测试集数量,0.3是随机数种子可以自行设置
16.   score = cross_val_score(rf, X[:, i:i+1], Y, scoring="r2", cv=ShuffleSplit(len(X), 3, .3))
17. #将特征名称与模型得分放入列表
18.   scores.append((round(np.mean(score), 3), names[i]))
19. #将特征评分由高到低排序并打印
20. print(sorted(scores, reverse=True))

15.4.5 正则化线性模型

虽然回归模型通常用于预测,但也可以借助回归模型的意义对特征进行筛选。回归模型构建了输入变量和输出变量的线性关系,而系数代表了该特征与输出变量之间的局部线性关系:系数越大,特征对输出变量的贡献越大,也就越重要;系数越小,特征对输出变量的贡献越小,也就越不重要。因此,我们可以根据系数大小对特征进行筛选,保留系数较大的特征,删去系数较小、接近于0的特征。我们以sklearn自带的boston房价数据集为例,用线性模型对数据集进行学习。

案例 15.3:对波士顿房价应用普通回归

1. from sklearn.linear_model import LinearRegression
2. import numpy as np
3. #使用sklearn自带的波士顿房价数据集
4. boston = load_boston()
5. X = StandardScaler().fit_transform(boston["data"])
6. Y = boston["target"]
7. #用线性模型拟合
8. lr = LinearRegression()
9. lr.fit(X, Y)

10. ♯输入系数
11. def get_formula(coefs, names = None, sort = False):
12.   if names = = None:
13.   names = ["X%s" % x for x in range(len(coefs))]
14.   term = zip(coefs, names)
15.   if sort:
16.   term = sorted(term, key = lambda x: - np.abs(x[0]))
17.   return " + ".join("%s * %s" % (round(coef, 3), name) for coef, name in term)
18. print("普通线性回归:", get_formula(lr.coef_))

[out]:

1. 普通线性回归: -0.928 * X0 + 1.082 * X1 + 0.141 * X2 + 0.682 * X3 + -2.057 * X4 + 2.674 * X5 + 0.019 * X6 + -3.104 * X7 + 2.662 * X8 + -2.077 * X9 + -2.061 * X10 + 0.849 * X11 + -3.744 * X12

观察到 x_2 和 x_6 的系数非常小,可以将这两个特征从模型中删去。

案例 15.4:对波士顿房价应用 Lasso 回归和岭回归

Lasso 回归即为对回归函数施加 L_1 正则化,岭回归即为对回归函数施加 L_2 正则化。下面用实例求解回归方程,以直观体现 Lasso 回归和岭回归的特点。

1. from sklearn.linear_model import Lasso
2. from sklearn.preprocessing import StandardScaler
3. from sklearn.datasets import load_boston
4. import numpy as np
5. ♯引用数据集
6. boston = load_boston()
7. X = StandardScaler().fit_transform(boston["data"])
8. Y = boston["target"]
9. names = boston["feature_names"]
10. ♯应用 Lasso 模型
11. lasso = Lasso(alpha = .3)
12. lasso.fit(X, Y)
13. def get_formula(coefs, names):
14.   term = zip(coefs, names)
15.   sort_term = sorted(term, key = lambda x: - np.abs(x[0]))
16.   return " + ".join("%s * %s" % (round(coef, 3), name) for coef, name in sort_term)
17. ♯输出结果
18. print("Lasso 回归:", get_formula(lasso.coef_, names))

[out]:

1. Lasso 回归: -3.705 * LSTAT + 2.993 * RM + -1.756 * PTRATIO + -1.081 * DIS + -0.699 * NOX + 0.628 * B + 0.54 * CHAS + -0.242 * CRIM + 0.082 * ZN + -0.0 * INDUS + -0.0 * AGE + 0.0 * RAD + -0.0 * TAX

Lasso 回归便于特征选择。Lasso 回归的系数非常稀疏,有接近一半的系数都小于 0.01。alpha 值即为正则项的惩罚系数,继续增大 alpha 值会导致更为稀疏的结果。

```
1.  from sklearn.linear_model import Ridge
2.  from sklearn.metrics import r2_score
3.  import numpy as np
4.
5.  def get_formula(coefs, names = None):
6.      if names == None:
7.          names = ["X%s" % x for x in range(len(coefs))]
8.      term = zip(coefs, names)
9.      sort_term = sorted(term, key = lambda x: -np.abs(x[0]))
10.     return " + ".join("%s * %s" % (round(coef, 3), name) for coef, name in sort_term)
11. size = 100
12. #设置不同的随机数种子,以得到不同的随机数序列
13. for i in range(10):
14.     print("随机数种子 % s" % i)
15.     np.random.seed(seed = i)
16.     X_seed = np.random.normal(0, 1, size)
17.     X1 = X_seed + np.random.normal(0, .1, size)
18.     X2 = X_seed + np.random.normal(0, .1, size)
19.     X3 = X_seed + np.random.normal(0, .1, size)
20.     X = np.array([X1, X2, X3]).T
21.     Y = X1 + X2 + X3 + np.random.normal(0, 1, size)
22.     #应用线性回归模型
23.     lr = LinearRegression()
24.     lr.fit(X, Y)
25.     print("普通线性回归:", get_formula(lr.coef_))
26.     #应用岭回归模型
27.     ridge = Ridge(alpha = 10)
28.     ridge.fit(X, Y)
29.     print("岭回归:", get_formula(ridge.coef_))
```

[out]:

```
1. 随机数种子 0
2. 普通线性回归:2.309 * X1 + 0.728 * X0 + -0.082 * X2
3. 岭回归:1.059 * X1 + 0.938 * X0 + 0.877 * X2
4. 随机数种子 1
5. 普通线性回归:2.366 * X1 + 1.152 * X0 + -0.599 * X2
6. 岭回归:1.068 * X1 + 0.984 * X0 + 0.759 * X2
7. 随机数种子 2
8. 普通线性回归:2.086 * X2 + 0.697 * X0 + 0.322 * X1
9. 岭回归:1.085 * X2 + 0.972 * X0 + 0.943 * X1
```

10. 随机数种子 3
11. 普通线性回归：$1.491 * X2 + 1.254 * X1 + 0.287 * X0$
12. 岭回归：$1.033 * X2 + 1.005 * X1 + 0.919 * X0$
13. 随机数种子 4
14. 普通线性回归：$2.189 * X2 + 0.772 * X1 + 0.187 * X0$
15. 岭回归：$1.098 * X2 + 0.982 * X1 + 0.964 * X0$
16. 随机数种子 5
17. 普通线性回归：$2.747 * X2 + 1.591 * X1 + -1.291 * X0$
18. 岭回归：$1.139 * X2 + 1.011 * X1 + 0.758 * X0$
19. 随机数种子 6
20. 普通线性回归：$1.915 * X2 + 1.199 * X0 + -0.031 * X1$
21. 岭回归：$1.091 * X2 + 1.016 * X0 + 0.89 * X1$
22. 随机数种子 7
23. 普通线性回归：$1.762 * X1 + 1.474 * X0 + -0.151 * X2$
24. 岭回归：$1.039 * X1 + 1.018 * X0 + 0.901 * X2$
25. 随机数种子 8
26. 普通线性回归：$1.88 * X1 + 1.107 * X2 + 0.084 * X0$
27. 岭回归：$1.071 * X1 + 1.008 * X2 + 0.907 * X0$
28. 随机数种子 9
29. 普通线性回归：$1.364 * X2 + 0.776 * X1 + 0.714 * X0$
30. 岭回归：$0.98 * X2 + 0.903 * X1 + 0.896 * X0$

岭回归模型更稳定。相较于原来的线性模型，原本系数间的较大差异得以平滑。同时，即使源数据有波动，岭回归模型的系数都基本保持在0.9～1.0附近。

15.4.6 随机森林

随机森林是由多个决策树构成的模型，我们可以根据节点在森林模型中的位置判断特征的重要程度：节点越接近根，对应特征越重要；节点越接近叶，对应特征越不重要。对于分类问题，节点位置由基尼重要度或信息增益判定；对于回归问题，节点位置由方差或最小二乘拟合判定。因此可以将基尼重要度或最小二乘拟合视作特征评分，进而对特征进行排序打分。

随机森林模型用feature_importances_表示特征重要性。其计算方式是，先求每个节点的基尼不纯度（Gini impurity）减去子节点的基尼不纯度之和，即节点的基尼下降度（Gini decrease）。然后统计所有树中该特征所在节点的基尼下降度的加权和，得到基尼重要性（Gini Importance）。这个特征重要性的数值在0～1范围，数值越大节点越重要。

案例15.5：对波士顿房价应用随机森林模型打分

1. from sklearn.datasets import load_boston
2. from sklearn.ensemble import RandomForestRegressor
3. import numpy as np
4. ♯引用数据集

```
5. boston = load_boston()
6. X = boston["data"]
7. Y = boston["target"]
8. names = boston["feature_names"]
9. #应用随机森林模型
10. rf = RandomForestRegressor()
11. rf.fit(X, Y)
12. #输出结果
13. print("按特征得分排序:")
14. print(sorted(zip(map(lambda x: round(x, 4), rf.feature_importances_), names),
       reverse = True))
```

[out]:

1. 按特征得分排序:
2. [(0.4131,'RM'), (0.3793, 'LSTAT'), (0.0667, 'DIS'), (0.0413, 'CRIM'), (0.0245, 'NOX'), (0.0198, 'AGE'), (0.017, 'TAX'), (0.0161, 'PTRATIO'), (0.0112, 'B'), (0.0051, 'RAD'), (0.0049, 'INDUS'), (0.0007, 'ZN'), (0.0003, 'CHAS')]

另一种特征评价方法是度量特征对模型精度的影响，即打乱特征顺序后，模型精度下降程度的平均值。下降程度越大，说明该特征越重要。

```
1. from sklearn.model_selection import ShuffleSplit
2. from sklearn.metrics import r2_score
3. from collections import defaultdict
4. import numpy as np
5. #引用数据集
6. X = boston["data"]
7. Y = boston["target"]
8. #应用随机森林模型
9. rf = RandomForestRegressor()
10. scores = defaultdict(list)
11.
12. rs = ShuffleSplit(n_splits = 5, test_size = 0.2, random_state = 0)
13. for train_idx, test_idx in rs.split(X):
14.     # 把 X, Y 划分成训练集和测试集
15.     X_train, X_test = X[train_idx], X[test_idx]
16.     Y_train, Y_test = Y[train_idx], Y[test_idx]
17.     #用训练好的模型预测,并计算准确率 acc
18.     rf = rf.fit(X_train, Y_train)
19.     acc = r2_score(Y_test, rf.predict(X_test))
20.     #将打乱顺序的特征放入模型预测,计算此时模型准确率 shuff_acc
21.     for i in range(X.shape[1]):
22.         X_t = X_test.copy()
```

```
23.            np.random.shuffle(X_t[:, i])
24.            shuff_acc = r2_score(Y_test, rf.predict(X_t))
25. # 向字典中添加准确率下降程度
26.            scores[names[i]].append((acc - shuff_acc)/acc)
27. #输出结果
28. print("按特征得分排序:")
29. print(sorted([(round(np.mean(score), 4), feat) for feat, score in scores.items()],
       reverse = True))
```

[out]:

1. 按特征得分排序:
2. [(0.5707,'RM'), (0.5682,'LSTAT'), (0.0815,'DIS'), (0.0681,'CRIM'), (0.0457, 'NOX'), (0.02,'AGE'), (0.0172,'PTRATIO'), (0.0132,'TAX'), (0.0093,'INDUS'), (0.0029,'RAD'), (0.0008,'B'), (0.0006,'ZN'), (-0.0005,'CHAS')]

可以看到，RM 和 LSTAT 两个特征对模型影响明显。当这两个特征改变偏离了模型中的位置，模型整体精度下降了 57.07% 和 56.82%。与之相反，B、ZN、CHAS 等特征即使偏离了模型中的位置，对模型精度的影响也微乎其微，说明这几个特征对模型而言不重要。

15.4.7 顶层特征选择模型

顶层选择方法是基于具体模型之上的特征选择方法，不取决于任何特定的模型，而取决于特征在多次训练结果中的表现。根据思路不同，将特征选择分为两类：稳定性选择和递归特征消除。

1. 稳定性选择

稳定性选择是通过对不同特征子集多次应用模型，根据模型学习的结果统计各个特征的重要性，选择被最多次认定为重要特征的特征。经过前述特征处理，可以假定关联程度较高的特征已被处理，当前特征彼此相关性不高。在对多个不同特征子集的多次学习中，重要特征一定会多次表现为重要，无用特征会接近于 0。

简单地说，就是每次从 100 个特征中有放回地重复抽取 10 个特征，每次将用这 10 个特征的数据进行学习，并记录学习到的系数。如果一个特征很重要，那么只要这个特征被抽中进行学习，那么其系数一定很大。当然这就要求特征间的相关性较低，已完成特征合并等前项特征工程。

Randomized Logistic Regression 和 Randomized Lasso 已被移出 sklearn.linear_model 包，现在需通过 https://github.com/scikit-learn-contrib/stability-selection 下载 stability_selection 包，或者 pip install scikit-learn = = 0.19.1 下载旧版 sklearn 包使用。此版本的特征得分无法通过 rlasso.scores_ 得到，因为此时的 rlasso 没有 scores 属性，需通过 rlasso.stability_scores_.mean(axis = 1) 得到。

案例 15.6：对波士顿房价应用稳定性选择

1. from stability_selection import StabilitySelection，RandomizedLasso
2. from sklearn.datasets import load_boston
3. import numpy as np
4.
5. boston ＝ load_boston( )
6. X ＝ boston["data"]
7. Y ＝ boston["target"]
8. names ＝ boston["feature_names"]
9.
10. rlasso ＝ RandomizedLasso(alpha＝0.025)
11. lambda_grid ＝ np.linspace(0.001，0.5，num＝30)
12. selector ＝ StabilitySelection(base_estimator＝rlasso，lambda_name＝'alpha'，lambda_grid＝lambda_grid，threshold＝0.9，verbose＝1)
13. selector.fit(X，Y)
14.
15. print("按特征得分排序：")
16. print(sorted(zip(map(lambda x：round(x，4)，selector.stability_scores_.mean(axis＝1))，names)，reverse＝True))

[out]：

1. 按特征得分排序：
2. [(1.0,'TAX')，(1.0，'RAD')，(1.0，'PTRATIO')，(1.0，'LSTAT')，(1.0，'DIS')，(0.9997，'B')，(0.9987，'ZN')，(0.9827，'RM')，(0.9613，'CRIM')，(0.945，'AGE')，(0.7117，'INDUS')，(0.2577，'CHAS')，(0.086，'NOX')]

一些特征得分很高，等于或逼近 1，说明该特征是重要特征，其重要性具有普遍性；而 CHAS、NOX 得分很低，说明其无用性存在普遍性。

2. 递归特征消除

递归特征消除是对全部特征应用多种模型学习，然后计算模型系数等权值，提出效果最好的一个或多个特征作为重要特征，再对剩余特征应用多种模型学习，并以此迭代，选出最佳的若干特征。

案例 15.7：对波士顿房价应用递归特征消除

1. from sklearn.feature_selection import RFE
2. from sklearn.linear_model import LinearRegression
3.
4. boston ＝ load_boston( )
5. X ＝ boston["data"]
6. Y ＝ boston["target"]
7. names ＝ boston["feature_names"]

```
 8.
 9. #用线性回归模型进行 RFE
10. lr = LinearRegression( )
11. #设置每次选取的特征数量为1
12. rfe = RFE(lr, n_features_to_select=1)
13. rfe.fit(X,Y)
14.
15. print ("按特征选取先后排序:")
16. print (sorted(zip(map(lambda x: round(x, 4), rfe.ranking_), names)))
```

[out]:

```
1. #按特征选取先后排序
2. [(1,'NOX'), (2, 'RM'), (3, 'CHAS'), (4, 'PTRATIO'), (5, 'DIS'), (6, 'LSTAT'), (7,
   'RAD'), (8, 'CRIM'), (9, 'INDUS'), (10, 'ZN'), (11, 'TAX'), (12, 'B'), (13, 'AGE')]
```

15.4.8 特征选择方法总结

方差法规则简单,只需要单个特征 x_i 的信息即可。其通过筛去标准归一化后基本无波动的数据,快速将高维数据降到低维度。

单变量特征选择包括最大信息系数、距离相关系数和基于模型的特征排序。最大信息系数用以确定单个特征 x_i 对 y 的贡献,即舍去特征 x_i 后 y 减少的信息量。距离相关系数用以计算两个变量间的相关性,即使存在非线性关系也能衡量。基于模型的特征排序是通过依次将单个特征 x_i 和 y 放入模型,对模型得分进行排序,取排位较前的特征来实现特征选择的。单变量特征选择能够衡量单特征的重要程度,但未考虑关联变量的情况。

正则化线性模型和随机森林作为两种算法,也可用于特征选择。正则化线性模型能够均衡模型结构复杂度和模型泛化能力。以回归模型为例,L_1 正则化的 Lasso 回归模型能够得到稀疏系数,便于进行特征选择;L_2 正则化的岭回归模型更加稳定,且得到的系数更均匀。随机森林适用性广、鲁棒性强,对非线性关系也能起到很好的效果,但存在关联特征问题和偏向问题,即重要特征得分低和对特征变量种类多的特征赋予了过多重要性。

更上层的是使用多种模型的特征选择方法,包括稳定性选择和递归特征消除。前者是轮流对不同的多个特征子集用模型拟合,求多次模型拟合结果的平均值,取多次被赋予重要性的特征。递归特征消除是对全部特征用多个模型拟合,选出表现最好的一个或多个特征,再对剩余特征重复操作,选出剩余特征中表现最好的一个或多个特征,以得到重要性有序排列的特征。

特征选择必须受研究目的的指导,根据研究目的选择合适的特征选择方法和恰当的特征选择力度。由于任意板块的数据都携带了信息,严厉的特征筛选会导致信息浪费,而宽松的特征筛选对计算效率有更高的要求。最理想的情况是在算力允许的情况下,尽量保留特征以充分利用反映数据主体的信息。但需要注意控制模型复杂度,避免过拟合,此时可使用随机森林、极度梯度提升等集成算法。

15.5 降　　维

降维包括主成分分析（PCA）和线性判别分析（LDA）。不同于特征选择是从所有备选特征中挑出所需的特征，未挑出的特征与挑选出的特征毫无关，PCA 和 LDA 是对已有的特征进行线性组合以降低特征数量，挑选出的特征充分应用到了所有备选特征，但是挑选出的特征会有部分损失。PCA 在第 13 章有详细的理论介绍，本小节只介绍 PCA 的计算步骤，并与 LDA 的计算步骤对比。

15.5.1　主成分分析

PCA 的计算有 5 个步骤：

第一步，令样本矩阵 $X_{10\times3}$ 的向量 x_1、x_2、x_3 各自减去自身均值，使数据中心化。

第二步，计算 $X_{10\times3}$ 的样本协方差矩阵 $S_{3\times3}$。

第三步，计算协方差矩阵的特征值向量 $\xi_{3\times1}$ 和特征向量矩阵 $P_{3\times3}$。

第四步，将特征值向量元素从小到大排列，选取最大的 k 个特征值（此处取 $k=2$）对应的特征向量矩阵 $P'_{3\times2}$。

第五步，将样本矩阵 $X_{10\times3}$ 乘以特征向量矩阵 $P'_{3\times2}$ 得到降维后的矩阵 $X'_{10\times2}$。

PCA 的重点是第四步和第五步，第四步代表信息提取比例，第五步代表确定坐标轴并将样本数据投影。由于协方差矩阵记录了样本矩阵的方差和协方差，而方差和协方差代表样本数据的波动，也即样本数据的信息，因此选取最大的 k 个特征值即是确定提取信息的比例。下一步用样本矩阵乘以最大的 k 个特征值对应的特征向量矩阵，矩阵乘法左边的样本矩阵即确定降维对象，矩阵乘法右边的矩阵代表转换后的新坐标轴位置，矩阵乘法的结果即样本数据在新坐标轴上的投影。

可以看出 PCA 的思想是通过挑选合适的坐标轴，得到原始数据在新坐标轴上的映射以达到降维的目的。映射过程中有信息损失，但是得到的结果来源于全部的原始样本数据。

15.5.2　线性判别分析

首先厘清一下协方差矩阵与散度矩阵的关系。协方差矩阵是对称矩阵，其各元素代表元素对应向量之间的相关关系，同时主对角线上的元素代表对应向量的方差。整个协方差矩阵表示两个矩阵之间的相关关系。散度矩阵等于协方差矩阵乘以系数 $\dfrac{1}{n-1}$，可以理解为对协方差矩阵内所有元素乘以系数 $\dfrac{1}{n-1}$，从形式上看是取向量间协方差的均值。

LDA 的计算有 5 个步骤：

第一步，计算类内散度矩阵 S_w。

第二步，计算类间散度矩阵 S_b。

第三步，计算矩阵 $S_w^{-1}S_b$。

第四步，计算矩阵 $S_w^{-1}S_b$ 的特征值和特征向量，对特征值按从小到大排列，选取最大的 k 个特征值对应的特征向量构成矩阵 W。

第五步，将原始样本乘以矩阵 W 得到新样本。

不难发现，PCA 和 LDA 的后半部分相同，都是计算数据在新坐标轴上的投影。前半部分的差异在于，PCA 是计算协方差矩阵 C，即数据整体的协方差，而 LDA 是计算类内散度矩阵的逆与类间散度矩阵的乘积 $S_w^{-1}S_b$，即不同类别数据的区分程度。

15.5.3 主成分分析和线性判别分析的异同

PCA 与 LDA 在形式上存在相同点：第一，都是通过计算新坐标轴，得到原始数据在新坐标轴上的投影以达到降维目的（图 15.2，彩图 1）；第二，降维后的特征都是原始特征的线性组合，而不是与部分原始特征相关、与部分原始特征无关；第三，都要求数据符合正态分布。

但两者在细节上还是存在很多不同：第一，PCA 是无监督学习算法，不需要知道样本情况，LDA 是监督学习，需要知道样本情况，这就导致了 LDA 的目标很明确，要求降维后相同类别的数据聚在一起（图 15.3，彩图 2），同时不同类别间数据尽可能远，而 PCA 没有这个要求；第二，当数据有 n 个类别时，PCA 可以从 n 维降至 $n-k$ 维，k 取决于选取的最大特征值个数的大小，而 LDA 最多降到 $n-1$ 维；第三，PCA 会选择投影方差最大的方向，而 LDA 会选择分类最清楚的方向。

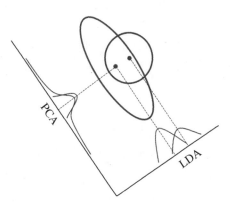

图 15.2　PCA 和 LDA 降维特点示意图

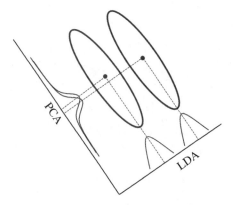

图 15.3　LDA 分类效果示意图

15.6　特征工程操作步骤总结

首先需要对数据进行清洗，然后对数据进行预处理，处理后可以进行简单分析得到描述性结果，随后需要对特征进行选择，最后对处理好的数据应用模型。

1. 数据格式处理

获取源数据后,首先需要对数据格式进行处理。日期格式往往是 str 类型,不利于后续计算,需要改为 datetime64 或 timestamp 格式。如量级不统一,需要对单位进行调整。

2. 数据预处理阶段

首先对数据进行正态分布检验,可以用 QQ 图进行图像检验,也可以用 K-S 检验。如果想证否,即证明数据不符合正态分布,可以求偏度值和峰度值以否定。若数据不服从正态分布:当数据服从对数正态分布时,可以用对数转换;当数据服从泊松分布时,可以用平方根变换;当数据分布肥尾时,可以用倒数变换;当数据服从二次项分布时,可以用平方根反正弦变换。

然后对异常值进行识别和处理。识别操作有 3-sigma 法、经验范围法等。处理操作有删除、标识、填充等,对异常值较多的样本或特征作删除处理,将异常值修改为 0 或 -1 或 999 作标识处理,用插值对缺失值作填充处理等。

接着对数据归一化和离散化处理。归一化主要用于调整数值范围,对数据尺度作变换,有线性归一化、非线性归一化、标准归一化等方法;离散化主要用于分箱,将离散数据整合为若干区间内的数据,降低信息密度,有二值化、等频、等距、手动等方法。

最后对类别特征编码处理。将不可运算的类别数据进行编码,使其能代入模型运算。具体包括独热编码、虚拟编码、效果编码、特征哈希等。

3. 初步分析阶段

在进行特征选择前,可以对现有数据作初步分析,了解数据基本结构和数据特性。分析的方式非常多样,可以对重要特征作统计性分析,也可以借助 Tableau 或 Power BI 对数据作可视化分析,甚至可以应用回归模型、聚类模型对数据作相关性分析。

4. 特征选择阶段

首先需要筛去方差小的特征。如果需要保留所有信息,并且算力充足的话,可以将方差阈值设得小一些。如果算力不足,还需要进一步筛选特征的话,可以用单特征选择法继续排除。特征选择不是将筛掉的特征弃而不用,而是将需要的特征筛选出来,未被选出的特征不一定就是舍弃,完全可以在后续构造特征时作为原始特征使用。如果经过单特征选择后特征量仍然较大,可以用 PCA、LDA、因子分析等方式对数据继续降维。

经过上述步骤后,可以用数据训练模型。如果特征量还是很大,致使模型训练速度缓慢,应进一步筛选出有效特征,或筛去与研究目的无关的噪音项,根据实际情况选择正则化线性模型或随机森林法,甚至采用稳定性选择和递归特征消除法等顶层特征选择法。

当我们成功选择了算力允许下信息含量最大的特征集时,接下来就要选择合适的单个或多个模型,将特征集应用于模型训练,并对模型调整参数以使模型效果最优。

本 章 小 结

1. 特征可以通俗理解为数据的列。具体而言,作为输入变量的列变量才是特征,作为输出变量的列变量属于标签。特征包括相关特征、无关特征、冗余特征,具体的类别划分取决于研究目标。我们的目标是尽可能地排除无关特征和冗余特征,提取相关特征。

2. 特征工程是对原始数据进行处理,提取相关数据用于模型训练的过程。特征工程包括数据预处理步骤和特征选择步骤。数据预处理包括正态性检验,以及归一化、离散化、类别编码等方法;特征选择包括方差法、最大相关系数法、距离相关系数法、基于模型的特征排序法、正则化线性模型、随机森林、顶层特征选择模型等方法。

3. 正态性判别用于检验数据是否服从正态分布,有三类方法:通过PP图或QQ图对图像主观判别,优点是简单方便,缺点是主观性强;基于顺序统计数据的W检验和基于累积分布的K-S检验,其中W检验适用于小样本,基于W检验修正的D检验适用于大样本,K-S检验只适用于连续数据,对于离散数据可以用拟合优度检验;根据正态分布偏度为0,峰度为3的特点,计算偏度峰度以证否。如果数据不服从正态性,有对数变换、倒数变换、平方根变换等方法,对原始数据作变换使之服从或近似服从正态分布。

4. 对于数值型数据,有归一化和离散化两种处理方法。归一化包括线性归一化、非线性归一化、标准归一化等,线性归一化和非线性归一化是对数据范围作放缩,标准归一化是调整数据分布使之服从标准正态分布。离散化包括等频、等距和手动分箱,用于降低信息冗余。

5. 对于类别型数据,有独热编码、虚拟编码、效果编码、特征哈希等方法,主要是通过将类别数据编码为矩阵以便于矩阵运算。独热编码是最基础的编码方式,用N位比特代表数据的N种状态,得到元素为0或1的稀疏矩阵,可视作对列索引的判断。虚拟编码是在独热编码的基础上,将基准特征用全为0的比特表示。效果编码在虚拟编码的基础上,为避免混淆,将基准特征用全为-1的比特表示。特征哈希在效果编码的基础上,用更丰富的元素值互相组合代表更多特征,有效降低编码矩阵的维度。

6. 方差法只需用到单个特征x_i的信息,原则是筛去标准归一化后方差低于阈值的特征。思路是方差较小的特征携带的信息少,对输出变量的解释力弱。

7. 单特征选择法需用到单个特征x_i与输出变量y的信息,包括最大信息系数法、距离相关系数法和基于模型的特征排序法。最大信息系数可理解为特征x_i对输出变量y的最大信息贡献,即特征x_i对输出变量y的最大解释程度。距离相关系数表示两两特征x_i之间的线性和非线性关系,是对皮尔森相关系数的改进,可用于计算两个矩阵间的相关性,距离相关系数等于0表示两个特征之间完全独立。基于模型的特征排序法是将单个特征x_i对输出变量y放入模型,以模型的结果作评分,选出评分最高的若干个特征。

8. 正则化线性模型主要包括Lasso回归和岭回归。Lasso回归是对线性模型施加一次正则化约束,重要的系数趋于1,无关的系数趋于0,稀疏的系数有助于筛选特征。岭回归是对线性模型施加二次正则化约束,可以平滑原来差异较大的系数,使之在0.9~1.0范围,同时模型系数较为稳定,不会出现Lasso模型的"跳点"情况。

9. 随机森林模型应用广泛,鲁棒性强,可以根据节点离根节点和叶节点的距离判断特征的重要程度。可以根据节点位置判定规则对特征进行选择,具体有平均基尼不纯度下降法和平均精准率下降法等。前者是计算特征在所有节点处节点的基尼不纯度和子节点的基尼不纯度节点之和的差值的平均值,根据下降幅度确定特征重要性,数值在0~1之间,数值越接近1特征越重要。后者是计算打乱特征顺序后模型整体精确度的下降程度,下降程度越大特征越重要。

10. 顶层选择方法是基于具体模型之上的特征选择方法,包括稳定性选择法和递归特征消除法。稳定性选择法的思路是对所有特征的任意子集应用模型,重要的特征每次都会表现出重要,不重要的特征则会表现出无关,因此对每次结果的模型系数取均值,系数大的特征即为重要特征。递归特征消除法是应用多种模型对剩余特征学习,将表现最好的一个或多个特征取出,再用多种模型对全部特征学习,再取出表现最好的一个或多个特征,直至选择出满意的全部特征。

11. 如果经过特征选择数据维度依然很大,算力不足以快速计算结果,就可以考虑对数据降维。降维有主成分分析法 PCA 和线性判别分析法 LDA,不同于特征选择是对有用特征的筛选,PCA 和 LDA 是全部待降维特征的线性组合。PCA 和 LDA 基本思路是相同的,即通过投影得到低维特征;不同点在于 PCA 是求协方差矩阵的投影,LDA 是求类内散度矩阵的逆与类间散度矩阵的乘积 $S_w^{-1}S_b$ 的投影,并且 PCA 是对方差最大的方向降维,而 LDA 是对数据分类最清楚的方向降维。

关键词:特征　特征工程　数据预处理　特征选择　降维

思 考 题

1. 请根据特征工程操作步骤绘制思维导图,体会面对不同情况应选择什么方法。
2. Lasso 模型和岭回归模型能否正确学习存在多重共线性的数据?
3. 如果数据有 N 类,为什么 LDA 法最多只能降到 $N-1$ 维,而 PCA 可以降至任意维?

参 考 文 献

[1] 李航.统计学习方法[M].2 版.北京:清华大学出版社,2019.
[2] 万托而拉斯 Python 数据科学手册[M].陶俊杰,陈小莉,译.北京:人民邮电出版社,2018.
[3] Hastie T,Tibshirani R,Friedman J. The elements of statistical learning:data mining,inference,and prediction[M].New York:Springer,2001.

第 16 章 sklearn 介绍和应用

教学目标

1. 了解 sklearn 库及其常用的六大算法模块,掌握模型的建模步骤;
2. 掌握模型超参数和参数的选择方法,熟悉分类和回归模型的各类性能评估指标;
3. 了解支持向量机、朴素贝叶斯等算法及其代码实现。

Scikit-learn(sklearn)是机器学习中常用的第三方模块,对常用的机器学习方法进行了封装,包括回归(Regression)、降维(Dimensionality Reduction)、分类(Classfication)、聚类(Clustering)、预处理(Preprocessing)和模型选择(Model selection)等方法。

本章节主要围绕 sklearn 中六大板块的主要功能和代码实现做了简要介绍。预处理、模型选择主要涉及交叉验证、网格搜索和模型评估方法,可实现模型的评估和优化,提高模型的准确度和精细度。回归、降维、分类和聚类是建模的核心算法板块,用于模型的选择和训练。16.1 节简单介绍 sklearn 库,16.2 节介绍 sklearn 评估器 API,16.3 节介绍模型的选择方法与评估标准,16.4~16.8 节分别对支持向量机、朴素贝叶斯、线性回归、决策树与随机森林、聚类、主成分分析进行代码实现。

16.1 sklearn 简介

sklearn 项目最早是由数据科学家 David Cournapeau 2007 年发起的,主要用 Python 编写,并且广泛使用 Numpy 进行高性能的线性代数和数组运算,从而完成机器学习的代码实现的一款开源框架。本小节我们对 sklearn 库中的内容,以及如何获取数据做个简单的展示。

16.1.1 基础简介

SciPy 是一个基于 Python 的开源科学计算工具包。基于 SciPy,开发者们已经在众多应用领域发展出相对应的分支版本,它们被统一称为 Scikits,即 SciPy 工具包。而在这些分支版本中,专门面向机器学习的一个工具包就是 Scikit-learn,简称 sklearn。sklearn 库集成了一些常用的机器学习方法,在进行机器学习任务时并不需要实现算法,只需要简单地调用 sklearn 库中提供的模块就能完成大多数的机器学习任务。

机器学习的开发基本分为6个步骤：① 获取数据；② 数据处理；③ 特征选择；④ 模型学习；⑤ 模型评估；⑥ 预测及应用。而sklearn主要包括降准、聚类、分类、回归、预处理和模型选样六大板块，涵盖了机器学习开发的方方面面。聚类、分类和回归三大核心算法板块用于完成模型的训练和预测；而预处理、模型选择和降维三个板块互相交互，为建模之前的全部工程打下基础。

预处理板块包括预处理（Preprocessing）、特征提取（Feature extraction）等模块，可使用区间缩放化（MinMaxScaler）、标准化（StandardScaler）、归一化（Normalizer）、二值化（Binarizer）等函数对数据进行无量纲化或定性定量转变等处理。除此之外，sklearn.impute是缺失值专用模块，用于填补缺失值。原始数据经过加工之后变成可用于计算机计算和处理的类型。

降准板块用于减少输入向量的特征数量，常用的算法有主成分分析（PCA）、特征选择（Feature Selection）、非负矩阵分解（Non-negative Matrix Factorization）。加工数据经过降维后只剩下相互独立、对结果具有重要影响、可直接进行模型训练的少数特征，避免了维数灾难。从原始数据到开始建模之间的数据处理过程统称为特征工程，在前面一章已做了详细介绍。这个章节主要讲解建模的相关内容。

模型选择板块主要是为建模服务的，常用的模块有网格搜索（Grid Search）、交叉验证（Cross Validation）、度量（Metrics），可进行选择、评估、验证参数和模型，从而习得最优模型及其参数。

分类板块用于分类模型的训练和预测，给定一个输入或实例判断其属于哪个类别，可分为二分类、三分类和多分类模型。常用的算法有支持向量机（SVM）、最近邻（Nearest Neighbors）、随机森林（Random Forest），应用有垃圾邮件识别、图像识别。

回归板块用于预测与输入相关联的连续值属性，可分为线性回归和非线性回归模型等。常见的算法有支持向量机（SVR）、岭回归（Ridge Regression）、Lasso，应用有药物反应、股价预测。

聚类板块涉及将输入自动分组的无监督学习算法，常用的算法有K-Means、谱聚类（Spectral Clustering），应用有客户细分、分组实验结果。

sklearn是一个可以免费使用和开发的开源项目，任何人都可以轻松获取源代码来查看背后涉及的原理（shttp://scikit-learn.org/stable/documentation）。sklearn的在线文档包含了对每一个算法的详细解释，比如参数含义、功能应用等，并给出大段的教程和代码展示如何使用它。在学习本章和前一章节时，强烈建议同学们浏览在线文档的用户指南和API文档页面，以便对sklearn有一个全面的认识和了解。

16.1.2 数据获取及展示

数据按具体类型可分为结构化数据和非结构化数据，结构化数据是用二维网格结构来逻辑表达和实现的数据。非结构化数据是没有预定义的，不便用数据库二维表来表现的数据，比如图片、文字和语音等数据信息。在sklean里，模型能即用的数据有两种形式：① Numpy二维数组的稠密数据，通常数据都是这种格式；② SciPy矩阵的稀疏数据。

因此对于图像、文本类数据需要通过独热编码、离散化等方式将其转化为标准化数据再进行使用。

sklearn 中的 datasets 模块提供了一些经典优质的数据集，初学者通过这些数据集可快速搭建机器学习任务、对比模型性能。此外，该模式还可以在线下载或简单生成数据集，为更多的学习任务场景提供便利，提高我们的动手实践能力。sklearn.datasets 的实现方法如下：

(1) 加载自带的小的标准数据集：datasets.load_*。

(2) 在线下载大的真实数据集：datasets.fetch_*。

(3) 快速生成简单的某种类型的数据集：sklearn.datasets.make_*。

1. 数据集获取的实现：加载自带数据集

```
1. #加载模块 datasets
2. from sklearn import datasets
3. #导出 datasets 自带数据集：鸢尾花数据集，适用于分类任务
4. iris = datasets.load_iris()
5. #鸢尾花数据集是字典形式
6. iris.keys()
```
[out]：dict_keys(['data', 'target', 'target_names', 'DESCR', 'feature_names', 'filename'])

```
7. #鸢尾花特征值
```
[out]：(150, 4)

```
8. iris.data.shape
9. #鸢尾花标签值
10. iris.target.shape
```
[out]：(150,)

```
11. #鸢尾花特征
12. iris.target_names
```
[out]：array(['setosa', 'versicolor', 'virginica'], dtype='<U10')

```
13. #鸢尾花标签
14. iris.feature_names
```
[out]：['sepal length (cm)', 'sepal width (cm)', 'petal length (cm)', 'petal width (cm)']

```
1. #画散点图，第一个特征向量作为 x 轴和第二个特征向量作为 y 轴
2. import matplotlib.pyplot as plt
3. x_index = 0
4. y_index = 1
5. colors = ['blue', 'red', 'green']
6. for label, color in zip(range(len(iris.target_names)), colors):
7.     plt.scatter(iris.data[iris.target == label, x_index], iris.data[iris.target == label, y_index], label = iris.target_names[label], c = color)
8. plt.xlabel(iris.feature_names[x_index])
9. plt.ylabel(iris.feature_names[y_index])
10. plt.legend(loc = 'upper left')
11. plt.show()
```

[out]：

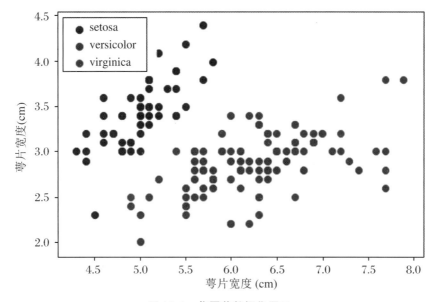

图 16.1 鸢尾花数据集展示

从鸢尾花案例中我们可得知鸢尾花标准数据集包含了 150 个鸢尾花输入实例，记做 n_samples=150（图 16.1，彩图 3）。每个实例包含了花萼长度、花萼宽度、花瓣长度和花瓣宽度四个特征，记做 n_features=4。每个实例都对应一个输出标签——鸢尾花的种类：山鸢尾、变色鸢尾和维吉尼亚鸢尾其中的一个，一般称为目标数组，简记为变量 y。鸢尾花数据集的输入是一个维度为 150×4 的二维矩阵，通常称为特征矩阵，简记为变量 X，一般形式为 NumPy 二维数组、pandas 的 DataFrame 或 SciPy 的稀疏矩阵。行数表示实例个数，列数表示特征个数，每个特征向量一般形式为实数、布尔型值或离散值。通过这个数据集我们可以探究花萼长度、花萼宽度、花瓣长度和花瓣宽度四个特征与鸢尾花物种种类的关系。

2. 数据集获取的实现：生成数据集

1. # make_blobs 会根据用户指定的特征数量、中心点数量、范围等来生成聚类算法数据，每一类点集都遵循正态分布
2. import numpy as np
3. import matplotlib.pyplot as plt
4. from sklearn.datasets.samples_generator import make_blobs
5. center=[[1,1],[2,1],[1,2]]
6. #生成样本数总计为200，每个样本有2个特征的3类点集，每类点集均遵循以中心点为中心，分布标准差为0.1的分布
7. X,labels=make_blobs(n_samples=100,centers=center,n_features=2,cluster_std=0.1,random_state=0)
8. unique_lables=set(labels)
9. colors=['blue','red','green']

```
10.    for k,col in zip(unique_lables,colors):
11.        x_k = X[labels = = k]
12.        plt.plot( x_k[:,0],x_k[:,1],'o',markerfacecolor = col,markeredgecolor = "k",
           markersize = 8)
13.    plt.show( )
```
[out]:

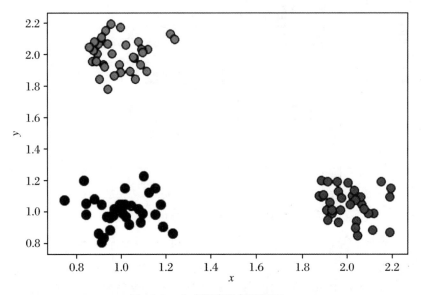

图16.2　生成聚类数据集展示

第二个案例利用 sklearn.datasets 模块中的样本生成器的其中一种数据集生成函数 make_blobs 生成了聚类点集（图 16.2）。该聚类点集样本总数 n_samples = 200，特征个数 n_features = 2，即输入为 200×2 的二维矩阵。该数据集并没有标签，或者称为输出。通过聚类算法可分成 3 类点集，每类点集分别遵循中心点为[1,1]，[2,1]，[1,2]，分布标准差为 0.1 的正态分布。

此外，sklearn.datasets 模块中还包含了其他众多类型的数据集生成函数，同心圆数据集 make_circles、模拟分类数据集 make_classification、回归用数据集 make_regression 等，供初学者练习使用，具体详情请查看官方网站。

16.2　sklearn 评估器 API

算法是机器学习的核心。本小节将讲解建模的具体步骤，并通过分类、回归、聚类和降维算法 4 个小案例展现 sklearn 的应用。

16.2.1 评估器 API 基础知识

sklearn 评估器 API 主要遵循以下设计原则：

(1) 统一性：所有对象使用共同接口连接一组方法和统一的文档。

(2) 内省：所有参数值都是公共属性。

(3) 限制对象层级：只有算法可以用 Python 类表示。数据集都用标准数据类型（NumPy 数组、Pandas DataFrame、SciPy 稀疏矩阵）表示，参数名称用标准的 Python 字符串。

(4) 函数组合：许多机器学习任务都可以用一串基本算法实现，sklearn 尽力支持这种可能。

(5) 明智的默认值：当模型需要用户设置参数时，Scikit-Learn 预先定义适当的默认值。sklearn 中的所有机器学习算法都是用评估器 API 实现的，它为机器学习应用提供统一的接口。

当数据集准备好之后便可进行建模。sklearn 评估器 API 的一般应用步骤如下：

(1) 从 sklearn 中选择合适的评估器 API 并导入，确定模型类。sklearn 中有分类、回归、聚类和降维四大算法，每个算法中又有各种细分模型。sklearn 的官网（http://Scikit-Learn.org/stable/tutorial/machine_learning_map/index.html）提供了一个选择模型的流程图，可作为参考。

(2) 选择恰当的模型超参数将模型实例化。模型类和模型实例不同。比如选定简单的线性回归模型类，还需要根据具体情况考虑是否设置截距、使用哪种正则化类型等。在模型类中还有许多参数并未设置，需要在进行数据拟合前确定好，这类参数称为模型超参数。设置完成后，模型存储了超参数的值，便可运用到数据集上。

(3) 将数据整理成特征矩阵和目标数组，一般分别为二维数组和一维向量形式。

(4) 运用模型的 fit( ) 方法进行数据拟合。一般将数据集分割成训练集和测试集两部分，训练集用于训练模型，测试集依据一定的评估方法评估模型，避免过拟合情况。在模型内部经过大量运算拟合之后，将在模型实例中寻找出最优模型及其参数，此时评估器被完全确定。

(5) 运用习得模型预测新数据的标签。分类和回归属于有监督学习，聚类属于无监督学习。对于有监督的学习任务而言，一般就变成了对测试集的数据进行预测，使用模型的 predict( ) 方法完成。最后将测试集的预测标签和真实标签相比较，评估模型的好坏。

以上只是一个理想化的粗糙的建模过程，有助于我们对建模主体和框架的把握，模型的精确度和精细度不在考虑范围之内。模型超参数的定量选择、测试集和训练集的分割方法及模型的评估原则极大地影响了算法的速度和模型的质量等，这些内容将在 16.3 节中详细探讨。

16.2.2 案例应用

接下来展示分类、聚类、回归、降维四个建模小案例，通过这些案例可快速了解 sklearn 评估器 API 和四大核心算法的应用。

1. 监督学习案例:鸢尾花数据分类

   1. #把鸢尾花数据拆分为训练集和测试集
   2. from sklearn.model_selection import train_test_split
   3. X_train,X_test,y_train,y_test = train_test_split(iris['data'],iris['target'],test_size = 0.3)
   4. #选定K-最近邻分类模型类
   5. from sklearn.neighbors import KNeighborsClassifier
   6. #设置模型超参数 n_neighbors = 5,weights = 'distance',其余模型超参数按默认设置
   7. knn = KNeighborsClassifier(n_neighbors = 5,weights = 'distance')
   8. knn

   [out]: KNeighborsClassifier(algorithm = 'auto', leaf_size = 30, metric = 'minkowski',metric_params = None, n_jobs = None, n_neighbors = 5, p = 2,weights = 'distance')

   1. #使用 fit( )方法在训练集上训练,习得最优模型
   2. model = knn.fit(X_train, y_train)
   3. #使用 predict( )方法在测试集上预测新数据标签
   4. y_predict = model.predict(X_test)
   5. #计算模型得分,评估模型
   6. acc = model.score(X_test,y_test)
   7. acc

   [out]: 0.9777777777777777

选定原理简单且易于实现的分类算法 k 近邻分类器,核心思想是计算目标样本到其他样本的距离,将目标样本类别设定为到该点距离最近的 k 个训练集样本点中多数样本的类别。设定模型超参数,n_neighbors = 5 表示最近邻样本个数即 k 值为 5,weights = 'distance'表示 5 个近邻样本的权重与距离成反比,即近邻样本离目标样本越近权重越大。其他超参数限定半径最近邻法使用的算法 algorithm、距离度量 metric 等保持默认参数不变,每个参数的含义和默认值在 sklearn 官网都有详细介绍,可以在了解后根据任务情况设定。得到分类模型后在训练集上进行验证,将训练数据的预测标签与其真实标签做比较,发现准确率可达到98%,看来即使是非常简单的分类器也可学习这个标准数据集。

2. 无监督学习案例:鸢尾花数据聚类

   1. #选定 Kmeans 聚类模型类
   2. from sklearn.cluster import KMeans
   3. #设定模型超参数 n_clusters = 3,其他模型超参数默认不变
   4. n_clusters = 3
   5. cluster = KMeans(n_clusters = n_clusters)
   6. cluster

   [out]:KMeans(algorithm = 'auto', copy_x = True, init = 'k-means + +', max_iter = 300, n_clusters = 3, n_init = 10, n_jobs = None, precompute_distances = 'auto',random_state = None, tol = 0.0001, verbose = 0)

```
1. ♯模型拟合得到最优评估器
2. model = cluster.fit(iris.data)
3. ♯最优模型参数
4. cluster.cluster_centers_
5. cluster.inertia_
```
[out]: array([[6.85, 3.07368421, 5.74210526, 2.07105263],[5.9016129 , 2.7483871,
    4.39354839, 1.43387097],[5.006, 3.428, 1.462, 0.246]])

78.85144142614601

```
1. ♯绘制聚类中心点
2. label_pred = model.predict(iris.data)
3. centroid = cluster.cluster_centers_
4. import matplotlib.pyplot as plt
5. color = ['blue','red','green']
6. fig, ax1 = plt.subplots(1)
7. for i in range(n_clusters):
8.     ax1.scatter(iris.data[label_pred == i, 0],iris.data[label_pred == i, 1], marker = 'o', s = 30, c = color[i])
9.     ax1.scatter(centroid[:,0],centroid[:,1],marker = 'x',s = 100,c = 'black')
```
[out]:

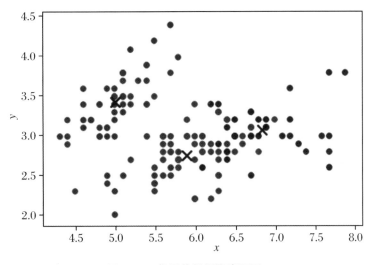

图16.3 鸢尾花数据聚类展示

k-Means 聚类也称 k 均值聚类算法,采用距离作为相似性的评价指标,认为两个样本的距离越近,其相似度就越大。k-Means 聚类是一种迭代求解的聚类分析算法,将每个样本点分配到距离最近的聚类中心,根据现有样本点更新聚类中心,然而不断重复上述两个过程最终得到最优解。设置 3 个聚类中心,其余超参数保持默认值。聚类属于无监督学习方法,需要忽略掉鸢尾花数据集的标签,模型根据样本特征自行分类。因为没有标签作为标准答案参考,因此也无需分割数据集和测试集,直接进行数据拟合。从图 16.3(彩图 4)中可明显看出,数据点集被分成了三个类别,聚类中心有 3 个,坐标分别是[6.85,3.07368421, 5.74210526,2.07105263],[5.9016129,2.7483871,4.39354839,1.43387097],[5.006,

3.428,1.462,0.246],所有样本点到其最中心的距离平方和为 78.85。

3. 无监督学习案例：鸢尾花数据降维

1. #选定 PCA 降维模型类
2. from sklearn.decomposition import PCA
3. #确定模型超参数 n_components=2,其他超参数默认不变
4. pca = PCA(n_components=2)
5. #进行数据拟合并将其转化为二维
6. X_p = pca.fit(iris.data).transform(iris.data)
7. #查看模型参数
8. pca.n_components_
9. pca.explained_variance_
10. pca.explained_variance_ratio_

[out]：2
array([4.22824171, 0.24267075])
array([0.92461872, 0.05306648])

1. #绘图
2. ax = plt.figure()
3. for c, i, target_name in zip("rgb", [0, 1, 2], iris.target_names)：
4.   plt.scatter(X_p[iris.target == i, 0], X_p[iris.target == i, 1], c=c, label=target_name)
5. plt.xlabel('Dimension1')
6. plt.ylabel('Dimension2')
7. plt.legend()
8. plt.show()

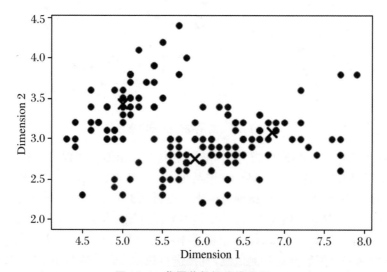

图 16.4 鸢尾花数据降维展示

主成分分析 PCA 降维的主要任务是找到一个保留本质特征的低纬度矩阵代替高维特征矩阵。降维与聚类同属于无监督学习方法,没有输出标签,无需分割训练集和测试集。鸢尾花样本的四维特征被压缩为二维,两个主成分的方差值分别占总方差的 92.5%、5.3%,因此完整地保留了特征信息,从图 16.4(彩图 5)中可以看出,即使是二维特征也能将数据集很好地分类。

4. 监督学习案例:波士顿房价数据回归

1. #加载波士顿房价自带数据集
2. import sklearn.datasets as datasets
3. Boston = datasets.load_boston()
4. x = Boston.data
5. y = Boston.target
6. #将数据集分割成测试集和训练集
7. from sklearn.model_selection import train_test_split
8. x_train,x_test,y_train,y_test = train_test_split(x,y,test_size = 0.3)
9. #导入线性回归模型类并保持默认超参数
10. from sklearn import linear_model
11. lr = linear_model.LinearRegression()

[out]:LinearRegression(copy_X = True, fit_intercept = True, n_jobs = None, normalize = False)

12. lr.fit(x_train,y_train)
13. #查看最优模型参数:斜率和截距
14. lr.coef_
15. lr.intercept_

[out]:array([−1.07144676e−01,7.50345772e−02,3.50520999e−02,3.18368916e+00, −1.85334332e+01,3.26870784e+00,9.42505721e−03,−1.64222771e+00, 3.14559004e−01,−1.43501279e−02,−9.28282576e−01,8.51349040e−03, −5.48420235e−01])

40.706729827657526

1. #绘制预测标签和测试集真实标签比较图
2. plt.xlim([0,50])
3. plt.plot(range(len(y_test)), y_test,'r', label = 'y_test')
4. plt.plot(range(len(y_pred)), y_pred,'g− −', label = 'y_predict')
5. plt.legend()
6. plt.show()

[out]:

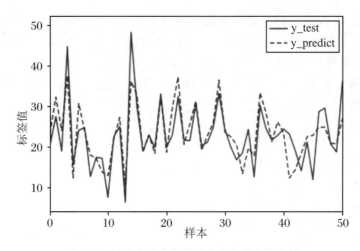

图 16.5 波士顿房价数据拟合值和真实值比较

将波士顿房价标准数据集做线性回归拟合,拟合得到的斜率和截距如输出结果如图 16.5 所示。图中展示了模型在测试集上预测的标签和真实的标签数据,趋势基本一致,具体数值或有误差,但在可控范围内。

16.3 模型选择与评估

在机器学习建模过程中,我们的目标是得到一个泛化误差小的模型,即对于没有参与训练的样本获得最优的预测。在第 3 章中,我们简单提到模型选择和评估的标准,但具体的选择方法和评估标准是怎么样的,如何通过编程实现,将在下文中介绍。我们将会阐述交叉验证、网格搜索两种模型选择的方法,以及分类和回归模型的评估标准。

16.3.1 交叉验证

在训练机器学习模型时,模型超参数需要进行人为设置,比如聚类的簇中心个数及样本的距离度量方法、支持向量机中不同的核函数等。通常情况下,我们会将数据集分成两个部分:训练集和验证集。在超参数的某个区间范围内不断地调节,通过训练集训练模型,验证集测试模型,当在验证集上得到泛化能力最优的模型时,即获得了最优的超参数,此时可以停止训练。此外,当模型十分复杂或者数据量过少时,很容易在训练数据上产生过拟合。而如果我们将训练好的模型放到验证集上及时进行测试,可以提早发现模型的过拟合现象,停止训练从而减少过拟合。因此交叉验证对于建模过程是非常有必要的,既可以帮助我们解决模型超参数设定问题,也可以防止模型的过拟合。同时,我们还将看到交叉验证作为评估方法的重要性。

第 3 章已经介绍了三种经典的交叉验证方法:简单交叉验证、K 折交叉验证,以及留一交叉验证,接下来我们使用 sklearn 中的模型选择板块实现。

1. 简单交叉验证

留出法的思路很简单,将原始数据集 D 划分成两个部分,其中一个集合作为训练集 S,另外一个集合作为验证集 V,两个子集是互斥的。简单交叉验证就是留出法的 m 次重复,最后在这 m 次训练结果中选择出测试误差最小即泛化能力最强的模型。

1. from sklearn.model_selection import train_test_split
2. from sklearn import datasets
3. iris = datasets.load_iris( )
4. X_train, X_test, y_train, y_test = train_test_split(iris.data, iris.target, test_size = 0.3)
5. ♯数据集样本数
6. iris.data.shape, iris.target.shape

[out]:((150,4),(150,))

1. ♯训练集样本数
2. X_train.shape, y_train.shape

[out]:((105,4),(105,))

1. ♯测试集样本数
2. X_test.shape, y_test.shape

[out]:((45,4),(45,))

通常我们使用 Model selection 板块中的 train_test_split 函数来实现留出法。在上述案例中,我们将原始鸢尾花数据集划分成了两个子集,其中 70% 的数据作为训练集,剩余 30% 的数据用作验证集。鸢尾花数据集共计有 150 个样本,因此训练集有 105 个样本,验证集有 45 个样本。

2. K 折交叉验证

K 折交叉验证法的主要步骤如下:
(1) 无放回抽样法将原始数据随机分为 K 份。
(2) 每次挑选其中的 1 份作为验证集验证模型参数,剩下 $K-1$ 份作为训练集用于模型训练。
(3) 重复第 2 步 K 次,这样每个子集都有一次机会作为验证集,其他情况下均作为训练集。每次在训练集上训练出一个模型,使用该模型在相应的验证集上测试,计算并保存该模型的评估指标。
(4) 计算 K 组模型测试结果的平均值作为模型精度的估计,并作为当前 K 折交叉验证下模型的性能指标。

K 一般情况下取 10。当原始数据量过少时 K 可以适当大一些,此时训练集在整个数据集的占比较高,并且训练的模型个数增多,得到的模型精度更高,模型超参数也更稳定。反之,数据量较大时 K 可以设置小一点。使用交叉验证最简单的方法是在估计器上调用 cross_val_score 函数。该函数可返回交叉验证每次运行的评分数组。

```
1. from sklearn import datasets
2. iris = datasets.load_iris()
3. from sklearn.neighbors import KNeighborsClassifier
4. knn = KNeighborsClassifier(n_neighbors=5,weights='distance')
5. ♯进行3折交叉验证并计算每折交叉验证的模型得分,作为模型的平均得分
6. from sklearn.model_selection import cross_val_score
7. scores = cross_val_score(knn, iris.data, iris.target, cv=3)
8. scores
9. scores.mean()
```
[out]：array([0.98, 0.96, 0.98])
0.9733333333333333

上述例子中我们采用了 k 近邻算法训练鸢尾花分类器,模型超参数最近邻个数 n_neighbors=5,样本点权重 weights='distance',采用3折交叉验证的方法评估模型得分。换句话说,我们进行了3次训练集和测试集的划分,习得的分类器得分分别为 0.98、0.96、0.98,因此模型综合得分为3次结果的平均值 0.973。我们可以直接看一下 K-Fold 函数是怎样划分数据的:X 数据集有6个样本,将其进行3次训练集测试集划分,即3折交叉验证,输出结果中右侧的子集均是测试集,左侧的子集均为训练集。

```
1. import numpy as np
2. from sklearn.model_selection import KFold
3. X = ["a", "a", "b", "b","c","c"]
4. ♯划分为3折,不打乱数据集顺序
5. kf = KFold(n_splits=3,shuffle=False)
6. for train, test in kf.split(X)：
7. print("%s %s" % (train, test))
```
[out]：[2 3 4 5] [0 1]
[0 1 4 5] [2 3]
[0 1 2 3] [4 5]

```
1. ♯划分为3折,打乱数据集顺序
2. kf = KFold(n_splits=3,shuffle=True)
3. for train, test in kf.split(X)：
4. print("%s %s" % (train, test))
```
[out]：[0 2 4 5] [1 3]
[0 1 3 4] [2 5]
[1 2 3 5] [0 4]

3. 留一交叉验证

当 K 折交叉验证法的 $K=n$,n 为样本总数时,称为留一交叉验证。此时需要进行 n 次训练和预测,每次的测试集均只有一个样本。这种方法最接近原始样本的分布,但是训练复杂度增加了,一般只在数据缺少时使用。

```
1. from sklearn import datasets
2. iris = datasets.load_iris()
3. from sklearn.neighbors import KNeighborsClassifier
4. knn = KNeighborsClassifier(n_neighbors=5,weights='distance')
5. #计算留一交叉验证每折的模型评分并返回均值,作为模型的平均得分
6. from sklearn.model_selection import LeaveOneOut
7. loo = LeaveOneOut()
8. scores = cross_val_score(knn, iris.data, iris.target, cv=loo)
9. len(scores),scores.mean()
[out]:(150, 0.9666666666666667)
```

留一交叉验证法需调用 model_selection 板块中的 LeaveOneOut 函数来实现。同样是鸢尾花 k 近邻分类器的案例,模型超参数 n_neighbors 和 weights 与 K 折交叉验证的设置保持相同,这次采用留一交叉验证法评估模型得分。可以看出模型的综合得分为 0.967,看来交叉验证并不是 K 的值越大越好,而是要根据具体任务和数据量等因素综合考量。LeaveOneOut 函数划分数据的方式与 K-Fold 函数基本一致。

```
1. import numpy as np
2. from sklearn.model_selection import LeaveOneOut
3. X = ["a", "a", "b", "b","c","c"]
4. loo = LeaveOneOut()
5. for train, test in loo.split(X):
6.     print("%s %s" % (train, test))
[out]:[1 2 3 4 5] [0]
[0 2 3 4 5] [1]
[0 1 3 4 5] [2]
[0 1 2 4 5] [3]
[0 1 2 3 5] [4]
[0 1 2 3 4] [5]
```

16.3.2 网格搜索

前面所提到的模型配置,我们一般统称为模型的超参数。如 k 近邻算法中的 k 值 n_neighbors 和距离度量方法 weights,我们仅仅是根据经验人为选定了一个数值和一个度量方式,但并不代表这样的选择组合是最优的。超参数的选择是无限的,而时间和精力有限,显然我们不能选择和调节全部的超参数取值。大多数情况下,除了人为预设几种超参数的组合之外,还可以通过启发式的搜索算法对超参数组合进行调优。这种启发式的搜索算法被称为网格搜索。

网格搜索是应用最广泛的超参数搜索方法,可以通俗理解为穷举搜索。在所有候选的参数选择中,通过循环遍历尝试每一种可能性,表现最好的参数就是最终的结果。其原理就像是在数组里找最大值。若有两个超参数,参数 a 有 3 种可能,参数 b 有 2 种可能,把所有可能性列出来,可以表示成一个 3×2 的表格,其中每个单元就是一个网格,在每个网格中循

环遍历搜索,最终来确定最优值,所以形象地称为网格搜索。一般给出较大的超参数搜索范围以及较小的步长,网格搜索一定可以找到全局最优的超参数取值。但在面对大数据集和多参数选择时,网格搜索要求遍历所有可能的参数组合,非常耗费时间和计算机资源。

1. 简单网格搜索

下面我们举一个简单网格搜索的例子,仍然是鸢尾花 k 近邻分类器的构建。不同的是我们没有固定模型超参数,而是给出了模型超参数的范围,n_neighbors 有 4 种可能的取值:2、3、4、5;weights 有两种可能的取值:平均度量法 uniform 和权重度量法 distance。首先将原始数据集划分为训练集、验证集和测试集三个子集,在所有可能的超参数组合中,依次进行分类器的训练、超参数验证和测试集测试评估。最后选出评估得分最高的模型,那个模型的超参数即为我们要找的最优超参数。在这个案例中可看出,最优超参数组合为 n_neighbors=2,weights=uniform,模型评估得分 0.947。

```
1. from sklearn import datasets
2. iris = datasets.load_iris()
3. from sklearn.model_selection import train_test_split
4. #将数据集分割成训练集+验证集和测试集
5. X_trainval,X_test,y_trainval,y_test = train_test_split(iris.data,iris.target)
6. #将训练集+验证集分割成训练集和验证集
7. X_train,X_val,y_train,y_val = train_test_split(X_trainval,y_trainval)
8. from sklearn.neighbors import KNeighborsClassifier
9.
10. #简单超参数网格搜索
11. best_score = 0
12. for n_neighbors in [2,3,4,5]:
13.     for weights in ['uniform','distance']:
14.         # 对于每种参数可能的组合,进行一次训练
15.         knn = KNeighborsClassifier(n_neighbors=n_neighbors,weights=weights)
16.         knn.fit(X_train,y_train)
17.         score = knn.score(X_val,y_val)
18.         # 找到表现最好的参数
19.         if score > best_score:
20.             best_score = score
21.             best_parameters = {'n_neighbors':n_neighbors,"weights":weights}
22. knn = KNeighborsClassifier(**best_parameters)
23.
24. #使用训练集和验证集进行训练
25. knn.fit(X_trainval,y_trainval)
26. #模型评估
27. test_score = knn.score(X_test,y_test)
28. #验证集最优得分
```

29. best_score

[out]：0.9642857142857143

1. ♯模型最优超参数
2. best_parameters

[out]：{'n_neighbors': 2, 'weights': 'uniform'}

3. ♯测试集得分
4. test_score

[out]：0.9473684210526315

2. 交叉网格搜索

我们将交叉验证与网格搜索进行结合，作为参数评价的一种方法，并将其称为交叉网格搜索。交叉网格搜索既进行了超参数的选择和调优，也避免了初始数据随机分布对结果的影响，大大增强了模型的精确性和稳定性。sklearn 因此设计了 GridSearchCV 这个类，同时实现了拟合、预测和评估等功能，被当作一个评估器。

对于鸢尾花 k 近邻分类器，我们仍可以继续改进。首先创建 GridSearchCV 对象，嵌入了模型超参数 n_neighbors 与 weights 的交叉网格搜索和 5 折交叉验证方法，将该对象进行数据训练和测试，得到最优模型及其评分。最优超参数 n_neighbors = 3，weights = uniform，模型得分为 0.978。与前面的鸢尾花分类案例相比，该模型达到了最好的分类效果。由于各个新模型在执行交叉验证的过程中是相互独立的，我们使 n_jobs = −1 可充分利用多核处理器从事并行搜索，从而节省运算时间。

1. import numpy as np
2. from sklearn import datasets
3. iris = datasets.load_iris( )
4. ♯创建训练集和测试集
5. from sklearn.model_selection import train_test_split
6. X_train, X_test, y_train, y_test = train_test_split(iris.data, iris.target, test_size = 0.3)
7. from sklearn.neighbors import KNeighborsClassifier
8. from sklearn.model_selection import GridSearchCV
9. ♯创建最优超参数字典
10. param_digits = [
11.   {'weights':['uniform'],
12. 'n_neighbors':[i for i in range(1,11)]
13.   },
14.   {'weights':['distance'],
15. 'n_neighbors':[i for i in range(1,6)],
16. 'p':[i for i in range(1,6)]
17.   }
18.]
19. ♯构建 GridSearchCV 对象
20. knn_grid = KNeighborsClassifier( )

21. grid_search = GridSearchCV(knn_grid,param_digits,n_jobs=-1,cv=5)

22. grid_search

[out]: GridSearchCV(cv=5, error_score=nan, estimator=KNeighborsClassifier(algorithm='auto', leaf_size=30, metric='minkowski', metric_params=None, n_jobs=None, n_neighbors=5, p=2, weights='uniform'), iid='deprecated', n_jobs=-1, param_grid=[{'n_neighbors': [1, 2, 3, 4, 5, 6, 7, 8, 9, 10], 'weights':['uniform']}, {'n_neighbors': [1, 2, 3, 4, 5], 'p': [1, 2, 3, 4, 5], 'weights': ['distance']}], pre_dispatch='2*n_jobs', refit=True, return_train_score=False, scoring=None, verbose=0)

1. #进行数据训练
2. grid_search.fit(X_train,y_train)
3. #获得最优超参数
4. param = grid_search.best_params_
5. param

[out]: {'n_neighbors': 3, 'weights': 'uniform'}

1. #使用最优超参数模型拟合预测数据
2. model = grid_search.best_estimator_
3. y_predict = model.predict(X_test)
4. acc = model.score(X_test,y_test)
5. acc

[out]: 0.9777777777777777

如果超参数组合个数较少,可以采用交叉网格搜索方式。但当超参数个数增多时,若仍采用交叉网格搜索,所需时间将会呈指数级上升。于是便有人提出了随机搜索方法,随机在超参数空间中搜索几十上百个点,其中可能就会有比较小的值。这种方法可节省出大量的时间和计算机资源,而不会丢失掉太多的准确性。RandomizedSearchCV 使用方法和类 GridSearchCV 相似,但它不需要尝试所有可能的参数组合,而是选择每个超参数的一个随机值的特定数量的随机组合。这个方法有两个优点:一是如果让随机搜索运行,比如 1000 次,它会探索每个超参数的 1000 个不同的值(而不是像网格搜索那样,只搜索每个超参数的几个值);二是可以通过设定搜索次数,方便地控制超参数搜索的计算量。

16.3.3 模型评估

经过特征工程、模型超参数设定、训练模型等步骤已经习得模型实例,接下来便要在测试集上进行模型测试并根据测试结果评价模型的性能。在第 3 章 3.2 节中,我们已经介绍了模型的泛化能力是至关重要的评分标准,因为泛化能力无法定量计算,我们用测试误差代替泛化误差作为衡量模型性能的重要标准。在第 3 章 3.3 节中,进一步推出了分类和回归中的一些常用性能度量指标。现在我们将其归纳总结,回归和分类任务中最常见的误差函数以及一些有用的性能度量如表 16.1 所示。

表 16.1　分类和回归任务性能度量表

任务	性能度量	
	误差函数	其他度量
回归	均方、均方根、平均绝对/相对误差	R^2
分类	0-1、对数、指数、合页	错误率、召回率、精确率、$F1$ 得分、AUC、ROC、PR

回归任务的误差函数衡量在测试集上模型的连续型预测值 $f(x)$ 与连续型真实值 y 之间的距离。$f(x)$ 和 y 可以取任意实数,误差函数是一个非负实值函数。常用的回归误差函数类型如表 16.2 所示。对于同一数据集而言,误差函数越小,$f(x)$ 与 y 的差值越小,该模型的性能就越好。除此之外,决定系数 R^2 反映的是 $f(x)$ 对 y 的解释程度,调整后的 R^2 消除了量纲和样本数量的影响,因此可用于不同模型的性能比较。

表 16.2　回归任务误差函数汇总表

误差函数类型	函数表达式
均方误差(MSE)	$\frac{1}{n}\sum_{i=1}^{n}(f(x_i)-y_i)^2$
均方根误差(RMSE)	$\sqrt{\frac{1}{n}\sum_{i=1}^{n}(f(x_i)-y_i)^2}$
平均绝对误差(MAE)	$\frac{1}{n}\sum_{i=1}^{n}|f(x_i)-y_i|$
平均相对误差(MAPE)	$\frac{1}{n}\sum_{i=1}^{n}\left|\frac{f(x_i)-y_i}{y_i}\right|$

二类分类任务的误差函数衡量在测试集上模型的离散型预测值 $f(x)$ 与离散型真实值 y 之间的不一致程度,通常假定 y 和 $f(x)$ 取 ± 1,正例取 1,负例取 -1。常用的分类误差函数类型如表 16.3 所示。对于同一数据集而言,误差函数越小,$f(x)$ 与 y 的一致程度越高,模型的分类性能也就越好。除此之外,还有 Accuracy、Precision、Recall、FPR、TPR 等性能度量指标。Accuracy 是通用的反映准确率的普遍性能指标,Precision 和 Recall 在某个类别的重要性程度要高于另一个的情形下会非常适用,$F1$ 得分是 Precision 和 Recall 的调和平均,反映了召回率和精确率的综合表现等。

表 16.3　分类任务误差函数汇总表

误差函数类型	函数表达式
0-1	$\frac{1}{n}\sum_{i=1}^{n}\begin{cases}1, y_i \cdot f(x_i) < 0 \\ 0, y_i \cdot f(x_i) > 0\end{cases}$
对数	$\frac{1}{n}\sum_{i=1}^{n}\ln(1+\exp(-2y_i \cdot f(x_i)))$
指数	$\frac{1}{n}\sum_{i=1}^{n}\exp(-y_i \cdot f(x_i))$
合页	$\frac{1}{n}\sum_{i=1}^{n}(1-y_i \cdot f(x_i))^+$

值得注意的是，并不是在所有的分类回归任务中，上述指标都可以被当作评价指标并且全面反映模型的性能。每个指标各有其侧重点及使用场景，我们应视具体情况谨慎选定。

1. 二类分类模型评估指标

对于二类分类模型，Sklearn 库中的 metrics 模块提供了大量的函数，如 accuracy_score、precision_score 等，可以简单方便地计算性能评估指标，得到每个模型的分数。下述案例详细展示了二分类模型评估指标的计算。利用 confusion_matrix 函数不仅可以得到模型的混淆矩阵，还可以将混淆矩阵画出来，由图 16.7 可看出，有 2 个真正例，3 个假正例，0 个假负例，4 个真负例，可计算出 accuracy = 0.67，precision = 1，recall = 0.4。我们使用 classification_report 函数可输出分类报告。我们还可以使用 accuracy_score、precision_score、recall_score 和 f1_score 函数分别计算出准确率、精确率、召回率和 $F1$ 值，可以看出与人工计算的结果相同。

1. y_test = [-1, 1, -1, -1, 1, -1, -1, 1, 1]
2. y_pred = [1, 1, 1, -1, 1, -1, 1, 1, 1]
3. #导入 sklearn.metrics 模块
4. from sklearn import metrics
5. #输出混淆矩阵
6. ConfMatrix = metrics.confusion_matrix(y_test, y_pred)

[out]：array([[2, 3],
         [0, 4]], dtype = int64)

1. #输出分类报告(包含了准确率、精确率和召回率)
2. metrics.classification_report(y_test, y_pred)

	precision	recall	f1-score	support
-1	1	0.4	0.57	5
1	0.57	1	0.73	4
accuracy		0.67		9
macro avg	0.79	0.70	0.65	9
nweighted avg	0.81	0.67	0.64	9

1. #输出准确率
2. metrics.accuracy_score(y_test, y_pred)

[out]：0.6666666666666666

1. #输出精确率
2. metrics.precision_score(y_test, y_pred, average = None)

[out]：array([1.   , 0.57142857])

1. #输出召回率
2. metrics.recall_score(y_test, y_pred, average = None)

[out]: array([0.4, 1.])

1. #输出 f1 值
2. metrics.f1_score(y_test, y_pred, average = None)

[out]: array([0.57142857, 0.72727273])

1. #混淆矩阵可视化
2. import seaborn as sns
3. import matplotlib.pyplot as plt
4. plt.rcParams["font.sans-serif"] = ["SimHei"]
5. fig = plt.figure(figsize = (4,3))
6. sns.heatmap(ConfMatrix, annot = True, fmt = "d", cmap = "Blues", xticklabels = ["正类","负类"], yticklabels = ["正类","负类"])
7. plt.ylabel("真实")
8. plt.xlabel("预测")

[out]:

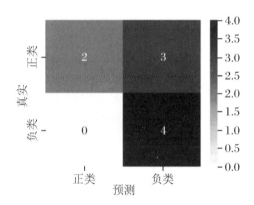

图 16.6　二分类混淆矩阵

metrics 模块还提供了 roc_curve 函数用于计算 ROC 曲线,还可以使用绘图包 matplotlib 将 ROC 画出来,如图 16.7 所示。由于数据量较少,ROC 曲线呈现波段型,随着数据量增大,ROC 曲线将变得光滑,最终成为一条光滑的曲线。metrics 模块中的 auc 函数可以直接计算 ROC 曲线的面积,可知图 16.7 中的 ROC 曲线面积为 0.771。

1. from sklearn import metrics
2. import matplotlib.pylab as plt
3. #真实值
4. GTlist = [1.0, 1.0, 0.0, 1.0, 0.0, 1.0, 0.0, 1.0, 0.0, 1.0, 0.0, 1.0, 0.0, 0.0, 1.0, 0.0, 0.0, 0.0, 0.0, 0.0]
5. #模型预测值
6. Problist = [0.99, 0.98, 0.97, 0.93, 0.85, 0.80, 0.79, 0.75, 0.70, 0.65, 0.64, 0.63, 0.55, 0.54, 0.51, 0.49, 0.30, 0.2, 0.1, 0.09]

7. #计算假正例率、真正例率和阈值,计算 AUC
8. fpr, tpr, thresholds = metrics.roc_curve(GTlist, Problist, pos_label=1)
9. roc_auc = metrics.auc(fpr, tpr)
10. print(roc_auc)

[out]：0.7708333333333333

1. #绘制 ROC 曲线
2. plt.plot(fpr, tpr,'b',label='AUC = %0.2f'% roc_auc)
3. plt.legend(loc='lower right')
4. # plt.plot([0, 1], [0, 1], 'r--')
5. plt.xlim([-0.1, 1.1])
6. plt.ylim([-0.1, 1.1])
7. plt.xlabel('False Positive Rate') #横坐标是 fpr
8. plt.ylabel('True Positive Rate') #纵坐标是 tpr
9. plt.title('Receiver operating characteristic example')
10. plt.show()

[out]：

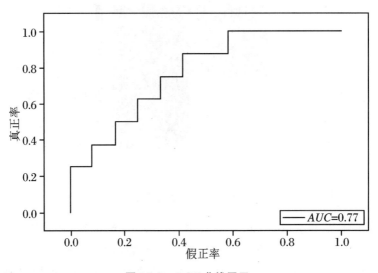

图 16.7　*ROC* 曲线展示

2. 回归模型评估指标

sklearn 库中的 metrics 模块也提供了常用的回归模型性能度量指标的计算方法。我们展示了关于波士顿房价数据集的线性回归模型,利用 mean_absolute_error、mean_squared_error 和 r2_score 函数计算平均绝对误差、均方误差和拟合优度,数值分别为 3.618、25.845 和 0.7,看起来拟合效果还不错。对于大多数的回归任务来说,仅用 R^2 评判模型性能已经足够了。

1. import sklearn.datasets as datasets

2. Boston = datasets.load_boston()
3. x = Boston.data
4. y = Boston.target
5. from sklearn.model_selection import train_test_split
6. x_train,x_test,y_train,y_test = train_test_split(x,y,test_size=0.3)
7. from sklearn import linear_model
8. lr = linear_model.LinearRegression()
9. lr.fit(x_train,y_train)
10. y_pred = lr.predict(x_test)
11. from sklearn import metrics
12. metrics.mean_absolute_error(y_test, y_pred)

[out]：3.6175781212278584

1. metrics.mean_squared_error(y_test, y_pred)

[out]：25.845032726151306

2. metrics.r2_score(y_test, y_pred)

[out]：0.6964277276640405

值得一提的是，无论是分类还是回归模型，都可以采用交叉验证方法进行模型评估。sklearn 提供了一个便利函数 cross_val_score，可以自动进行每折交叉验证的训练集测试集分割，训练集训练模型，测试集测试模型，并将每折交叉验证的模型得分以数组形式返回。cross_val_score 的参数 scoring 可以用来设置模型评价指标，比如二分类模型的准确率、精确率、召回率等，回归模型的均方误差、拟合优度等。分类模型的 scoring 参数默认值为准确率，回归模型的 scoring 参数默认值为 R^2。

1. from sklearn.cross_validation import cross_val_score
2. cross_val_score(knn, X_train, y_train, cv=4)
3. cross_cal_score(lr,x, y, cv=2)

16.4 支持向量机

通过第 8 章内容的学习，我们已经了解了支持向量机可分为线性可分支持向量机、线性支持向量机和非线性支持向量机。对于线性可分数据集，通过硬间隔最大化的目标函数求解得到线性可分支持向量机，硬间隔最大化保证了以最高的确信度来进行数据分类。关于线性近似可分数据集的分类模型线性支持向量机，通过软间隔最大化的目标函数求解得到。而对于线性不可分数据集的分类问题，需要通过核函数将其转化为线性可分的数据，再利用线性支持向量机的学习算法进行求解，得到的模型就是非线性支持向量机。

在本小节中，我们结合 sklearn 具体展示向量机的原理及应用。首先通过下面简单的示例引出支持向量机。二类分类器如图 16.8 所示。

1. ♯利用 sklearn.datasets.make_blobs 生成数据集
2. from sklearn.datasets.samples_generator import make_blobs
3. import matplotlib.pyplot as plt
4. X, y = make_blobs(n_samples = 50, centers = 2, random_state = 0, cluster_std = 0.6)
5. plt.scatter(X[:, 0], X[:, 1], c = y, s = 50, cmap = 'autumn')
6. plt.show()
7. ♯画出决策边界
8. xfit = np.linspace(-1, 3.5)
9. plt.scatter(X[:, 0], X[:, 1], c = y, s = 50, cmap = 'autumn')
10. plt.plot(xfit, xfit + 0.65, '-k')
11. plt.plot(xfit, 0.5 * xfit + 1.6, '-k')
12. plt.plot(xfit, -0.2 * xfit + 2.9, '-k')
13. plt.xlim(-1, 3.5)
14. plt.show()

[out]:

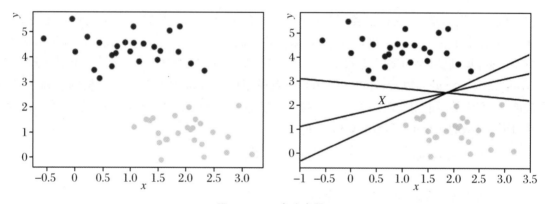

图 16.8　二类分类器

如图 16.8 所示，我们随机生成了 50 个待分类样本，很明显可以看出黑色为一类，灰色为一类。图中给出的三条直线都完美地将数据划分开来，但显然这三条直线是有区别的，对于不同的划分方式，"X" 样本所属的类别也不尽相同。这就说明对于线性可分数据集，能正确分类的模型一定不止一个，但哪个线性判别器是最优的，以及该模型最优的理论依据是什么，我们尚不了解。

16.4.1　支持向量机

支持向量机理论解决了这个问题，接下来我们进行支持向量机的拟合。支持向量机不再用一条细线来区分样本类别，而是画一条有宽度的直线。

1. 线性可分：硬间隔最大化

　　1. ♯训练 SVM 模型

2. from sklearn.svm import SVC
3. model = SVC(kernel = 'linear', C = 1E10)
4. model.fit(X, y)

[out]:
SVC(C = 1000000000.0, break_ties = False, cache_size 200, class_weight = None, coef = 0.0, decision_tunction_shape - 'ovr', degree = 3, gamma = 'scale', kernel = 'linear', max_iter = -1, probability = False, random_state = None, shrinking = True, tol = 0.001, verbose - False)

1. #画出决策函数及支持向量
2. def plot_svc_decision_function(model, ax = None, plot_support = True):
3.   if ax is None:
4.   ax = plt.gca()
5.   xlim = ax.get_xlim()
6.   ylim = ax.get_ylim()
7.   x = np.linspace(xlim[0], xlim[1], 30)
8.   y = np.linspace(ylim[0], ylim[1], 30)
9.   Y, X = np.meshgrid(y, x)
10.   xy = np.vstack([X.ravel(), Y.ravel()]).T
11.   P = model.decision_function(xy).reshape(X.shape)
12.   ax.contour(X, Y, P, colors = 'k', levels = [1, 0, 1], alpha = 0.5, linestyles = ['--', '-', '--'])
13.   if plot_support:
14.   ax.scatter(model.support_vectors_[:, 0], model.support_vectors_[:, 1], s = 300, linewidth = 1, facecolors = 'none')
15.   ax.set_xlim(xlim)
16.   ax.set_ylim(ylim)
17. plt.scatter(X[:, 0], X[:, 1], c = y, s = 50, cmap = 'autumn')
18. plot_svc_decision_function(model)
19. plt.show()

[out]:

20. model.support_vectors_

[out]:
array([[0.44359863, 3.11530945],
      [2.33812285, 3.43116792],
      [2.06156753, 1.96918596]])

在图 16.9 中，中间的实线便是线性判别分类器，是我们通过学习得到的最优模型。两边与实线等距离的虚线是决策边界，即我们第 8 章中提到的间隔边界。两个黑点（加框）和一个灰点（加框）落在间隔边界上，被称为支持向量，这三个点的坐标可以由分类器的 support_vectors_ 属性得出。

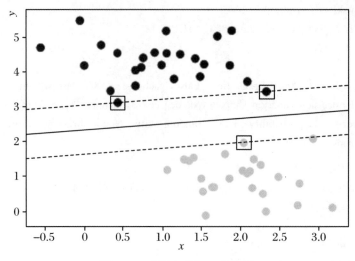

图 16.9 支持向量机二类分类

线性可分支持向量机通过硬间隔最大化得到，模型拟合效果的好坏仅与支持向量有关，而与间隔边界外的样本点无关，它们的数量和位置丝毫不会影响结果。下面我们来对比一下样本数量为 60 和 120 时的区别。只有支持向量可以影响支持向量机模型如图 16.10 所示。

```
1.  def plot_svm(N, ax = None)：
2.      X, y = make_blobs(n_samples = N, centers = 2, random_state = 0, cluster_std = 0.60)
3.      X = X[:N]
4.      y = y[:N]
5.      model = SVC(kernel = 'linear', C = 1E10)
6.      model.fit(X, y)
7.      ax = axor plt.gca( )
8.      ax.scatter(X[:, 0], X[:, 1], c = y, s = 50, cmap = 'autumn')
9.      ax.set_xlim( - 1, 4)
10.     ax.set_ylim( - 1, 6)
11.     plot_svc_decision_function(model, ax)
12. fig, ax = plt.subplots(1, 2, figsize = (16, 6))
13. fig.subplots_adjust(left = 0.0625, right = 0.95, wspace = 0.1)
14. for axi, N in zip(ax, [60, 120])：
15.     plot_svm(N, axi)
16.     axi.set_title('N = {0}'.format(N))
17. plt.show( )
```

［out］：

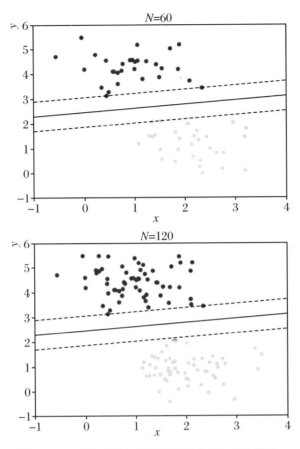

图 16.10　只有支持向量可以影响支持向量机模型

从图 16.10 可以看出，样本量分别为 60 和 120 时的样本密度不一样，但它们的决策函数及其边界却是一模一样的。这意味着样本多少并没有什么差别，因为支持向量没有发生变化，也就不会对决策边界造成影响。这种对边界外数据点不敏感的特性正是 SVM 模型的优点之一。

2．非线性可分：核变换

我们通过核函数将非线性支持向量机转化为线性支持向量机。核函数主要包括线性核函数、多项式核函数、高斯（径向基）核函数等。线性核函数不进行维度提升，仅在原始维度空间中寻求线性分类边界。而如果将数据投影到多项式和高斯核函数定义的高维空间中，将可能会实现用线性分类器拟合非线性关系。我们首先引入一个线性不可分数据集。非线性可分数据集如图 16.11 所示。

```
1. from sklearn.datasets.samples_generator import make_circles
2. X, y = make_circles(100, factor = .1, noise = .1)
3. clf = SVC(kernel = 'linear').fit(X, y)
4. plt.scatter(X[:, 0], X[:, 1], c = y, s = 50, cmap = 'autumn')
```

5. plot_svc_decision_function(clf, plot_support = False)
6. plt.show( )

[out]:

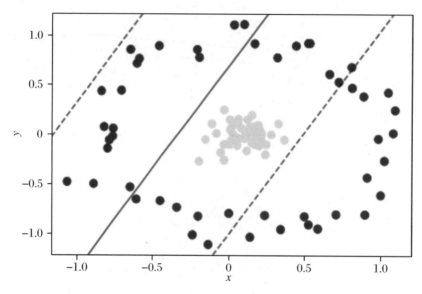

图 16.11 非线性可分数据集

从图 16.11 可以看出，若采用线性分类法，没有任何一条直线可以将数据完美分成两个部分。所以要采用基于核函数的升维变换，通过增加新的特征，使得低维度空间中的线性不可分问题变为高维度空间中的线性可分问题。进行核变换之前，先看一下数据在高维空间中的映射。非线性可分数据集三维空间展示图如图 16.12 所示。

1. from mpl_toolkits import mplot3d
2. r = np.exp(-(X**2).sum(1))
3. def plot_3D(elev = 30, azim = 30, X = X, y = y):
4.   ax = plt.subplot(projection = '3d')
5.   ax.scatter3D(X[:, 0], X[:, 1], r, c = y, s = 50, cmap = 'autumn')
6.   ax.view_init(elev = elev, azim = azim)
7.   ax.set_xlabel('x')
8.   ax.set_ylabel('y')
9.   ax.set_zlabel('z')
10. plot_3D(elev = 45, azim = 45, X = X, y = y)
11. plt.show( )

[out]:

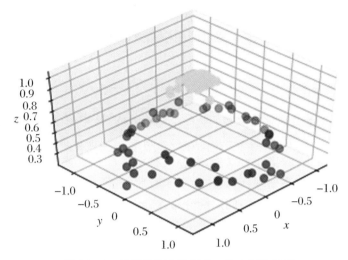

图 16.12　非线性可分数据集三维空间展示图

由图 16.12 可知增加新维度后，数据变成了线性可分状态。现在画一个二维平面就可以将数据分割。不同的投影方式会影响数据在高维空间中的位置及离散程度，进而影响分离平面，所以我们要选择合适的核函数以便得到简单干净的分类模型。由于核函数技巧可以隐式地计算核变换数据的拟合，完全不需要先映射到高维空间再进行模型训练，因此避免了维灾难。这里我们引入高斯基函数，进行核变换。非线性可分转变为线性可分如图 16.13 所示。

1. clf ＝ SVC(kernel ＝ 'rbf'，C ＝ 1E6)
2. clf.fit(X，y)
3. plt.scatter(X[:，0]，X[:，1]，c ＝ y，s ＝ 50，cmap ＝ 'autumn')
4. plot_svc_decision_function(clf)
5. plt.scatter(clf.support_vectors_[:，0]，clf.support_vectors_[:，1]，s ＝ 300，lw ＝ 1，facecolors ＝ 'none')
6. plt.show( )

[out]：

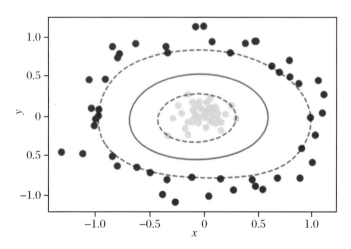

图 16.13　非线性可分转变为线性可分

从图 16.13 可以清楚地看出，通过核变换将线性不可分的两堆数据完美地分割开来了，效果比之前的线性分类器要好得多。通过使用核函数化的 SVM 模型，我们找到了一个合适的非线性决策函数。

3. 软化边界：调节参数

SVM 模型有两个非常重要的参数，即 C 与 gamma。其中 C 是惩罚项的系数，是对误差的宽容度。C 越大，说明对误分类的惩罚越大，希望松弛变量接近 0，容易过拟合。C 越小，对误分类的惩罚越小，容错能力增强，容易欠拟合。C 过大或过小时，泛化能力都会变差。gamma 是选择 RBF（高斯基）函数作为核函数后，该函数自带的一个参数。gamma 隐含地决定了数据映射到新的特征空间后的分布，gamma 越大，σ 越小，使得高斯分布又高又瘦，造成模型只能作用于支持向量附近，支持向量较少，可能导致过拟合；反之，gamma 越小，σ 越大，高斯分布会过于平滑，支持向量较多，可能导致欠拟合。

到目前为止，我们介绍的数据集都是完全可分的，它们有完美的决策函数及边界。但如果离散程度较大，数据有可能会出现重叠，这时可通过调节 C 或 gamma 来"软化边界"，类似于线性近似可分支持向量机，我们允许一些样本点越过边界线，即允许存在误分点。首先引入一个离散度较大的数据集。样本数据散点图如图 16.14 所示。

1. X, y = make_blobs(n_samples = 100, centers = 2, random_state = 0, cluster_std = 0.8)
2. plt.scatter(X[:, 0], X[:, 1], c = y, s = 50, cmap = 'autumn')
3. plt.show( )

[out]：

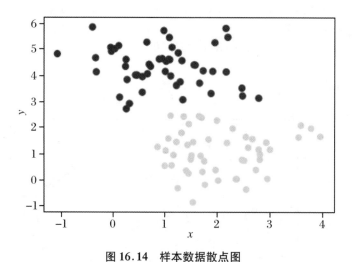

图 16.14　样本数据散点图

从图 16.14 可以看出，数据类别边界不是特别明显，接下来比较一下 C 的大小对结果的影响。参数 C 的影响示意图如图 16.15 所示。

1. X, y = make_blobs(n_samples = 100, centers = 2, random_state = 0, cluster_std = 0.8)
2. fig, ax = plt.subplots(1, 2, figsize = (16, 6))

3. fig.subplots_adjust(left=0.0625，right=0.95，wspace=0.1)
4. ♯将C分别设定为20和0.2，看其对结果的影响。
5. for axi，C in zip(ax，[20，0.2]）：
6. 　　model = SVC(kernel='linear'，C=C).fit(X，y)
7. 　　axi.scatter(X[:，0]，X[:，1]，c=y，s=50，cmap='autumn')
8. 　　plot_svc_decision_function(model，axi)
9. 　　axi.scatter(model.support_vectors_[:，0]，model.support_vectors_[:，1]，s=300，lw=1，facecolors='none')；
10. 　　axi.set_title('C = {0:.1f}'.format(C)，size=14)
11. plt.show( )

[out]：

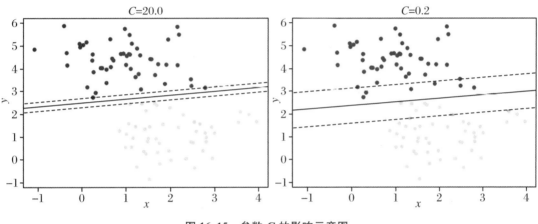

图 16.15　参数 C 的影响示意图

从图 16.15 可以看出，当 $C=20$ 时，模型误分容忍度为 0，具有完美的决策函数及边界，但边界之间的间隔较小，泛化能力比较差。当 $C=0.2$ 时，误分容忍度提高，在边界间隔内有许多样本点，泛化能力变强。C 值的确定需要考虑具体的实际问题，可以通过 K 折交叉验证来选出最合适的 C 值。

下面我们比较 gamma 值的大小对模型分类结果的影响。首先引入一个离散度较大的非线性可分数据集。参数 gamma 的影响示意图如图 16.16 所示。

1. X，y = make_blobs(n_samples=100，centers=2，random_state=0，cluster_std=1.1)
2. fig，ax = plt.subplots(1，2，figsize=(16，6))
3. fig.subplots_adjust(left=0.0625，right=0.95，wspace=0.1)
4. ♯比较一下 gamma 为 20 和 0.1 对结果的影响
5. for axi，gamma in zip(ax，[20，0.1]）：
6. 　　model = SVC(kernel='rbf'，gamma=gamma).fit(X，y)
7. 　　axi.scatter(X[:，0]，X[:，1]，c=y，s=50，cmap='autumn')
8. 　　plot_svc_decision_function(model，axi)
9. 　　axi.scatter(model.support_vectors_[:，0]，model.support_vectors_[:，1]，s=300，lw=1，facecolors='none')；

10. axi.set_title('gamma = {0:.1f}'.format(gamma), size=14)
11. plt.show()

[out]:

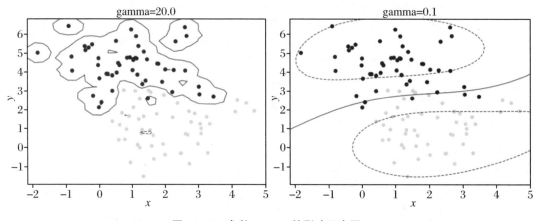

图 16.16　参数 gamma 的影响示意图

在图 16.16 中,当 gamma = 20 时,所有的样本点都被正确分类,但类别边界比较复杂,这也意味着泛化能力较弱。当 gamma = 0.2 时,存在很多被误分的样本点,类别边界比较精简,泛化能力较强。一般会选择泛化能力比较强的分类模型。

16.4.2　支持向量机案例:人脸识别

下面用人脸识别案例来演示支持向量机的实战过程。人脸数据库 LFW(Labeled Faces in the Wild)是由美国马萨诸塞州立大学阿默斯特分校计算机视觉实验室整理完成的数据库,主要用来研究非受限情况下的人脸识别问题。LFW 数据库大多是从互联网上搜集图像,而不是实验室,一共含有 13000 多张人脸图像,每张图像都标识出对应的人的名字,其中有 1680 人对应的不只一张图像,即大约 1680 个人包含两张或两张以上的人脸。LFW 数据集主要测试人脸识别的准确率。

1. 首先导入所要用到的全部模块

1. import time
2. import logging
3. from sklearn.datasets import fetch_olivetti_faces
4. import numpy as np
5. import matplotlib.pyplot as plt
6. from sklearn.model_selection import train_test_split
7. from sklearn.svm import SVC
8. from sklearn.metrics import classification_report
9. from sklearn.decomposition import PCA
10. from sklearn.model_selection import GridSearchCV

2. 加载数据集，并查看数据的格式等信息

在程序的平级目录中创建一个 data 文件，并将下载的数据集（pkl 格式的文件）放入其中。这一步主要是读取信息，将训练样本放在 X 中，将对应的标签放在 y 中，接着对每一种类的人进行命名。

```
1.  if __name__ == '__main__':
2.
3.      data_home = 'data/'
4.      faces = fetch_olivetti_faces(data_home=data_home)
5.
6.      X = faces.data
7.  print(X)      # 这里的一行代表一张图片
8.      y = faces.target
9.  print(y)      # 这里的类别是用 0,1,2.....39 标记的
10.     targets = np.unique(faces.target)
11.  # 给目标任务命名
12.     target_names = np.array(['c%d'%t for t in targets])  # 只要是同一类别，名字相同
13.     n_targets = target_names.shape[0]  # 类别个数
14.     n_samples, h, w = faces.images.shape  # 样本数,图片的高,宽
15.  print('样本总数:{}，类别:{}'.format(n_samples, n_targets))
16.  print('图片的尺寸:{}x{},数据集呈现的样式:{}'.format(w, h, X.shape))
[out]:样本总数:400,类别:40
      图片的尺寸:64×64,数据集呈现的样式:(400,4096)
```

我们可以得到 40 个种类（即 40 个人）。每个人有 10 张照片，总共 400 张。

3. 查看图片信息

所给的数据一行代表一张图片，我们先根据标签选出这个人的 10 张图片，再从这 10 张图片中随机选一张绘制出来。继续在 if __name__ == "__main__": 中添加以下代码：

```
1. # 从每个人物中选取一些照片输出
2.      n_row = 4 # 4 行
3.      n_col = 10 # 10 列   把所有人画出来
4.      sample_images = []
5.      sample_titles = []
6.  for i in range(n_targets):
7.          people_images = X[y == i]
8.          people_sample_index = np.random.randint(0, people_images.shape[0]) #
    从当前这个种类中随机选择一个人
9.          people_sample_image = people_images[people_sample_index, :]
```

10.   sample_images.append(people_sample_image) # 随机选出每个种类中的一个加入样本
11.   sample_titles.append(target_names[i]) # 顺便连名字也画出来
12.   plot_gallery(sample_images, sample_titles, h, w, n_row, n_col)

接下来创建一个函数 plot_gallery( )来绘制出图像(图 16.17),代码如下:

1. def plot_gallery(images, titles, h, w, n_row = 2, n_col = 5):
2.
3.   plt.figure(figsize = (2 * n_col, 2.2 * n_row), dpi = 144)
4.   plt.subplots_adjust(bottom = 0, left = 0.01, right = 0.99, top = 0.90, hspace = 0.01)
5.   for i in range(n_row * n_col):
6.   plt.subplot(n_row, n_col, i + 1)
7.   plt.imshow(images[i].reshape((h, w)), cmap = plt.cm.gray)
8.   plt.title(titles[i])
9.   plt.axis('off')   # 把坐标轴的显示关掉
10.   plt.show( )

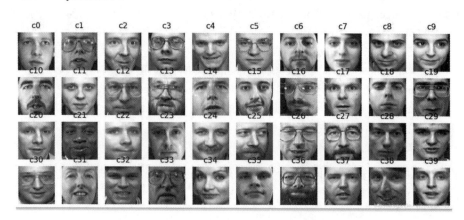

图 16.17 依据函数 plot_gallery( )绘制出的图像

4. 使用 SVM 尝试训练

创建一个函数,拆分出训练集和测试集,接着构建 SVM 训练模型,并打印出模型的分类报告。记得在下面的 main 中调用该函数。

1. def model_svm(X, y, target_names):
2.
3.   X_train, X_test, y_train, y_test = train_test_split(X, y, test_size = 0.2, random_state = 42)
4.
5.   # 我们在训练模型时,进行计时
6.   start = time.clock( )
7. print("模型正在训练...")

```
8.    clf = SVC(class_weight='balanced')
9.    clf.fit(X_train, y_train)
10. print("模型预测完了,总共耗时:{}".format(time.clock() - start))
11.
12. # 接着对测试集进行预测
13.    start = time.clock()
14. print("模型正在对测试集预测...")
15.    y_pred = clf.predict(X_test)
16. print("模型预测结束,总共耗时:{}".format(time.clock() - start))
17.
18. # 打印一下分类报告
19. print("分类报告:\n", classification_report(y_test, y_pred, target_names=target_names))
```

输出结果:准确率为0,召回率为0,$F1$分数也为0。这是最糟糕的模型,过拟合严重,有特征4096个,但只有400个样本,其中还有部分作为测试集。

5. 采用 PCA 降维

随着维度的增大,数据还原率将逐渐接近1。也就是说:将高维数据降到低维,会导致信息的失真。降到的维度越低,失真越严重。我们从10到300每隔30取一个值(代表降到的维数),看一下还原率。最后画出图像,看一下取哪个值比较好(图16.18)。

```
1. def shizhendu(X):
2.
3.    candidate_components = range(10, 300, 30) # 从10到300每个30取一次
4.    explained_ratios = []
5. for c in candidate_components:
6.        pca = PCA(n_components=c)
7.        x_pca = pca.fit_transform(X)
8.        explained_ratios.append(np.sum(pca.explained_variance_ratio_)) # 降到c维时的失真度
9.
10. # 我们画图看一下,选择一个合适的c值
11.    plt.figure(figsize=(10, 8), dpi=80)
12.    plt.grid()
13.    plt.plot(candidate_components, explained_ratios)
14.    plt.xlabel("c")
15.    plt.ylabel("shi_zhen_du")
16.    plt.yticks(np.arange(0.5, 1.05, 0.05))
17.    plt.xticks(np.arange(0, 300, 20))
18.    plt.show()
```

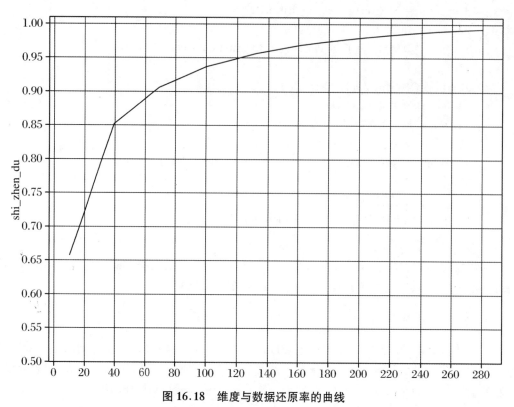

图 16.18 维度与数据还原率的曲线

从图 16.18 的曲线可以看出，维度在 140～160 时比较理想。那我们采用 140，也就是降到 140 维。

6. 网格搜索＋SVM 进行预测

1. n_components = 140
2. def model_grid_svm(X, y, n_components, target_names)：
3.
4.   X_train, X_test, y_train, y_test = train_test_split(X, y, test_size = 0.2, random_state = 42)
5.
6.   pca = PCA(n_components = n_components, svd_solver = 'randomized', whiten = True).fit(X_train)
7.
8.   X_train_pca = pca.transform(X_train)
9.   X_test_pca = pca.transform(X_test)
10.
11.   # 进行网格搜索找最优的参数
12.   params = {'C'：[1, 5, 10, 50, 100], 'gamma'：[0.0001, 0.0005, 0.001, 0.005, 0.01]}
13.   clf = GridSearchCV(SVC(kernel = 'rbf', class_weight = 'balanced'), params, ver-

```
              bose = 2, n_jobs = 4)
    14.
    15.      clf = clf.fit(X_train_pca, y_train)
    16. print("查看一下找到最优参数:", clf.best_params_)
    17.
    18. # 接着用最有参数对测试集预测
    19.      y_pred = clf.best_estimator_.predict(X_test_pca)
    20. # 打印检测报告
    21. print('PCA + SVM 预测的结果报告:', classification_report(y_test, y_pred))
```

准确率和召回率达到 0.94,模型泛化能力不错。

16.5 专题:朴素贝叶斯分类

朴素贝叶斯模型是一个简单快速的分类算法,其中需要调整的参数较少并且模型本身运行速度较快,通常适用于特征数量多的数据集。朴素贝叶斯模型高效的原因在于,它通过单独查看每个特征来学习参数,并从每个特征中收集简单的类别统计数据。因此,当我们面对一个高维度的数据集时,可以使用朴素贝叶斯分类模型得到初步的解决方案。本节通过一些具体的示例来介绍朴素贝叶斯分类模型的工作原理。

scikit-learn 中实现了三种朴素贝叶斯分类器:GaussianNB、BernoulliNB 和 MultinomialNB。GaussianNB 可应用于任意连续数据,而 BernoulliNB 假定输入数据为二类分类数据,MultinomialNB 假定输入数据为计数数据(即每个特征代表某个对象的整数计数,比如一个单词在句子里出现的次数)。BernoulliNB 和 MultinomialNB 主要用于文本数据分类。

16.5.1 贝叶斯分类

在深入介绍朴素贝叶斯分类模型的具体工作原理之前,我们有必要先对模型本身的数学基础有一定的认识。朴素贝叶斯分类模型基于一个重要的定理,即贝叶斯定理。直观来看,贝叶斯定理是一个描述统计量条件概率关系的公式,这里将条件概率记为 $P(L|特征)$,其定义公式如下:

$$P(L|特征) = \frac{P(特征|L)P(L)}{P(特征)} \tag{16.1}$$

如果需要确定两种标签,我们可以通过计算两个标签后验概率的比值来确定,即

$$\frac{P(L_1|特征)}{P(L_2|特征)} = \frac{P(特征|L_1)P(L_1)}{P(特征|L_2)P(L_2)} \tag{16.2}$$

然后我们就需要通过一个算法来计算上式中标签的 $P(特征|L_i)$,可以看出,我们要求在模型中输入样本数据后,就能得到一个概率分布,具有这样特点的模型通常被称为生成模型。朴素贝叶斯分类模型训练的主要部分就是设置标签的生成模型,但要直接生成概率分

布是比较困难的,通常需要在模型中加入一些假设来简化处理。

当我们对每类标签的生成模型添加一些简单的假设后,能找到每类标签生成模型的近似解,然后就能通过贝叶斯分类来得到概率分布。正是因为这样的假设,我们通常称该模型为"朴素贝叶斯分类模型"。当我们对数据做出不同的假定之后,就能得到不同类型的朴素贝叶斯分类器模型。朴素贝叶斯只适用于分类问题,速度比线性模型快,适用于非常大的数据集和高维数据,但精度通常要低于线性模型。

由于朴素贝叶斯分类器对数据有严格的假设,因此它的训练效果通常比复杂模型差。其优点主要体现在以下四个方面:直接使用概率预测;训练和预测的速度非常快;通常很容易解释;可调参数非常少。这些优点使得朴素贝叶斯分类器通常很适合作为分类的初始解。如果分类效果满足要求,那么万事大吉,就获得了一个非常快速且容易解释的分类器。但如果分类效果不够好,那么可以尝试更复杂的分类模型,并与朴素贝叶斯分类器的分类效果进行对比,看看复杂模型的分类效果究竟如何。

16.5.2 高斯朴素贝叶斯

高斯朴素贝叶斯(Gaussian Naive Bayes)是指每个标签下样本数据都服从简单的高斯分布。下面通过 scikit-learn 数据库中 make_blobs 数据集来介绍高斯朴素贝叶斯模型的具体原理,make_blobs 能生成各向同性高斯分布的数据。

首先,我们导入相关的程序库。

1. import numpy as np
2. import matplotlib.pyplot as plt
3. import seaborn as sns; sns.set()

然后,我们通过 sklearn.datasets.make_blobs 来生成高斯分布,并进行可视化处理,如图 16.19 所示。

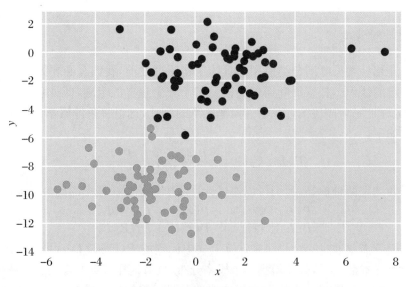

图 16.17 样本训练数据集

基本思路是，通过生成模型计算出任意一个数据点所对应似然估计 $P(特征|L_1)$，然后根据前面提到的贝叶斯定理计算出后验概率的比值，最后通过比较各标签下比值的大小来确定各个数据点可能性最大的标签，进而得到各个数据点分类结果。

在 Scikit-Learn 库中，高斯朴素贝叶斯的算法由 sklearn.naive_bayes.GaussianNB 评估器来完成的。下面首先导入 GaussianNB 类，并创建一个实例，然后使用模型来训练上面我们生成的数据。

1. from sklearn.naive_bayes import GaussianNB
2. model = GaussianNB()
3. model.fit(X, y)

为了对初步训练后的模型有较为直观的认识，我们随机生成一些新的数据，并代入训练好的模型中，得到新的数据的预测结果。

1. rng = np.random.RandomState(0)
2. Xnew = [-6, -14] + [14, 18] * rng.rand(2000, 2)
3. ynew = model.predict(Xnew)

将新的数据和原训练集数据一起展示，并用相同的颜色表示有着相同标签的数据，如图 16.20（彩图 6）所示。

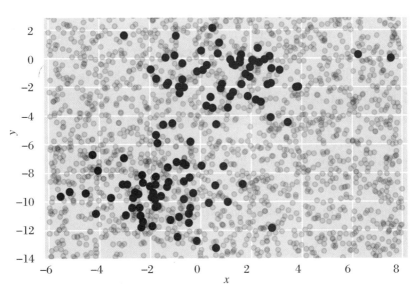

图 16.20　高斯朴素贝叶斯分类结果

从图 16.20 可以看出，模型具有较好的分类效果。两类数据之间有明显的边界，通常被称为模型的决策边界。

上面得到的是新数据集最终预测标签的结果，我们还可以得到任意数据点归属于各标签的概率值，最终的预测标签类别就是最大概率值对应的那个标签。GaussianNB 评估器为我们提供了 predict_proba 方法来返回新数据点的各标签概率值。

```
1. yprob = model.predict_proba(Xnew)
2. yprob[10:19].round(2)
Out[12]:array([[0. ,1. ],
               [0. ,1. ],
               [0. ,1. ],
               [0. ,1. ],
               [0.92,0.08],
               [0. ,1. ],
               [0.01,0.99],
               [0.02,0.98],
               [0. ,1. ]])
```

从上面结果中,我们可以得到某10个新数据归属于两个标签的概率值,通过比较两者的大小就能得出某个新数据点的具体预测标签结果。需要注意的是,上面得到的最终模型分类结果是基于模型开始时做出的模型假设。虽然在很多情况下,特别是特征数量较多时,高斯朴素贝叶斯是一个有效的方法,但通常得不到效果很好的预测结果。

16.5.3 多项式朴素贝叶斯

前面高斯朴素贝叶斯是基于高斯分布得到的,但关于模型的假设并不唯一。如果我们假设特征是由一个简单多项式分布生成的,就能得到下面的多项式朴素贝叶斯(Multinomial Naive Bayes)。基于多项式分布函数可以描述各类别样本出现次数的概率的特点,当需要描述出现次数或出现次数比例的特征时,多项式朴素贝叶斯具有一定的优势。本部分提到的多项式朴素贝叶斯和前面的高斯朴素贝叶斯的唯一区别在于模型的假设不同,一个是高斯分布,另一个是多项式分布,除此之外,模型的其他思想基本一致。

本部分通过文本分类来介绍多项式朴素贝叶斯的运用。我们使用的文本数据是20个网络新闻组语料库,其中包含约20000篇新闻。特征设定为单词出现的次数。

首先,我们获取数据并大致查看新闻组的名字。

```
1. from sklearn.datasets import fetch_20newsgroups
2.
3. data = fetch_20newsgroups()
4. data.target_names
['alt.atheism',
 'comp.graphics',
 'comp.os.ms-windows.misc',
 'comp.sys.ibm.pc.hardware',
 'comp.sys.mac.hardware',
 'comp.windows.X',
 'misc.forsale',
 'rec.autos',
```

'rec. motorcycles',
'rec. sport. baseball'
'rec. sport. hockey',
'sci. crypt'
'sci. electronics',
'sci. med',
'sci. space'.
'soc. religion. christian',
'talk. politics. guns',
'talk. politics. mideast',
'talk. politics. misc',
'talk. religion. misc']

为了简化演示过程,这里只选择四类新闻,下载训练集和测试集:

1. categories = ['talk.religion.misc', 'soc.religion.christian',
2. 'sci.space', 'comp.graphics']
3. train = fetch_20newsgroups(subset = 'train',categories = categories)
4. test = fetch_20newsgroups(subset = 'test',categories = categories)

我们挑出一个文章来看看其大体内容:

1. print(train.data[6])
From:will@rins.ryukoku.ac.jp(Willian Reiken)
Subject:Re:nuclear waste
Organization:Ryukoku Univ.,Seta,Japan
Lines:4

 Thanks for the Update.

 Will…

为了让这些数据能用于机器学习,需要将每个字符串的内容转换成数值向量。我们可以创建一个管道,将 TF-IDF 向量化方法与多项式朴素贝叶斯分类器组合在一起:

1. from sklearn.feature_extraction.text import TfidfVectorizer
2. from sklearn.naive_bayes import MultinomialNB
3. from sklearn.pipeline import make_pipeline
4.
5. model = make_pipeline(TfidfVectorizer(),MultinomialNB())

然后将模型应用到训练数据上,预测出测试数据的标签。得到每个测试数据的预测标签后,可以进一步评估模型的性能。下面我们使用混淆矩阵来统计真实标签和预测标签的情况。

1. from sklearn. metrics import confusion_matrix
2.
3. model. fit(train. data，train. target)
4. labels = model. predict(test. data)
5.
6. mat = confusion_matrix(test. target，labels)
7. sns. heatmap(mat. T，square = True，annot = True，fmt = 'd'，cbar = False，
8.   xticklabels = train. target_names，yticklabels = train. target_names)
9. plt. xlabel('true label')
10. plt. ylabel('predicted label')；
11. plt. savefig('mix. png'，dpi = 300)

从图 16.21 可以看出，虽然我们使用的是较为简单的多项式朴素贝叶斯模型，但其对有关宇宙和计算机的新闻具有较好的区分效果。同时也可以看出模型对其他两类新闻的区分效果并不是很好，对于有关宗教和基督教的新闻文本分类，我们可以尝试其他的模型进行提高分类效果。

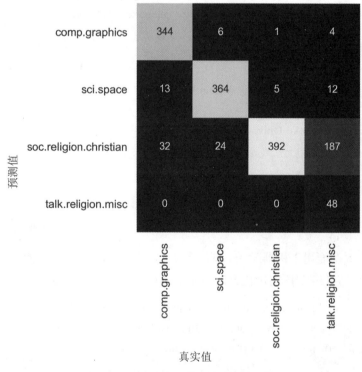

图 16.21 多项式朴素贝叶斯混淆矩阵

朴素贝叶斯分类器非常适合用于以下应用场景：假设分布函数与数据匹配；各种类型的区分度很高，模型复杂度不重要。非常高维度的数据，模型复杂度不重要；后面两条看似不同，其实彼此相关：随着数据集维度的增加，任何两点都不太可能逐渐靠近。也就是说，在新

维度会增加样本数据信息量的假设条件下,高维数据的簇中心点比低维数据的簇中心点更分散。因此,随着数据维度不断增加,像朴素贝叶斯这样的简单分类器的分类效果会和复杂分类器一样,甚至更好。只要你有足够的数据,简单的模型也可以非常强大。

16.6 专题:简单线性回归

当面对一个分类问题时,我们通常会想到使用朴素贝叶斯模型高效且快速地得到一个分类解决方案。而当我们面对一个回归问题时,在实践中首先使用简单线性回归来建模是一个不错的选择。因为线性回归模型很容易理解并且需要的模型训练时间很短,所以简单线性回归模型在各个领域都得到了广泛的应用。大家对线性回归的最简单形式已经很熟悉了,即使用一条直线来拟合数据,只需要在简单线性回归模型的基础上做出一些扩展,就能使得模型拟合更加复杂的数据。所以我们不能因为线性回归模型的简单和易理解的特点就认为线性回归模型并不能有效拟合更加复杂的情况。

线性模型是在实践中被广泛使用的一类模型,它可以追溯到一百多年前,这几十年来被广泛研究。线性模型利用输入特征的线性函数(linear function)进行预测。

本节不打算从数学推导的角度来解释线性回归的基本原理,虽然这个角度可能是最能深入理解线性回归的方法。我们先从一些示例来快速直观地理解线性回归,然后对线性回归模型进行一般化处理,使得模型在更加复杂的情况下也同样有效。

16.6.1 简单线性回归

我们从简单线性回归模型开始介绍,直观来看,该模型是将样本数据拟合成一条直线。直线方程可以由 $y = ax + b$ 表示,其中 a 是直线的斜率,b 是直线的截距。

首先,我们通过随机函数生成多个随机散点图为后面模型的训练提供数据。我们设置直线的斜率为 3,截距为 -10。

1. rng = np.random.RandomState(3)
2. x = 10 * rng.rand(60)
3. y = 3 * x - 10 + rng.randn(60)
4. plt.scatter(x, y, edgecolors = 'none')
5. plt.savefig('Simple_Linear_Regression_1.png', dpi = 300)

从图 16.22 可以看出,上面的散点大致分布成一条直线,我们使用 Scikit-Learn 库中的 LinearRegression 评估器可以训练一个简单的线性回归模型。线性回归拟合结果如图 16.23 所示。

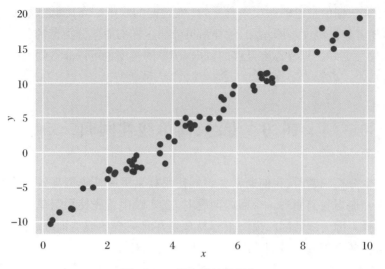

图 16.22　样本训练数据集

1. from sklearn.linear_model import LinearRegression
2. model = LinearRegression(fit_intercept = True)
3.
4. model.fit(x[:, np.newaxis], y)
5.
6. xfit = np.linspace(0, 10, 1000)
7. yfit = model.predict(xfit[:, np.newaxis])
8.
9. plt.scatter(x, y, edgecolors = 'none')
10. plt.plot(xfit, yfit);
11. plt.savefig('Simple_Linear_Regression.png', dpi = 300)

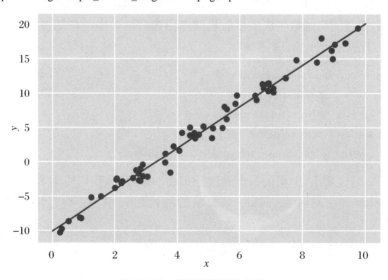

图 16.23　线性回归拟合结果

从图 16.23 可以看出，我们成功使用了一条直线较好地拟合了原有的散点数据。为了得到拟合直线的具体形式，需要知道直线的斜率和截距。线性回归模型的斜率和截距可以通过属性 coef_ 和 intercept_ 轻松得到，如下所示：

1. print("模型斜率:", model.coef_[0])
2. print("模型截距:", model.intercept_)

模型斜率：3.018189632003852
模型截距：-10.077002105607392

在前面设置随机散点图时，设定的斜率为 3 且截距为 -10。从上面的结果可以看出，模型得到的拟合直线的斜率和截距很接近真实值，说明模型拟合效果很好。

以上只设置了一个特征，即一维的线性回归模型，但这并不意味着 Scikit-Learn 库中的 LinearRegression 评估器只能用来处理一维的线性回归模型。实际上，LinearRegression 评估器同样适用于处理多维数据，此时得到的模型是多维线性回归模型。

当样本的特征数量大于 1 时，得到的线性回归模型从几何角度来看就不再是一条直线了，而可能是一个平面或一个超平面。一般地，能很好地对直线和平面进行可视化，但当维度超过 3 时得到的超平面就很难进行可视化了。这里我们创建一些数据来展示拟合过程。

1. rng = np.random.RandomState(1)
2. X = 10 * rng.rand(100, 3)
3. y = 2 + np.dot(X, [1., 2., -3.])
4.
5. model.fit(X, y)
6. print(model.intercept_)
7. print(model.coef_)

1.999999999999951
[1. 2. -3.]

在上例中不难看出，特征的数量为 3，线性回归模型对该数据拟合的结果是 4 维空间中的一个超平面。超平面很难可视化，但我们还是可以看出，线性回归模型拟合出的超平面的截距和三个方向上的斜率很接近真实值。

从上面的两个示例中，我们可以看出线性回归模型得到了比较好的拟合效果。那么是不是线性回归模型已经很完美，并不需要做一些扩展了呢？答案是否定的。前面的例子中线性回归模型拟合效果还不错，是因为我们生成的数据点是在一条直线或一个平面附近随机产生的。但现实中的数据可并不能保证是线性的，实际上现实中的数据大多具有非线性的特点。如果在具有明显非线性的数据上使用线性回归模型，效果可能会很差。

16.6.2 基函数回归

本部分介绍使用基函数对原数据进行变换的方法来将变量间的线性回归模型转换为非线性回归模型。该方法得到的多维模型可以表示为

$$y = a_0 + a_1 x_1 + a_2 x_2 + a_3 x_3 + \cdots \tag{16.3}$$

我们使用 $f_n(\ )$ 转换函数将一维的输入变量 x 转换为三维变量 x_1、x_2 和 x_3，其中 $x_n = f_n(x)$。当转换函数的具体形式为 $x_n = f_n(x) = x^n$ 时，我们可以得到多项式回归模型

$$y = a_0 + a_1 x_1 + a_2 x^2 + a_3 x^3 + \cdots \tag{16.4}$$

我们通过转换函数将一维的特征投影到了高维空间，进而更好地拟合出特征与标签之间更复杂的关系。但同时需要注意的是此时的模型仍旧属于线性回归模型，因为原模型中的系数并没有出现相乘或相除的情况。

1. 多项式基函数

Scikit-Learn 库中的 PolynomialFeatures 转换器可以将特征通过多项式基函数转换之后投影到高维空间，进而拟合特征与标签之间的高维关系。

```
1. from sklearn.preprocessing import PolynomialFeatures
2. x = np.array([2, 3, 4])
3. poly = PolynomialFeatures(4, include_bias=False)
4. poly.fit_transform(x[:, None])
Out[10]: array(
        [2.,    4.,    8.,   16.],
        [3.,    9.,   27.,   81.],)
        [4.,   16.,   64.,  256.],
```

从上面的输出结果可以看出，原来一维的数组被转换成了三维数组。我们可以将转换后得到的三维数组作为样本，训练得到多项式回归模型。

我们将数据进行转换的目的是为了更好地描绘出 x 和 y 之间更复杂的关系。下面先生成有着随机扰动的正弦散点图，然后将特征进行转换后训练得到多项式回归模型（图 16.24）。

```
1. from sklearn.pipeline import make_pipeline
2. poly_model = make_pipeline(PolynomialFeatures(7),
3.                            LinearRegression())
4.
5. rng = np.random.RandomState(1)
6. x = 10 * rng.rand(60)
7. y = np.sin(x) + 0.1 * rng.randn(60)
8.
9. poly_model.fit(x[:, np.newaxis], y)
10. yfit = poly_model.predict(xfit[:, np.newaxis])
11.
12. plt.scatter(x, y, edgecolors='none')
13. plt.plot(xfit, yfit);
14. plt.savefig('Polynomial_Linear_Regression.png', dpi=300)
```

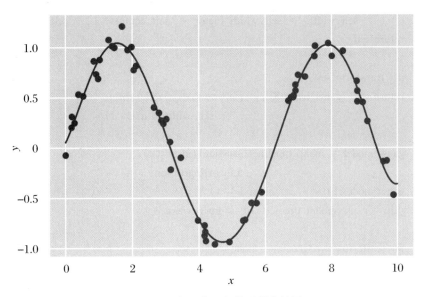

图 16.24　多项式回归模型拟合结果

可以看出，通过转换函数将低维数据投影到高维空间之后，训练得到的多项式回归模型能较好地拟合非线性数据。

2. 高斯基函数

除了多项式基函数外，还有其他类型的基函数。下面展示使用高斯基函数来对数据进行转换。Scikit-Learn 库中没有内置可以直接使用的高斯基函数，这里我们可以编写一个高斯基函数的转换器。

```
1. from sklearn.base import BaseEstimator，TransformerMixin
2.
3. class GaussianFeatures(BaseEstimator，TransformerMixin)：
4.     """一维输入均匀分布的高斯特征"""
5.
6.     def __init__(self, N，width_factor = 2.0)：
7.         self.N = N
8.         self.width_factor = width_factor
9.
10.    @staticmethod
11.    def _gauss_basis(x，y，width，axis = None)：
12.        arg = (x - y) / width
13.        return np.exp(-0.5 * np.sum(arg ** 2，axis))
14.
15.    def fit(self，X，y = None)：
16.        # 在数据区间中创建 N 个高斯分布中心
17.        self.centers_ = np.linspace(X.min()，X.max()，self.N)
```

18.　　　　self.width_ = self.width_factor * (self.centers_[1] - self.centers_[0])
19.　　return self
20.
21.　def transform(self, X):
22.　　return self._gauss_basis(X[:, :, np.newaxis], self.centers_,
23.　　　　　　　　　　　　　　self.width_, axis=1)
24.
25.　gauss_model = make_pipeline(GaussianFeatures(20),
26.　　　　　　　　　　　　　　LinearRegression())
27.　gauss_model.fit(x[:, np.newaxis], y)
28.　yfit = gauss_model.predict(xfit[:, np.newaxis])
29.
30.　plt.scatter(x, y, edgecolors='none')
31.　plt.plot(xfit, yfit)
32.　plt.xlim(0, 10);
33.　plt.savefig('Gaussian_Linear_Regression.png', dpi=300)

当对数据有较好的直觉时，我们可以像上面例子中展示的那样，运用自己编写的基函数得到线性回归模型。基于高斯基函数的拟合结果如图 16.25 所示。

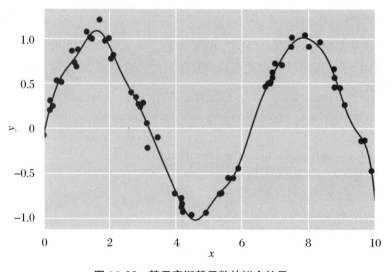

图 16.25　基于高斯基函数的拟合结果

16.6.3　正则化

为了让模型能拟合非线性的数据，需要引入基函数使得模型更加灵活。同时我们也应该注意到：当模型更加灵活时，模型出现过拟合的可能性也会随之增大。我们可以尝试将数据投影到 40 维的基函数上，看看会发生什么情况。

1.　model = make_pipeline(GaussianFeatures(40),

2.   LinearRegression())
3. model.fit(x[:, np.newaxis], y)
4.
5. plt.scatter(x, y, edgecolors = 'none')
6. plt.plot(xfit, model.predict(xfit[:, np.newaxis]))
7.
8. plt.xlim(0, 10)
9. plt.ylim(-1.5, 1.5);
10. plt.savefig('GaussianFeatures_40.png', dpi = 300)

从图 16.26 不难看出,将数据投影到 40 维的基函数上得到的模型过于灵活了。模型对数据中的干扰也给予了重视,使得模型得到的曲线变得不光滑。这样的模型在对样本外数据进行预测时,很大可能出现较大误差。

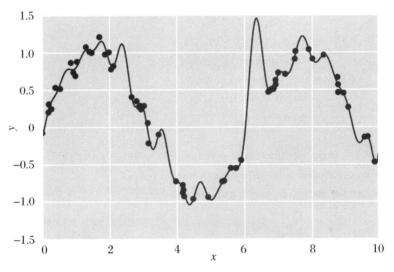

图 16.26　未进行正则化的拟合结果

为了防止模型过拟合,我们希望模型的参数尽可能地简化,即需要对较大的模型参数进行惩罚。对模型参数进行惩罚来提高模型泛化能力的过程被称为正则化。正则化的具体形式不唯一,下面针对线性回归模型介绍两种正则化方法。

1. 岭回归(L_2 范数正则化)

为了防止模型过于复杂,即模型参数过多,我们对线性回归模型的系数平方和(L_2 范数)进行惩罚。在模型拟合过程中,惩罚项为

$$P = \alpha \sum_{n=1}^{N} \theta_n^2 \tag{16.5}$$

其中,α 是一个自由参数,参数数值越大惩罚力度越大,模型越倾向于简单。我们称这种正则化形式为岭回归(ridge regression)或 L_2 范数正则化。这使得学习算法不仅能够拟合数据,而且能够使模型的参数权重尽量地小。需要注意的是这个正则项只有在训练过程中才

会被加到损失函数中。当得到完成训练的模型后,我们应该使用没有正则化的测量方法去评价模型的表现。岭回归的拟合结果如图 16.27 所示。

```
1. from sklearn.linear_model import Ridge
2.
3. def basis_plot(model, title = None):
4.     fig, ax = plt.subplots(2, sharex = True)
5.     model.fit(x[:, np.newaxis], y)
6.     ax[0].scatter(x, y)
7.     ax[0].plot(xfit, model.predict(xfit[:, np.newaxis]))
8.     ax[0].set(xlabel = 'x', ylabel = 'y', ylim = (-1.5, 1.5))
9.
10.    if title:
11.        ax[0].set_title(title)
12.
13.    ax[1].plot(model.steps[0][1].centers_,
14.               model.steps[1][1].coef_)
15.    ax[1].set(xlabel = 'basis location',
16.              ylabel = 'coefficient',
17.              xlim = (0, 10))
18.
19. model = make_pipeline(GaussianFeatures(40), Ridge(alpha = 0.1))
20. basis_plot(model, title = 'Ridge Regression')
21. plt.savefig('Ridge_regression.png', dpi = 300)
```

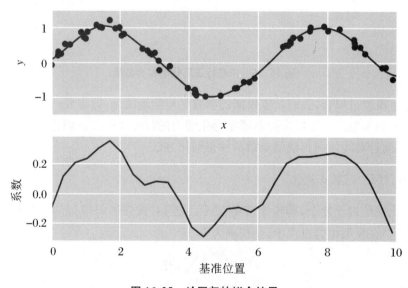

图 16.25　岭回归的拟合结果

从图 16.27 可以看出,相较于前面没有进行 L_2 范数正则化的回归模型来说,岭回归得到的曲线更加平滑,岭回归得到的模型泛化能力也会更好。还可以看出,通过 L_2 范数正则化之后,模型的参数被限制在了较低水平,即 $-0.3\sim0.3$ 范围。惩罚项中的 α 是决定模型复杂度的关键所在。当 α 越接近于 0 时,岭回归模型就越接近标准的线性回归模型,因为此时惩罚力度很小。反之,当 α 越接近于无穷大时,模型的所有参数都将趋向于 0,因为此时惩罚力度很大,任意非零的参数都将得到无穷大的惩罚。岭回归模型的一个重要优点就是,相比于无正则化的模型,它几乎不需要更多的计算资源。

2. Lasso 正则化(L_1 范数)

前面的岭回归只是正则化的形式之一,另外一种常见的正则化是 Lasso。不同于上面 L_2 范数正则化,Lasso 正则化是对模型的系数绝对值之和进行惩罚。

$$P = \alpha \sum_{n=1}^{N} |\theta_n| \tag{16.6}$$

虽然 L_1 范数正则化和 L_2 范数正则化在形式上具有一定的相似性,但这两个正则化下的模型参系数有着较大的区别。将 Lasso 正则化的线性回归模型应用于上面的例子,如图 16.28 所示。

1. from sklearn.linear_model import Lasso
2. model = make_pipeline(GaussianFeatures(40), Lasso(alpha = 0.001))
3. basis_plot(model, title = 'Lasso Regression')

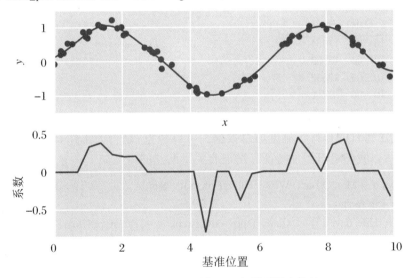

图 16.28 Lasso 正则化下回归模型拟合结果

从图 16.28 不难看出,相较于前面的岭回归,通过 Lasso 回归惩罚,大多数基函数的系数被设定为了 0。这是由于其几何特性所决定的,Lasso 正则化倾向于构建稀疏模型;也就是说,它更喜欢将模型系数设置为 0。类似地,Lasso 正则化惩罚项中的参数 α 也决定着惩罚力度的大小。我们可以使用交叉验证的方法来选出最佳的参数 α 值。

16.6.4 案例:预测自行车流量

本节通过一个预测自行车流量的案例来介绍如何使用线性回归模型来解决一个现实问题。数据是关于西雅图弗雷蒙特桥的自行车流量,同时还有同一段时间区间内该地区的天气、季节和其他相关数据。我们将数据进行聚合处理,然后使用简单的线性回归模型来拟合自行车流量与各因素之间的关系。

首先,我们读取原始数据并保存到两个变量中:

1. import pandas as pd
2. counts = pd.read_csv('data/FremontBridge.csv', index_col = 'Date', parse_dates = True)
3. weather = pd.read_csv('data/BicycleWeather.csv', index_col = 'DATE', parse_dates = True)

为了得到每天自行车流量的数据,需要进行一些简单的计算:

1. daily = counts.resample('d').sum()
2. daily['Total'] = daily.sum(axis = 1)
3. daily = daily[['Total']]
4. daily.head()

Date	Total
2012-10-03	14084.0
2012-10-04	13900.0
2012-10-05	12592.0
2012-10-06	8024.0
2012-10-07	8568.0

我们得到了每日的自行车流量加总数据。可以想象,是否为工作日对自行车流量有着较大的影响,所以我们可以添加特征。增加有关星期几的特征如下:

1. days = ['Mon', 'Tue', 'Wed', 'Thu', 'Fri', 'Sat', 'Sun']
2. for i in range(7):
3.   daily[days[i]] = (daily.index.dayofweek == i).astype(float)
4. daily.head()

Date	Total	Mon	Tue	Wed	Thu	Fri	Sat	Sun
2012-10-03	14084.0	0.0	0.0	1.0	0.0	0.0	0.0	0.0
2012-10-04	13900.0	0.0	0.0	0.0	1.0	0.0	0.0	0.0
2012-10-05	12592.0	0.0	0.0	0.0	0.0	1.0	0.0	0.0
2012-10-06	8024.0	0.0	0.0	0.0	0.0	0.0	1.0	0.0
2012-10-07	8568.0	0.0	0.0	0.0	0.0	0.0	0.0	1.0

是否为节假日也会对自行车的流量产生一定的影响,所以再增加一个表示是否为节假日的特征。0 表示不是节假日,1 表示是节假日。

1. from pandas.tseries.holiday import USFederalHolidayCalendar
2. cal = USFederalHolidayCalendar()
3. holidays = cal.holidays('2012', '2016')
4. daily = daily.join(pd.Series(1, index = holidays, name = 'holiday'))
5. daily['holiday'].fillna(0, inplace = True)
6. daily.head()

Date	Total	Mon	Tue	Wed	Thu	Fri	Sat	Sun	holiday
2012-10-03	14084.0	0.0	0.0	1.0	0.0	0.0	0.0	0.0	0.0
2012-10-04	13900.0	0.0	0.0	0.0	1.0	0.0	0.0	0.0	0.0
2012-10-05	12592.0	0.0	0.0	0.0	0.0	1.0	0.0	0.0	0.0
2012-10-06	8024.0	0.0	0.0	0.0	0.0	0.0	1.0	0.0	0.0
2012-10-07	8568.0	0.0	0.0	0.0	0.0	0.0	0.0	1.0	0.0

一般来说,不同季节也会对自行车流量产生影响。这里用白天的时长来表示不同的季节。各年自行车流量变化情况如图 16.29 所示。

1. def hours_of_daylight(date, axis = 23.44, latitude = 47.61):
2. """Compute the hours of daylight for the given date"""
3. days = (date - pd.datetime(2000, 12, 21)).days
4. m = (1. - np.tan(np.radians(latitude))
5.   * np.tan(np.radians(axis) * np.cos(days * 2 * np.pi / 365.25)))
6. return 24. * np.degrees(np.arccos(1 - np.clip(m, 0, 2))) / 180.
7.
8. daily['daylight_hrs'] = list(map(hours_of_daylight, daily.index))
9. daily[['daylight_hrs']].plot()
10. plt.ylim(8, 17)

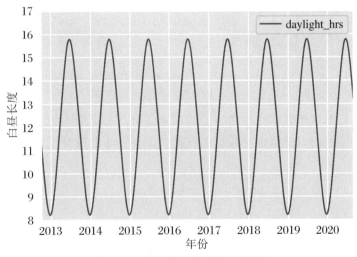

图 16.29 各年自行车流量变化情况

图 16.29 为白天时长的周期性变化情况。增加白天时长特征后的数据集如下所示:

Date	Total	Mon	Tue	Wed	Thu	Fri	Sat	Sun	holiday	daylight_hrs
2012-10-03	14084.0	0.0	0.0	1.0	0.0	0.0	0.0	0.0	0.0	11.277359
2012-10-04	13900.0	0.0	0.0	0.0	1.0	0.0	0.0	0.0	0.0	11.219142
2012-10-05	12592.0	0.0	0.0	0.0	0.0	1.0	0.0	0.0	0.0	11.161038
2012-10-06	8024.0	0.0	0.0	0.0	0.0	0.0	1.0	0.0	0.0	11.103056
2012-10-07	8568.0	0.0	0.0	0.0	0.0	0.0	0.0	1.0	0.0	11.045208

最后再增加四个指标，分别为温度、降雨量、是否下雨和以年为单位的时间流逝量。各个指标代表的具体含义如下所示：

1. ♯温度是按照 1/10 摄氏度统计的，首先转换为摄氏度
2. weather['TMIN'] /= 10
3. weather['TMAX'] /= 10
4. weather['Temp (C)'] = 0.5 * (weather['TMIN'] + weather['TMAX'])
5.
6. ♯降雨量也是按照 1/10mm 统计的，转化为英寸
7. weather['PRCP'] /= 254
8. weather['dry day'] = (weather['PRCP'] == 0).astype(int)
9.
10. daily = daily.join(weather[['PRCP', 'Temp (C)', 'dry day']])
11.
12. daily['annual'] = (daily.index - daily.index[0]).days / 365.
13.
14. daily.head()

Date	Total	Mon	Tue	Wed	Thu	Fri	Sat	Sun	holiday	daylight_hrs	PRCP	Temp(C)	dry day	annual
2012-10-03	14084.0	0.0	0.0	1.0	0.0	0.0	0.0	0.0	0.0	11.277359	0.0	13.35	1.0	0.000000
2012-10-04	13900.0	0.0	0.0	0.0	1.0	0.0	0.0	0.0	0.0	11.219142	0.0	13.60	1.0	0.002740
2012-10-05	12592.0	0.0	0.0	0.0	0.0	1.0	0.0	0.0	0.0	11.161038	0.0	15.30	1.0	0.005479
2012-10-06	8024.0	0.0	0.0	0.0	0.0	0.0	1.0	0.0	0.0	11.103056	0.0	15.85	1.0	0.008219
2012-10-07	8568.0	0.0	0.0	0.0	0.0	0.0	0.0	1.0	0.0	11.045208	0.0	15.85	1.0	0.010959

现在有了自行车流量数据和与之相关的可能会对其产生影响的变量，接着我们就可以使用前面介绍的线性回归模型来对数据进行拟合了。具体的模型设定、模型拟合和模型预测如下所示：

1. daily.dropna(axis=0, how='any', inplace=True)
2.
3. column_names = ['Mon', 'Tue', 'Wed', 'Thu', 'Fri', 'Sat', 'Sun', 'holiday',
4. 'daylight_hrs', 'PRCP', 'dry day', 'Temp (C)', 'annual']
5. X = daily[column_names]
6. y = daily['Total']
7.

8. model = LinearRegression(fit_intercept = False)
9. model.fit(X, y)
10. daily['predicted'] = model.predict(X)

数据中新产生的 'predicted' 特征就使用训练好的模型得到的预测值。为了便于直观地看出预测值和真实值之间的差异，我们将两者画在一起对比分析。如图 16.30 所示。

1. daily[['Total', 'predicted']].plot(alpha = 0.5)

从图 16.30(彩图 7)可以看出，预测结果与真实结果大体相似，说明我们得到的模型拟合效果较好。同时我们发现，预测值和真实值差异主要集中体现在每年的 3 月和 6 月之间。在这段区间，模型效果较差，这可能是因为还有其他较为重要的因素会影响自行车流量，而我们没有考虑到，也有可能是没有考虑到特征和标签之间的一些非线性关系。

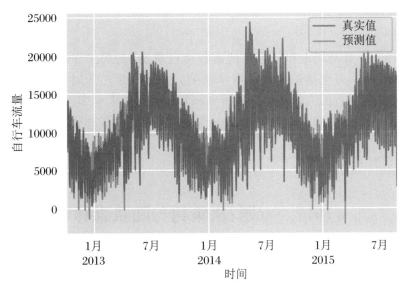

图 16.30 模型的预测值和真实值的比较

上面我们直观地感受了模型的拟合效果，为了对模型有更深刻的认识，下面由量化的角度，从各个特征的系数和误差来分析每个特征对自行车流量的影响情况。

1. params = pd.Series(model.coef_, index = X.columns)
2.
3. from sklearn.utils import resample
4. np.random.seed(1)
5. err = np.std([model.fit(* resample(X, y)).coef_
6. for i in range(1000)], 0)
7.
8. print(pd.DataFrame({'effect': params.round(0),
9. 'error': err.round(0)}))

	effect	error
Mon	2020.0	345.0
Tue	2441.0	333.0
Wed	2371.0	331.0
Thu	1929.0	341.0
Fri	712.0	324.0
Sat	−4413.0	318.0
Sun	−4534.0	332.0
holiday	−4750.0	653.0
daylight_hrs	515.0	36.0
PRCP	−2659.0	249.0
dry day	2191.0	133.0
Temp (C)	261.0	14.0
annual	108.0	71.0

通过每周工作日与周末和节假日的系数可以看出,每周工作日选择骑车的人明显较多,而周末及节假日选择骑车的人明显较少。并且如果白天时长每增加一个小时的话,预计选择骑车出行的人数会增加479～551个。下雨天骑车人数减少较多,晴天选择骑车的人数会增加。如果温度每增加一摄氏度时,预计选择骑车出行的人数会增加247～275个。

16.7 专题:决策树与随机森林

本节将介绍随机森林算法。随机森林是一种集成方法,通过参考许多弱评估器的结果来得出一个综合的结果。令人惊奇的是通过集成许多评估器得到的随机森林比其中最好的评估器的效果要好。这意味着,众多评估器的多数投票结果优于其中任意一个单独的评估器。

这其中的原理可以理解为大数定律,当每个评估器与其他评估器的相关性较弱时,即使每个评估器的结果只比随机猜测的结果好一点,它们的多数投票仍能得到较好的结果。

16.7.1 决策树

由于随机森林的基础模型是决策树模型,所以为了深入认识随机森林,我们有必要先介绍决策树的某些基本原理。决策树是一种功能很强大的算法,可以对很复杂的数据集进行拟合。决策树是广泛用于分类和回归任务的模型。本质上,它是从一层层的问题中进行学习,并得出结论。在本部分中,我们将首先讨论如何使用决策树进行训练、可视化和预测。

决策树是通过一系列的问题来对数据集进行分类或打标签的操作,其决策过程非常直观,进而很容易被大家理解。这种模型通常被称为白盒模型。相反,随机森林或神经网络通常被认为是黑盒模型。它们能做出很好的预测,同时我们可以轻松地检查它们做出这些预测的过程中计算的执行过程。然而,人们通常很难用简单的术语来解释为什么模型会做出这样的预测。例如,如果一个神经网络说一个特定的人出现在图片上,我们很难知道究竟是什么导致了这一个预测的出现。决策树的难点在于如何找到每一步分类的具体问题,也就是说我们需要在决策树的每一个节点上都找到一个合适的最优阈值来划分数据。下面通过示例来具体演示。

首先,利用 Scikit-Learn 数据库来生成之后待分类的二维数据集,我们可以看出数据集中有四种不同的标签。样本训练数据集如图 16.31 所示。

1. from sklearn.datasets import make_blobs
2.
3. X, y = make_blobs(n_samples = 300, centers = 4,
4.   random_state = 0, cluster_std = 1.0)
5. plt.scatter(X[:, 0], X[:, 1], c = y, s = 50, cmap = 'rainbow', edgecolors = '');
6. plt.savefig('data_deci_tree.png', dpi = 300)

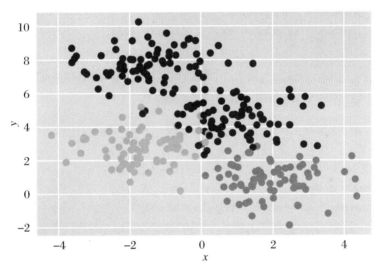

图 16.31　样本训练数据集

如果我们在本数据集上建立一个决策树模型,那么就可以逐步根据某个特征的某个阈值将数据分成不同的区域,并且将每个区域内样本最多的标签作为该区域的预测值。在 Scikit-Learn 中,DecisionTreeClassifier 评估器可以完成决策树的建立、训练和预测。下面我们演示如何建立一个决策树模型。决策树分类结果如图 16.32 所示。

1. from sklearn.tree import DecisionTreeClassifier
2. tree = DecisionTreeClassifier().fit(X, y)
3.
4. def visualize_classifier(model, X, y, ax = None, cmap = 'rainbow'):
5.   ax = ax or plt.gca()

6.
7. # 画出样本训练数据
8.   ax.scatter(X[:, 0], X[:, 1], c = y, s = 30, cmap = cmap,
9.   clim = (y.min( ), y.max( )), zorder = 3, edgecolors = '')
10.   ax.axis('tight')
11.   ax.axis('off')
12.   xlim = ax.get_xlim( )
13.   ylim = ax.get_ylim( )
14.
15. # 用设定的评估器拟合数据
16.   model.fit(X, y)
17.   xx, yy = np.meshgrid(np.linspace(* xlim, num = 200),
18.   np.linspace(* ylim, num = 200))
19.   Z = model.predict(np.c_[xx.ravel( ), yy.ravel( )]).reshape(xx.shape)
20.
21. # 为结果生成彩色图
22.   n_classes = len(np.unique(y))
23.   contours = ax.contourf(xx, yy, Z, alpha = 0.3,
24.   levels = np.arange(n_classes + 1) − 0.5,
25.   cmap = cmap, clim = (y.min( ), y.max( )),
26.   zorder = 1)
27.
28.   ax.set(xlim = xlim, ylim = ylim)
29.
30. # 使用上面的函数对训练好的决策树进行可视化
31. visualize_classifier(DecisionTreeClassifier( ), X, y)
32. plt.savefig('results_deci_tree.png', dpi = 300)

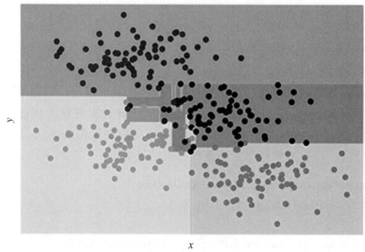

图16.32 决策树分类结果

通常来说,我们构造决策树直到所有叶结点都是纯的叶结点,但这会导致模型非常复杂,并且对训练数据高度过拟合。纯叶结点的存在说明这棵树在训练集上的精度是100%。训练集中的每个数据点都位于分类正确的叶结点中。从图16.32可以看出,具有相同标签的数据点大多都被分划分到了相同的区域,说明模型对训练数据的分类效果较好。但值得注意的是模型得到的决策边界很复杂,出现这种情况很可能是这个决策树模型过拟合了。如果模型过拟合,即模型训练过程中过度在意训练数据中的干扰因素,当我们将模型应用于测试集时很可能会得到较差的结果。

当决策树模型拟合局部的数据而缺失对完整数据的大局观时,就常常会出现过拟合的情况。决策树相较于其他模型更容易发生过拟合,过拟合是在使用决策树模型时需要重点关注的方面。

防止过拟合有两种常见的策略:一种是及早停止树的生长,也叫预剪枝(Pre-pruning);另一种是先构造树,但随后删除或折叠信息量很少的结点,也叫后剪枝(Post-pruning)或剪枝(Pruning)。预剪枝的限制条件可能包括限制树的最大深度、限制叶结点的最大数目,或者规定一个结点中数据点的最小数目。Scikit-Learn 的决策树在 DecisionTreeRegressor 类和 DecisionTreeClassifier 类中实现。Scikit-Learn 只实现了预剪枝,没有实现后剪枝。如果我们不限制决策树的深度,它的深度和复杂度都可以变得特别大。因此,未剪枝的树容易过拟合,对新数据的泛化性能不佳。

虽然我们主要讨论的是用于分类的决策树,但对用于回归的决策树来说,所有内容都是类似的,在 DecisionTreeRegressor 中实现。回归树的用法和分析与分类树非常类似。但在将基于树的模型用于回归时,它的一个特殊性质在于 DecisionTreeRegressor 以及其他所有基于树的回归模型不能外推,也不能在训练数据范围之外进行预测。

如前所述,控制决策树模型复杂度的参数是预剪枝参数,它在树完全展开之前停止树的构造。通常来说,选择一种预剪枝策略(设置 max_depth、max_leaf_nodes 或 min_samples_leaf)足以防止过拟合。

与前面讨论过的许多算法相比,决策树有两个优点:一是得到的模型很容易可视化,非专家也很容易理解(至少对于较小的树而言);二是算法完全不受数据缩放的影响。由于每个特征被单独处理,而且数据的划分也不依赖于缩放,因此决策树算法不需要特征预处理,比如归一化或标准化。特别是特征的尺度完全不一样时或者二元特征和连续特征同时存在时,决策树的效果很好。

决策树的主要缺点在于,即使做了预剪枝,它也经常会过拟合,泛化性能很差。因此,在大多数应用中,往往使用下面介绍的集成方法来替代单棵决策树。

16.7.2 随机森林

集成(Ensemble)是合并多个机器学习模型来构建更强大模型的方法。在机器学习文献中有许多模型都属于这一类,但已证明有两种集成模型对大量分类和回归的数据集都是有效的,两者都以决策树为基础,分别是随机森林和梯度提升决策树。

正如前面所提到的,决策树模型容易出现过拟合。有一种集成学习方法是通过组合多个过拟合评估器来降低过拟合程度,被称为装袋算法。装袋算法的基本做法是使用多个评估器对数据进行有放回地抽取集成,虽然每个评估器都可能对数据过拟合了,但通过综合多个评估器的结果往往能得到较好的分类结果。随机森林算法就是基于此得到的。

随机森林本质上是许多决策树的集合,其中每棵树都和其他树略有不同。随机森林背后的思想是,每棵树的预测可能都相对较好,但可能对部分数据过拟合。如果构造很多树,并且每棵树的预测都很好,但都以不同的方式过拟合,那么我们可以对这些树的结果取平均值来降低过拟合。这既能减少过拟合又能保持树的预测能力,在数学上可以进行严格证明。

为了实现这一策略,需要构造许多决策树。每棵树都应该对目标值做出可以接受的预测,还应该与其他树不同。随机森林的名字来自于将随机性添加到树的构造过程中,以确保每棵树都各不相同。随机森林中树的随机化方法有两种:一种是选择用于构造树的数据点,另一种是选择每次划分测试的特征。下面我们来更深入地研究这一过程。

上述中的装袋分类器可以通过 Scikit-Learn 中的 BaggingClassifier 来实现,步骤如下,基于装袋分类器的决策树分类结果如图 16.33 所示。

```
1. from sklearn.tree import DecisionTreeClassifier
2. from sklearn.ensemble import BaggingClassifier
3.
4. tree = DecisionTreeClassifier()
5. bag = BaggingClassifier(tree, n_estimators=100, max_samples=0.8,
6.                         random_state=1)
7.
8. bag.fit(X, y)
9. visualize_classifier(bag, X, y)
```

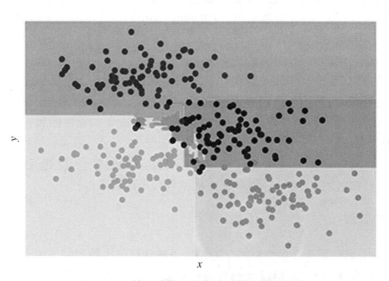

图 16.33　基于装袋分类器的决策树分类结果

在上面的代码中,每个评估器大约拟合了所有训练数据集的 80%。这种做法下,虽然每个评估器在对 80% 的训练数据进行训练时会过拟合,但由于每个评估器实际的训练数据都不相同,具有一定的随机性,所以最终得到的随机森林模型拥有更好的分类效果。

Scikit-Learn 中的 RandomForestClassifier 评估器能直接进行随机化决策,实现随机森林的算法。我们可以自己选择一组评估器,快速地完成每棵树的拟合工作。

想要构造一个随机森林模型,我们需要确定用于构造的树的个数(RandomForestRegressor 或 RandomForestClassifier 的 n_estimators 参数)。比如想要构造 10 棵树。这些树在构造时彼此完全独立,算法对每棵树进行不同的随机选择,以确保树和树之间是有区别的。想要构造一棵树,首先要对数据进行自助采样(Bootstrap sample)。也就是说,从 n_samples 个数据点中有放回地重复随机抽取一个样本(即同一样本可以被多次抽取),共抽取 n_samples 次。这样会创建一个与原数据集大小相同的数据集,但有些数据点会缺失(大约三分之一),有些会重复。

由于使用了自助采样,随机森林中构造每棵决策树的数据集都是略有不同的。又由于每个结点的特征选择,每棵树中的每次划分都是基于特征的不同子集,它们共同保证了随机森林中所有的树都不相同,随机森林分类结果如图 16.34 所示。

1. from sklearn.ensemble import RandomForestClassifier
2.
3. model = RandomForestClassifier(n_estimators=100, random_state=0)
4. visualize_classifier(model, X, y);
5. plt.savefig('randomforestclassifier.png', dpi=300)

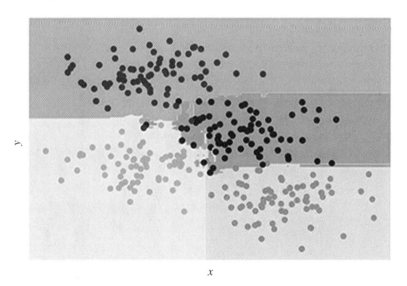

图 16.34 随机森林分类结果

随机森林比单独每一棵树的过拟合都要小,给出的决策边界也更符合直觉。在实际应用中,我们会用到更多棵树(通常是几百或上千),从而得到更平滑的边界。

想要利用随机森林进行预测,首先要对森林中的每棵树进行预测。对于回归问题,我们可以对这些结果取平均值作为最终预测。对于分类问题,则用到了"软投票"(Soft voting)策略。也就是说,每个算法做出"软"预测,给出每个可能的输出标签的概率。然后我们对所有树的预测概率取平均值,将概率最大的类别作为预测结果。

16.7.3 随机森林回归

上面演示了如何使用随机森林模型来完成分类问题,但其实随机森林模型不仅可以用于分类问题,还可以用于解决回归问题。本部分介绍如何使用随机森林模型来处理回归问题。在 Scikit-Learn 中,RandomForestRegressor 评估器可以实现随机森林回归算法。

首先,我们生成模型需要样本数据,样本训练数据集如图 16.35 所示。

```
1. rng = np.random.RandomState(2)
2. x = 10 * rng.rand(200)
3.
4. def model(x, sigma = 0.3):
5.     fast_oscillation = np.sin(5 * x)
6.     slow_oscillation = np.sin(0.5 * x)
7.     noise = sigma * rng.randn(len(x))
8.
9.     return slow_oscillation + fast_oscillation + noise
10.
11. y = model(x)
12. plt.errorbar(x, y, 0.3, fmt = 'o');
13. plt.savefig('data_random_regre.png', dpi = 300)
```

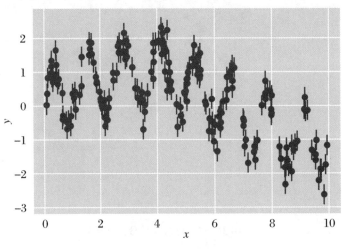

图 16.35　样本训练数据集

然后我们通过随机森林回归模型来拟合以上数据,并显示模型得到的拟合曲线,如图 16.36 所示。

```
1. from sklearn.ensemble import RandomForestRegressor
2. forest = RandomForestRegressor(200)
```

3. forest.fit(x[:, None], y)
4.
5. xfit = np.linspace(0, 10, 1000)
6. yfit = forest.predict(xfit[:, None])
7. ytrue = model(xfit, sigma=0)
8.
9. plt.errorbar(x, y, 0.3, fmt='o', alpha=0.5)
10. plt.plot(xfit, yfit, '-r');
11. plt.plot(xfit, ytrue, '-k', alpha=0.5);
12. plt.savefig('RandomForestRegressor.png', dpi=300)

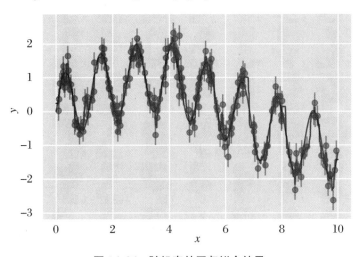

图 16.36　随机森林回归拟合结果

在生成数据时，使用的真实模型是光滑的曲线，通过随机森林回归模型训练得到的拟合曲线有一些不光滑。从上面的示例可以看出，无参数的随机森林模型适合用于处理多周期的样本数据。

16.7.4　案例：用随机森林识别手写数字

本部分会用到 Scikit-Learn 数据库中的手写数据集，尝试使用随机森林模型来对手写数字进行分类。

首先，我们载入数据库并显示部分待分类的手写数字，手写数字样本数据展示如图 16.37 所示。

1. from sklearn.datasets import load_digits
2. digits = load_digits()
3. digits.keys()
4.
5. fig = plt.figure(figsize=(6, 6))
6. fig.subplots_adjust(left=0, right=1, bottom=0, top=1, hspace=0.05, wspace=0.05)
7.

8. for i in range(64):
9.   ax = fig.add_subplot(8, 8, i + 1, xticks = [ ], yticks = [ ])
10.   ax.imshow(digits.images[i], cmap = plt.cm.binary, interpolation = 'nearest')
11.
12.   ax.text(0, 7, str(digits.target[i]))
13. plt.savefig('digits.png', dpi = 300)

图16.37 手写数字样本数据展示

接下来,将随机森林模型应用于手写数字集上,训练模型并得到分类结果。

1. from sklearn.model_selection import train_test_split
2.
3. Xtrain, Xtest, ytrain, ytest = train_test_split(digits.data, digits.target,
4.   random_state = 0)
5. model = RandomForestClassifier(n_estimators = 1000)
6. model.fit(Xtrain, ytrain)
7. ypred = model.predict(Xtest)

然后,查看随机森林分类器的分类效果。

1. from sklearn import metrics
2. print(metrics.classification_report(ypred, ytest))

	percision	recall	f1-score	support
0	1.00	0.97	0.99	38
1	0.98	0.97	0.99	34
2	0.95	1.00	0.98	42
3	0.98	0.98	0.98	45
4	0.97	1.00	0.99	37
5	0.98	0.96	0.97	49
6	1.00	1.00	1.00	52
7	1.00	0.96	0.98	50
8	0.94	0.98	0.96	46
9	0.98	0.98	0.98	47
accuracy			0.98	450
macro avg	0.98	0.98	0.98	450
weightd avg	0.98	0.98	0.98	450

最后通过混淆矩阵来进一步验证分类的结果。随机森林分类混淆矩阵如图 16.38 所示。

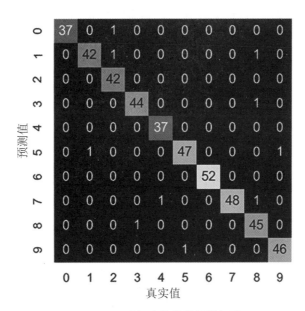

图 16.38　随机森林分类混淆矩阵

从上面的结果中,我们可以看出随机森林分类器在手写数字集上得到了较好的结果。并且需要注意的是,这里还没有对模型进行调参等优化处理,所以可见即使是一个简单的随机森模型也能得到不错的分类结果。

用于回归和分类的随机森林是目前应用最广泛的机器学习方法之一。这种方法非常强大,通常不需要反复调节参数就可以给出很好的结果,也不需要对数据进行缩放。从本质上看,随机森林拥有决策树的所有优点,同时弥补了决策树的一些缺陷。对于维度非常高的稀疏数据(比如文本数据),随机森林的表现往往不是很好。对于这种数据,使用线性模型可能更合适。

需要调节的重要参数有 n_estimators 和 max_features,可能还包括预剪枝选项。n_estimators 总是越大越好。对更多的树取平均可以降低过拟合,从而得到鲁棒性更好的集成。不过收益是递减的,而且树越多需要的内存也越多,训练时间也越长。常用的经验法则是,在你的时间或内存允许的情况下构建尽量多的树。前面说过,max_features 决定每棵树的随机性大小,较小的 max_features 可以降低过拟合。一般来说,好的经验就是使用默认值:对于分类,默认值是 max_features = sqrt(n_features);对于回归,默认值是 max_features = n_features。增大 max_features 或 max_leaf_nodes 有时也可以提高性能,它还可以大大降低训练和预测的时间和空间的要求。

在这一节中,我们光简要介绍了集成评估器的相关概念,然后重点介绍了随机森林模型。通过上面的学习,可以看出随机森林是一种强大的机器学习方法。随机森林的优势在于以下几个方面:首先,由于决策树的原理很简单且每棵树都是完全独立的,所以它的训练和预测速度都非常快,而且可以直接并行计算多个任务;其次,无参数模型很灵活,在其他评估器都欠拟合的任务中表现突出;最后,多个评估器之间的多数投票可以给出概率的估计值。但随机森林的主要缺点在于其结果不太容易被解释,我们很难给出模型结果的具体意义。

16.8 专题:k 均值聚类

k 均值聚类是最简单也最常用的聚类算法之一。它试图找到代表数据特定区域的簇中心(Cluster center)。算法交替执行以下两个步骤:将每个数据点分配给最近的簇中心,然后将每个簇中心设置为所分配的所有数据点的平均值。如果簇的分配不再发生变化,那么算法结束。该算法可由 sklearn.cluster.KMeans 实现。

16.8.1 k 均值聚类介绍

需要注意的是最优的聚类结果需要符合两个条件:① 簇中心点是属于该簇的所有数据点坐标的算术平均值;② 一个簇的每个点到该簇中心点的距离,比到其他簇中心点的距离都短。

我们首先通过一个简单数据集来看看 k 均值算法的聚类效果,后面会具体介绍如何使用该算法解决问题。我们先生成一个明显由 4 个簇构成的二维数据集,因为该算法是无监督学习算法,并不需要数据标签,所以图中没有区分各个数据的标签。

```
1. from sklearn.datasets.samples_generator import make_blobs
2. X, y_true = make_blobs(n_samples = 300, centers = 4,
```

3.   cluster_std = 0.90, random_state = 1)
4. plt.scatter(X[:, 0], X[:, 1], s = 50, edgecolors = '');
5. plt.savefig('data_k_means.png', dpi = 300)

从图 16.39 可以看出大致分布着的 4 个簇。下面我们演示如何使用 k 均值算法从图中识别出不同的簇。在 sklearn 中该算法可由 sklearn.cluster.KMeans 实现。

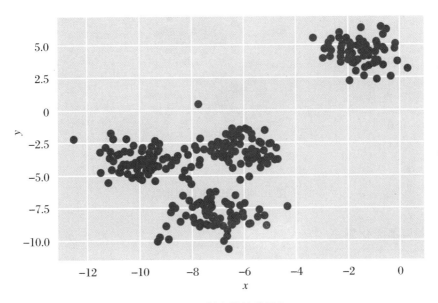

图 16.39   样本训练数据点

1. from sklearn.cluster import KMeans
2. kmeans = KMeans(n_clusters = 4)
3. kmeans.fit(X)
4. y_kmeans = kmeans.predict(X)

通过上面的代码，我们已经完成了聚类并对所有的训练数据点给出了聚类结果。下面标记出不同簇各自的中心。

1. from sklearn.cluster import KMeans
2. kmeans = KMeans(n_clusters = 4)
3. kmeans.fit(X)
4. y_kmeans = kmeans.predict(X)

从图 10.40 可以看出，所有的原始训练数据点都成功地分为了 4 个簇，其中的黑色背景点就是各个簇的中心。你可能会疑惑，这个算法是如何做到在短时间内快速找到各个簇的。因为随着样本数据量的增加，理论上存在的簇分配方案是会成指数级增长的。如果是通过遍历所有方案来实现的话，显然会花费很长的时间。实际上，k 均值算法使用的是容易理解的期望最大化算法，而不是通过穷举来实现的。

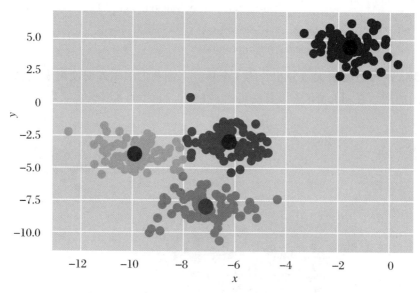

图 16.40　k 均值聚类结果

16.8.2　期望最大化算法

期望最大化（Expectation-maximization，E-M）是一种非常强大的算法，在数据科学的很多场景中都得到了应用。本部分涉及的 k 均值算法就是该算法的应用案例之一。

期望最大化方法包含以下步骤：首先，猜测一些簇中心点；然后，重复直至收敛。其中包括：① 期望步骤（E-step）：将点分配至离其最近的簇中心点；② 最大化步骤（M-step）：将簇中心点设置为所有点坐标的平均值。期望步骤不断更新每个点是属于哪一个簇的期望值。最大化步骤计算关于簇中心点的拟合函数值最大化对应的坐标。本例是通过简单地求每个簇中所有数据点坐标的平均值得到了簇中心的点坐标。在典型环境下，期望步骤和最大化步骤的每一次重复都会得到更好的聚类效果。

在使用期望最大化算法时，我们需要注意以下几个问题：

（1）首先，它并不保证可以获得全局最优的解决方案。即使期望最大化算法可以在每一步中改进结果，但最后得到的解决方案并不一定是全局最优解。因此，该算法通常会用不同的初始值尝试很多遍，在 Scikit-Learn 中通过 n_init 参数（默认值是 10）设置执行次数。

（2）其次，簇数量必须人为事先定好。我们必须设定该算法的簇数量，因为它无法从数据中自动学习到。

（3）最后，我们需要注意的是该算法只能确定线性聚类边界。由于 k 均值聚类中数据点更接近自己的簇中心点的基本模型假设，当簇中心点呈现非线性的复杂形状时，该算法通常不起作用。k 均值聚类的边界总是线性的，这就意味着当边界很复杂时，算法会失效。我们用下面的数据来演示这一现象。

1. from sklearn.datasets import make_moons
2. X, y = make_moons(200, noise = .05, random_state = 0)
3. labels = KMeans(2, random_state = 0).fit_predict(X)
4. plt.scatter(X[:, 0], X[:, 1], c = labels,
5. s = 50, cmap = 'viridis');
6. plt.savefig('circle_data.png', dpi = 300)

从图 16.41 可以看出，数据点本身不是线性可分的。正如我们所预见的，k 均值聚类的边界总是线性的，所以用这个算法没有成功地将数据分为不同的簇。

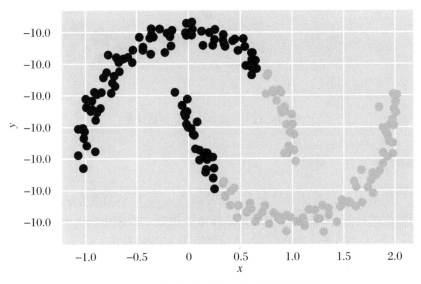

图 16.41　基于期望最大化算法的聚类结果

由于低维空间中不可线性分割的数据通过核变换将其投影到高维空间时，往往能得到线性可分的数据，所以我们可以尝试使用同样的技巧解决该算法无法处理非线性边界的问题。在 Scikit-Learn 中 SpectralClustering 可以实现这样的功能，它使用最近邻图（the graph of nearest neighbors）来计算数据的高维表示，然后用 k 均值算法分配标签。

1. from sklearn.cluster import SpectralClustering
2. model = SpectralClustering(n_clusters = 2, affinity = 'nearest_neighbors',
3. 　　　　　　　　　　　　assign_labels = 'kmeans')
4. labels = model.fit_predict(X)
5. plt.scatter(X[:, 0], X[:, 1], c = labels,
6. s = 50, cmap = 'viridis');
7. plt.savefig('circle_data2.png', dpi = 300)

从图 16.42 可以看到，通过核变换方法之后，我们使用 k 均值算法也能成功处理非线性的数据点了。

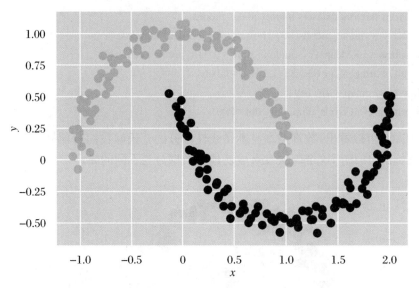

图 16.42　核变换之后的聚类结果

16.8.3　案例：手写数字聚类

这里我们使用 k 均值算法来处理手写数字数据。由于 k 均值算法是无监督学习方法，我们不使用数据的标签，并希望 k 均值算法探索数据集之后能识别出相似的数字。

首先，需要导入手写数字的数据集，然后再应用 k 均值算法。

```
1. from sklearn.datasets import load_digits
2. digits = load_digits()
3. digits.data.shape
```
(1797,64)

可以看出，这个手写数字数据集包含 1797 个示例，每个样本有 64 个特征，其实就是 8×8 图像中的每个像素。现在使用 k 均值算法，具体如下：

```
1. kmeans = KMeans(n_clusters=10, random_state=0)
2. clusters = kmeans.fit_predict(digits.data)
3. kmeans.cluster_centers_.shape
```
(10,64)

我们设定有 10 个簇，但需要注意的是这 10 个簇中心都是 64 维的像素点。这些簇可以理解为具有代表意义的像素点，由于数据集中是 0～9 这 10 个数字，我们希望这 10 个簇分别代表一个数字，如果是这样的话说明该算法的聚类效果不错。现在通过以下代码来呈现这 10 个具有代表性的簇。

```
1. fig, ax = plt.subplots(2, 5, figsize=(8, 3))
2. centers = kmeans.cluster_centers_.reshape(10, 8, 8)
3. for axi, center in zip(ax.flat, centers):
```

4. axi.set(xticks=[], yticks=[])
5. axi.imshow(center, interpolation='nearest', cmap=plt.cm.binary)
6. plt.savefig('digit_k_means.png', dpi=300)

正如我们所希望的,该算法在没有标签的情况下成功找到了能代表 10 个数字的中心点,其中除了数字 8 不是很明显,其他数字都能通过直观判断得知(图 16.43)。

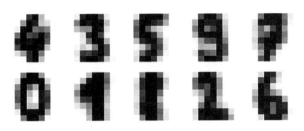

图 16.43 手写字体训练样本

在使用 k 均值算法时因为没有使用真实的标签,所以数字标签可能并不是顺序排列的。为了解决这个问题,现在将每个学习到的簇标签和真实标签进行匹配,进而查看无监督聚类算法在查找相似数字时的准确性。

1. from scipy.stats import mode
2. from sklearn.metrics import accuracy_score
3.
4. labels = np.zeros_like(clusters)
5. for i in range(10):
6.   mask = (clusters == i)
7.   labels[mask] = mode(digits.target[mask])[0]
8.
9. accuracy_score(digits.target, labels)

0.7935447968836951

我们通过简单的 k 均值算法可以达到约 80% 的准确率。为了进一步了解分类效果,我们查看下面混淆矩阵(图 16.44)。

1. from sklearn.metrics import confusion_matrix
2. mat = confusion_matrix(digits.target, labels)
3. sns.heatmap(mat.T, square=True, annot=True, fmt='d', cbar=False,
4.   xticklabels=digits.target_names,
5.   yticklabels=digits.target_names)
6. plt.xlabel('true label')
7. plt.ylabel('predicted label');
8. plt.savefig('confusion_matrix_digit_k_means.png', dpi=300)

从混淆矩阵可以看出,聚类出错的地方主要是数字 1 和数字 8,它们之间没有得到较好的区分。但仍然能够看出,通过 k 均值算法可以构建一个数字分类器,该数字分类器不需要任何已知的标签。

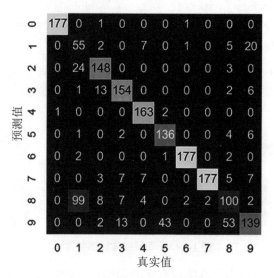

图 16.44　k 均值算法得到的混淆矩阵

t-SNE 是一个非线性嵌入算法，特别擅长保留簇中的数据点。下面我们尝试在进行 k 均值算法之前对数据进行 t-SNE 预处理，希望能进一步提高分类的正确率。

1. from sklearn.manifold import TSNE
2.
3. ♯投影数据：这一步将耽误几秒钟
4. tsne = TSNE(n_components=2, init='random', random_state=0)
5. digits_proj = tsne.fit_transform(digits.data)
6.
7. ♯计算簇
8. kmeans = KMeans(n_clusters=10, random_state=0)
9. clusters = kmeans.fit_predict(digits_proj)
10.
11. ♯排列标签
12. labels = np.zeros_like(clusters)
13. for i in range(10)：
14. 　　mask = (clusters == i)
15. 　　labels[mask] = mode(digits.target[mask])[0]
16.
17. ♯计算准确度
18. accuracy_score(digits.target, labels)

0.9326655537006121

在没有标签的情况下，k 均值算法可以得到 93% 的准确率。所以，如果我们巧妙使用非监督学习的话，就能成功地从杂乱的数据集中抽取出难以直观察觉的信息。

16.9 专题：主成分分析

主成分分析(Principal Component Analysis,PCA)是一种旋转数据集的方法,旋转后的特征在统计上不相关。在做完这种旋转之后,通常是根据新特征对解释数据的重要性来选择它的一个子集。主成分分析算法是一种无监督学习算法,相较于监督学习算法需要从带标签的数据中训练模型并预测新数据的具体标签,主成分分析算法是从无标签的数据中挖掘出有用的信息。本节将主要介绍主成分分析算法,它也是被广泛应用的无监督算法之一。主成分分析的主要功能是降维。当特征的维度较高时,会面临维数灾难问题,导致很多机器学习算法不能得到很好的应用,所以有效地降低数据维度显得尤为重要。除此之外,主成分分析在特征工程、特征提取、数据可视化等领域也得到了广泛的使用。

16.9.1 主成分分析简介

主成分分析的基本原理已经在前面介绍过了,本部分主要是从具体操作的角度来进一步演示主成分分析算法。主成分分析是一种降维的无监督算法,我们先从二维数据来演示其降维的主要过程。首先生成之后待降维的二维数据点,样本训练数据点如图 16.45 所示。

1. rng = np.random.RandomState(1)
2. X = np.dot(rng.rand(2,2),rng.randn(2,200)).T
3. plt.scatter(X[:,0], X[:,1],edgecolors='')
4. plt.axis('equal');
5. plt.savefig('data_PCA.png',dpi=300)

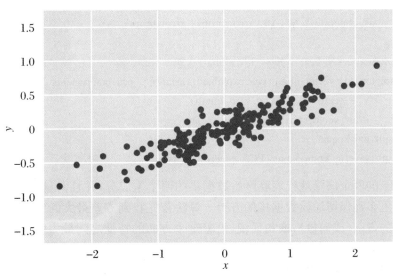

图 16.45　样本训练数据点

从图 16.45 可以看出，样本点之间具有一定的相关性，而无监督学习方法希望能很好地探索特征之间的相关性。简单来讲，主成分分析这种降维方法就是希望在上图中找到一个主轴，然后利用这个主轴来描述原始数据集。在 Scikit-Learn 中，主成分分析可以使用 PCA 评估器来实现，如下所示：

1. from sklearn.decomposition import PCA
2. pca = PCA(n_components=2)
3. pca.fit(X)

训练好的评估器已经从原始数据中抽取出了最重要的主成分，现在通过相应的属性将主成分打印出来：

1. print(pca.components_)
[[−0.94446029 −0.32862557]
 [−0..32862557   0.94446029]]

同时，我们也可以输出两个主成分的解释度，即这两个主成分保留了多少原始数据集的信息。

1. print(pca.explained_variance_)
[0.7625315 0.0184779]

为了能更直观地看出各个主成分和各自的方差贡献度，现在将各个主成分画在原始数据集上，向量的长度代表方差贡献度的大小。

1. def draw_vector(v0, v1, ax=None)：
2.   ax = axor plt.gca()
3.   arrowprops=dict(arrowstyle='−>',
4.   linewidth=2,
5.   shrinkA=0, shrinkB=0)
6.   ax.annotate('', v1, v0, arrowprops=arrowprops)
7.
8. plt.scatter(X[:, 0], X[:, 1], alpha=0.2)
9. for length, vector in zip(pca.explained_variance_, pca.components_)：
10.   v = vector * 3 * np.sqrt(length)
11.   draw_vector(pca.mean_, pca.mean_ + v)
12. plt.axis('equal')；
13. plt.savefig('components_PCA.png', dpi=300)

图 16.46 的两个向量就代表着原始数据集的两个主成分，并且向量的长度越长代表该主成分越能更多地保留原始数据集的方差。算法首先找到方差最大的方向，这是数据中包含最多信息的方向（或向量），换句话说，沿着这个方向的特征之间最为相关。然后，算法找到与第一个方向正交（成直角）且包含最多信息的方向。在二维空间中，只有一个成直角的方向，但在更高维的空间中会有（无穷）多个正交方向。虽然这两个成分都画成箭头，但其头尾的位置并不重要。利用这一过程找到的方向被称为主成分（Principal Component），因为

它们是数据方差的主要方向。一般来说,主成分的个数与原始特征相同。

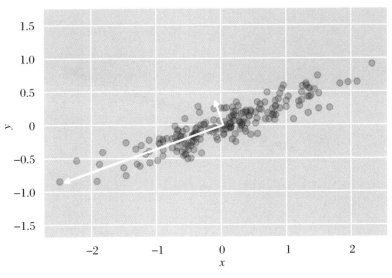

图 16.46　主成分展示

这里的数据集只有两个特征,所以主成分的个数只有两个。当数据具有多个特征时,通过上面相同的操作我们能得到多个主成分。但这并不意味着所有的主成分都是重要的,一般来说只会保留较为重要的一些主成分,而删除不重要的主成分。我们使用各个主成分的方差贡献度来衡量该主成分的重要性,这样就达到了降低数据维度的目的。虽然上面展示的找主成分的算法较为繁琐,但目前主成分分析在机器学习和数据挖掘等领域都得到了非常广泛的应用。

正如前面提到的,使用主成分分析来完成降维任务就是去除若干个方差贡献度最小的主成分,这样就能得到维度较低且保留了较大原始数据集方差的新数据集。

```
1. pca = PCA(n_components=1)
2. pca.fit(X)
3. X_pca = pca.transform(X)
4. print("original shape: ", X.shape)
5. print("transformed shape:", X_pca.shape)
original shape:   (200,2)
transformed shape:(200,1)
```

从上面的输出可以看出,经过转换的新数据变为一维了。为了能直观地看出降维的效果以及变换后的数据与原始数据的关系,我们将转换后的数据也画在图中(图 16.47)。

```
1. X_new = pca.inverse_transform(X_pca)
2. plt.scatter(X[:,0], X[:,1], alpha=0.2,edgecolors='')
3. plt.scatter(X_new[:,0], X_new[:,1], alpha=0.8,edgecolors='')
4. plt.axis('equal');
5. plt.savefig('mean_components.png',dpi=300)
```

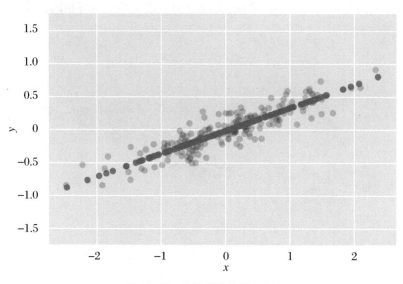

图 16.47　投影后的数据点图

从图 16.47 中可以看出，将所有的原始数据投影在方差最大的主成分上得到了转换后的新数据。这些数据点位于原始特征空间中，但仅保留了第一主成分中包含的信息。这种变换有时用于去除数据中的噪声影响。并且可以看出，这个主成分较大程度地保留了原始数据集的方差。在上面的演示中，我们删除了方差贡献度最小的那个主成分，降维之后损失的方差就是该主成分解释的方差，这样二维的原始数据变为了一维的新数据集，并且保留了大部分信息。

为了演示方便，上面我们所有选用的数据只有两个特征，这可能会让大家觉得将二维数据降为一维数据并不是很有用。但当维度较高时，主成分分析这种降维方法的优势就能得到较好的体现。现在我们将主成分分析应用于手写数字数据，以此来体现主成分分析在高维数据中的应用。

首先，导入相应的数据库。

1. from sklearn.datasets import load_digits
2. digits = load_digits( )
3. digits.data.shape

(1797,64)

我们可以看到，该数据的每一个样本都是 64 维的。对于大于三维的数据，我们是很难有直观理解的，所以现在尝试使用主成分分析来将数据降到二维：

1. pca = PCA(2)
2. projected = pca.fit_transform(digits.data)
3. print(digits.data.shape)
4. print(projected.shape)

(1797,64)

(1797,2)

这样就得到了转换后的二维数据集了，即所有原始数据在方差贡献度最大的两个主成分上的投影。为了更好地了解数据，我们画出每个原始数据在前两个主成分上的投影（图16.48）。

1. plt.scatter(projected[:, 0], projected[:, 1],
2. 　　　　　　c = digits.target, edgecolor = 'none', alpha = 0.5,
3. 　　　　　　cmap = plt.cm.get_cmap('Accent', 10), edgecolors = '')
4. plt.xlabel('component 1')
5. plt.ylabel('component 2')
6. plt.colorbar();
7. plt.savefig('2_dimen_digits.png', dpi = 300)

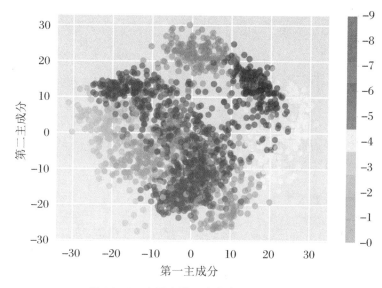

图 16.48　在最大的两个主成分上的投影

图 16.48 是原始数据在最优的两个主成分上的投影，这使得我们能将 64 维的数据在二维平面上以保留最大信息的方式展示出来。

在实践中，使用主成分分析对数据进行降维时，如何选出需要保留的合适的主成分个数是很重要的。由于每个主成分都有各自的方差贡献度，前若干个主成分的方差贡献度之和被称为累计方差贡献度。我们一般通过累计方差贡献度来选择保留的主成分个数，累计方差贡献度可以理解为当主成分的个数为某个值时保留的原始数据的信息。针对上面的问题，我们画出保留不同主成分个数的情况下累计方差贡献度的大小（图16.49）。

1. pca = PCA().fit(digits.data)
2. plt.plot(np.cumsum(pca.explained_variance_ratio_))
3. plt.xlabel('number of components')
4. plt.ylabel('cumulative explained variance');
5. plt.savefig('cumulative_explained_variance.png', dpi = 300)

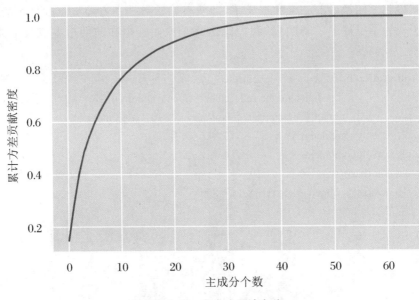

图 16.49 主成分累计方差

从图 16.49 可以看出，保留不同主成分个数的情况下累计方差贡献度的大小。我们可以根据不同的要求选择需要保留的主成分个数。可以看出，保留前 10 个主成分能保留大约 75% 的方差，保留前 20 个主成分能保留大约 90% 的方差。

16.9.2 案例：噪音过滤

PCA 的另一个应用是特征提取。特征提取背后的思想是，可以找到一种数据表示，比给定的原始表示更适合于分析。特征提取很有用，它的一个很好的应用实例就是图像。由于主要成分的方差远大于噪音的方差，所以当我们使用主成分分析来处理时，仅保留方差贡献度较大的主成分能实现选择性地保留主要信号并去除噪音的影响。这里我们使用手写来看看如何实现噪音过滤。

首先，我们展示一些无噪音的数据，手写字体样本数据展示如图 16.50 所示。

```
1. def plot_digits(data):
2.     fig, axes = plt.subplots(4, 10, figsize=(10, 4),
3.                              subplot_kw={'xticks':[], 'yticks':[]},
4.                              gridspec_kw=dict(hspace=0.1, wspace=0.1))
5.     for i, ax in enumerate(axes.flat):
6.         ax.imshow(data[i].reshape(8, 8),
7.                   cmap='binary', interpolation='nearest',
8.                   clim=(0, 16))
9. plot_digits(digits.data)
10. plt.savefig('digits_clearn.png', dpi=300)
```

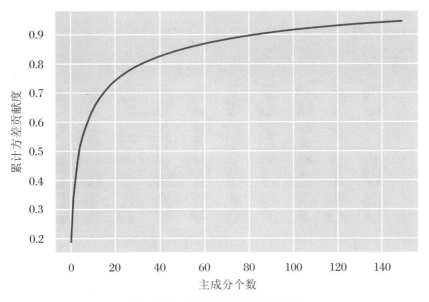

图 16.50　手写字体样本数据展示

然后,人为地增加一些噪音,加入噪音后的手写字体如图 16.51 所示。

1. np.random.seed(42)
2. noisy = np.random.normal(digits.data,4)
3. plot_digits(noisy)
4. plt.savefig('digits_noisy.png',dpi=300)

图 16.51　加入噪音后的手写字体

通过对比发现,增加噪音后数据更不容易分辨。现在我们通过主成分分析来过滤噪音,这里我们选择保留至少 50% 的方差。

1. pca = PCA(0.50).fit(noisy)
2. pca.n_components_

12

从上面的输出可以看出,我们需要保留 12 个主成分才能保留原始数据中 50% 的信息。通过提取主成分消除噪音如图 16.50 所示。接下来计算这些主成分:

1. components = pca.transform(noisy)

2. filtered = pca.inverse_transform(components)
3. plot_digits(filtered)
4. plt.savefig('digits_filtered.png', dpi = 300)

图 16.52 通过提取主成分消除噪音

对比去噪前后的情况，可以看出明显的区别，说明过滤噪音的效果不错。主成分分析这种过滤信号的特点使其成为一种高效的特征旋转方式。当面临高维数据时，我们可以选择使用主成分分析将数据降到低维，这样既能带来低维训练分类器快速的好处，又能同时过滤掉原始数据中的噪音。

在 Scikit-Learn 数据库中的 Wild 数据集是带标签的人脸数据。我们先导入数据集并打印出标签名称和数据维度。

1. from sklearn.datasets import fetch_lfw_people
2. faces = fetch_lfw_people(min_faces_per_person = 60)
3. print(faces.target_names)
4. print(faces.images.shape)

['Ariel Sharon''Colin Powell''Donald Rumsfeld''George W Bush'
'Gerhard Schroeder''Hugo Chavez''Junichiro Koizumi''Tony Blair']
(1348, 62, 47)

可以看出，这是一个很大的数据集，所以我们将利用设置 PCA 的参数 svd_solver = 'randomized'。在训练模型的过程中，它是以一定的随机方式来确定前 N 个主成分，这样做能比标准的 PCA 评估器更快得到结果，在处理较大的数据量时可以使用这种方式。这里的数据维度大约在 3000。

1. from sklearn.decomposition import PCA
2.
3. RandomizedPCA = PCA(n_components = 150, svd_solver = 'randomized')
4. pca = RandomizedPCA
5. pca.fit(faces.data)

PCA(copy = True, iterated_power = 'auto', n_components = 150, random_state = None,
    svd_solver = 'randomized', tol = 0.0, whiten = Falese)

现在我们成功得到了前 150 个主成分，可以将例子中带有前面几个主成分的图像可视化，效果如图 16.53 所示。

1. fig, axes = plt.subplots(3, 8, figsize=(9, 4),
2. subplot_kw={'xticks':[], 'yticks':[]},
3. gridspec_kw=dict(hspace=0.1, wspace=0.1))
4. for i, ax in enumerate(axes.flat):
5. ax.imshow(pca.components_[i].reshape(62, 47), cmap='bone')

图 16.53 通过主成分提取出的特征脸

我们通过观察图像之间的不同可以发现：前面几张特征脸（从左上角开始）看起来和照向脸的光线角度有关，而后面的主向量似乎是挑选出了特定的特征，例如眼睛、鼻子和嘴唇。下面我们来看看这些成分的累计方差，以及该投影保留了多少数据信息（图16.54）。

1. plt.plot(np.cumsum(pca.explained_variance_ratio_))
2. plt.xlabel('number of components')
3. plt.ylabel('cumulative explained variance');

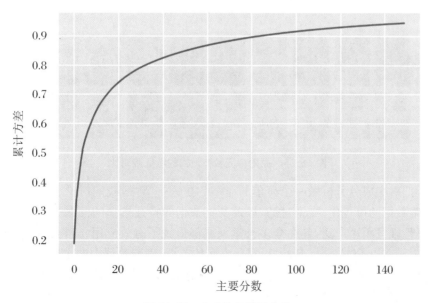

图 16.54 主成分的累计方差

通过图 16.54 的曲线可以看到，这 150 个主成分包含了 90% 的累计方差。由于我们的主成分保留了绝大部分的信息，这足以恢复原始数据的大部分必要特征。下面我们来对比原始的人脸数据和通过 150 个主成分重构回去的主成分。

```
1. #计算成分和投影的人脸
2. pca = RandomizedPCA(150).fit(faces.data)
3. components = pca.transform(faces.data)
4. projected = pca.inverse_transform(components)
5.
6. #画出结果
7. fig, ax = plt.subplots(2, 10, figsize=(10, 2.5),
8.                        subplot_kw={'xticks':[], 'yticks':[]},
9.                        gridspec_kw=dict(hspace=0.1, wspace=0.1))
10. for i in range(10):
11.     ax[0, i].imshow(faces.data[i].reshape(62, 47), cmap='binary_r')
12.     ax[1, i].imshow(projected[i].reshape(62, 47), cmap='binary_r')
13.
14. ax[0, 0].set_ylabel('full-dim\ninput')
15. ax[1, 0].set_ylabel('150-dim\nreconstruction')
16. plt.savefig('inverse_transform.png', dpi=300)
```

在图 16.55 中，第一行是原始图像，下面一行显示的是从大约 3000 个原始特征中精选出的 150 个特征重构的图像。我们可以看出，通过重构得到的图像仍然具有很强的辨识度。这说明分类算法只需要在 150 维的数据上训练，而不需要在 3000 维的数据上训练。维度的选择取决于选定的算法，而选择合适的算法会带来更有效的分类效果。但需要注意的是在将数据的原始维度信息缩减到将近二十分之一的同时，仍应保证投影数据还是包含了足够的信息。

图 16.55　原始特征脸和重构的特征脸对比

这里我们对主成分分析做一个简单的总结。在这一节中，我们讨论了用主成分分析进行降维、高维数据的可视化、噪音过滤，以及高维数据的特征选择的问题。正是因为主成分分析可解释性强且用途广泛，其在众多科学领域都得到了有效应用。当面对高维的数据集时，我们可以尝试以 PCA 分析开始，可视化点间的关系，理解数据中的主要方差和固有的维度。当然，PCA 并不是一个对每个高维数据集都有效的算法，但是它提供了一条直接且有效的路径，来洞察高维的数据。

由于主成分分析容易受数据集的异常点影响,目前人们开发出了很多效果更好的主成分分析方法,这些 PCA 变体方法迭代执行,丢弃了对原始成分描述得很糟糕的数据点。我们前面提到的 RandomizedPCA 算法使用了一个随机方法,快速地近似计算出一个维度非常高的数据的前几个主成分,而 SparsePCA 则引入了一个正则项来保证成分的稀疏性。

本 章 小 结

1. 机器学习的开发基本分为 6 个步骤:① 获取数据;② 数据处理;③ 特征选择;④ 模型学习;⑤ 模型评估;⑥ 预测及应用。而 sklearn 主要包括 Dimensionality reduction、Clustering、Classification、Regression、Preprocessing 和 Model selection 六大板块,涵盖了机器学习开发的方方面面。

2. 三种经典的评估方法:简单的留出验证、K 折交叉验证,以及留一交叉法。

3. 网格搜索是被应用最广泛的超参数搜索算法,网格搜索通过查找搜索范围内的所有的点来确定最优值。一般通过给出较大的搜索范围以及较小的步长,网格搜索是一定可以找到全局最大值或最小值的。

4. 建模的评估一般可以分为回归、分类和聚类的评估。对于二类分类器/分类算法,评价指标主要有 Accuracy、Precision、Recall、$F1$-score、PR 曲线、ROC 曲线、AUC 等。对于多类分类器/分类算法,评价指标主要有 Accuracy、宏平均和微平均 F-score 等。对于回归分析,主要有 MSE 和 R2/拟合优度等。

关键词:sklearn 库　交叉验证　网格搜索　模型评估

思 考 题

1. 结合网格搜索、交叉验证等内容,写出一个完整的鸢尾花建模过程,并运用模型评估方法评估该模型的好坏,可尝试朴素贝叶斯、k 近邻等多种分类方法。

2. 尝试利用 sklearn 库中的 datasets 模块,加载分类、回归、聚类等算法适用的数据集,并将每个算法作为核心建立模型。

参 考 文 献

[1]　李航.统计学习方法[M].2 版.北京:清华大学出版社,2019.
[2]　周志华.机器学习[M].北京:清华大学出版社,2017.
[3]　Hastie T,Tibshirani R,Friedman J. The elements of statistical learning:data mining,inference,and prediction[M].New York:Springer,2001.
[4]　万托布拉斯.Python 数据科学与手册[M].陶俊杰,陈小莉,译.北京:人民邮电出版社,2018.
[5]　安德里亚斯·穆勒.Python 机器学习基础教程[M].张亮,译.北京:人民邮电出版社,2018.

第 17 章 机器学习在银行领域中的应用

教学目标

1. 了解机器学习在银行领域的应用现状、应用优势和发展趋势；
2. 掌握金融数据的处理过程和信用评分模型的构建流程；
3. 理解各类机器学习模型在债务违约预警中的优缺点及预测效果。

移动互联时代，数据的规模、多样性和处理速度呈指数级地飞速发展，银行需要利用其所拥有的大规模数据资产来精准服务业务发展，其中机器学习起到了至关重要的作用。机器学习可以帮助银行有效地从数据中获取有价值的信息，降低风险，实现流程自动化，改善与客户互动的过程。

本章 17.1 节、17.2 节和 17.3 节分别介绍了机器学习在银行领域中的应用现状、应用优势和发展趋势，17.4 节介绍了一个银行信用卡违约预警和信用评分的案例。

17.1 应用的现状

随着移动互联网的发展和智能终端设备的普及，银行的市场环境受到了移动互联经济的深刻影响，以融入产业生态、重塑银行服务、实现实时场景、极致服务、开放融合、灵活组织为特征的 Bank 4.0 时代已经到来。新的时代带来了新的挑战，机器学习技术为银行提供了一种新的解决方案。

当下银行主要面临客户获取（客户互动、竞争）、经营效率（削减成本、招聘和留住人才）、监管（安全、监管合规）等几个方面的挑战，而机器学习能够为这些问题提供解决方案。如图 17.1 所示，机器学习在银行中的应用大概可以包括以下几个方面：① 客户细分。通过机器学习中的无监督学习，银行可以对客户进行细分，提供个性化的产品或服务。② 有效利用大数据。机器学习技术为银行提供相应的竞争工具，使其有效地利用自身拥有的大数据，提高和金融科技公司竞争的能力。③ 认知自动化。结合机器人技术，机器学习可以对金融和监管报告流程等实现自动化。④ 自然语言处理。算法可以自动评估优秀雇员的简历，从网上搜索合适的候选者，招聘和留住人才。⑤ 欺诈和洗钱行为识别。机器学习可以大大提高对欺诈、洗钱和信用风险识别的概率。⑥ 合规操作。银行通过自动化报告、压力测试解决方案，分析电子邮件以及电话记录实施合规操作，识别可疑的员工行为。

从业务角度观察,机器学习技术在商业银行中的应用主要在营销和风控两个方面。营销方面,机器学习被应用于营销预测、产品匹配和后评价管理。机器学习能预测客户对营销的反应,合理分配有限的营销资源,提升营销成功率;以客户为中心,营销最合适客户的产品,提升营销的服务质量;收集营销结果反馈,评价营销活动效果,同时建立营销闭环,优化营销策略。在风控方面,机器学习被应用于信用评价、风险调查和欺诈识别。机器学习利用行内客户属性,形成信用评分,评价客户信用风险等级;关联客户多维信息,为自动化调查提供数据支撑,同时将高风险客户列入黑名单;通过客户关系网络,识别申请欺诈行为,根据客户历史交易行为规律,识别交易欺诈行为。可见,机器学习几乎可以应用于银行所有重要的业务之中,实现银行全流程的智能化管理。

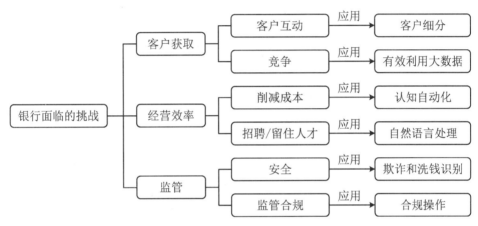

图 17.1 银行面临的挑战及机器学习的应用

数据对银行有极其重要的作用,数据资产表是继资产负债表、利润表和现金流量表之后,银行的"第四张表"。在分析和挖掘银行数据的过程中,机器学习起到了举足轻重的作用,从图 17.2 可以看到,机器学习技术在商业银行的"一分"(信用评分)、"两库"(营销库和调查库)、"三智能"(智能营销、智能风控和智能评价)中都有广泛的应用。

17.2 应用的优势

机器学习应用于银行业务的优势是显而易见的,我们可以对比银行传统的业务处理方式,如图 17.2 所示,从具体应用中总结机器学习的优势。

许多银行都有一套建立在传统平台之上的复杂程序,而机器学习和自然语言处理技术的发展意味着这些流程的自动化已经实现。认知自动化能够使很多业务流程实现自动化,尤其是在风险和监管报告方面。相较传统方式,认知自动化可以减少人力成本和相关的操作成本,缩短业务周期,同时减少人为错误,提高准确率。

对于信用卡的欺诈识别,银行的传统识别方式为人工识别,靠人工更新欺诈活动的最新模式。而机器学习利用算法分析历史信息,理解欺诈模式,通过自我学习,快速适应新的欺诈模式，判断欺诈行为。利用机器学习进行欺诈识别，减少了欺诈损失，降低了操作成本、声誉风险和监管风险，改善了客户服务。

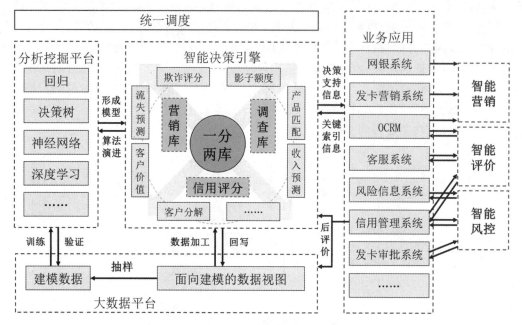

图 17.2　商业银行数据应用总框架

在信贷流程中，机器学习可以有效降低信用风险，同时为客户提供更快速、高效的服务。具体来讲，在客户申请信贷环节，银行通过虚拟顾问可以实时提供有效应答，提高客户体验；监督型学习算法从过去事件中学习，将大量内外部信息进行整合，更准确地预测潜在场景，进行压力预测；高效的信用风险预测可以节约大量人力资源，实时信贷决策可以促进实时自主信贷申请；基于机器学习技术的早期预警系统（EWS）可以自动完成报告、组合监测、活动推介等过程。

对于银行的交易平台，机器学习技术可以对员工交易行为进行评估，挖掘日志和邮件信息，识别可疑行为，降低违规风险；算法可以自动演变并寻找数据中的新模式，进行高频交易决策，从波动中盈利；交易指令、执行和交易结算以及分析和风险监测全部实行自动化，可以大大降低成本；智能投顾提供基于算法的投资组合管理建议，不需要金融理财师的参与，提高投资决策效率，获取海量数据，改善客户体验。

在银行的前台部门，机器学习技术帮助银行真正理解客户，为客户提供个性化服务和定制化产品。利用无监督学习对客户进行细分，这是传统分析方法无法做到的；客户细分的结果可用于监督学习，算法为每个客户提供最合适的产品，有助于交叉销售，提高销售业绩，也可以实时了解客户偏好的改变，从而自动调整产品的推荐，减少人工成本，提高服务速度。

机器学习在银行领域中优势体现的场景如图 17.3 所示。

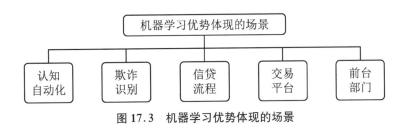

图 17.3　机器学习优势体现的场景

17.3　发展趋势

当前社会正在经历一场新的数字化信息革命,金融生态呈现出平台化、场景化和综合化的特点。消费的主力军已经是 80、90 乃至 00 后,对金融服务流程的移动化、便携化和个性化需求很高。银行业面临更加复杂的竞争环境,不仅仅有同业间更加激烈的竞争,还有现代化数字企业如 BATJ 的跨业竞争。这些发展新趋势要求银行以更加开放的心态面对挑战、积极学习新的技术、提升运营效率、拓宽服务范围、提高服务水平。

以上时代进程的变迁、金融生态的变化、客户行为的改变和竞争态势的转变,都促使机器学习在银行中的应用蓬勃发展,但是银行要成功应用机器学习技术也面临着许多挑战。

从数据角度来讲,只有海量且容易获得的数据才能让机器学习算法更加完善,然而银行数据经常质量很差并且不易获得,因为数据都是分散存储在传统系统之中;从人才角度来讲,想要将机器学习有效地应用于实际业务,需要拥有数据科学和运营管理复合背景的专业人才;从客户角度来讲,老一代人和对技术不太了解的客户习惯和人打交道,而不是和机器人沟通,所以培训和推广新技术是不可或缺的;从文化角度来讲,需要银行转变企业文化,普及数据分析技术,完善激励机制,同时鼓励各个业务部门之间进行数据共享;从工具角度来讲,机器学习技术在不断更新完善当中,在购买任何技术之前和数据科学家进行彻底的沟通是必要的;从监管角度来讲,一些可以自主学习的模型没有得到监管机构的认可,银行在实施相应策略之前,需要提前研究相关的监管要求。

未来机器学习技术在银行中的应用会围绕以上几个方面不断发展,同时也可能会出现新的挑战和机遇。银行想要保持其在金融市场中核心主体的地位,需要同时注重业务和技术,用技术拓展业务的边界,让业务反过来推动技术的发展。

17.4　案例:债务违约预警/信用评分

17.4.1　案例介绍

信用卡业务是银行的主要业务之一,如何有效地利用信用卡客户的相关信息对其违约风险进行管控,是银行业重点关注的问题之一。

本案例使用 Kaggle 提供的 default of credit clients 数据集,包含某年 4 月到 9 月香港地区某银行的信用卡持卡人的个人信息、信用卡消费记录、还款记录等信息。该数据集共有 30000 条数据和 25 个属性,具体包括 24 个特征描述属性和 1 个目标属性(次月是否违约),变量的详细信息如表 17.1 所示。

表 17.1 信用卡数据的变量

序号	变量	变量解释	变量详解
1	ID	编号	1,2,…,30000
2	LIMIT_BAL	授信金额	单位:港元
3	SEX	性别	1=男,2=女
4	EDUCATION	学历	1=研究生,2=本科,3=高中,4=其他
5	MARRIAGE	婚姻状况	1=已婚,2=单身,3=其他
6	AGE	年龄	21,22,…,79
7	PAY_0	9月还款情况	−2=提前2个月还款, −1=提前1个月还款, 0=按时支付, 1=还款延迟1个月, …… 8=还款延迟8个月或以上
8	PAY_2	8月还款情况	同上
9	PAY_3	7月还款情况	同上
10	PAY_4	6月还款情况	同上
11	PAY_5	5月还款情况	同上
12	PAY_6	4月还款情况	同上
13	BILL_AMT1	9月账单金额	单位:港元 (负数表示存款结余,也就是有溢缴款)
14	BILL_AMT2	8月账单金额	单位:港元
15	BILL_AMT3	7月账单金额	单位:港元
16	BILL_AMT4	6月账单金额	单位:港元
17	BILL_AMT5	5月账单金额	单位:港元
18	BILL_AMT6	4月账单金额	单位:港元
19	PAY_AMT1	9月还款金额	单位:港元
20	PAY_AMT2	8月还款金额	单位:港元

续表

序号	变量	变量解释	变量详解
21	PAY_AMT3	7月还款金额	单位:港元
22	PAY_AMT4	6月还款金额	单位:港元
23	PAY_AMT5	5月还款金额	单位:港元
24	PAY_AMT6	4月还款金额	单位:港元
25	default.payment.next.month	下月(10月)是否违约	0＝否,1＝是

本案例的目的是通过使用筛选过后的自变量对二类分类因变量(下月是否违约)进行预测。主要步骤包括数据预处理、指标体系构建、机器学习建模、信用评分模型构建。分析思路如图17.4所示。

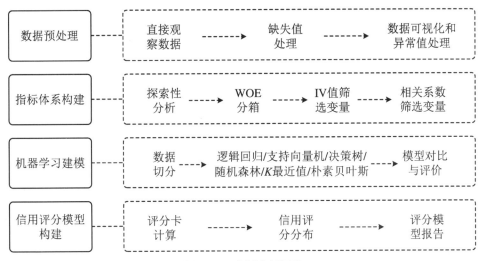

图17.4 案例分析思路

1. ＃＃调入所需的各类包
2. import pandas as pd
3. import numpy as np
4. import math
5. import matplotlib.pyplot as plt
6. import seaborn as sns
7. plt.style.use("ggplot") ＃设置风格
8. sns.set_style(style = 'white') ＃去掉背景
9. from pylab import mpl ＃解决中文框框问题
10. mpl.rcParams['font.sans-serif'] = ['Simsun'] ＃字体设置为宋体
11. plt.rcParams['axes.unicode_minus'] = False ＃解决负号问题
12. from matplotlib.pyplot import MultipleLocator ＃用于设置刻度间隔

13. from scipy.stats import norm ＃画正态曲线
14. import woe.feature_process as fp ＃woe 分箱、编码
15. import woe.eval as eval ＃woe 分箱、编码
16. from sklearn.model_selection import train_test_split ＃划分训练集和测试集
17. from statsmodels.stats.outliers_influence import variance_inflation_factor ＃VIF 检验
18. import warnings ＃忽略警告
19. warnings.filterwarnings("ignore", category = FutureWarning)
20. from sklearn.metrics import roc_curve, auc ＃ROC 曲线、AUC
21. from sklearn.metrics import confusion_matrix ＃混淆矩阵
22. from sklearn import metrics ＃计算评价指标
23. from sklearn.metrics import classification_report ＃用于显示主要分类指标的文本报告.
24. from sklearn.model_selection import GridSearchCV ＃网格搜索
25. from sklearn.model_selection import RandomizedSearchCV ＃随机搜索
26. from sklearn.linear_model import LogisticRegression ＃逻辑回归
27. from sklearn.svm import SVC ＃支持向量机
28. from sklearn.tree import DecisionTreeClassifier ＃决策树
29. from sklearn.ensemble import RandomForestClassifier ＃随机森林
30. from sklearn.neighbors import KNeighborsClassifier ＃K 近邻
31. from sklearn.naive_bayes import GaussianNB ＃朴素贝叶斯

17.4.2 数据预处理

1. 直接观察数据

导入数据后，观察前 5 组数据。

1. data = pd.read_csv('UCI_Credit_Card.csv')
2. data.head(5)

[out]：

	ID	LIMIT_BAL	SEX	EDUCATION	MARRIAGE	AGE	PAY_0	PAY_2	PAY_3	PAY_4	...	BILL_AMT4	BILL_AMT5	BILL_AMT6	PAY_AMT1	PAY_AMT2	PAY_
0	1	20000.0	2	2	1	24	2	2	-1	-1	...	0.0	0.0	0.0	0.0	689.0	
1	2	120000.0	2	2	2	26	-1	2	0	0	...	3272.0	3455.0	3261.0	0.0	1000.0	1
2	3	90000.0	2	2	2	34	0	0	0	0	...	14331.0	14948.0	15549.0	1518.0	1500.0	1
3	4	50000.0	2	2	1	37	0	0	0	0	...	28314.0	28959.0	29547.0	2000.0	2019.0	1
4	5	50000.0	1	2	1	57	-1	0	-1	0	...	20940.0	19146.0	19131.0	2000.0	36681.0	10

5 rows × 25 columns

其中 ID 变量为客户的编号，没有实际意义，进行删除；下月违约情况的变量名 default.payment.next.month 太冗长，改名为 Default。

1. data.drop('ID', axis = 1, inplace = True)
2. data.rename(columns = {'default.payment.next.month': 'Default'}, inplace = True)

2. 缺失值处理

接着检查数据是否存在缺失值,并观察各变量取值情况。

1. data.describe( ).to_csv('DataDescribe.csv')
2. print(pd.isnull(data).sum( ))

[out]:

LIMIT_BAL	0
SEX	0
EDUCATION	0
MARRIAGE	0
AGE	0
PAY_0	0
PAY_2	0
PAY_3	0
PAY_4	0
PAY_5	0
PAY_6	0
BILL_AMT1	0
BILL_AMT2	0
BILL_AMT3	0
BILL_AMT4	0
BILL_AMT5	0
BILL_AMT6	0
PAY_AMT1	0
PAY_AMT2	0
PAY_AMT3	0
PAY_AMT4	0
PAY_AMT5	0
PAY_AMT6	0
Default	0

dtype: int64

1. cat_list = data.columns
2. for n,i in enumerate(cat_list):
3.   Cabin_cat_num = data[i].value_counts( ).index.shape[0]
4.   print('{0}.{1}特征的类型数量是:{2}'.format(n+1,i,Cabin_cat_num))

[out]:

1. LIMIT_BAL 特征的类型数量是:81
2. SEX 特征的类型数量是:2
3. EDUCATION 特征的类型数量是:7

4. MARRIAGE 特征的类型数量是：4
5. AGE 特征的类型数量是：56
6. PAY_0 特征的类型数量是：11
7. PAY_2 特征的类型数量是：11
8. PAY_23 特征的类型数量是：11
9. PAY_4 特征的类型数量是：11
10. PAY_5 特征的类型数量是：10
11. PAY_6 特征的类型数量是：10
12. BILL_AMT1 特征的类型数量是：22723
13. BILL_AMT2 特征的类型数量是：22346
14. BILL_AMT3 特征的类型数量是：22026
15. BILL_AMT4 特征的类型数量是：21548
16. BILL_AMT5 特征的类型数量是：21010
17. BILL_AMT6 特征的类型数量是：20604
18. PAY_AMT1 特征的类型数量是：7943
19. PAY_AMT2 特征的类型数量是：7899
20. PAY_AMT3 特征的类型数量是：7518
21. PAY_AMT4 特征的类型数量是：6937
22. PAY_AMT5 特征的类型数量是：6897
23. PAY_AMT6 特征的类型数量是：6939
24. Default 特征的类型数量是：2

容易发现，原始数据并没有缺失值，通过观察变量和数据描述文件 DataDescribe.csv，EDUCATION 类型数量是 7，最小值为 0，最大值为 6，MARRIAGE 类型数量是 4，最小值为 0，这些都是没意义的，所以数据其实是存在缺失（无意义）值的，需要进行处理。

1. data['EDUCATION'].value_counts( )

[out]：

```
2    14030
1    10585
3     4917
5      280
4      123
6       51
0       14
Name：EDUCATION，dtype：int64
```

1. data['MARRIAGE'].value_counts( )

[out]：

```
2    15964
1    13659
3      323
0       54
```

Name：MARRIAGE,dtype：int64

1. data['EDUCATION'] = np.where(data['EDUCATION'] == 5, 4, data['EDUCATION'])
2. data['EDUCATION'] = np.where(data['EDUCATION'] == 6, 4, data['EDUCATION'])
3. data['EDUCATION'] = np.where(data['EDUCATION'] == 0, 4, data['EDUCATION'])
4. data['MARRIAGE'] = np.where(data['MARRIAGE'] == 0, 3, data['MARRIAGE'])

EDUCATION 中取值为 0、5、6 时，MARRIAGE 取值为 0 时，其数据量相比于总体 30000 不算大。根据实际意义上的理解，这些取值都可以归为"其他"，所以将 EDUCATION 中取 0、5、6 的变量替代为 4，将 MARRIAGE 中取 0 的变量替代为 3。

此时再观察变量 EDUCATION 和 MARRIAGE 的取值。

1. print('EDUCATION 取值为：',data['EDUCATION'].unique())
2. print('MARRIAGE 取值为：',data['MARRIAGE'].unique())

[out]：

MARRIAGE 取值为：[1　2　3]

3. 数据可视化和异常值处理

将数据按离散和连续进行可视化，如图 17.5 所示，可以直观感受离散数据的分布。

1. ##对离散数据进行可视化
2. #画图 17.5－1
3. f, ax = plt.subplots(1,3,figsize=(14,3))
4. bianliang1 = ['SEX','EDUCATION','MARRIAGE']
5. for i in range(3)：
6. 　　sns.countplot(x=bianliang1[i], data=data, ax=ax[i], palette='Blues')
7. 　　ax[i].set_xlabel(bianliang1[i],{'size': 21})
8. for i in range(3)：
9. 　　ax[i].set_ylabel('计数',{'size': 21})
10. for i in range(3)：
11. 　　for label in ax[i].xaxis.get_ticklabels()：
12. 　　　　label.set_fontsize(21)
13. 　　for label in ax[i].yaxis.get_ticklabels()：
14. 　　　　label.set_fontsize(21)
15. plt.tight_layout() #自动调整标签大小
16. f.savefig('17.5－1.jpg',dpi=700)
17. #画图 17.5－2
18. f, ax = plt.subplots(2,3,figsize=(14,6))
19. bianliang2 = np.array([['PAY_0','PAY_2','PAY_3'],['PAY_4','PAY_5','PAY_6']])
20. for i in range(2)：

```
21. for j in range(3)：
22.     sns.countplot(x = bianliang2[i,j], data = data, ax = ax[i,j], palette = 'Blues')
23.         ax[i,j].set_xlabel(bianliang2[i,j],{'size'：20})
24. for i in range(2)：
25.     for j in range(3)：
26.         ax[i,j].set_ylabel('计数',{'size'：20})
27. for i in range(2)：
28.     for j in range(3)：
29.         for label in ax[i,j].xaxis.get_ticklabels()：
30.             label.set_fontsize(13)
31.     for label in ax[i,j].yaxis.get_ticklabels()：
32.             label.set_fontsize(20)
33. plt.tight_layout( )
34. f.savefig('17.5 - 2.jpg',dpi = 700)
```

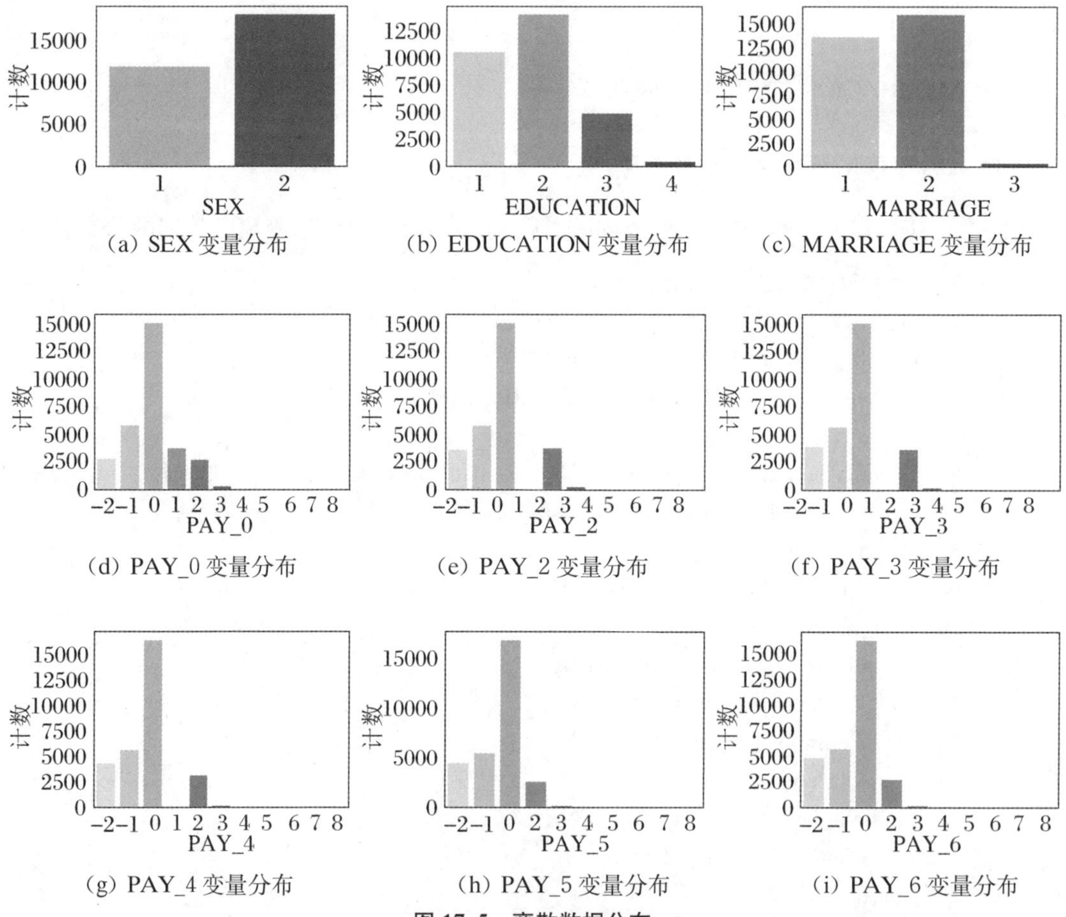

(a) SEX 变量分布　　(b) EDUCATION 变量分布　　(c) MARRIAGE 变量分布

(d) PAY_0 变量分布　　(e) PAY_2 变量分布　　(f) PAY_3 变量分布

(g) PAY_4 变量分布　　(h) PAY_5 变量分布　　(i) PAY_6 变量分布

图 17.5　离散数据分布

1. ##观察AGE的分布
2. f,ax = plt.subplots(figsize=(4.8,2.8))
3. sns.kdeplot(data['AGE'],shade=True,color='b')
4. plt.xlabel('AGE',fontsize=9)
5. plt.ylabel('频率',fontsize=9)
6. ax.legend(fontsize=9)
7. for label in ax.xaxis.get_ticklabels():
8.   label.set_fontsize(9)
9. for label in ax.yaxis.get_ticklabels():
10.   label.set_fontsize(9)
11. f.savefig('17.6.jpg',dpi=700)

如图17.6所示,年龄大概呈正态分布(右偏),符合统计分析的假设。

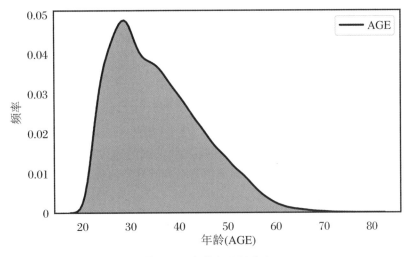

图17.6 年龄(AGE)分布

1. ##对其余连续变量进行可视化
2. lianxu1=['BILL_AMT1','BILL_AMT2','BILL_AMT3','BILL_AMT4','BILL_AMT5','BILL_AMT6']
3. data1=data[lianxu1]
4. lianxu2=['PAY_AMT1','PAY_AMT2','PAY_AMT3','PAY_AMT4','PAY_AMT5','PAY_AMT6']
5. data2=data[lianxu2]
6. fig, ax = plt.subplots(1,3,figsize=(20,5))
7. sns.boxplot(data=data1,orient='v',ax=ax[0], palette="Blues")
8. sns.boxplot(data=data2,orient='v',ax=ax[1], palette="Blues")
9. sns.boxplot('LIMIT_BAL',data=data,orient='v',ax=ax[2], palette="Blues")
10. ax[2].set_ylabel('')
11. ax[2].set_ylim(0,1060000)
12. for i in range(3):

13. for label in ax[i].xaxis.get_ticklabels():
14.   label.set_fontsize(12)
15. for label in ax[i].yaxis.get_ticklabels():
16.   label.set_fontsize(30)
17. plt.tight_layout()
18. fig.savefig('17.7.jpg',dpi = 700)

我们可以从图 17.7 中观察异常值,由图可知,以前月份账单金额的 6 个变量、以前月份还款金额的 6 个变量以及授信金额均存在异常值,需要进行异常值处理。

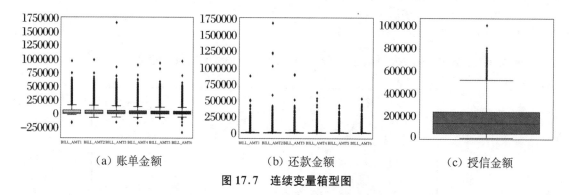

(a) 账单金额　　　　　(b) 还款金额　　　　　(c) 授信金额

图 17.7　连续变量箱型图

定义 $IQR = Q3 - Q1$,在 $Q3 + 1.5IQR$ 和 $Q1 - 1.5IQR$ 之间的数据点为正常值点,这一区间称为内限;在 $Q3 + 3IQR$ 和 $Q1 - 3IQR$ 之间的区间称为外限;处于内限以外的点都是异常值点,其中在内限与外限之间的异常值为温和的异常值(Mild outliers),在外限以外的为极端的异常值(Extreme outliers)。

1. ##计算异常值
2. cat_list['BILL_AMT1','BILL_AMT2','BILL_AMT3','BILL_AMT4','BILL_AMT5','BILL_AMT6','PAY_AMT1','PAY_AMT2','PAY_AMT3','PAY_AMT4','PAY_AMT5','PAY_AMT6','LIMIT_BAL']
3. for item in cat_list:
4.   iqr = data[item].quantile(0.75) - data[item].quantile(0.25)
5.   q_abnormal_L = data[item] < data[item].quantile(0.25) - 1.5 * iqr
6.   q_abnormal_U = data[item] > data[item].quantile(0.75) + 1.5 * iqr
7.   q_abnormal_LL = data[item] < data[item].quantile(0.25) - 3 * iqr
8.   q_abnormal_UU = data[item] > data[item].quantile(0.75) + 3 * iqr
9.   print(item + '中有' + str(q_abnormal_L.sum() + q_abnormal_U.sum()) + '个异常值'
        +';且有'+ str(q_abnormal_LL.sum() + q_abnormal_UU.sum()) + '个极端异常值')

[out]:
BILL_AMT1 中有 2400 个异常值;且有 786 个极端异常值
BILL_AMT2 中有 2395 个异常值;且有 791 个极端异常值
BILL_AMT3 中有 2469 个异常值;且有 858 个极端异常值
BILL_AMT4 中有 2622 个异常值;且有 900 个极端异常值

BILL_AMT5 中有 2725 个异常值;且有 949 个极端异常值
BILL_AMT6 中有 2693 个异常值;且有 930 个极端异常值
PAY_AMT1 中有 2745 个异常值;且有 1629 个极端异常值
PAY_AMT2 中有 2714 个异常值;且有 1638 个极端异常值
PAY_AMT3 中有 2598 个异常值;且有 1560 个极端异常值
PAY_AMT4 中有 2994 个异常值;且有 1583 个极端异常值
PAY_AMT5 中有 2945 个异常值;且有 1544 个极端异常值
PAY_AMT6 中有 2958 个异常值;且有 1639 个极端异常值
LIMIT_BAL 中有 167 个异常值;且有 1 个极端异常值

具体观察可以发现,这些变量异常值非常多,且极端异常值就有上千个。一般处理异常值有以下四种方法:① 删除含有异常值的记录;② 将异常值视为缺失值,交给缺失值处理方法来处理;③ 用平均值来修正;④ 不处理。如果将这些异常值进行删除或者修正,可能会损失很多信息,并且结合数据的实际意义,确实存在相当一部分人的账单金额或还款金额比普通人多,这部分信息也是要包含在模型之内的,所以这里对异常值的处理仅仅是删去个别明显偏离的数据。

通过观察箱型图,将以前月份账单金额大于 680000 和小于 -250000 的样本删去,将以前月份还款金额大于 480000 的样本删去,将授信金额大于 800000 的样本删去。

1. ##删除异常值
2. cat_list1 = ['BILL_AMT1','BILL_AMT2','BILL_AMT3','BILL_AMT4','BILL_AMT5','BILL_AMT6']
3. cat_list2 = ['PAY_AMT1','PAY_AMT2','PAY_AMT3','PAY_AMT4','PAY_AMT5','PAY_AMT6']
4. data_new = data.copy()
5. for i in range(len(cat_list1)):
6. data_new.drop(index=(data_new.loc[(data_new[cat_list1[i]]>680000)].index),inplace=True)
7. data_new.drop(index=(data_new.loc[(data_new[cat_list1[i]]<-250000)].index),inplace=True)
8. for i in range(len(cat_list2)):
9. data_new.drop(index=(data_new.loc[(data_new[cat_list2[i]]>480000)].index),inplace=True)
10. data_new.drop(index=(data_new.loc[(data_new['LIMIT_BAL']>800000)].index),inplace=True)

最终共删去 20 个异常值,这样不会过多地浪费数据信息。删除异常值后连续变量箱型图如图 17.8 所示。

1. ##删除异常值后,连续变量的可视化
2. lianxu1 = ['BILL_AMT1','BILL_AMT2','BILL_AMT3','BILL_AMT4','BILL_AMT5','BILL_AMT6']
3. data1 = data_new[lianxu1]

4. lianxu2 = ['PAY_AMT1','PAY_AMT2','PAY_AMT3','PAY_AMT4','PAY_AMT5','PAY_AMT6']
5. data2 = data_new[lianxu2]
6. fig, ax = plt.subplots(1,3,figsize=(20,5))
7. sns.boxplot(data=data1,orient='v',ax=ax[0], palette='Blues')
8. sns.boxplot(data=data2,orient='v',ax=ax[1], palette='Blues')
9. sns.boxplot('LIMIT_BAL',data=data_new,orient='v',ax=ax[2], palette='Blues')
10. ax[2].set_ylabel('')
11. for i in range(3):
12. 　　for label in ax[i].xaxis.get_ticklabels():
13. 　　　　label.set_fontsize(12)
14. 　　for label in ax[i].yaxis.get_ticklabels():
15. 　　　　label.set_fontsize(30)
16. plt.tight_layout()
17. fig.savefig('17.8.jpg',dpi=700)

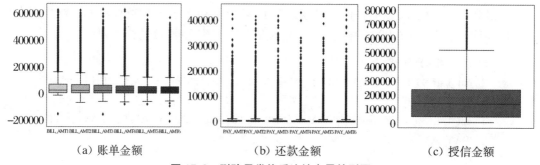

　　（a）账单金额　　　　　　（b）还款金额　　　　　　（c）授信金额

图 17.8　删除异常值后连续变量箱型图

17.4.3　构建指标体系

1. 变量的探索性分析

对各变量与违约情况进行探索性分析，观察各变量对违约与否的影响程度，并思考实际意义，为下一步变量筛选提供参考。

如图 17.9 所示，观察用户的违约情况，发现违约用户占 22.1%，非违约用户占 77.9%。

1. ##违约情况分析
2. yes = data_new.Default.sum()
3. no = len(data_new) - yes
4. yes_perc = round(yes/len(data_new)*100, 1)
5. no_perc = round(no/len(data_new)*100, 1)
6. plt.figure(figsize=(7,4))
7. ax = plt.gca()
8. fig = plt.gcf()

9. sns.set_context('notebook',font_scale=1.2)
10. sns.countplot('Default',data=data_new,palette="Blues")
11. ax.set_xlabel('违约情况',{'size':12})
12. ax.set_ylabel('计数',{'size':12})
13. plt.annotate('不违约：{}'.format(no),xy=(-0.3,15000),xytext=(-0.2,3000),size=12)
14. plt.annotate('违约：{}'.format(yes),xy=(0.7,15000),xytext=(0.85,3000),size=12)
15. plt.annotate(str(no_perc)+" %",xy=(-0.3,15000),xytext=(-0.1,8000),size=12)
16. plt.annotate(str(yes_perc)+" %",xy=(0.7,15000),xytext=(0.9,8000),size=12)
17. for label in ax.xaxis.get_ticklabels()：
18. 　　label.set_fontsize(12)
19. for label in ax.yaxis.get_ticklabels()：
20. 　　label.set_fontsize(12)
21. fig.savefig('17.9.jpg',dpi=700)

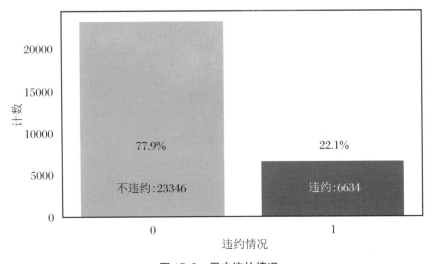

图 17.9　用户违约情况

1. ＃＃画图,分类变量的频率(按违约与否)
2. subset = data_new[['SEX', 'EDUCATION', 'MARRIAGE', 'PAY_0', 'PAY_2', 'PAY_3', 'PAY_4', 'PAY_5', 'PAY_6', 'Default']]
3. f, axes = plt.subplots(3,3,figsize=(14,9))
4. bianliang3 = np.array([['SEX','EDUCATION','MARRIAGE'],['PAY_0','PAY_2','PAY_3'],['PAY_4','PAY_5','PAY_6']])
5. for i in range(3)：
6. for j in range(3)：
7. 　　sns.countplot(x=bianliang3[i,j], hue='Default',data=subset, ax=axes[i,

```
         j],palette = "Blues")
8.            axes[i,j].set_xlabel(bianliang3[i,j],{'size':20})
9. for i in range(3):
10. for j in range(3):
11.           axes[i,j].set_ylabel('计数',{'size':20})
12. for i in range(3):
13. for j in range(3):
14.           axes[i,j].legend(['不违约','违约'],fontsize = 20,loc = 'upper right')
15. for label in axes[i,j].xaxis.get_ticklabels():
16.               label.set_fontsize(20)
17. for label in axes[i,j].yaxis.get_ticklabels():
18.               label.set_fontsize(20)
19. plt.tight_layout()
20. f.savefig('17.10.jpg',dpi = 700)
```

由图 17.10 可知,男性违约率更高,可能男性的生活压力更大;高中生违约率最高,研究生违约率最低,可能学历越高,收入越高,相对违约的可能性就越小;已婚的违约率更高,可能因为家庭压力更大;以前月份还款情况中,按时还款的人数最多,可见大多数人还是比较诚信的,而延期 2 个月还款的人中,下月违约人数要多于不违约人数,所以以前月份还款情况这个变量如果取 2,那么下个月很有可能违约。

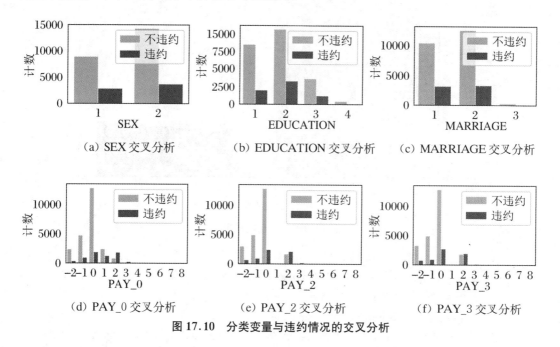

图 17.10 分类变量与违约情况的交叉分析

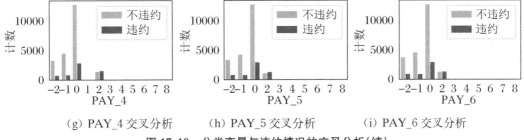

(g) PAY_4 交叉分析　　　(h) PAY_5 交叉分析　　　(i) PAY_6 交叉分析

图 17.10　分类变量与违约情况的交叉分析(续)

1. ♯♯以前月份账单金额(按违约与否)箱型图
2. subset = data_new[['BILL_AMT1','BILL_AMT2','BILL_AMT3','BILL_AMT4','BILL_AMT5','BILL_AMT6','Default']]
3. subset['Default'] = np.where(subset['Default'] == 0,'不违约','违约')
4. subset = pd.melt(subset,id_vars = "Default",var_name = "bill_statement",value_name = 'value')　♯Default不转换,其余全转成一列
5. plt.figure(figsize =(6,4))
6. sns.set_context('notebook',font_scale = 1.2)
7. sns.boxplot(y = 'value', x = 'bill_statement', hue = 'Default', data = subset, palette = ['steelblue','lightblue'])
8. plt.xlim([−1.5,5.5])
9. ax = plt.gca( )
10. fig = plt.gcf( )
11. plt.xlabel('账单金额',fontsize = 9)
12. plt.ylabel('值',fontsize = 9)
13. ax.legend(fontsize = 9,loc = 'best')
14. for label in ax.xaxis.get_ticklabels( ):
15. 　　label.set_fontsize(9)
16. for label in ax.yaxis.get_ticklabels( ):
17. 　　label.set_fontsize(9)
18. fig.savefig('17.11.jpg',dpi = 700)

整体上,下个月违约者的以前月份账单金额与下个月不违约者的以前月份账单金额较为接近,说明该变量对于区分客户违约与否不是很明显。同时可以发现,以前月份账单金额有取负数的样本,负数表示有存款结余,也就是有溢缴款。可以看到,在所有样本中,只有一个样本是在拥有溢缴款的情况下发生下月违约的,说明有存款结余的用户下月违约的可能性比较小。以前月份账单金额与违约情况的交叉分析如图17.11所示。

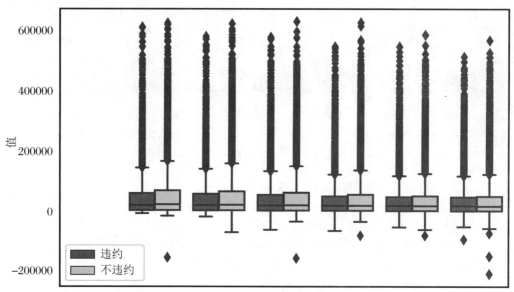

图 17.11 以前月份账单金额与违约情况的交叉分析

1. ##以前月份还款金额(按违约与否)箱型图
2. cat_list = ['PAY_AMT1','PAY_AMT2','PAY_AMT3','PAY_AMT4','PAY_AMT5','PAY_AMT6','Default']
3. sub = data_new[cat_list]
4. sub['Default'] = np.where(sub['Default'] == 0,'不违约','违约')
5. sub = pd.melt(sub, id_vars = 'Default', var_name = 'previous_payment', value_name = 'value')
6. plt.figure(figsize = (10,50))
7. sns.set_context('notebook', font_scale = 1.2)
8. sns.boxplot(y = 'value', x = 'previous_payment', hue = 'Default', data = sub, palette = ['steelblue','lightblue'])
9. plt.legend(loc = 'best', title = 'Default', facecolor = 'white')
10. plt.xlim([-1.5,5.5])
11. ax = plt.gca()
12. fig = plt.gcf()
13. plt.xlabel('还款金额', fontsize = 14)
14. plt.ylabel('值', fontsize = 14)
15. ax.legend(fontsize = 14)
16. for label in ax.xaxis.get_ticklabels():
17.   label.set_fontsize(14)
18. for label in ax.yaxis.get_ticklabels():
19.   label.set_fontsize(14)
20. fig.savefig('17.12.jpg', dpi = 400)

整体上,下个月违约者的以前月份还款金额较小,说明还款多的客户还款能力强,违约可能性小。以前月份还款金额与违约情况的交叉分析(部分图)如图 17.12 所示。

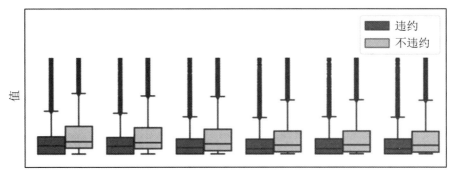

图 17.12　以前月份还款金额与违约情况的交叉分析(部分图)
注:由于异常值较多,此图非常长,限于篇幅,仅截取其中部分图。

1. ## 授信金额直方图(按违约与否)
2. x1 = list(data_new[data_new['Default'] == 0]['LIMIT_BAL'])
3. x2 = list(data_new[data_new['Default'] == 1]['LIMIT_BAL'])
4. plt.figure(figsize = (12,5))
5. sns.set_context('notebook', font_scale = 1.2)
6. plt.hist([x1, x2], bins = 40, color = ['lightblue','steelblue'])
7. plt.xlim([0,600000])
8. plt.legend(['不违约','违约'], loc = 'upper right', facecolor = 'white',fontsize = 22)
9. ax = plt.gca()
10. fig = plt.gcf()
11. plt.xlabel('授信金额(港元)', fontsize = 22)
12. plt.ylabel('频数', fontsize = 22)
13. for label in ax.xaxis.get_ticklabels():
14. 　　label.set_fontsize(22)
15. for label in ax.yaxis.get_ticklabels():
16. 　　label.set_fontsize(22)
17. plt.tight_layout() # 自动调整标签大小
18. fig.savefig('17.13.jpg',dpi = 700)

由图 17.13 可知,违约情况集中在授信金额较小的区域,当授信金额较大时,即用户历来信用较好时,违约可能性小。

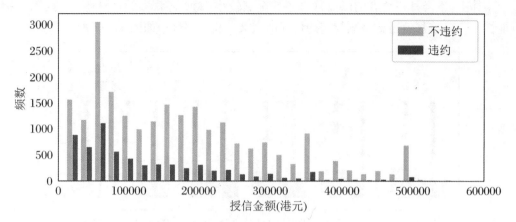

图 17.13 授信金额与违约情况的交叉分析

1. ##Age 特征分布(按违约与否)
2. f,ax = plt.subplots(figsize=(4.8,3))
3. sns.kdeplot(data_new.loc[(data_new['Default'] == 0),'AGE'], color = 'lightblue', shade = True,label = '不违约')
4. sns.kdeplot(data_new.loc[(data_new['Default'] == 1),'AGE'], color = 'steelblue', shade = True, label = '违约')
5. plt.ylim(0,0.055)
6. plt.xlabel('AGE', fontsize = 9)
7. plt.ylabel('Frequency', fontsize = 9)
8. ax.legend(fontsize=9)
9. for label in ax.xaxis.get_ticklabels():
10.   label.set_fontsize(9)
11. for label in ax.yaxis.get_ticklabels():
12.   label.set_fontsize(9)
13. plt.tight_layout() #自动调整标签大小
14. f.savefig('17.14.jpg',dpi=700)

由图 17.14 可知,借款人集中在 30 岁左右,违约用户也集中在 30 岁左右,且违约用户的年龄分布更加右偏。从样本占比上来看,30 岁左右的人在不违约样本中的占比要高于在违约样本中的占比。说明这个年龄段的客户是贷款的主力军,并且有一定的还款能力。

2. 变量筛选

变量的筛选是建模至关重要的一部分,模型的精度和性能很大程度上取决于变量筛选是否合理。变量选择的目的一是为了降维,使模型泛化能力更强,减少过拟合;二是为了增强对变量和目标值之间的理解。一般来讲,一个变量选择方法往往很难同时完成这两个目的。通常情况下,对于入模变量的筛选需要多方面考虑,主要有以下 4 个方面:① 初步筛选重要变量;② 检验变量间是否存在共线性;③ 在严格业务的情况下,变量分箱后,各箱间的坏账率呈单调性；④ 在拥有跨时间数据的情况下，检验变量和模型的稳定性。

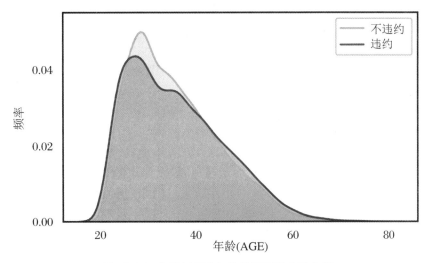

图 17.14　年龄(AGE)与违约情况的交叉分析

变量的初步筛选方法一般有 3 大类：① 过滤法(Filter)，如移除低方差的特征、卡方检验等；② 包装法(Wrapper)，如计算 IV 值、逐步回归法等；③ 嵌入法(Embedded)，先使用某些机器学习的算法和模型进行训练，得到各个特征的权值系数，再根据系数从大到小选择特征。可以通过计算变量间的相关系数 COR 和方差膨胀系数 VIF 来检验变量的共线性。各分箱的坏账率呈单调性主要是为了在评分卡模型中有更好的业务解释力，否则坏账率不随评分单调变化将增加模型的解释难度。稳定性可以使用 PSI 值和跨时间交叉验证来衡量。

在本案例中，我们利用 WOE(Weight of Evidence)，即证据权重，分箱和计算 IV(Information Value)，即信息价值初步筛选值来变量。随后计算各变量间的相关系数，剔除相关性过高的变量，并且计算最终入模变量的方差膨胀系数 VIF。为了简化案例，我们不考虑各分箱坏账率需呈单调性这一严格条件。由于数据集不涉及跨时间数据，所以本案例无需通过跨时间交叉验证等方法来检验模型的稳定性。

WOE 是对变量的一种编码方式，其分箱原理为：① 针对离散变量，可以将每个值作为一个分组，计算各个分组的 WOE 值，再计算 IV 值。如果离散变量太多，导致分箱太多，则可以将 WOE 值相近的分箱进行合并；② 针对连续变量，首先按频数排序，将变量平均分为多组，同时保证每个分箱的样本个数不少于总体的 5%。然后利用 IV 值、基尼系数、卡方统计量等将箱数合并，形成最终的分箱，通常最多为 10 箱。

WOE 分箱一般要满足几个标准：① 组间差异大，组内差异小；② 每组内要有好、坏两种分类，且样本占总体样本数的比例不低于 5%；③ 在严格条件下，对于连续数值型变量和有序离散型变量的分箱结果要求每箱的坏账率呈单调性。

WOE 和 IV 的计算公式如下：

某个变量第 i 个分箱的 WOE 为

$$WOE_i = \ln\left(\frac{P_{Bad}}{P_{Good}}\right) = \ln\left(\frac{B_i/B_T}{G_i/G_T}\right) \tag{17.1}$$

其中 P_{Bad} 表示该分箱内坏客户占总的坏客户的比例；P_{Good} 表示该分箱内好客户占总的好客户的比例；B_i 表示第 i 个分箱中坏客户的个数；B_T 表示总的坏客户的个数；G_i 表示第 i 个分箱中好客户的个数；G_T 表示总的好客户的个数。

某个变量第 i 个分箱的 IV 值为

$$IV_i = (P_{Bad} - P_{Good}) \times WOE_i \tag{17.2}$$

某个变量的 IV 值

$$IV = \sum_{i=1}^{N} IV_i \tag{17.3}$$

WOE 分箱有如下优势：① WOE 分箱之后，就可以计算每个变量的 IV 值，可以根据 IV 值的大小来判断变量的重要程度；② 对于性别、学历等分类变量，取值大小没有意义，一般需要对变量进行独热编码，而对于量纲相差较大的变量，还需要进行标准化，但是进行 WOE 分箱之后，数据无需再进行独热编码和标准化；③ 对于极端值、频率较低的值，都可以通过 WOE 分箱进行转换合并，数据的可理解性大大提高。

可以利用 Python 的 WOE 模块对变量进行 WOE 分箱，计算各变量的 WOE 值和 IV 值。限于篇幅，表 17.2 只给出了授信金额（LIMIT_BAL）和性别（SEX）的 WOE 分箱结果。

```
1. ##进行分箱、计算 woe 值和 iv 值
2. data_n = data_new.copy()
3. data_n.rename(columns = {"Default":"target"}, inplace = True) #woe 函数中必须要
   包含名为 target 的 0-1 变量
4. data_woe = data_new.copy() #用于存储所有数据的 woe 值
5. civ_list = [] #用于存储分箱结果
6. n_positive = sum(data_n['target']) #正样本数量
7. n_negtive = len(data_n) - n_positive #负样本数量
8. for column in list(data_n.columns[:23]):
9.    if column in['SEX','EDUCATION','MARRIAGE','PAY_0','PAY_2','PAY_3','PAY_4',
      'PAY_5','PAY_6']:
10.       civ = fp.proc_woe_discrete(data_n, column, n_positive, n_negtive, 0.05 *
      len(data_n), alpha = 0.01) #离散型变量编码；指定每个 bin 中最小样本量为样本总量
      的 5%；如果 iv_划分>iv_不划分 * (1 + alpha)，则划分
11.    else:
12.       civ = fp.proc_woe_continuous(data_n, column, n_positive, n_negtive, 0.05
       * len(data_n), alpha = 0.01) #连续型变量编码
13.    civ_list.append(civ)
14.    data_woe[column] = fp.woe_trans(data_n[column], civ) #将原数据进行 woe
      编码
15. civ_df = eval.eval_feature_detail(civ_list,'output_feature_detail.csv') #输出 woe 分
    箱的结果信息
```

表 17.2 部分分箱结果

变量	分箱	各箱 WOE	各箱 IV 值	变量 IV 值
LIMIT_BAL	(-INF,20000.0]	0.692396	0.046671	0.174578
	(20000.0,30000.0]	0.651442	0.0267	
	(30000.0,50000.0]	0.272538	0.009575	
	(50000.0,70000.0]	0.336973	0.006437	
	(70000.0,80000.0]	0.060047	0.000191	
	(80000.0,140000.0]	0.103291	0.001644	
	(140000.0,240000.0]	-0.30286	0.021413	
	(240000.0,+INF)	-0.55792	0.061946	
SEX	[2]	-0.07962	0.003743	0.009148
	[1]	0.114987	0.005405	

完成 WOE 分箱之后,在严格情况下,对于连续数值型变量和有序离散型变量,我们需要观察各箱的坏账率是否单调。由于处理的变量较多,我们选取部分变量进行说明。

对于连续数值型变量 LIMIT_BAL,严格意义上要求坏账率随着分箱单调递减,但是如图 17.15 所示,坏账率并非严格单调递减,其大致趋势是下降的,这也和前文探索性分析中的结论类似,即授信金额越大,违约可能性越小。如果想要使评分卡模型有更好的业务解释力度,则需要将曲线进行 bivar 单调性变换,具体的做法是将个别分箱的范围扩大,合并坏账率非单调的相邻分箱,减少分箱数,使得曲线变得"平滑"。这里为了简化计算过程,我们暂时不考虑模型的业务解释力,不进行 bivar 单调性变换。

1. ##观察变量 LIMIT_BAL 的 bivar 图
2. L_B = civ_df[civ_df.var_name = = 'LIMIT_BAL'][['split_list', 'positive_rate_in_sub_total']]
3. L_B.columns = pd.Series(['cut','badrate'])
4. print(L_B)
5. L_B.plot('cut','badrate',figsize=(4,3),color='steelblue',fontsize=9)
6. f = plt.gcf()
7. plt.xticks([])
8. plt.xlabel('分箱', fontsize = 9)
9. plt.legend(['坏账率'],fontsize=9)
10. plt.tight_layout()
11. f.savefig('17.15.jpg',dpi=700)

[out]:

```
            cut           badrate
0    (-INF, 20000.0]     0.362202
1    (20000.0, 30000.0]  0.352795
```

2	(30000.0, 50000.0]	0.271766
3	(50000.0, 70000.0]	0.284704
4	(70000.0, 80000.0]	0.231801
5	(80000.0, 140000.0]	0.239590
6	(140000.0, 240000.0]	0.1734927
7	(240000.0, +INF)	0.139898

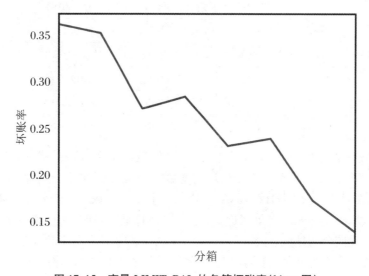

图 17.15　变量 LIMIT_BAL 的各箱坏账率（bivar 图）

对于有序离散型变量，如变量 EDUCATION，存在研究生、本科、高中、其他四种取值，前三种取值从业务角度来说是有序的，所以严格来讲也需要各分箱的坏账率呈单调性，如图 17.16 所示，变量 EDUCATION 被分为三箱，并且满足坏账率随着学历的下降单调增加，这与前文探索性分析中的结论类似。

1. ##观察变量 EDUCATION 的 bivar 图
2. EDU = civ_df[civ_df.var_name == 'EDUCATION'][['split_list','positive_rate_in_sub_total']]
3. EDU.columns = pd.Series(['cut','badrate'])
4. print(EDU)
5. EDU.plot('cut','badrate',figsize=(4,3),color='steelblue',fontsize=9)
6. f = plt.gcf()
7. plt.xticks([])
8. plt.xlabel('分箱', fontsize=9)
9. plt.legend(['坏账率'],fontsize=9)
10. plt.tight_layout()
11. f.savefig('17.16.jpg',dpi=700)

[out]:

	cut	badrate
0	[1,4]	0.187194
1	[2]	0.237416
2	[3]	0.251832

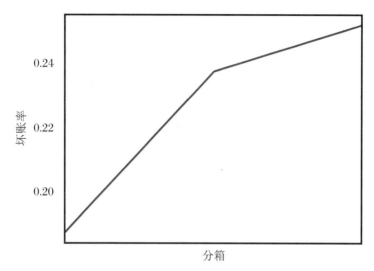

图 17.16　变量 EDUCATION 的各箱坏账率（bivar 图）

但是也有一些变量，如连续数值型变量 AGE，其 bivar 图是一个明显的 U 形分布。如图 17.17 所示，坏账率随着年龄增加，先下降后上升，这和前文探索性分析中的结论类似，即 30 岁左右的客户违约可能性最小。这种情况不适合做 bivar 单调性变换，如果一定要使得坏账率呈单调性，可以重新定义变量，如将变量值减去均值后取绝对值，得到新变量，再将新变量重新排序，此时坏账率就呈单调性。在实际业务中，有些团队是允许变量呈（倒）U 形的，只要业务上能解释得通便可，这里我们不对变量 AGE 进行单调性变换。

1. ＃＃观察变量 AGE 的 bivar 图
2. AGE = civ_df[civ_df.var_name == 'AGE'][['split_list','positive_rate_in_sub_total']]
3. AGE.columns = pd.Series(['cut','badrate'])
4. print(AGE)
5. AGE.plot('cut','badrate',figsize = (4,3),color = 'steelblue',fontsize = 9)
6. f = plt.gcf()
7. plt.xticks([])
8. plt.xlabel('分箱',fontsize = 9)
9. plt.legend(['坏账率'],fontsize = 9)
10. plt.tight_layout()
11. f.savefig('bivar3.jpg',dpi = 700)

[out]：

	cut	badrate
0	(−INF，29.0]	0.228426
1	(29.0，35.0]	0.194599
2	(35.0，+INF)	0.230612

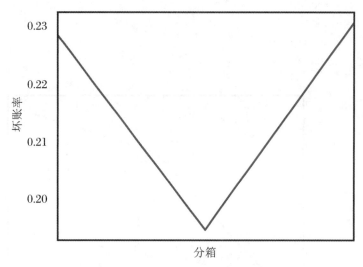

图 17.17　变量 AGE 的各箱坏账率（bivar 图）

　　严格意义上的评分卡模型需要先分箱，分箱方法有卡方分箱、决策树分箱、Kmean 分箱、等频分箱、等步长分箱等，然后保证连续数值型变量和离散有序型变量在各箱内的坏账率呈单调性，接着才能对变量进行 WOE 编码。本章使用的 WOE 分箱是利用 IV 值作为分箱依据。为了简化案例展示过程，我们暂时不考虑业务解释力度，所以对于分箱结果不进行 bivar 单调性变换。分箱后直接将原始数据进行 WOE 编码，再对各个变量的 IV 值进行可视化，结果如图 17.18 所示。

```
1. ##将 iv 值可视化
2. ivlist = list(civ_df['iv'].unique()) #各变量 IV
3. index = data_woe.columns[:23] #x 轴的标签
4. f,ax = plt.subplots(figsize=(17,6))
5. x = np.arange(len(index))+1
6. ax.bar(x,ivlist,color='steelblue') #生成柱状图
7. ax.set_xticks(x)
8. ax.set_xticklabels(index,rotation=0,fontsize=9.5)
9. #在柱状图上添加数字标签
10. for a, b in zip(x, ivlist):
11. plt.text(a, b + 0.01, '%.4f' % b, ha = 'center', va = 'bottom', fontsize = 10)
12. plt.xlabel('各变量', fontsize = 26)
13. plt.ylabel('IV 值', fontsize = 26)
14. for label in ax.yaxis.get_ticklabels():
15. label.set_fontsize(26)
16. plt.tight_layout() #自动调整标签大小
17. f.savefig('17.18.jpg',dpi=700)
```

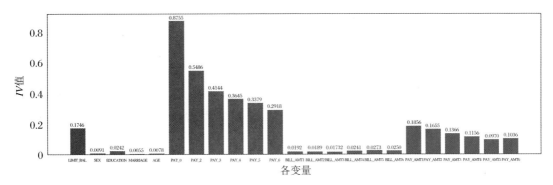

图 17.18　各变量 IV 值

一般 IV 值的衡量标准如表 17.3 所示。

表 17.3　IV 值范围及预测效果

IV 值范围	预测效果
(-Inf,0.02)	无预测能力
[0.02,0.1)	预测能力较弱
[0.1,0.3)	预测能力中等
[0.3,Inf)	预测能力较强

1. ＃＃删除 iv 值过小的变量
2. iv_thre ＝ 0.02
3. iv ＝ civ_df[['var_name','iv']].drop_duplicates( )
4. x_columns ＝ iv.var_name[iv.iv ＞ iv_thre]
5. print('余下的变量为:')
6. print(x_columns.values)

[out]:

余下的变量为:

['LIMIT_ BAL' 'EDUCATION' 'PAY_0' 'PAY_2' 'PAY_3' 'PAY_ 4' 'PAY_ 5' 'PAY_ 6' 'BILL _AMT4' 'BILL_AMT5"BILL_AMT6' 'PAY_AMT1' 'PAY_AMT2' 'PAY_AMT3' 'PAY_AMT4' 'PAY_AMT5' 'PAY_AMT6']

删去 IV 值小于 0.02 的变量，剩下的变量为 LIMIT_BAL、EDUCATION、PAY_0、PAY_2、PAY_3、PAY_4、PAY_5、PAY_6、BILL_AMT4、BILL_AMT5、BILL_AMT6、PAY_AMT1、PAY_AMT2、PAY_AMT3、PAY_AMT4、PAY_AMT5、PAY_AMT6。

此时进行数据更新。

1. ＃＃更新数据
2. data_iv = data_woe[x_columns].copy( )
3. data_iv.head( )

[out]:

	LIMIT_BAL	EDUCATION	PAY_0	PAY_2	PAY_3	PAY_4	PAY_5	PAY_6	BILL_AMT4	BILL_AMT5	BILL_AMT6	PAY_AMT1	PAY_AMT2	PAY
0	0.692396	0.09132	2.050109	1.479237	-0.430381	-0.408945	-0.147167	-0.125525	0.063795	0.110434	0.057230	0.676479	0.010157	0.
1	0.103291	0.09132	-0.343425	1.479237	-0.295438	-0.235193	-0.200819	1.284250	-0.434204	-0.382593	-0.420692	0.676479	0.052645	0.
2	0.103291	0.09132	-0.658752	-0.406271	-0.295438	-0.235193	-0.200819	-0.201200	0.228379	0.114327	0.122662	0.114755	0.173721	0.
3	0.272538	0.09132	-0.658752	-0.406271	-0.295438	-0.235193	-0.200819	-0.201200	0.176026	0.136939	0.220801	0.014909	-0.184284	-0.
4	0.272538	0.09132	-0.343425	-0.406271	-0.430381	-0.235193	-0.200819	-0.201200	0.057191	0.219684	0.299605	0.014909	-1.119520	-0.

我们还有 17 个变量。一般进行信用评分建模，10 个左右的变量最好，所以根据变量的相关系数进一步进行变量筛选，从而去除多重共线性。计算变量两两间相关系数，筛选出相关系数超过 0.48 的变量对，对比它们的 IV 值，保留 IV 值相对较高的变量，剔除较低的变量。各变量间的相关系数如图 17.19 所示。

1. ＃＃画相关系数热力图
2. plt.figure(figsize=(15,15))
3. sns.heatmap(data_iv.corr(), linewidths=0.1, vmax=1.0, square=True, cmap='coolwarm', linecolor='white', annot=True)
4. f = plt.gcf()
5. f.savefig('17.19.jpg', dpi=700)

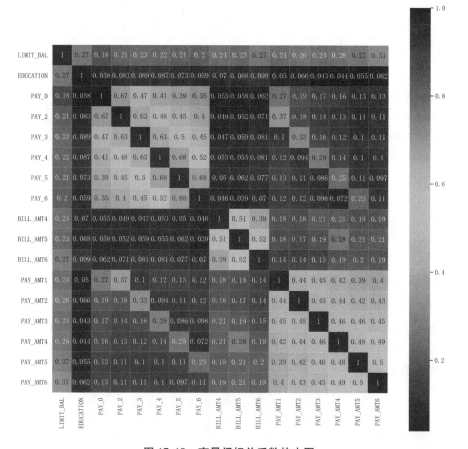

图 17.19　变量间相关系数热力图

所以删去 PAY_2、PAY_4、PAY_5、PAY_6、BILL_AMT4、BILL_AMT6、PAY_AMT6

共 7 个变量。随后对这 10 个变量进行多重共线性检验,使用方差膨胀系数 VIF 来鉴定,发现各变量的 VIF 值都小于 10,所以不存在多重共线性。

1. ＃＃检验共线性
2. data_m = data_iv.copy( )
3. data_m.drop(shanqu_1,axis = 1,inplace = True)
4. vif ＝ pd.DataFrame( )
5. vif['变量'] = data_m.columns
6. vif['VIF Factor'] = [variance_inflation_factor(data_m.values,i) for i in range(data_m.shape[1])]
7. vif

[out]：

	变量	VIF Factor
0	LIMIT_BAL	1.293436
1	EDUCATION	1.084824
2	PAY_0	1.404485
3	PAY_3	1.476138
4	BILL_AMT5	1.125251
5	PAY_AMT1	1.569479
6	PAY_AMT2	1.669651
7	PAY_AMT3	1.597574
8	PAY_AMT4	1.618944
9	PAY_AMT5	1.544771

最后得到 10 个入模变量。

1. ＃得到最终入模变量和数据(共 10 个变量)
2. data_f = data_m.copy( )
3. data_f['Default'] = data_woe['Default']
4. data_f.head( )

[out]：

	LIMIT_BAL	EDUCATION	PAY_0	PAY_3	BILL_AMT5	PAY_AMT1	PAY_AMT2	PAY_AMT3	PAY_AMT4	PAY_AMT5	Default
0	0.692396	0.09132	2.050109	-0.430381	0.110434	0.676479	0.010157	0.521002	0.463077	0.381184	1
1	0.103291	0.09132	-0.343425	-0.295438	-0.382593	0.676479	0.052645	0.097388	0.046297	0.381184	1
2	0.103291	0.09132	-0.658752	-0.295438	0.114327	0.114755	0.173721	0.097388	0.046297	0.026172	0
3	0.272538	0.09132	-0.658752	-0.295438	0.136939	0.014909	-0.184284	-0.083625	0.046297	0.026172	0
4	0.272538	0.09132	-0.343425	-0.430381	0.219684	0.014909	-1.119520	-0.542896	-0.443157	0.181158	0

17.4.4　常见的机器学习建模及模型评估

1. 数据切分

1. ＃＃正负样本统计
2. default_num ＝ sum(data_f['Default'])

3. non_default_num = len(data_f) - default_num
4. print('样本总数为:',len(data_f),'; 其中,违约样本数:',default_num,'; 不违约样本数:', non_default_num)

[out]:

样本总数为:29980;其中,违约样本数:6634;不违约样本数:23346

我们对数据进行统计,发现样本总数为 29980 ,其中违约样本数为 6634,非违约样本数为 23346。可见,正负样本数相差较大,在现实业务中,正样本(违约)的个数确实是要远少于负样本(不违约)的个数,这里负样本数为正样本数的 3.5 倍左右,所以不必进行正负样本均衡。

如果正负样本过于悬殊,则需要进行正负样本均衡。一般有 3 种处理方式:过采样法、欠采样法和 SMOTE 法。过采样法通过复制少样本来实现与多样本数量平衡;欠采样法通过减少多样本数量来实现与少样本数量平衡;SMOTE 法针对少样本,在与它最近邻的样本中选取一个样本,然后在两者之间随机选取一个点作为少样本集的新样本。

为了保证训练集、测试集和总数据集的正负样本分布一致,我们使用 python 中的 train_test_split 包,在违约样本与非违约样本中各进行 70% 和 30% 的训练集和测试集样本划分,保证训练集和测试集内正负样本比例与总样本内正负样本比例一致。

1. ##数据切分
2. X = data_f.drop('Default', axis=1)
3. y = data_f['Default']
4. X_train, X_test, y_train, y_test = train_test_split(X,y, test_size=0.3, stratify=y, random_state=42)#stratify=y,使得训练集和测试集正负样本的分布和总样本分布一致

2. 模型评估指标

为了评估模型的性能,我们需要用某些指标来衡量,从而对比不同的模型,筛选出最优的一个来进一步构建信用评分模型。在第 3 章中我们已经详细介绍过各种评价指标,这里简单地回顾一下几个常见的指标。

(1) 混淆矩阵(Confusion matrix)。表 17.4 列出了混淆矩阵的一些数据。

表 17.4 混淆矩阵

混淆矩阵		预测值	
		正例	负例
真实值	正例	TP	FN
	负例	FP	TN

注:P/N 表示预测结果,T/F 表示预测是否正确。

(2) 准确率(Accuracy)。公式如下:

$$Accuracy = \frac{TP + TN}{TP + TN + FP + FN} \tag{17.4}$$

(3) 精确率(Precision)。公式如下:

$$Precision = \frac{TP}{TP + FP} \tag{17.5}$$

(4) 召回率(Recall)。公式如下：

$$Recall = \frac{TP}{TP + FN} \tag{17.6}$$

(5) $F1$ 得分(F1-score)。公式如下：

$$F1\text{-}score = \frac{2 \times Precision \times Recall}{Precision + Recall} \tag{17.7}$$

(6) ROC 曲线(Receiver Operating Characteristic Curve，接收者操作特征曲线)。TPR 与 FPR 的公式如下：

$$TPR = Recall = \frac{TP}{TP + FN} \tag{17.8}$$

$$FPR = \frac{FP}{FP + TN} \tag{17.9}$$

ROC 曲线是以 FPR 为横轴，TPR 为纵轴的一条曲线，每一点表示不同阈值下模型的 FPR 和 TPR。

(7) AUC(Area Under Curve)。AUC 为 ROC 曲线下的面积，AUC 一般取值为 0.5～1。AUC 越大，或者说 ROC 曲线越接近左上角，那么模型就越好。

(8) KS(Kolmogorov-Smirnov)。KS 通过衡量好坏样本累计分布之间的差值来评估模型的风险区分能力。KS 和 AUC 一样，都是利用 TPR、FPR 两个指标来评价模型的整体训练效果。不同之处在于，模型的 KS 值取的是 TPR 和 FPR 差值的最大值，并能够找到一个最优的阈值。KS 曲线的横坐标可以是阈值(由 1 下降到 0)，也可以是样本百分比(由 0 上升到 1，需要先将样本按照预测为正样本的概率从大到小排序)。

3. 逻辑回归(Logistic Regression)

1. ##设置逻辑回归的参数搜索范围
2. param_dist = [{'penalty': ['l2'], 'solver':['newton-cg','lbfgs','sag','liblinear'], 'C': [0.1, 1, 10]},{'penalty': ['l1'],'solver': ['liblinear'], 'C': [0.1, 1, 10]}]
3. lr = LogisticRegression( )
4. lr_cv = GridSearchCV(lr, param_dist, cv=5, n_jobs = -1)#网格搜索
5. lr_cv.fit(X_train, y_train)
6. print("Tuned LR Parameters: {}". format(lr_cv.best_params_))#得到最优参数

[out]:

Tuned LR Parameters:{'C':1,'penalty':'l2','solver':'newton-ch'}

利用 python 中 sklearn.linear_model.LogisticRegression 模块训练逻辑回归模型，首先用网格搜索的方法调参，得到几个重要参数的最优值{'C'(正则化强度的倒数):1;'penalty'(惩罚函数):l2;' solver '(损失函数的优化方法):newton-cg }。

1. LR = LogisticRegression(C=1, penalty='l2', solver='newton-cg', random_state=0)
   ##代入最优数
2. ##计算评价指标
3. LR.fit(X_train, y_train)

4. y_pred = LR.predict(X_test)
5. acc_LR = metrics.accuracy_score(y_test,y_pred) ♯计算 accuracy
6. print('Accuracy:', acc_LR)
7. print( )
8. print(classification_report(y_test, y_pred))
9. ♯♯画混淆矩阵图
10. plt.figure(figsize=(4,3))
11. ConfMatrix = confusion_matrix(y_test,y_pred)
12. sns.heatmap(ConfMatrix,annot=True,fmt='d',cmap='Blues',annot_kws={'size':9},
    xticklabels=['不违约','违约'],yticklabels=['不违约','违约'])
13. plt.ylabel('真实',{'size':9})
14. plt.xlabel('预测',{'size':9})
15. plt.xticks(fontsize=9)
16. plt.yticks(fontsize=9)
17. cax = plt.gcf( ).axes[-1]
18. cax.tick_params(labelsize=9)
19. f = plt.gcf( )
20. plt.tight_layout( )
21. f.savefig('17.20.jpg',dpi=700)

利用测试集检验模型的泛化能力,得到评价指标和混淆矩阵,分别如表17.5和图17.20所示。

表 17.5 逻辑回归的评价指标

	精确率	召回率	$F1$ 得分	准确率
非违约(0)	0.83	0.94	0.89	0.8113
违约(1)	0.64	0.34	0.45	

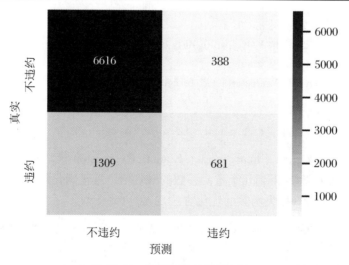

图 17.20 逻辑回归的混淆矩阵

4. 支持向量机(SVM)

```
7. ##设置 SVM 的参数搜索范围
8. param_dist = [{'kernel': ['rbf'], 'gamma': [10, 1, 0.1], 'C': [0.01, 0.1, 1]},{'kernel':
   ['linear'], 'C': [0.1, 1, 10]}]
9. svm = SVC()
10. svm_cv = GridSearchCV(svm, param_dist, cv=5, n_jobs = -1)#网格搜索
11. svm_cv.fit(X_train, y_train)
12. print('Tuned SVM Parameters: {}'.format(svm_cv.best_params_))#得到最优参数
```

[out]:
Tuned SVM Paremeters:{'C':10,'gamma':0.1,'kernel':'rbf'}

利用 Python 中 sklearn.svm.SVC 模块训练支持向量机,首先用网格搜索的方法调参,得到几个重要参数的最优值{'C'(惩罚系数):10;'kernel'(核函数):rbf;'gamma'(核函数参数):0.1}。

```
1. SVM = SVC(kernel='rbf', gamma=0.1, C=10, probability=True, random_state=
   0) #代入最优数
2. ##计算评价指标
3. SVM.fit(X_train, y_train)
4. y_pred = SVM.predict(X_test)
5. acc_SVM = metrics.accuracy_score(y_test,y_pred)#计算 accuracy
6. print('Accuracy:', acc_SVM)
7. print( )
8. print(classification_report(y_test, y_pred))
9. ##画混淆矩阵图
10. plt.figure(figsize=(4,3))
11. ConfMatrix = confusion_matrix(y_test,y_pred)
12. sns.heatmap(ConfMatrix,annot=True,fmt='d',cmap='Blues',annot_kws={'size':9},
    xticklabels = ['不违约', '违约'],yticklabels = ['不违约', '违约'])
13. plt.ylabel('真实',{'size': 9})
14. plt.xlabel('预测',{'size': 9})
15. plt.xticks(fontsize=9)
16. plt.yticks(fontsize=9)
17. cax = plt.gcf().axes[-1]
18. cax.tick_params(labelsize=9)
19. f = plt.gcf()
20. plt.tight_layout()
21. f.savefig('17.21.jpg',dpi=700)
```

利用测试集检验模型的泛化能力,得到评价指标和混淆矩阵,分别如表 17.6 和图 17.21 所示。

表 17.6 支持向量机的评价指标

	精确率	召回率	F1 得分	准确率
非违约(0)	0.83	0.95	0.89	0.8155
违约(1)	0.67	0.33	0.44	

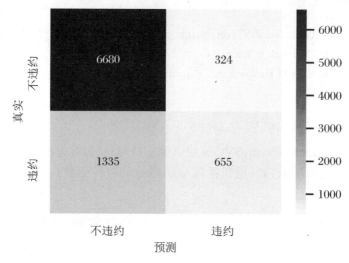

图 17.21 支持向量机的混淆矩阵

5. 决策树(Decision Tree)

1. ##设置决策树的参数搜索范围
2. param_dist = {'max_depth': range(1,100), 'max_features': [1,2,3,4,5,6,7,8,9], 'min_samples_leaf':[1,2,3,4,5,6,7,8,9], 'criterion': ['gini', 'entropy']}
3. tree = DecisionTreeClassifier( )
4. tree_cv = RandomizedSearchCV(tree, param_dist, cv=5, scoring='roc_auc', n_jobs=-1, random_state=0, n_iter=1000) #随机搜索
5. tree_cv.fit(X_train, y_train)
6. print('Tuned Decision Tree Parameters：{}'.format(tree_cv.best_params_)) #得到最优参数

[out]：

Tuned Decision Tree Parameters：{'min_samples_leaf': 9, 'max_features': 7, 'max_depth': 7, 'criterion': 'gini'}

利用 Python 中 sklearn.tree.DecisionTreeClassifier 模块训练决策树，首先用随机搜索的方法调参，得到几个重要参数的最优值{'min_samples_leaf'(叶节点最少样本数)：9；'max_features'(最大特征数)：7；'max_depth'(最大深度)：7；'criterion'(分裂准则)：gini}。

1. Tree = DecisionTreeClassifier(criterion='gini', max_depth=7, max_features=7, min_samples_leaf=9, random_state=0) #代入最优参数
2. ##计算评价指标
3. Tree.fit(X_train, y_train)

4. y_pred = Tree.predict(X_test)
5. acc_DT = metrics.accuracy_score(y_test,y_pred) ##计算 accuracy
6. print('Accuracy:', acc_DT)
7. print( )
8. print(classification_report(y_test, y_pred))
9. ##画混淆矩阵图
10. plt.figure(figsize=(4,3))
11. ConfMatrix = confusion_matrix(y_test,y_pred)
12. sns.heatmap(ConfMatrix,annot=True,fmt='d',cmap='Blues',annot_kws={'size':9}, xticklabels=['不违约', '违约'],yticklabels=['不违约', '违约'])
13. plt.ylabel('真实',{'size': 9})
14. plt.xlabel('预测',{'size': 9})
15. plt.xticks(fontsize=9)
16. plt.yticks(fontsize=9)
17. cax = plt.gcf().axes[-1]
18. cax.tick_params(labelsize=9)
19. f = plt.gcf( )
20. plt.tight_layout( ) ##自动调整标签大小
21. f.savefig('17.22.jpg',dpi=700)

利用测试集检验模型的泛化能力，得到评价指标和混淆矩阵，分别如表17.7和图17.22所示。

表17.7 决策树的评价指标

	精确率	召回率	$F1$得分	准确率
非违约(0)	0.84	0.93	0.88	0.8102
违约(1)	0.62	0.37	0.47	

6. 随机森林(Random Forest)

1. ##设置随机森林的参数搜索范围
2. param_dist = {'n_estimators': [50,100,150,200,250], 'max_features': [1,2,3,4,5,6,7,8,9],'max_depth': [1,2,3,4,5,6,7,8,9], 'criterion': ['gini', 'entropy']}
3. rf = RandomForestClassifier( )
4. rf_cv = RandomizedSearchCV(rf, param_dist, cv = 5, scoring = 'roc_auc', n_jobs = -1,random_state=0) ##随机搜索
5. rf_cv.fit(X_train, y_train)
6. print('Tuned Random Forest Parameters: %s' % (rf_cv.best_params_)) ##得到最优参数

[out]:
Tuned Random Forest Parmeters:{'n_estimators':100,'max_features':2,'max_depth':9,'criterion':'entropy'}

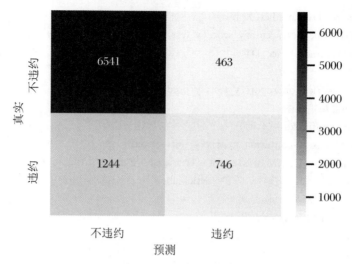

图 17.22　决策树的混淆矩阵

利用 Python 中 sklearn.ensemble.RandomForestClassifier 模块训练随机森林,首先用随机搜索的方法调参,得到几个重要参数的最优值{'n_estimators'(弱学习器的个数):100;'max_features'(最大特征数):2;'max_depth'(最大深度):9;'criterion'(分裂准则):entropy}。

1. Ran = RandomForestClassifier(criterion = 'entropy', max_depth = 9, max_features = 2, n_estimators = 100, random_state = 0) ♯代入最优参数
2. ♯♯计算评价指标
3. Ran.fit(X_train, y_train)
4. y_pred = Ran.predict(X_test)
5. acc_RF = metrics.accuracy_score(y_test, y_pred) ♯计算 accuracy
6. print('Accuracy:', acc_RF)
7. print()
8. print(classification_report(y_test, y_pred))
9. ♯♯画混淆矩阵图
10. plt.figure(figsize = (4,3))
11. ConfMatrix = confusion_matrix(y_test, y_pred)
12. sns.heatmap(ConfMatrix, annot = True, fmt = 'd', cmap = 'Blues', annot_kws = {'size': 9}, xticklabels = ['不违约', '违约'], yticklabels = ['不违约', '违约'])
13. plt.ylabel('真实', {'size': 9})
14. plt.xlabel('预测', {'size': 9})
15. plt.xticks(fontsize = 9)
16. plt.yticks(fontsize = 9)
17. cax = plt.gcf().axes[-1]
18. cax.tick_params(labelsize = 9)
19. f = plt.gcf()
20. plt.tight_layout() ♯自动调整标签大小
21. f.savefig('17.21.jpg', dpi = 700)

利用测试集检验模型的泛化能力,得到评价指标和混淆矩阵,分别如表17.8和图17.23所示。

表17.8 随机森林的评价指标

	精确率	召回率	$F1$得分	准确率
非违约(0)	0.83	0.95	0.89	0.8134
违约(1)	0.65	0.33	0.44	

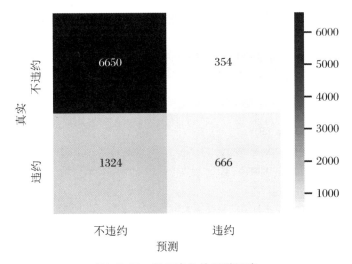

图17.23 随机森林的混淆矩阵

7. k 近邻(KNN)

1. ##设定KNN的参数搜索范围
2. param_dist = {'n_neighbors': range(1,41),'leaf_size': range(20,32),'weights': ['uniform','distance']}
3. knn = KNeighborsClassifier( )
4. knn_cv = RandomizedSearchCV(knn, param_dist, cv = 5, scoring = 'roc_auc', n_jobs = -1, random_state = 0) #随机搜索
5. knn_cv.fit(X_train, y_train)
6. print('Tuned knn Parameters: % s' % (knn_cv.best_params_)) #得到最优参数

[out]:
Tuned knn Parameters:{'weights':'uniform','n_neighbors':35,'leaf_size':28}

利用Python中sklearn.neighbors.KNeighborsClassifier模块训练k近邻,首先用随机搜索的方法调参,得到几个重要参数的最优值{'weights'(权重函数):uniform;'n_neighbors'(邻居数):35;'leaf_size'(传递给BallTree或KDTree的叶大小):28}。

1. KNN = KNeighborsClassifier(n_neighbors = 35, leaf_size = 28, weights = 'uniform') #代入最优参数
2. ##计算评价指标

3. KNN.fit(X_train, y_train)
4. y_pred = KNN.predict(X_test)
5. acc_KNN = metrics.accuracy_score(y_test, y_pred) ##计算 accuracy
6. print('Accuracy:', acc_KNN)
7. print( )
8. print(classification_report(y_test, y_pred))
9. ##画混淆矩阵图
10. plt.figure(figsize=(4,3))
11. ConfMatrix = confusion_matrix(y_test, y_pred)
12. sns.heatmap(ConfMatrix, annot = True, fmt = 'd', cmap = 'Blues', annot_kws = {'size':9}, xticklabels = ['不违约', '违约'], yticklabels = ['不违约', '违约'])
13. plt.ylabel('真实', {'size': 9})
14. plt.xlabel('预测', {'size': 9})
15. plt.xticks(fontsize = 9)
16. plt.yticks(fontsize = 9)
17. cax = plt.gcf( ).axes[-1]
18. cax.tick_params(labelsize = 9)
19. f = plt.gcf( )
20. plt.tight_layout( ) #自动调整标签大小
21. f.savefig('17.24.jpg', dpi = 700)

利用测试集检验模型的泛化能力，得到评价指标和混淆矩阵，分别如表 17.9 和图 17.24 所示。

表 17.9 k 近邻的评价指标

	精确率	召回率	$F1$ 得分	准确率
非违约(0)	0.84	0.94	0.88	0.8095
违约(1)	0.62	0.35	0.45	

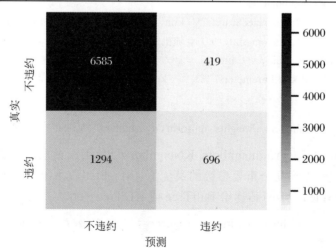

图 17.24 k 近邻的混淆矩阵

8. 朴素贝叶斯(Naive Bayes)

利用Python中sklearn.naive_bayes.GaussianNB模块训练朴素贝叶斯。

1. NB = GaussianNB()
2. ♯♯计算评价指标
3. NB.fit(X_train,y_train)
4. y_pred = NB.predict(X_test)
5. acc_NB= metrics.accuracy_score(y_test,y_pred)♯计算accuracy
6. print('Accuracy:', acc_NB)
7. print( )
8. print(classification_report(y_test, y_pred))
9. ♯♯画混淆矩阵图
10. plt.figure(figsize=(4,3))
11. ConfMatrix = confusion_matrix(y_test,y_pred)
12. sns.heatmap(ConfMatrix,annot=True,fmt='d',cmap='Blues',annot_kws={'size';9}, xticklabels=['不违约','违约'],yticklabels=['不违约','违约'])
13. plt.ylabel('真实',{'size': 9})
14. plt.xlabel('预测',{'size': 9})
15. plt.xticks(fontsize=9)
16. plt.yticks(fontsize=9)
17. cax = plt.gcf().axes[-1]
18. cax.tick_params(labelsize=9)
19. f = plt.gcf( )
20. plt.tight_layout( )♯自动调整标签大小
21. f.savefig('17.25.jpg',dpi=700)

利用测试集检验模型的泛化能力,得到评价指标和混淆矩阵,分别如表17.10和图17.25所示。

表17.10 朴素贝叶斯的评价指标

	精确率	召回率	$F1$得分	准确率
非违约(0)	0.86	0.86	0.86	0.7861
违约(1)	0.52	0.52	0.52	

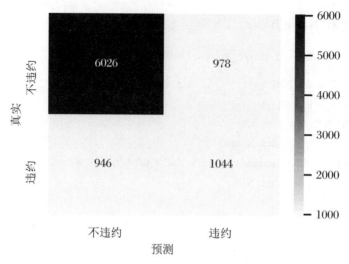

图 17.25　朴素贝叶斯的混淆矩阵

9. 模型对比与评价

我们需要将各分类结果的 ROC 曲线、AUC 值、准确率、KS 值进行比较,选出最优模型,进行下一步评分模型的构建。AUC 曲线如图 17.26(彩图 8)所示,除了支持向量机模型,其他各种情况下的指标都较为接近。

1. ##画出各分类器的 ROC 曲线
2. plt.figure(figsize=(5,4))
3. plt.plot([0, 1], [0, 1],'k--')
4. plt.xlabel('FPR',{'size': 9})
5. plt.ylabel('TPR',{'size': 9})
6. for label in ax.yaxis.get_ticklabels():
7. 　　label.set_fontsize(9)
8. for label in ax.xaxis.get_ticklabels():
9. 　　label.set_fontsize(9)
10. model_select=[LR,SVM,Tree,Ran,KNN,NB]#六个训练好的模型
11. model_name=['逻辑回归','支持向量机','决策树','随机森林','k 近邻','朴素贝叶斯']
12. AUC=[]
13. for i,j in enumerate(model_select):
14. 　　y_pred_proba = j.predict_proba(X_test)[:,1]#计算测试集预测概率
15. 　　fpr_model, tpr_model, threshold = roc_curve(y_test, y_pred_proba)#计算测试集 FPR、TPR
16. 　　auc_model = auc(fpr_model, tpr_model)#计算测试集的 AUC
17. 　　plt.plot(fpr_model,tpr_model,label=model_name[i]+', AUC 值 = '+str(round(auc_model,5)))
18. 　　AUC.append(auc_model)#将所有模型的 AUC 保存
19. fig = plt.gcf()

20. plt.legend(loc = 'lower right', facecolor = 'white', fontsize = 9)
21. plt.tight_layout( )
22. fig.savefig('17.26.jpg', dpi = 700)

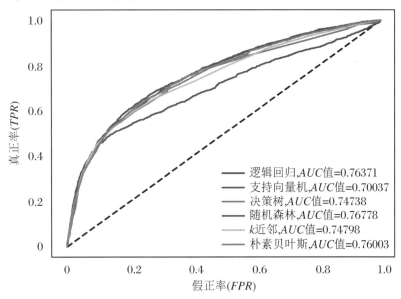

图 17.26　各种分类法的 ROC 曲线

接下去，我们进一步对各分类方法的准确率(Accuracy)和 AUC 值进行比较。

AUC 值一般为 0.5~1。当 AUC 值在 0.5~0.7 范围时，表明模型的准确性较低；当 AUC 值在 0.7~0.9 范围时，表明模型具有一定的准确性；当 AUC 值在 0.9 以上时，表明模型具有较高的准确性。从图 17.27 中可以看出，所有模型的 AUC 值均在 0.7 以上，表明各模型都有一定的准确性，其中随机森林模型的 AUC 值最大，预测效果最好。

同时也可以看到，传统评分模型所用的逻辑回归模型的 AUC 值位列第二，比第一的随机森林模型只小了一点点。虽然各种机器学习方法均有其独特之处，但在金融风控领域，逻辑回归模型仍有一席之地，原因大致有以下几点：① 逻辑回归稳健更好；② 模型直观，系数含义易理解，方便构建信用评分卡模型；③ 当模型效果衰减的时候，逻辑回归模型能更好地诊断病因。

观察图 17.27 还可以发现，准确率和 AUC 值存在一定的矛盾，即并不是准确率越大，AUC 值就越大，支持向量机模型的准确率最高，但是它的 AUC 值最小。准确率是基于较佳的截断值计算的，而 AUC 值是基于所有可能的截断值计算的，更加稳健，所以准确率高，AUC 值不一定大，反之亦然。同时，当正负样本比相差较大时准确率指标就失去了参考价值。所以当两者存在矛盾时，应该以 AUC 值为主。这里根据 AUC 值的大小，得到随机森林模型为最优模型，随后还需要计算 KS 值，进一步评判各模型的泛化能力。

1. ##计算各分类器的准确率和 AUC 值
2. xx = np.arange(6)
3. Accuracy = [acc_LR, acc_SVM, acc_DT, acc_RF, acc_KNN, acc_NB]
4. bar_width = 0.3

5. tick_label = ['逻辑回归','支持向量机', '决策树','随机森林','k 近邻','朴素贝叶斯']
6. ＃＃画图
7. fig,ax = plt.subplots(figsize =(12,7))
8. plt.bar(xx, Accuracy, bar_width, align = 'center', color = 'lightblue', label = 'Accuracy', alpha = 1)
9. plt.bar(xx + bar_width, AUC, bar_width, color = 'steelblue', align = 'center', label = 'AUC', alpha = 1)
10. plt.xlabel('各分类模型',{'size': 18})
11. plt.ylabel('准确率/AUC 值',{'size': 18})
12. plt.xticks(xx + bar_width/2, tick_label)
13. plt.legend(['准确率','AUC 值'],loc = 'best', facecolor = 'white',fontsize = 15)
14. ax.set_ylim(0.655, 0.845)
15. plt.plot(xx, Accuracy,'b', ms = 3, lw = 1, marker = 'o')
16. plt.plot(xx + bar_width, AUC,'b', ms = 3, lw = 1, marker = 'o')
17. for a,b in zip(xx,Accuracy)：
18. 　　plt.text(a, b + 0.001,'%.4f'%b, ha = 'center', va = 'bottom',fontsize = 18)
19. for a,b in zip(xx,AUC)：
20. 　　plt.text(a + bar_width, b + 0.001,'%.4f'%b, ha = 'center', va = 'bottom',fontsize = 18)
21. for label in ax.yaxis.get_ticklabels( )：
22. 　　label.set_fontsize(18)
23. for label in ax.xaxis.get_ticklabels( )：
24. 　　label.set_fontsize(18)
25. plt.tight_layout( )
26. fig.savefig('17.27.jpg',dpi = 700)

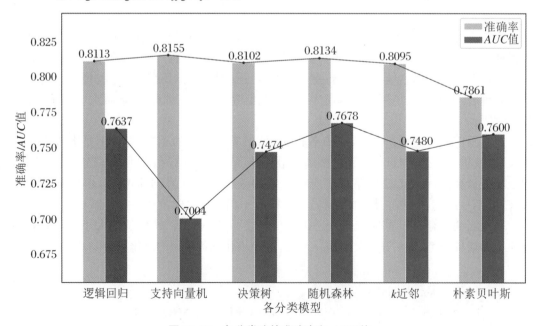

图 17.27　各分类法的准确率和 AUC 值

如表 17.11 所示,我们将训练好的模型分别按照训练集和测试集计算 KS 值,KS 值代表了模型对于正负样本的区分能力。一般来讲,KS 值小于 0.2,表示模型没有区分能力;KS 值取值为 $[0.2, 0.3]$,表示模型具有一定的区分能力,勉强可以接受;KS 值取值为 $[0.3, 0.5]$,表示模型具有较强的区分能力;KS 值大于 0.75,往往表示模型有异常。可以发现,所有模型的 KS 值都大于 0.3,所以模型均有较强的区分能力。并且不论是训练集还是测试集,随机森林的 KS 值都是最大的,所以随机森林模型区分能力最强。

在比较测试集 KS 值大小的同时,我们可以观察每个模型训练集和测试集之间 KS 值的差值。如图 17.28 所示,随机森林模型虽然区分能力最强,但是训练集和测试集的 KS 值相差较大,表示模型的泛化能力不是很强,有过拟合的风险,相比之下,逻辑回归和朴素贝叶斯的泛化能力更好。

1. ##计算训练集和测试集的 ks 值
2. ks_train = []
3. ks_test = []
4. model_select = [LR, SVM, Tree, Ran, KNN, NB] #六个训练好的模型
5. model_name = ['Logistic Regression', 'SVM', 'Decision Tree', 'Random Forest', 'KNN', 'Naive Bayes'] #六个模型的名称
6. for i in model_select:
7.   y_pred_proba_train = i.predict_proba(X_train)[:, 1] #计算训练集预测概率
8.   y_pred_proba_test = i.predict_proba(X_test)[:, 1] #计算测试集预测概率
9.   fpr_train, tpr_train, threshold_train = roc_curve(y_train, y_pred_proba_train) #计算训练集 FPR、TPR
10.   fpr_test, tpr_test, threshold_test = roc_curve(y_test, y_pred_proba_test) #计算测试集 FPR、TPR
11.   ks_train.append(abs(fpr_train - tpr_train).max()) #计算训练集 KS 值
12.   ks_test.append(abs(fpr_test - tpr_test).max()) #计算测试集 KS 值
13. model_ks = pd.DataFrame({'ks_train': ks_train, 'ks_test': ks_test}, index = model_name)
14. model_ks

表 17.11 各模型训练集和测试集的 KS 值

	训练集 *KS* 值	测试集 *KS* 值
逻辑回归	0.405972	0.394151
支持向量机	0.407132	0.357693
决策树	0.419531	0.383821
随机森林	0.489551	0.412418
k 近邻	0.448139	0.386938
朴素贝叶斯	0.409464	0.402259

1. ##训练集和测试集的 ks 值对比图
2. xx = np.arange(6)

3. bar_width = 0.3
4. tick_label = ['逻辑回归','支持向量机', '决策树','随机森林','K 近邻','朴素贝叶斯']
5. fig,ax = plt.subplots(figsize=(12,7))
6. plt.bar(xx,list(model_ks.ks_train),bar_width,align = 'center',color = 'lightblue', label = 'ks_train',alpha = 1)
7. plt.bar(xx,list(model_ks.ks_test),bar_width,color = 'steelblue',align = 'center',label = 'ks_test',alpha = 1)
8. plt.xlabel('各分类模型',{'size': 18})
9. plt.ylabel('KS 值',{'size': 18})
10. plt.xticks(xx,tick_label)
11. plt.legend(['训练集 KS 值','测试集 KS 值'],loc = 'best',facecolor = 'white',fontsize = 15)
12. ax.set_ylim(0.32, 0.50)
13. for a,b in zip(xx,list(model_ks.ks_train)):
14.   plt.text(a,b+0.001,'%.4f'%b,ha = 'center',va = 'bottom',fontsize = 18)
15. for a,b in zip(xx,list(model_ks.ks_test)):
16.   plt.text(a,b+0.001,'%.4f'%b,ha = 'center',va = 'bottom',fontsize = 18)
17. for label in ax.yaxis.get_ticklabels():
18.   label.set_fontsize(18)
19. for label in ax.xaxis.get_ticklabels():
20.   label.set_fontsize(18)
21. plt.tight_layout()
22. fig.savefig('17.28.jpg',dpi = 700)

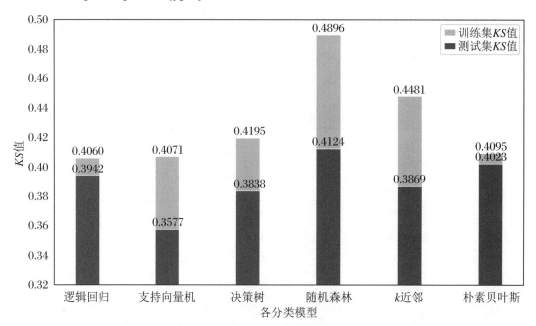

图 17.28　各模型训练集和测试集的 *KS* 值对比图

综合 ROC 曲线、AUC 值和 KS 值,我们选择随机森林模型进行下一步的信用评分模型的构建。限于篇幅,我们只给出随机森林模型的 KS 曲线,如图 17.29 所示。

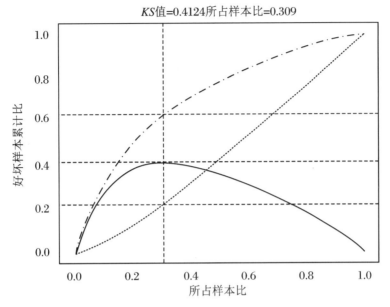

图 17.29　随机森林模型的 KS 曲线

1. ##画 KS 曲线
2. pred = Ran.predict_proba(X_test)[:,1]# 预测值
3. bad = y_test# 取 1 为 bad,0 为 good
4. n = len(y_test)#将样本切分为几段,这里我们将一个样本分为一段,以使算出的 KS 值和前面算出来的一致
5. ksds = pd.DataFrame({'bad': bad, 'pred': pred})
6. ksds['good'] = 1 − ksds.bad #取 0 为 bad,1 为 good
7. #将测试集样本按照预测为坏客户的概率从大到小排,相同概率时按 bad 变量分别进行升序和降序
8. #按 bad 变量进行升序
9. ksds1 = ksds.sort_values(by=['pred', 'bad'], ascending=[False, True])
10. ksds1.index = range(len(ksds1.pred))#获取索引
11. ksds1['cumsum_good1'] = 1.0 ∗ ksds1.good.cumsum( )/sum(ksds1.good) #好客户累计比率
12. ksds1['cumsum_bad1'] = 1.0 ∗ ksds1.bad.cumsum( )/sum(ksds1.bad) #坏客户累计比率
13. #按 bad 变量进行降序
14. ksds2 = ksds.sort_values(by=['pred', 'bad'], ascending=[False, False])
15. ksds2.index = range(len(ksds2.pred))#获取索引
16. ksds2['cumsum_good2'] = 1.0 ∗ ksds2.good.cumsum( )/sum(ksds2.good) #好客户累计比率

17. ksds2['cumsum_bad2'] = 1.0 * ksds2.bad.cumsum()/sum(ksds2.bad) #坏客户累计比率
18. #将两种情况进行平均,ksds1 ksds2 -> average
19. ksds = ksds1[['cumsum_good1', 'cumsum_bad1']]
20. ksds['cumsum_good2'] = ksds2['cumsum_good2']
21. ksds['cumsum_bad2'] = ksds2['cumsum_bad2']
22. ksds['cumsum_good'] = (ksds['cumsum_good1'] + ksds['cumsum_good2'])/2
23. ksds['cumsum_bad'] = (ksds['cumsum_bad1'] + ksds['cumsum_bad2'])/2
24. #计算 KS 值
25. ksds['ks'] = ksds['cumsum_bad'] - ksds['cumsum_good'] #KS=坏客户累计比率-好客户累计比率
26. ksds['tile0'] = range(1, len(ksds.ks) + 1)
27. ksds['tile'] = 1.0 * ksds['tile0']/len(ksds['tile0']) #累计样本比率
28. qe = list(np.arange(0, 1, 1.0/n))
29. qe.append(1)
30. qe = qe[1:]
31. ks_index = pd.Series(ksds.index)
32. ks_index = ks_index.quantile(q = qe)
33. ks_index = np.ceil(ks_index).astype(int)
34. ks_index = list(ks_index)
35. ksds = ksds.loc[ks_index]
36. ksds = ksds[['tile', 'cumsum_good', 'cumsum_bad', 'ks']]
37. ksds0 = np.array([[0, 0, 0, 0]])
38. ksds = np.concatenate([ksds0, ksds], axis = 0)
39. ksds = pd.DataFrame(ksds, columns = ['tile', 'cumsum_good', 'cumsum_bad', 'ks'])
40. ks_value = ksds.ks.max() #计算最大 KS 值
41. ks_pop = ksds.tile[ksds.ks.idxmax()] #计算最大 KS 值对应的样本百分比
42. #画 KS 曲线图
43. plt.figure(figsize = (5,4))
44. plt.plot(ksds.tile, ksds.cumsum_good, label = 'cum_good', color = 'blue', linestyle = '-', linewidth = 2)
45. plt.plot(ksds.tile, ksds.cumsum_bad, label = 'cum_bad', color = 'red', linestyle = '-', linewidth = 2)
46. plt.plot(ksds.tile, ksds.ks, label = 'ks', color = 'green', linestyle = '-', linewidth = 2)
47. plt.axvline(ks_pop, color = 'gray', linestyle = '--')
48. plt.axhline(ks_value, color = 'green', linestyle = '--')
49. plt.axhline(ksds.loc[ksds.ks.idxmax(),'cumsum_good'], color = 'blue', linestyle = '--')
50. plt.axhline(ksds.loc[ksds.ks.idxmax(),'cumsum_bad'], color = 'red', linestyle = '--')
51. plt.title('KS = %s ' % np.round(ks_value, 4) + 'at Pop = %s' % np.round(ks_pop, 4), fontsize = 9)
52. plt.xlabel('% of population',{'size': 9})
53. plt.ylabel('% of total Good/Bad',{'size': 9})

54. f = plt.gcf()
55. plt.tight_layout()
56. f.savefig('17.29.jpg',dpi=700)

17.4.5 构建信用评分模型

信用评分公式为

$$score = A + B \times \ln \theta \tag{17.10}$$

其中

$$\theta = \frac{好客户概率}{坏客户概率} \tag{17.11}$$

对于 A、B 的值,可以通过以下二元一次方程组求解得到

$$\begin{cases} score_0 = A + B \times \ln \theta_0 \\ score_0 + PDO = A + B \times \ln(2 \times \theta_0) \end{cases}$$

解得

$$\begin{cases} B = \dfrac{PDO}{\ln 2} \\ A = score_0 - B \times \ln \theta_0 \end{cases} \tag{17.12}$$

其中,PDO 表示好坏比增加一倍后分数的增加值。这里取 $PDO = 20$,基础分值 $score_0 = 500$,初始好坏比 $\theta_0 = 4$。

1. ##我们取500分为基础分值,PDO为20(每高20分 odds 翻一倍),初始好坏比为4
2. #分数 = A + B * ln(好坏比)
3. PDO = 20
4. P0 = 500
5. B = PDO / math.log(2)
6. A = P0 - B * math.log(4)
7. gailv = Ran.predict_proba(X_test)
8. odds = gailv[:,0]/gailv[:,1]#不违约概率/违约概率
9. score = []
10. for i in odds:
11.   s = A + B * math.log(i)
12.   score.append(s)
13. ##画图
14. plt.figure(figsize=(10,6))
15. sns.distplot(score, bins = 60, kde = True, kde_kws = {"color":"red", "lw":1}, hist_kws = {'color':'steelblue'})
16. ax = plt.gca()
17. fig = plt.gcf()
18. ax.xaxis.set_major_locator(MultipleLocator(10))
19. plt.xlabel('信用得分',{'size': 16})
20. plt.ylabel('概率密度',{'size': 16})

```
21. for label in ax.yaxis.get_ticklabels():
22.     label.set_fontsize(16)
23. for label in ax.xaxis.get_ticklabels():
24.     label.set_fontsize(16)
25. fig.savefig('17.30.jpg',dpi=700)
```

得到的测试集的信用评分直方图如图17.30所示。令人遗憾的是,观察信用得分的分布,它不是一个完美的单峰分布,左边有一个"小峰",而我们希望得到一个单峰正态分布,这样才能说明样本来源于同一批次的用户,评分才具有可比性。

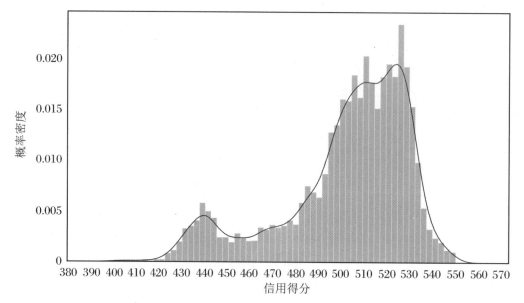

图17.30　测试集的信用评分分布

造成上图的情况一般有三种原因:① 从业务模式理解,可能是因为一开始的好坏客户定义不够理想,可以采取重新定义好坏客户的方法;② 从录入系统变更来理解,可能由于录入系统发生了较大的更改,可以在变更时点之后对数据再次建模;③ 从变量角度理解,可能是因为某个变量对预测的作用非常重要,造成该变量分数对总体信用评分的作用至关重要,并且某些样本对于该变量的取值异于大多数样本,造成这些样本的得分过高或过低。

根据数据分析,上述第三种原因最符合我们的数据,所以我们需要按照变量的 IV 值,从大到小依次删除某些变量。并在每次删除后,观察信用评分的分布是否明显变为单峰。

我们将10个变量依次删除,发现结果还是双峰,再次观察数据发现,有些变量属于同一类,所以依次删除各类变量,发现当删除 PAY_0,PAY_3(以前月份还款情况变量)之后,双峰明显消失了。

```
1. ##删去iv值大的变量
2. X_train_f = X_train.drop(['PAY_0','PAY_3'],axis=1)
3. X_test_f = X_test.drop(['PAY_0','PAY_3'],axis=1)
4. ##重新对随机森林进行参数调优
```

5. param_dist = {'n_estimators': [50,100,150,200,250], 'max_features': [1,2,3,4,5,6,7,8],'max_depth': [1,2,3,4,5,6,7,8,9], 'criterion': ['gini', 'entropy']}
6. rf_f = RandomForestClassifier( )
7. rf_cv_f = RandomizedSearchCV(rf_f, param_dist, cv = 5, scoring = 'roc_auc', n_jobs = −1,random_state=0) ♯随机搜索
8. rf_cv_f.fit(X_train_f，y_train)
9. print('Tuned Random Forest Parameters：%s' % (rf_cv_f.best_params_)) ♯得到最优参数

删除变量 PAY_0 和 PAY_3 之后，信用评分分布结果如图 17.31 所示。

1. Ran_f = RandomForestClassifier(criterion = 'entropy', max_depth = 7, max_features = 5, n_estimators = 100,random_state=0) ♯代入最优参数
2. Ran_f.fit(X_train_f，y_train)
3. ♯♯重新计算分数
4. gailv_f = Ran_f.predict_proba(X_test_f)
5. odds_f = gailv_f[:,0]/gailv_f[:,1] ♯不违约概率/违约概率
6. score_f = [ ]
7. for i in odds_f：
8. 　　s_f = A + B * math.log(i)
9. 　　score_f.append(s_f)
10. ♯♯计算均值和标准差
11. mu = np.mean(score_f)
12. sigma = np.std(score_f)
13. ♯♯重新画图
14. plt.figure(figsize = (10,6))
15. x = np.arange(520,670,10)
16. n，bins，patches = plt.hist(score_f，bins = 60，normed = 1，facecolor = 'steelblue'，alpha = 0.44)
17. y = norm.pdf(bins，mu，sigma) ♯拟合一条最佳正态分布曲线 y
18. plt.plot(bins，y,'r−',lw = 1) ♯绘制 y 的曲线
19. ax = plt.gca( )
20. fig = plt.gcf( )
21. ax.xaxis.set_major_locator(MultipleLocator(10))
22. plt.xlabel('信用得分',{'size'：16})
23. plt.ylabel('概率密度',{'size'：16})
24. plt.ylim(0,0.025)
25. for label in ax.yaxis.get_ticklabels( )：
26. 　　label.set_fontsize(16)
27. for label in ax.xaxis.get_ticklabels( )：
28. 　　label.set_fontsize(16)
29. plt.tight_layout( )
30. fig.savefig('17.31.jpg',dpi = 700)

去掉两个变量之后,得分的分布呈现为单峰,但是此时改变了入模变量,所以最优模型的选择和训练又需要重新计算,为了简化案例,这里我们忽略双峰的问题,仍然使用原有的 10 个变量进行后续分析。

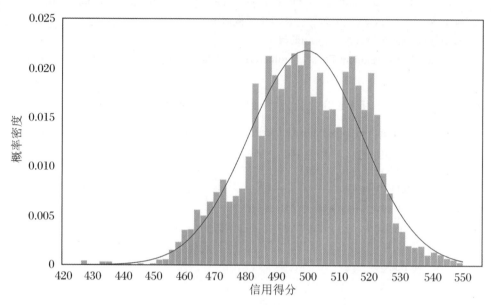

图 17.31　调整后测试集的信用评分分布

接下来对信用评分升序排列,划分为 13 个区间并生成报告,结果如表 17.12 所示。

1. ##生成报告
2. #得到测试集样本的信用得分并从小到大排序
3. score_0 = [round(i,0) for i in score]
4. pingfen = data_woe.loc[X_test.index,['Default']]
5. pingfen['scores'] = score_0
6. PF = pingfen.sort_values('scores')
7. #按得分大小将样本分成 13 组
8. PF_f = [0] * 13
9. PF_f[0] = PF.loc[PF["scores"]<=430] #前几族样本量较少,所以将小于 430 分的分为一组,随后每隔 10 分分为一组
10. for i in range(11):
11. 　　PP = PF.loc[PF["scores"]<=(430+10*(i+1))]
12. 　　PF_f[i+1] = PP.loc[PP["scores"]>(430+10*i)]
13. PF_f[12] = PF.loc[PF["scores"]>(430+10*11)]
14. #计算各区间坏账率等情况
15. ZZ = len(PF)
16. GOOD=[];BAD=[];ZJ=[];BAD_CNT=[];GOOD_CNT=[];BAD_PCTG=[];GOOD_PCTG=[];KS=[];BADRATE=[];DFQJ=[0]*13
17. bad_cnt, good_cnt = 0, 0
18. for i in range(13):

19. zj = len(PF_f[i])
20. bad = sum(PF_f[i]['Default'])
21. good = zj - bad
22. bad_cnt += bad
23. good_cnt += good
24. bad_pctg = round(bad_cnt/sum(PF.Default),3)
25. good_pctg = round(good_cnt/(PF.Default.count( ) - PF.Default.sum( )),3)
26. badrate = round(bad/zj,3)
27. ks = round(math.fabs(bad_pctg - good_pctg),3)
28. GOOD.append(good)
29. BAD.append(bad)
30. ZJ.append(zj)
31. BAD_CNT.append(bad_cnt)
32. GOOD_CNT.append(good_cnt)
33. BAD_PCTG.append(bad_pctg)
34. GOOD_PCTG.append(good_pctg)
35. KS.append(ks)
36. BADRATE.append(badrate)
37. DFQJ[0] = 'low<=得分<=430'
38. for i in range(11):
39.   DFQJ[i+1] = '%(a).0f<=得分<=%(b).0f'%{'a':430+10*i+1,'b':430+10*(i+1)}
40. DFQJ[12] = '%.0f<=得分<=high'%(430+111)
41.
42. jieguo = {'得分区间':DFQJ,'好样本':GOOD,'坏样本':BAD,'总计':ZJ,'累计好样本':GOOD_CNT,
43. '累计坏样本':BAD_CNT,'累计好样本占比':GOOD_PCTG,'累计坏样本占比':BAD_PCTG,'KS':KS,'坏账率':BADRATE}
44. JG = pd.DataFrame(jieguo)
45. JG

表 17.12 评分模型报告

区间得分	好样本	坏样本	总计	累计好样本	累计坏样本	累计好样本占比	累计坏样本占比	KS 值	坏账率
low<=得分<=430	31	89	120	31	89	0.004	0.045	0.041	0.742
431<=得分<=440	101	282	383	132	371	0.019	0.186	0.167	0.736
441<=得分<=450	119	201	320	251	572	0.036	0.287	0.251	0.628
451<=得分<=460	105	100	205	356	672	0.051	0.338	0.287	0.488
461<=得分<=470	161	121	282	517	793	0.074	0.398	0.324	0.429
471<=得分<=480	203	121	324	720	914	0.103	0.459	0.356	0.373

续表

区间得分	好样本	坏样本	总计	累计好样本	累计坏样本	累计好样本占比	累计坏样本占比	KS 值	坏账率
481<=得分<=490	387	186	573	1107	1100	0.158	0.553	0.395	0.325
491<=得分<=500	829	257	1086	1936	1357	0.276	0.682	0.406	0.237
501<=得分<=510	1279	237	1516	3215	1594	0.459	0.801	0.342	0.156
511<=得分<=520	1391	200	1591	4606	1794	0.658	0.902	0.244	0.126
521<=得分<=530	1670	158	1828	6276	1952	0.896	0.981	0.085	0.086
531<=得分<=540	597	35	632	6873	1987	0.981	0.998	0.017	0.055
541<=得分<=high	131	3	134	7004	1990	1.000	1.000	0.000	0.022

可以看到，随着得分的增大，坏账率逐渐下降，说明该信用评分能够有效地反映用户的信用特征，我们可以根据信用评分区分用户的信用状况，来判断该用户下个月违约可能性。当得分超过450分时，坏账率下降到50%以下。KS 先增加后减少，在得分为491～500分时达到最大，说明将小于500分的用户预测为坏客户时，正负样本的区分度最大。累计坏样本占比可以理解为坏样本捕获率，当得分超过530分时，绝大部分坏样本已被捕获。

根据以上分析，可以将得分531分及以上的客户信用等级划分为 A，将501分到530分的客户信用登级划分为 B，将451分到500分的客户信用等级划分为 C，将小于等于450分的客户信用等级划分为 D。

银行可以根据客户的历史行为信息，通过对其进行信用评分，划分信用等级，估计其将来违约的可能性。对于 A 类客户，其违约风险较低，可以继续放贷；对于 B 类客户，其违约风险正常，需对信誉和资产做进一步的评估；对于 C 类客户，其处于违约与否的灰色地带，有一定的信用风险；对于 D 类客户，其违约可能极大，需要及时采取催收、限贷等措施，尽可能避免客户因违约而给银行带来损失。

本 章 小 结

1. 机器学习能够为银行在客户获取、经营效率、监管等几个方面提供解决方案，它在商业银行中的应用主要是在营销和风控两个方面。

2. 机器学习应用于银行业务的优势主要体现在认知自动化、欺诈识别、信贷流程、交易平台和前台部门等场景。

3. 机器学习在数据、人才、客户、文化、工具和监管等方面都面临着挑战，同时也充满了机遇，它在银行有着广阔的发展前景。

4. 机器学习在银行信用卡违约预警和信用评分方面有着重要的作用，本章的案例利用香港地区某银行的信用卡数据，通过机器学习模型，进行违约预警并构建评分模型。

第一步，通过观察数据，处理缺失值，将数据可视化之后再处理异常值。

第二步，对变量进行探索性分析，再进行 WOE 分箱，并检查各箱坏账率的单调性。然后计算各变量的 IV 值，去除 IV 值过小的变量。接着计算各变量的相关系数，去除相关性过高的变量，并用方差膨胀系数 VIF 检验多重共线性。

第三步,将数据切分为训练集和测试集,在训练集上学习逻辑回归、支持向量机、决策树、随机森林、k 近邻和朴素贝叶斯,并在测试集上检验模型的泛化能力。然后将各分类结果的 ROC 曲线、AUC 值、准确率、KS 值进行比较,选出最优模型(随机森林模型)。

第四步,构建信用评分模型,得到评分模型报告,根据分数将客户分成四个等级。

关键词:银行领域　违约预警　信用评分

思 考 题

1. 本文的信用评分模型是基于随机森林构建的,而非使用传统的逻辑回归模型,查找相关资料,用逻辑回归为本文案例构建传统的评分卡模型。

2. 思考如何改善本文案例的模型结果,尝试改变数据处理方式、变量筛选方式、正负样本比、机器学习模型的类型和最优参数。

3. 思考如何通过增加衍生变量来改善模型结果。

4. 如图 17.31 所示,若去掉两个变量,使得分分布为单峰,则请重新选择最优模型,构建信用评分模型,并将结果与本文结果进行比较。

5. Python 中有一个 toad 工具包,它对于风险评分卡的建模有针对性的功能。查阅相关资料,尝试利用 toad 构建评分卡模型。

参 考 文 献

[1] 单华玮.基于机器学习的银行信用卡违约预测研究[J].数据挖掘,2019,9(4):145-152.

[2] 涂艳,王翔宇.基于机器学习的 P2P 网络借贷违约风险预警研究:来自"拍拍贷"的借贷交易证据[J].统计与信息论坛,2018,33(6):69-76.

[3] 刘志惠,黄志刚,谢合亮.大数据风控有效吗:基于统计评分卡与机器学习模型的对比分析[J].统计与信息论坛,2019,34(9):18-26.

[4] 方匡南,章贵军,张惠颖.基于 Lasso-logistic 模型的个人信用风险预警方法[J].数量经济技术经济研究,2014,31(2):125-136.

[5] Brown I,Mues C. An experimental comparison of classification algorithms for imbalanced credit scoring data sets[J]. Expert Systems with Applications,2012,39(3):3446-3453.

[6] Wiginton J C. A Note on the Comparison of Logit and Discriminant Models of Consumer Credit Behavior[J].Journal of Financial and Quantitative Analysis,1980,15(3):757-771.

[7] 李航.统计学习方法[M].2 版.北京:清华大学出版社,2019.

[8] 周志华.机器学习[M].北京:清华大学出版社,2016.

[9] 万托布拉斯.Python 数据科学手册[M].陶俊杰,陈小莉,译.北京:人民邮电出版社,2018.

第 18 章 机器学习在保险领域中的应用

教学目标

1. 了解机器学习在保险领域的应用现状、特点和发展趋势；
2. 掌握精准营销案例中应用的机器学习方法的特点；
3. 深入理解精准营销案例的应用方法和解决思路。

目前，机器学习在保险领域的应用由通用环节逐渐深入到了专业环节，在潜在客户挖掘、智能定损、智能出单多个业务场景都有应用。虽然没有在投资领域、银行领域的应用普及和深入，但推进的势头依然不减。

本章 18.1 节介绍机器学习在保险领域应用的现状，18.2 节介绍应用机器学习的优势，18.3 节介绍机器学习在保险领域的发展趋势，18.4 节介绍机器学习用于车险用户分类的案例分析。

18.1 应用的现状

如果不考虑普通的日常办公业务，只考虑专业性业务，如保险产品服务，那么机器学习在保险领域的应用是有限的。

机器学习不是精算师知识体系的主要内容。由于产品质量、需求、风险等诸多因素最后都集中表现于在产品定价，因此保险定价是保险公司业务的核心。而精算师担负着保险定价职责，因此窥探精算师的知识体系可以大致了解保险领域的知识要求。无论是北美精算师还是中国精算师，考试的主要内容都是以概率论为代表的基础数学和以风险建模统计为代表的数理统计。精算师学习的是回归模型、时间序列模型、主成分分析、决策图表、聚类分析等数理统计知识，应用的是 prophet、VBA 等统计精算软件，无论是理论还是实践，它们都尚未接触到更深度的统计机器学习方法。

机器学习在保险领域的应用多局限于财险业务有两大原因：① 模型选择方面：在保险公司的主要业务中，寿险变量较少、研究成熟，现有模型能很好地解释实际情况且预测精准，因此没有应用机器学习的需求；财险变量多而模糊、迭代更快，应用机器学习方法可以有效地选择特征、学习建模，提高效能，因此对机器学习有更大的兴趣。② 业务体量方面。当前我国车险业务收取的保费占非寿险保费的 70%，是保险公司盈利的重要来源。但同时，我国也在逐步推进商车费率市场化策略，虽然这给了保险公司更大的自主定价权，但也意味着保险公司面临着更激烈的市场竞争，对保险公司的成本战略提出了更高的要求。

大数据是一个突破口。目前全球已进入数字经济时代，大数据的存储和计算的耗能处理手段日益进步，物联网、云计算技术发展日益显著，在低成本、高性能的技术支持下，海量数据的收集、存储、共享、处理技术变得更易于进行。以互联网公司为代表的一众科技企业争相利用新时代技术创造并应用机器学习和数据挖掘方法，在解决高维复杂数据方面取得了成果。这引起了保险界尤其是精算领域的关注，在实际业务中我们可以看到保险公司应用机器学习和数据挖掘技术提高业务效率的案例。

众安保险是积极应用机器学习为业务赋能的保险公司典例。众安在线财产保险股份公司是国内首家互联网保险公司，一直贯彻着"保险+科技"的理念，积极利用机器学习技术为其业务赋能加速：在线上服务方面，智能客服上线率达到85%；在精准营销方面，通过对用户建立标签，核心产品复购率达到15%；在车险处理方面，通过视频交互技术在线处理索赔，万元以下平均结案时长只要11分6秒；在信保业务风险管理方面，能做到保前风险识别，保中风险监测预警，保后风险控制。可以预期，保险公司将会利用机器学习和大数据技术，探索新型的车险费率定价模式，甚至将其应用到日常办公中。

虽然应用机器学习的前景向好，但当前发展过程中依然存在着问题，比如维数灾难问题。保险公司收集应用的高维数据具有高度的复杂性，传统的预测技术能否适用不得不打个问号。

18.2 应用的优势

在保险领域中应用机器学习的优势体现在以下几个方面：

（1）精准营销，降费提效。当前保险公司营销人员的营销能力有很大的提升空间，主要是因为在推销过程中与潜在客户之间的沟通缺乏效率。通过保险公司沉淀的大量数据对用户进行精准画像，学习聚类或分类模型，同时对于营销人员根据业务分组并强化培训，可以将保险营销人员盲找客源的状态转变为专业营销人员向指定客源营销的状态。在精准推销的过程中，这既能体现营销人员的专业性，又能使推荐的产品迎合潜在客户的需求，不仅能提高销售的成功率，还能有效降低客户的时间成本和保险公司的营运成本。

（2）风险控制，穿透关系。保险欺诈问题存在已久，国际保险诈骗金额约为保险金额的10%~30%，特殊险种甚至能达到50%，我国保险欺诈行为更加严重。对欺诈的控制有利于维护市场秩序，保护投保人和保险公司的合法权益。机器学习的无监督方法可以对数据本身进行处理，无需提前指定变量之间的关系，因此在承保时能根据资料快速判断客户关系，降低道德风险和逆向选择发生的可能性。

（3）申请索赔，快速处理。由于我国保险从业人员门槛不高，因此从业人员规模巨大，但高端人才占比很低，且人员流动性大，当保险人申请索赔时很难获得很好的体验。可以利用好机器学习，改变以往主要依靠员工的处理模式：从历史数据中训练出良好的模型，让模型在索赔处理过程中发挥主要功能，员工起辅助作用以避免模型做出与事实偏差太多的结论。通过运用最前沿的技术，使保险理赔达到快速出单的效果，能够有效提升客户体验。

目前，机器学习在保险的各个环节参与度还不够高，保险公司处理业务时仍处于"人海战术"。通过对前沿技术的消化、吸收及运用，保险公司可以利用人工智能承担起大部分基础性业务的工作量，将人力资源解放出来，腾出精力完善公司制度，加强研发力度，提升业务质量。

18.3 发展趋势

短期内机器学习在保险领域的发展有限，主要是通过机器学习在其他领域的发展来带动。一方面，无论是人才教育还是应用软件，当前的知识体系和建模方法就足以应对现有的保险业务模式，因此精算领域没有理由和动机来广泛引入机器学习方法。另一方面，机器学习在保险领域的应用多为引用机器学习在其他领域的发展成果，通过消化成熟的机器学习技术来提高自身的生产力。虽然机器学习在银行领域的风险控制、投资领域的选股组合方面的应用都有很好的效果和广阔的前景，但是机器学习在保险领域的落脚点有限，如借鉴图像识别技术应用于智能识别定损，借鉴风控分类技术应用于监测欺诈。

机器学习在保险领域的应用范围一般，应用程度也很浅，在以下四个方面应该都有应用的空间。

第一个是保险欺诈预警。对保险合同、保险事故信息、投保人和被保险人的基本资料进行特征工程，应用聚类或分类算法对投保人进行类别识别，学习欺诈事件的共性特征，从保前信息收集步骤规避保险欺诈事件。

第二个是保险精准营销。通过协同过滤等技术寻找历史投保人群的相似特征，并按照特征对类似客户进行推荐营销，变线下营销为线上营销，有效助力保险营销人员和潜在客户之间的顺利沟通，提升成功率、提升营销人员效率、提升口碑。同时也可以根据客户分类结果探索新特征以设计新型保险产品，精准抓住年轻人的痛点。

第三个是保险智能核保。根据投保人的消费情况、资产负债情况、日常行为模式判断投保人的风险等级，并根据持续性收集的数据动态调整投保人风险等级，改变承保策略，以此规避恶意骗保行为，保障投保人的生命安全和保险公司的财产安全。

第四个是保险合同概要。由于需要规避和说明的事项太多，因此保险合同往往非常繁杂，即使用粗体标出重点事项，投保人依然可能错看漏看。采用深度学习算法，对保险合同进行重点词语抽取和转义，能够为投保人提供一份较为简单清晰、语言通俗的概括型叙述材料，便于客户理解。

长期来看，机器学习在保险领域的应用范围将会扩大，会逐渐孕育出保险领域的机器学习应用技术，实现技术输出，现在已初具苗头。众安保险利用机器学习技术摸索出了覆盖用户消费信贷周期的 XYZ 三维度风控决策系统：X 是用户特征，Y 是用户行为表现，Z 是风控决策，利用特征工程及自动归因系统对 X 和 Y 的用户数据特征和行为表现进行处理，实现全流程风险管理，构建策略 Z 持续迭代优化的动态决策引擎。值得一提的是，众安保险 2019 年的科技输出收入达到 2.69 亿元，为横琴人寿提供了数字化运营整合方案，为恒大人寿提供了智能营销解决方案。

18.4 案例:车险用户续保预测

18.4.1 问题背景

保险销售的 cold-call 作为长期存在的业务形式,不仅给一线销售人员营销工作带来了不小的困难,还对收到陌拜电话的用户造成了很大的困扰。通过应用机器学习技术,保险公司可以对用户分类,有望实现"精准营销",提升保险销售的效率和多方参与者的满意度。

这是 Kaggle 上一个对潜在车险用户分类的问题。数据来源于一家国际银行,经由慕尼黑大学脱敏操作。整个数据集中共有 4000 条数据,包括用户年龄、工作、婚姻状况、是否有房贷、是否有车贷等 18 个特征(特征及释义见表 18.1)。

表 18.1 车险推销用户数据集的特征及释义

特征	解释	示例
Id	序号	"1"…"5000"
Age	年龄	
Job	工种	"admin.","blue-collar",etc.
Marital	婚姻状态	"divorced","married","single"
Education	学历层次	"primary","secondary",etc.
Default	是否有过信用违约	"yes"-1,"no"-0
Balance	资产情况(年均余额)	
HHInsurance	是否有家庭保险	"yes"-1,"no"-0
CarLoan	是否有汽车贷款	"yes"-1,"no"-0
Communication	向客户推销的方式	"cellular","telephone","NA"
LastContactMonth	上次联系在哪一月	"jan","feb",etc.
LastContactDay	上次联系在哪一天	
CallStart	上次通话的开始时间 (HH:MM:SS)	12:43:15
CallEnd	上次通话的结束时间 (HH:MM:SS)	12:43:15
NoOfContacts	此次推销活动中向客户推销的次数	
DaysPassed	最近一次联系客户的相隔天数,-1 表示还没有联系过	
PrevAttempts	此前向客户推销次数	
Outcome	此前推销结果	"failure","other","success","NA"
CarInsurance	客户是否购买汽车保险	"yes"-1,"no"-0

18.4.2 异常值和缺失值处理

1. 异常值处理

1. df = pd.read_csv(r'xxx\carInsurance.csv', index_col = 'Id')
2. df.describe(include = ['O'])

[out]:

	Age	Default	Balance	HHInsurance	CarLoan	LastContactDay	NoOfContacts	DaysPassed	PrevAtte
count	4000.000000	4000.000000	4000.000000	4000.00000	4000.000000	4000.000000	4000.000000	4000.000000	4000.00
mean	41.214750	0.014500	1532.937250	0.49275	0.133000	15.721250	2.607250	48.706500	0.7175
std	11.550194	0.119555	3511.452489	0.50001	0.339617	8.425307	3.064204	106.685385	2.0786
min	18.000000	0.000000	-3058.000000	0.00000	0.000000	1.000000	1.000000	-1.000000	0.0000
25%	32.000000	0.000000	111.000000	0.00000	0.000000	8.000000	1.000000	-1.000000	0.0000
50%	39.000000	0.000000	551.500000	0.00000	0.000000	16.000000	2.000000	-1.000000	0.0000
75%	49.000000	0.000000	1619.000000	1.00000	0.000000	22.000000	3.000000	-1.000000	0.0000
max	95.000000	1.000000	98417.000000	1.00000	1.000000	31.000000	43.000000	854.000000	58.000

我们对所有的变量进行描述性分析,发现大部分变量的方差都很小,而 Balance 变量的方差非常大。因此对 Balance 变量进行离群值分析。对 describe 函数,向其参数 include 传入"O"值时返回数值型特征的统计量,传入"all"值时返回数值型和离散型特征的统计量。Balance 变量分布情况如图 18.1 所示。

1. sns.boxplot(x = 'Balance', data = df_new, palette = 'hls')

[out]:

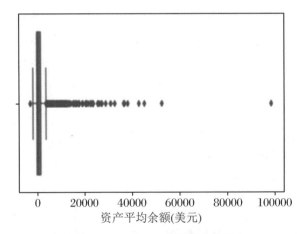

图 18.1　Balance 变量分布情况

通过绘制箱型图(图 18.1)可以发现:Balance 变量的数据范围较大,离群点右侧非常稀疏且存在一个超级离群点。观察发现 15000 美元右侧的离群点比较稀疏,因此对超过 15000

美元的离群点进行删除处理,以降低其对数据均值、方差等造成的影响。去除异常值后的 Balance 变量分布情况如图 18.2 所示。

1. L = df[df['Balance'] > 15000].index
2. df_new = df.drop(L)
3. # 再次绘制箱型图,查看离散值处理结果
4. sns.boxplot(x = 'Balance', data = df_new, palette = 'hls')

[out]:

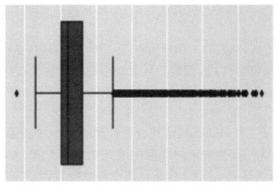

图 18.2　去除异常值后的 Blance 变量分布情况

2. 缺失值处理

在 Python 中,缺失值将被认定为 NaN。由于 NaN 不是一个数,因此涉及 NaN 的运算结果都会返回 NaN,如果不对其进行处理,在后续运算时会产生不可预估的后果。

首先用 isnull().sum() 函数查看缺失情况。

1. # 查看所有特征的缺失个数
2. df_new.isnull().sum()

[out]:

```
Out[15]: Age                0
         Job               19
         Marital            0
         Education        169
         Default            0
         Balance            0
         HHInsurance        0
         CarLoan            0
         Communucation    902
         LastContactDay     0
         LastContactMonth   0
```

```
NoOfContacts           0
DaysPassed             0
PrevAttempts           0
Outcome             3041
CallStart              0
CarInsurance           0
dtype: int64
```

可以看到只有 Job、Education、Communication、Outcome 四个变量存在缺失值,其余 14 个变量都无缺失值,整体而言数据完整度较高,后续只需处理四个变量的缺失值,操作量较小。

对于缺失值的处理方式比较多样,简单的有:① 用均值、众数、中位数替代;② 用前一位的数据值或后一位的数据值替代;③ 用前后两个数据的插值替代;进阶的有:① 用 kNN 算法使缺失值等于阈值内若干数据的加权值;② 用极大似然估计法根据数据的边际分布确定缺失值。

在本案例中,Job 代表工作,Education 代表受教育层次,两个变量都属于等级变量且缺失值较少,因此使用 fillna() 函数的前向或后向填充处理缺失值。Communication 代表通讯方式,Outcome 代表营销结果,这两个变量也属于等级变量但缺失值较多,这里将缺失值统一定义为 None,视作一个种类。

```
1. df_new['Job'] = df_new['Job'].fillna(method = 'pad')
2. df_new['Education'] = df_new['Education'].fillna(method = 'pad')
3. df_new['Communication'] = df_new['Communication'].fillna('none')
4. df_new['Outcome'] = df_new['Outcome'].fillna('none')
```

[out]:

```
Out[99]: none       3013
         failure     434
         success     322
         other       194
         Name: Outcome, dtype: int64
```

18.4.3 可视化分析

对特征相关性可视化能直观地得到特征间的规律信息,以期有针对性地对相关变量进行描述性分析,验证我们的猜想。本节将依次使用 Heatmap 图、Pairplot 图、Pairgrid 图、Violin图进行分析(图 18.3~图 18.6)。

1. 使用 Heatmap 图查看所有数值型变量间的相关性

```
1. sns.set(style = "white")
2. corr = df_new.corr()
3. mask = np.zeros_like(corr, dtype = np.bool)
```

4. mask[np.triu_indices_from(mask)] = True
5. f, ax = plt.subplots(figsize=(11, 9))
6. cmap = sns.diverging_palette(220, 10, as_cmap=True)
7. sns.heatmap(corr, annot=True, mask=mask, cmap=cmap, vmax=.3, center=0,
8.   square=True, linewidths=.5, cbar_kws={"shrink": .5});

[out]:

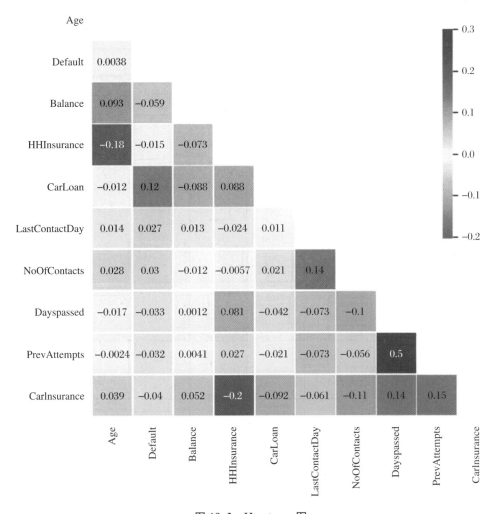

图 18.3　Heartmap 图

可以看到大部分变量间协方差值都小于 0.1，呈弱相关性。这意味着各变量间共线性影响小，不会显著影响后续学习结果。

2. 使用 Pairplot 图对数值型变量数据进行可视化

对于 Pairlpot 图，主要了解两个部分：一个是位于对角线上的图，代表对应变量的分布图；另一个是位于非对角线上的图，代表对应的不同变量间的相关性。如果绘制 Pairplot 图的变量中包含目标变量，那么还需要着重分析目标变量对应的行或对应的列，代表目标变量与其他变量的相关性。

1. df_sub = ['Age','Balance','HHInsurance', 'CarLoan','NoOfContacts','DaysPassed','PrevAttempts','CarInsurance']
2. sns.pairplot(df_new[df_sub],hue = 'CarInsurance',height = 1.5);

[out]：

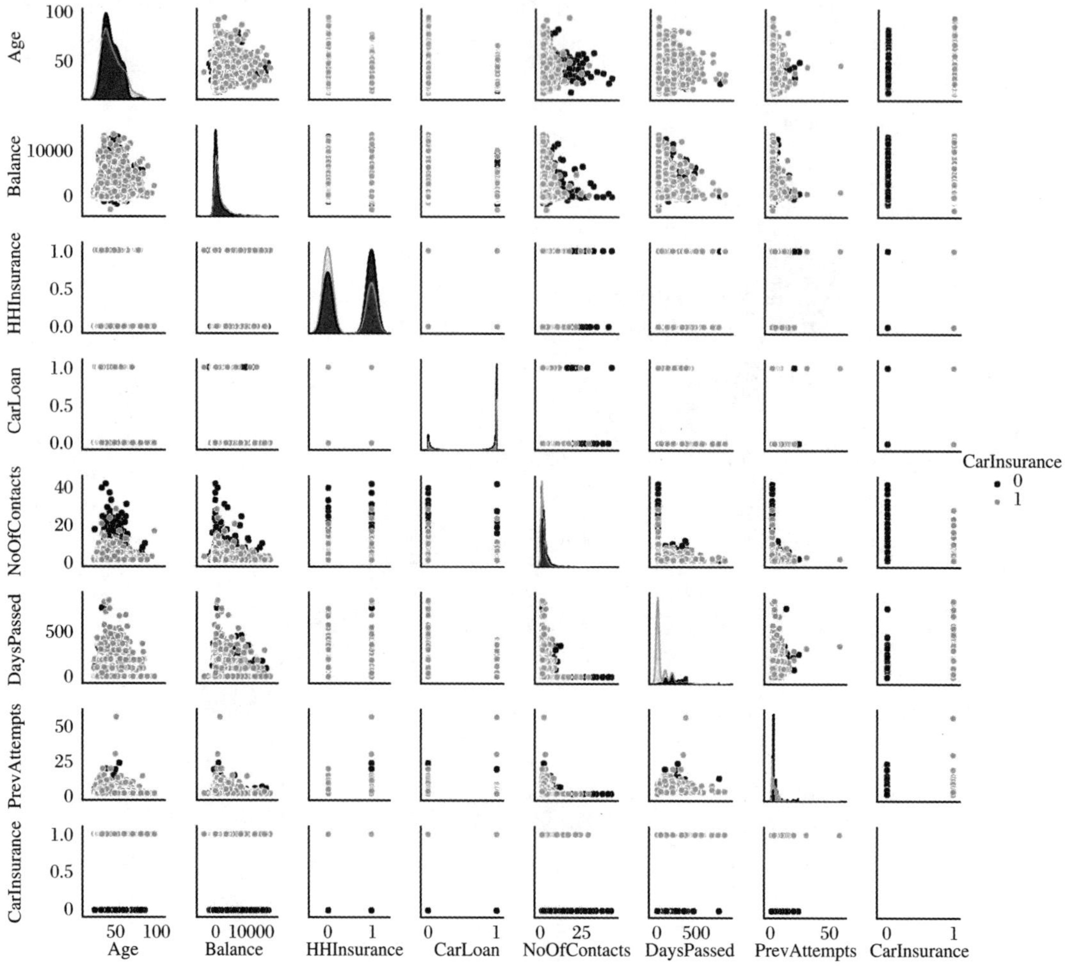

图 18.4 Pairplot 图

由于绘制中包含了目标变量 CarInsurance，因此重点观察对角线上的相关图和最后一行的图：

观察(1,1)图，可以发现购买车险的客户年龄大多数落在 30～60 岁范围。

观察(3,3)图，可以发现购买了家庭保险的人，再购买车险的意愿会更低，没有购买家庭保险的人，购买车险的意愿会更高；同理观察(4,4)图，还背负车贷的人，再购买车险的意愿会更低。

观察(8,5)图，可以发现被推销 25 次以上时，客户都会拒绝购买车险，推销都会失败；

观察(8,6)图，可以发现如果上次联系客户是 500 天前，那么再次与客户联系，客户都会购买车险。

3. 使用 PairGrid 图分析离散型变量和数值型变量的相关性

PairGrid 图与 Pairplot 图类似,但 PairGrid 图主要用于分析离散型变量与数值型变量的相关性,Pairplot 图主要用于分析数值型变量间的相关性。

1. g = sns.PairGrid(df_new,
2.   x_vars=["Education","Marital", "Job"],
3.   y_vars=["CarInsurance"],
4.   aspect=.75, height=6)
5. plt.xticks(rotation=90)
6. g.map(sns.barplot, palette="pastel");

[out]:

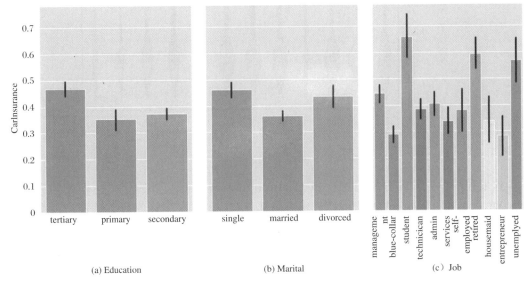

图 18.5　PairGird 图

这里分析目标变量 CarInsurance 与 Education,Marital,Job 等分类变量之间的相关性:

观察图 18.5(a),可以看出购买车险的人数按照初等(primary)、中等(secondary)、高等(tertiary)的教育级别逐步提升,且方差逐步收紧,即教育水平的提高有利于稳步增强车险的购买意愿。

观察图 18.5(b),可以看出单身的人购买车险的比例最高,随后是离婚的人,最后是结婚的人。说明处于单身状态的人更有可能购买车险。

观察图 18.5(c),可以看出学生、退休人员、失业人员购买车险的水平最高,蓝领和创业者对车险的需求最低,说明缺少稳定收入的人更有意愿购买保险以保障自己的生活,而资金相对匮乏的人为了保障自己的现金流会降低购买保险的意愿。

4. 使用 Violin 图分析

小提琴图可以看作是箱线图与核密度图的合体：中间黑色直线部分代表了箱线图，记录了上下四分位、均值等数据，而外围轮廓部分代表了核密度图，表示变量位于此水平时对应的密度。

sns.violinplot(x = "LastContactMonth", y = 'CarInsurance', data = df_new)

[out]：

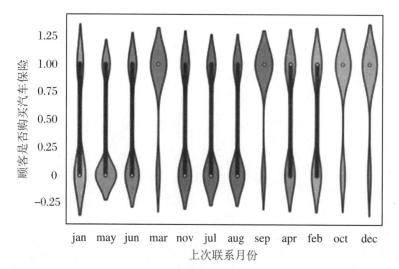

图 18.6　violin 图

这里利用小提琴图分析目标变量 CarInsurance 与日期变量的相关性。观察到 mar、sep、oct、dec 这四个月份的小提琴图轮廓突出部分对应的水平坐标值为 1，因此可以得到"客户更愿意在 3、9、10、12 月购买车险"的结论。

18.4.4　离散化和编码处理

1. 对数值型变量分箱

由于 CallStart 和 CallEnd 变量具有相关性，因此取其差值构造新特征 CallTime 通话时长变量。然后应用 qcut 函数对 Age 变量、Balance 变量和 CallTime 变量等频分箱为五份，并用 0、1、2、3、4 五个数字分别对各箱编号。

1. df_new['AgeBinned'] = pd.qcut(df_new['Age'], 5 , labels = False)
2. df_new['BalanceBinned'] = pd.qcut(df_new['Balance'], 5, labels = False)
3. df_new['CallStart'] = pd.to_datetime(df_new['CallStart'])
4. df_new['CallEnd'] = pd.to_datetime(df_new['CallEnd'])
5. df_new['CallTime'] = (df_new['CallEnd'] - df_new['CallStart']).dt.total_seconds()
6. df_new['CallTimeBinned'] = pd.qcut(df_new['CallTime'], 5, labels = False)
7. df_new.drop(['Age','Balance','CallStart','CallEnd','CallTime'], axis = 1, inplace = True)

通过对 Age、Balance、CallStart、CallEnd、CallTime 五个变量进行处理，我们得到了 AgeBinned、BalanceBinned、CallTimeBinned 三个新变量。旧的五个变量作为中间变量已经被充分利用，因此我们在 df_new 中删除这些列，以便后续操作。

2. 对类别型变量独热编码

Job、Marital、Education、Communication、LastContactMonth、Outcome 这六个变量的值都代表了层级，由于特征量很小，因此使用独热编码就足够了。这里使用 get_dummies 函数对这些类别型变量独热编码。

同样，得到新列之后删除原有列保证 dataframe 格式整洁。

1. Job = pd.get_dummies(data = df_new['Job'], prefix = "Job")
2. Marital = pd.get_dummies(data = df_new['Marital'], prefix = "Marital")
3. Education = pd.get_dummies(data = df_new['Education'], prefix = "Education")
4. Communication = pd.get_dummies(data = df_new['Communication'], prefix = "Communication")
5. LastContactMonth = pd.get_dummies(data = df_new['LastContactMonth'], prefix = "LastContactMonth")
6. Outcome = pd.get_dummies(data = df_new['Outcome'], prefix = "Outcome")
7. df_new.drop(['Job','Marital','Education','Communication','LastContactMonth','Outcome'], axis = 1, inplace = True)
8. # 在变量处理完毕后，合并所有新数据为 df
9. df = pd.concat([df_new, Job, Marital, Education, Communication, LastContactMonth, Outcome], axis = 1)
10. df.columns

[out]:

Index(['Default', 'HHInsurance', 'CarLoan', 'LastContactDay', 'NoOfContacts',
    'DaysPassed', 'PrevAttempts', 'CarInsurance', 'AgeBinned',
    'BalanceBinned', 'CallTimeBinned', 'Job_admin.', 'Job_blue-collar',
    'Job_entrepreneur', 'Job_housemaid', 'Job_management', 'Job_retired',
    'Job_self-employed', 'Job_services', 'Job_student', 'Job_technician',
    'Job_unemployed', 'Marital_divorced', 'Marital_married',
    'Marital_single', 'Education_primary', 'Education_secondary',
    'Education_tertiary', 'Communication_cellular', 'Communication_none',
    'Communication_telephone', 'Las tContactMonth_apr',
    'LastContactMonth_aug', 'LastContactMonth_dec', 'LastContactMonth_feb',
    'LastContactMonth_jan', 'LastContactMonth_jul', 'LastContactMonth_jun',
    'LastContactMonth_mar', 'LastContactMonth_may', 'LastContactMonth_nov',
    'LastContactMonth_oct', 'LastContactMonth_sep', 'Outcome_failure',
    'Outcome_none', 'Outcome_other', 'Outcome_success'],
    dtype = 'object')

18.4.5 选择模型

我们分别采用 k 近邻、逻辑回归、支持向量机、决策树、随机森林、AdaBoost、Gradient-

Boost 等模型对数据进行学习。评价模型效果的指标在第 16 章有详细介绍，本节直接根据指标对模型效果进行评价。

1. k 近邻

1. knn = KNeighborsClassifier(n_neighbors = 6)
2. knn.fit(X_train, y_train)
3. print ("k 近邻的准确率为 %2.2f" % accuracy_score(y_test, knn.predict(X_test)))
4. ♯10 折交叉验证
5. score_knn = cross_val_score(knn, X, y, cv=10).mean( )
6. print("交叉验证得分为 %2.2f" % score_knn)
7. y_pred = knn.predict(X_test)
8. print(classification_report(y_test, y_pred))
9. ♯绘制混淆矩阵
10. cm = confusion_matrix(y_test, y_pred)
11. plot_confusion_matrix(cm, classes = class_names, title = 'k 近邻的混淆矩阵')

[out]:

k 近邻的精准率为 0.76

交叉验证得分为 0.75

	precision	recall	f1-score	support
0	0.75	0.88	0.81	475
1	0.77	0.57	0.65	318
accuracy			0.76	793
macro avg	0.76	0.73	0.73	793
weight avg	0.76	0.76	0.75	793

k 近邻的混淆矩阵如图 18.7 所示。

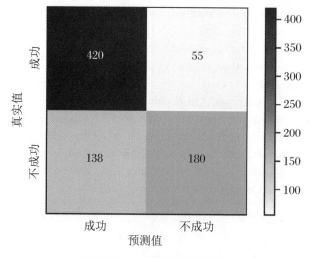

图 18.7 k 近邻的混淆矩阵

准确率等于被正确归类的所有数据除以所有数据,即被正确归类的比例:

$$Accuracy = \frac{420 + 180}{420 + 55 + 138 + 180} = 0.7566 \approx 0.76$$

精确率等于被判别为正例的数据中,真实类别也为正例的数据占比,即分类结果的预测正确度:

$$1\text{-}Precision = \frac{180}{55 + 180} = 0.7659 \approx 0.77$$

$$0\text{-}Precision = \frac{420}{138 + 420} = 0.7527 \approx 0.75$$

召回率等于真实类别为正例的数据中,被判别为正例的数据占比,即真实数据的分类正确度:

$$1\text{-}Recall = \frac{180}{138 + 180} = 0.5660 \approx 0.57$$

$$0\text{-}Recall = \frac{420}{420 + 55} = 0.8842 \approx 0.88$$

$F1$ 得分没有特别的含义,是精确率和召回率的调和平均数:

$$1\text{-}F1\text{-}Score = \frac{2 \times 0.77 \times 0.57}{0.77 + 0.57} = 0.6551 \approx 0.65$$

$$0\text{-}F1\text{-}Score = \frac{2 \times 0.75 \times 0.88}{0.75 + 0.88} = 0.8098 \approx 0.81$$

观察结果可以看到,准确率只有 76%,并不算高,而且实际错误数据的分类准确率只有 57%,仅仅比无效准确率 50% 高 7 个百分点,说明 k 近邻模型的分类效果不是很好。

2. 逻辑回归

1. LR = LogisticRegression(solver = 'liblinear')
2. LR.fit(X_train, y_train)
3. print("逻辑回归的准确率为 %2.2f" % accuracy_score(y_test, LR.predict(X_test)))
4. ♯10 折交叉验证
5. score_LR = cross_val_score(LR, X, y, cv = 10).mean( )
6. print("交叉验证得分为 %2.2f" % score_LR)
7. y_pred = LR.predict(X_test)
8. print(classification_report(y_test, y_pred))
9. ♯绘制混淆矩阵
10. cm = confusion_matrix(y_test, y_pred)
11. plot_confusion_matrix(cm, classes = class_names, title = '逻辑回归的混淆矩阵')

[out]:

逻辑回归的精准率为 0.83

交叉验证得分为 0.81

	precision	recall	f1-score	support
0	0.85	0.86	0.86	475
1	0.79	0.78	0.78	318
accuracy			0.83	793
macro avg	0.82	0.82	0.82	793
weight avg	0.83	0.83	0.83	793

逻辑回归的混淆矩阵如图 18.8 所示。

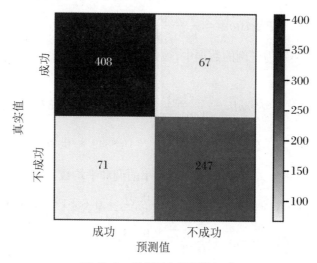

图 18.8 逻辑回归的混淆矩阵

从图 18.8 可以看到,各指标在 78%～86%,混淆矩阵中处于正对角线的数值大,处于斜对角线的数值小,说明逻辑回归模型分类效果较好。

3. 支持向量机

1. SVM = svm.SVC(gamma = 'auto', probability = True)
2. SVM.fit(X_train, y_train)
3. print("支持向量机的准确率为 %2.2f" % accuracy_score(y_test, SVM.predict(X_test)))
4. ♯10 折交叉验证
5. score_svm = cross_val_score(SVM, X, y, cv = 10).mean()
6. print("交叉验证得分为 %2.2f" % score_svm)
7. y_pred = SVM.predict(X_test)
8. print(classification_report(y_test, y_pred))
9. ♯绘制混淆矩阵
10. cm = confusion_matrix(y_test, y_pred)
11. plot_confusion_matrix(cm, classes = class_names, title = '支持向量机的混淆矩阵')

[out]:

支持向量机的精准率为 0.81
交叉验证得分为 0.81

	precision	recall	f1-score	support
0	0.84	0.84	0.84	475
1	0.76	0.76	0.76	318
accuracy			0.81	793
macro avg	0.80	0.80	0.80	793
weight avg	0.81	0.81	0.81	793

支持向量机的混淆矩阵如图 18.9 所示。

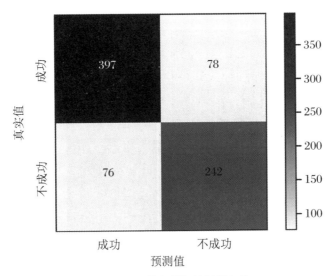

图 18.9　支持向量机的混淆矩阵

从图 18.9 可以看到，SVM 分类效果也不错。但需要注意：SVM 模型是通过求出一个分隔两类的超平面作为标准来对数据进行分类，而真正决定超平面位置的只有一个点，其余离群点对模型的影响效果很小。因此，如果要提升 SVM 的分类效果，需要对松弛变量和惩罚函数调参，调整硬间隔 SVM 为软间隔 SVM。

4．决策树

1. DT = tree.DecisionTreeClassifier(random_state = 0,class_weight = "balanced",
2. 　　min_weight_fraction_leaf = 0.01)
3. DT = DT.fit(X_train,y_train)
4. print("决策树的准确率为 %2.2f" % accuracy_score(y_test，DT.predict(X_test)))
5. ♯10 折交叉验证
6. score_DT = cross_val_score(DT, X, y, cv = 10).mean( )
7. print("交叉验证得分为 %2.2f" % score_DT)
8. y_pred = DT.predict(X_test)
9. print(classification_report(y_test, y_pred))
10. ♯绘制混淆矩阵
11. cm = confusion_matrix(y_test,y_pred)
12. plot_confusion_matrix(cm, classes = class_names，title = '决策树的混淆矩阵')

［out］：

决策树的精准率为 0.82

交叉验证得分为 0.81

	precision	recall	f1-score	support
0	0.88	0.81	0.85	475
1	0.75	0.84	0.79	318
accuracy			0.82	793
macro avg	0.82	0.83	0.82	793
weight avg	0.83	0.82	0.82	793

决策树的混淆矩阵如图 18.10 所示。

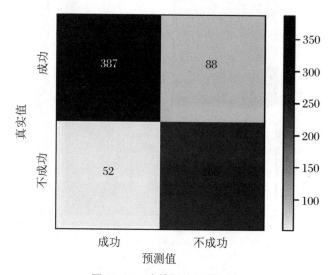

图 18.10　决策树的混淆矩阵

从图 18.10 可以看到,决策树模型的混淆矩阵中斜对角线的元素数目较小、较为对称,说明决策树模型分类效果较好。

5. 随机森林

1. rfc = RandomForestClassifier(n_estimators=1000,max_depth=None,min_samples_split=10,class_weight="balanced")
2. rfc.fit(X_train, y_train)
3. print("随机森林的准确率为 %2.2f" % accuracy_score(y_test, rfc.predict(X_test)))
4. score_rfc = cross_val_score(rfc, X, y, cv=10).mean( )
5. print("交叉验证得分为 %2.2f" % score_rfc)
6. y_pred = rfc.predict(X_test)
7. print(classification_report(y_test,y_pred))
8. ♯绘制混淆矩阵
9. cm = confusion_matrix(y_test,y_pred)
10. plot_confusion_matrix(cm, classes=class_names, title='随机森林的混淆矩阵')

[out]：

随机森林的精准率为 0.85
交叉验证得分为 0.84

	precision	recall	f1-score	support
0	0.90	0.85	0.88	475
1	0.80	0.85	0.82	318
accuracy			0.85	793
macro avg	0.85	0.85	0.85	793
weight avg	0.86	0.85	0.85	793

随机森林的混淆矩阵如图 18.11 所示。

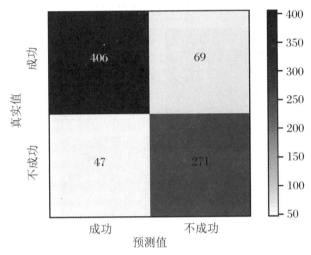

图 18.11 随机森林的混淆矩阵

从图 18.11 可以看到,随机森林模型的准确率达到了 86%,召回率、精确率、$F1$ 得分几乎都高于 80%,优于前述的四个模型,说明随机森林分类效果非常好。由于随机森林算法是树分类器,是通过对每个节点选择最优属性进行分类的,因此它具有良好的泛化能力和分类效果。但值得注意的是,随机森林模型对噪声项敏感,容易过拟合,因此应用随机森林模型前一定要做好异常值和离群点处理。

6. AdaBoost

1. ada = AdaBoost Classifier(n_estimators=400, learning_rate=0.1)
2. ada.fit(X_train,y_train)
3. print("AdaBoost 的准确率为 %2.2f" % accuracy_score(y_test,ada.predict(X_test)))
4. #10 折交叉验证
5. score_ada = cross_val_score(ada, X, y, cv=10).mean()
6. print("交叉验证得分为 %2.2f" % score_ada)
7. y_pred = ada.predict(X_test)
8. print(classification_report(y_test,y_pred))
9. #绘制混淆矩阵
10. cm = confusion_matrix(y_test,y_pred)
11. plot_confusion_matrix(cm, classes=class_names, title='AdaBoost 的混淆矩阵')

[out]:

AdaBoost 的精准率为 0.83

交叉验证得分为 0.82

	precision	recall	f1-score	support
0	0.84	0.89	0.86	475
1	0.82	0.74	0.78	318
accuracy			0.83	793
macro avg	0.83	0.82	0.82	793
weight avg	0.83	0.83	0.83	793

AdaBoost 的混淆矩阵如图 18.12 所示。

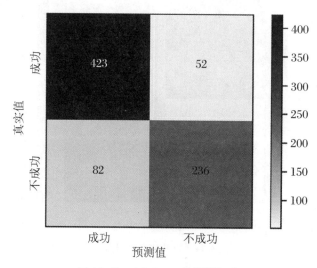

图 18.12 AdaBoost 的混淆矩阵

从图 18.12 可以看到，AdaBoost 的各项指标表现良好，分类效果不错，但依然略逊于随机森林模型。

7. XgBoost

1. xgb = GradientBoostingClassifier(n_estimators=1000,learning_rate=0.01)
2. xgb.fit(X_train,y_train)
3. print("极度梯度提升的准确率为 %2.2f" % accuracy_score(y_test,xgb.predict(X_test)))
4. ♯10 折交叉验证
5. score_xgb = cross_val_score(xgb, X, y, cv=10).mean( )
6. print("交叉验证得分为 %2.2f" % score_ada)
7. y_pred = xgb.predict(X_test)
8. print(classification_report(y_test,y_pred))
9. ♯绘制混淆矩阵
10. cm_xg = confusion_matrix(y_test,y_pred)
11. plot_confusion_matrix(cm_xg, classes=class_names, title='极度梯度提升的混淆矩阵')

[out]：

XGBoost 的精准率为 0.86
交叉验证得分为 0.82

	precision	recall	f1-score	support
0	0.88	0.88	0.88	475
1	0.82	0.82	0.82	318
accuracy			0.86	793
macro avg	0.85	0.85	0.85	793
weight avg	0.86	0.86	0.86	793

XGBoost 的混淆矩阵如图 18.13 所示。

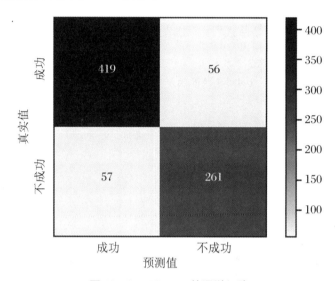

图 18.13 XGBoost 的混淆矩阵

从图 18.13 可以看到，极度梯度提升的分类准确率也达到了 86%，各项指标也都高于 82%，在七个模型中表现最优。

总而言之，由于数据集的良好特性，各类模型都表现良好、差异不大，分布效果都很出众。根据混淆矩阵结果我们可以将模型划为三档，第一档是随机森林、极度梯度提升模型，分类效果最好；第二档是支持向量机、逻辑回归、决策树、AdaBoost 模型，分类效果优秀；第三档是 k 近邻模型，分类效果较弱。

18.4.6 模型评分

在模型训练过程中，我们根据混淆矩阵结果进行了主观定性的分析，下面将通过绘制 *ROC* 曲线分析 *AUC* 对分类器打分，从定量角度评判分类效果。*ROC* 和 *AUC* 在第 16 章中均有所介绍。

绘制 k 近邻、逻辑回归、支持向量机、决策树、随机森林、AdaBoost、极度梯度提升的 *ROC* 图，如图 18.14（彩图 9）所示。

1. fpr, tpr, thresholds = roc_curve(y_test, knn.predict_proba(X_test)[:,1])
2. LR_fpr, LR_tpr, thresholds = roc_curve(y_test, LR.predict_proba(X_test)[:,1])
3. SVM_fpr, SVM_tpr, thresholds = roc_curve(y_test, SVM.predict_proba(X_test)[:,1])
4. DT_fpr, DT_tpr, thresholds = roc_curve(y_test, DT.predict_proba(X_test)[:,1])
5. rfc_fpr, rfc_tpr, thresholds = roc_curve(y_test, rfc.predict_proba(X_test)[:,1])

6. ada_fpr, ada_tpr, thresholds = roc_curve(y_test, ada.predict_proba(X_test)[:,1])
7. xgb_fpr, xgb_tpr, thresholds = roc_curve(y_test, xgb.predict_proba(X_test)[:,1])
8. #绘制所有模型的 ROC
9. plt.plot(fpr, tpr, label = 'k 近邻')
10. plt.plot(LR_fpr, LR_tpr, label = 'Logistic 回归')
11. plt.plot(SVM_fpr, SVM_tpr, label = '支持向量机')
12. plt.plot(DT_fpr, DT_tpr, label = '决策树')
13. plt.plot(rfc_fpr, rfc_tpr, label = '随机森林')
14. plt.plot(ada_fpr, ada_tpr, label = 'AdaBoost')
15. plt.plot(xgb_fpr, xgb_tpr, label = '极度梯度提升')
16. #绘制 ROC 的基准线
17. plt.plot([0,1],[0,1],label = '基准线')
18. plt.xlim([0.0, 1.0])
19. plt.ylim([0.0, 1.0])
20. plt.xlabel('错误分类率')
21. plt.ylabel('正确分类率')
22. plt.title('ROC')
23. plt.legend(loc = "lower right")
24. plt.show( )

[out]:

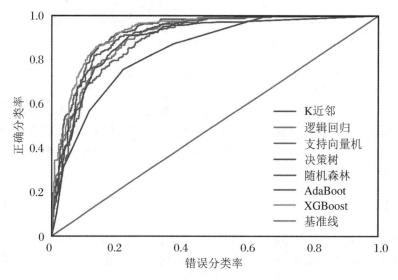

图 18.14　各类方法的 *ROC* 曲线

观察 *ROC* 曲线(图 18.14)前沿,可以清晰地辨别各模型的效果,最前沿的是极度梯度提升模型,随后的各个模型相差无几,稍弱一些的是 k 近邻模型,但都远好于基准线。各模型的 *AUC* 值如图 18.15 所示。

1. from sklearn.metrics import auc
2. auc_knn = auc(fpr,tpr)
3. auc_LR = auc(LR_fpr,LR_tpr)

4. auc_SVM = auc(SVM_fpr,SVM_tpr)
5. auc_DT = auc(DT_fpr, DT_tpr)
6. auc_rfc = auc(rfc_fpr, rfc_tpr)
7. auc_ada = auc(ada_fpr, ada_tpr)
8. auc_xgb = auc(xgb_fpr, xgb_tpr)
9. auc = [auc_knn,auc_LR,auc_SVM,auc_DT,auc_rfc,auc_ada,auc_xgb]
10. x = np.arange(1,8)
11. tick_label = ['k 近邻','Logistic 回归','支持向量机','决策树','随机森林','AdaBoost','极度梯度提升']
12. fig,ax = plt.subplots(figsize = (12,7))
13. plt.bar(x, auc, 0.5, color = 'steelblue', align = 'center', alpha = 1)
14. plt.xticks(x, tick_label)
15. plt.legend(loc = 'best', facecolor = 'white',fontsize = 15)
16. ax.set_ylim(0.8, 0.98)
17. plt.plot(x, auc,'- - k', ms = 3, lw = 1, marker = 'o')
18.
19. for a,b in zip(x,auc):
20.   plt.text(a, b + 0.001,'%.4f'%b, ha = 'center', va = 'bottom',fontsize = 18)
21. for label in ax.yaxis.get_ticklabels():
22.   label.set_fontsize(18)
23. for label in ax.xaxis.get_ticklabels():
24.   label.set_fontsize(18)
25. plt.tight_layout()

[out]：

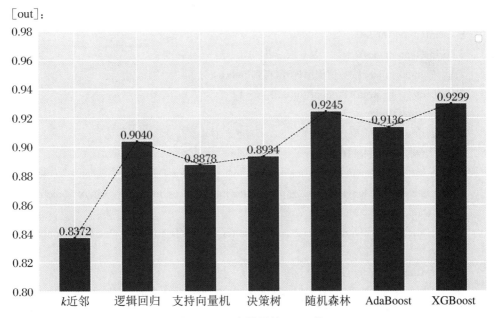

图 18.15　各模型的 *AUC* 值

从图 18.15 可以看出，AUC 值评分更稳健，通过各模型的 AUC 值。可以看到，随机森林、极度梯度提升、Adaboost 等集成算法表现最好，逻辑回归表现也不错。

18.4.7 特征选择

由于特征较多，我们考虑用递归特征消除法选择特征。

递归特征消除 RFE 是常见的特征选择方法，其思路非常简单：递归删除特征，然后用剩余特征构建模型，通过比较每次删除特征后的模型准确率判断特征的重要性。下面分别用逻辑回归和极限随机树模型对特征重要性进行分析。特征重要性排名如图 18.16 所示。

```
1. model1 = LogisticRegression(solver = 'liblinear')
2. rfe = RFE(model1, 5)
3. rfe = rfe.fit(X_train, y_train)
4. #显示变量等级排序
5. rfe.ranking_
```

[out]:

```
array([15,  5, 10, 41, 36, 42, 35, 37, 33,  3, 26, 18, 11, 17, 22, 24, 21,
       20,  2, 39, 27, 31, 19, 32, 25, 23, 34, 30,  1, 28, 40,  6, 16, 38,
        4,  7, 29,  1,  9,  8,  1,  1, 13, 12, 14,  1])
```

```
1.  model = ExtraTreesClassifier()
2.  model.fit(X_train, y_train)
3.  importances = model.feature_importances_
4.  feat_names = df.drop(['CarInsurance'], axis=1).columns
5.  print(importances)
6.  print(feat_names)
7.  #将 importances 按数值倒序排列，得到 indices
8.  indices = np.argsort(importances)[::-1]
9.  plt.figure(figsize=(12,6))
10. plt.title("特征重要性排名")
11. #绘制条形图和阶梯图
12. plt.bar(range(len(indices)), importances[indices], color='lightblue', align="center")
13. plt.step(range(len(indices)), np.cumsum(importances[indices]), where='mid', label='Cumulative')
14. plt.xticks(range(len(indices)), feat_names[indices], rotation='vertical', fontsize=14)
15. plt.xlim([-1, len(indices)])
16. plt.gcf().savefig('D:\\Desktop\\importance.jpg', dpi=700)
17. plt.show()
```

[out]:

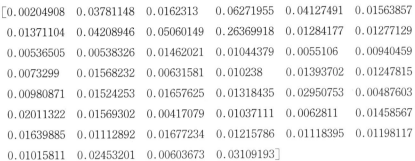

Index (['Default', 'HInsurance', 'CarlLoan', 'LastContactDay', 'NoOfContacts',
'DaysPassed', 'PrevAttempts' 'AgeBinned', 'BalanceBinned'
'CallTimeBinned','Job_admin.','Job_blue-collar', 'Job_entrepreneur',
'Job_housemaid','Job_management','Job_retired','Job_self-employed',
'Job services','Job_student','Job_technician','Job_unemployed',
'Marital_divorced','Marital_married','Marital_single',
'Education_primary','Education_secondary', 'Education_tertiary',
'Communication_cellular','Communication_none',
'Communication_telephone','LastContactMonth_apr',
'LastContactMonth_aug','LastContactMonth_dec', 'LastContactMonth_feb',
'LastContactMonth jan', 'LastContactMonth jul', 'LastContactMonth jun',
'LastContactMonth_mar','LastContactMonth_may','LastContactMonth_mov',
'LastContactMonth_oct', 'LastContactMonth_sep ','Outcome_failure',
'Outcome_none', 'Outcome_other','Outcome_success'],
dtype = 'object')

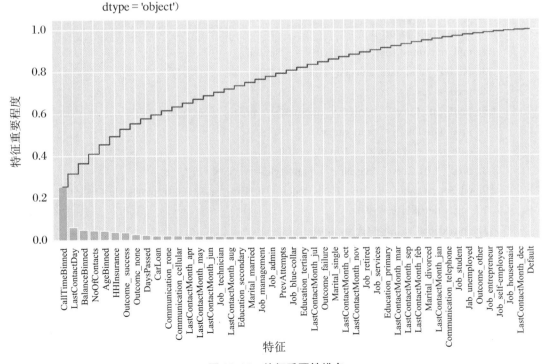

图 18.16 特征重要性排名

从图 18.16 及综上可知，对是否购买车险影响最大的 10 个特征是通话时长（Call-Time）、上次联系在哪天（LastContactDay）、资产情况（Balance）、此次推销活动中向客户推销的次数（No Of Contacts）、此前推销成功（Outcome_success）、年龄（Age）、是否有家庭保险（HHInsurance）、推销方式（Communication_none）、距今最近一次联系客户的相隔天数（Daysppassed）、此前推销结果（Outcome_none）。

以上 10 个重要特征按照保险公司占据主动还是被动分为两类：第一类由保险公司决定的因素，包括推销时长、联系次数等，越长的通话时间、恰当的沟通次数、保持合理频次的联系都能提升推销的成功率；第二类是由客户自身决定的，如年龄、资产情况、是否有家庭保险等状况，老年群体购买意愿更为强烈，资产越低越可能购买车险，针对这些客户推销往往能够事半功倍。

18.4.8 模型预测

1. rfc = RandomForestClassifier(n_estimators = 1000, max_depth = None, min_samples_split = 10, class_weight = "balanced")
2. y_proba = cross_val_predict(rfc, X, y, cv = 10, n_jobs = -1, method = 'predict_proba')
3. results = pd.DataFrame({'y': y, 'y_proba': y_proba[:,1]})
4. results = results.sort_values(by = 'y_proba', ascending = False).reset_index(drop = True)
5. results.index = results.index + 1
6. results.index = results.index / len(results.index) * 100

选择随机森林模型检验效果如下，累计获得率如图 18.17 所示。

1. from pylab import mpl
2. mpl.rcParams['font.sans-serif'] = ['Simsun']
3. plt.rcParams['axes.unicode_minus'] = False
4. pred = results
5. pred['Lift Curve'] = pred.y.cumsum() / pred.y.sum() * 100
6. pred['Baseline'] = pred.index
7. base_rate = y.sum() / len(y) * 100
8. pred[['Lift Curve', 'Baseline']].plot(style = ['-', '--', '--'])
9. pd.Series(data = [0, 100, 100], index = [0, base_rate, 100]).plot(style = '--')
10. plt.title('累计获得率')
11. plt.xlabel('联系客户比率 %')
12. plt.ylabel("证明回应比率 %")
13. plt.legend(['上升曲线', '基准线', '理想情况'])

[out]：

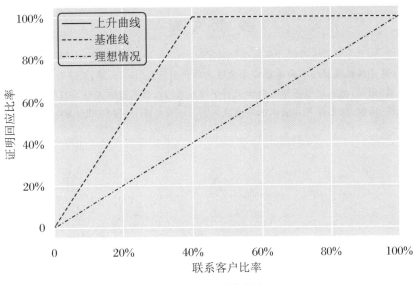

图 18.17 累计获得率

累积增益图用于分析某类特征对提高成功率的贡献曲线,这里用于分析推销总人数与推销成功率之间的关系。在不应用模型对客户分类的情况下,向 20% 的客户推销时,推销成功率只有 20%,即边际增益为 0,对应图中最下方的虚线。在应用模型对客户分类的情况下,向 20% 的客户推销时,推销成功率为 50%,向 40% 的客户推销时,推销成功率已经达到 100%,对应图中最上方的虚线。上方虚线减去下方虚线即为提升效率曲线。可以看到,分类模型能大幅提升推销成功率,可达两倍以上,说明模型是能带来经济利益且成效显著的。

本 章 小 结

1. 当前机器学习在保险领域中的应用有限,但多家保险公司都积极尝试应用机器学习为业务赋能。在反欺诈、精准营销、智能核保、合同概要审查方面,机器学习起到了降低成本、提高效率的重要作用。在未来,机器学习必将有更广阔的应用空间,为保险增添新活力。

2. 本章案例是车险用户续保预测。在数据预处理和特征工程后,分别应用 k 近邻、Logistic 回归、支持向量机、决策树、随机森林、AdaBoost、极度梯度提升等算法对数据进行处理并对模型评分,之后按照特征重要性对特征进行分析和筛选,最后选定随机森林模型作预测,并根据累计曲线判断模型有效性。

关键词:准确率　F1-Score　交叉验证　ROC

思 考 题

1. 如何对 SVM 模型调参以优化分类结果?
2. 保险营销的用户分类与音乐软件的用户推荐有何相似之处?查找音乐软件的推荐算法并比较。

参 考 文 献

[1] 赵正堂.机器学习技术应用于保险反欺诈[N].中国保险报,2019-06-25(007).
[2] 郝君.基于随机森林的非寿险准备金索赔次数预测研究[D].天津:天津财经大学,2018.
[3] 张连增,国畅.机器学习在保险欺诈识别中的应用[J].信息系统工程,2017(12):102.
[4] 贾延延,冯键.机器学习算法保险场景应用[J].合作经济与科技,2020(9):132-133.

第 19 章 机器学习在互联网金融中的应用

教学目标

1. 掌握互联网金融和风险评估的特点；
2. 熟悉互联网金融目前主要发展模式和机器学习在互联网金融中的应用方向；
3. 深入理解借款人信用风险评估并能将机器学习算法应用到互联网金融的其他方面。

金融的本质在于资金的融通，而互联网金融能在新的发展阶段帮助传统金融更好地完成这一使命。不管从狭义还是广义上来定义互联网金融，不可否认的一点是互联网金融在当今金融格局中扮演着非常重要的角色。

金融科技引发金融领域的新一轮变革，以科技为重要驱动力发展金融业务迅速成为金融及互联网公司关注的重点。随着互联网金融机构的崛起，传统金融机构面临获利空间收窄、客户流失等诸多挑战，在外部竞争压力与内部转型需求的双重驱动下，银行逐步推动产品和服务智能化发展。近年来，机器学习技术在社会数字化的大背景下取得了突破性进展，并在数据挖掘、自然语言理解、计算机视觉等领域发挥了核心价值，呈现出大数据驱动、人机融合等特征。考虑到商业银行金融数据具有连续性、高维度、时变性等特点，较为适用机器学习模型，同时机器学习的先进性以及应用广泛性能够给商业银行在风险控制、智能服务等方面带来诸多创新应用可能，探索机器学习在金融业的场景应用或许将成为银行提升智能化服务水平、实现弯道超车的利器。

本章 16.1 节和 16.2 节介绍了互联网金融的含义及其发展模式。16.3 节、16.4 节和 16.5 节介绍了机器学习算法在互联网金融三个领域的应用，分别是风控、反欺诈和防范系统性风险。16.6 节介绍了一个网络贷款中借款人信用风险评估的案例。

19.1 互联网金融的含义

目前关于互联网金融的具体定义还没有一个共识，但当前存在两种比较流行的定义，分别从狭义和广义的角度来阐述。从狭义来看，互联网金融是指通过互联网技术在金融服务提供者和用户之间搭建桥梁，建立新型的金融运作模式。而从广义上来看的话，互联网金融不仅包括金融运作模式，还包括与之配套的互联网金融机构和互联网监管等外部环境。

从狭义角度来看，互联网金融只是金融形式的创新，并没有派生出新的金融功能。它认为互联网金融通过互联网技术提升了金融服务的效率和用户体验,拓宽了金融服务的新边界,从而进一步推动了金融领域的改革,但是并没有改变金融在支付、价格发现、融资、风险管理、资源配置和处理信息不对称这六个方面所承担的主要功能。所以互联网金融只是提高了金融服务的效率和体验,而并没有在原来的基础上产生新的金融功能。

从广义角度来看,互联网金融并不只是金融形式的创新,更是金融模式的创新。互联网金融既不是传统银行的间接融资也不是资本市场的直接融资,而是不同于前两者的第三种金融模式。互联网金融的新模式能充分发挥市场的作用,并且在没有金融中介的状态下,仍能够达到通过银行间接融资和资本市场直接融资同样的资本配置效率。

互联网与金融的结合,并不是简单的叠加关系,而是从更深层次的角度改变和创新传统的金融模式,让整个金融领域都发生变革。金融在现代化的生产生活中处于一个比较重要的核心地位,推动着经济的建设和发展,也成了社会价值和经济发展新的引擎力量。信息化的助力于互联网金融而言有积极的意义和价值。今天,我们发展互联网金融有其必要性。首先,想要提高经济效益和社会效率,第一步应该是减少交易成本。对产品或者服务直接进行网上发行、交易和支付,无需通过银行、投资公司或交易所等中介机构,可以有效地减少事务成本。其次,发展互联网金融可以促进金融服务多元化,是金融体系的有益补充。互联网融资具有服务范围广和信贷数据丰富的特点,可以作为现有信贷平台的补充,确保信用记录的完整性。最后,发展互联网金融还能帮助解决融资难的问题。

19.2　互联网金融的发展模式

在最近几年中,互联网金融得到了快速的发展。一方面,银行、证券和保险公司等传统金融机构正在利用互联网技术将其传统金融业务搬到线上发展,并对其进行适当改造来适应新的需求,进而产生了很多手机银行、网上开户等新的形式。另一方面,拥有庞大客户群和雄厚技术力的互联网公司开始将优势运用于金融领域,为支付手段、融资方式等诸多方面提供了新的解决方案和商业模式。例如,目前的在线财产保险公司,实现了没有实体机构,单纯通过互联网进行销售和理赔的经营方式。互联网金融不断快速发展,从目前来看其主要模式有三个,分别为P2P平台网贷、第三方支付和众筹。

1. P2P平台网贷

P2P是最近几年快速兴起的一种利用互联网技术的网络贷款模式,其能使借贷双方通过互联网平台和互联网技术来实现资金的融通,使闲置资金得到更高效的利用,进而为社会创造价值。与传统的通过银行来实现借贷的方式相比,P2P网络贷款模式的特点主要体现在:第一,贷款的过程方便、快捷;第二,对于资金的提供方来说,它提供了一个能使得闲置资金增值的渠道。对于资金的需求方来说,它在较大程度上解决了融资难的问题;第三,能帮助借贷双方解决由于信息不对称带来的各种问题。需要注意的是,与此同时P2P平台网贷也伴随着一些风险,例如贷款预期不还的信用风险和个人信息泄露的技术风险等。所以互联网金融的核心应该放在充分利用互联网技术来做好风控任务,只有做好了风控任务,互联网金融才能得到长期的发展。

2. 第三方支付

第三方支付平台最早出现在美国,虽然第三方支付模式在我国起步比较晚,但得益于我国人口优势和快速发展的互联网金融环境,微信、支付宝、财付通等第三方支付平台在中国发展迅速。目前在日常生活中,现金的使用率下降很多,而通过扫描二维码来支付的方式快速流行起来。第三方支付和传统支付两者各自的优势决定了它们之间相互替代的程度,所以只有两者相互创新、相互融合并相互竞争,才能共同发展进步。第三方支付平台作为一个互联网平台,其在拥有大量资金的同时,也能获得资金的流动数据和资金的相关信息,进而给传统金融行业带来了非常大的冲击,所以应该加强对互联网第三方支付平台的重视,加强对互联网金融风险的管理。

3. 众筹

早期的众筹模式对发起者要求比较高,需要发起者具有非常好的声誉以及信息传播途径。目前众筹主要有两种模式:非股权众筹和股权众筹。非股权众筹也叫产品众筹,指众筹的过程中,众筹者会给予投资人实体的产品作为投资回报,如文化产品、科技产品以及其他消费产品。非股权众筹是一种新的融资方式,是指一些公司或者个人通过互联网平台,充分发挥网络的便捷优势和传播影响,找到目标用户,从而筹集到项目的启动资金,满足自己的融资需求和用户的需要。股权众筹也是将互联网平台作为融资的渠道,但是与非股权众筹有所区别的地方在于,它不以商品作为回报,而是给予投资者公司股权以获得公司收益分红。相较于非股权众筹,股权众筹具有特别强的金融属性,所以其面临的金融风险也非常的错综复杂。总的来说,非股权众筹和股权众筹都绕开了中介结构,通过互联网平台直接进行融资,来满足众筹者的资金需求和投资者的利益。为了加强众筹风险的管理,一方面可以建立互联网金融快速发展的监管框架以实现对消费者进行保护,另一方面可以加强对消费者的教育以及二级市场的建设。同时,我们也要重点关注其存在的主要问题。

网络交易违规举证很难。首先,非法在线交易有时会将线上的商业行为转变为线下行为。仅有很少的在线信贷平台使用相同的认证程序进行电子商务交易,并且向借款人披露的信息一般不够充分。由于网络交易主要是基于网站号码,这表明很难提供除了有交易痕迹的纸页之外的交易页信函证据,并且计算机数据也很容易被操作和删除,信息证据也需要在网上进行下载,法律效力不足,很难发现的查处违法行为和处理证据。

评估的审查信用的能力弱。当前互联网金融在我国尚处于发展的初级阶段,公司作为一个普通的工商企业大多还没有金融部门。与传统银行业相比,互联网金融企业在风险监测和评估风险的能力都比较有限,并且互联网金融行业的进入门槛是相对较低的,这导致公司大多数成员都是由技术专家组成,他们的信用意识相对薄弱,风险识别能力也不强。此外,交易双方在网上的金融交易缺乏真正的沟通或交易所,如果评级系统没有完全建立起来,交易双方势必会受到信息不完全的影响,很容易误判个人或机构的真实身份和信誉,引发被恶意骗贷等问题。

风险识别和评估系统是重要的。金融风险具有非常强烈、隐蔽、突然和传染性强的特点。与传统银行业相比，互联网融资还远不能实现客户风险识别和风险评估体系标准化的目标，因为注重快速盈利，风险控制容易，缺乏全面的客户信用，风险识别和评估体系尚未建立完善，能力薄弱，识别和评估客户风险不到位，过度的营销广告，从而导致部分优质客户在一定程度上对互联网融资持谨慎态度。

提高信息技术的安全性对网络的发展及其重要。互联网融资受到了极端个人、黑客组织、经济犯罪、恐怖主义、敌对国家等的威胁，大数据等发展互联网融资的新技术尚不成熟，第三方支付、P2P等新兴产业网站尚处于起步阶段，技术水平较低，各种财务欺诈、病毒木马攻击、网络钓鱼网站、客户的资金交易信息和资金安全方面的信息被泄露甚至被操纵，这些都影响了互联网融资的效率，影响了互联网融资各方的信心。

19.3 风控模型

无论对于传统金融行业还是互联网金融行业而言，风险控制永远都是其核心领域之一。风控模型是指通过自身拥有的数据来建立模型，并根据模型来对借款人的风险水平进行评估。传统的风控主要是人工完成的，根据经验积累来设定若干的规则，再通过设定好的规则来对借款人的风险水平进行评估。这其中掺杂了较多的人为因素，所以很难做到完全的客观。随着进入互联网时代，数据量呈指数级增长，与此同时机器学习方面的算法日臻成熟，为风控模型的发展提供了坚实的基础。互联网时代风控模型更多地是通过数据分析，利用成熟的机器学习算法和互联网技术，构建风控模型对用户数据进行自动处理和预测，并能够不间断地对用户的风险水平进行实时监控。

互联网金融具有高风险的特征，同时数据是金融的命根子，用户信息、业绩报告以及公司的负债情况，都是金融机构需要清楚了解的，并且以上这些信息与信贷业务和风险直接挂钩。数据来源相对分散，数据类型较为复杂，庞大的数据信息量处理起来难度非常大。传统银行是最早需要建立风控模型的地方，起初风控系统主要是通过人工来完成，人们利用自身积累的经验来制定若干的规则，进而依据这些规则来有效防控银行领域的风险。例如，根据用户的收入、学历、职业、年龄等因素来对信用卡用户进行评级，然后再对不同的等级授予数额不等的透支额度，进而达到控制风险的效果。当然前面提到评级过程，主要依赖的是人的主观判断。

随着互联网技术的发展，以及互联网金融的兴起，一些金融行业也致力于利用互联网技术在金融领域对风险进行把控。金融机构对于风险的控制没有太强的抵御能力，不能提供分析风险的技术支持。而大数据和机器学习技术却可以轻轻松松解决这一难题，通过系统化、全面化的数据信息采集，更及时更准确地预判风险因素，并找出影响风险的相关数据，为规避风险、降低风险因素提供理论性的依据和引导，增强风险的鉴别能力，能够准确地分析并查找风险。人们也开始致力于将机器学习算法应用于金融领域信用评估问题和借贷违约风险控制问题。例如，利用逻辑回归算法和决策树模型对用户消费数据进行建模，进而对消费者的信用进行评估分析，判断他们在借款后是否有意愿且有能力还款。我们不仅仅可以利用单一的机器学习算法来建立风险控制模型，也可以使用集成的机器学习算法来建模。例如可以使用Adaboost、随机森林等集成学习算法来对原有的模型进行优化，通常来说集成学习算法和人工神经网络算法能够获得更高的准确率。

P2P借款是近几年新兴的借款方式，依托于互联网行业的迅速发展，P2P网贷无论是在平台数量还是用户数量上，都有较为迅猛的增长。P2P网络借贷是一种个体和个体之间通过网络平台直接实现借款的方式，不经由中介机构，具有无抵押、快捷方便、高收益等优势。然而，也正是由于其使用门槛低的特点，在面对鱼龙混杂的用户时，不免会出现违约现象。如今，一些平台设置了风险准备金作为出借人的风险保障，但是，这些没有从根本角度去解决违约问题。为了规避可能存在逾期行为的客户，信用评分一直是传统金融行业的评价标准。信用评分本质上就是对某一群体用某种模型划分为不同组，对划分"好"客户和"坏"客户具有直接高效的优势。然而，如果只是以一种模型预测客户的信用评分，并不能很好地刻画出客户的形象，在预测准确率上也是不尽如人意。我们可以利用机器学习技术，通过规则推导生成客户标签，从而描述出客户画像，结合特征筛选后的用户属性，完成信用等级和是否会逾期的预测。

传统金融风控中定性风险管理占主体，以主观规则及客户评级为主。这种方式存在主观规则需要丰富经验、分析能力偏弱、难以精确化用户特征等缺点。在数字化转型的背景下，传统的风险管控模式已无法满足全面风险管控的需求。以大数据、人工智能为代表的新技术发展为解决风控领域相关痛点提供了很好的契机。

机器学习算法在金融风控的应用主要分为三类。第一类，基于序列数据建模：传统序列数据分析大多是统计模型，参数化的统计模型需要人为事先定义强度函数，非参数模型算法复杂，给实际应用带来了不便。第二类，传统特征衍生：传统风控模型特征工程主要靠人工提取，人力成本较高；且原始特征往往包含大量系数特征，易带来维数灾难。机器学习端到端自学习的方式则表现出了巨大的优势。第三类，基于知识图谱建模：随着知识图谱技术的发展，基于客户的画像、关联特征构建图谱结构，利用图神经网络建模，在风险传导、反欺诈等场景分析中起到了重要作用。目前各银行都在通过传统方式和机器学习算法的对比测试，不断探索机器学习在风险防控中的应用，搭建贷前、贷中和贷后一体化的智能风控体系。

19.4 反欺诈模型

随着近几年互联网金融行业的快速发展，市面上出现了各式各样的互联网金融产品，其大致可以分为三类：传统金融的互联网化、信息资金服务平台和基于互联网平台开展传统金融业务。在行业飞速发展的过程中，我们也应该重视其中的风险源头。目前互联网金融行业面临的风险主要体现在三个方面，分别为信用风险、技术风险和监管风险。其中欺诈行为是信用风险的主要表现形式，也是互联网金融领域风险控制的关键环节之一，所以建立高效的互联网金融反欺诈系统势在必行。

一个高效全面的反欺诈系统往往需要有机地结合统计学和机器学习等方面的学科知识,通过数据挖掘技术来创建。要建立一个反欺诈系统,主要有以下三个方面:首先,利用统计学相关知识来收集、整理和分析原始数据。然后,在原始数据的基础上使用机器学习算法来建立反欺诈模型,进一步使用模型来筛选有欺诈可能性的用户。最后,利用人工识别的形式对可能存在欺诈行为的用户进行二次审核。其中最后一部分的人工审核是前面两步的辅助步骤,目的在于进一步提高系统的准确性。

　　反欺诈系统是互联网金融的重要基石之一,其目的在于发现和识别欺诈行为。当系统侦测出欺诈相关的活动时,反欺诈系统应该能够及时有效地反馈给管理者。并且在现实的生产生活中,反欺诈系统能在很多方面发挥作用,例如金融、保险、经济、法律和工商管理等领域都有欺诈检测相关的需求。

　　反欺诈系统的建立是机器学习算法应用于互联网金融领域的重要体现之一。例如可以使用决策树和布尔逻辑函数来描述正常交易中用户的消费习惯,然后通过聚类分析来发现正常交易行为和欺诈交易行为之间的区别。大多数时候,欺诈的样本其实会远远小于正常的情况,这种现象称为数据的非均衡。数据的非均衡其实会对分类器的效果产生严重的影响,会使得分类器更加重视大类而忽视小类。出现这种情况时,我们可以选择在算法层面做出优化,也可以在数据处理层面做出相应的改变来改善这种数据非均衡带来的影响。

　　当前互联网线上信贷业务的欺诈和舞弊行为,主要包括对银行信息系统的网络攻击、外部合作机构提供虚假数据、银行员工独自或内外勾结篡改数据信息等,以骗取银行线上贷款,涉及银行信息系统的安全性、数据信息的真实准确性和内部控制的有效性三个方面。

　　(1) 信息系统的安全性。线上信贷业务依托信息系统和互联网,系统和网络的安全稳定是开展业务的前提条件和基本要求。但目前大部分银行的互联网线上信贷业务还处于起步阶段,风险防控的经验和应对措施相对缺乏。并且为了抢占业务市场,部分银行的线上信贷业务在未经过充分测试和评估、业务系统设计存在漏洞的情况下匆忙上线,给不法分子提供了机会。当前,线上金融平台安全漏洞风险不可小觑。

　　(2) 数据信息的准确性。互联网金融业务近年来的快速发展与外部大数据环境的形成密切相关。社会数据量呈爆炸式增长,数据来源渠道、类型更加多样化和动态化,同时,数据处理及挖掘技术不断进步,数据价值不断增加,都使得商业银行通过大数据分析对客户信用进行自动甄别并筛选成为可能。互联网线上信贷业务,就是银行采集客户的各种内外部数据信息,通过事先设计好的风险模型,自动对客户进行身份验证、风险评估、贷款调查、授信审查审批和贷后管理。数据的真实准确性决定了对客户信用水平评价的准确性,决定了贷款信用风险的高低。但目前许多银行对数据的安全管理还存在漏洞,如在数据采集、传输、保管和使用等方面,安全意识不强、管理不够严格、技术手段不足,主要依靠手工方式复核、校验部分数据,效率低、效果差,难以发现伪造、篡改数据等欺诈和舞弊行为,影响了数据质量。

　　(3) 内部控制的有效性。银行互联网线上信贷业务内部控制的不健全,会给欺诈和舞弊行为提供可乘之机,增加了欺诈和舞弊风险。如果银行强化业务系统开发、测试、上线运行、运营维护、监督评价等整个流程的内部控制,系统的漏洞和缺陷就可能被及时发现,从而避免外部人员利用银行系统漏洞从事违法活动。如果银行强化对数据采集、传输、保管和使用整个过程的内部控制，严格落实双人操作、换人复核等岗位制约措施，加强对数据合作单位的风险评估和准入控制，并进行数据交叉验证，那么违法分子通过篡改伪造数据骗取贷款的难度就大大增加，从而可以有效降低欺诈和舞弊风险。

19.5　防范系统性风险

互联网金融借助互联网技术优势，进一步提高了金融资源的配置效率，在一定程度上促进了普惠金融的发展。但随着众筹、P2P信贷等各式各样的互联网金融产品的普及，P2P违约、跑路等互联网金融风险问题频频发生，并且互联网金融占比越大，这些风险问题对整体经济环境的影响就会越严重，所以如何有效预防和化解互联网金融发展带来的系统性风险迫在眉睫。在2007年全球金融危机之后，巴塞尔资本协议Ⅲ提出了宏观审慎监管的思路，我国更是提出了"守住不发生系统性金融风险"的金融监管底线。目前尚未形成关于系统性风险的统一定义，但一般认为系统性风险来源于金融体系的内在不稳定性。随着互联网金融的快速发展，其在金融经济领域扮演着越来越重要的角色，系统性风险一旦发生则会对经济生活造成严重的影响，所以利用当今快速发展的机器学习理论来解决这方面的问题是我们需要研究的重要方向之一。

在利用互联网金融快速发展带来金融开放、效率提升、成本降低诸多好处的同时，我们也更应该重视并努力解决互联网金融给互联网金融体系乃至整个金融系统带来的系统性风险的新问题。不管从宏观金融体系层面还是从微观业务层面来看，互联网金融都给传统金融体系带来不小的冲击，使得两者的关系越来越紧密，这为风险的快速传导提供了可能。所以即使我们能有效管控传统金融领域的风险，但忽视了对互联网金融领域风险的管控，一旦发生系统性风险，整体金融体系都将受到严重的冲击。相比传统金融领域的风险管控手段，互联网金融下风险防控的研究还处于初级阶段。虽然已经有了一些成果，但和互联网金融的快速发展比起来还是远远不够的。随着互联网金融发展带来的数据和资料的急剧增加，以及机器学习和人工智能的普及发展和深度应用，运用大数据、人工智能的思路和方法，研究互联网金融发展区域差异、空间聚集，从宏观、中观层面找到系统性金融风险点并进行监管，这是一个新视角，也符合巴塞尔资本协议Ⅲ的监管发展思路。

互联网金融线上虚拟空间、跨区域发展等特点带来了互联网金融发展区域和空间聚集不均衡的现象，我们可以通过机器学习算法来对互联网金融进行区域发展的降维和聚类分析，这可以解决互联网金融复杂度高和变量多所带来的维度高的问题。通过以上方法从空间聚集层面和不同业务层面来考察互联网金融的分布特征，找出其中可能带来系统性风险的元素，进而我们可以有针对性地提出有关防控系统性风险的建议。

由于金融体系时刻面临着来自各渠道的危险攻击，在处理风险管理与交易这种复杂的数据时，传统的人工风控模型已不足以应对风险；机器学习技术的引入，可以使模型自动学习和预测风险，从而大幅降低人力成本并提升金融风控及业务处理能力，提高整个金融体系的安全度和稳定性。

19.6 案例:借款人信用风险评估

互联网贷款作为一种高效、无抵押担保的零售金融业态,以其便利快捷和低边际成本的优势,在满足小微融资需求方面发挥了重大作用。互联网贷款无法如传统信贷一样进行线下调查,需要通过研究大规模的样本数据,进行实证检验,发现规律,以期将信用风险控制在可承受水平。个人信用风险评价研究的问题和目的是设定既定的置信违约水平,分析借款人的还款能力和意愿,降低违约概率,为贷款机构降低不良率,提高利润。个人信用风险评价本质上是要评估个人的债务偿还能力和意愿,同时预防欺诈风险。与偿还能力和意愿相关的关键影响因素,就是个人信用风险评价要素。

19.6.1 数据准备

数据准备是一个项目的第一部分,并且由于数据的质量往往直接决定了模型输出结果的好坏,所以数据准备也是一个项目最重要的部分之一。

1. 数据说明

我们使用美国一家信贷公司的历史贷款数据,其涉及的指标如表19.1所示。

表 19.1 数据变量说明

指标名称	指标含义
Loan ID	该笔贷款的编号
Customer ID	该笔贷款下贷款人的ID
Loan Status	贷款的状态,分为全额付款和出现损失两种情况
Current Loan Amount	贷款金额
Term	贷款的期限,分为短期和长期
Credit Score	信用评分
Annual Income	贷款人的目前年收入
Years in current job	贷款人在当前工作的时长
Home Ownership	房屋拥有情况,分为拥有房产、租房、按揭买房等情况
Purpose	贷款的用途,分为买房、买车、商业贷款等情况
Monthly Debt	每月应还贷款
Years of Credit History	借贷历史的时长

续表

指标名称	指标含义
Months since last delinquent	距离上次到期未还的月数
Number of Open Accounts	贷款人拥有的帐户数量
Number of Credit Problems	出现信贷问题的个数
Current Credit Balance	当前可贷款余额
Maximum Open Credit	最大可贷款额度
Bankruptcies	贷款人曾经是否破产过
Tax Liens	贷款人曾经是否违反税务相关规定

我们这里的标签是 Load Status，即贷款人是否能按时还款，其他指标为模型所需的特征。

2. 缺失值处理

因为大多数的机器学习算法无法处理缺失值，为了提高模型的训练结果，我们需要在将数据放入模型之前完成缺失值的处理。一般来说，缺失值的处理方法可以分为三类，一是直接删除出现缺失值的样本数据；二是删除出现缺失值的特征；三是将缺失值设置为某个值（例如零、均值或中位数等）。

首先，我们需要查看下数据的缺失值情况：

1. #查看数据中的缺失值的个数
2. train.isnull().sum()

[out]：

Loan ID	0
Customer ID	0
Loan Status	0
Current Loan Amount	0
Term	0
Credit Score	9251
Annual Income：	9251
Years in current job	4222
Home Ownership	0
Monthly Debt	0
Years of Credit History	0
Months since last del inquent	36604
Number of Open Accounts	0
Number of Credit Problems	0
Current Credit Balance	0
Maximum Open Credit	1

Bankruptcies	119
Tax Liens	6
Years	4222

对于不同的特征处理缺失值的方法不同，我们需要根据缺失值的个数以及特征的重要性等多个方面来综合考虑。对于本案例的数据进行缺失值处理的具体情况如下：

1. train_1 = train.dropna(subset = ['Loan ID'])
2. train_2 = train_1.dropna(subset = ['Years'])
3. del train_2["Customer ID"]
4. del train_2["Loan ID"]
5. del train_2["Years in current job"]
6. #计算均值
7. meaninc = train_2["Credit Score"].mean()
8. meanann = train_2["Annual Income"].mean()
9. meanmth = train_2["Months since last delinquent"].mean()
10. meanbnk = train_2["Bankruptcies"].mean()
11. meanlie = train_2["Tax Liens"].mean()
12. meancred = train_2["Maximum Open Credit"].mean()
13. #根据上面的均值来填充缺失值
14. train_2["Credit Score"] = train_2["Credit Score"].fillna(value = meaninc)
15. train_2["Annual Income"] = train_2["Annual Income"].fillna(value = meanann)
16. train_2["Months since last delinquent"] = train_2["Months since last delinquent"].fillna(value = meanmth)
17. train_2["Bankruptcies"] = train_2["Bankruptcies"].fillna(value = meanbnk)
18. train_2["Tax Liens"] = train_2["Tax Liens"].fillna(value = meanlie)
19. train_2["Maximum Open Credit"] = train_2["Maximum Open Credit"].fillna(value = meancred)
20. #再次检测缺失值情况
21. train_2.isnull().sum()

[out]：

Loan Status	0
Current Loan Amount	0
Term	0
Credit Score	0
Annual Income	0
Home Ownership	0
Monthly Debt	0
Years of Credit History	0
Months since last delinquent	0
Number of Open Accounts	0
Number of Credit Problems	0

Current Credit Balance	0
Maximum Open Credit	0
Bankruptcies	0
Tax Liens	0
Years	0
dtype：int64	

3．处理文本和类别性质的特征

大多数机器学习算法更倾向于处理数值类型的数据，所以我们需要将文本或类别性质的特征转换为数字型。在本案例中，我们编写以下函数来将文本类型数据转换为数字型数据。

1. ♯将因变量改为0,1。这样更方便使用监督算法。
2. def getnumber(status)：
3. if(status＝＝"Fully Paid")：
4. return 1
5. else：
6. return 0
7.
8. ♯把 Home Ownership 也转换为哑变量,1 为 拥有房屋,0 为其他
9. def getconv(status)：
10. if(status＝＝"Own Home")：
11. return 1
12. else：
13. return 0
14.
15. ♯将 Term 也转换为哑变量,1 为长期
16. def getterm(status)：
17. if(status＝＝"Long Term")：
18. return 1
19. else：
20. return 0

4．特征放缩

我们需要应用于数据的最重要的转换之一是特征缩放。除了少数例外，当输入数字属性具有非常不同的比例时，机器学习算法表现不佳。有两种常用方法可以使所有属性具有相同的比例：最小-最大缩放（Min-max scaling）和标准化（Standardization）。

（1）最小-最大缩放是指移动和重新调整值，使它们的范围变成[0,1]。它是通过(X-Xmin)/(Xmax-Xmin)来实现。为此，Scikit-Learn 提供了一个名为 MinMaxScaler 的 transformer。并且如果某种原因你不想转换后的数据范围为[0,1]，则可以通过一个 feature_range 超参数来改变范围。

(2)标准化的具体操作是首先减去平均值(所以标准化值后数据总是具有零均值),然后除以方差,以便得到的分布具有单位方差。与最小-最大缩放不同,标准化不是将值缩放到特定范围,因此标准化受异常值的影响要小得多。

```
1. scaler = StandardScaler( )
2. scaler.fit(X)
3. scaler.transform(X)
```

19.6.2 性能评估与模型选择

具体的模型评估和选择的相关理论已经在16章中展开介绍了,本节主要是通过代码来展示相关理论的实践过程。经过前面的数据准备工作,现在我们可以着眼于选择模型并使用前面的数据来训练模型。

1. 逻辑回归

其实在一个机器学习项目中,前面的数据处理部分需要耗费较多的时间,而模型的选择和训练部分则相对简单一些。我们需要从众多的模型中筛选出能很好应用于本案例的模型,然后再进行参数调整以达到最好的效果。

我们考察一下逻辑回归应用于贷款案例得到的效果如何。由于我们已经在前面部分仔细介绍了算法本身的基础理论知识,所以该部分主要集中在编程实现方面。

首先,创建一个逻辑回归实例。然后我们需要对该分类器的性能进行评估。其实对于一个分类问题,存在许多不同的度量性能的方法,在后面会逐步介绍。这里我们先使用交叉验证来简单度量下模型的分类效果。

```
1. from sklearn.linear_model import LogisticRegression
2. from sklearn.model_selection import cross_val_score
3.
4. log_reg = LogisticRegression( )
5. cross_val_score(log_reg, X_train, y_train, cv=3, scoring='accuracy')
```

[out]:

Out[34]: array([0.84505022, 0.84692159, 0.8414946])

从交叉验证的结果来看,似乎该分类器的效果已经很不错了,平均准确率达到85%左右。但不要着急下结论,让我们来看一下将所有贷款者都分为会按时还款的分类器的交叉验证结果如何。

```
1. #全猜测为0
2. from sklearn.base import BaseEstimator
3. class Never5Classifier(BaseEstimator):
4.     def fit(self, X, y=None):
5.         pass
6.     def predict(self, X):
```

```
7. return np.zeros((len(X), 1), dtype = bool)
8.
9. never_5_clf = Never5Classifier( )
10. cross_val_score(never_5_clf, X_train, y_train, cv = 3, scoring = "accuracy")
```

[out]:

array([0.74711496, 0.74530597, 0.74836255])

一个将所有人都分为会按时还款的分类器竟然也能达到近75%的准确率,这样比较来看,前面逻辑回归得到的85%的准确率就并不是一个令人满意的结果了。其实造成该现象的原因在于标签的类别占比相差较大,本案例中,按时还款的人占所有人的75%,所以即使一个分类器将所有人都分为会按时还款,其准确率也能达到75%。

2. 混淆矩阵

当我们在处理有偏差的数据集,比方说其中一些类比其他类多很多时,模型的准确率其实并不是一个好的度量指标。这时我们更多会使用混淆矩阵来度量一个分类器的性能。混淆矩阵是统计输出类别A被分类成类别B的次数,其中的A和B表示所有标签类别,所以混淆矩阵是一个阶数等于标签类别数的方阵。

```
1. from sklearn.model_selection import cross_val_predict
2. from sklearn.metrics import confusion_matrix
3.
4. y_train_pred = cross_val_predict(log_reg, X_train, y_train, cv = 3)
5. confusion_matrix(y_train, y_train_pred)
```

[out]:

Out[38]:array([[34992, 930],
              [6549, 5622]], dtype = int64)

从混淆矩阵可以看出,有34992位能按时还款的人被正确分类,但有930位能按时还款的人被错误分为了不能按时还款。有5622位出现违约的人被正确分类,但有6549位出现违约的人被错误分类为能按时还款。直接看混淆矩阵似乎比较难对分类器的性能有直观的理解,这时我们可以通过混淆矩阵来计算准确率和召回率。

```
1. from sklearn.metrics import precision_score, recall_score
2. print(precision_score(y_train, y_train_pred), recall_score(y_train, y_train_pred))
```

[out]:

(0.8544294180215772, 0.4630270092226614)

从上面的输出结果可知,逻辑回归的准确率达到85%,但召回率只有46%,说明还有过半出现违约的贷款人被错误分类到了能按时还款的类别。针对不同的实际问题,我们往往对准确率和召回率的相对大小有不同的偏好。这里只有少于一半的出现违约的贷款人被模型探测到了,这样的结果显然并不能让人满意。针对刚刚提出的这个问题,后面我们会给出解决办法,下面先来看模型准确率和召回率的调和平均值。

```
1. from sklearn.metrics import f1_score
2. f1_score(y_train, y_train_pred)
```

[out]:

0.6005874499332443

$F1$得分是准确率和召回率的调和平均值。普通的平均值平等地看待所有的值,而调和平均会给小的值更大的权重。所以,要想分类器得到一个高的$F1$得分,需要召回率和准确率同时高。

3. 准确率和召回率之间折中

模型的准确率和召回率之间存在着折中现象,即当我们希望得到高的准确率,则得到的召回率会变低。准确率和召回率的具体大小是由一个阈值来决定的,当我们提高阈值时,准确率会倾向于上升,而召回率则会倾向于下降。为了直观看出准确率和召回率之间的折中,我们通过以下代码画出在不同阈值下得到的准确率和召回率的大小(图19.1)。

```
1. from sklearn.metrics import precision_recall_curve
2.
3. precisions, recalls, thresholds = precision_recall_curve(y_train, y_scores_deci_func)
4.
5. def plot_precision_recall_vs_threshold(precisions,recalls,thresholds):
6.     plt.plot(thresholds,
7.              precisions[:-1],
8.     "b--",
9.              label="准确率")
10.
11.    plt.plot(thresholds,
12.             recalls[:-1],
13.    "g-",
14.             label="召回率")
15.    plt.xlabel("阈值",fontsize=16)
16.    plt.legend(loc="upper left",fontsize=16)
17.    plt.ylim([0,1])
18.
19. plt.figure(figsize=(8, 4))
20. plot_precision_recall_vs_threshold(precisions,recalls,thresholds)
21. plt.show()
```

[out]:

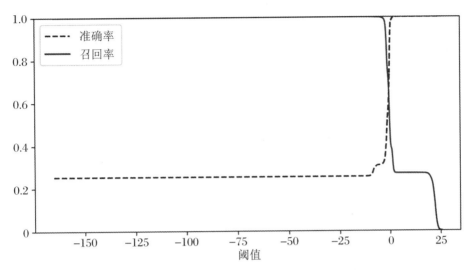

图 19.1　不同阈值下得到的准确率和召回率的大小

从图 19.1 中可以看出,当阈值从小到大变化时,准确率上升,召回率下降。Scikit-Learn 不让你直接设置阈值,但是它给你提供了设置决策分数的方法,这个决策分数可以用来产生预测。它不是调用分类器的 predict( ) 方法,而是调用 decision_function( ) 方法。这个方法返回每一个样例的分数值,然后基于这个分数值,使用你想要的任何阈值做出预测。通过观察上图可知,如果我们将阈值设置成 -5,那么应该能得到较高的召回率和较低的准确率。

1. y_scores_deci_func = cross_val_predict(log_reg, X_train, y_train, cv = 3,
2. 　　　　　　　　　　　　　　　method = 'decision_function')
3. y_scores_recall_95 = (y_scores_deci_func > -5).astype(np.float64)
4. print(precision_score(y_train, y_scores_recall_95),
5. 　　　recall_score(y_train, y_scores_recall_95))

[out]:
　　(0.30682566205883843, 0.9979413702239789)

的确,正如所期望的,我们得到了很高的召回率,但这时模型的准确率只有 30%。进一步观察上图可以发现,召回率在 0 附近大幅下降,同时准确率在 0 附近大幅上升,并且变化曲线很陡峭。这给我们选择合适的准确率和召回率的组合带来了不便。在不同的阈值下,逻辑回归分类器的准确率要么很高、要么很低,召回率也是这样,说明逻辑回归分类器并没有很好把将样本分开。

4. ROC 曲线

ROC 曲线是另一个二分类问题常用到的工具。ROC 曲线是真正率(true positive rate,TPR,也叫召回率)对假正率(false positive rate,FPR)的曲线。FPR 是反例被错误分成正例的比率。它等于 1 减去真反例率(true negative rate,TNR)。TNR 也叫作特异性,是反例被正确分类的比率。所以 ROC 曲线画出的是召回率对(1 减特异性)的曲线。

为了画出 ROC 曲线，首先需要计算各种不同阈值下的 TPR、FPR，然后可以使用 matplotlib，画出 TPR 对 FPR 的曲线(图 19.2)。

```
1. y_scores = cross_val_predict(log_reg, X_train, y_train, cv=3,
2.                     method="decision_function")
3.
4. fpr, tpr, thresholds = roc_curve(y_train, y_scores)
5.
6. def plot_roc_curve(fpr, tpr, label=None):
7.     plt.plot(fpr, tpr, linewidth=2, label=label)
8.     plt.plot([0, 1], [0, 1], 'k--')
9.     plt.axis([0, 1, 0, 1])
10.    plt.xlabel('False Positive Rate', fontsize=16)
11.    plt.ylabel('True Positive Rate', fontsize=16)
12.
13. plt.figure(figsize=(8, 6))
14. plot_roc_curve(fpr, tpr)
15. plt.show()
```

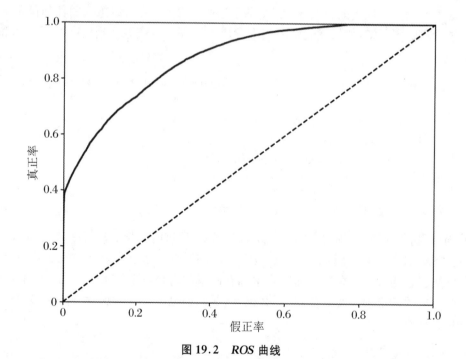

图 19.2　ROS 曲线

这里同样存在折中的问题，即 TPR 越高，分类器就会产生越多的 FPR。图中的点线是一个完全随机的分类器生成的 ROC 曲线，一个好的分类器的 ROC 曲线应该尽可能远离这条线，即向左上角方向靠拢。

在 ROC 曲线的基础上，一个比较分类器优劣的方法是测量 ROC 曲线下的面积（AUC）。一个完美的分类器的 AUC 等于 1，而一个纯随机分类器的 AUC 等于 0.5。通过以下代码可以计算 AUC。

1. from sklearn.metrics import roc_auc_score
2.
3. roc_auc_score(y_train, y_scores)

[out]：

0.8744353390806789

5. 决策树

在前面我们训练了一个逻辑回归分类器并通过多个方面来对分类器的性能进行评估。通过上文的分析可知，在本案例中应用逻辑回归分类器的不足之处在于我们选择了一组不太合适的准确率和召回率的组合，因为其准确率和召回率曲线变化过于陡峭。这里我们不使用决策树模型来构造一个分类器，同时也从多个方面来对分类器的性能进行评估。

首先我们创建一个决策树分类器实例，然后通过 3 折交叉验证来看一下分类器的准确率。

1. from sklearn.tree import DecisionTreeClassifier
2.
3. tree_clf = DecisionTreeClassifier(criterion='entropy', max_depth=6, max_features=7)
4. cross_val_score(tree_clf, X_train, y_train, cv=3, scoring='accuracy')

[out]：

array([0.84685921, 0.84573639, 0.8421184])

可以发现，决策树分类器和逻辑回归分类器在准确率上相差不大。

我们通过以下代码来得到决策树分类器的混淆矩阵以及准确率与召回率。

1. y_train_pred_tree = cross_val_predict(tree_clf, X_train, y_train, cv=3)
2. confusion_matrix(y_train, y_train_pred_tree)

[out]：

array([[35486, 436],
       [7416, 4755]], dtype-int64)

1. print(precision_score(y_train, y_train_pred_tree),
2.   recall_score(y_train, y_train_pred_tree))

[out]：

0.916008476208823 0.39068277052008876

通过与逻辑回归分类器的结果对比可以发现，在 Scikit-Learn 自身的阈值下，虽然分类器准确率很高，但是分类器的召回率却比较低。对于本案例，相对于高准确率而言，我们更希望得到高的召回率，因为错误地给会出现违约的贷款人发放贷款带来的负面效果要比错误拒绝给能按时还款的贷款人发放贷款带来的负面效果大得多。所以我们希望分类器的召回率更高，这样分类器能探测出更多会出现违约的贷款人。

为了得到合适的准确率和召回率的组合，我们需要画出不同阈值下准确率和召回率的曲线(图19.3)，进而根据两者的曲线来选择合适的阈值。

1. ♯误差分析
2. y_probas_tree = cross_val_predict(tree_clf, X_train, y_train, cv=3,
3. 　　　　　　　　　　　　　　method='predict_proba')
4.
5. y_scores_deci_func3 = y_probas_tree[:,1]
6.
7. precisions, recalls, thresholds = precision_recall_curve(y_train, y_scores_deci_func3)
8.
9. plt.figure(figsize=(8, 4))
10. plot_precision_recall_vs_threshold(precisions, recalls, thresholds)
11. plt.savefig("precision_recall_vs_threshold_plot_决策树")
12. plt.show()

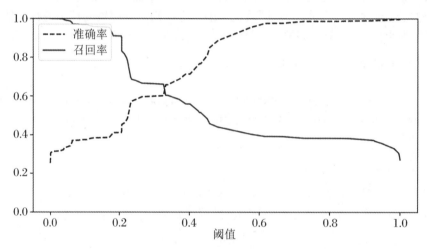

图19.3　不同阈值下准确率和召回率的曲线

通过比较可以发现，决策树分类器的准确率和召回率的变化情况要比逻辑回归分类器的平缓得多，所以在决策树分类器下我们能得到更加合适的准确率和召回率的组合。当我们将阈值设置为0.3时，能得到如下结果：

1. y_scores_recall_80 = (y_scores_deci_func3 > 0.3).astype(np.float64)
2. print(precision_score(y_train, y_scores_recall_80),
3. 　　　recall_score(y_train, y_scores_recall_80))

[out]:

0.6014242878560719　0.6606554677206851

当我们将阈值设置为0.3时，分类器召回率为66%，分类器准确率为60%。这样的组合要比逻辑回归分类器得到的组合更合适。如果我们希望能继续提高召回率，并且分类器准确率下降不大，则可能会面临和逻辑回归分类相似的情况。观察上图可以发现，这主要是因为决策树分类器的准确率和召回率曲线在阈值0.2附近变化陡峭，所以当进一步提高召回率时，分类器的准确率会大幅下降。因此针对本案例，决策树分类器可能并不是最合适的模型。

最后我们通过以下代码获得决策树分类器的 *ROC* 曲线和 *ROC AUC*（图 19.4），并与前面逻辑回归得到的结果比较。

```
1. y_scores_tree = y_probas_tree[:,1]
2. fpr_tree, tpr_tree, thresholds_tree = roc_curve(y_train, y_scores_tree)
3.
4. # It is useful to plot the first ROC curve as well to see how they compare
5. plt.figure(figsize=(8, 6))
6.
7. plt.plot(fpr,
8.          tpr,
9.          "b:",
10.         linewidth=2, label="Log_reg")
11.
12. plot_roc_curve(fpr_forest,
13.                tpr_forest,
14. "Random Forest")
15.
16. plt.legend(loc="lower right", fontsize=13)
17. plt.savefig("roc_curve_comparison_plot.png", dpi=300)
18. plt.show()
```

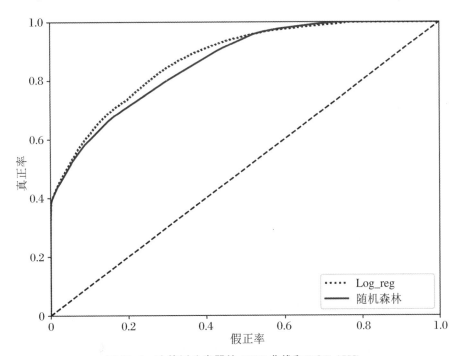

图 19.4 决策树分类器的 *ROC* 曲线和 *ROC AUC*

```
1. roc_auc_score(y_train, y_scores_tree)
```

[out]：

0.8621546850554023

通过以上结果可以发现，不管是从 ROC 曲线还是 ROC AUC 来看，决策树分类器与逻辑回归分类器的性能相近，并且决策树分类器略逊色于逻辑回归分类器。

6. 随机森林

通过对逻辑回归分类器和决策树分类器的性能进行评估，我们可以发现这两个分类器并不是很适合本案例。同前面描述的步骤一样，下面我们构造随机森林分类器并对其性能进行评估。

首先，我们创建一个随机森林分类器实例，然后通过 3 折交叉验证来看一下分类器的准确率。

1. from sklearn.ensemble import RandomForestClassifier
2. forest_clf = RandomForestClassifier(n_estimators=100, max_features=3, random_state=42)
3. #交叉验证
4. cross_val_score(forest_clf, X_train, y_train, cv=3, scoring='accuracy')

[out]：

array([0.88478573, 0.88497287, 0.88391242])

可以看出，随机森林分类器的交叉验证结果相较于逻辑回归分类器和决策树分类器上升了 4 个百分点。虽然比前两个模型有比较明显的提升，但我们仍需要从多个方面进行评估之后才能决定随机森林分类器是否更优。

我们通过以下代码得到决策树分类器的混淆矩阵以及准确率与召回率。

1. y_train_pred_forest = cross_val_predict(forest_clf, X_train, y_train, cv=3)
2. confusion_matrix(y_train, y_train_pred_forest)

[out]：

array([[35146, 803],
       [4749, 7395]], dtype=int64)
3. print(precision_score(y_train, y_train_pred_forest),
4.   recall_score(y_train, y_train_pred_forest))
0.9020492803122713   0.6089426877470355

通过与前两个模型的结果对比可以发现，在 Scikit-Learn 自身的阈值下，虽然分类器准确率很高，但召回率还是比较低，我们需要自己设置阈值来得到合适的准确率和召回率的组合。

为了得到合适的准确率和召回率的组合，我们需要画出不同阈值下准确率和召回率的曲线（图 19.5），进而根据两者的曲线来选择合适的阈值。

1. y_probas_forest = cross_val_predict(forest_clf, X_train, y_train, cv=3,

```
2.                           method = 'predict_proba')
3.
4. y_scores_deci_func2 = y_probas_forest[:,1]
5.
6. precisions, recalls, thresholds = precision_recall_curve(y_train, y_scores_deci_func2)
7.
8. def plot_precision_recall_vs_threshold(precisions,recalls,thresholds):
9.     plt.plot(thresholds,
10.             precisions[:-1],
11. "b--",
12.             label = "Precision")
13.
14.    plt.plot(thresholds,
15.             recalls[:-1],
16. "g-",
17.             label = "Recall")
18.    plt.xlabel("Threshold",fontsize = 16)
19.    plt.legend(loc = "upper left",fontsize = 16)
20.    plt.ylim([0,1])
21.
22. plt.figure(figsize = (8, 4))
23. plot_precision_recall_vs_threshold(precisions,recalls,thresholds)
24. plt.savefig("precision_recall_vs_threshold_plot_随机森林.png",dpi = 300)
25. plt.show( )
```

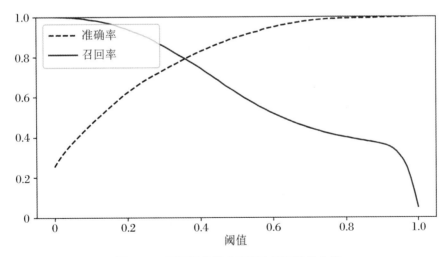

图 19.5　不同阈值下准确率和召回率的曲线

相较于前两个分类器的结果,随机森林分类器在不同阈值下的准确率和召回率的曲线要平滑很多,并且没有变化陡峭的地方。

由于本案例涉及贷款违约的问题,所以我们更加关注召回率的大小,希望在召回率较高的情况下分类器的准确性也能保持较高的数值。由前文可知,在默认阈值下,分类器的召回率只有60%。现在我们设置阈值使得分类器的召回率达到80%,通过上图可知这时分类器的准确率应该在75%~80%范围。

1. y_scores_recall_80 =(y_scores_deci_func2>0.33).astype(np.float64)
2.
3. print(precision_score(y_train, y_scores_recall_80),
4.   recall_score(y_train, y_scores_recall_80))

[out]:

0.7742240428548921 0.8092885375494071

从上面结果可以看出,当召回率达到80.9%时,分类器的准确率能维持在77.4%,这是一个比较合适的组合,召回率达到较好的水平时,准确率也能维持较高的水平。通过以下代码我们来看一下这时的混淆矩阵。

1. conf_mx = confusion_matrix(y_train, y_scores_recall_80)
2. conf_mx

[out]:

array([[33083, 2866],
       [2316, 9828]], dtype-int64)

可以看出,大部分样本都被正确分类了。这时有20%会出现违约的贷款人被错误地分类了,如果发放贷款的公司是高度风险厌恶的,其希望将分类器的召回率提高到90%,那么我们可以进一步降低阈值来提升分类器的召回率。

1. y_scores_recall_90 =(y_scores_deci_func2>0.24).astype(np.float64)
2.
3. print(precision_score(y_train, y_scores_recall_90),
4.   recall_score(y_train, y_scores_recall_90))

0.6853129311426063 0.8998682476943346

1. conf_mx = confusion_matrix(y_train, y_scores_recall_90)
2. conf_mx

[out]:

array([[30931, 5018],
       [1216, 10928]], dtype=int64)

当分类器的召回率达到90%时,其准确率维持在68%。如果一个贷款公司选择这样的分类器来甄别贷款人的资质,则将风险控制在了较低的水平,但是被模型划分为会出现违约的类别中有32%的贷款人其实是能按时还款的,由于公司拒绝给这些人发放贷款,导致公司的收益水平会有所下降。所以这不仅仅是分类器的准确率和召回率之间的权衡,也是收益水平和风险水平之间的权衡。因此对于风险厌恶程度不同的公司,他们选择的分类器也会有所不同。

最后我们通过以下代码获得随机森林分类器的 *ROC* 曲线和 *ROC AUC*（图 19.6），并与前面逻辑回归分类器和决策树分类器得到的结果比较。

```
1. plt.figure(figsize=(8,6))
2.
3. plt.plot(fpr,tpr,"b:",
4.          linewidth=2, label="Log_reg")
5.
6. plt.plot(fpr_tree,tpr_tree,"r:",
7.          linewidth=2, label="tree_reg")
8.
9. plot_roc_curve(fpr_forest, tpr_forest,"Random Forest")
10.
11. plt.legend(loc="lower right", fontsize=13)
12. plt.savefig("roc_curve_comparison_plot 随机森林.png",dpi=300)
13. plt.show()
```

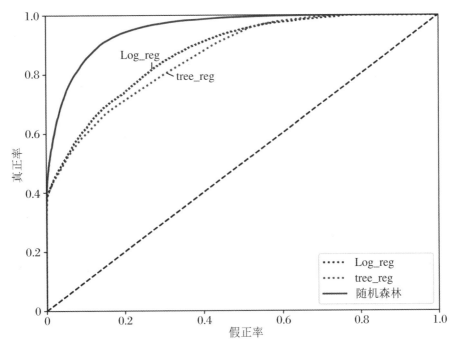

图 19.6　随机森林分类器的 *ROC* 曲线和 *ROC AUC*

```
1. roc_auc_score(y_train, y_scores_forest)
```
out：0.9530811433805123

从 *ROC* 曲线和 *ROC AUC* 来看，随机森林分类器显著优于逻辑回归分类器和决策树分类器，并且其 *ROC AUC* 达到了较高的 0.95。

19.6.3 模型调参

在前面的性能评估和模型选择部分,我们通过建立逻辑回归分类器、决策树分类器和随机森林分类器并对它们的性能进行多方面评估,发现三个分类器中随机森林分类器明显优于其他两个,所以我们决定使用随机森林分类器作为识别贷款人资质的模型。当然我们也可以继续建立其他分类器并对其性能进行评估,以决定是否有更优的模型。由于前文已经说明了寻找合适模型的基本步骤并且随机森林模型的性能已经较好了,所以本案例中最终决定使用随机森林分类器。

模型调参有三种常用方法:① 贪心算法:在对问题求解时,总是做出在当前看来是最好的选择。也就是说,不从整体最优上加以考虑,它所做出的仅仅是在某种意义上的局部最优解。贪心算法没有固定的算法框架,算法设计的关键是贪心策略的选择。必须注意的是,贪心算法不是对所有问题都能得到整体最优解,选择的贪心策略必须具备无后效性,即某个状态以后的过程不会影响以前的状态,只与当前状态有关。但该算法并不能保证求得的最后解是最佳的。② 网格调参:当算法模型效果不是很好时,可以通过该方法来调整参数,通过循环遍历,尝试每一种参数组合,最后返回最好的得分值的参数组合。每个参数都能组合在一起,循环过程就像是在网格中遍历,所以叫网格搜索。需要注意的是原来的数据集分割为训练集和测试集之后,测试集起到的作用有两个,一个是用来调整参数,另一个是用来评价模型的好坏,这样会导致评分值比实际效果要好。因为将测试集送到了模型里面去测试模型的好坏,而我们目的是要将训练模型应用在没使用过的数据上。③ 贝叶斯调参:贝叶斯优化通过基于目标函数的过去评估结果建立替代函数,来找到最小化目标函数的值。贝叶斯方法与随机或网格搜索的不同之处在于,它在尝试下一组超参数时,会参考之前的评估结果。超参数的评估代价很大,因为它要求使用待评估的超参数训练一遍模型,而许多深度学习模型往往几个小时、几天才能完成训练,并评估模型,因此耗费巨大。贝叶斯调参使用不断更新的概率模型,通过推断过去的结果来集中有希望的超参数。

下面我们演示使用网格搜索的方法来寻找最优参数。

1. 网格搜索

当确定模型之后,我们需要针对数据来调整模型的参数,以达到模型的最佳效果。这里主要使用网格搜索方法来调整模型参数,也可以使用随机搜索等调参方法。将参数以字典的形式放入 param_grid 中,然后使用 Scikit-Learn 的 GridSearchCV 可以直接进行网格搜索。

```
1. from sklearn.model_selection import GridSearchCV
2. 
3. param_grid = [
4.     {'n_estimators':[50,100,150], 'max_features':[2,4,6,8]},
5.     {'bootstrap':[False], 'n_estimators':[50,100,150], 'max_features':[2,3,4]}
6. ]
7. 
```

```
8. forest_clf = RandomForestClassifier(random_state=42)
9. grid_search = GridSearchCV(forest_clf, param_grid, cv=5,
10.                            scoring='roc_auc')
11. grid_search.fit(X_train, y_train)
```

在进行网格搜索之后，利用其实例属性 best_params_ 可以得到参数列表中最佳的参数。

```
1. grid_search.best_params_
```

[out]:

{'bootstrap': False, 'max_features': 3, 'n_estimators': 150}

2. 模型评估

获得最佳参数之后，我们使用最佳参数来创建一个实例，然后和之前一样使用交叉验证来初步评估模型性能。

```
1. from sklearn.ensemble import RandomForestClassifier
2.
3. forest_clf = RandomForestClassifier(max_features=3, n_estimators=150, bootstrap=False)
4. cross_val_score(forest_clf, X_train, y_train, cv=3, scoring='accuracy')
```

[out]:

array([0.89314453, 0.88927703, 0.89096126])

相较于未调参之前的模型，调参后模型的交叉验证结果有一定的提升。

正如前面所说的，交叉验证并不是一个很好的评估分类器性能的指标。通过以下代码我们能得到分类器的混淆矩阵以及其召回率与准确率（图19.7）。

```
1. #混淆矩阵
2. y_train_pred_forest_new = cross_val_predict(forest_clf, X_train, y_train, cv=3)
3. confusion_matrix(y_train, y_train_pred_forest_new)
```

[out]:

array([[34954,   995],
       [4246, 7898]], dtype=int64

```
1. print(precision_score(y_train, y_train_pred_forest_new),
2.       recall_score(y_train, y_train_pred_forest_new))
```

[out]:

0.8881142471606882 0.6503623188405797

在默认的阈值下，分类器的召回率比较低。正如前面提到的，本案例更加重视召回率的大小，希望分类器的召回率能比较高，所以我们需要自行设置阈值来获得合适的召回率与准确率的组合。

为了能直观地选择合适的召回率与准确率的组合，我们需要先画出不同阈值下的召回率与准确率(图19.7)。

1. y_probas_forest_new = cross_val_predict(forest_clf, X_train, y_train, cv=3,
2.   method='predict_proba')
3.
4. y_scores_deci_func4 = y_probas_forest_new[:,1]
5.
6. precisions, recalls, thresholds = precision_recall_curve(y_train, y_scores_deci_func4)
7.
8. plt.figure(figsize=(8, 4))
9. plot_precision_recall_vs_threshold(precisions, recalls, thresholds)
10. plt.savefig("precision_recall_vs_threshold_plot_随机森林 new", dpi=300)
11. plt.show()

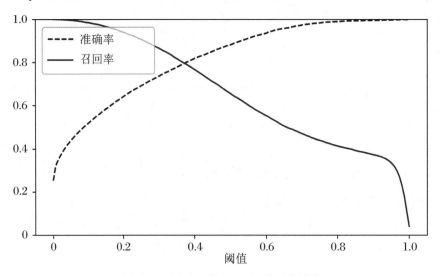

图 19.7　不同阈值下的召回率和准确率

观察上图可知,当我们将阈值设置为 0.31 时,召回率能达到 85%。通过以下代码我们可以得到此时模型混淆矩阵和分类器的准确率。

1. y_scores_recall_85 = (y_scores_deci_func4 > 0.31).astype(np.float64)
2. print(precision_score(y_train, y_scores_recall_85),
3.   recall_score(y_train, y_scores_recall_85))

[out]:

0.7455366745536675　0.8562252964426877

1. conf_mx = confusion_matrix(y_train, y_scores_recall_85)
2. conf_mx

[out]:

array([[32400,　3549],
　　　　[1746, 10398]], dtype=int64)

最后我们通过以下代码获得随机森林分类器的 ROC 曲线和 ROC AUC（图 19.8）。

1. y_probas_forest = cross_val_predict(forest_clf, X_train, y_train, cv=3,
2. 　　　　　　　　　　　　　　　method='predict_proba')
3. y_scores_forest = y_probas_forest[:,1]
4. fpr_forest, tpr_forest, thresholds_forest = roc_curve(y_train, y_scores_forest)
5. plt.figure(figsize=(8,6))
6.
7. plot_roc_curve(fpr_forest,
8. 　　　　　　　tpr_forest,
9. "Random Forest")
10.
11. plt.legend(loc="lower right", fontsize=16)
12. plt.savefig("roc_curve_comparison_plot_随机森林 new.png", dpi=400)
13. plt.show()

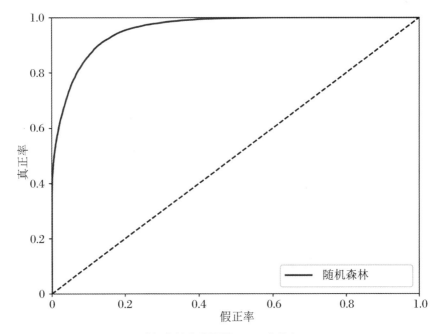

图 19.8　随机森林分类器的 ROC 曲线和 ROC AVC

1. print(roc_auc_score(y_train, y_scores_forest))
0.9583456224637663

从输出结果可以看出，调参后模型的 ROC AUC 提高了 0.5 个百分点。分类器 ROC AUC 达到 0.958，说明分类器效果较好。

3. 测试集验证

通过前面的工作，我们已经在训练集上训练出了一个随机森林分类器，最后一步就是考察前面建立的分类器在测试集上能否得到较好的分类结果。通过以下代码可以得到随机森林分类器在测试集上的混淆矩阵以及召回率与准确率。

```
1. y_probas_forest_test = cross_val_predict(forest_clf, X_test, y_test, cv=3,
2.                                           method='predict_proba')
3.
4. y_scores_test = y_probas_forest_test[:,1]
5.
6. y_probas_test = (y_scores_test > 0.31).astype(np.float64)
7.
8. print(precision_score(y_test, y_probas_test),
9.       recall_score(y_test, y_probas_test))
```

[out]:
  array([[10510, 1521],
    [794, 3207]], dtype=int64)

从上面输出结果来看，随机森林分类器在测试集上的召回率达到80.1%，同时准确率维持在67.8%。基本达到了本案例要求的在较高召回率的同时，将准确率维持在较高的水平。这样既能达到控制贷款风险的目的，又尽可能地获得了更多的收益。

本 章 小 结

1. 从狭义来看，互联网金融是指通过互联网技术在金融服务提供者和用户之间搭建桥梁，建立新型的金融运作模式。而从广义上来看的话，互联网金融不仅包括金融运作模式，还包括提供与之配套的互联网金融机构和互联网监管等外部环境。

2. 互联网金融不断快速发展，从目前来看主要有三个模式，分别为P2P平台网贷、第三方支付和众筹。

3. 风控模型是指通过自身拥有的数据来建立模型，并根据模型对借款人的风险水平进行评估。欺诈行为是信用风险的主要表现形式，也是互联网金融领域风险控制的关键环节之一，所以建立高效的互联网金融反欺诈系统势在必行。机器学习技术的引入，可以使模型自动学习和预测风险，从而大幅降低人力成本并提升金融风控及业务处理能力，提高整个金融体系的安全度和稳定性。

4. 互联网的快速发展推动了社会经济的进步，也更加依赖和离不开金融业的支撑。金融业作为我国经济的重要支柱产业之一，融入互联网已经是大势所趋。当社会逐步进入互联网时代，构建新型的互联网金融模式已经成了新时代的诉求。因此我们需要在传统金融的基础上，结合机器学习技术的应用，构建全新的互联网金融发展模式和方案。

关键词：互联网金融 风险评估 反欺诈模型 系统性风险

思 考 题

1. 目前互联网金融大体发展模式有哪几种？
2. 机器学习算法可以在互联网金融行业的哪几个方面得到大量应用？
3. 什么是分类问题准确率和召回率之间的折中？针对不同的问题，我们应该多关注准确率还是召回率?

4. 评估分类器性能的方法有哪些?

参 考 文 献

[1] 贾楠.中国互联网金融对银行业风险影响及其系统性风险度量研究[J].经济问题探索,2018(4):145-157.

[2] 林春雨,李崇纲,许方圆,等.基于大数据技术的P2P网贷平台风险预警模型[J].大数据,2015(4):18-28.

[3] 顾慧莹,姚铮.P2P网络借贷平台中借款人违约风险影响因素研究:以WDW为例[J].上海经济研究,2015(11):37-46.

[4] 沈娟,占华丽.我国互联网金融发展的文献综述[J].经营与管理,2015(10):107-110.

[5] 李航.统计学习方法[M].2版.北京:清华大学出版社,2019.

[6] 周志华.机器学习[M].北京:清华大学出版社,2016.

[7] 万托布拉斯.Python数据科学手册[M].陶俊杰,陈小莉,译.北京:人民邮电出版社,2018.

[8] Yanhong Guo,Wenjun Zhou,Chunyu Luo,Chuanren Liu,Hui Xiong. Instance-based credit risk assessment for investment decisions in P2P lending[J]. European Journal of Operational Research,2016(2):417-426.

第 20 章 机器学习在量化投资中的应用

教学目标

1. 了解量化投资的基本概念；
2. 了解机器学习在量化投资中的应用；
3. 掌握机器学习在量化择时与量化选股中的运用原理；
4. 深入理解关于机器学习在量化择时与量化选股中的案例。

近十年来，量化投资成为资本市场关注的热点，发展势头迅猛。量化投资、基本面分析和技术面分析并称为投资的三大主流方法。由于量化投资交易策略的业绩稳定，市场规模和份额不断扩大，国际上得到越来越多投资者的追捧。随着量化投资的兴起和发展，机器学习在量化投资中的应用广度和深度也不断变大。

本章 20.1 节介绍量化投资的概念、发展和现状，20.2 节详细阐述机器学习在量化择时方面的应用，20.3 节讲述机器学习在量化选股方面的应用。

20.1 机器学习与量化投资

量化投资是运用数学模型和计算机技术，通过分析历史数据从中发掘金融市场和金融资产价格的运行规律，并最终获取超额投资收益的一种投资策略。量化投资的主要内容包括：量化选股、量化择时、股指期货套利、商品期货套利、统计套利、期权套利、算法交易、ETF/LOF 套利、高频交易等。

量化投资没有投资的底层逻辑，也没有需要遵循的原理公理，既可以结合基本面的分析因子，也可以结合技术面的分析因子，不断地通过数据建模试错，从而得到表现比较好的投资交易模型。同时量化投资可以满足不同证券品类、时间频率等各式各样的交易需求，涉及的投资范围较为广泛。此外，量化投资按程序化流程严格执行，克服了人性的弱点，避免了投资者主观交易时因容易受外界干扰、情绪不稳定从而做出错误的买卖操作的现象。另一方面，交易模型是通过大量的历史数据分析得出的，经过了市场的测试与考验，获胜的概率较大。

基于以上优点，量化投资的市场规模和份额不断扩大，得到了越来越多的投资者认可。2018 年，全球资产管理规模排名前六的五家资管机构，都是依靠计算机技术进行投资决策的,比如桥水基金、AQR等,并且2019年,进一步扩大了采用量化和程序化交易方式的资金规模。相较而言,国内的资本市场形成时间比较晚,量化投资出现和实践时间都很短,量化投资的资金规模比重远远小于传统方式,公募证券领域量化投资规模占比不到1%,同时存在产品种类单一、表现不稳定等问题。但随着我国金融改革的不断推进,资本市场越来越完善,投资领域逐渐发展壮大,国内量化投资的规模和占比也随之提升,增长空间巨大。

机器学习作为人工智能的核心,在AlphaGo打败世界围棋高手李世石事件之后进入了人们的视野,其本质就是计算机模拟人的学习行为,获得新的知识或技能,并根据现有数据不断重组知识结构以改善自身性能的过程。在大数据的浪潮之下,机器学习扮演着越来越重要的角色,已经被应用在各个领域和场景当中,如智能营销、网络安全、自然语言处理等,尤其是金融领域。机器学习的主要实现方法有支持向量机、决策树、随机森林、神经网络等,其中一些在前文中都有具体描述。机器学习在量化投资中的应用很多,这里我们重点介绍机器学习在量化择时和量化选股中的应用。

20.2 机器学习在量化择时中的应用

20.2.1 量化择时介绍

量化投资包括资产配置、资产交易和风险控制等主要部分,量化择时是资产交易的一种。量化择时不考虑股票选择,也不考虑投资组合,更侧重于利用量化手段预测市场未来的走势,确定股票或资产组合在后期的买卖时点。具体而言,量化择时结合各种宏微观指标,如技术面因子、宏观经济因子等,挖掘能够预测价格变动趋势的关键指标,运用合适的机器学习算法建立准确度较高的模型,最后通过历史数据预测证券未来的价格变化情况。如果预测未来资产上涨,则进行买入操作,若预测未来资产下跌,则进行卖出操作。

量化择时模型有两个重要的衡量指标:模型发出信号的频率和模型发出信号的准确率,两个指标共同决定了模型的效果。模型发出的频率是指模型在一段时间内发出买卖交易信号的次数。一般而言,频率越高,对每次交易的盈利要求越高,因为信号发出后交易都伴随着交易佣金、印花税等费用的增加。准确率是指一段时间内模型给出交易信号的正确概率。准确率是量化模型评判的首要标准。只要模型的准确率足够高,频率与交易类型适配,盈利不是太差,那么这个模型就是个好模型。

20.2.2 量化择时分类

量化择时策略类型很多,有趋势指标择时、分类算法择时、市场情绪择时、牛熊线择时和Hurst指数择时等。

趋势指标择时的核心思想来源于技术分析,认为市场的趋势具有延续性,只需要挖掘价格历史信息,判断市场趋势,跟随大盘操作。技术分析主要分为两种:形态分析法和技术指标分析法。形态分析法主要是根据证券最近一段时间价格走势构成的图形来预判市场的涨跌,加入的主观因素过多,并且人脑的运算能力远比不上计算机。基于上述特征,其难以在量化投资中被大规模运用。技术指标分析法主要是对证券最近一段时间的价格序列或交易量序列进行四则运算得到新的时间序列,从而形成对市场的判断。相较形态分析法而言,指标分析法构建相对客观,可进行程序化交易。常用的趋势指标有 MA、MACD、DMA 等,这些指标在长期实践过程中得到了有效的验证,深受投资者们的青睐。每个指标都有自己的参数,不同的参数会产生不同的效果,目前投资领域通常的做法是将每个指标单拎出来,选出效果最优的参数,再将这些参数指标组合起来构成一个多指标择时模型。

一般情况下,股市上涨时投资者情绪高涨,一窝蜂地买入股票造成相关标的的上涨;股市低迷时投资者恐慌情绪爆发,不断地卖出股票导致相关标的价格下降。因此市场情绪与证券价格及其变动趋势密切相关,一些学者甚至认为投资者的心理情绪会创造 90% 的市场行情。由此产生了市场情绪择时法,我们通过对市场情绪的精准把控,从而确定买卖时点。一些市场情绪的量化指标有投资者信心指数、中签率、换手率、基金折溢价率等,都可以从侧面衡量市场情绪化的程度。

牛熊线择时的主要思想是将市场分为牛线走势和熊线走势,其认为市场在大部分情况下遵循几何布朗运动,在这之外也存在其他的规律,所以要识别真实的趋势方向,使用牛熊线过滤掉其他的随机噪音,从而获得超额收益。根据期望值设置牛市和熊市的临界值,将点连成线则分别构成了牛线和熊线,若击穿牛线,表示一波大的上涨行情即将开始,是买入信号;反之击穿熊线,则表示一波大的下跌趋势可能来临,是卖出信号。牛熊线择时最大的特点是可以帮助我们避免错失大的赚钱效应和回避大的系统性风险。

Hurst 指数择时基于分形理论,认为市场上存在着大量不同投资期限的投资者,而这些投资者对相同的信息会做出不同的反应,这导致资产价格具有趋势增强性,而不是随机游走运动。当前证券价格与短期历史价格是相关的,而不是独立的。Hurst 指数是用来衡量当前偏离随机游走的程度,若低于 0.5,则可认为证券价格目前不具有趋势性,很有可能即将反转。

分类算法择时是运用机器分析中的各种分类算法对市场的信息进行分析,以判断市场的走势,决定交易策略。由于影响市场的因素众多,影响单个证券的因素更是数不胜数,并且很多因素都是突发的,毫无规律可言,各因素之间基本都是非线性的,因此传统的数学模型很难对市场做出完整透彻的描述与判断。而机器学习中的分类算法是一种能很好解决此问题的新型方式,通过监督学习或者无监督学习的方法,将多个复杂无序的因素进行整理学习,从而找到数据划分的规律。对新的行情进行判断时,只需将新的行情指标输入,便可以根据已经训练好的模型进行划分,从而获得当下的交易策略。常用的分类算法有二叉树模型和支持向量机模型等,本案例采用的模型即是支持向量机(SVM)。

20.2.3 支持向量机分类择时

金融领域研究的数据大部分都是时间序列类型,而时间序列的三个自身特性,明显的高噪音、非平稳性和潜在的周期性,使得传统的研究方法逐渐失效,目前分析和预测金融时间序列的方法一般有移动平均法、指数平滑法、ARCH 类模型预测法和神经网络方法等。神经网络是机器学习的重要分支,核方法是该分支上的热点,支持向量机又是核方法的主要代表。

SVM 是一种基于统计学习理论的模式识别方法,现在已经在生物信息学、文本和手写识别等应用领域取得了成功。SVM 能非常成功地处理分类、判别分析等问题,并可推广到预测与综合评价领域。它的核心思想可以概括为:寻找一个最优分类超平面,使得训练样本中的两类样本点尽量被无错误地分开,并且要使两类的分类间隔最大。

支持向量机主要用来解决分类问题(模式识别和判别分析)和回归问题。而量化择时的本质就是预测市场未来的涨跌情况或者价格的具体数值。支持向量机由于其独特的机制,对非线性预测有非常好的效果。因此,利用支持向量机对市场建立分类或回归的择时模型,可以有效避免传统方法的精度和扩展性等问题,目前已在投资领域被广泛应用。

利用支持向量机方法对市场预测主要包括训练数据准备、训练参数输入、学习样本输入、模型学习训练、评估训练结果和模型参数优化等一系列循环过程。本案例采用支持向量机的分类方法建立模型。

20.2.4 案例:基于 SVM 的沪深 300 指数的涨跌预测模型

1. 案例介绍

股票价格变动的时间、方向以及幅度等是构建投资策略的基础,分析预测涨跌已成为证券投资分析的关键内容。然而大多数股价变动呈现非线性、非平稳性等特点,回归分析、时间序列分析等常用的方法并不能很好地发挥作用。以 SVM 为代表的机器学习方法是一个突破,通过挖掘特征向量和标签之间的内在联系,建立二类分类模型,从而对股价涨跌进行预测,主要包括技术指标构建、数据预处理、指标特征筛选、机器学习建模和模型性能评估四个部分。

以金融地产、信息通信、能源消费等多个行业内 300 只蓝筹股为标的的沪深 300 指数的非系统性风险更加分散,价格变动的可预测性更强,因此本案例将 2012 年 5 月 2 日至 2020 年 4 月 30 日的 1949 个日交易数据作为原始数据,包括开盘价、收盘价、最高价、最低价和交易量等属性。

目前判断股价涨跌的主流方法有基本面分析和技术分析面。基本面分析以股票的内在价值作为判断依据,分析的维度有宏观经济表现、行业发展情况、公司经营状态等,专业性极强,难度较大。而技术面分析则是根据股票的历史市场行为构建行之有效的图表或技术指标得到股价的变动趋势进而进行预测,主要包括趋势指标、量价指标、波动指标等几大类,本案例涉及的技术指标如表 20.1 所示。

表 20.1 案例所用技术指标明示

指标名称	指标解释
atr	真实波动幅度均值,周期为 14 日
adx	平均趋向指数,周期为 14 日
mfi	资金流量指标,周期为 14 日
sar	停损点转向
ema	指数平均值,周期为 30 日

续表

指标名称	指标解释
ma	移动平均线，周期为 30 日
mom	动量线，周期为 10 日
willr	威廉指标，周期为 14 日
obv	能量潮指标
kama	考夫曼的自适应移动平均线，周期为 30 日
cci	顺势指标，周期为 14 日
macd	平滑异同移动平均线，周期为 12 日
macdsignal	平滑异同移动平均线，周期为 26 日
macdhist	平滑异同移动平均线，周期为 9 日

2. 构建技术指标

所有技术指标都是通过 Python 的金融量化技术分析库 Ta-lib 利用沪深 300 指数的历史市场数据计算而得的。因此我们先导入原始数据，观察并进行基本处理以便后续高效计算。将交易数据按时间升序排列，且将整型数据更改为浮点型数据。

1. import numpy as np
2. import pandas as pd
3. data_CSI300 = pd.read_csv("data_CSI300.csv")
4. data_CSI300["date"] = pd.to_datetime(data_CSI300["date"])
5. data_CSI300.sort_values("date"，inplace = True)
6. data_CSI300.reset_index(drop = True，inplace = True)
7. data_CSI300["volumn"] = data_CSI300["volumn"].astype("float64")
8. data_CSI300

[out]：

	date	close	open	high	low	volumn
0	2012-05-02	2683.4870	2697.9490	2643.5270	2660.6730	8.014865e+09
1	2012-05-03	2691.5180	2693.8800	2675.8110	2679.5170	5.936109e+09
2	2012-05-04	2715.8790	2716.0330	2677.1400	2689.6240	6.321809e+09
3	2012-05-07	2717.7780	2717.7780	2694.3210	2699.4470	6.854731e+09
4	2012-05-08	2709.1160	2717.8250	2683.5620	2717.4080	6.311084e+09
...	...	...	...	...	...	...
1944	2020-04-24	3796.9721	3827.2120	3787.0714	3826.3116	9.484414e+09
1945	2020-04-27	3822.7690	3842.8706	3793.7655	3808.0171	9.546274e+09
1946	2020-04-28	3849.1465	3859.6754	3768.2000	3835.3480	1.220935e+10
1947	2020-04-29	3867.0320	3880.7444	3833.7164	3837.5135	9.585459e+09
1948	2020-04-30	3912.5772	3921.7004	3880.4094	3880.4094	1.329171e+10

1949 rows × 6 columns

技术分析库 TA-Lib 是一种被广泛用在程序化交易中进行金融市场数据技术分析的函数库，涵盖了 150 多种股票、期货交易软件中常用的技术分析指标，用于开发技术分析策略。

通过调用可计算出我们所需的技术指标,并将其整合成 dataframe 的数据结构,以便存储和计算。从结果可看出,共包含 1949 个交易日的交易数据,每个交易日有 14 个特征指标来体现。同时可看到由于计算方式和性质含义等差别,各技术指标量级差别较大,可能会造成信息淹没,为提高模型准确率和方便数据分析,我们需要进行去量纲化,以保证每个特征向量对标签的影响是相同的。

1. importtalib as ta
2. atr = ta.ATR(np.array(data_CSI300["high"]),np.array(data_CSI300["low"]),np.array(data_CSI300["close"]),timeperiod=14)
3. adx = ta.ADX(np.array(data_CSI300["high"]),np.array(data_CSI300["low"]),np.array(data_CSI300["close"]),timeperiod=14)
4. mfi = ta.MFI(np.array(data_CSI300["high"]),np.array(data_CSI300["low"]),np.array(data_CSI300["close"]),np.array(data_CSI300["volumn"]),timeperiod=14)
5. sar = ta.SAR(np.array(data_CSI300["high"]),np.array(data_CSI300["low"]),acceleration=0.02,maximum=0.2)
6. ema = ta.EMA(np.array(data_CSI300["close"]),timeperiod=30)
7. ma = ta.MA(np.array(data_CSI300["close"]),timeperiod=30)
8. mom = ta.MOM(np.array(data_CSI300["close"]),timeperiod=10)
9. willr = ta.WILLR(np.array(data_CSI300["high"]),np.array(data_CSI300["low"]),np.array(data_CSI300["close"]),timeperiod=14)
10. obv = ta.OBV(np.array(data_CSI300["close"]),np.array(data_CSI300["volumn"]))
11. kama = ta.KAMA(np.array(data_CSI300["close"]),timeperiod=30)
12. cci = ta.CCI(np.array(data_CSI300["high"]),np.array(data_CSI300["low"]),np.array(data_CSI300["close"]),timeperiod=14)
13. macd,macdsignal,macdhist = ta.MACD(np.array(data_CSI300["close"]),fastperiod=12,slowperiod=26,signalperiod=9)
14. data_techindex = pd.DataFrame({"atr":atr,"adx":adx,"mfi":mfi,"sar":sar,"ema":ema,"ma":ma,"mom":mom,"willr":willr,"obv":obv,"kama":kama,"cci":cci,"macd":macd,"macdsignal":macdsignal,"macdhist":macdhist})

[out]:

	atr	adx	mfi	sar	ema	ma	mom	willr
0	NaN	NaN	NaN	NaN	NaN	NaN	NaN	NaN
1	NaN	NaN	NaN	2660.673000	NaN	NaN	NaN	NaN
2	NaN	NaN	NaN	2660.975760	NaN	NaN	NaN	NaN
3	NaN	NaN	NaN	2661.622330	NaN	NaN	NaN	NaN
4	NaN	NaN	NaN	2663.584250	NaN	NaN	NaN	NaN
...	...	...	...	...	...	...	...	...
1944	42.890277	10.832372	54.171417	3727.570217	3810.647341	3742.223180	27.7939	-43.310743
1945	40.615614	10.645274	52.666424	3740.048151	3811.429383	3739.805053	69.5124	-11.001494
1946	41.612285	10.471541	60.815625	3751.028733	3813.862746	3743.848610	23.4474	22.034926
1947	39.742129	10.080013	60.725889	3760.691645	3817.293020	3749.093603	69.6697	40.625263
1948	37.858934	10.297548	68.626791	3770.915111	3823.440386	3758.304293	110.1966	24.994386

1949 rows × 14 columns

3. 数据预处理

(1) 数据归一化。常用的去量纲化方法有两种：Min-Max 标准化和 z-score 标准化。

① Min-Max 标准化也称离差标准化，核心思路是将原始数值经过线性变换，缩放至 [0,1] 或 [-1,1] 区间，具体公式如下：

$$x^* = \frac{x - x_{\min}}{x_{\max} - x_{\min}} \tag{20.1}$$

$$x^* = \frac{x - \bar{x}}{x_{\max} - x_{\min}} \tag{20.2}$$

Python 数据库 Scikit-Learn 提供了 MinMaxScaler 函数可实现上述方法。

② z-score 标准化的核心思想是将原始数值映射到正态分布，因此需要求出数据集的平均值和标准差具体公式为

$$x^* = \frac{x - \mu}{\sigma} \tag{20.3}$$

Scikit-Learn 中也有 StandardScaler 函数可实现均值方差标准化。

相较而言，z-score 标准化对原始数据的分布要求较高，需尽可能地接近正态分布，否则归一化后的分析效果不及预期。因此本案例采用前者。

1. from sklearn import preprocessing
2. min_max_scaler = preprocessing.MinMaxScaler( )
3. data_techindex = min_max_scaler.fit_transform(data_techindex.values)
4. data_techindex = pd.DataFrame(data_techindex, columns = ["atr", "adx", "mfi", "sar", "ema", "ma", "mom", "willr", "obv", "kama", "cci", "macd", "macdsignal", "macdhist"])
5. data_techindex

[out]：

	atr	adx	mfi	sar	ema	ma	mom	willr	obv	kama
0	NaN	NaN	NaN	NaN	NaN	NaN	NaN	NaN	0.014638	NaN
1	NaN	NaN	NaN	0.181318	NaN	NaN	NaN	NaN	0.016905	NaN
2	NaN	NaN	NaN	0.181413	NaN	NaN	NaN	NaN	0.019321	NaN
3	NaN	NaN	NaN	0.181615	NaN	NaN	NaN	NaN	0.021939	NaN
4	NaN	NaN	NaN	0.182227	NaN	NaN	NaN	NaN	0.019528	NaN
...	...	...	...	...	...	...	...	...	...	...
1944	0.172507	0.044696	0.503852	0.514389	0.581444	0.558327	0.683734	0.357560	0.957453	0.615780
1945	0.160922	0.040282	0.487558	0.518285	0.581718	0.557480	0.706647	0.414079	0.961100	0.615541
1946	0.165998	0.036184	0.575783	0.521713	0.582571	0.558896	0.681347	0.471870	0.965764	0.615295
1947	0.156473	0.026947	0.574811	0.524729	0.583774	0.560732	0.706734	0.504390	0.969426	0.615112
1948	0.146881	0.032079	0.660348	0.527921	0.585929	0.563956	0.728992	0.477047	0.974504	0.615454

1949 rows × 14 columns

(2) 缺失值处理。造成数值缺失的原因有很多，如信息无法获取或暂时空缺，人为主观失误或有意隐瞒等，空值的存在导致大量有用的信息丢失，模型的确定性成分显著降低，甚

至可能使得学习过程陷入混乱等。常用的处理缺失值的方式有删除元组、数据补齐和不处理三大类。本例中技术指标的计算过程不可避免地导致了最开始一段时间内的数据无法获取,直接采用删除缺失值的方式。此时,我们将后面需要用到的时间和收盘价这两个数据添加进来,删除缺失值所在的元组,实现一一对应。

1. data_techindex.insert(0,"close", data_CSI300["close"])
2. data_techindex.insert(0,"date", data_CSI300["date"])
3. data_techindex.dropna(axis = 0, how = "any", inplace = True)
4. data_techindex.reset_index(drop = True, inplace = True)
5. data_techindex

[out]:

	date	close	atr	adx	mfi	sar	ema	ma	mom	willr
0	2012-06-18	2581.2120	0.057783	0.435589	0.465179	0.160089	0.159059	0.158023	0.680654	0.342837
1	2012-06-19	2558.6210	0.059508	0.405448	0.383074	0.158514	0.157992	0.156267	0.668347	0.312581
2	2012-06-20	2552.6110	0.055317	0.386181	0.396089	0.157064	0.156858	0.155043	0.665838	0.301359
3	2012-06-21	2512.1850	0.066344	0.378256	0.314590	0.155731	0.154882	0.153351	0.651992	0.188184
4	2012-06-25	2456.5180	0.079125	0.393792	0.325154	0.154505	0.151775	0.151246	0.631224	0.149658
...	...	...	...	...	...	...	...	...	...	...
1911	2020-04-24	3796.9721	0.172507	0.044696	0.503852	0.514389	0.581444	0.558327	0.683734	0.357560
1912	2020-04-27	3822.7690	0.160922	0.040282	0.487558	0.518285	0.581718	0.557480	0.706647	0.414079
1913	2020-04-28	3849.1465	0.165998	0.036184	0.575783	0.521713	0.582571	0.558896	0.681347	0.471870
1914	2020-04-29	3867.0320	0.156473	0.026947	0.574811	0.524729	0.583774	0.560732	0.706734	0.504390
1915	2020-04-30	3912.5772	0.146881	0.032079	0.660348	0.527921	0.585929	0.563956	0.728992	0.477047

1916 rows × 16 columns

(3) 异常值处理。异常值,又称离群点,即在数据集中存在的不合理的值。通常分为数据录入或处理错误等人为原因造成的异常值和自然异常值两大类,这些异常值如果没有得到适当的处理,可能会导致整个模型或分析结果的错误。我们可通过箱型图和正态分布 3σ 原则等来识别和判断异常值。特征向量分布如图20.1所示。

1. #设置绘图风格
2. import matplotlib.pyplot as plt
3. %matplotlib inline
4. import seaborn as sns
5. sns.set_style("ticks")
6. plt.rcParams["font.sans-serif"] = ["SimHei"]
7. plt.rcParams["axes.unicode_minus"] = False #负号正常显示
8. #绘制箱型图
9. plt.figure(figsize = (13,5))

10. data1 = np.array(["atr", "adx", "mfi", "sar", "ema", "ma", "mom", "willr", "obv", "kama", "cci", "macd", "macdsignal", "macdhist"])
11. data2 = data_techindex[["atr", "adx", "mfi", "sar", "ema", "ma", "mom", "willr", "obv", "kama", "cci", "macd", "macdsignal", "macdhist"]]
12. sns.boxplot(data = data2，width = 0.5，palette = "Blues")

[out]：

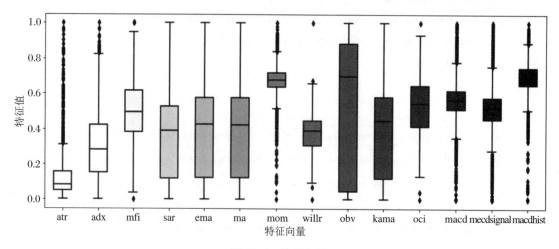

图 20.1　特征向量

观察 14 个特征值数据的箱型图分布以及极值点分布（图 20.1），发现 atr、mom、macd、macdsignal、macdhist 等技术指标存在较多极端异常值。常见的处理异常值的方式和处理缺失值大致相同，需要具体问题具体对待。本例中采取除去特别明显的异常值的处理方式即除去明显的极端异常值样本 128 个，此时剩余 1788 个样本数据，这样在减小极端值对结果影响的同时也不会丢失掉太多信息。

1. dorp_list1 = data2.loc[(data2["atr"]>0.9)|(data2["mom"]>0.9)|(data2["macd"]>0.9)|(data2["macdsignal"]>0.9)|(data2["macdhist"]>0.9)].index.tolist()
2. dorp_list2 = data2.loc[(data2["mom"]<0.2)|(data2["macd"]<0.2)|(data2["macdsignal"]<0.2)|(data2["macdhist"]<0.2)].index.tolist()
3. data_techindex.drop(axis = 0，index = dorp_list1，inplace = True，errors = "ignore")
4. data_techindex.drop(axis = 0，index = dorp_list2，inplace = True，errors = "ignore")
5. data_techindex.reset_index(drop = True，inplace = True)
6. data_techindex

[out]：

	date	close	atr	adx	mfi	sar	ema	ma	mom	willr	
0	2012-06-18	2581.2120	0.057783	0.435589	0.465179	0.160089	0.159059	0.158023	0.680654	0.342837	
1	2012-06-19	2558.6210	0.059508	0.405448	0.383074	0.158514	0.157992	0.156267	0.668347	0.312581	
2	2012-06-20	2552.6110	0.055317	0.386181	0.396089	0.157064	0.156858	0.155043	0.665838	0.301359	
3	2012-06-21	2512.1850	0.066344	0.378256	0.314590	0.155731	0.154882	0.153351	0.651992	0.188184	
4	2012-06-25	2456.5180	0.079125	0.393792	0.325154	0.154505	0.151775	0.151246	0.631224	0.149658	
...											
1783	2020-04-24	3796.9721	0.172507	0.044696	0.503852	0.514389	0.581444	0.558327	0.683734	0.357560	
1784	2020-04-27	3822.7690	0.160922	0.040282	0.487558	0.518285	0.581718	0.557480	0.706647	0.414079	
1785	2020-04-28	3849.1465	0.165998	0.036184	0.575783	0.521713	0.582571	0.558896	0.681347	0.471870	
1786	2020-04-29	3867.0320	0.156473	0.026947	0.574811	0.524729	0.583774	0.560732	0.706734	0.504390	
1787	2020-04-30	3912.5772	0.146881	0.032079	0.660348	0.527921	0.585929	0.563956	0.728992	0.477047	

1788 rows × 16 columns

4．特征选择

特征选择是机器学习非常重要的一环。之所以要考虑特征选择，是因为机器学习经常面临过拟合的问题。当模型参数太贴合训练集数据时，模型在训练集上的效果很好而在测试集上的表现不好，也就是具有高方差，简言之模型的泛化能力差。过拟合的原因是模型对于训练集数据来说太复杂，要解决过拟合问题，一般考虑如下方法：收集更多数据；通过正则化引入对复杂度的惩罚；选择更少参数的简单模型；对数据降维。本案例选择第四种方法：采用 Scikit-Learn 数据库中的 Extratreesclassifier 模型通过特征选择来降维。

具体来说，我们将数据样本分为训练集和测试集，选择搜索合适的 Extratreesclassifier 模型参数 max_features 和 n_estimators，采用该模型对训练集进行训练以建立模型，并根据特征重要性 feature_importances_ 这一结果项进行特征的选择和筛除。

首先，需要明确输入向量和输出变量。我们以 14 个技术指标作为输入向量，也就是特征向量，股价涨跌作为输出变量即标签，并将股价涨跌处理为离散型变量，股价上涨记为 1，股价下跌记为 0，以此建立二类分类模型。

1. data_techindex["diff"] = data_techindex["close"] − data_techindex["close"].shift(1)
2. data_techindex["diff"].fillna(0, inplace = True)
3. data_techindex.insert(1,"up", data_techindex["diff"])
4. data_techindex["up"][data_techindex["diff"]>0] = 1
5. data_techindex["up"][data_techindex["diff"]<=0] = 0
6. data_techindex

［out］：

	date	up	close	atr	adx	mfi	sar	ema	ma	mom	willr
0	2012-06-18	0.0	2581.2120	0.057783	0.435589	0.465179	0.160089	0.159059	0.158023	0.680654	0.342837
1	2012-06-19	0.0	2558.6210	0.059508	0.405448	0.383074	0.158514	0.157992	0.156267	0.668347	0.312581
2	2012-06-20	0.0	2552.6110	0.055317	0.386181	0.396089	0.157064	0.156858	0.155043	0.665838	0.301359
3	2012-06-21	0.0	2512.1850	0.066344	0.378256	0.314590	0.155731	0.154882	0.153351	0.651992	0.188184
4	2012-06-25	0.0	2456.5180	0.079125	0.393792	0.325154	0.154505	0.151775	0.151246	0.631224	0.149658
...	...	...	...	...	...	...	...	...	...	...	...
1783	2020-04-24	0.0	3796.9721	0.172507	0.044696	0.503852	0.514389	0.581444	0.558327	0.683734	0.357560
1784	2020-04-27	1.0	3822.7690	0.160922	0.040282	0.487558	0.518285	0.581718	0.557480	0.706647	0.414079
1785	2020-04-28	1.0	3849.1465	0.165998	0.036184	0.575783	0.521713	0.582571	0.558896	0.681347	0.471870
1786	2020-04-29	1.0	3867.0320	0.156473	0.026947	0.574811	0.524729	0.583774	0.560732	0.706734	0.504390
1787	2020-04-30	1.0	3912.5772	0.146881	0.032079	0.660348	0.527921	0.585929	0.563956	0.728992	0.477047

1788 rows × 18 columns

为了防止模型的过拟合现象，提高模型的泛化能力。我们可将原始数据集分为训练集和测试集，这里取 30% 作为测试集，70% 作为训练集。在训练集上训练出的模型保持较小方差的同时，在测试集上预测仍能保持较小的偏差，这样的模型才能称为最优模型。Scikit-Learn 数据库中 model_selection 模块提供了分割训练集和测试集的函数 train_test_split。

现实情况下，一个数据集中往往有成百上千个特征，如何在其中选出对结果影响最大的那几个特征，以此来缩减建立模型时的特征数是我们比较关心的问题。这样的方法其实很多，比如主成分分析，lasso 等。这里我们学习的是用随机森林来进行特征筛选。

Scikit-Learn 数据库中 ensemble 模块包含了两种基于随机决策树的平均算法：RandomForest 算法和 ExtraTrees 算法。随机决策树可简单理解为决策树的集成，在决策树的基础上引入了随机特征选择。ExtraTrees 是 RandomForest 的变形，两者区别不是很大。

Extratreesclassifier 模型中有两个重要的参数 n_estimators 和 max_features，需要我们首先进行调整和选择。n_estimators 表示决策树的个数，理论上越大越好，但是会增加计算开销和时长。由于本案例数据量不是很大，我们选择 3,5,7,9,11 作为备选参数值。max_features 是指每个决策树节点进行划分时可划分的最大特征数，最大特征数越少，方差减小得越快，同时偏差增大也越快，即可能发生过拟合现象。这里我们选用 4,6,8,10,12 作为备选参数值。

确定模型及其备选参数值后，需要对两个参数的备选值作笛卡尔积并进行模型训练，以选出最优参数，达到最优的模型效果。Scikit-Learn 数据库中 model_selection 模块提供了 GridSearchCV 可实现我们想要的结果。GridSearchCV 是网格搜索 GridSearch 和交叉验证 CV 的结合，主要思想是在指定的参数范围内，按步长依次调整参数，利用调整的参数训练学习器，从所有的参数中找到在测试集上精度最高的参数，其本质是一个训练和比较的过程。

1. from sklearn.ensemble import ExtraTreesClassifier
2. from sklearn.model_selection import GridSearchCV
3. from sklearn.model_selection import train_test_split
4. #明确输入向量和输出变量
5. data_techindex_target = data_techindex["up"]
6. data_techindex_data = data_techindex[["atr", "adx", "mfi", "sar", "ema", "ma", "mom", "willr", "obv", "kama", "cci", "macd", "macdsignal", "macdhist"]]
7. #划分训练集和测试集
8. X_train, X_test, y_train, y_test = train_test_split(data_techindex_data, data_techindex_target, test_size=0.3)
9. #确定网格搜索的参数及备选数值
10. param_grid = {"n_estimators":[3,5,7,9,11], "max_features":[4,6,8,10,12]}
11. #确定最优参数及最优 ExtraTreesClassifier 模型
12. ExtraTreesClassifier_best = GridSearchCV(estimator = ExtraTreesClassifier(), param_grid = param_grid, cv = 5, n_jobs = -1)
13. ExtraTreesClassifier_best.fit(X_train, y_train)
14. ExtraTreesClassifier_best.cv_results_
15. ExtraTreesClassifier_best.best_params_

[out]:

{'max_features':12,'n_estimators':7}

我们选定 Extratreesclassifier 模型,输入备选两个参数的备选范围,采用 5 折交叉验证,进行网格搜索。从网格搜索结果的一个属性值 best_params_可看出,最优的参数 n_estimators 和 max_features 分别为 7 和 12。特征重要性如图 20.2 所示。

1. #训练模型并得到特征重要性
2. clf = ExtraTreesClassifier(max_features = 12, n_estimators = 7)
3. clf.fit(data_techindex_data, data_techindex_target)
4. clf.feature_importances_
5. #将特征重要性排序并画柱状图
6. plt.figure(figsize = (10,4))
7. feature_important = pd.Series(clf.feature_importances_, index = ["atr", "adx", "mfi", "sar", "ema", "ma", "mom", "willr", "obv", "kama", "cci", "macd", "macdsignal", "macdhist"]).sort_values(ascending = False)
8. plt.bar(feature_important.index, feature_important, width = 0.5)
9. plt.show()

[out]:
array([0.04163207, 0.05338185, 0.07033491, 0.02895216, 0.02555762,
       0.02508906, 0.07371514, 0.3364609, 0.03456802, 0.02266314,
       0.14043621, 0.04605646, 0.03683846, 0.06431401])

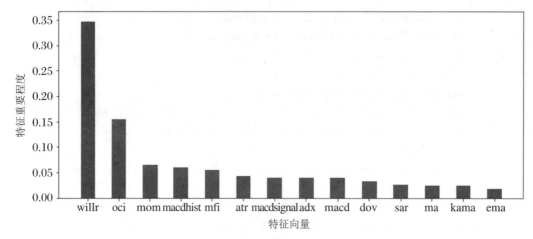

图 20.2 特征重要性

特征对目标变量预测的相对重要性,可以通过决策树中使用特征作为决策节点的相对顺序来评估。一个决策树,节点越高的分支,相应的特征对最终预测结果的贡献越大。因此,我们可以通过每个特征对最终预测做出贡献的样本比例,来评估该特征的重要性。Extratreesclassifier 模型的属性值 feature_importances_ 给出了 14 个技术指标的相对重要性,从图中可以直观地看出,前 5 个特征 mfi、mom、willr、cci、macdhist 比较重要,其余指标的值基本在 0.05 下,可以考虑舍弃。

接下来,我们通过 Scikit-Learn 数据库中特征选择板块 feature_selection 模块中的函数 SelectFromModel 进行特征选择和筛除。可看到同我们预想的结果相同,SelectFromModel 选择出了 5 个特征,并且是 mfi、mom、willr、cci、macdhist 这 5 个比较重要的特征。

1. ♯输出选择的特征个数
2. model = SelectFromModel(clf, threshold = "0.9 * mean", prefit = True)
3. data_fianlindex = model. transform(data_techindex_data)
4. data_fianlindex. shape
5. ♯输出选择的特征名称
6. feature_idx = model.get_support( )
7. feature_name = data_techindex_data.columns[feature_idx]
8. feature_name

[out]:

(1788, 5)

Index(['mfi','mom','willr','cci','macdhist'], dtype = 'object')

5. 机器学习建模

(1) SVM 建模。有了输入特征向量 mfi、mom、willr、cci、macdhist,有了输出标签涨(1)和跌(0),我们就可以进行支持向量机 SVM 的建模了。与特征选择步骤类似,我们首先将数据集分为训练集和测试集,规定模型评估方式即参数值筛选标准,选择搜索出合适的模型参数值。

考虑金融数据非线性的特点,我们采用非线性支持向量机进行建模,选用 SVM 模型默认的高斯核函数 rbf。SVM 模型有两个重要的参数是 C 和 gamma。C 是惩罚参数,C 越大,相当于惩罚松弛变量,即对误分类的惩罚增大,这时对训练集测试时准确率很高,但泛化能力弱。C 值小,对误分类的惩罚减小,允许容错,将它们当成噪声点,泛化能力较强。gamma 是选择 rbf 函数作为核函数后该函数自带的一个参数,隐含地决定了数据映射到新的特征空间后的分布。gamma 越大,支持向量越少,gamma 值越小,支持向量越多。支持向量的个数影响训练与预测的速度。

我们仍用 30% 的数据作为测试集,70% 数据作为训练集,采用 5 折交叉验证,但这次将模型评估标准或参数筛选标准 scoring 改为模型性能评估指标准确率 accuracy,以此来进行两个参数备选值的选择和筛除。我们先以准确率 accuracy 为标准,习得一个最优模型。再判断该模型在其他评价指标上的表现。

1. from sklearn import svm
2. X_train, X_test, y_train, y_test = train_test_split(data_techindex[["mfi", "mom", "willr", "cci", "macdhist"]], data_techindex["up"], test_size = 0.3)
3. param_grid = {"gamma":[10, 1, 0.1, 0.01, 0.001, 0.0001], "C":[0.01, 0.1, 1, 10, 100, 1000]}
4. svm_best = GridSearchCV(estimator = svm.SVC( ), param_grid = param_grid, scoring = "accuracy", refit = False, cv = 5, n_jobs = −1)
5. svm_best.fit(X_train, y_train)
6. svm_best.best_params_

[out]:

{'C':100, 'gamma':1}

网格搜索最优参数得出,C 为 100,gamma 为 1。将参数值带入 SVM 模型,对训练集进行训练习得模型,并在测试集上做出预测。

1. svm_model = svm.SVC(kernel = "rbf", gamma = 1, C = 100)
2. svm_model.fit(X_train, y_train)
3. y_pred = svm_model.predict(X_test)

(2) 模型性能评估。第 3 章的 3.3 节中,我们已经详细介绍了常用二类分类器性能评估的指标,主要有准确率、精确率、召回率、$F1$ 得分和 ROC 及 AUC 等。我们先简单回顾一下。一个分类器学习并且预测后,可得到一个混淆矩阵,如表 20.2 所示。

表 20.2 混淆矩阵示意图

混淆矩阵		预测值	
		正例	反例
真实值	正例	*TP*	*FN*
	反例	*FP*	*TN*

准确率定义为所有预测正确的样本占测试数据集所有样本的比例:

$$A = \frac{TN + TP}{TN + TP + FN + TP} \qquad (20.4)$$

精确率,定义为在所有预测为正例中,真正正例样本的比例:

$$P = \frac{TP}{TP + FP} \qquad (20.5)$$

召回率,定义为真实类别属于正例的样本数据中,真正类数所占的比例:

$$R = \frac{TP}{TP + FN} \qquad (20.6)$$

由于精确率 Precision 和召回率 Recall 是一对不可调和的矛盾,我们很难同时提高两者,也很难综合评价。故提出 $F1$ 得分来试图综合二者,$F1$ 得分是精确率和召回率的调和平均:

$$\frac{2}{F1} = \frac{1}{P} + \frac{1}{R} \qquad (20.7)$$

与精确率和召回率很像的两个指标为真正例和假正例。真正例定义为表示所有正例中,预测为正例的比例:

$$TPR = \frac{TP}{TP + FN} \qquad (20.8)$$

假正例定义为表示所有负例中,预测为正例的比例:

$$FPR = \frac{FP}{TN + FP} \qquad (20.9)$$

很多学习器可以输出一个实值或者概率预测,此时设定一个阈值,高于阈值为正类,反之为负类。分类的过程就是设定阈值,并用阈值对预测值进行截断的过程。当这个阈值发生变动时,预测结果和混淆矩阵就会发生变化,最终导致一些评价指标值的变化。以 FPR 为横坐标,TPR 为纵坐标,那么 ROC 曲线就是改变各种阈值后得到的所有坐标点(FPR,TPR)的连线,曲线越靠左上角,分类器越佳。

AUC 是 ROC 曲线下的面积,可理解为一个概率值。随机挑选一个正样本以及一个负样本,当前的分类算法根据计算得到的 Score 值将这个正样本排在负样本前面的概率,就是 AUC 值。AUC 值越大,当前的分类算法越有可能将正样本排在负样本前面,即能够更好地分类。

从图 20.3 中可以看出,测试集中共 537 个样本,其中上涨的样本数有 263 个,下跌的样本数 274 个。上涨样本的精确率为 0.76,召回率为 0.81,下跌样本的精确率为 0.78,召回率为 0.78。测试集上的准确率为 0.78。混淆矩阵以样本数的方式体现,颜色越深数值越大,263 个上涨样本中有 213 个预测正确,274 个下跌样本中有 206 个预测正确。

1. from sklearn import metrics
2. ♯输出准确率、精确率(精确率)和召回率(精确率)
3. metrics.classification_report(y_test, y_pred)
4. ♯输出混淆矩阵
5. fig = plt.figure(figsize = (4,3))
6. ConfMatrix = metrics.confusion_matrix(y_test, y_pred)
7. sns.heatmap(ConfMatrix, annot = True, fmt = "d", cmap = "Blues", xticklabels = ["上

涨","下跌"],yticklabels = ["上涨","下跌"])

8. plt.ylabel("真实")
9. plt.xlabel("预测")
10. plt.title("混淆矩阵",fontsize = 16)

[out]:

	precision	recall	f1-score	support
0	0.76	0.81	0.78	263
1	0.80	0.75	0.78	274
accuracy			0.78	537
macro avg	0.78	0.78	0.78	537
weight avg	0.78	0.78	0.78	537

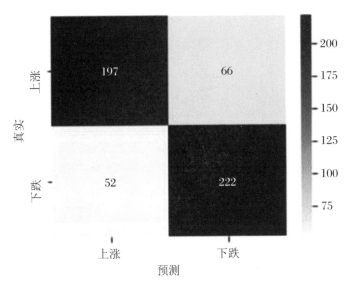

图 20.3　混淆矩阵

图 20.4 是将(fpr,tpr)在不同阈值下的值连起来构成的 ROC 曲线。AUC 的值一般在 0.5~1 范围,本案例中 AUC 的值为 0.86,接近 0.9,表示模型具有较高的准确性。

1. #计算 fpr、tpr、y_test_score 和 AUC
2. y_test_score = svm_model.decision_function(X_test)
3. fpr,tpr,threshold = metrics.roc_curve(y_test, y_test_score)
4. roc_auc = metrics.auc(fpr,tpr)
5. fpr = fpr.reshape(−1,1)
6. tpr = tpr.reshape(−1,1)
7. #绘制 ROC 曲线
8. lw = 2
9. plt.figure(figsize = (8,5))
10. plt.plot(fpr, tpr, color = "blue", lw = lw, label = "ROC curve (area = %0.2f)" % roc_auc)
11. plt.plot([0,1], [0,1], color = "skyblue", lw = lw, linestyle = "−−")

12. plt.xlim([0.0, 1.0])
13. plt.ylim([0.0, 1.05])
14. plt.xlabel("False Positive Rate")
15. plt.ylabel("True Positive Rate")
16. plt.legend(loc = "lower right")
17. plt.show( )

［out］：

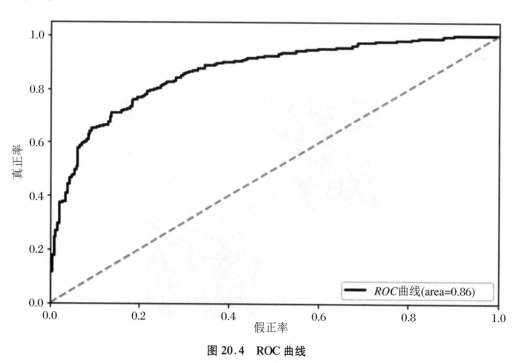

图 20.4　ROC 曲线

20.3　机器学习在量化选股中的应用

20.3.1　量化选股介绍

量化选股就是利用数量化的方法选择股票组合，期望该股票能够获得超越基准收益率的投资行为。量化选股大致可以分为两类，即基本面选股和市场行为选股。基本面选股模型包括多因子模型、风格轮动模型和行业轮动模型，而市场行为模型包括资金流模型、动量反转模型、一致预期模型、趋势追踪模型和筹码选股模型。其中，多因子模型是应用最为广泛的一种选股模型，其假设个股的预期收益率由多个因子来解释，因此采用一系列的因子作为选择标准，即满足这些因子的股票则买入，否则卖出。下面我们主要介绍多因子选股模型。

1. 多因子模型基本概念

多因子模型是目前量化投资理论研究最完备、应用最广泛的一种量化投资模型,其以套利定价理论为基础,假设资产的收益率由多个因子共同决定,综合多个因子的信息来对资产收益率做出一个综合评价。多因子模型的核心在于因子的选择和因子的合成。其中因子选择是最为核心的步骤,多因子模型的成败主要体现在因子的有效性上。因子的合成主要有打分法和回归法。打分法是根据因子大小对股票进行打分,然后按照一定的权重进行加权平均得到一个总分,再根据总分对股票进行排序来选股。而回归法是利用股票的历史收益率来对多个因子进行回归,从而得到一个拟合好的模型,然后再利用该模型对股票的预期收益率进行预测。

目前,多因子模型是国内量化投资机构应用最为广泛的量化模型。很多量化投资机构聘请大量的因子挖掘研究员,这被业界称为 WordQuant 模式(WorldQuant 是国际著名的量化投资机构,其因招聘大量的因子挖掘人员以期找到有效的超额因子而闻名)。

2. 多因子选股模型的构建

以回归法为例,多因子选股模型的构建步骤可分为候选因子的选取、因子有效性的检验、因子共线性分析、残差异方差分析、估计因子预期收益并计算股票预期收益及进行历史数据回撤。

(1) 候选因子的选取。我们可以选取各种各样的因子作为候选因子,如何选取因子主要依赖于经济逻辑和市场经验。股票因子可以分为七大类,分别为价值类、质量类、成长类、动量类、情绪类、技术指标类以及收益和风险类,我们可以从这些大类因子中选出有经济逻辑的候选因子。

(2) 因子的有效性检验。

① 回归法。对当期因子与股票下一期的收益率进行回归,以确定因子在每期的因子收益。影响股票收益的因素主要有三种:市场风险、行业风险、风格风险。在考虑因子有效性时需要考虑市场因子和行业因子的影响,因此我们在回归方程中纳入市场因子和行业因子。当只纳入行业因子时,拟合的是行业的绝对收益率;当同时纳入市场因子和行业因子时,拟合的是行业相对于市场的超额收益率。这里,我们只纳入行业因子,则针对因子 k 的单因子回归模型为

$$\widetilde{r_j^t} = \sum_{s=1}^{s} X_{js}^t \times \widetilde{f_j^t} + X_{jk}^t \times \widetilde{f_k^t} + \widetilde{\mu_j^t}$$

其中,$\widetilde{r_j^t}$、X_{js}^t、$\widetilde{f_j^t}$、X_{jk}^t、$\widetilde{f_k^t}$ 分别为股票 j 在第 t 期的收益率、股票 j 在第 t 期在行业 s 上的暴露、行业 s 在 t 期的收益率、股票 j 在第 t 期在因子 k 上的暴露、因子 k 在 t 期的收益率。

得到 OLS 参数估计量后,我们需要对参数估计量进行 t 检验,进行 t 检验要注意三点。第一点是看 t 值序列的绝对值平均值,该数值越大,因子越显著;第二点是看 t 值序列绝对值大于 2 的比例,一般来说,t 值的绝对值大于 2 说明因子是显著的,而该比例可以判断因子的显著性是否稳定;第三点是看因子收益率序列的平均值以及该均值零假设检验的 t 值,这时判断因子收益率序列在各期的方向是否一致和显著不为零。

② 因子 IC 值的计算。因子的 IC 值是指个股第 t 期在因子 k 上的暴露度的排名与 $t+1$ 期的收益率的排名之间的相关系数,其反映的是个股的下一期收益率与当期因子暴露的线性相关程度。因子的 IC 值的绝对值越大,因子的有效性越强。对于 IC 值序列,可以考察其均值大小(反映因子显著性)、标准差(反映因子稳定性)、IR 比率(IC 序列均值与标准差的比值,反映因子有效性)以及 IC 值序列大于 0 的占比(反映因子作用方向是否稳定)等。

(3) 因子共线性分析——因子剔除或合成。因子共线性是指因子之间存在较高的相关性,这违反了多元线性回归模型中的经典假设,结果会导致 OLS 的参数估计量不稳定。在上一步筛选出有效的因子后,我们需要对这些因子的相关性进行检验。

对于 K 个候选因子,有 M 期的数据样本:① 计算 M 期的因子载荷之间的相关系数矩阵;② 对上一步计算出的因子载荷的相关系数进行检验,检验的方法包括相关系数绝对值的均值、中位数和 t 检验等。

对相关程度较高的因子集合,有两种处理方法:① 直接将有效性较低的因子进行剔除;② 对相关性程度高的因子集合进行合成,合成方法有等权法、历史收益率加权法、主成分分析等。等权法是直接将因子载荷进行算术平均来合成因子。历史收益率加权法是选定特定长度的历史区间,按照各自的历史收益率作为权重对因子载荷进行合成。主成分分析法是对相关性程度高的因子集合进行主成分分析,选取一个或多个主成分来作为新的因子。

(4) 残差的异方差分析。经过以上步骤得到有效的、不共线的因子后,我们需要对回归模型的残差进行分析,即检验残差是否具有异方差。经典线性回归模型的一个重要假设就是,在总体回归函数中,随机误差项具有同方差,这是为了保证回归参数估计量具有良好的估计性质。对于异方差的检验,可采用 Breusch-Pagan 检验或 White 检验(可参考相关计量经济学数据)。如果模型出现异方差,就需要采用加权最小二乘法,以使得收益率的随机干扰项是同方差的。

(5) 估计预期收益并计算股票预期收益。多因子模型的最终目的是在第 t 期,估计第 $t+1$ 期中的因子收益 $\widetilde{f_k^{t+1}}$,以进一步估计股票在 $t+1$ 期的预期收益。如何估计 $\widetilde{f_k^{t+1}}$ 呢? 在获取历史因子收益序列的基础上,我们可采用历史均值分、指数加权平均法或时间序列预测法。当然,实际操作中我们也会直接用第 t 期的因子收益 $\widetilde{f_k^t}$ 来直接替代 $\widetilde{f_k^{t+1}}$,这需要假定因子收益在前后两期的变化不大。还有一种方法是,把历史多起的数据同时进行回归,然后直接把回归得到的因子收益替代下一期的因子收益,这种方法得到的因子收益的效果类似于历史均值法。

(6) 进行历史数据回撤。在上一步,我们已经计算出在各期股票的预期收益。在每一时期中,我们可根据个股的预期收益对其进行降序排列,将其分为 N 层,构建 N 个股票组合,然后分别计算买入 N 个组合并进行定期调仓的策略净值,同时可计算其他风险指标,如夏普比率、信息比率和超额年化收益率等。

以上是回归法的多因子模型的构建流程。对于打分法,一般不用进行步骤(5),而是在得到有效的、不共线的因子后,在每个时期对不同的因子按照一定的权重求得所有因子的平均得分,最后利用因子的平均得分对个股进行排序来选股。

30.3.2 机器学习应用于量化选股

传统多因子模型的表达式为

$$\tilde{r} = \sum_{k=1}^{K} X_{ik} \times \tilde{f_k} + \mu_j$$

其中,$\tilde{r}$、X_{ik}、$\tilde{f_k}$、μ_j 分别是个股预期收益率、股票 j 在因子 k 上的因子暴露、因子 k 的因子收益、股票 j 的残差收益率。

多因子模型的回归法核心是找到股票的未来收益率与当期因子暴露的线性关系。但是,经济变量之间的关系并不完全是线性的,有可能存在着复杂的非线性关系,而传统的线性回归模型无法处理经济变量之间的非线性关系,因此需要引入其他非线性模型。机器学习模型对非线性数据具有强大的拟合能力,对于规模大、特征维度高的数据具有强的学习能力。此外,传统的线性回归模型对因子数据有严格的假设,如因子间不存在多重共线性、随机干扰项同方差等,这导致其在实际应用中有一定的局限性。而机器学习模型一般不对样本数据做严格的假设,如机器学习的算法本身具有对数据的共线性的处理机制(正则化),使得机器学习模型对规模大且复杂的数据拟合能力表现优异,因此我们在多因子模型框架的基础上引入机器学习模型。

1. 机器学习回归算法应用于量化选股

机器学习回归算法用于量化选股的方法与传统的线性回归模型类似,只不过这里变成了非线性回归。假设算法拟合出的决策函数为 $g(x_i)$,x_i 是因子载荷列向量,则因子载荷与股票预期收益率的关系为

$$\tilde{r} = g(x_i) + \mu_i, x_i = (x_{i1}, x_{i2}, \cdots, x_{ik})^{\mathrm{T}}$$

当 $g(x_i)$ 为线性函数时,上式就是传统的线性回归模型;当 $g(x_i)$ 是非线性函数,则因子载荷与股票预期收益见的关系是非线性的。因此,可以将传统的线性回归模型与机器学习的非线性回归模型统一为一个形式。机器学习回归算法用于量化选股的做法与传统的线性回归模型基本一致,只不过线性回归捕捉的是因子载荷与股票预期收益的线性关系,而非线性回归捕捉的是因子载荷与股票预期收益的非线性关系。

机器学习回归算法与传统的线性回归在多因子模型中的应用也有一些区别。首先,与线性回归相比,机器学习模型一般对数据并没有做太多的假设,模型对数据的包容性更强;第二,机器学习模型没有因子预期收益的概念,因为预期收益是建立在线性模型的基础上的;最后,对于非线性模型,因子载荷与股票预期收益率间的关系是复杂的,很难用经济逻辑去解释。因此,机器学习在量化投资中常常被称为一个黑盒子,把一堆因子扔进去,就能综合出一个结果出来,但是这个结果却很难被解释。

2. 机器学习分类算法应用于量化选股

机器学习分类算法应用于量化选股类似于打分法。分类算法的输出值是标签,但是生成标签之前是先有决策函数值或概率值,然后再比较其与给定的阈值来进一步生成标签。

在实际应用中,该方法是根据模型对样本的函数值或概率值来进行排序,然后再进行选股。所以,分类算法也相当于一个因子合成算法,它把多个因子综合起来,映射到一个实数空间,得到的决策函数值或概率函数值可以看成是综合的因子得分。

那么该如何把样本数据用于模型训练呢?在实际操作中,我们一般是把每个时期中的股票按照收益率(或对基准的超额收益)进行排序,然后取一定比例(如取 30%)靠前和靠后的数据作为正例和反例,并将它们分别标记为 1 和 0,再利用分类算法对其进行学习即可。

最后需要将训练好的模型用于预测。在每一期,把当期的因子载荷(特征向量)输入模型,可以得到当期所有股票的模型预测值,再按照预测值对股票进行降序排列(平均因子得分可看成是股票的排名),即可根据排名来选股。

20.3.3 案例:基于随机森林的多因子选股模型

这里,我们使用随机森林来构建多因子选股模型。因子选择方面,我们选择价值类、成长类、质量类、动量类、收益和风险类、情绪类以及技术类因子,因子的具体介绍如表 20.3 所示。

表 20.3 选股因子

大类因子	具体因子	因子介绍
价值类	CTOP	每股派现(税前)×分红前总股本/总市值
价值类	ETOP	净利润(TTM)/总市值
价值类	LCAP	市值的对数
价值类	PB	总市值/归属于母公司所有者权益合计
价值类	PCF	总市值/经营活动产生的现金流量净额(TTM)
价值类	PS	总市值/营业总收入(TTM)
价值类	CTP5	5 年平均现金流市值比 = 近五年每股派现(税前)×分红前总股本/近五年总市值
价值类	TA2EV	资产总计与企业价值之比
成长类	NetProfitGrowRate	今年净利润(TTM)/去年净利润(TTM)−1
成长类	OperatingRevenueGrowRate	今年营运现金流(TTM)/去年营运现金流(TTM)−1
成长类	OperCashGrowRate	今年营业收入(TTM)/去年营业收入(TTM)−1
成长类	TotalAssetGrowRate	今年总资产/去年总资产−1
成长类	EGRO	5 年收益对时间(年)进行线性回归的回归系数/5 年收益均值的绝对值
成长类	NetAssetGrowRate	今年股东权益/去年股东权益−1
成长类	TotalProfitGrowRate	今年利润总额(TTM)/去年利润总额(TTM)−1

续表

大类因子	具体因子	因子介绍
成长类	FinancingCashGrowRate	今年筹资活动产生的现金流量净额(TTM)/去年筹资活动产生的现金流量净额(TTM)－1
成长类	InvestCashGrowRate	今年投资活动产生的现金流量净额(TTM)/去年投资活动产生的现金流量净额(TTM)－1
质量类	BLEV	非流动负债合计/股东权益
质量类	NOCFToOperatingNI	经营活动产生的现金流量净额(TTM)/(营业总收入(TTM)－营业总成本(TTM))
质量类	GrossIncomeRatio	(营业收入(TTM)－营业成本(TTM))/营业收入(TTM)
质量类	NetProfitRatio	净利润(TTM)/营业收入(TTM)
质量类	CurrentAssetsTRate	营业收入(TTM)/流动资产合计
质量类	AdminiExpenseRate	管理费用(TTM)/营业总收入(TTM)
质量类	AccountsPayablesTRate	营业成本(TTM)/(应付账款＋应付票据＋预付款项)
质量类	ARTRate	营业收入(TTM)/(应收账款＋应收票据＋预收账款)
质量类	CashRateOfSales	经营活动产生的现金流量净额(TTM)/营业收入(TTM)
质量类	CurrentRatio	流动资产合计/流动负债合计
质量类	EquityTRate	营业收入/股东权益
质量类	FinancialExpenseRate	财务费用(TTM)/营业总收入(TTM)
质量类	FixAssetRatio	(固定资产＋工程物资＋在建工程)/总资产
质量类	FixedAssetsTRate	营业收入(TTM)/(固定资产＋工程物资＋在建工程)
质量类	InventoryTRate	营业成本(TTM)/存货
质量类	QuickRatio	(流动资产合计－存货)/流动负债合计
质量类	ARTDays	360/应收账款周转率
质量类	CashToCurrentLiability	期末现金及现金等价物余额(TTM)/流动负债合计
质量类	CurrentAssetsRatio	流动资产合计/总资产
质量类	EBITToTOR	(利润总额＋利息支出－利息收入)/营业总收入
质量类	EquityFixedAssetRatio	股东权益/(固定资产＋工程物资＋在建工程)
质量类	IntangibleAssetRatio	(无形资产＋研发支出＋商誉)/总资产
质量类	LongDebtToAsset	长期借款/总资产
质量类	LongDebtToWorkingCapital	非流动负债合计/(流动资产合计－流动负债合计)

续表

大类因子	具体因子	因子介绍
质量类	MLEV	非流动负债合计/(非流动负债合计+总市值)
质量类	NonCurrentAssetsRatio	非流动资产比率＝非流动资产合计/总资产
质量类	NPToTOR	净利润(TTM)/营业总收入(TTM)
质量类	OperatingExpenseRate	销售费用(TTM)/营业总收入(TTM)
质量类	OperatingProfitRatio	营业利润(TTM)/营业收入(TTM)
质量类	OperatingProfitToTOR	营业利润(TTM)/营业总收入(TTM)
质量类	OperCashInToCurrentLiability	经营活动产生的现金流量净额(TTM)/流动负债合计
质量类	ROA	净利润(TTM)/总资产
质量类	ROA5	5年资产回报率
质量类	ROE	净利润(TTM)/股东权益
质量类	ROE5	5年权益回报率
质量类	SalesCostRatio	营业成本(TTM)/营业收入(TTM)
质量类	SaleServiceCashToOR	销售商品和提供劳务收到的现金(TTM)/营业收入(TTM)
质量类	TotalAssetsTRate	营业收入/总资产
质量类	TotalProfitCostRatio	利润总额/(营业成本+财务费用+销售费用+管理费用)
质量类	DEGM	今年毛利率(TTM)/去年毛利率(TTM)－1
动量类	REVS20	股票的20日收益
动量类	RSTR12	12月相对强势
动量类	RSTR24	24月相对强势
动量类	FiftyTwoWeekHigh	当前价格处于过去1年股价的位置
收益和风险类	BIAS20	20日乖离率
收益和风险类	CCI20	20日顺势指标
收益和风险类	ROC20	20日变动速率
收益和风险类	HSIGMA	历史波动，过往12个月中，个股日收益关于市场组合日收益的三阶自回归，市场组合日收益的残差标准差
收益和风险类	DVRAT	收益相对波动
收益和风险类	Skewness	股价偏度
收益和风险类	HBETA	历史β，过往12个月中，个股日收益关于市场组合日收益的三阶自回归，市场组合日收益的系数

续表

大类因子	具体因子	因子介绍
情绪类	DAVOL10	0 日平均换手率与 120 日平均换手率之比
情绪类	DAVOL20	0 日平均换手率与 120 日平均换手率之比
情绪类	Volatility	波幅中位数
情绪类	RSI	相对强弱指标
情绪类	VR	收益相对波动
情绪类	KlingerOscillator	成交量摆动指标
技术类	MA20	20 日移动平均价格
技术类	MA60	60 日移动平均价格
技术类	EMA20	20 日指数移动平均价格
技术类	MTM	动量指标,以分析股价波动的速度为目的,研究股价在波动过程中各种加速、减速、惯性作用以及股价由静到动或由动转静的现象
技术类	Hurst	赫斯特指数,用重标极差(R/S)分析方法来建立赫斯特指数(H),作为判断时间序列数据遵从随机游走还是有偏的随机游走过程的指标
技术类	MassIndex	梅斯线,本指标是 Donald Dorsey 累积股价波幅宽度之后所设计的震荡曲线
技术类	DHILO	波幅中位数,每日对数最高价和对数最低价差值的 3 月内中位数
技术类	MACD	平滑异同移动平均线
技术类	DIF	计算 DDI 因子的中间变量
技术类	DEA	计算 VMACD 因子的中间变量
技术类	PSY	心理线指标,是一定时期内投资者趋向买方或卖方的心理事实转的数值度量,用于判断股价的未来趋势

1. 随机森林多因子选股模型的构建流程

(1) 数据获取:

① 股票池:全 A 股,剔除在每个截面期停牌、ST、上市不足 3 个月的股票。每只股票视为一个样本。

② 回撤区间:2012 - 01 - 31 至 2019 - 12 - 31。

(2) 特征和标签提取:每个自然月的最后一个交易日,计算 85 个因子暴露度,作为样本原始特征;计算下一整个自然月的个股收益率,作为样本的标签。

(3) 特征预处理:

① 分位数去极值:95% 分位数以外的因子暴露限制为 95% 分位数。

② 缺失值处理:直接将因子暴露度缺失的个股去除。

③ 标准化:z-score 标准化。

(4) 训练集和验证集合成:

① 在每个月末截面期,选取下月收益排名前 30% 的股票作为正例($y=1$),后 30% 的股票作为负例($y=0$)。

② 将当前年份往前推 48 个月的样本合并,采用 10 折交叉验证方法(只在第一个样本内数据中进行)。

(5) 第一数据区段样本内训练与交叉验证调参:参数寻优,找出最优的基分类器个数、特征个数、内部结点再划分所需最小样本数、叶结点最小样本数。选择第一区段(样本内数据为 2008~2011 年)训练模型,训练完成后,使用该模型对交叉验证集进行预测。选取交叉验证集 AUC(或平均 AUC)最高的一组参数作为模型的最优参数。

(6) 策略滚动回撤及模型评价:

① 使用随机森林模型对训练集进行训练:我们将回撤区间按年份划分为 8 个子区间,需要对每个子回撤的不同训练集重复训练。

② 样本外测试:确定最优参数后,以 T 月月末截面期所有样本(即个股)预处理后的特征作为模型的输入,得到每个样本的 $T+1$ 月的预测值 $f(x)$(合成因子,即随机森林中各决策树分类结果的投票平均值)。

③ 评价指标:包括两方面,一是测试集的正确率、AUC 等衡量模型性能的指标;二是上一步中构建的策略组合的各项表现(年化收益率、最大回撤等)。

2. 随机森林多因子选股模型构建过程的实现(附 Python 代码)

(1) 数据获取:

① 股票池:全 A 股,剔除在每个截面期停牌、ST、上市不足 3 个月的股票。每只股票视为一个样本。

② 样本内数据区间:2008-01-31 至 2011-12-31。

③ 回撤区间:2012-01-31 至 2019-12-31。

读取因子数据:

1. ♯读取因子数据
2. import pandas as pd
3. df = pd.read_csv('A_85factors.csv',dtype = {'ticker':str},parse_dates = ['tradeDate'])
4. df.tail( )

[out]:

	tradeDate	ticker	CTOP	ETOP	LCAP	PB	PCF	PS	CTP5	TA2EV	...	MA60	EMA20	MTM	Hurst	MassIndex	DHILO	MACD	
243330	2019-12-31	603993	0.0252	0.0175	25.2684	2.3419	35.6484	2.3970	0.0147	1.0331	...	3.6225	3.9495	0.54	0.7064	28.6297	0.0186	0.1180	0.1
243331	2019-12-31	603996	0.0000	-0.2443	21.1352	1.2562	1.7618	0.9879	0.0071	1.3147	...	5.3017	5.1482	-0.13	0.7117	24.1139	0.0445	0.0180	0.4
243332	2019-12-31	603997	0.0241	0.0313	22.8360	4.3910	23.7282	3.8892	0.0169	0.3148	...	8.1437	8.1063	-0.02	0.5307	24.5536	0.0249	0.0318	0.3
243333	2019-12-31	603998	0.0036	0.0242	22.0059	3.2249	24.0779	3.3601	0.0025	0.5053	...	8.0668	7.9642	0.47	0.5715	24.3360	0.0376	0.1042	0.3
243334	2019-12-31	603999	0.0031	0.0137	22.1650	2.4624	53.8266	5.4873	0.0032	0.5788	...	6.4707	7.1923	0.34	0.5500	25.4926	0.0438	0.0074	0.3

1. data.columns

[out]:

Index(['ticker',' tradeDate', 'CTOP','ETOP','LCAP','PB','PCF','PS',
    'CTP5','TA2EV', 'CTP5.1','NetProfi tGrowRate',
    'OperatingRevenueGrowRate','OperCashGrowRate','TotalAssetGrowRate',
    'EGRO', 'NetAssetGrowRate','TotalAssetGrowRate.1','BLEV',
    'NOCFToOperatingNI', 'GrossIncomeRatio','NetProfitRatio',
    'CurrentAssetsTRate','AdminiExpenseRate','Account sPayablesTRate',
    'ARTRate','CashRateOfSales','CurrentRatio','EquityTRate',
    'FinancialExpenseRate','FixAssetRatio','FixedAssetsTRate',
    'InventoryTRate','QuickRatio','REVS20','RSTR12','RSTR24',
    'FiftyTwoWeekHigh','BIAS20','CCI20','ROC20','HSIGMA','DVRAT',
    'Skewness','HBETA','HSIGMA.1','DVRAT.1','Skewness.1','HBETA.1',
    'DAVOL10','DAV0L20','Volatility','RSI','VR', 'KlingerOscillator',
    'MA20','MA60', 'EMA20','MTM','Hurst','MassIndex','DHILO',
    'return'],
    dtype='object')

(2) 对训练集数据(2008-01-31 至 2011-12-31)进行预处理,包括去极值和均值方差标准化。

1. #数据标准化
2. # -- preprocessing
3. from sklearn import preprocessing
4.
5. #去极值,对大于95%分位的数据进行截断处理,避免异常值干扰
6. def winsorize(x):
7.   x[x>x.quantile(0.95)] = x.quantile(0.95)
8.   return x
9.
10. data = data[data['tradeDate']<'2012-01-01'] # 选择 2008-01-31 至 2011-12-31 的数据
11. data.iloc[:,2:-1] = data.iloc[:,2:-1].apply(winsorize)
12.
13. #均值方差标准化
14. data.iloc[:,2:-1] = preprocessing.StandardScaler().fit_transform(data.iloc[:,2:-1])

(3) 训练集和交叉验证集合成:在每个月末截面期,选取下月收益排名前 30% 的股票作为正例($y=1$),后 30% 的股票作为负例($y=-1$)。

对训练样本贴标签处理:

1. #定义一个给样本数据贴标签的函数
2. def tag_sample(df):

3. df = df.sort_values('return', ascending = False)
4. df1 = df.iloc[:int(len(df) * 0.3)]
5. df2 = df.iloc[-int(len(df) * 0.3):]
6. df1['return'] = 1
7. df2['return'] = 0
8. df1 = df1.append(df2)
9. return df1

1. data = data.groupby('tradeDate', as_index = False, group_keys = False).apply(tag_sample)
2. data.head( )

[out]:

	tradeDate	ticker	CTOP	ETOP	LCAP	PB	PCF	PS	CTP5	TA2EV	...	EMA20	MTM	Hurst	MassIndex	C
626	2008-01-31	600438	-0.569467	-0.023630	0.876778	1.735762	0.073849	-0.610371	0.678770	-0.072166	...	0.339685	-0.311829	0.628469	1.953380	0.9
103	2008-01-31	000566	-0.762558	-0.055724	-1.099595	0.503044	0.080766	0.660772	-0.978882	-0.057649	...	-0.496360	-0.842061	1.650974	1.352906	0.0
495	2008-01-31	600230	-0.005047	0.159762	0.238971	0.404796	0.051097	-0.141223	1.499702	-0.054775	...	1.866083	-3.510170	0.071915	1.595322	1.2
175	2008-01-31	000713	-0.346670	-0.207022	-0.659136	0.163277	0.037641	-0.304043	-0.205311	-0.040167	...	-0.194238	0.155895	0.228670	1.953380	0.19
298	2008-01-31	000955	-0.762558	-0.633410	-0.473499	0.717894	0.178751	2.864453	-0.978882	-0.070115	...	-0.334640	0.618104	1.663918	1.953380	0.0

5 rows × 88 columns

(4) 第一数据区段样本内训练与交叉验证调参

随机森林由多个基决策树以 Bagging 的方式进行集成，我们可以考虑决策树生成中相关的参数，如特征个数、内部节点再划分所需最小样本数以及叶节点最小样本。另外还可以考虑集成中的决策树的个数。

① 决策树(n_estimators)的个数。决策树的数量较少可能会使得训练不充分，模型欠拟合，而过多的决策树需要更长的训练时间，也有过拟合的风险，因此需要选择一个适中的决策树个数，这里我们使用 sklearn 模块的网格搜索，遍历决策树的个数 50,100,200,300, 400,500,600,700,800 来进行 10 折交叉验证，得到验证集的平均正确率和平均 AUC，并画出它们随特征个数变化的折线图(图 20.5)。

1. #准备训练数据
2. data = data.iloc[np.random.permutation(len(data))] # 打乱数据
3. X = data[data['tradeDate']<'2012-01-01'].iloc[:,2:-1].values
4. y = data[data['tradeDate']<'2012-01-01']['return'][:,np.newaxis]

1. #准备训练数据
2. data = data.iloc[np.random.permutation(len(data))] # 打乱数据
3. X = data[data['tradeDate']<'2012-01-01'].iloc[:,2:-1].values
4. y = data[data['tradeDate']<'2012-01-01']['return'][:,np.newaxis]

1. from sklearn.model_selection import GridSearchCV
2. from sklearn.ensemble import RandomForestClassifier
3. model = GridSearchCV(RandomForestClassifier( ), param_grid = {'n_estimators':[50,

100,200,300,400,500,600,700,800]}, scoring = ['roc_auc', 'accuracy'], n_jobs = 6, refit = False, cv = 10)
4. model.fit(X, y)

1. ♯以交叉验证的结果保存为 DataFrame 数据格式
2. n_est = pd.DataFrame(model.cv_results_).set_index('param_n_estimators')
3.
4. ♯画图
5. fig, ax = plt.subplots(1, figsize = (8,5))
6. ax.plot(n_est['mean_test_accuracy'])
7. ax.set_xlabel('n_estimators')
8. ax.set_ylabel('accuracy')
9. ax.legend(['accuracy'], loc = 'upper left')
10. ax.set_ylim([n_est['mean_test_accuracy'].min() − 0.001, n_est['mean_test_accuracy'].max() + 0.005])
11.
12. ax2 = ax.twinx()
13. ax2.plot(n_est['mean_test_roc_auc'], color = 'y')
14. ax2.set_ylabel('AUC')
15. ax2.legend(['AUC'], loc = 'upper right')
16. ax2.set_ylim([n_est['mean_test_roc_auc'].min() − 0.001, n_est['mean_test_roc_auc'].max() + 0.005])

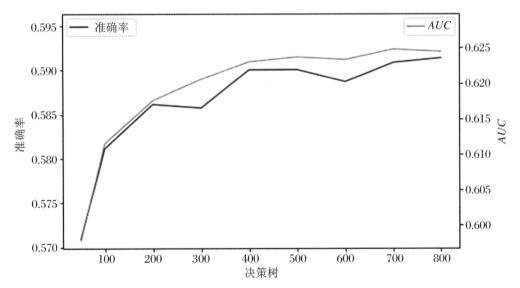

图 20.5　不同数量个体学习器下的 AUC 和准确率

从以上准确率和 AUC 图(图 20.5)的走势可以看到,最优的决策树数量在 400 附近,再继续增加决策树的数量已经很难提高模型的预测能力,因此我们选择 400 个决策树作为基本分类器。

② 特征个数(max_features)。特征个数即对每个决策树的结点进行划分时需要考虑的最大特征数，其对决策树的生成时间和拟合效果有较大的影响。当训练样本的总特征个数较小时（如小于50），则可以不对最大特征个数进行限制（选择全部特征）。由于所使用的样本包含85个特征，因此我们可以考虑对特征个数进行限制。同样，我们使用 sklearn 模块的网格搜索来对特征个数进行选择，遍历 10，20，30，40，50，60，70 来进行10折交叉验证，得到验证集的平均准确率和平均 AUC，并画出它们随特征个数变化的折线图（图20.6）。

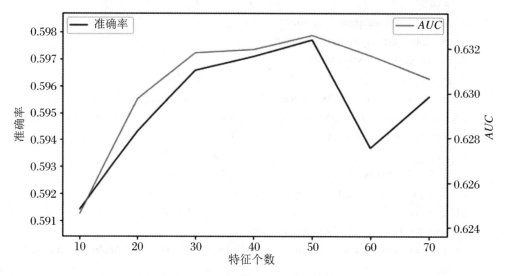

图 20.6　不同特征数量下的 AUC 和准确率

1. from sklearn.model_selection import GridSearchCV
2. from sklearn.ensemble import RandomForestClassifier
3. max_features = [10,20,30,40,50,60,70]
4. model = GridSearchCV(RandomForestClassifier( ), param_grid = {'n_estimators': [400],'max_features':max_features},
5. 　　　　　scoring = ['roc_auc','accuracy'], n_jobs = 6, refit = False, cv = 10)
6. model.fit(X,y)

1. ♯以把交叉验证的结果转化为 DataFrame 的数据格式
2. max_features = pd.DataFrame(model.cv_results_).set_index('param_max_features')
3. ♯画图
4. fig, ax = plt.subplots(1,figsize = (8,5))
5. ax.plot(max_features['mean_test_accuracy'])
6. ax.set_xlabel('max_features')
7. ax.set_ylabel('accuracy')
8. ax.legend(['accuracy'],loc = 'upper left')
9. ax.set_ylim([max_features['mean_test_accuracy'].min( ) − 0.001,max_features['mean_test_accuracy'].max( ) + 0.001])
10. ax2 = ax.twinx( )
11. ax2.plot(max_features['mean_test_roc_auc'],color = 'y')

12. ax2.set_ylabel('AUC')
13. ax2.legend(['AUC'],loc = 'upper right')
14. ax2.set_ylim([max_features['mean_test_roc_auc'].min( ) − 0.001,max_features['mean_test_roc_auc'].max( ) + 0.001])

从以上准确率和 AUC 图(图 20.6)的走势可以看到,最优的决策树数量为 50 附近,再继续增加决策树的数量反而会导致准确率和 AUC 的下降,因此我们把最优特征数量确定为 50。

③ 内部节点划分所需最小样本数和叶节点最小样本数。内部节点划分所需最小样本数是指,当节点所包含的样本数量大于该数值时,才会对节点进行划分;而叶结点最小样本数是指,如果一个叶节点所含样本数小于该数值,那么该叶结点就会被剪枝。这两个参数都可以控制决策树的复杂度,对决策树进行有效地剪枝。这里,我们遍历内部节点划分所需最小样本数($S = 2,10,20,30,50,70$)和叶节点最小样本数($L = 1,5,10,15,20,30$)进行 10 折交叉验证来选择最优的参数,并计算验证集的平均准确率和平均 AUC。平均准确率和平均 AVC 的热力图如图 20.7 所示。

1. from sklearn.model_selection import GridSearchCV
2. from sklearn.ensemble import RandomForestClassifier
3. min_samples_split = [2,10,20,30,50,70]
4. min_samples_leaf = [1,5,10,15,20,30]
5. split_leaf = GridSearchCV(RandomForestClassifier(n_estimators = 300,max_features = 20),param_grid = {'n_estimators':[400],'max_features':[50],
6. 'min_samples_split':min_samples_split, 'min_samples_leaf':min_samples_leaf},scoring = ['roc_auc','accuracy','recall',
7. 'precision'],n_jobs = 6,refit = False,cv = 10)
8. split_leaf.fit(X,y)

1. #把交叉验证结果转化为 DataFrame 的数据格式
2. split_leaf_df = pd.DataFrame(split_leaf.cv_results_).set_index(['param_min_samples_split','param_min_samples_leaf'])
3.
4. #画平均准确率的 heatmap 图
5. import seaborn as sns
6. fig,ax = plt.subplots(1,figsize = (8,6))
7. sns.heatmap(split_leaf_df['mean_test_accuracy'].unstack( ),ax = ax,annot = True,annot_kws = {'size':15,'color':'blue'},fmt = '.4f')
8.
9. #画平均 AUC 的 heatmap 图
10. fig,ax = plt.subplots(1,figsize = (8,6))
11. sns.heatmap(split_leaf_df['mean_test_roc_auc'].unstack( ),ax = ax,annot = True,annot_kws = {'size':15,'color':'blue'},fmt = '.4f')

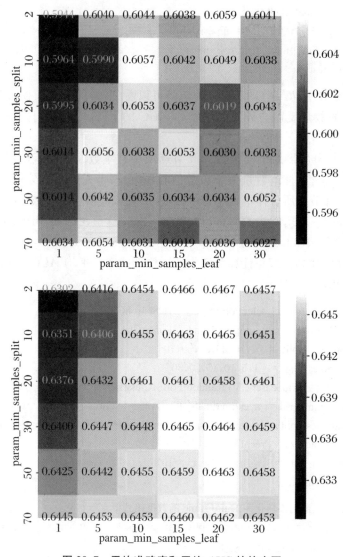

图 20.7 平均准确率和平均 AUC 的热力图

观察以上平均准确率和平均 AUC 的热力图(图 20.7),颜色越浅代表数值越高,从具体的数值来看,平均准确率和平均 AUC 对两个参数的敏感性均不高,对于两个参数的变化,平均准确率始终在 0.60 附近轻微变动,而平均 AUC 则在 0.64 附近做轻微变动。我们可以从中选出较好的两个参数,即 $S=50, L=20$。

(5) 模型评价及策略滚动回撤。

① 模型评价。我们在上一步确定好参数的基础上,考察滚动训练模型在测试集(回撤区间是 2012-01-31 至 2019-12-31,每个月的数据都是一个测试集。对于每一个月末截面,用往前 48 周的数据对模型进行训练,然后用训练好的模型对当前截面的数据进行测试)中的表现,主要考察准确率和 AUC。

定义一个生成每个月截面数据的因子值(模型预测值),并计算准确率和 AUC 指标:

```
1. def test_evaluate(data,train_start = None,train_end = None,test_start = None,test_end = None):
2.     # 选择训练集与测试集
3.     data_train = data[(data['tradeDate']>= train_start)&(data['tradeDate']<= train_end)]
4.     data_test = data[(data['tradeDate']>= test_start)&(data['tradeDate']<= test_end)]
5.     # 去极值
6.     # 对大于95%分位的数据进行截断处理,避免异常值干扰。
7.     def winsorize(x):
8.         x[x>x.quantile(0.95)] = x.quantile(0.95)
9.     return x
10.    data_train.iloc[:,2:-1] = data_train.iloc[:,2:-1].apply(winsorize)
11.    data_test.iloc[:,2:-1] = data_test.iloc[:,2:-1].apply(winsorize)
12.
13.    # 均值方差标准化
14.    from sklearn import preprocessing
15.    scaler = preprocessing.StandardScaler().fit(data_train.iloc[:,2:-1])
16.    data_train.iloc[:,2:-1] = scaler.transform(data_train.iloc[:,2:-1])
17.    data_test.iloc[:,2:-1] = scaler.transform(data_test.iloc[:,2:-1])
18.
19.    # 标注数据
20. def tag_sample(df):
21.        df = df.sort_values('return',ascending = False)
22.        df1 = df.iloc[:int(len(df)*0.3)]
23.        df2 = df.iloc[-int(len(df)*0.3):]
24.        df1['return'] = 1
25.        df2['return'] = 0
26.        df1 = df1.append(df2)
27.    return df1
28.    data_train = data_train.groupby('tradeDate',as_index = False,group_keys = False).apply(tag_sample)
29.    data_test_tag = data_test.groupby('tradeDate',as_index = False,group_keys = False).apply(tag_sample)
30.
31.    # 生成训练数据与测试数据
32.    data_train = data_train.iloc[np.random.permutation(len(data_train))]# 打乱数据
33.    X_train = data_train.iloc[:,2:-1].values
34.    y_train = data_train['return']
35.
36.    X_test = data_test_tag.iloc[:,2:-1].values
```

```
37.     y_test = data_test_tag['return']
38.     X_factor = data_test.iloc[:,2:-1].values
39.
40. # 训练模型 RFC
41. from sklearn.ensemble import RandomForestClassifier
42.     model = RandomForestClassifier(n_estimators = 500,max_features = 30,min_
    samples_leaf = 10,min_samples_split = 10,n_jobs = 6)
43.     model.fit(X_train,y_train)
44.
45. # 预测
46.     y_pred = model.predict(X_test)
47.     y_score = model.predict_proba(X_test)[:,1]
48.
49. # 生成因子
50.     data_test['factor'] =  model.predict_proba(X_factor)[:,1]
51.
52. # 对模型在测试集的表现进行评估
53. from sklearn import metrics
54.     accuracy = metrics.accuracy_score(y_test,y_pred)
55.     auc = metrics.roc_auc_score(y_test,y_score)
56. print(test_start,accuracy,auc)
57.
58. return test_start,accuracy,auc,data_test
```

滚动测试 2012 − 01 − 31 至 2019 − 12 − 31 间每个月的截面数据，记录模型的预测值、准确率和 AUC 指标：

```
1. result = []
2. factors = []
3. for i in range(96):
4.     test_start = date[i + 48]
5.     test_end = date[i + 48]
6.     train_start = date[i]
7.     train_end = date[i + 47]
8.
9.     test_start,accuracy,auc,factor = test_evaluate(data,True,train_start,train_end,
    test_start,test_end)
10.     result.append((test_start,accuracy,auc))
11.     factors.append(factor)
12. result = pd.DataFrame(result,columns = ['date','accuracy','auc'])
13. factors = pd.concat(factors,axis = 0)
```

模型对不同月份截面数据的预测准确率和 AUC 值如图 20.8 所示。

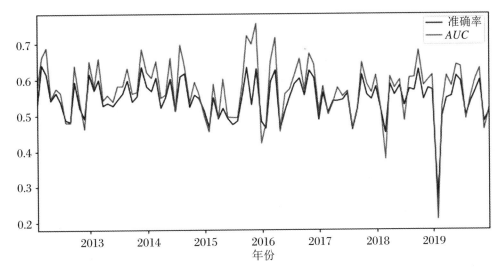

图 20.8 不同月份的 AUC 和准确率

2012-01-31 至 2019-12-31 间每个月份截面数据的预测准确率的均值为 0.547，AUC 的均值为 0.571。同时，从上图中可以看到，不同月份的测试集的准确率和 AUC 大部分都在 0.5 以上。

② 策略滚动回撤。

a. 非行业中性回撤。我们利用模型滚动训练在测试集预测的结果作为个股合成的因子值来进行选股。

首先，获取因子数据：

1. factors = factors[['ticker','date','return','factor']]
2. factors.tail()

[out]:

	ticker	date	return	factor
188776	603993	2019-12-31	-0.055046	0.466913
188777	603996	2019-12-31	-0.228628	0.462401
188778	603997	2019-12-31	-0.037129	0.601279
188779	603998	2019-12-31	-0.042169	0.413324
188780	603999	2019-12-31	0.034060	0.428033

接着，我们对不同月份截面中的因子大小进行分组：

1. #定义对不同日期中，对个股的因子值进行分层的函数
2. def get_rank(df, k, name='factor_group'):
3.   df[name] = pd.qcut(df['factor'],k,labels=[str(num) for num in range(k)])
4. return df
5.
6. #根据因子大小进行分组
7. factors = factors.groupby(['date']).apply(get_rank,5)

8. factors.head()

[out]:

	ticker	date	return	factor	factor_group
0	000002	2012-01-31	0.082353	0.353536	0
1	000004	2012-01-31	0.140266	0.644279	4
2	000006	2012-01-31	0.200456	0.390133	0
3	000009	2012-01-31	-0.045736	0.343856	0
4	000011	2012-01-31	0.318555	0.472487	1

最后，我们计算不同因子分层(5层)组合的净值，并画出净值曲线(图20.9，彩图10)。

1. ♯从wind中获取中证权重的复权收盘价
2. d = w.wsd('000985.CSI', "close2", "2012-01-01", "2020-02-29", "adjDate=2020-02-29;Period=M")
3. ♯计算中证全指月收益率
4. bm = pd.DataFrame(d.Data, index=d.Codes, columns=d.Times).T
5. bm = bm.pct_change()
6. bm = bm.dropna(how='all')
7.
8. ♯计算多空组合收益
9. ret1 = factors.loc[factors['factor_group']=='0',['date','return']].groupby(['date']).mean().shift(1).fillna(0)
10. ret2 = factors.loc[factors['factor_group']=='1',['date','return']].groupby(['date']).mean().shift(1).fillna(0)
11. ret3 = factors.loc[factors['factor_group']=='2',['date','return']].groupby(['date']).mean().shift(1).fillna(0)
12. ret4 = factors.loc[factors['factor_group']=='3',['date','return']].groupby(['date']).mean().shift(1).fillna(0)
13. ret5 = factors.loc[factors['factor_group']=='4',['date','return']].groupby(['date']).mean().shift(1).fillna(0)
14. ret = pd.concat([ret1,ret2,ret3,ret4,ret5],axis=1)
15.
16. fig, ax = plt.subplots(figsize=(16,8))
17. ax.plot(ret.cumsum())
18. ax.plot(bm.cumsum(),color='k')
19. ax.set_ylabel('return')
20. ax.set_xlabel('date')
21.
22. group = ['group'+str(num) for num in range(1,6)]
23. plt.legend(group+['000985.CSI'])

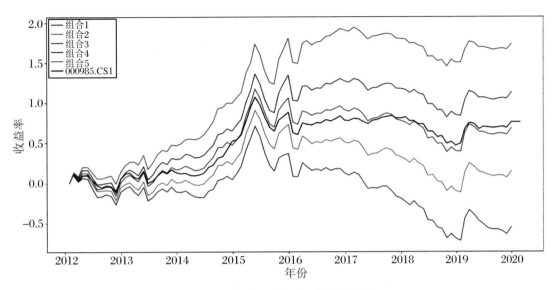

图 20.9 组合 1 至组合 5 的净值曲线

从图 20.9 可以看到,组合 1 至组合 5 的净值曲线出现明显的分层,它们在每个月份的排序与因子分层的排序是一致的,同时组合 5 的净值走势与基准中证全指(全部 A 股股票中剔除 ST、*ST 股票,以及上市时间不足 3 个月的股票后剩余股票构成的样本股,具有较高的市场代表性)的净值走势比较接近,因此通过随机森林对 85 个因子的拟合来对预期收益率进行预测的结果是有效的。

做多组合 5 和同时做空组合 1 的多空组合累计净值曲线如图 20.10 所示。

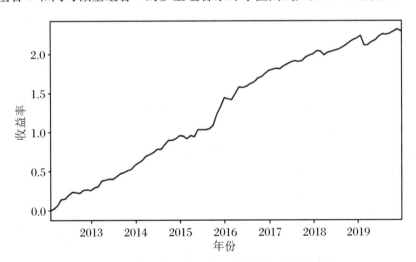

图 20.10 多组合 5 空组合 1 的多空组合累计收益

做多组合 5 同时做空基准指数的净值曲线如图 20.11 所示。

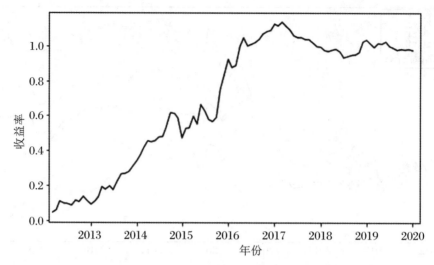

图 20.11 多组合 5 同时做空基准指数的累计收益

收益与风险指标的计算见表 20.4。

表 20.4 全 A 范围选股策略的收益与风险指标

portfolio	annualized return	max drawdown	sharp	calmar
做多组合 5 做空组合 1	0.162	0.061	0.250	2.639
做多组合 5 做空基准指数	0.091	0.326	0.100	0.278

组合 5 与组合 1 的多空组合的年化收益为 16.2%，最大回撤 6.1%，夏普比率为 0.25，calmar 为 2.639；做多组合 5 同时做空基准的年化收益为 9.1%，最大回撤为 32.6%，夏普比率为 0.10，calmar 为 0.278。

b. 行业中性回撤。前面的回撤我们直接把全部的 A 股进行排序来构建组合，但是这种做法没有考虑行业的影响，也就是得到的超额收益的一部分可能是行业因子导致的，因此我们需要把行业的影响剔除。具体来说，在每一期，先对股票池的股票按照行业进行分层，然后在每一个行业里面按因子值来对股票进行排序，再对其进行分组，最后把所有行业对应序号的组合合并起来，得到全部的组合。以下是行业中性回撤的 Python 代码和回撤结果：

首先，我们读取中信一级行业分类。

1. citics = pd.read_csv('citics.csv', encoding = 'GBK')
2. citics.head( )

[out]：

	ticker	中信一级行业
0	000001	银行
1	000002	房地产
2	000004	医药
3	000005	电力及公用事业
4	000006	房地产

然后合并两个表格。

1. factors = factors.merge(citics,how='left',on=['ticker'])
2. factors.head()

[out]:

	ticker	date	return	factor	中信一级行业
0	000002	2012-01-31	0.082353	0.353536	房地产
1	000004	2012-01-31	0.140266	0.644279	医药
2	000006	2012-01-31	0.200456	0.390133	房地产
3	000009	2012-01-31	-0.045736	0.343856	综合
4	000011	2012-01-31	0.318555	0.472487	房地产

1. factors = factors.groupby(['date','中信一级行业']).apply(get_rank,5,'行业中性市值分组')
2. #基准收益
3. d = w.wsd('000985.CSI',"close2","2012-01-01","2020-02-29","adjDate=2020-02-29;Period=M")
4.
5. bm = pd.DataFrame(d.Data,index=d.Codes,columns=d.Times).T
6. bm = bm.pct_change()
7. bm = bm.dropna(how='all')
8.
9. ##计算多空组合收益
10. ret1 = factors.loc[factors['行业中性市值分组']=='0',['date','return']].groupby(['date']).mean().shift(1).fillna(0)
11. ret2 = factors.loc[factors['行业中性市值分组']=='1',['date','return']].groupby(['date']).mean().shift(1).fillna(0)
12. ret3 = factors.loc[factors['行业中性市值分组']=='2',['date','return']].groupby(['date']).mean().shift(1).fillna(0)
13. ret4 = factors.loc[factors['行业中性市值分组']=='3',['date','return']].groupby(['date']).mean().shift(1).fillna(0)
14. ret5 = factors.loc[factors['行业中性市值分组']=='4',['date','return']].groupby(['date']).mean().shift(1).fillna(0)
15. ret = pd.concat([ret1,ret2,ret3,ret4,ret5],axis=1)
16.
17. fig,ax = plt.subplots(figsize=(16,8))
18. ax.plot(ret.cumsum())
19. ax.plot(bm.cumsum(),color='k')
20. ax.set_ylabel('return')
21. ax.set_xlabel('date')
22.
23. group = ['group'+str(num) for num in range(1,6)]
24. plt.legend(group+['000985.CSI'])

从图 20.12(彩图 11)可以看到,与非行业中性策略结果相近,组合 1 至组合 5 的净值曲线出现明显的分层,它们在每个月份的排序与因子分层的排序是一致的,位于中间的组合 3 的净值曲线与基准中证全指的净值走势基本吻合,因此行业中性的选股策略也是比较有效的。

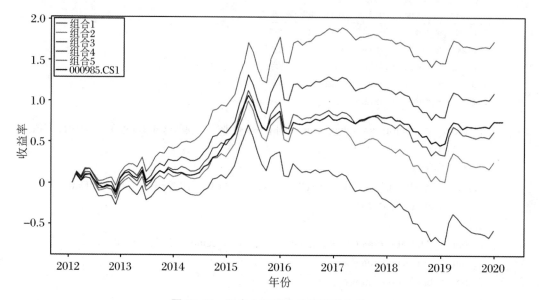

图 20.12　组合 1 至组合 5 的累计收益

做多组合 5 和同时做空组合 1 的多空组合累计净值曲线见图 20.13。

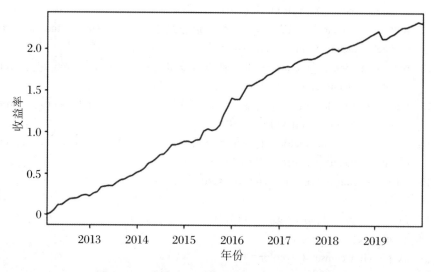

图 20.13　多组合 5 组合 1 的多空组合累计收益

做多组合 5 同时做空基准指数的净值曲线如图 20.14 所示。

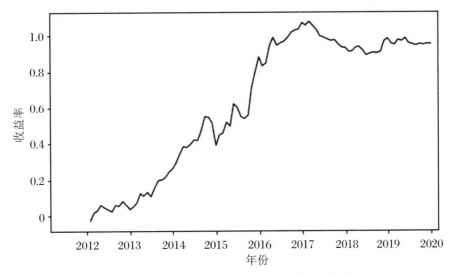

图 20.14　多组合 5 同时空基准指数的累计收益

收益与风险指标的计算见表 20.5。

表 20.5　行业中性策略的收益与风险指标

做多组合 5 做空组合 1	0.163	0.067	0.290	2.427
做多组合 5 做空基准指数	0.088	0.616	0.097	0.143

组合 5 与组合 1 的多空组合的年化收益为 163%，最大回撤为 6.7%，夏普比率为 0.29，calmar 为 2.427；做多组合 5 同时做空基准的年化收益为 0.088%，最大回撤为 61.6%，夏普比率为 0.097，calmar 为 0.143。非行业中性策略与行业中性策略上的组合 5 与组合 1 的多空组合回撤表现接近，而做多组合与基准的多空组合的回撤表现差异较大。

本 章 小 结

本章主要介绍了量化投资中的量化择时策略与量化选股策略的基本概念以及机器学习算法在这两类投资策略中的应用。

1. 量化投资是运用数学模型和计算机技术，通过分析历史数据而从中发掘金融市场和金融资产价格的运行规律，并最终获取超额投资收益的一种投资策略。量化投资的主要内容包括量化选股、量化择时、股指期货套利、商品期货套利、统计套利、期权套利、算法交易、ETF/LOF 套利、高频交易等。

2. 量化择时不考虑股票选择，也不考虑投资组合构建，更侧重于利用量化手段预测市场未来的走势，确定股票或资产组合在后期的买卖时点。具体而言，量化择时结合各种宏微观指标，如技术面因子、宏观经济因子等，挖掘能够预测价格变动趋势的关键指标，运用合适的机器学习算法建立准确度较高的模型，最后通过历史数据预测证券未来的价格变化情况，如果预测未来资产上涨，则进行买入操作，若预测未来资产下跌，则进行卖出操作。

3. 量化选股就是利用数量化的方法选择股票组合,期望该股票组合能够获得超越基准收益率的投资行为。量化选股大致可以分为两类,即基本面选股和市场行为选股。基本面选股模型包括多因子模型、风格轮动模型和行业轮动模型,而市场行为模型包括资金流模型、动量反转模型、一致预期模型、趋势追踪模型和筹码选股模型。

4. 股票价格变动的时间、方向以及幅度等是构建投资策略的基础,分析预测涨跌已成为证券投资分析的关键内容。然而大多数股价变动呈现非线性、非平稳性等特点,回归分析、时间序列分析等常用的方法并不能很好地发挥作用。以 SVM、随机森林为代表的机器学习方法是一个突破,通过挖掘特征向量和标签之间的内在联系,建立分类或回归模型,从而对股价涨跌进行预测,主要包括技术指标构建、数据预处理、指标特征筛选、机器学习建模和模型性能评估四个部分。

5. 机器学习回归算法用于量化选股的做法与传统的线性回归模型基本的一致的,只不过线性回过捕捉的是因子载荷与股票预期收益的线性关系,而非线性回归捕捉的是因子载荷与股票预期收益的非线性关系。

关键词:量化投资　量化择时　多因子选股

思 考 题

1. 基于 SVM 的沪深 300 指数涨跌预测案例中,特征选择的方式为随机决策树模型进行特征降维,查阅资料了解还有哪些特征选择的方式,各有什么优缺点,尝试选用其中的一到两个筛选本例的特征,看结果会有什么不同。

2. 本章介绍了模型评估的指标有准确率、精确率、召回率和 ROC 曲线、AUC 等,了解还有哪些模型评估的指标,并尝试运用这些指标给本章案例中习得的模型进行评价。

3. 请用 Python 语言(或者其他语言,如 Matlab,R 等)编程复现本章节的案例。

4. 除了量化选股和量化择时,机器学习在量化投资领域还有怎样的应用?

5. 你认为机器学习用于量化投资中有效吗?为什么?

6. 本章节的案例用了 SVM 模型进行量化择时,用了随机森林模型进行量化选股,请尝试用其他机器学习算法来替代本章节案例所使用的模型,并比较它们的效果。

7. 有人说机器学习是一个黑箱,用在投资领域风险是非常大的,你对这个说法怎么看?

参 考 文 献

[1] 陈阳.基于 SVM 的沪深 300 指数涨跌预测及量化策略研究[D].西安:西北大学,2019.

[2] 宋文达.基于支持向量机的量化择时策略及实证研究[D].西安:西安工业大学,2017.

[3] 毕军龙.基于股指涨跌预测的投资策略[D].大连:大连理工大学,2016.

[4] 张建宽,盛炎平.支持向量机对股票价格涨跌的预测[J].北京信息科技大学学报(自然科学版),2017,32(3):41-44.

[5] 左飞.基于 SVM 的上证 50 指数涨跌预测研究[D].合肥:安徽大学,2018.

[6] 何光辉.处理金融时间序列的非平稳性和时变性:2003 年诺贝尔经济学奖得主的理论贡献[J].国际金融研究,2004(5):74-78.

[7] Engle R F. Autoregressive Conditional Heteroscedasticity with Estimates of the Variance of United Kingdom Inflation[J]. Econometrica,1982(4):987-1008.

［8］ Wen Fenghua,Xiao Jihong,He Zhifang,Gong Xu. Stock Price Prediction based on SSA and SVM[J]. Procedia Computer Science,2014:31(625-631).

［9］ Eddy S R. Hidden Markov models[J]. Current Opinion in Structural Biology,1996,6(3):361-365.

［10］ 李航.统计学习方法[M].2版.北京:清华大学出版社,2019.

［11］ 周志华.机器学习[M].北京:清华大学出版社,2016.

［12］ 姚辉,武婷婷.兼顾基本面与估值指标的价值投资策略实证研究:来自2000—2013年中国沪深A股市场的经验数据[J].投资研究,2014,33(11):123-138.

［13］ Hastie T,Tibshirani R,Friedman J. The elements of statistical learning:data mining,inference,and prediction[M]. New York:Springer,2001.

彩　　图

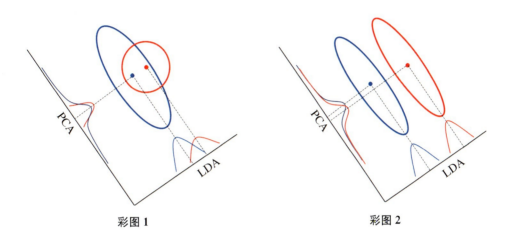

彩图 1　　　　　　　　　　　　彩图 2

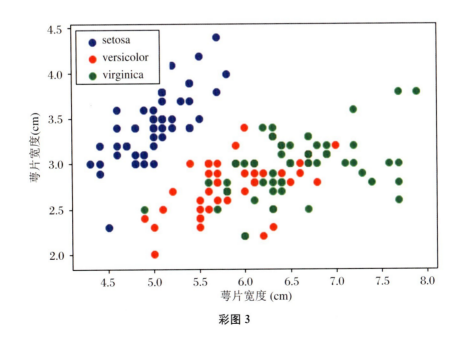

彩图 3

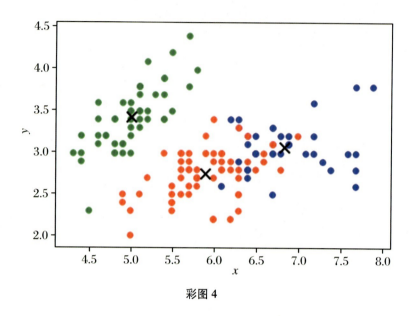

彩图 4

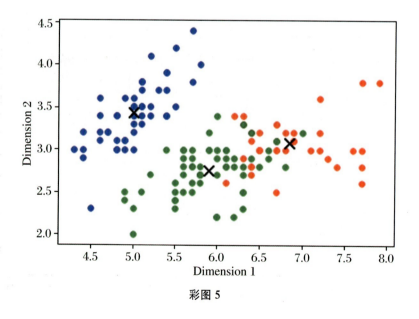

彩图 5

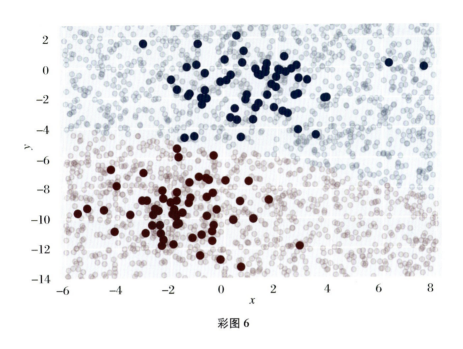

彩图 6

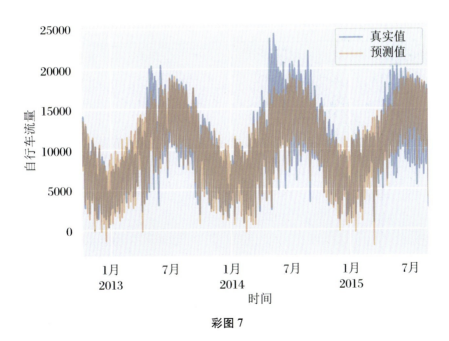

彩图 7

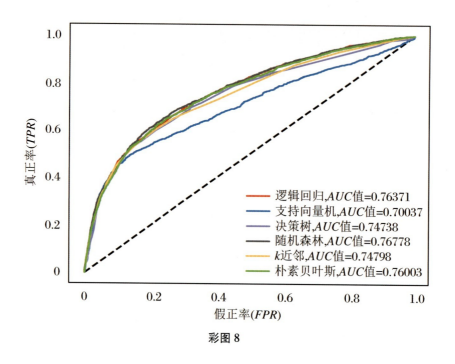

彩图 8

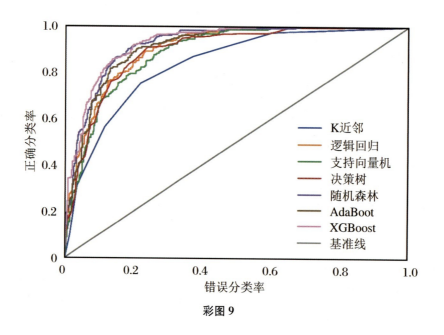

彩图 9

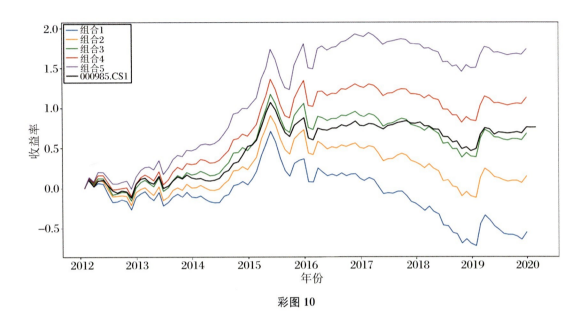

彩图 10

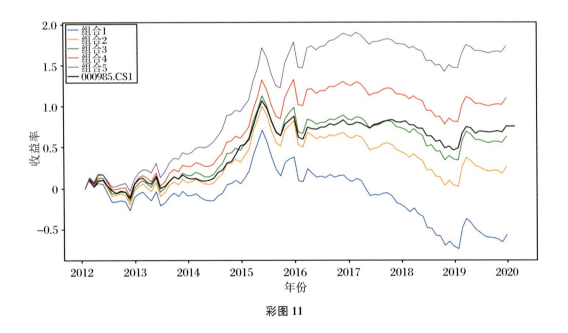

彩图 11